새로워진
다빈치 리졸브
동영상 편집
컬러 그레이딩

새로워진 다빈치 리졸브 동영상 편집 컬러 그레이딩

초판 발행 2021년 4월 30일
지은이 이용태
펴낸이 네몬북
펴낸곳 네몬북
출판등록 번호 제 2021 - 17 호
ISBN 979-11-974536-0-1 03800

주 소 서울 중랑구 봉우재로 41길 11 상봉스카이디워 B101
도서문의 신한서적 031-919-9851 (팩스 031-919-9852)

기 획 네몬북
진행책임 네몬북
편집디자인 네몬북디자인팀
표지디자인 네몬북디자인팀

본 도서의 내용 중 디자인 및 저자의 창작성이 인정되는 내용을 무단으로 복제 및 복사하는 것은 저작권법에 의해 처리될 수 있습니다.
Published by Healbook Co. Ltd Printed in Korea

목차 {Contents}

01 들어가며 · · · · · · 014
02 다빈치 리졸브는 누구에게 필요하나? · · · · · · 015
03 다빈치 리졸브와 다빈치 리졸브 스튜디오 버전의 차이점 · · · · · · 016
04 다빈치 리졸브에 적합한 시스템 구축하기 · · · · · · 018

PART 01 시작하기

01 다빈치 리졸브 설치하기 · · · · · · 024
다빈치 리졸브 다운로드 받기 · · · · · · 024
다빈치 리졸브 설치하기 · · · · · · 027

02 학습자료 활용하기 · · · · · · 030
다빈치 리졸브 동글(Dongle) 사용자를 위한 데스크탑 비디오 · · · · · · 031

03 프로젝트 파일 불러오기 · · · · · · 032
프로젝트 파일 불러오기 · · · · · · 032
프로젝트 실행하기 · · · · · · 033
깨진 미디어 파일 새롭게 연결하기 · · · · · · 034

04 프로젝트 생성 및 관리하기 · · · · · · 037
디폴트 데이터베이스 관리하기(디스크 기반) · · · · · · 037
프로젝트 생성 및 관리하기 · · · · · · 040
반드시 알아야 할 그밖에 기능들 · · · · · · 045
검색기 사용하기 · · · · · · 045
아이콘 크기 조절하기 · · · · · · 046
프로젝트 내보내고/불러오기 · · · · · · 046
프로젝트 전환하기 · · · · · · 047
프로젝트 재설정하기 · · · · · · 047

05 미디어(Media) 페이지 살펴보기 · · · · · · 048
미디어 풀(Media pool) 패널에 폴더 및 비디오 파일(클립) 적용하기 · · · · · · 048
뷰어(Viewer) 살펴보기 · · · · · · 050
메타데이터 살펴보기 · · · · · · 050

미디어 풀에 폴더 적용하기(빈 만들기)	051
빈(Vin) 추가 및 이름 바꾸기	025
빈 삭제하기	052
오디오 클립 적용하기	053
스마트 빈(Smart Bins) 생성하기	**054**
클론 툴(Clone Tool)을 이용한 파일관리	**056**
즐겨 사용되는 폴더 즐겨찾기에 등록 및 삭제하기	**058**
즐겨찾기에 등록하기	058
즐겨찾기에서 삭제하기	058
미디어 스토리지에 폴더 추가/삭제하기	**059**
미디어 스토리지에 폴더 추가하기	059
폴더 삭제하기	059

06 미디어 매니지먼트를 이용한 파일 관리 060

전체 프로젝트(Entire Project) 관리하기	**061**
다빈치 리졸브에서 사용할 수 있는 다양한 포맷과 코덱	064
타임라인(Timelines) 관리하기	**066**
복사된 클립의 길이가 원본과 같다면?	070
클립(Clips) 관리하기	**071**
시퀀스 파일과 개별 스틸 이미지 파일 불러오기	073
작업환경과 재생환경 최적화하기	**073**
재생 환경 개선을 위한 프록시 모드(Proxy Mode)의 활용	073
프록시(Proxy)와 옵티마이즈(Optimize) 설정하기	075

07 인터페이스(Interface) 살펴보기 078

기본 인터페이스 살펴보기(작업 과정 살펴보기)	**078**
미디어 페이지	078
컷 페이지	079
에디트 페이지	079
퓨전 페이지	080
컬러 페이지	081
페어라이트 페이지	081
딜리버 페이지	082
워크스페이스(작업 페이지) 이동을 위한 단축키	083
워크스페이스(Workspace) 설정하기	**083**
전체 화면으로 전환하기	083

인터페이스 초기화하기	084
듀얼 모니터 사용하기	085
뷰어 모드 사용하기	085
오른쪽 마우스 버튼 적극 활용하기	086

08 시스템 환경 설정하기 — 087

시스템 프레퍼런스 설정하기 — 087

미디어 스토리지	087
시스템(인터페이스 밝기 설정하기)	088
Video IO and GPU	089
오디오(VST 플러그인)	090
비디오 플러그인	091
메모리 and GPU	091
컨트롤 패널	092
인터넷 어카운트	093
프로젝트 저장 and 가져오기	093
에디팅	094

프로젝트 설정하기(재설정) — 094

마스터 프로젝트 세팅과 타임라인 빈 설정하기	095
프로젝트 저장하기와 자동 저장하기	100
그밖에 유용한 설정들(원활한 영상 재생을 위한 기능들)	102
비월주사 방식과 프로그레시브 방식의 차이	105

PART 02 비디오 편집

01 컷(Cut) 페이지 살펴보기 — 108

미디어 풀(Media pool) 살펴보기	108
뷰어(Viewer) 살펴보기	112
출력/전체화면/설정 살펴보기	113
트랜지션/타이틀/이펙트 살펴보기	114
타임라인 살펴보기	116

02 에디트(Edit) 페이지 살펴보기 — 120

	미디어 풀(Media pool) 살펴보기	120
	소스 뷰어와 레코드 뷰어 살펴보기	121
	타임라인 살펴보기(아주 기본적인 편집법 익히기)	123
✎	마크 인/아웃 영역 해제하기	129
	이펙트 라이브러리와 에디트 인덱스 살펴보기	130
✎	단축키 오류 해결하기(맥 OS)	132
	프레임(장면) 동기화하기	133
	노멀 에디트 모드(툴) 사용하기	134

03 비디오 편집을 위한 준비들 135

미디어 클립 및 프로젝트 속성 불러오기 135
프로젝트 속성 가져오기 135
미디어 파일 불러오기 137
XML 파일 불러오기 1 139
XML 파일 불러오기 2 142
✎ 비디오 캡처에 대하여 146

타임라인 생성 및 관리하기 146
타임라인 생성하기 1 146
타임라인 생성하기 2 149
트랙(비디오/오디오) 추가/삭제하기 150

04 비디오/오디오 편집의 실무 152

기본 편집 익히기(초급) 152
어셈블 편집(Assemble Editing) 152
인서트 편집(Insert Editing) 156
오버라이트 편집(Overwrite Editing) 160
✎ 작업 실행 취소를 위한 언두(Undo)와 복귀를 위한 리두(Redo) 161
리플레이스 편집(Replace Editing) 166
어펜드 편집(Append Editing) 167
새로운 타임라인에 클립 모두 적용하기 168
마크 인/아웃 영역에 클립 적용하기(3점 편집 - three point editing) 169
클립 삭제하기 171
✎ 윈도우즈와 맥의 단축키 조합에 대하여 172
클립(장면) 복사 및 붙여넣기 174
클립 교체하기 179
스냅과 언링크(클립 맞추기와 비디오/오디오 채널 분리하기) 181

타임라인 편집 익히기(중급) 186

목차 {Contents}

타임라인 복제 및 이름 수정하기	186
클립 두 개로 만들어주기	188
클립의 인/아웃점을 이용한 편집	188
장면(클립) 나누기	189
클립 이동하기	190
키보드를 이용한 편집	193
플레이 헤드를 스크로빙할 때 소리 끄기	196
모든 클립 선택하기	197
노멀 에디트(Normal Edit) 모드와 트림(Trim) 편집 모드 이해하기	**198**
노멀 에디트 모드 이해하기	198
트림 모드 이해하기	204
소스 뷰어에서의 트림 모드	211
다이내믹 트림 모드에 대하여	213
타깃 트랙 지정하기	213
마커와 플래그를 이용한 편집	**215**
마커 활용하기	215
플래그 활용하기	219
오디오 편집 실무	**221**
페이드 인/아웃 설정하기	221
볼륨 조절하기	224
키프레임 애니메이션 이해하기	226
트랙 볼륨 조절하기	231
키프레임 삭제와 리셋하기	232
오디오 트랙 타입 변경 및 채널 분리하기	233
페어라이트 페이지 살펴보기	**234**
오디오 편집 모드를 이용한 편집	235
마이크를 이용한 내레이션 레코딩	238
그밖에 편집 테크닉	**241**
장면전환 이펙트 적용 및 설정하기	241
장면전환의 구조(원리)	242
장면(클립) 투명도 조절하기	249
컴포지트 모드를 이용한 합성법	251
장면 속도 조절 및 역재생하기	252
특정 장면 스틸 이미지 만들기	260
테이크 편집하기	261
컴파운드 클립 활용하기	262
멀티캠 편집하기(오디오 싱크)	264
제너레이터 활용하기	272

그레이 스케일(컬러 매트)을 이용한 합성	274
XML 파일 내보내기와 오토매틱 씬 컷에 대하여	274
XML 파일 내보내기	275
오토 씬 디텍트를 사용하여 장면 분석하기	277
오토 씬 디텍트 분석 오류 해결하기	279
오토 씬 디텍트로 분석된 장면을 타임라인에 적용하기	281

05 자막과 모션 그래픽 — 282

자막 제작하기	282
로워써드 자막 만들기	282
로워써드 자막 애니메이션 만들기	286
스크롤 자막 만들기	288
정지 자막 만들기	292
모션 그래픽 제작하기	298
트랜스폼 활용하기	298
PIP 장면 만들기	301
크롭핑을 이용한 화면 자르기	303
다이내믹 줌 활용하기	304
렌즈 커렉션을 이용한 화면 왜곡(스튜디오 버전)	306

퓨전(Fusion) 페이지 살펴보기 — 308

작업 패널 살펴보기	308
뷰어(Viewer) 살펴보기	309
노드(Node) 살펴보기	309
노드(Node) 사용하기	312
노드(Node)란?	312
노드(Node) 추가/연결/삭제/설정 방법	312
레이어 구조의 노드 설정하기	315
노드 툴바 설정하기	322

PART 03 색보정 & 렌더

01 컬러(Color) 페이지 살펴보기 — 326

갤러리(Gallery) 살펴보기	326
뷰어(Viewer) 살펴보기	328

목차 {Contents}

노드(Node) 살펴보기	331
색보정 툴(Tools) 살펴보기	332
단축키 활용하기	333

02 스코프(Scopes) 활용하기 — 335
타임라인 점검 및 히어로 쇼트(Hero Shots) 선정하기	335
스코프(Scopes) 활용하기 1 – 콘트라스트(Contrast)와 노출(Exposure)	336
스코프(Scopes) 활용하기 2 – 색(Color)과 채도(Saturation)	342
스코프(Scopes) 활용하기 3 – 색(Color)과 채도(Saturation) 분석하기	345
브로드캐스트 세이프 필터 활용하기	348

03 색보정의 모든 것 — 352
프라이머리(Primary) 보정 — 352

컬러 휠(Color Wheels) 활용하기 – 오프셋(Offset) 컨트롤의 활용	353
컬러 휠(Color Wheels) 활용하기 – 리프트, 감마, 게인, 밝기 컨트롤의 활용	358
컬러 매치(Color Match)의 활용	361
컬러 휠(Color Wheels) 활용하기 – 리프트, 감마, 게인의 색상 변화	362
프라이머리 바(Primary Bar) 활용하기	365
파라미터(변수/속성/옵션) 설정값 초기화하기	366
콘트라스트(Contrast)와 피봇(Pivot) 컨트롤 활용하기	370
휴(Hue)와 채도(Saturation) 컨트롤 활용하기	372
키프레임(Keyframes) 활용하기 – 채도 컨트롤을 활용한 컬러에서 흑백으로 바뀌는 장면	373
스테틱(Static) 키프레임과 다이내믹(Dynamic) 키프레임의 차이	374
RGB 믹서(Mixer) 활용하기	374
커브(Curves)를 이용한 프라이머리 보정	376

RAW/LOG/LUT 이해하기 — 380

RAW, LOG, LUT 개념 이해하기	380
RAW 색보정	382
LUT를 이용한 LOG 색보정	384

노드(Node) 이해하기 — 387

시리얼 노드(Serial Node)란?	387
노드(Node) 추가/연결/삭제/재설정 방법	389
커렉터(Corrector)노드를 시리얼 노드(Serial Node)와 연결하기	390
스플리터 컴바이너(Splitter Combiner) 노드 이해하기	395
타임라인(Timeline) 이해하기	398
레이어 믹서(Layer Mixer) 노드 이해하기	400
패럴렐 믹서(Parallel Mixer) 노드 이해하기	412

아웃사이드 노드(Outside Node) 이해하기	413
키 믹서(Key Mixer) 노드 이해하기	418
알파 아웃풋(Alpha Output) 노드 이해하기	424
세컨더리(Secondary) 보정	**426**
커브(Curves)를 활용한 세컨더리 보정	427
로그(Log) 및 그밖에 컨트롤을 활용한 세컨더리 보정	430
HSL 키어(Keryer)를 이용한 부분 보정	440
HSL Matte Finesse 이해하기	444
3D 키어(keyer)를 이용한 부분 보정	446
윈도우(Window)를 이용한 부분 보정	448
윈도우를 활용한 비네트(Vignette) 효과	453
트래커(Tracker)의 활용	**453**
윈도우(Window)를 이용한 트래킹(Tracking) 작업	454
스테이빌라이저(Stabilizer)를 이용한 안정화 작업	460
에프엑스(FX)를 이용한 트래킹(Tracker) 작업	462
다양한 매칭(Matching) 기법	**466**
장면 매칭 작업하기 – 노출(Exposure)	466
HDR 그레이드(Grade)에 대하여	471
장면 매칭 작업하기 – 색상(Color)	472
색보정 시 필요한 추가적인 노드(Node) 사용하기	474
갤러리(Gallery)란?	471
스틸 이미지를 이용한 장면 매칭	480
버전(Versions)을 이용한 색보정	481
단축키를 이용한 장면(클립) 매칭	484
피부 톤 매칭(Skin Matching)하기	484
노드 그래프(Node Graph) 창 띄우기	490
그룹(Group)을 활용한 보정	492
보정 작업을 위한 이펙트	**494**
블러(Blur) / 샤픈(Sharpen)의 활용	494
라이트박스(Lightbox)의 활용	499

04 렌더(Render)의 모든 것 — 500

스마트 렌더 캐시(Smart Render Cache) 모드의 활용	**500**
장면별로 렌더링(Rendering)하기	502
렌더링된 파일 점검하기	507
하나의 파일로 렌더링(Rendering)하기	510
찾아보기	**512**

Download the mobile app to start earning today! Join the beta.

Keep your money! Pi is free. All you need is an invitation from an existing trusted member on the network. If you have an invitation you can download the mobile app below.

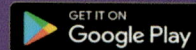 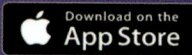

파이 코인이 무엇입니까?

바야흐로 암호화폐(디지털 화폐) 시대가 시작되었습니다. 더욱 강력해진 블록체인 기반의 암호화폐는 초기 비트코인과 더불어 자연스럽게 사용될 것입니다. 최근엔 제2의 비트코인이라 불리는 파이(Pi) 코인이 세계적인 이슈가 되고 있습니다. 비트코인보다 안전하고 수천 배 빠른 처리(트랜젝션) 속도의 파이코인은 이제 세계의 대중적인 디지털 화폐로 가장 많이 사용될 것입니다.

- 스마트폰으로 채굴 및 거래가 가능한 최초의 코인(암호화폐)
- 비트코인이 그랬듯 무료로 채굴할 수 있는 코인(2021년 12월까지 무료 채굴 예정)
- 구글 Play 스토어에서 직접 설치할 수 있는 안전한 파이코인 앱
- 파이코인 앱 설치 후 하루 1회 클릭하여 실행하면 자동 채굴
- 채굴 중 휴대폰 데이터 및 배터리 소모량에 영향을 주지 않는 스마트한 코인
- 스탠포드 대학 박사 출신들이 개발하여 무한 신뢰할 수 있는 코인
- 1년 후 암호화폐 거래소에 상장 예정(5년 후 개당 100만원 이상의 가치 예상)

디지털 자산을 무료로 얻을 수 있는 절호의 기회, 이제 돈이 아닌 하루 5초의 시간만 투자하십시오. 제2의 비트코인 파이코인이 여러분에게 행운을 안겨드릴 것입니다. 링크(https://minepi.com/823048)를 참고하고, 앱 설치 후 회원가입 시 채굴 협업 초대자 코드는 **823048**으로 입력하면 본 도서의 필자와 협업 채굴이 가능합니다.

Pi Core Team(파이 개발자 팀)

Dr. Nicolas Kokkalis | Dr. Chengdiao Fan | Vincent McPhillip

주소 서울 중랑구 봉우재로 41길 11 상봉스카이타워 B101
예약 www.네몬.com · **문의** 010 8287 9388
인테리어 시공 문의 010 3302 4858(디자인문)

모든 영상 콘텐츠 촬영이 가능한 멀티 네몬 스튜디오 렌탈(45평)

- 푸드 영상 콘텐츠(유튜브) 촬영
- 인물·뷰티·제품 촬영
- 그린·블루·화이트 스크인
- 크로마키 호리존(6x4x3)
- 150인치 대형 영상 스크린
- DSLR 및 촬영장비 무상 대여
- 파티·세미나·각종 모임 공간
- 업계 가장 합리적인 렌탈 가격

■ 키친 바

■ 크로마키 호리존(6x4x3)

■ 화이트 & 블랙(양면) 스크린/150인치 시네마(세미나) 스크린

■ 다양한 촬영장비

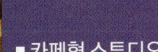
■ 카페형 스튜디오

에필로그 i

들어가며...

다빈치 리졸브(DaVinci Resolve)에 온 것을 환영합니다. 지금부터 블랙매직 디자인(Blackmagic Design) 의 색보정 소프트웨어인 다빈치 리졸브에 대해 학습해 보겠습니다. 본 도서에서는 색보정(Color Correcting), 그레이딩(Grading) 그리고 편집(Editing)에 대해서 학습할 것이며, 여러분이 이 프로그램을 활용하여 문제들을 해결하고, 관객들의 이목을 집중시키고, 그들이 여러분의 메시지를 전달받을 수 있도록 해줄 것입니다. 색보정은 모든 프로젝트를 마무리하는 과정이며, 이를 통해 완벽한 영상을 표현할 수 있게 될 것입니다. 다빈치 리졸브는 영상을 볼 때 어디에 집중해야 하는지를 알 수 있도록 도와줄 것 입니다. 이번 학습에 사용할 다빈치 리졸브 버전은 12.5(상위 버전 사용자도 가능)입니다. 다빈치 리졸브를 시작하기에 앞서 여러분은 리졸브의 작동을 위한 기본 프로그램과 하드웨어 이해를 해야합니다. 다빈치 리졸브는 무료로 사용이 가능한 다빈치 리졸브와 유료로 사용하는 다빈치 리졸브 스튜디오가 있습니다. 참고로 이 두 종류는 모두 본 도서를 통해 학습이 가능합니다. 물론 미세하게 다른 특징들이 유료 버전인 리졸브 스튜디오에 포함되어있지만 그 외의 사항들은 거의 비슷하다고 볼 수 있습니다.

본 도서에서는 리졸브를 위한 안정적인 시스템을 구축하는 방법과 리졸브의 인터페이스 소개 및 새로운 프로젝트를 만드는 방법에 대해 살펴볼 것이며, 그다음 타임라인에 있는 푸티지(Footage - 작업용 영상 클립)를 어떻게 가져와서 정리하는지와 비선형 편집(Nonlinear Editing)을 어떻게 하는지에 대한 학습을 할 것입니다. 그리고 이후에는 다빈치 리졸브의 색보정 작업에 대한 전반적 흐름에 대하여 학습할 것입니다. 또한 이 과정에서는 리졸브의 주요 도구(Primary Tools)와 보조 도구(Secondary Tools)를 어떻게 사용하는지 배우게 될 것입니다. 계속해서 파워 그레이드(Power Grade) 및 노드(Node) 그리고 장면 매칭(Shot Matching), 멀티플 버전(Multiple Version), 그루핑 쇼트(Grouping Shot) 색보정과 기본 룩(Look) 만들기와 서드파티 플러그인 사용법에 대해서도 배울 것입니다. 만약 여러분이 다빈치 리졸브 9나 10 아니면 11 버전에 익숙한 사용자일지라도 12 또는 12.5 버전을 위해서는 새롭게 배워야 할 내용이 많습니다. 다빈치 리졸브 12.5의 UI(유저 인터페이스)에는 200여 가지 이상의 특징들이 추가되어 완전히 새로워졌기 때문입니다.

에필로그 ii

다빈치 리졸브는 누구에게 필요하나?

다빈치 리졸브를 사용해야 하는 대상은 누구일까요? 리졸브는 색보정에 적합한 툴입니다. 영화부터 모든 영상 제작까지 디지털 비디오 파일로 촬영된 영상 파일들을 수정하고 다듬어주는 역할을 합니다. 이와 같이 리졸브는 색보정에 특화된 툴이지만, 최근 12 버전부터는 색보정 기능뿐만 아니라 최적의 비선형 편집(Non-linear Editing)까지 가능하도록 진화되어 다빈치 리졸브는 모든 영상 작업에 최적의 환경을 제공하는 완성형에 가까운 편집 및 색보정 소프트웨어라 할 수 있습니다. 다빈치 리졸브는 다른 색보정 툴들과는 차별화된 아주 특별한 기능들이 있습니다. 리졸브는 실시간으로 색보정이 가능할 뿐만 아니라 가능한 한 많은 세부 사항 및 효과들을 이미지에 남길 수 있습니다. 또한 강력한 MXL 그리고 타임라인과 비선형 편집 시스템 사이를 융합하고 있습니다. 이것은 프레임 사이즈, 레이트, 코덱 등을 추가로 필요로 하는 빅 프로젝트를 작업할 때 더 효율적으로 실시간 상호 작용이 가능하도록 하며, 여러분이 어떤 종류의 영상을 제작하든 여러분이 원하는 방향으로 작업을 할 수 있게 해 줍니다. 마지막으로 강조하고 싶은 점으로 모션 트래킹(Motion Tracking) 기능입니다. 다빈치 리졸브에서 제공되는 모션 트래킹은 2D 및 3D 환경에서도 완벽한 트래킹 결과물을 얻을 수 있게 해 줍니다. 따라서 다빈치 리졸브는 색보정 및 독립형 비선형 편집 등의 작업을 원하는 모든 분들에게 적합한 툴입니다. 참고로 리졸브는 색보정을 위한 사진 작업에서도 탁월한 성능을 발휘합니다.

에필로그 iii

다빈치 리졸브와 다빈치 리졸브 스튜디오 버전의 차이점

다빈치 리졸브에는 무료 버전과 유료 버전 두 가지가 있습니다. 무료 버전은 다빈치 리졸브(DaVinci Resolve)라 부르고, 유료 버전은 다빈치 리졸브 스튜디오(DaVinci Resolve Studio)라 부릅니다. 무료 버전은 유료 버전의 몇 가지 특징들을 제외하고는 모두 완벽하게 똑같은 기능을 가지고 있습니다. 가장 먼저 알아야 할 것은 유료 버전과 무료 버전을 다운로드받는 방법입니다. 유료 버전을 실행하기 위해서는 USB 동글(Dongle)이 실행하는 내내 컴퓨터에 연결되어있어야 합니다. 리졸브 스튜디오 버전은 블랙매직에서 구매할 수 있으며, 구매할 경우 블랙매직 카메라도 같이 제공됩니다. 블랙매직 사이트에서는 항상 최신 버전의 정보를 확인할 수 있으며, 다빈치 리졸브를 무료로 다운받을 수 있습니다. 또한 유료 버전과 동일하게 업데이트됩니다. 여기서 중요한 것은 무료 버전을 사용하더라도 본 도서의 내용을 학습하는 데에는 아무런 문제가 없다는 것입니다.

이제부터 다빈치 리졸브의 무료 버전과 유료 버전의 차이점이 정확히 무엇인지 짚어보겠습니다. 무료와 유료의 가장 큰 차이점은 화면의 노이즈를 제거해 주는 노이즈 리덕션(Noise Reduction)입니다. 무료 버전 사용자들은 이 노이즈 리덕션 패널 사용이 불가합니다. 다행이도 무료 리졸브 사용자들은 유료 리졸브 스튜디오 사용자들과 동일한 컬러 그레이딩(Color Grading) 툴 사용이 가능하다는 것입니다. 만약 무료 버전 사용자로서 노이즈 리덕션을 사용하고자 한다면 유료 버전으로 업그레이드 하거나 OpenFX Noise Reduction 플러그인(Plugin)을 구매하는 것입니다. 어쩌면 유료 버전을 사용해야 하는 이유가 바로 이 노이즈 리덕션 때문일 것입니다. 물론 저렴한 플러그인으로 대체하여 사용해도 되겠지만 렌더 시간이 훨씬 오래 걸린다는 것을 기억하시길 바랍니다. 또 하나의 차이점으로는 스테레오 3D 패널입니다. 유료 버전 사용자들만이 입체적인 스테레오스코픽(Stereoscopic) 색보정 지원을 받을 수 있습니다. 또한 무료 사용자들은 Ultra High-Definition급 이상의 렌더(Render)를 할 수 없습니다.

무료 리졸브 버전은 싱글 그래픽 카드(Single Graphics Card)로 사용 제한을 둡니다. 만약 그래픽 카드를 추가하고 싶다면 2개의 GPU를 탑재해야만 가능하며, 맥 프로(Mac Pro)가 아닌 이상 무료 버전 사용자들은 추가가 불가능 합니다. 또한 무료 버전에서는 유저 인터페이스(UI)를 HDMI 포트를 이용하여 내보내기 해야 합니다. 만약 다른 출력에 유저 인터페이스를 연결한다면 맥 프로에서 제공하는 전체 장면 처리가 불가능할 것입니다. 다음으로 무료 버전에서는 사용할 수 없는 포스트 프로덕션 유형 기능으로써 파워 마스터링(Power Mastering)으로 알려진 실시간 Play-Out To Tape Decks(테이프로 녹화하기)를 사용할 수 없습니다. 그리고 다빈치 리졸브 컨트롤 서피스(Control Surface)사용이 불가합니다. 이 제품은 고가의 제품일 뿐만 아니라 USB 동글이 있어야만 사용이 가능합니다. 그리고 셰어드 데이터베이스(Shared Database)는 무료 버전에 제한되어있고 유료 버전에서는 제한이 없습니다. 만약 여러 개의 리졸브를 실행하여 실행 중인 프로그램들의 프로젝트들을 중앙 서버에 연결하여 어떠한 프로젝트라도 사용할 수 있게 하려면 유료 버전에서만 제공하는 Shared Database를 사용해야 합니다. 물론 개인 사용자라면 특별히 유료 버전을 사용할 필요는 없을 것입니다.

리졸브 11 버전부터는 콜라보레이티브 워크플로우(Collaborative Workflow)라는 여러 명의 유료 리졸브 스튜디오 버전 사용자들이 공유한 프로젝트를 동시에 사용하는 기능이 제공됩니다. 이 기능은 다른 장소에서 다른 작업을 하는 사용자들이 하나의 공통된 프로젝트를 동시에 열어 작업이 가능하게 해 주는 환경이라 할 수 있습니다. 유사한 기능으로써 리모트 그레이딩(Remote Grading)이라는 기능이 있습니다. 다른 장소에 있는 사용자가 전혀 다른 위치에 있는 사용자의 프로젝트에 접속하여 작업이 가능한 환경을 만들어줍니다. 이 기능 역시 유료 리졸브 스튜디오 버전에서만 사용이 가능합니다. 간단히 말해서 노이즈 리덕션 기능을 제외하고는 포스트 프로덕션 스튜디오 사용자들에게 필요한 기능을 유료 리졸브 스튜디오 버전이 가지고 있다는 것입니다. 그러나 앞서 언급한 것처럼 개인 사용자라면 무료 리졸브 버전을 사용해도 작업하는 데에는 특별한 문제는 없습니다. 이것은 대부분의 사용자가 일반적으로 리졸브 이외에 헐리웃 스타일 영상 편집을 위한 히트필름(HitFilme)이나 애프터 이펙트(After Effects), 프리미어 프로(Premiere Pro), 파이널 컷 프로(Final Cut Pro) 등의 영상 편집 및 합성 프로그램을 다루기 때문입니다. 여기까지가 다빈치 리졸브와 다빈치 리졸브 스튜디오 버전의 차이점이었습니다.

에필로그 iv

다빈치 리졸브에 적합한 시스템 구축하기

다빈치 리졸브는 맥, 윈도우, 리눅스(무료 버전에서는 불가)의 모든 운영체제(OS)에 작동하는 소프트웨어입니다. 고사양을 필요로하는 리졸브 프로그램 특성상 프로그램을 문제없이 사용하기 위해서는 기본 설정을 잘 해두어야 합니다. 여기에서는 다빈치 리졸브를 사용하기 위한 개인용 컴퓨터(PC)에서의 설정을 어떻게 해야 하는지 살펴보겠습니다. 다빈치 리졸브 가이드에는 추천 메모리(RAM), 쇼핑 리스트, 환경 설정, 하드웨어에 따른 사양 등의 정보들을 소개하고 있으니 잘 참고하기 바랍니다. 예를 들어 애플(Apple)사의 어떤 노트북이 다빈치 리졸브 프로그램을 실행하는데 적합한지 등에 대한 정보를 소개하고 있다는 것입니다. 블랙매직 홈페이지의 다운로드 페이지에는 최신 컨피규레이션 가이드(Configuration Guide)가 있으니 필요한 부분을 찾아 확인해 보면 됩니다. 윈도우즈(Windows)와 리눅스(Linux)를 위한 설명도 있으니 참고하기 바랍니다. 다빈치 리졸브는 키보드, 마우스, 테블렛, 트랙 패드 그리고 트랙 볼을 지원합니다. 어떤 입력 장치를 사용하더라도 우측, 좌측, 중간 클릭이 가능한 입력 장치를 사용해야 합니다. 중간 클릭은 리졸브에서 가장 유용한 단축(조작)키이기 때문입니다. 많은 사용자들은 하나의 장면으로부터의 색보정을 다른 장면으로 복사하는 것이 불편하다고 하는데 이 때 중간 클릭을 사용하면 곧바로 실행이 가능합니다.

다빈치 리졸브 시스템을 위한 하드웨어

다빈치 리졸브를 원활하게 실행하기 위해서는 그래픽 카드의 GPU(그래픽 처리장치)도 중요하지만 보다 중요한 것은 바로 CPU(중앙처리장치)입니다. 그러므로 CPU는 i5 이상을 권장합니다. 또한 풍부한 작업 환경을 구축하기 위해서는 메모리(RAM)의 용량이 많을수록 유리합니다. 일반적으로 다빈치 리졸브의 최소 메모리 용량은 4GB이지만 안정적으로 프로그램을 실행하기 위해서 16GB 이상을 권장합니다. 그래픽(모니터) 해상도는 최소 1440 x 900가 지원되어야 하며, 그래픽 카드는 GPU가 지원되어야 합니다. 만약 GPU가 지원되지 않는다면 실시간으로 재생을 할 수 없을 것입니다. 그러므로 실시간 재생 환경을 향상시키고자 한다면 좋은 그래픽 카드를 사용하십시오.

애플(Apple)사의 맥북(MacBook)이나 아이맥(iMac)을 사용할 것이라면 가장 성능 좋은 그래픽 카드를 권장합니다. 그 이유로는 제품 구매 후 업그레이드가 불가능한 것과 GPU가 좋을수록 메모리(RAM) 용량도 많아지기 때문입니다. 과거에는 엔비디아(NVIDIA) 카드와 쿠다(CUDA) GPU로 한정되었었지만 최근엔 AMD/ATI

카드에서도 실행이 가능해졌습니다. 여기서 한가지 주의할 점은 CUDA와 OpenCL 카드를 겸용해서 사용하면 작동이 되지 않으므로 주의해야 합니다.

다빈치 리졸브 시스템을 위한 모니터

다빈치 리졸브에는 두 종류의 디스플레이가 있습니다. 첫 번째는 색상을 참조하기 위한 레퍼런스 모니터 (Reference Monitor)입니다. 이것은 Rec. 709(*참조)으로 알려진 UHD 색상 공간의 모든 색을 정확하게 표현하는 교정된 디스플레이입니다. 그리고 다른 한 종류는 일반적인 컴퓨터 모니터입니다. 이 디스플레이는 여러분의 데스크톱과 다빈치 리졸브 인터페이스를 보기 위해 사용됩니다. 또한 이후 학습에서 살펴보겠지만 다빈치 리졸브에서는 듀얼 디스플레이를 지원합니다. 레퍼런스 모니터와 컴퓨터 디스플레이의 차이점은 무엇일까요? 우선 레퍼런스 모니터는 영상의 색상을 정확하게 표현하기 위해 디자인되었기 때문에 가격이 비쌉니다. 일반적으로 레퍼런스 모니터들은 수십억 가지의 색상을 표현할 수 있는 12-bit 프로세싱, 10-bit 디스플레이입니다. 이 모니터를 사용하는 가장 큰 이유는 화면의 크기와 색감입니다. 레퍼런스 모니터를 사용하면 100% 정확하게 측정된 색상의 화면을 볼 수 있어 더욱 디테일한 색보정 작업을 할 수 있습니다. 이와 같은 전문 모니터를 사용하게 되면 자신감이 생기는데 컬러리스트에게 있어 자신감은 아주 중요합니다.

Rec.709란 색을 표현할 수 있는 공간으로 1990년도에 처음 소개된 국제 HDTV사의 색역 표준이며, 화면의 가로 세율의 비율은 16:9입니다.

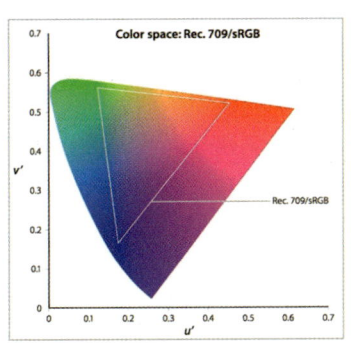

만약 레퍼런스 모니터를 구매할 의사가 있다면 적어도 한가지 이상의 SDI 인풋 또는 HDMI 인풋이 있는 것을 권장합니다. 그것은 RCA와 S-Vedio 인풋으로는 충분하지 않기 때문입니다. 레퍼런스 모니터는 색보정(Calibration) 옵션을 필요로 하거나 Flanders Scientific의 CM 250을 필요로합니다. 이것은 다빈치 리졸브의 출력을 받아 적절한 티비 신호를 디스플레이로 전달하는 블랙매직 하드웨어를 사용하면 됩니다.

대부분의 모니터들은 수십억 개의 색상을 표현하는 10-bit 모니터가 아닌 천육백만(16,000,000) 가지의 색상을 처리하는 8-bit 모니터입니다. 이것은 적은 컨트롤을 가지고 있음으로써 색보정이 훨씬 어렵고, Rec. 709를 표현할 수 있을지도 장담할 수 없게 합니다. 물론 Rec. 709를 표현하더라도 품질이 낮은 구성품들로 인해 색감이 떨어질 확률이 높습니다. 또한 HDMI를 제외하고는 다른 비디오 장치들을 연결하는 입력 장치가 거의 없습니다. 여러분의 모니터가 정확한 색을 표현하는지 알기 위해서는 가장 먼저 미터(Meter)가 필요합니다. 이 도구를 사용하여 모니터가 출력하는 실제 색상들을 측정할 수 있습니다. 그다음엔 미터가 읽어낸 색상들을 정확하게 보여주는 패턴 제너레이터(Pattern Generator)가 필요합니다. 참고로 다빈치 리졸브 12 버전부터는 패턴 제너레이터(Pattern Generator)를 무료로 제공합니다. 마지막으로 색보정(Calibration) 소프트웨어가 필요합니다. 이 소프트웨어는 사용자의 모니터에 어떤 색상들을 손볼 것인지 패턴 제너레이터에 전달합니다. 이 과정들을 통해야 비로소 모니터가 정확한 색상을 표현하는지 알 수 있습니다. 물론 이와 같은 모니터를 사용하지 않더라도 본 도서를 학습하는 데에는 아무런 문제가 없습니다.

다빈치 리졸브 시스템을 위한 컨트롤 서피스

이번에 살펴볼 것은 컨트롤 서피스(Control Surface)입니다. 아래 그림은 블랙매직 디자인에서 제공하는 일체형 제품인데, 이것 외에도 여러 종류의 컨트롤 서피스가 있습니다. 컨트롤 서피스를 통해 조작하고, 레퍼런스 모니터를 보면서 작업을 하면 보다 정확하고 빠른 작업을 할 수 있습니다. 하지만 레퍼런스 모니터와 컨트롤 서피스가 없어도 학습과 작업은 가능합니다. 물론 영상 편집과 색보정 작업을 전문적으로 해야 한다면 이와 같은 장비는 여러분에게 날개를 단 것과 같은 효과를 줄 것입니다.

DaVinci Resolve Guide for Beginner

DVR
다빈치리졸브

PART 01

◀ 시작하기

01 다빈치 리졸브 설치하기
02 학습자료 활용하기
03 프로젝트 파일 불러오기
04 프로젝트 생성 및 관리하기
05 미디어(Media) 페이지 살펴보기
06 미디어 매니지먼트를 이용한 파일 관리
07 인터페이스(Interface) 살펴보기
08 시스템 환경 설정하기

01 다빈치 리졸브 설치하기

본 도서를 통해 학습을 하기 위해서는 다빈치 리졸브를 설치해야 합니다. 소프트웨어를 설치하기 위해서는 먼저 플랙매직 디자인 웨사이트(홈페이지)로 들어가서 다빈치 리졸브 소스트웨어를 다운로드 받을 수 있는 서포트 페이지를 열어야 합니다.

다빈치 리졸브 다운로드 받기

인터넷 주소 입력 필드에서 blackmagicdesign.com을 입력하여 접속한 후 Support 페이지로 들어갑니다. 그 다음 Latest Downloads에서 DaVinci Resolve 17 이상의 버전(Studio 버전 아님) 중 여러 분의 OS(운영체제)에 맞는 프로그램을 선택하여 다운로드 받습니다. 필자는 Windows 버전을 사용할 것입니다.

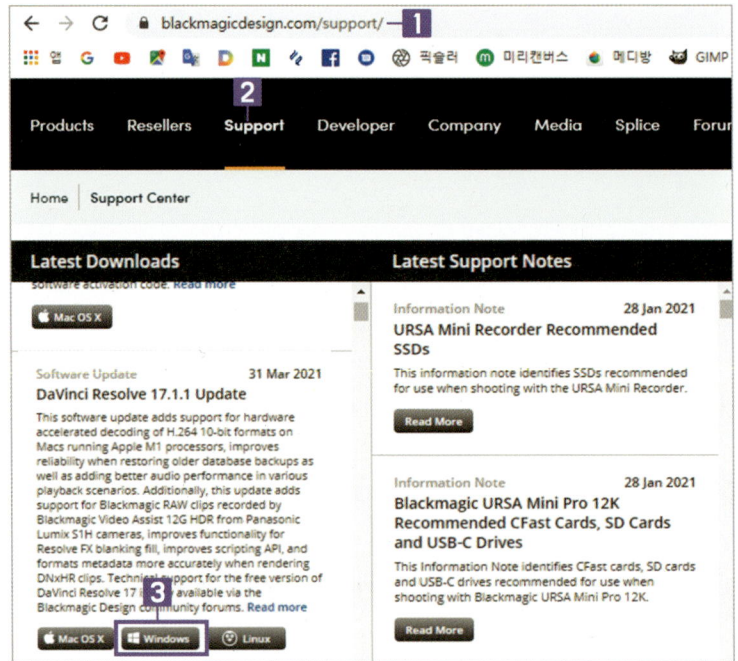

다운로드 받는 사용자 정보를 입력하는 창이 뜨면 **이름과 주소, 이메일, 직업(*표가 붙은 곳은 반드시 기입해야 함)** 등을 입력한 후 아래쪽 Register & Download 버튼을 클릭합니다. 참고로 스튜디오 버전에서는 무료 운영

체제인 리눅스(Linux) 버전까지 다운로드 받을 수 있습니다.

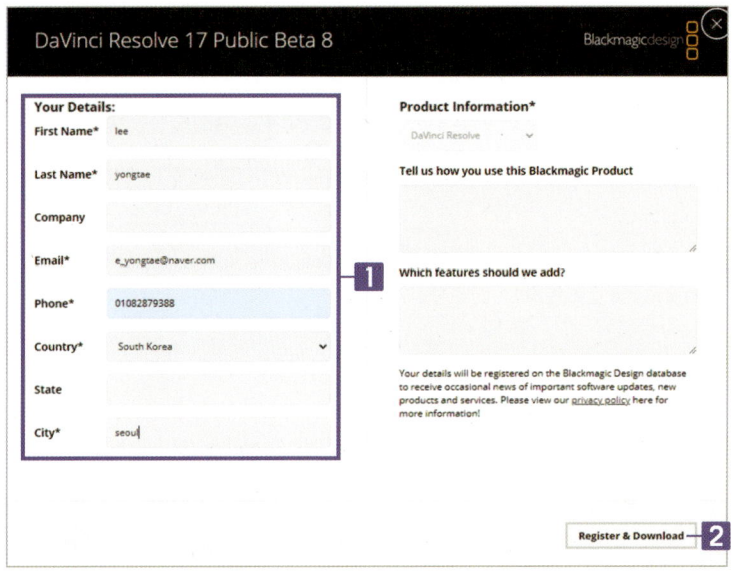

Thanks 창이 뜨면 DaVinci_Resolve_17_Windows.zip 버튼을 클릭하여 다운로드받습니다.

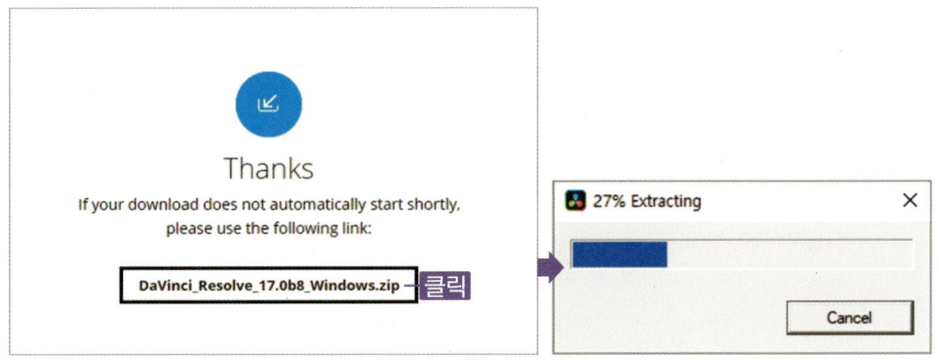

다빈치 리졸브 설치 전에 살펴보아야 할 것들

다빈치 리졸브를 설치하기 위해서는 하드웨어 및 운영체제가 적합한 상태인지 확인해 보아야 합니다. 먼저 운영체제가 64비트 프로세서가 설치되어있는지 확인하기 위해 Windows **검색기**에서 **시스템**이라고 입력한 후 나타나는 메뉴 중 32비트 또는 64비트 버전의 Windows를 사용 중인지 확인 메뉴를 선택합니다. 정보 섹션 창이 열리면 현재 사용자 PC의 장치 사양에 대한 정보가 나타납니다.

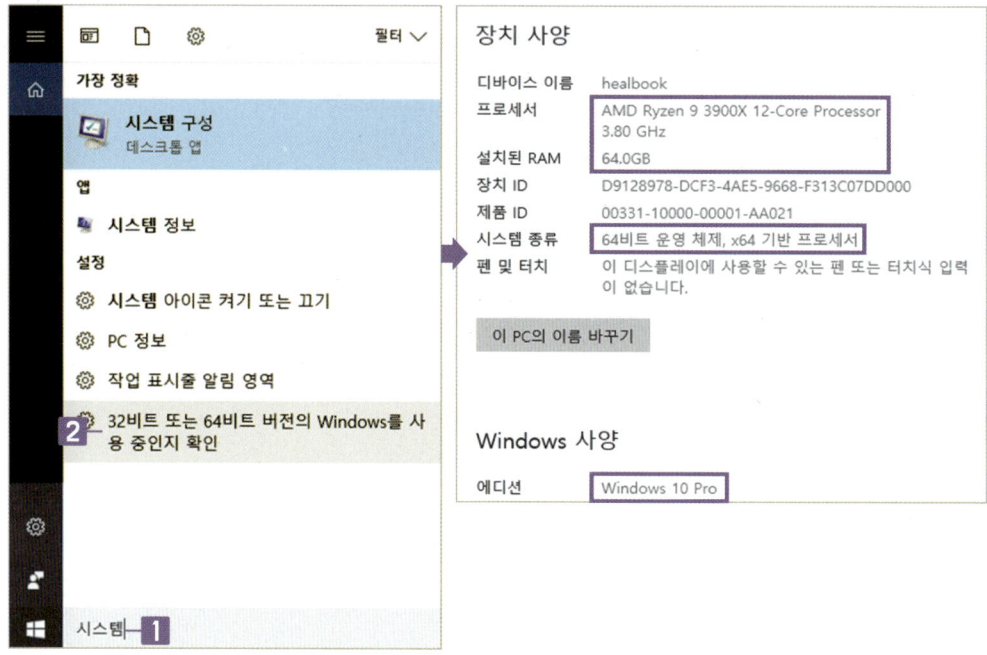

다빈치 리졸브를 정상적으로 설치하기 위해서는 **64비트** 기반의 운영체제인 **Windows 7 또는 10(64비트)**을 권장합니다. 그밖에 원활한 작업을 위해 **인텔 i7(최소 i5) 및 AMD Ryzen 9(최소 7) CPU** 프로세서와 **16GB** 이상의 메모리(RAM)를 사용하기를 권장하며, 또한 듀얼(2개) 모니터를 통해 작업하기를 권장합니다. 참고로 **맥(Mac)** 운영체제에서 다빈치 리졸브를 사용할 경우에는 다음의 표와 같이 **64비트** 기반의 프로세서가 지원되어야 하며, 운영체제 또한 OS X 10.11.4 버전 이상이 설치되어있어야 합니다.

MAC OS
운영체제 MAC OS 10.14.6 Mojave
CPU INTEL i7(최소 i5)
램(메모리) 16GB, 퓨전 사용 시 32GB 이상
그래픽 카드 VRAM 기준 2GB 이상, GPU / OpenCL 지원
블랙매직 디자인 데스크탑 비디오 버전 10.4.1 또는 상위

Windows
운영체제 Windows 10 64비트
CPU INTEL i7(최소 i5) / AMD Ryzen 9(최소 7)
램(메모리) 16GB, 퓨전 사용 시 32GB 이상
그래픽 카드 NVIDIA / AMD / Intel GPU 지원
블랙매직 디자인 데스크탑 비디오 버전 10.4.1 또는 상위

다빈치 리졸브 설치하기

다운로드된 DaVinci_Resolve_17_Windows 압축 파일을 풀어줍니다. 그다음 압축을 푼 폴더로 들어가서 DaVinci_Resolve_17_Windows.exe 파일을 **더블클릭**하여 실행합니다.

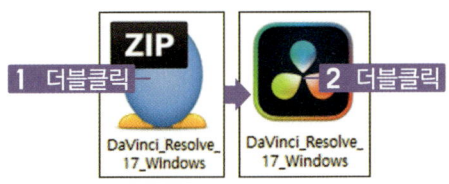

다빈치 리졸브 인스톨러가 열리면 DaVinci Control Panels와 Blackkmagic RAW Player 그리고 Fairlight Audio Accelerator Utility를 해제한 후 Install 버튼을 클릭하여 프로그램 설치를 시작합니다. 해제한 옵션에 해당하는 장치를 사용하지 않는다면 설치 후 프로그램을 실행했을 때 Fairlight Audio 부분에서 멈춰있는 경우가 생기거나 이 옵션 때문에 프로그램 실행이 오래 걸리기 때문에 설치 시 불필요한 옵션은 배제하고 설치하는 것이 좋습니다. 또한 스피커, 마이크 설정 부분도 프로그램 실행에 영향을 줄 수 있기 때문에 꼭 설정을 확인해야 합니다. 오디오 출력과 마이크 입력에 충돌이 생기는 경우, Playback에 딜레이가 생기거나 프로그램 자체가 실행되지 않기도 하기 때문입니다.

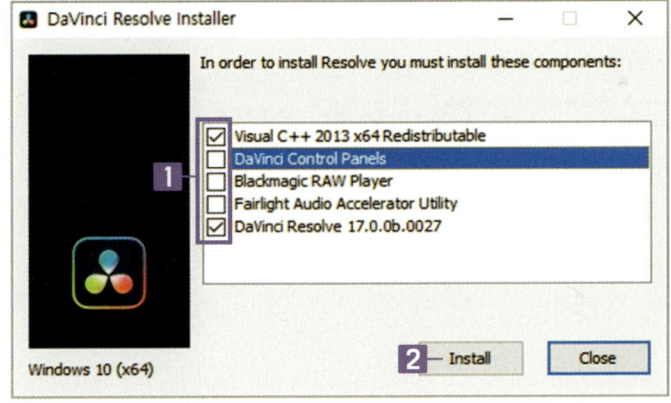

DaVinci Control Panels 다빈치 리졸브 시스템을 위한 블랙매직 컨트롤 서피스를 사용할 때 필요합니다.
Blackmagic RAW Player 편집에 사용되는 동영상 클립이 블랙매직 RAW 코덱인 경우 필요합니다.
Fairlight Audio Accelerator Utility 블랙매직 오디오 액셀레이터 장치를 사용할 때 필요합니다.

Microsoft Visual C++ 2013이 설치된 후 **다빈치 리졸브 셋업** 창이 열리면 Next 버튼을 눌러 설치를 계속 진행합니다. 인스톨이 시작되면 여러 개의 창이 열리게 되는데 대부분 Next 버튼을 클릭하여 다음 과정으로 넘어가면 됩니다. 중간에 라이선스 동의에 대한 창에서는 I accept the terms in the Lincense Agreenent를 **체크**한 후 Next 버튼을 클릭하면 됩니다. 그리고 다빈치 리졸브가 설치될 경로 설정 창에서는 특별한 경우가 아니라면 기본 경로를 그대로 사용하면 됩니다.

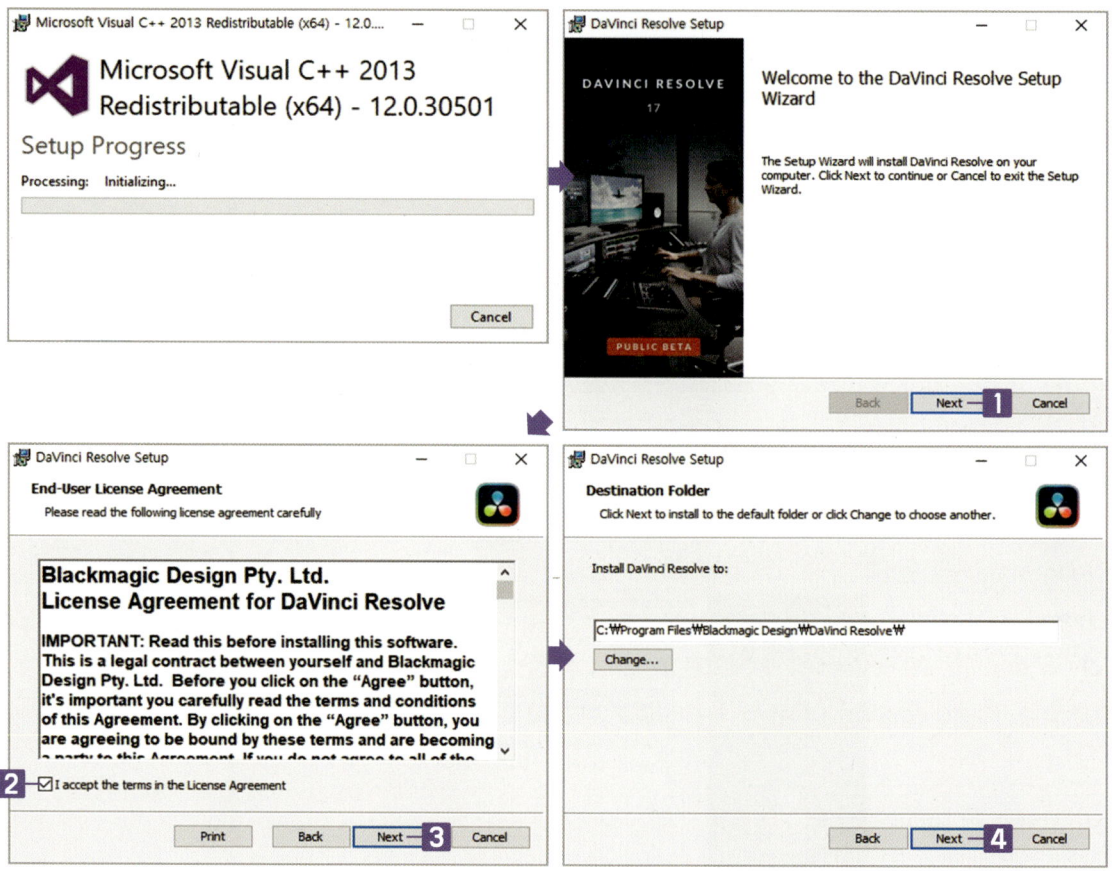

필자는 최신 버전의 리졸브를 다운로드받고 업데이트하는 것을 추천합니다. 업데이트된 소프트웨어는 기존의 버그를 수정하며, 새로운 기능들을 추가하고, 새로운 카메라들을 지원하기 때문입니다.

다음으로 나타나는 창에서는 Install 버튼을 눌러 앞서 설정한 경로(기본 경로)에 설치를 합니다. 설치가 끝나면 Finish 버튼을 눌러 모든 설치를 끝마칩니다. 설치가 정상적으로 됐다는 Installation complete 메시지가 뜨면 **확인** 버튼을 클릭합니다.

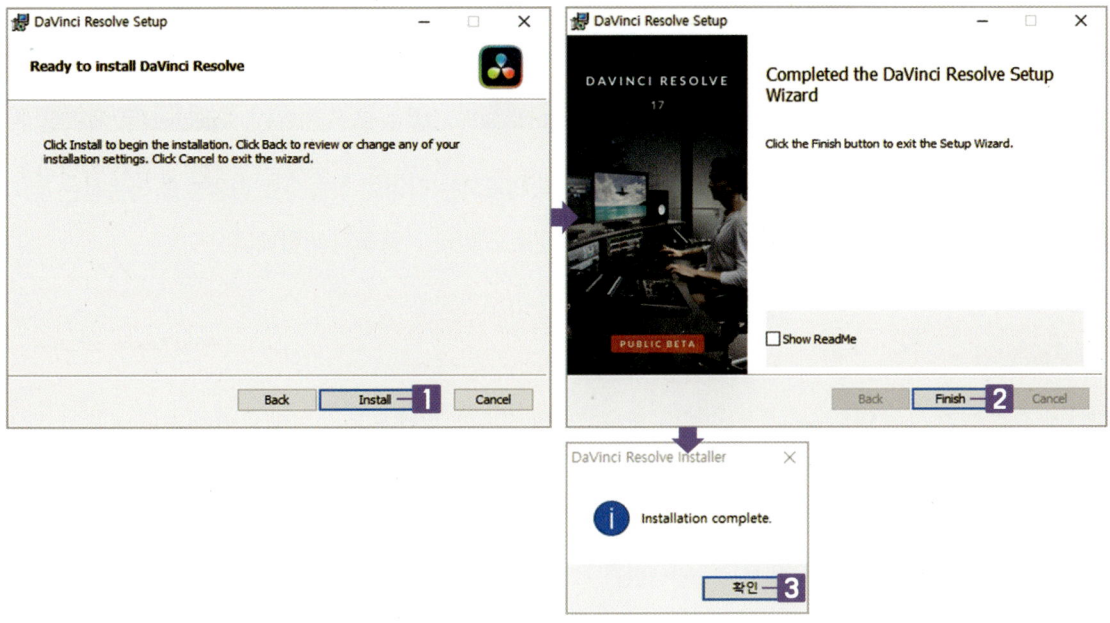

만약 리졸브 17 버전보다 하위 사용자라면 이 과정에서 구버전은 자동(이전 버전을 사용했다면 삭제 옵션을 체크해야 함)으로 삭제된 후 새로운 버전으로 설치됩니다. 그러나 맥(Mac) 사용자라면 어플리케이션 폴더에서 Uninstall Resolve app 파일을 실행하여 먼저 구버전을 삭제해야 합니다. 또한 삭제 후 클린 인스톨(Clean Install)을 원한다면 먼저 Davinci Resolve 폴더를 삭제하고 다음으로 하드디스크 드라이브의 [Library] - [Preferences] - [Blackmagic Design]을 삭제 해줍니다. 때론 사용자들에 한하여 Blackmagic Com Blackmagi Davinci resolve preference lists 파일이 남아 있을 수 있으므로 해당 파일을 찾아 삭제하면 됩니다. 삭제가 끝났으면 마지막으로 휴지통을 비워줍니다.

모든 설치가 끝나면 바탕화면(또는 윈도우 시작 메뉴의 최근에 추가한 앱)에 적용된 **DaVinci Resolve** 바로가기 아이콘을 **더블클릭**하여 실행해 봅니다. 다빈치 리졸브 첫 화면은 다빈치 리졸브 17의 새로운 기능에 대한 소개를 볼 수 있는 화면입니다. 필요하다면 각각의 새로운 기능을 살펴보기 바라며, 여기에서는 프로그램을 실행하기 위해 **계속하기** 버튼을 클릭합니다.

02 학습자료 활용하기

본 도서의 내용을 학습하기 위해서는 힐북 웹사이트에서 제공되는 다양한 학습자료 파일들을 이용하는 것이 좋습니다. 다음의 설명을 참고하여 학습자료 파일을 다운로드 받아 사용하기 바랍니다.

학습자료받기

인터넷 주소 입력 창에 **네몬.com**을 입력하여 웹사이트에 접속한 후 **네몬북** 섹션의 **다빈치 리졸브** 표지 하단의 **학습자료받기**를 클릭합니다. 그러면 **구글 드라이브**가 열리는데, 여기에서 **다운로드** 버튼을 눌러 해당 도서의 학습자료를 받습니다. 참고로 **네몬북** 웹사이트 접속이 원활하지 않을 경우 010 8287 9388로 자료요청 문자를 보내주시면 저자님이 직접 보내드립니다.

압축풀기

학습자료를 다운받았다면 이제 압출을 풀어야 합니다. 압축 파일을 더블클릭하는 것만으로 아주 쉽게 학습자료를 사용할 수 있습니다. 컴퓨터에 압축 소프트웨어인 알집(ALZip)이나 (V3집)과 같은 무료 그램그램을 이용하기를 권장하지만, 만약 여러분이 윈도우 10을 사용한다면 기본적으로 압축을 하거나 풀 수 있는 기능이 있으므로 이 기능을 이용해도 됩니다.

학습자료 폴더 살펴보기

학습자료 폴더에는 다양한 폴더가 마련되어 있습니다. 먼저 [Project] 폴더에는 편집 작업이 진행된 프로젝트 파일들이 들어있습니다. 아마도 프로젝트는 다빈치 리졸브를 처음 사용하는 분들에게 가장 먼저 열어보는 파일이 될 것입니다. 편집 작업을 하거나 사전에 프로젝트 파일을 저장했을 때 이와 같은 프로젝트 파일로 저장됩니다. 그리고 [Video] 폴더는 학습에 사용될 비디오(영상) 파일들이 들어있습니다. 실제 학습을 할 때 가장 필요한 파일들입니다. 이와 같은 파일은 푸티지(Footage)라고도 하며, 다빈치 리졸브에 불러온 파일은 클립(Clip)이라고 합니다. 그밖에 [Audio] 폴더는 다양한 사운드 파일들이 들어있으며, 그밖의 폴더에는 폴더명에 해당되는 파일들이 준비되어있습니다. 이 파일들은 앞으로 해당 학습을 위해 사용될 것입니다.

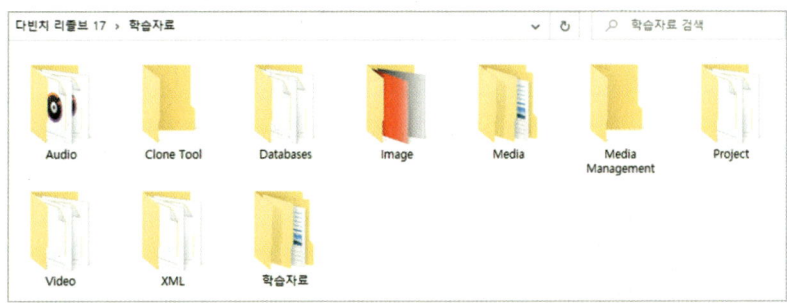

생생노트 | 다빈치 리졸브 동글(Dongle) 사용자를 위한 데스크탑 비디오

다빈치 리졸브 사용자 중 만약 **동글(Dongle)** 사용자라면, 블랙매직 디자인 사이트에 있는 최신 버전을 반드시 다운로드 받기를 추천합니다. 그리고 블랙매직 장비 사용자라면, 아래 그림처럼 가장 최신 버전의 **데스크톱 비디오(Desktop Vedio)**를 다운받아 리졸브가 그 장비를 인식할 수 있도록 해주십시오. 데스크톱 비디오는 앞서 프로그램을 다운로드 받은 Latest Downloads에서 받을 수 있습니다.

다빈치 리졸브를 실행하기에 앞서 **맥(Mac)** 사용자인 경우 **[System Preferences] - [Cuda Control Panel]**로 가서 최신 버전으로 업데이트가 되어있는지 확인하기 바랍니다. 만약 **엔비디아(NVIDIA)** 그래픽 카드를 사용하지 않는 사용자라면 **쿠다 컨트롤 패널(Cuda Control Panel)**이 없을겁니다. 하지만 이 것이 없다고 해서 이상이 있는게 아니므로 걱정할 필요는 없습니다. 그리고 NVIDIA 카드 사용자라면 항상 Cuda Control Panel을 **업데이트**하기를 권장합니다.

03 프로젝트 가져오기

본격적인 학습에 앞서 다빈치 리졸브의 간단한 사용법과 기능 설명 그리고 새롭게 달라진 기능 등과 같은 설명을 위해 학습자료 폴더에 준비된 프로젝트 및 파일들을 불러와야 합니다. 프로젝트 파일을 불러올 때 작업에 사용된 파일들의 위치가 바뀌었다면 불러오는데 문제가 발생됩니다. 이번 학습에서는 이러한 문제 해결 등 전반적인 부분에 대하여 살펴보겠습니다.

프로젝트 파일 불러오기

프로젝트 파일을 불러오기 위해 먼저 다빈치 리졸브를 실행합니다. 그러면 가장 먼저 프로젝트 매니저(Project Manager)라는 설정 창이 열립니다. 프로젝트 매니저에는 언타이틀 프로젝트(Untitled Project)라는 이름의 프로젝트 미리보기 아이콘 하나가 보일 것입니다. 우리가 아직 아무런 작업(프로젝트)을 하지 않았기 때문입니다. 일단 아무것도 건들지 말고 프로젝트 매니저 빈 곳에서 [**우측 마우스 버튼**] - [Import Project] 메뉴를 선택합니다.

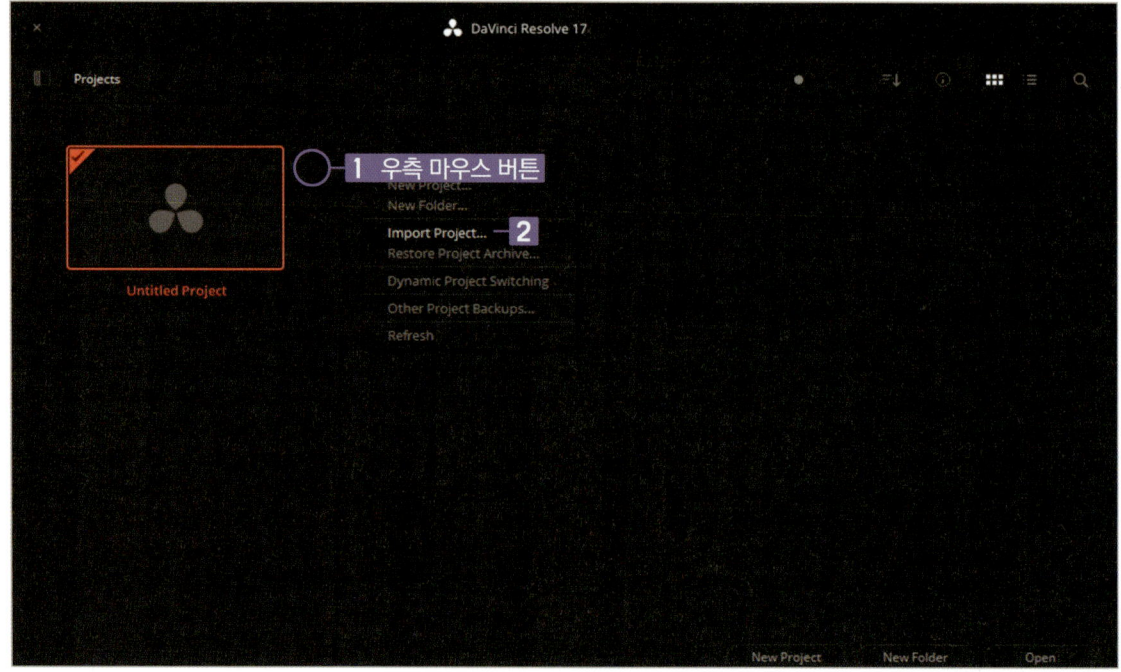

다운로드 받은 **학습자료** 폴더로 들어갑니다. 그다음 Project 폴더로 들어간 후 Salad Days란 이름의 프로젝트를 선택하고 Open 버튼을 클릭하여 불러옵니다.

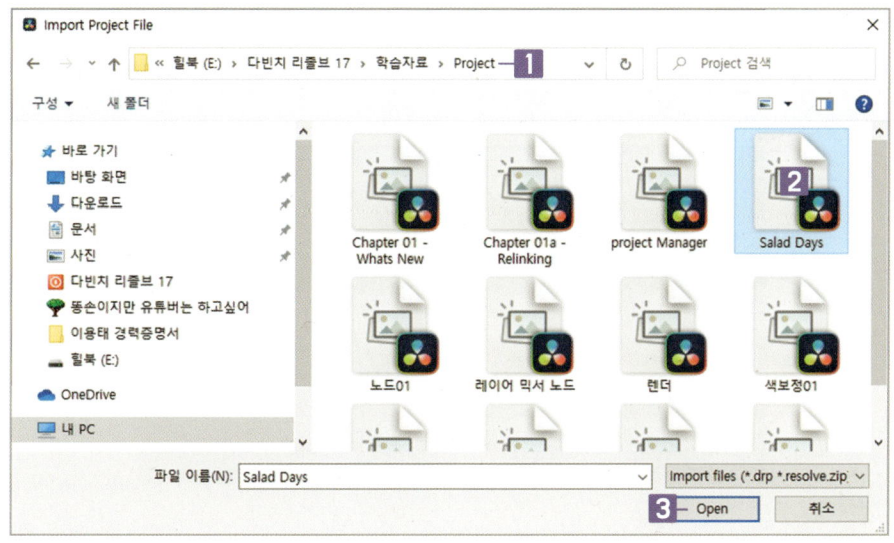

프로젝트 실행하기

프로젝트 매니저가 열리면 앞서 선택한 **셀러드 데이즈**(Salad Days) 프로젝트의 미리보기 섬네일 아이콘이 나타납니다. 이제 이 프로젝트 섬네일 위에서 [**우측 마우스 버튼 클릭**] - [Open] 메뉴를 선택하거나 프로젝트 섬네일을 **더블클릭**하여 프로젝트를 열어줍니다.

깨진 미디어 파일 새롭게 연결하기

셀러드 데이즈의 프로젝트가 실행되면 미디어 페이지의 미디어 풀 패널에 해당 프로젝트에 사용된 미디어 파일들이 나타납니다. 그런데 정상적인 모습이 아니라 **빨간색**을 띤 상태로 나타나는 것을 알 수 있습니다. 이것은 셀러드 데이즈 프로젝트를 작업했을 때 사용된 미디어 파일들의 경로가 달라졌기 때문입니다.

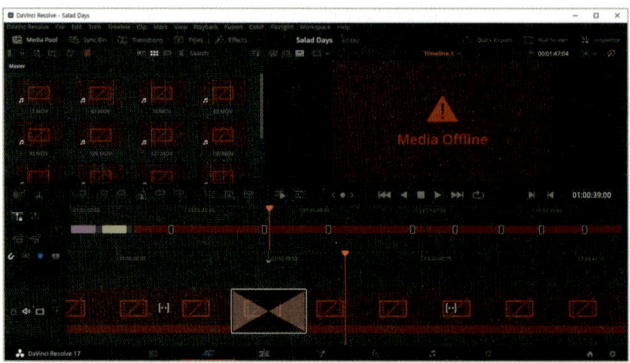

작업을 하다 보면 처음 사용했던 미디어 파일들의 경로를 다른 곳으로 옮겨놓아야 할 경우가 생깁니다. 이 때 사용된 미디어 파일들의 경로가 원래의 경로와 같지 않게 되면 위와 같이 경로가 깨진 상태로 처리되기 때문에 정상적인 작업을 위해서는 깨진 미디어 파일들의 경로를 다시 **연결(Link)**해 주어야 합니다.

먼저 깨진 하나의 파일을 다시 연결해 보겠습니다. 연결하고자 하는 미디어 클립(장면)에서 [**우측 마우스 버튼**] - [Relink Selected Clips…]를 선택합니다. 참고로 같은 메뉴의 아래쪽 Change Source Folder…는 작업에 사용되는 미디어 파일들의 폴더째로 바꿔 줄 때 사용되는 메뉴입니다.

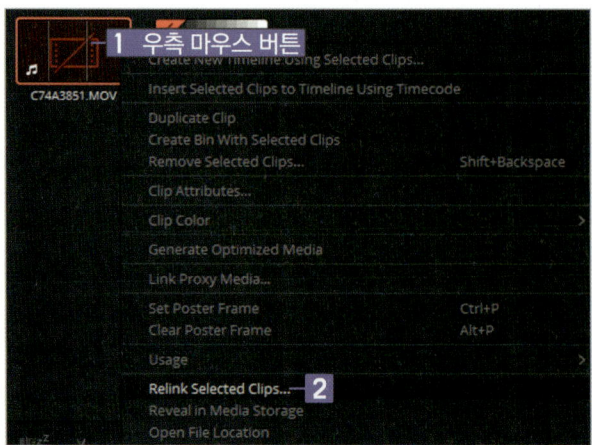

계속해서 **실렉트 소스 폴더**(Select Source Folder) 창이 열리면 학습자료 폴더에서 앞서 선택한 미디어 클립이 들어있는 Video 폴더를 선택한 후 OK 버튼을 눌러 깨졌던 미디어 클립을 다시 링크합니다. 링크된 미디어 클립을 확인해 보면 이제야 정상적인 모습으로 바뀐 것을 알 수 있습니다. 참고로 선택된 클립, 즉 장면은 위쪽 뷰어(Viewer)에서도 볼 수 있습니다.

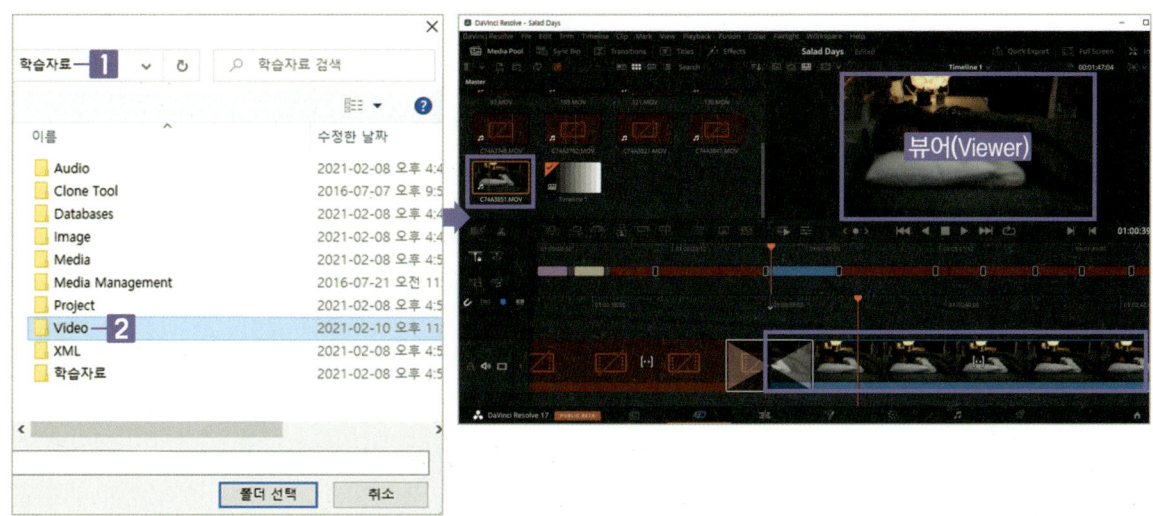

위와 같은 방법을 통해 깨진 미디어 클립을 다시 링크할 수 있습니다. 물론 사용된 각각의 파일들이 서로 다른 폴더에 있다면 개별적으로 링크를 해야 하겠지만, 하나의 특정 폴더에 모든 파일들이 있다면 링크 시 파일을 **모두 선택**(Ctrl + A)한 후 앞서 살펴보았던 [우측 마우스 버튼] - [Relink Selected Clips…] 메뉴를 선택하여 해당 Video 폴더를 지정해 주면 됩니다.

깨졌던 모든 미디어 파일을 다시 링크한 후의 모습을 보면 처음 프로젝트를 열었을 때와는 다르게 모든 파일들이 정상적으로 나타나는 것을 알 수 있습니다. 이렇듯 파일의 경로가 바뀌어서 깨진 경로는 **리링크 실렉트 클립(Relink Selected Clips)**을 통해 해결할 수 있다는 것을 기억하십시오. 또한 리링크한 작업은 [File] - [Save Project] 또는 단축키 Ctrl + S를 눌러 저장해두어야 다음에 다시 사용할 때 문제가 발생되지 않습니다.

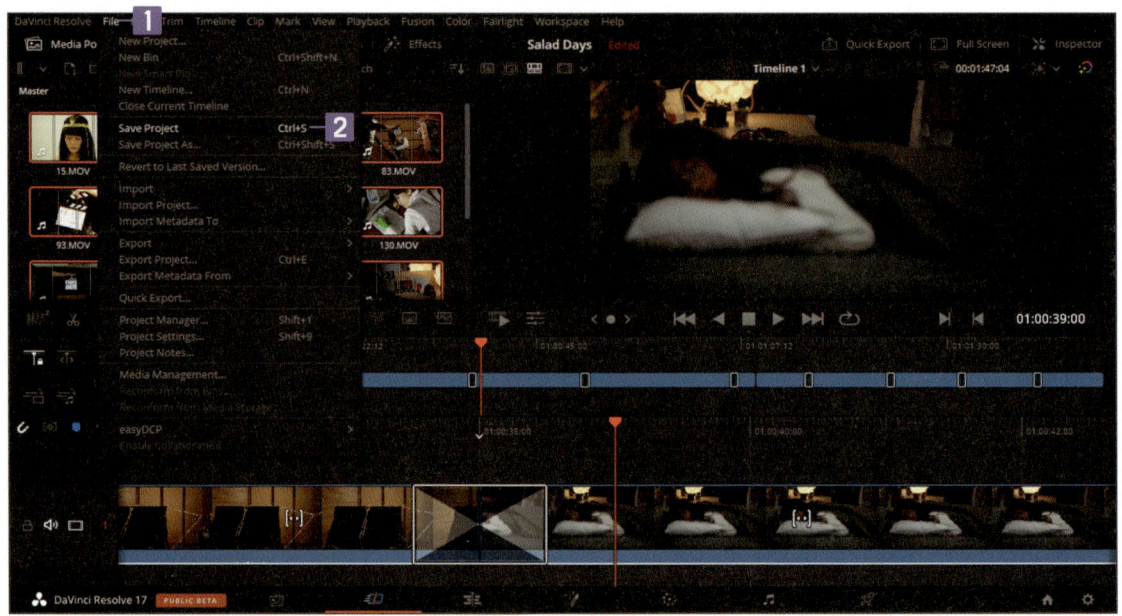

영화 [샐러드 데이즈]는... Salad Days는 2016 한주예슬 설치미술가/영화감독이 제작한 독립영화입니다. 감독은 이 영화를 괴기하면서 사랑스러운 젊은 나날의 초상. 셰익스피어의 안토니와 클래오파트라의 대사에서 영감을 받았다고 한다.

04 프로젝트 생성 및 관리하기

다빈치 리졸브를 이해하려면 가장 먼저 리졸브가 어떤 방식으로 데이터베이스, 유저, 그리고 프로젝트를 관리하는지 이해해야 합니다. 이번 학습에서는 리졸브 17 버전의 기본 데이터베이스를 어떻게 관리하는지와 프로젝트 설정 및 저장 등에 대해 알아보겠습니다. 블랙매직은 사용자들에게 디스크 기반의 데이터베이스를 사용하는 것을 권장합니다. 그 이유는 리졸브는 데이터베이스를 옮기거나 자동으로 백업하여 저장하기 쉽게 설계된 소프트웨어이기 때문입니다.

디폴트 데이터베이스 관리하기(디스크 기반)

다빈치 리졸브를 처음으로 실행하면 프로젝트 매니저(Project Manager) 창이 뜹니다. 이것은 새로운 개인 사용자 모드로써 구버전 리졸브 사용자들에게는 헷갈릴 수 있습니다. 리졸브 17 버전부터는 새로운 데이터베이스(프로젝트가 생성됐을 때의 모든 데이터 파일)를 자동으로 생성하지만 어딘가에 숨겨놓습니다. 그렇기에 우선적으로 그 데이터베이스들이 어디에 위치하는지를 알아보아야 합니다. 먼저 다빈치 리졸브를 실행합니다. 리졸브 로고가 나타난 후 프로젝트 매니저 창이 열릴 것입니다.

▲ 스타트 로고 이미지는 실행할 때마다 달라짐

프로젝트 매니저의 우측 상단에 있는 **Show/Hide Databases** 버튼을 선택합니다. 좌측에 **Local Database**가 열리면 새로운 호스트(경로)를 설정하기 위해 데이터베이스 매니저 창 아래쪽에 있는 **New Database** 버튼을 클릭합니다. 참고로 기본적으로 사용되는 호스트는 위쪽 Local Database를 통해 확인할 수 있습니다.

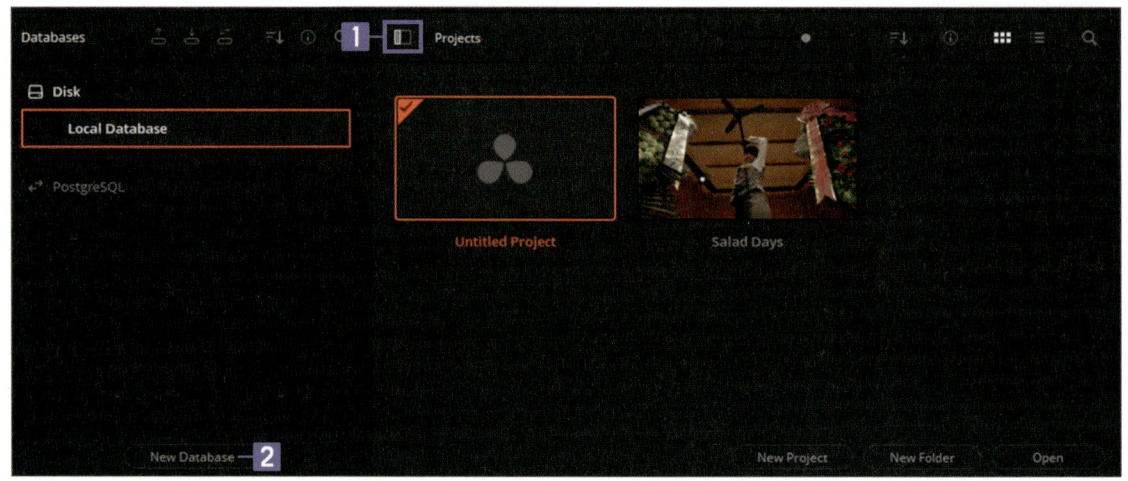

기본적으로 **윈도우즈**의 데이터베이스 호스트는 [C] - [ProgramData] - [Blackmagic Design] - [DaVinci Resolve] - [Support] - [Resolve Disk Database]이며, **맥(Mac)**에서는 [Macintosh HD] - [Library] - [Application Support] - [Blackmagic Design] - [Davinci Resolve] - [Resolve Disk Database]입니다. 자동화된 소프트웨어는 이 위치를 잘 찾지 못합니다. 그러므로 이 디스크 데이터베이스를 자동화된 소프트웨어가 찾을 수 있는 위치로 설정하는 것이 필요합니다.

New Database 창이 뜨면 Disk 항목의 Location의 Browse(경로) 버튼을 클릭하여 새로운 경로를 찾아줍니다. 필자는 바탕화면에 **다빈치 리졸브**란 이름의 폴더를 생성한 후 호스트 경로로 지정했습니다. 이제 Name에서 적당한 이름(영문 소문자)을 입력한 후 새로운 데이터베이스를 생성하기 위해 Create 버튼을 클릭해 줍니다. 참고로 **섬네일(Thumbnail)**은 해당 호스트에 대한 섬네일(일종의 프로필 이미지)을 적용할 수 있습니다.

새로운 호스트가 생성됐다면 이제 새로 추가된 davinci 호스트 위에서 [우측 마우스 버튼] - [Open File Location]을 선택합니다. 그러면 앞서 바탕화면에 만들어놓은 **다빈치 리졸브** 폴더 안에 Resolve Projects라는 폴더가 자동으로 생성되어 있을 것입니다. 우리가 데이터베이스의 이름을 뭐라고 사용하든 간에 다빈치 리졸브는 이를 Resolve Projects라는 이름으로 만들어줍니다. 그러므로 헷갈리지 않기 위해 사용자들은 항상 데이터베이스가 저장될 폴더를 따로 생성하여 그곳에 저장해야 합니다. 만약 같은 폴더 안에 여러 개의 데이터베이스들을 저장할 경우, 데이터베이스 파일의 이름이 모두 Resolve Projects로 저장되기 때문에 이를 방지하기 위해서 각 데이터베이스를 다른 폴더에 저장해야 하는 것입니다.

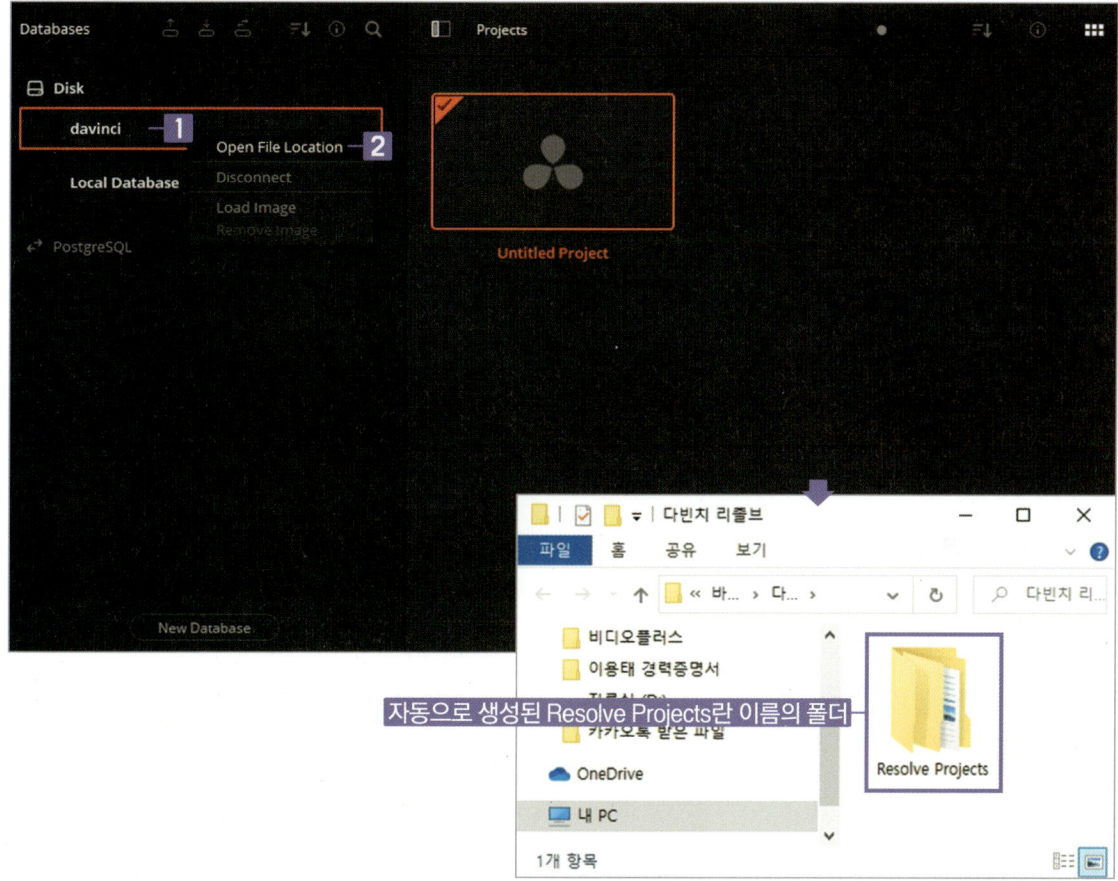

이번엔 Resolve Projects 폴더 안을 살펴보겠습니다. 해당 폴더를 **더블클릭**하여 열어보면 리졸브 프로젝트 폴더에는 **Settings**과 **Users** 폴더가 있습니다. 또한 유저 폴더 안에는 **Admin**과 **Guest** 폴더가 있어 계층별로 구분됩니다. 이것이 디스크 데이터베이스의 기초입니다. 여러분은 이제 어떻게 데이터베이스를 관리할 것인지 생각해 보아야 할 것입니다. 필자는 개인적으로 Dropbox(드롭박스)에 다빈치 리졸브 디스크 데이터베이스를 저장합니다. 클라이언트(고객)들에게 쉽게 데이터베이스를 보여주거나 공유할 수 있기 때문입니다. 그러면 헷갈릴 일도 없고 업무를 더 효율적으로 처리할 수 있습니다. 물론 이것은 필자만의 방법이긴 하지만 여러분들도 이 것을 미리 생각해두어 필자와 같이 효율적으로 업무를 진행하기를 권장합니다. 만약 같은 데이터베이스를 여러 사람과 공유하고 싶다거나 **다빈치 리졸브 구버전** 사용자로써 **멀티 유저(Multi-User)**를 계속 사용하고 싶다면 다음 학습을 참고하십시오.

프로젝트 생성 및 관리하기

앞서 데이터베이스를 어떻게 생성하고 관리하는지에 대해 배웠습니다. 이번 학습에서는 프로젝트(Project)를 생성하고 관리하는 방법에 대해 살펴보겠습니다. 다빈치 리졸브에서의 프로젝트 생성은 자주 사용하는 프로젝트를 미리 만들어 놓은 후 필요할 때 마다 선택하여 사용하는 방식입니다.

다빈치 리졸브가 실행되지 않았다면 다시 실행하십시오. 그러면 새로운 데이터베이스를 생성할 때마다 프로젝트 매니저 창에는 항상 Untitled Project라는 이름의 프로젝트를 보게 될 것 있습니다. 또한 이 프로젝트를 잘 살펴보면 Untitled Project 좌측 상단이 **주황색 삼각형**이 있고 체크 표시가 하이라이트되어있는 것을 확인할 수 있습니다. 이 표시는 현재 해당 **프로젝트**가 **실행 중**이라는 뜻입니다.

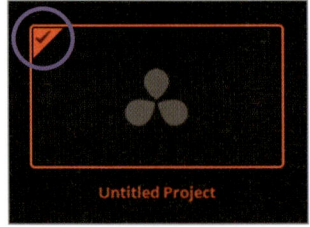

이제 우측 하단에 있는 New Project 버튼을 클릭하여 새로운 프로젝트를 생성합니다. 그다음 Create New

Project 창이 뜨면 사용할 프로젝트 **이름(프로젝트1)**을 입력한 후 Create 버튼을 클릭하십시오. 이것으로 새롭게 생성된 프로젝트는 기본적으로 존재했던 Untitled Project를 **덮어 씌었**을 것이며, 방금 생성한 프로젝트가 열리게 될 것입니다.

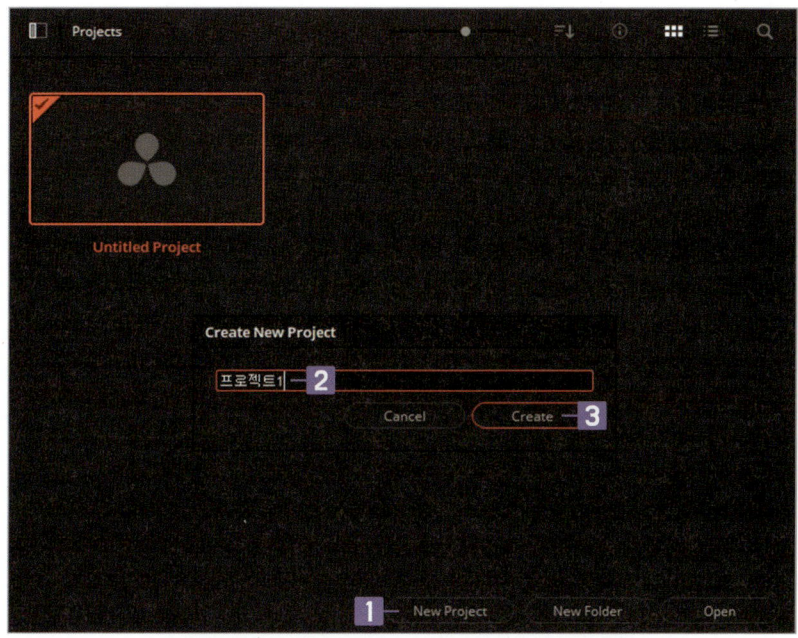

계속해서 또 다른 프로젝트를 생성하고 싶다면 [File] - [New Project] 메뉴를 선택하면 되는데, 현재 생성된 프로젝트를 저장하지 않으면 현재 프로젝트를 덮어 씌우게 됩니다. 그러므로 기존 프로젝트는 그대로 두고 새로운 프로젝트를 생성하고자 한다면 [File] - [Save] 메뉴를 통해 저장한 후 새로운 프로젝트를 생성하십시오.

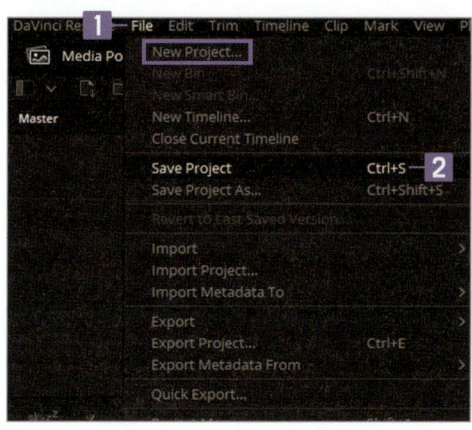

다시 바탕화면에 만들어놓은 **다빈치 리졸브 폴더**의 [Resolve Projects] - [Users] - [guest] - [Projects] 폴더를 보면 방금 저장된 **프로젝트1** 폴더가 생성된 것을 할 수 있습니다.

여기서 프로젝트에 대한 세부 설정을 해보겠습니다. 현재 사용되고 있는 프로젝트1의 풀다운 메뉴에서 [File] - [Project Settings]를 선택합니다.

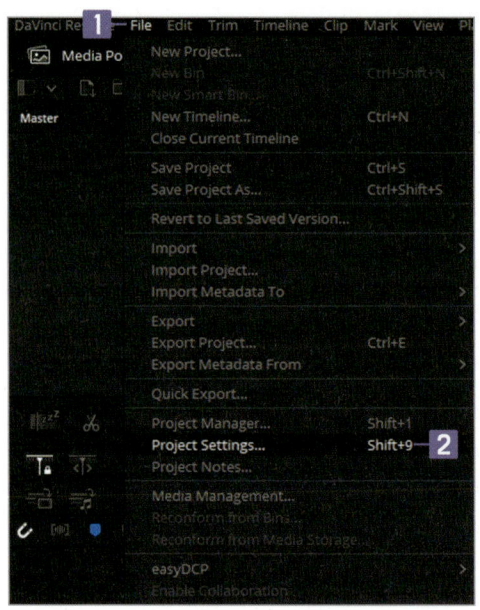

프로젝트 세팅 창이 열리면 Master Settings 카테고리에서 사용하고자 하는 프로젝트 규격을 설정하면 됩니다. 일반적으로 Timeline resolution을 통해 **작업 화면 비율(크기)**, Timeline frame rate를 통해 초당 사용되는 **프레임 개수** 등을 설정하게 됩니다. 설정이 끝나면 아래쪽 Save 버튼을 클릭하여 새롭게 설정된 프로젝트 속성을 저장하면 됩니다. 최근에는 **유튜브 콘텐츠** 기준 화면 비율은 1920 x 1080, 프레임 개수는 **30프레임**을 가장 보편적으로 사용합니다.

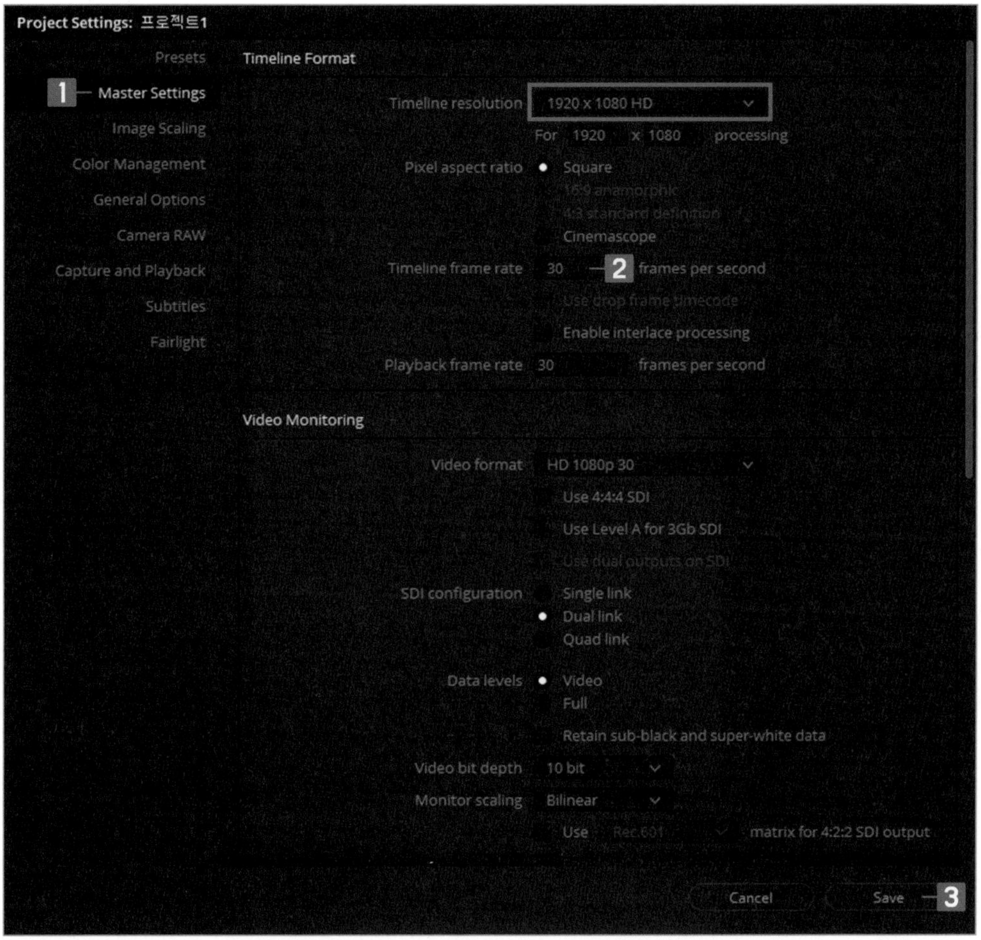

이번엔 생성한 프로젝트를 폴더 속에 정렬하는 방법에 대해 알아봅니다. 먼저 [File] - [Project Manager] 메뉴를 선택하여 프로젝트 매니저를 다시 열어줍니다.

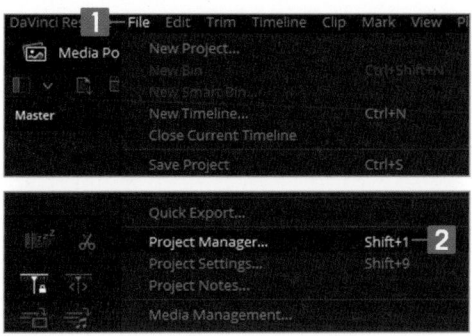

프로젝트 매니저가 열리면 오른쪽 하단의 New Folder 버튼을 클릭하여 Create New Folder 창에서 **아카이브**란 이름의 폴더를 생성합니다.

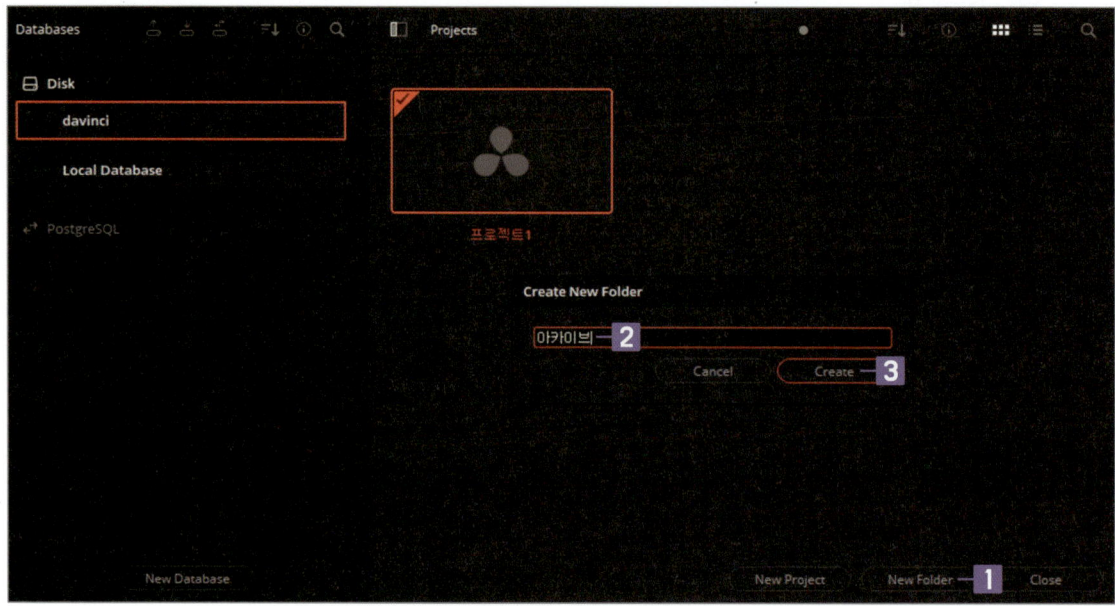

이제 새롭게 생성된 **아카이브** 폴더에 원하는 프로젝트를 **끌어다(클릭 & 드래그)** 놓을 수 있습니다. 하지만 주황색으로 하이라이트된, 즉 현재 작업 중인 프로젝트는 이동이 불가능하다는 점 유의하기 바랍니다. 이렇듯 폴더를 이용하면 각각의 프로젝트들을 체계적으로 관리할 수 있습니다.

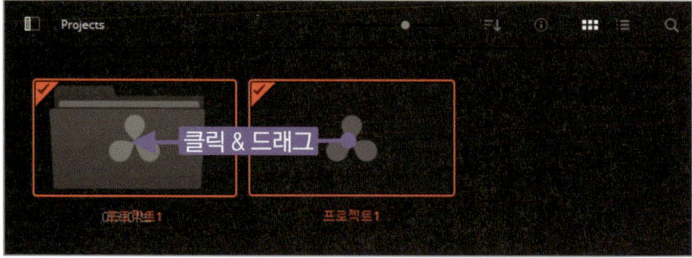

폴더 밖으로 나오기 위해서는 프로젝트 매니저 상단에 Projects / **아카이브** 표시 중 상위 위치에 있는 **Projects**를 클릭하면 됩니다. 그리고 프로젝트를 다시 폴더로부터 꺼내고 싶다면 꺼내고자 하는 프로젝트에서 **[우측 마우스 버튼] - [Cut]** 메뉴를 선택 한 후 밖으로 나와 다시 **[우측 마우스 버튼] - [Paste]** 메뉴

를 선택해 주면 됩니다. 이 방법이 조금은 불편할 수 있지만 현재까지는 프로젝트를 폴더로부터 꺼낼 수 있는 유일한 방법이니 기억해두기 바랍니다. 또한 생성한 폴더나 프로젝트를 삭제하고 싶다면 삭제하고자 하는 곳에서 **[우측 마우스 버튼] - [Delete]** 메뉴를 선택하면 됩니다.

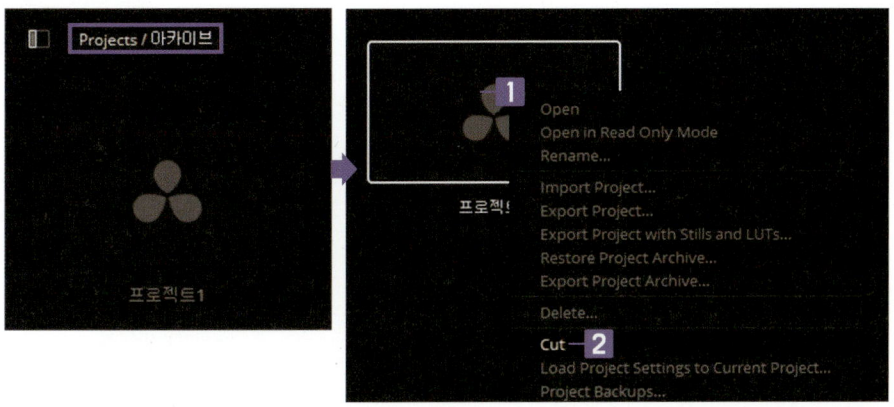

반드시 알아야 할 그밖에 기능들

프로젝트 매니저에서 할 수 있는 작업 중에는 반드시 알아야 할 몇 가지 기능들이 있습니다. 이 기능들을 통해 현재 사용되는 프로젝트를 다른 경로로 저장 및 불러올 수 있으며, 프로젝트를 검색하거나 프로젝트가 실행된 후에도 다시 프로젝트 매니저를 열어줄 수 있는 작업의 효율성을 높여주기 위한 것들입니다.

검색기 사용하기

프로젝트 매니저의 오른쪽 상단을 보면 돋보기 아이콘 모양의 검색기가 있는데, 이 검색기를 통해 특정 폴더나 프로젝트 이름을 입력하여 찾아 실행할 수 있습니다.

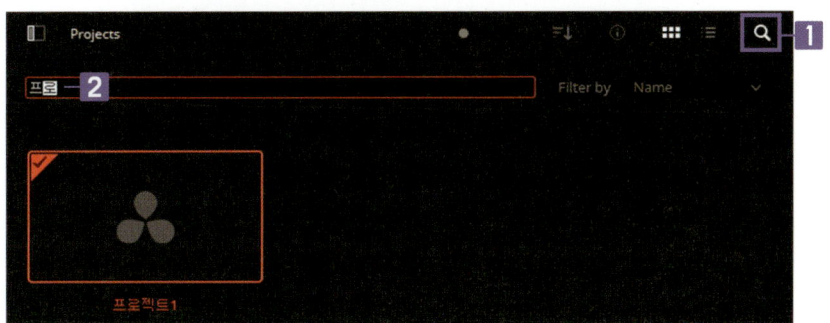

아이콘 크기 조절하기

계속해서 오른쪽 상단에는 몇 가지의 유용한 기능들이 더 있습니다. 왼쪽에 있는 슬라이더를 좌우로 조절하면 아이콘의 크기가 조절됩니다. 그리고 아이콘이나 목록을 다양한 방식으로 정렬시킬 수도 있는데 방법은 슬라이더 옆에 있는 정렬 방식을 이용하는 것입니다.

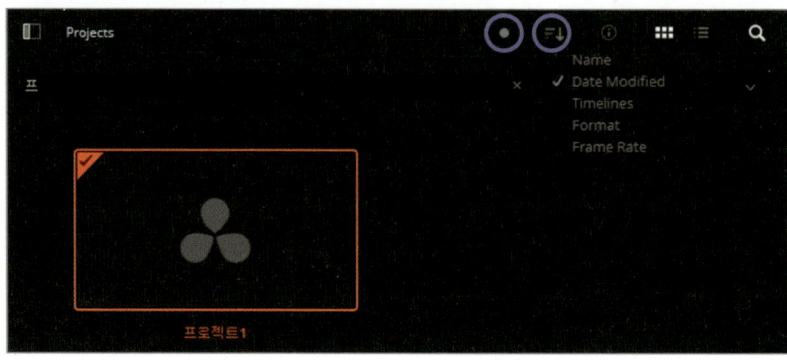

프로젝트 내보내고/불러오기

프로젝트 매니저에 등록된 프로젝트는 다른 경로로 저장(일종의 복사본을 만듦)할 수 있으며, 또한 외부에 있는 프로젝트 및 폴더를 불러올 수도 있습니다. 이와 같은 작업을 하기 위해 특정 프로젝트에서 [우측 마우스 버튼] - [Export Project] 또는 [Import Project] 메뉴를 사용하면 됩니다.

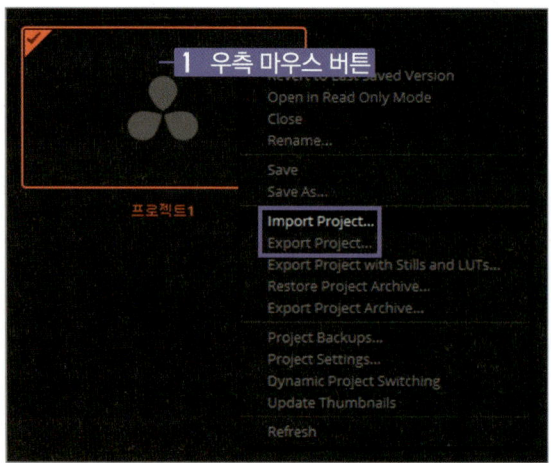

프로젝트 전환하기

다빈치 리졸브는 프로젝트가 실행 중일 때에도 다른 프로젝트로 전환할 수 있습니다. 인터페이스 오른쪽 하단을 보면 집(Home) 모양의 아이콘인 **Project Manager**가 있습니다. 이 아이콘을 클릭하면 메뉴를 사용하지 않고도 간편하게 프로젝트 매니저를 열어줄 수 있습니다.

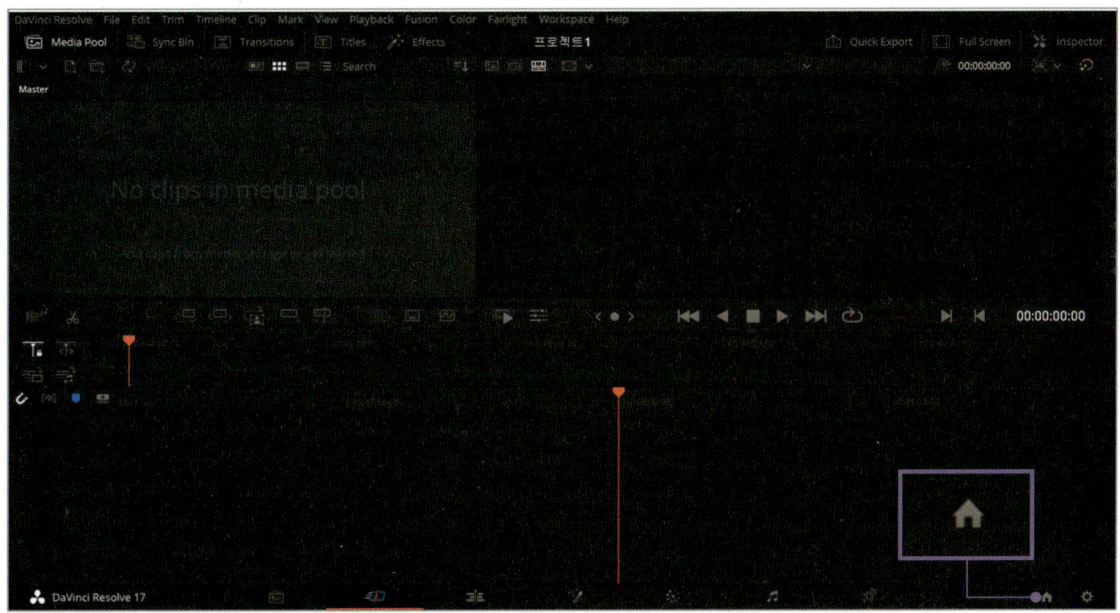

프로젝트 재설정하기

다빈치 리졸브 인터페이스(작업 창) 오른쪽 하단에는 프로젝트 매니저를 열어주는 기능 외에도 프로젝트를 재설정할 수 있게 해주는 톱니 모양의 아이콘인 **Project Settings**이 있습니다. 만약 작업 중 프로젝트 설정을 다시 하고자 한다면 이 기능을 이용하십시오.

05 미디어(Media) 페이지 살펴보기

이번 학습에서는 미디어(Media) 페이지에 대해 살펴보겠습니다. 인터페이스 아래쪽의 **Media** 버튼을 클릭하여 미디어 페이지로 전환한 후 좌측 상단에 있는 **미디어 스토리지(Media Storage)**를 통해 사용하고자 하는 파일을 찾아줍니다. 준비된 **학습자료** 폴더를 선택하면 됩니다. 아직까지는 폴더(미디어 파일)들이 **미디어 풀(Media Pool)** 패널 안에 적용되어있지 않다는 것을 확인할 수 있습니다. 영상을 편집을 하기 위해서는 미디어 풀 안에 미디어 파일이 적용되어있어야 합니다.

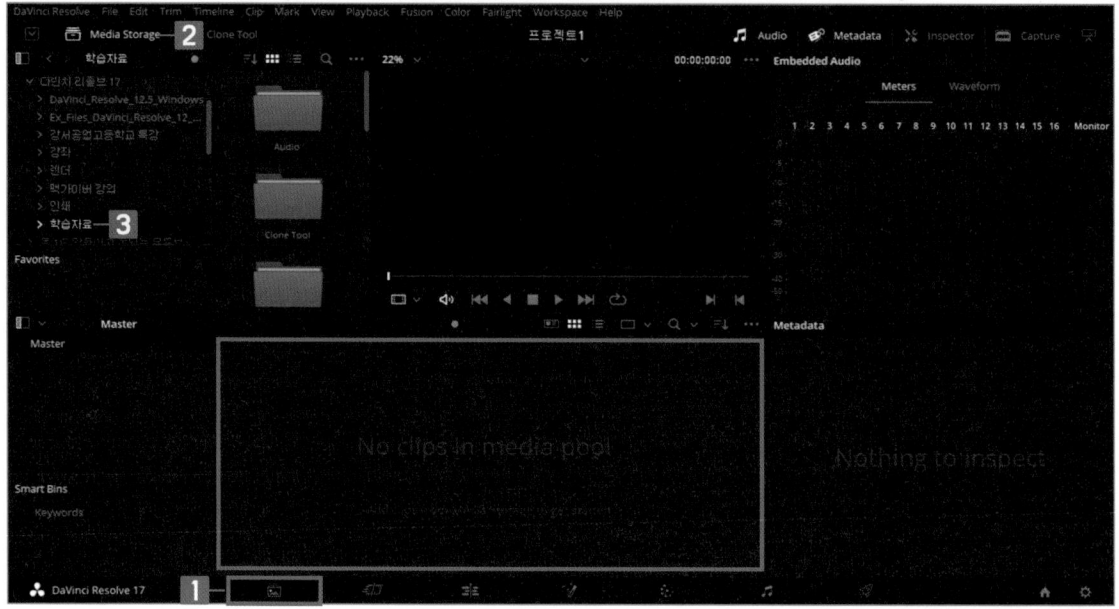

미디어 풀(Media pool) 패널에 폴더 및 비디오 파일(클립) 적용하기

미디어 풀은 작업에 사용될 미디어 파일을 적용하는 곳입니다. 그러므로 작업에 사용될 미디어들은 이곳에 미리 갖다놓아야 합니다. 미디어 풀에 파일을 적용하는 방법은 몇 가지가 있는데, 일반적으로 사용하는 방법은 메뉴가 아닌 파일(비디오 클립)을 **직접 끌어다 적용**하는 것입니다. 이와 같은 방법도 두 가지로 구분됩니다. 첫 번째는 미디어 파일을 **직접** 적용하는 방법과 두 번째는 **폴더째**로 적용하는 방법입니다. 폴더째로 적용하게 되면 폴더 안에 있는 모든 미디어 클립들이 미디어 풀에 한꺼번에 적용됩니다.

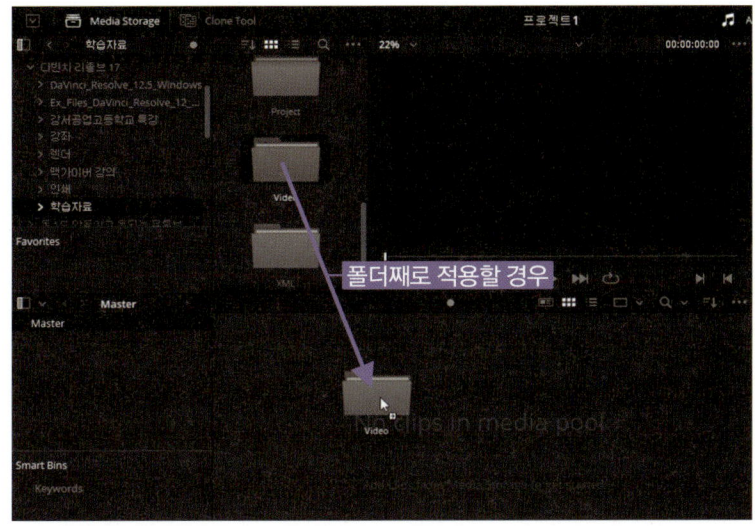

두 번째로 파일을 직접 적용할 때 현재 프로젝트 속성과 적용되는 비디오 파일의 속성(프레임 레이트)이 다를 경우엔 The clip(s) have a different frame rate than the current project settings란 메시지가 뜹니다. 만약 현재 프로젝트 속성에 맞출 것이라면 Don t change를 선택하며, 적용되는 미디어 속성에 맞출 것이라면 Change를 선택하면 됩니다. Video 폴더에 있는 비디오 파일들은 모두 프레임 사이즈가 1920X1080이며, 프레임 레이트는 24(23.9)인 비디오 파일들이기 때문에 여기에서는 Change 버튼을 선택하여 비디오 클립들의 속성을 맞게 해주면 됩니다.

뷰어(Viewer) 살펴보기

편집을 시작하기 전에 미디어의 내용(장면)을 미리보기할 수 있습니다. 인터페이스 상단 중앙에 있는 **뷰어(Viewer)**는 현재 선택된 미디어의 장면이 나타납니다. 뷰어 아래쪽에 있는 **뷰어 스크롤(Viewer Scroll)**, **플레이(Play)**, **리버스 플레이(Reverse Play)**, **루프(Loop)**등을 사용하여 내용을 미리보기할 수 있습니다. 이것은 음악을 듣거나 영화를 보는 일반적인 플레이어의 역할과 동일합니다. 또한 **조그 휠(Jog Wheel)** 기능은 더 세밀하고 빠른 스크롤이 가능합니다. **소스(Source)**와 **오디오 트랙(Audio Track)**은 뷰어에 나타나는 화면을 영상 또는 오디오 파형으로 선택할 수 있습니다. 대부분은 영상이 나타나게 하지만 오디오 부분을 세밀하게 살펴볼 때에는 오디오 트랙으로 설정하게 됩니다. 참고로 리스트 브라우저에 있는 미디어 클립 위에서 마우스 커서를 움직이면 해당 미디어의 모습이 나타나는 **아이콘 뷰어(Icon Viewer)**로 사용됩니다. 물론 이 방법은 장면을 세밀하게 볼 수는 없지만 대략적인 장면을 확인하는 데에는 도움이 됩니다.

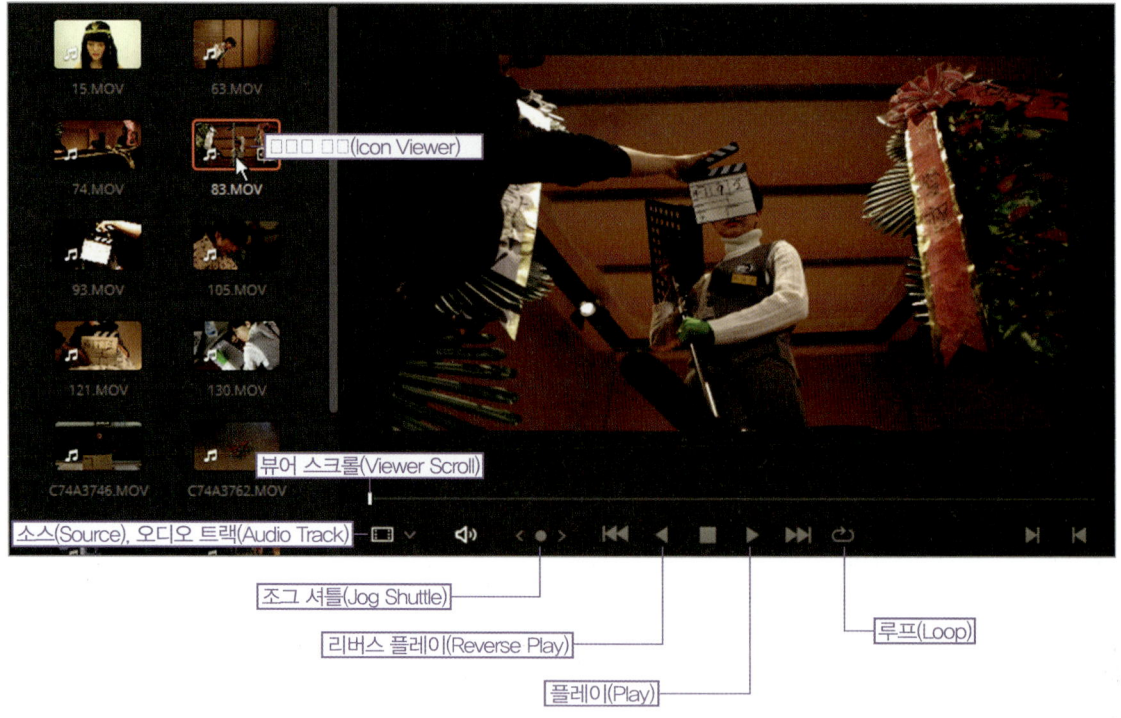

메타데이터 살펴보기

다음으로 메타데이터(Metadata)에 대해 살펴보겠습니다. 인터페이스 우측 상단의 **Metadata**가 활성화되어 있으면 현재 선택된 미디어(비디오) 클립의 프레임 사이즈(Frame Size), 코덱(Codec), 프레임 레이트(Frame Rate) 그리고 듀레이션(Duration -클립의 재생 시간)을 확인할 수 있습니다. 메타데이터의 오른쪽 끝에 있는 드롭다운 메뉴를 펼치면 메타데이터 방식을 선택할 수 있습니다. 이 정보들의 대부분은 미디어 풀에 연결되어 사용할 때 수정이 가능합니다.

미디어 풀에 폴더 적용하기(빈 만들기)

미디어 풀에 미디어를 적용할 때 메뉴를 사용하면 폴더를 그대로 반영할 수도 있습니다. 리스트 브라우저에서 폴더를 선택한 후 [우측 마우스 버튼] - [Add Folder and Subfolders into Media Pool (Create Bins)]를 선택해 보십시오. 그러면 빈(Bin) 형태의 구조를 유지한 채 같은 이름의 폴더가 추가됩니다.

확인을 하기 위해 **마스터(Master)**를 클릭해 보면 앞서 적용된 Video 폴더가 빈 형태로 적용된 것을 알 수 있습니다. 이렇듯 미디어 형식이나 종류, 이름 등을 빈 형태로 관리하고자 한다면 지금과 같은 방법을 이용하십시오. 그러면 미디어 풀을 보다 효율적으로 관리할 수 있습니다.

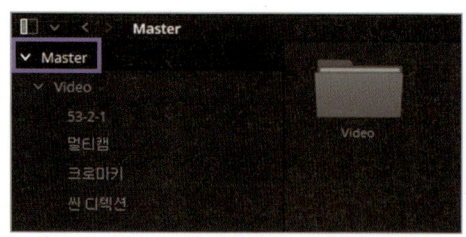

빈(Vin) 추가 및 이름 바꾸기

새로운 빈을 추가하고자 한다면 미디어 풀의 빈 곳에서 [**우측 마우스 버튼**] - [**New Bin**]을 선택하십시오. 그다음 마스터 하위에 생성된 빈의 이름을 적당한 **이름(한글명은 입력되지 않음)**으로 입력하십시오. 만약 한글명을 입력하고자 한다면 워드 프로그램에서 이름을 입력한 후 글자를 **복사(Ctrl + C), 붙여넣기(Ctrl + V)**해야 합니다.

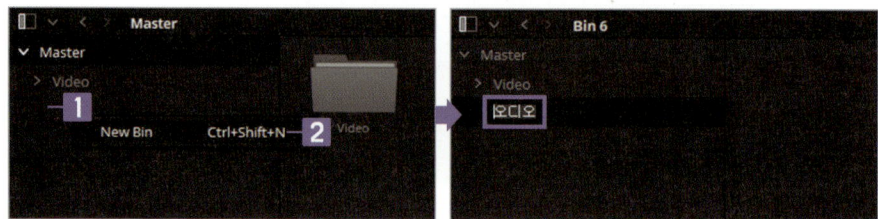

빈 삭제하기

미디어 풀에서 불필요한 폴더(빈)이나 미디어 클립을 삭제하기 위해서는 삭제하고자 하는 폴더나 클립을 선택한 후 **Delete** 키를 누르면 됩니다. 참고로 삭제된 파일(클립)은 미디어 풀에서만 삭제되는 것이지 원본마저 삭제되는 것은 아닙니다.

오디오 클립 적용하기

이번엔 오디오(Audio) 폴더를 열어보겠습니다. 오디오 클립도 비디오 클립과 마찬가지로 적용 및 관리를 할 수 있습니다. 그러나 오디오는 영상이 없기 때문에 뷰어에는 **파형(Waveforms)**의 모습만 나타납니다.

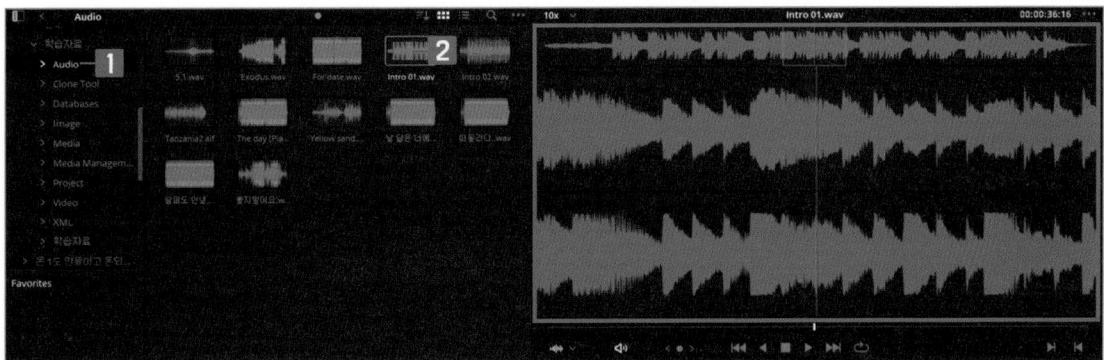

오디오 뷰어 왼쪽 상단을 보면 오디오 파형(웨이브폼)을 **확대/축소**할 수 있는 **배율(x)** 기능이 있습니다. 배율 값이 높아질수록 파형 단면이 확대되기 때문에 보다 섬세한 작업이 가능합니다.

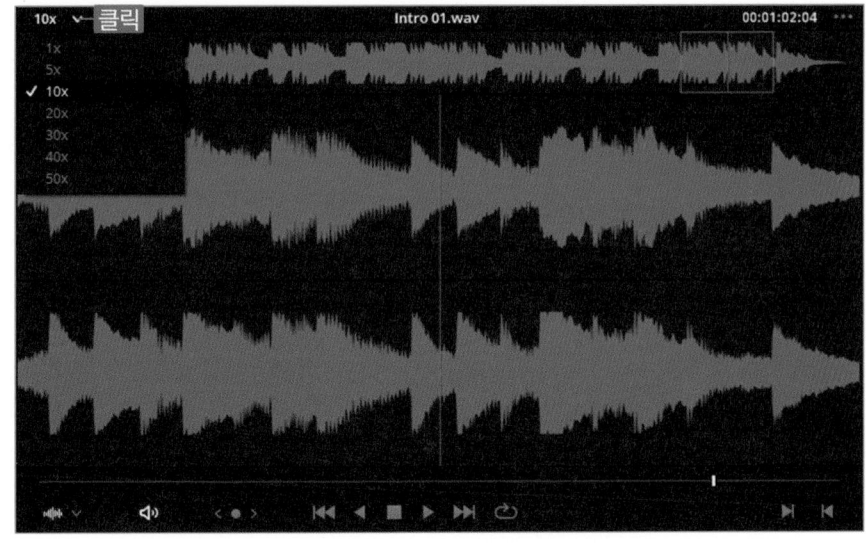

오디오 빈을 추가하기 위해 미디어 스토리지에서 **[학습자료] - [Audio]** 폴더를 끌어서 아래쪽 **마스터**에 갖다 놓습니다. 적용된 오디오의 세부 속성을 확인하고자 한다면 미디어 풀 오른쪽 상단의 **리스트 뷰(List View)**를 클릭하면

되며, 리스트 항목, 즉 **헤딩(Headings)**을 바꾸고자 한다면 헤딩에서 **우측 마우스 버튼**을 선택하여 원하는 옵션을 선택(체크)해 주면 됩니다.

스마트 빈(Smart Bins) 생성하기

영상 편집 작업을 시작하기 전에 해야 하는 가장 기초적인 작업은 각종 파일들을 폴더로 정리하는 것입니다. 우리는 이것을 **메타데이터(Metadata)**라 부릅니다. 이번 학습은 **스마트 빈(Smart Bins)**을 이용하여 많은 양의 미디어 파일들을 원하는 속성대로 정리해 스마트 빈으로 관리하는 방법에 대해 알아보도록 하겠습니다.

학습자료 폴더의 Video와 Audio 폴더가 모두 적용된 상태에서 **스마트 빈(Smart Bins)** 패널을 보면 아무것도 없습니다. 이제 스마트 빈 패널에 스마트 빈을 생성해 보도록 하겠습니다. 먼저 스마트 빈의 빈 곳에서 [**우측 마우스 버튼**] - [Add Smart Bins]을 선택합니다.

파일 정렬을 위해 간단한 몇 가지 설정을 해 보겠습니다. 만약 파일들을 **프레임 레이트**(Frame Rate)에 따라 정렬하고 싶다면, 첫 번째 선택 메뉴를 **MediaPool Properties**로 선택하고 두 번째 메뉴를 Frame Rate, 세 번째 메뉴는 is 마지막 네 번째 메뉴는 23.976을 선택합니다. 그러면 미디어 풀에 있는 클립들이 방금 설정한 메뉴에 부합하는 기준만 남고 나머지는 탈락하여 사라지게 됩니다. 즉 오디오 파일들은 사라지고 **23.976 프레임**을 가진 비디오(미디어) 클립만 남게 되는 것입니다. 이제 새로 추가될 스마트 빈의 적당한 **이름**을 입력한 후 Create 버튼을 클릭합니다. 그러면 방금 입력한 이름의 스마트 빈이 생성될 것입니다. 이렇듯 스마트 빈은 여러분이 선호하는 속성에 맞게 클립(파일)들을 스마트하게 관리할 수 있습니다.

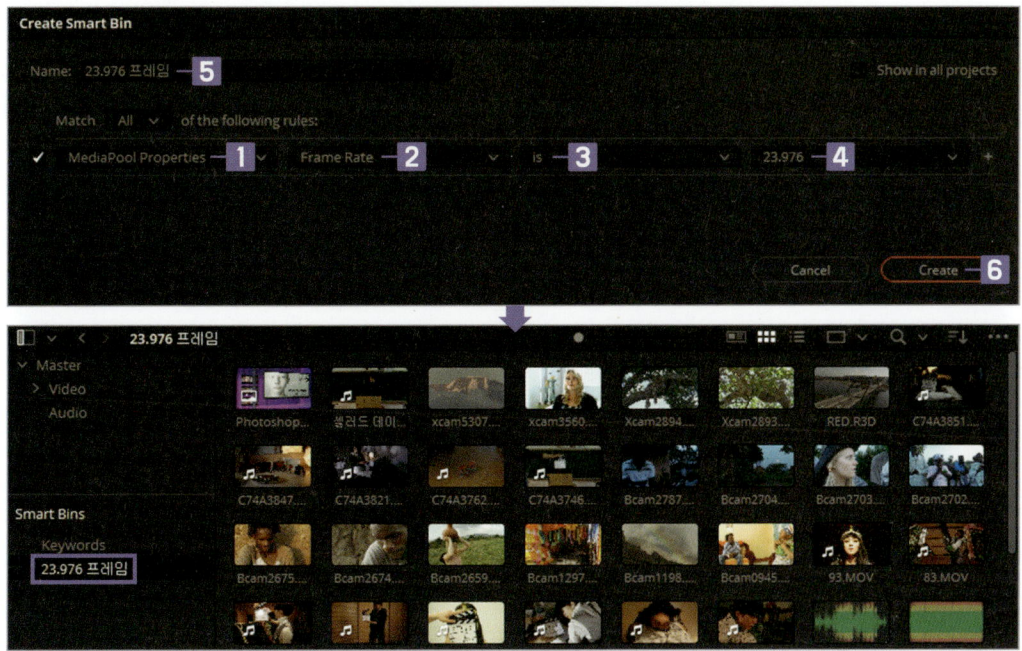

미디어(Media) 페이지 살펴보기 **055**

클론 툴(Clone Tool)을 이용한 파일관리

클론 툴(Clone Tool)은 작업에 사용되는 폴더를 복제하여 원본 파일이 삭제되거나 또 다른 목적으로써의 파일 관리를 할 수 있게 해 줍니다. 이번 학습에서는 클론 툴을 사용하는 방법에 대해 알아보겠습니다.

인터페이스 왼쪽 상단의 **클론 툴(Clone Tool)**을 클릭하여 활성화합니다. 그러면 클론 툴 패널이 나타납니다. 현재는 클론 툴 패널에 No jobs in Queue라고 씌어있는 것으로 보아 작업을 할 수 없는 상태임을 알 수 있습니다. 이제 **Add job** 버튼을 클릭하여 복제 작업을 할 수 있는 상태로 만들어줍니다.

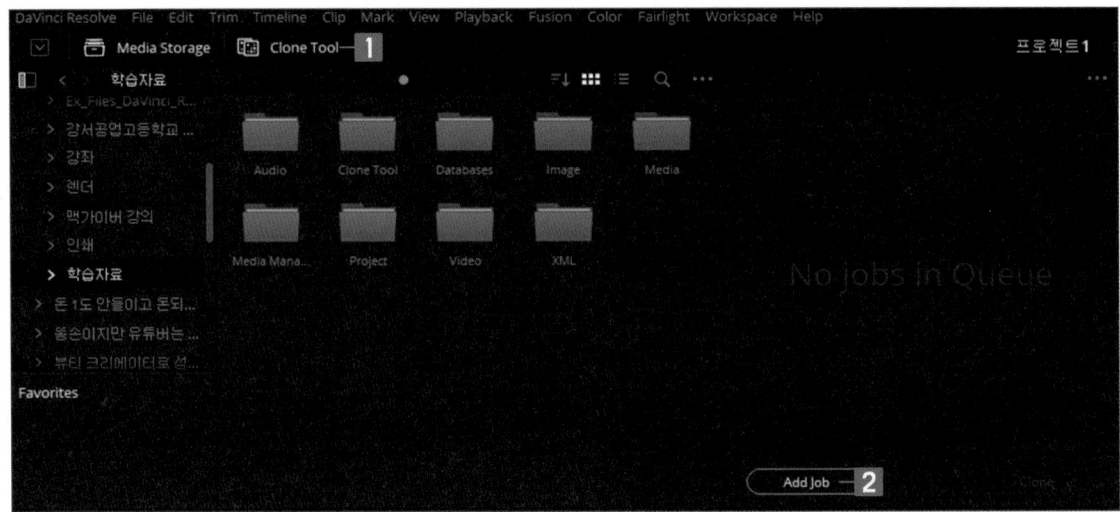

Job 1이 생성되면 미디어 브라우저에 있는 폴더들 중 복제하고자 하는 폴더를 끌어다 Source 부분에 갖다놓습니다. 필자는 Video 폴더를 끌어다 놓았습니다. 이제 이 비디오 폴더는 복제 대상이 되었습니다.

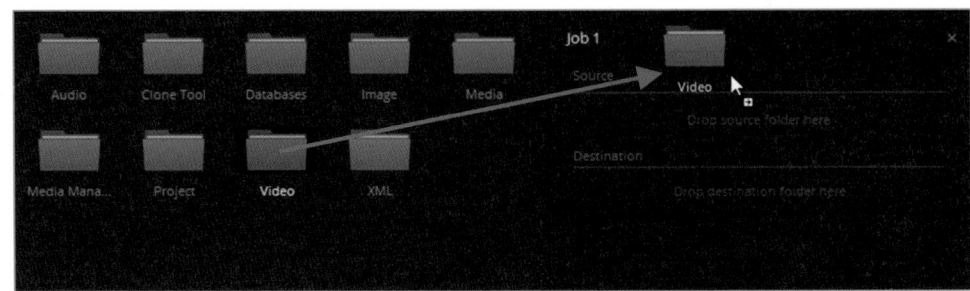

계속해서 Destination에는 **복제될 경로(원하는 장소에 미리 폴더를 만들어 놓아야 함)** 폴더를 끌어다 놓습니다. 필자는 사전에 학습자료 폴더 안에 만들어놓은 Clone Tool이란 이름의 폴더를 끌어다 놓았습니다. 이것으로 복제될 폴더와 복제되는 경로 폴더가 지정됐습니다. 이제 복제를 시작하기 위해 Clone 버튼을 클릭합니다.

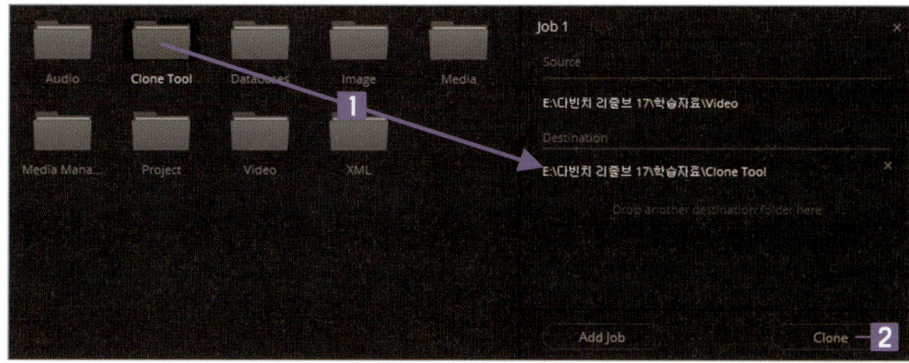

참고로 복제가 진행되는 과정에서 Stop 버튼을 클릭하여 중지할 수 있으며, 복제할 수 있는 Job들은 여러 개로 설정해놓을 수도 있습니다. 지금의 작업은 보통 원본 폴더가 있는 곳이 아니라 USB 드라이브나 **외장 하드 디스크** 그밖에 다른 디스크 드라이브에 저장하는 것이 좋습니다. 복제가 끝난 후 해당 폴더를 살펴보면 복제된 파일들과 하나로 압축된 파일 그리고 복제된 파일들의 정보가 있는 문서 파일이 생성된 것을 알 수 있습니다.

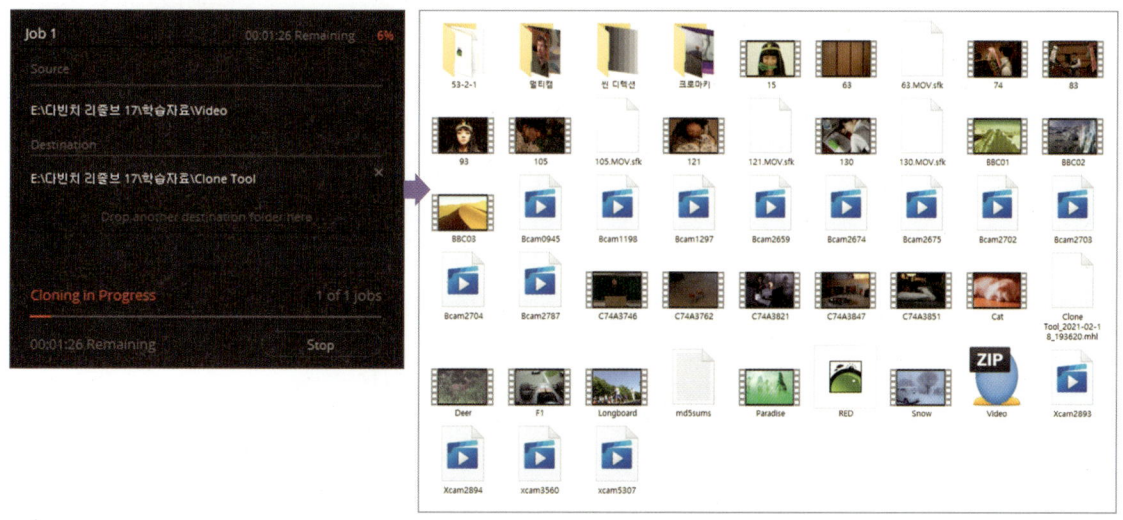

▲ 복제된 파일들의 모습

즐겨 사용되는 폴더 즐겨찾기에 등록 및 삭제하기

이번 학습에서 즐겨 사용되는 폴더를 Favorites(즐겨찾기)에 등록하여 필요할 때마다 신속하게 꺼내서 사용할 수 있는 방법에 대해 알아보겠습니다.

즐겨찾기에 등록하기

만약 학습자료 폴더를 즐겨찾기에 등록하고 싶다면 **학습자료** 폴더를 끌어다 **페이버릿(Favorites)**이란 이름이 있는 곳으로 갖다 놓습니다. 그러면 끌어온 폴더가 즐겨찾기에 등록됩니다.

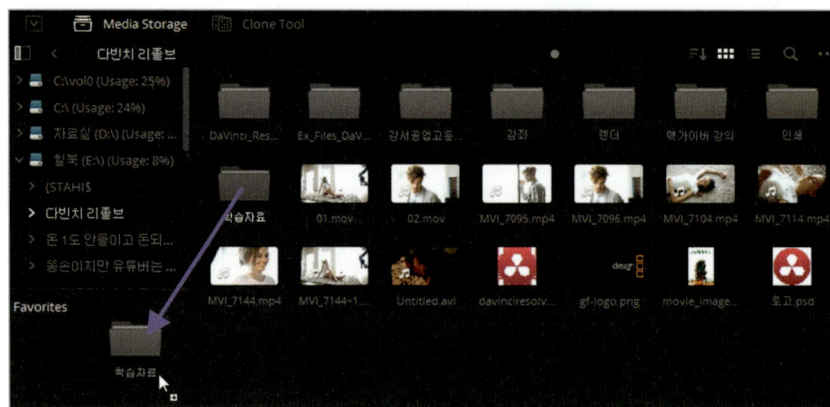

즐겨찾기에서 삭제하기

불필요한 즐겨찾기 폴더를 삭제하기 위해서는 해당 폴더 위에서 [우측 마우스 버튼] - [Remove Folder from Favorites] 메뉴를 선택하면 됩니다. 이렇듯 필요에 따라 즐겨찾기에 등록하거나 삭제할 수 있습니다.

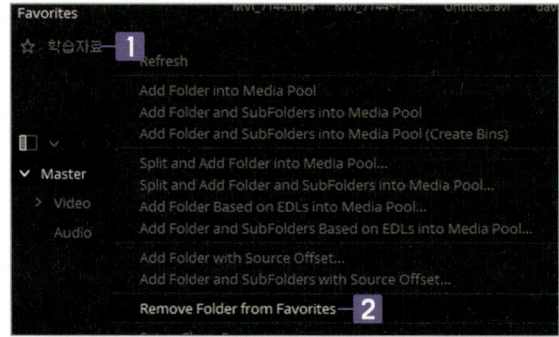

미디어 스토리지에 폴더 추가/삭제하기

미디어 스토리지에서는 폴더를 추가 및 삭제하여 관리할 수 있습니다. 이렇게 추가된 폴더는 실제 디스크 드라이브에서도 생성되거나 삭제됩니다.

미디어 스토리지에 폴더 추가하기

미디어 스토리지에서 폴더를 생성하기 위해서는 추가하고자 하는 위치(폴더)에서 [**우측 마우스 버튼**] - [Create New Folder]를 선택하면 됩니다.

폴더 삭제하기

폴더를 삭제하거나 기존 미디어 스토리지에 있는 폴더를 삭제하기 위해서는 삭제하고자 하는 폴더에서 [**우측 마우스 버튼**] - [Delete Permanently] 메뉴를 선택하는 것입니다. 그러나 이렇게 삭제된 폴더는 실제 **디스크 드라이브**에 있는 폴더도 **삭제**되기 때문에 **주의**해야 합니다.

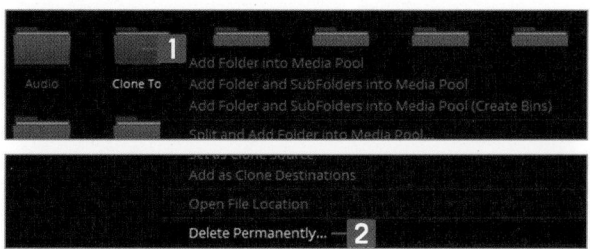

06 미디어 매니지먼트를 이용한 파일 관리

미디어 매니저는 전체 프로젝트(Projects), 타임라인, 혹은 개별 영상(Clips)을 관리하기 위해 사용됩니다. 이번 학습에서는 아카이브(Archive)라고 하는 미디어 관리 도구에 대해 알아보도록 하겠습니다. 미디어 관리(Media Management)를 실행하기 위해 풀다운 메뉴에서 [File] - [Media Management]를 선택합니다. 참고로 미디어 매니저는 미디어(Media), 컷(Cut), 에디트(Edit) 페이지에서만 실행이 가능합니다. 미디어 매니저는 미디어를 원하는 곳에 복제하는 **복사(Copy)**하는 기능과 미디어를 새로운 위치로 옮겨놓고 이전에 사용했던 미디어를 삭제하는 **이동(Move)** 기능 그리고 마지막으로 모든 프로젝트와 타임라인을 **트랜스코드(Transcode)**할 수 있는 세 가지 기능을 가지고 있습니다. 복사하는 단위는 프로젝트 단위와 타임라인 그리고 영상(Clips)으로 구분되는데, 모든 기능(옵션)들은 이 세 단위들에게도 같은 방식으로 동일하게 적용할 수 있습니다. 만약 잘라내는(Trim) 작업 혹은 복사(Copy) 작업을 할 경우에는 작업 후에 연결하기 어려우므로 작업하기 전에 새로운 파일에 연결하여 작업하기를 권장합니다.

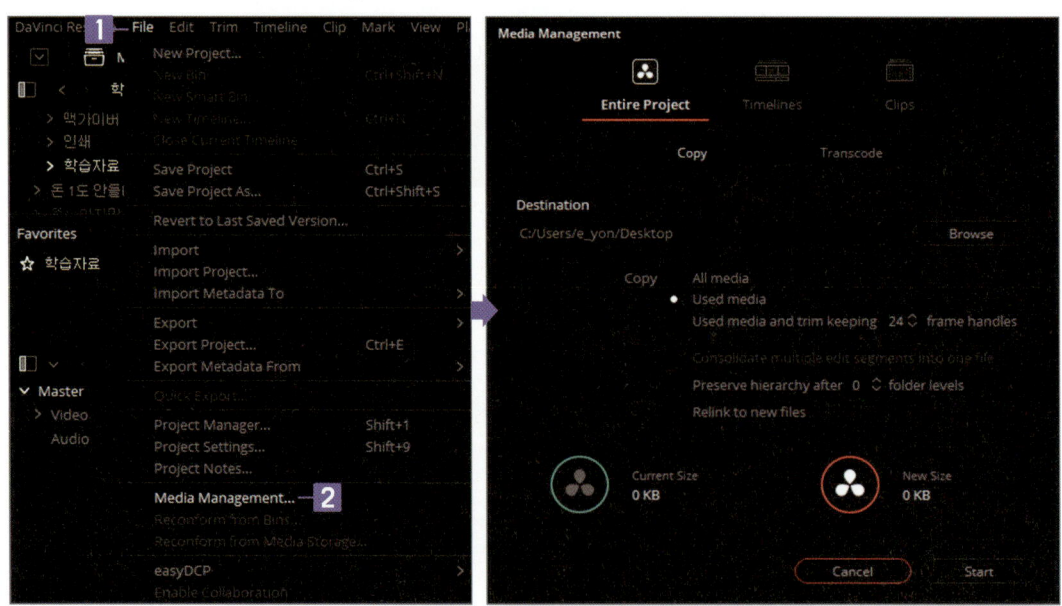

트랜스코드(Transcode)는 하나의 미디어 파일을 인코딩에서 다른 인코딩으로 전환시키는 방법입니다. 즉 리졸브에서 사용되는 미디어 파일들을 다른 형식의 파일로 전환할 수 있다는 것입니다.

전체 프로젝트(Entire Project) 관리하기

파일을 관리할 수 있는 세 가지 단위 중 인타이어 프로젝트(Entire Project) 항목에서는 다빈치 리졸브의 프로젝트에서 사용되는 모든 파일을 복사하거나 이동 및 트랜스코드(파일 변환)할 수 있습니다.

프로젝트 관리에 대한 학습을 위해 [학습자료] - [Project] - [Salad Days.drp] 프로젝트 파일을 이용하기 위해 **더블클릭**하여 열어줍니다. 만약 미디어 매니지먼트를 닫았다면 다시 실행하기 위해 [File] - [Media Management]를 선택하십시오. **Entire Project** 항목에서 **Copy** 탭을 선택합니다. 카피는 현재 열려있는 프로젝트에서 사용된 모든 미디어 파일을 지정된 다른 곳에 복사하여 관리합니다. 복사할 곳을 지정하기 위해 **Browse** 버튼을 클릭합니다.

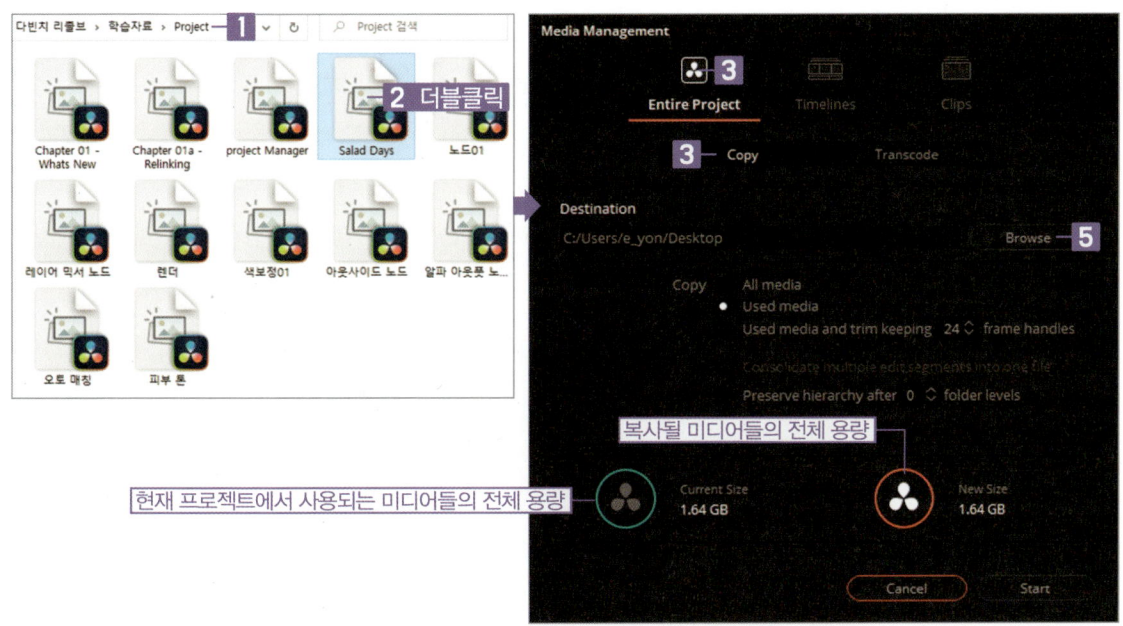

만약 샐러드 데이즈 프로젝트에서 사용된 미디어 클립들의 경로를 인식하지 못한다면 **034** 페이지의 **깨진 미디어 파일 새롭게 연결하기**를 참고하기 바랍니다.

파일 데스티네이션(File Destination) 창이 열리면 복사할 파일들이 저장될 디스크 드라이브를 선택한 후 **새폴더** 메뉴를 선택하여 폴더를 생성합니다. 폴더명은 가급적 영문으로 해 주는 것이 좋습니다. 폴더명을 입력하면 폴더선택 버튼을 눌러 복사될 파일들이 보관될 폴더를 생성합니다. 필자는 학습에 사용하기 위해 바탕화면에 폴더를 생성하였지만 **실무에서는 여유로운 저장 공간을 사용해야** 합니다.

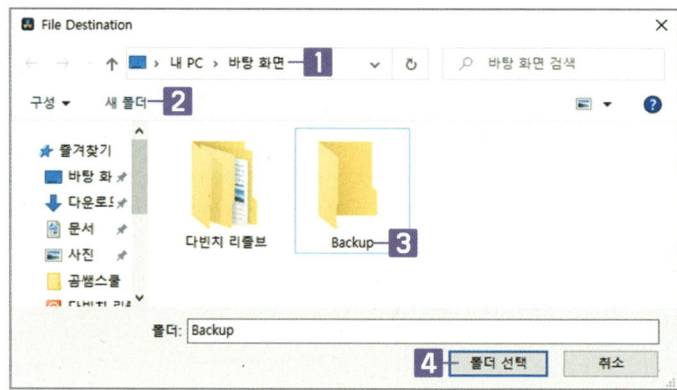

다시 Media Management 창으로 오면 복사할 형식을 일단 **Copy all media**로 체크합니다. 이 옵션은 현재 프로젝트에서 불러온 모든 파일들은 복사할 때 사용됩니다. 즉 타임라인에서 편집되고 있는 미디어가 아니더라도 일단 미디어 풀에 적용된 파일까지도 복사된다는 것입니다. 그밖에 **Used media**는 타임라인에서 편집되고 있는 미디어 파일에 대해서만 복사본이 만들어지며, **Used media and trim keeping**은 타임라인에서 편집된 장면(클립)의 길이보다 여분을 프레임 단위로 설정할 수 있게 해 주는데, 주로 타임라인 항목을 사용할 때 이용합니다.

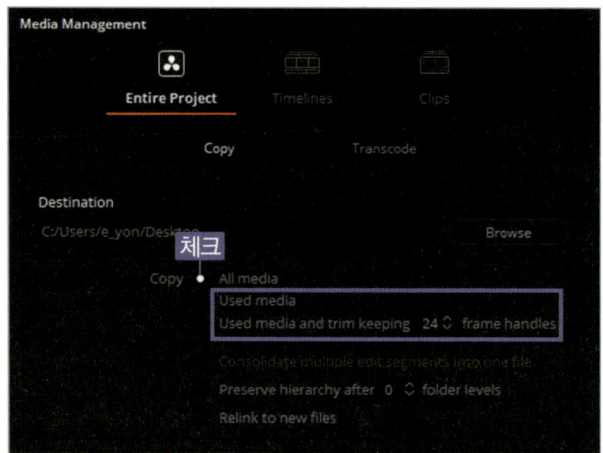

아래쪽 옵션에서 중요한 것은 **Relink to new files**입니다. 이 옵션을 체크하면 복사된 미디어 파일들이 현재 프

로젝트에서 사용되는 파일들과 대체됩니다. 즉 프로젝트는 이제 더이상 원본 파일의 경로를 이용하는 것이 아니라 복사된 파일의 경로로 바뀐다는 것입니다. 이렇게 함으로써 작업에 사용되는 파일들은 한 폴더에서 관리할 수 있게 됩니다. 확인이 끝나면 이제 **Start** 버튼을 클릭하여 설정된 옵션에 따른 복사 작업을 실행합니다.

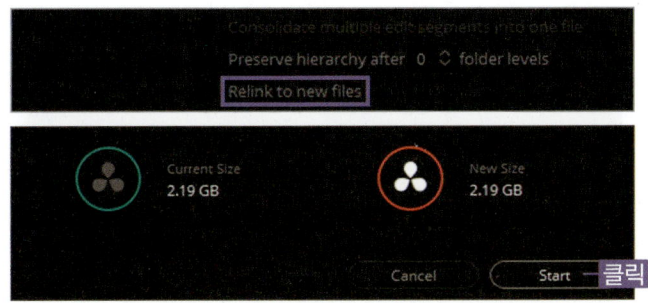

복사가 끝나면 미디어 매니지먼트 창은 자동으로 닫힙니다. 이제 앞서 설정한 대로 복사가 잘 이루어졌는지 그리고 복사된 미디어 파일들이 새로운 링크 파일로 지정됐는지 확인해 보기 위해 앞서 지정한 **폴더(Backup)**를 열어줍니다. 열린 폴더를 확인해 보면 앞서 설정된 대로 정확하게 파일들이 복사된 것을 알 수 있습니다.

▲ 백업 폴더에 복사된 미디어 파일들

이번엔 복사가 아닌 새로운 형식의 미디어 파일로 만들어주기 위한 **트랜스코드(Transcode)**에 대해 알아보기 위해 [File] - [Media Management]을 선택하여 미디어 매니지먼트 창을 다시 열어줍니다. 그리고 **Transcode** 탭으로 이동합니다. 트랜스코드 탭에서는 현재 프로젝트에서 사용되는 미디어 파일들을 새로운 형식의 미디어 파일로 만들어줍니다. 이것은 현재 사용되는 미디어 파일이 편집에 적합하지 않은 **코덱(Codec)**을 사용할 경우 다시 편집에 적합한 고품질 미디어 파일로 변환할 때 유용합니다. 트랜스코드에서 제공되는 옵션 기능 역시 앞서 살펴본 Copy 옵션들과 유사하지만 트랜스코드는 아래쪽에 Video와 Audio를 설정할 수 있습니다. 먼저 비디오의 **Video 포맷**을 확인해 봅니다. 현재는 **QuickTime(퀵타임)** 포맷으로 되어있지만 그밖에 AVI, Cineon, DPX 등 다양한 포맷 형식을 제공합니다. 작업 상황에 따라 적절한 포맷 형식을 선택하면 됩니다. 여기에서는 기본적으로 설정된 퀵타임 형식을 그대로 사용하겠습니다.

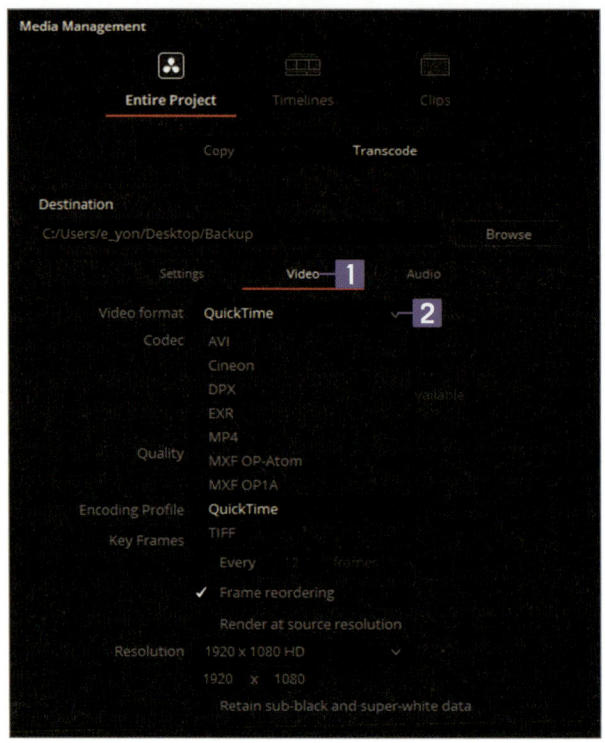

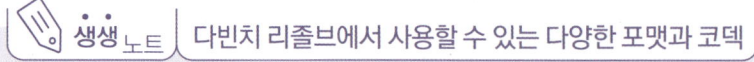 다빈치 리졸브에서 사용할 수 있는 다양한 포맷과 코덱

다빈치 리졸브에서 지원되는 포맷과 코덱은 매우 다양합니다. 자세한 포맷 정보를 확인하기 위해 **학습자료** 폴더에 있는 DaVinci Resolve Supported Codec List.pdf 파일을 **더블클릭**하여 해당 홈페이지에서 확인해 보기 바랍니다.

이번엔 아래쪽에 있는 **코덱**(Codec)을 확인해 보면 MPEG와 H.264를 비롯 다양한 종류의 코덱이 있는 것을 알 수 있습니다. 이렇듯 영상 파일의 압축 방식은 다양하게 사용된다는 것을 의미합니다. 최근에는 유튜브를 비롯 H.264 코덱을 가장 많이 사용하고 있지만 보다 우수한 품질(화질)을 얻기 위해서는 DNxHD와 같은 고품질 코덱을 사용하길 권장합니다.

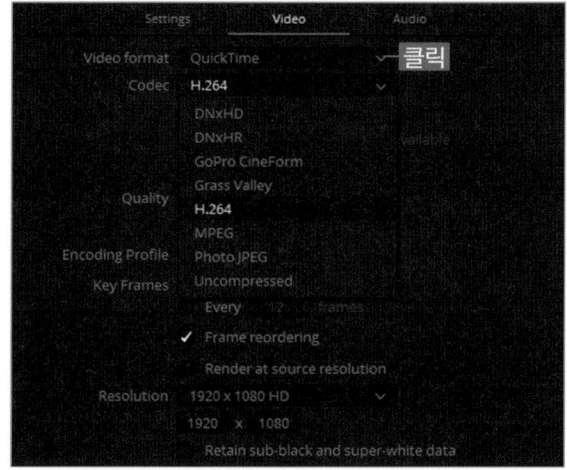

이번엔 오디오 항목에 대해 알아보겠습니다. 오디오는 비디오에 비해 설정 옵션들이 그다지 많지 않습니다. 오디오는 일반적으로 **Audio codec**과 **Audio bit depth**에 대해서만 설정하게 되는데 오디오 코덱은 **PCM** 방식을 선호하며, 오디오 비트 뎁스는 16, 24, 32 비트 중 하나를 선택하면 됩니다. 당연히 비트 수가 높을수록 고음질 오디오를 얻을 수 있습니다. 그러나 오케스트라와 같이 악기를 많이 사용하거나 영화나 콘서트 같은 공연장처럼 음질이 중요한 작업이 아니라면 대부분의 경우 **16비트** 음질을 사용하게 됩니다.

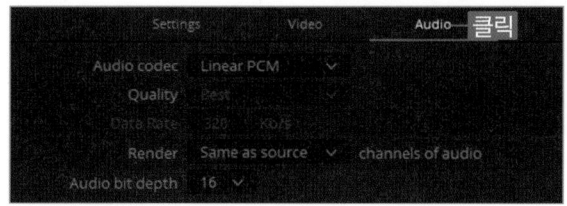

타임라인(Timelines) 관리하기

타임라인 항목에서는 다빈치 리졸브의 타임라인에서 사용되는 모든 파일을 복사하거나 이동 및 트랜스코드(파일 변환)할 수 있습니다. 타임라인에서 사용되는 파일이라는 것은 실제로 편집 작업에 사용되고 있는 파일을 말합니다.

타임라인 항목을 살펴보기 위해 이번엔 새로운 프로젝트를 생성해 봅니다. 현재 사용 중인 프로젝트에서 새로운 프로젝트를 생성하기 위해 [File] - [New Project] 메뉴를 선택합니다. 현재 프로젝트를 저장할 것인지 묻는 창이 열리면 Don t Save 버튼을 누릅니다. 지금까지는 중요한 작업이 아니었기 때문이지만 **실제 작업**이라면 당연히 **저장(Save)**를 해야 합니다. Create New Project 창이 열리면 프로젝트명을 간단하게 Test라고 입력한 후 Create 버튼을 클릭합니다.

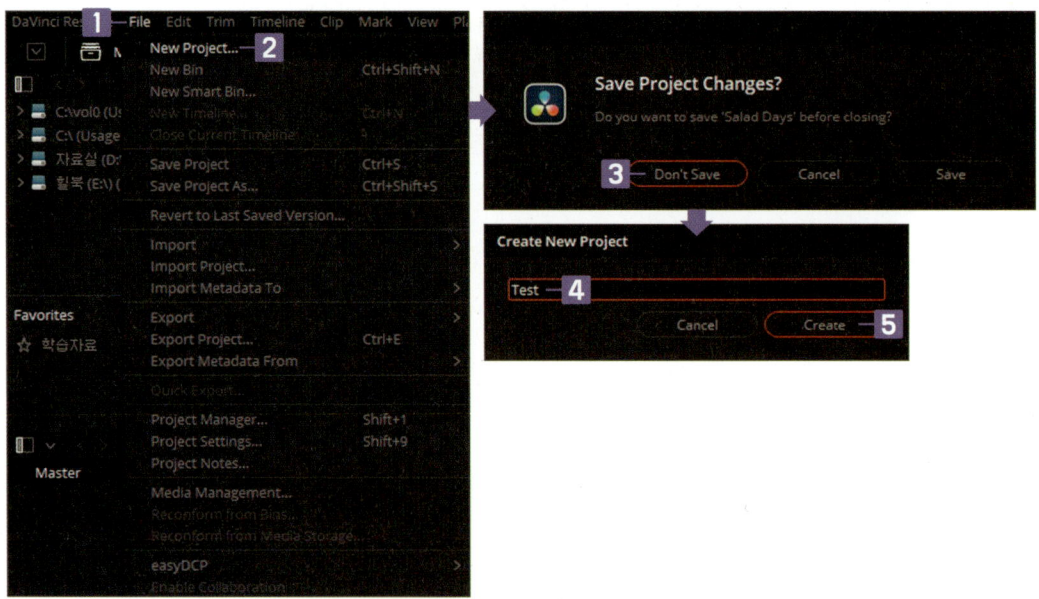

새로운 프로젝트가 생성되면 미디어 스토리지에서 [학습자료] - [Video] 폴더를 선택하여 Bcam2702, Bcam2703, Bcam2704 세 개의 파일을 선택한 후 **끌어서(클릭 & 드래그)** 아래쪽 **미디어 풀**에 갖다 놓습니다. 프로젝트 설정에 대한 메시지가 뜨면 현재 프로젝트 속성을 미디어 풀에 적용되는 파일의 속성으로 바꿔주기 위해 Change 버튼을 클릭합니다.

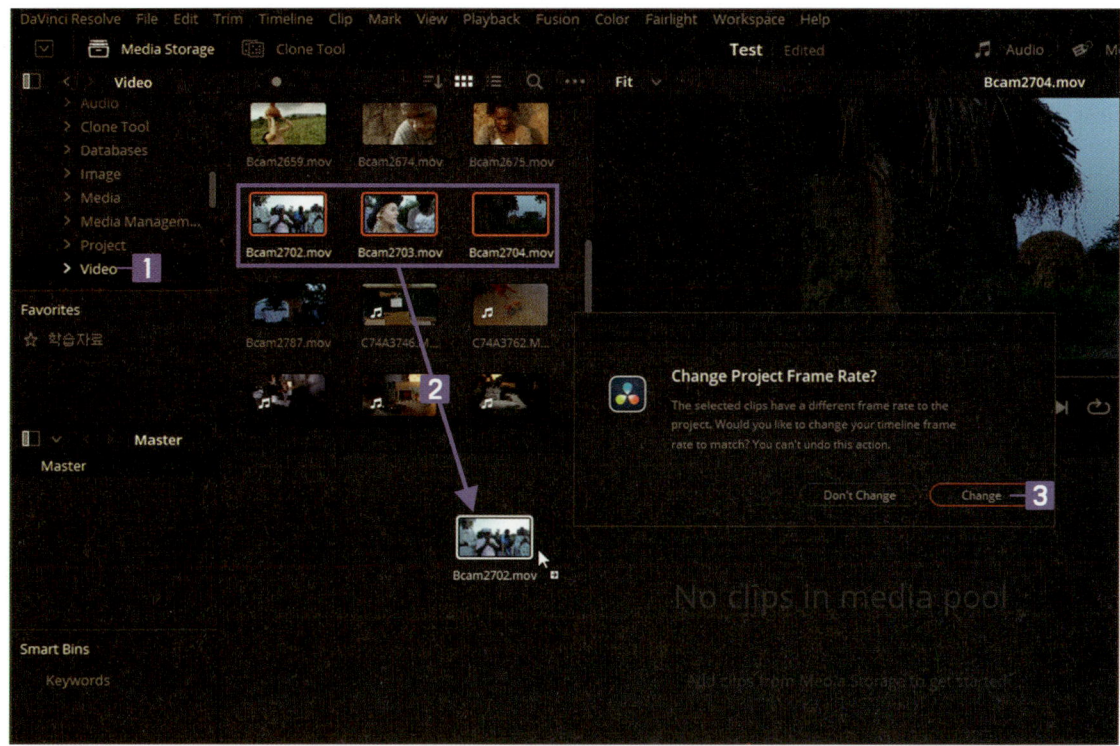

여기서 먼저 방금 적용된 파일의 속성을 알아보겠습니다. 미디어 풀에 적용된 파일 중 하나를 지정한 후 오른쪽 하단에 있는 모양의 아이콘을 클릭해 봅니다. 그러면 해당 미디어 파일의 속성 창이 열립니다. 이제 열린 속성 창에서 사용된 Codec을 확인해 보면 Apple ProRes 코덱을 사용한 파일이라는 것을 확인할 수 있습니다.

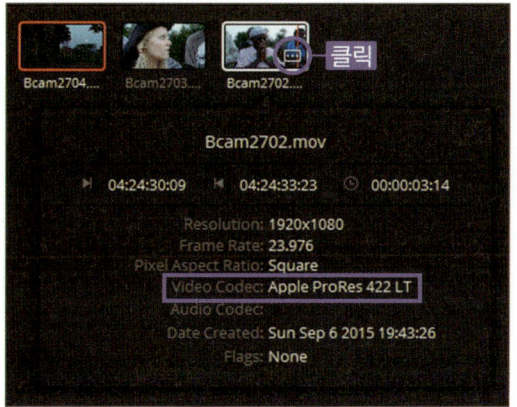

미디어 매니지먼트를 이용한 파일 관리 **067**

이제 편집을 위한 **컷 페이지**로 이동한 후 앞서 불러온 미디어 파일 중 하나를 끌어다 아래쪽 **타임라인**에 갖다 놓습니다. 다빈치 리졸브와 같은 대부분의 편집 툴들은 이와 같은 방법을 통해 편집 작업을 시작하게 됩니다. 보다 자세한 편집법은 차후에 다시 살펴볼 것입니다.

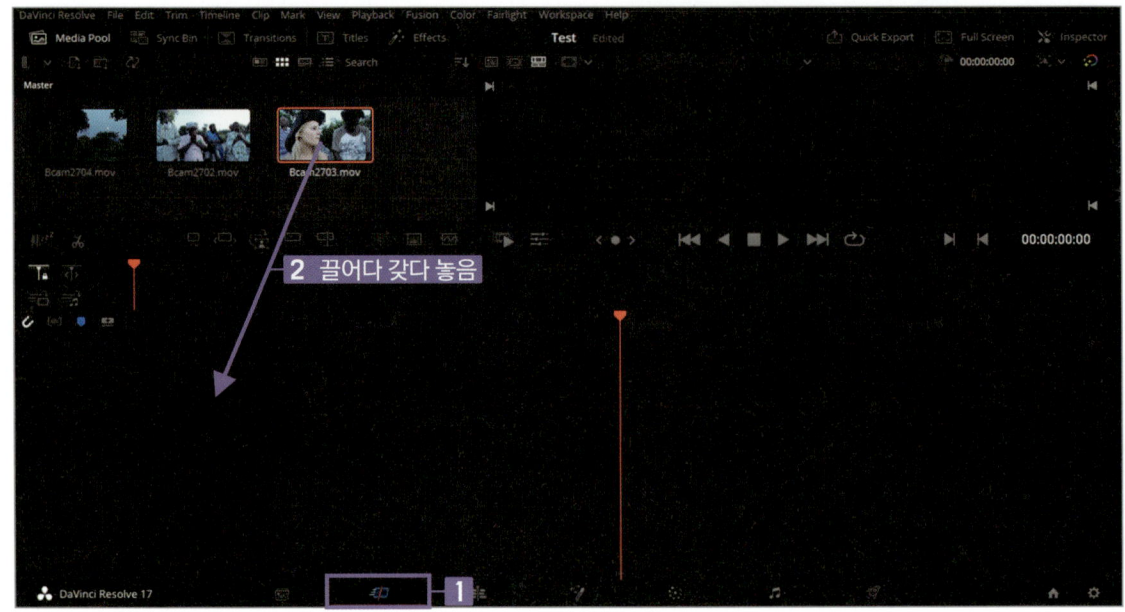

타임라인에 적용된 미디어 파일(클립)의 **왼쪽끝**(장면의 시작점 : Mark In)에 마우스 커서를 갖다 놓습니다. 그림과 같은 커서의 모양으로 바뀌면 이 부분을 **끌어**(클릭 & 드래그)서 오른쪽으로 이동합니다. 그러면 해당 클립(장면)의 시작점이 편집, 즉 잘려나갑니다. 일단 원본의 반정도의 길이 만큼만 편집해 봅니다. 비디오 편집은 이와 같은 방법으로 편집을 하게 되는데 보다 자세한 편집 기법은 차후에 살펴볼 것입니다.

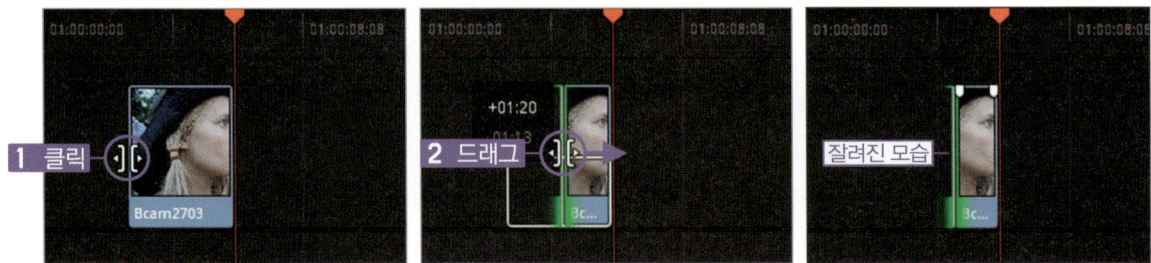

계속해서 미디어 풀에 있는 **타임라인**(Timeline 1)을 선택한 후 [File] - [Media Management] 메뉴를 선택합니다.

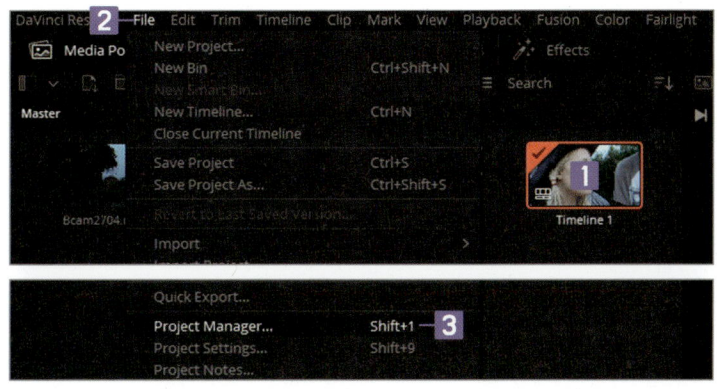

타임라인에 미디어 파일이 적용되면 미디어 풀에 자동으로 Timeline이 생성됩니다. 이 타임라인은 일반 미디어 파일처럼 다른 타임라인에 적용하여 미디어 클립처럼 사용할 수도 있습니다.

미디어 매니지먼트 창이 열리면 자동으로 Timelines 항목이 선택되어있을 것입니다. 이것은 앞서 타임라인을 선택했기 때문이며, 타임라인에 사용되고 있는 파일을 복사하거나 이동 그리고 파일 변환을 할 수 있습니다. 이번엔 복사에 대해서 살펴보기 위해 Copy 탭을 선택합니다. 그다음 Destination을 파일이 복사될 경로(폴더)를 지정한 후 Used media and trim keeping을 체크합니다. 그리고 오른쪽의 frame handles의 수치를 10프레임 정도로 설정합니다. 설정이 끝나면 Start 버튼을 클릭하여 타임라인에 있는 클립을 지정된 폴더에 복사합니다.

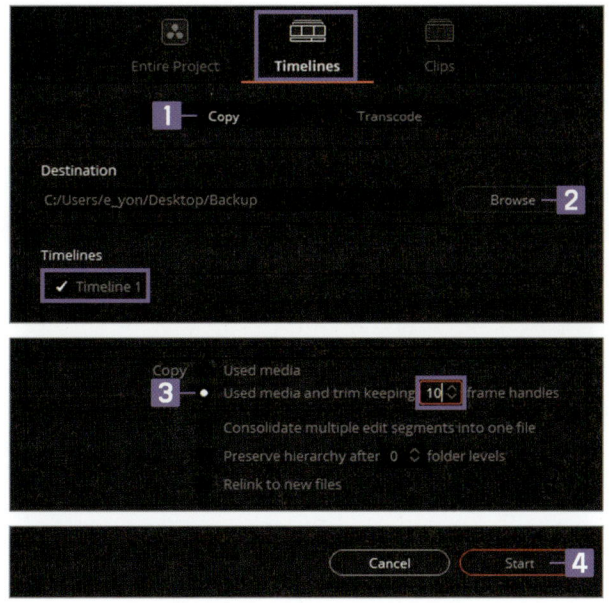

Used media and trim keeping는 타임라인에서 편집된(잘려진 장면의 클립) 클립의 길이를 그대로 복사(이동, 변환)되도록 해 줍니다. 만약 편집된 파일을 그대로 복사하고 싶다면 지금의 옵션을 이용하십시오. 그리고 **Used media and trim keeping**를 사용할 경우 **frame handles**를 설정할 수 있는데, 이 옵션의 수치는 편집된 클립의 장면을 다시 되살려줄 수 있게 해 줍니다. 가령, 1분짜리 클립(장면)을 30초로 편집했다고 가정했을 때 frame handles을 30프레임으로 설정했다면 복사되는 클립은 편집된 장면이 30프레임 더 늘어난 상태로 복사됩니다.

이제 복사된 파일이 있는 곳으로 이동해 봅니다. 그러면 [Backup] - [Test) 폴더에 Bcam2703이라는 파일이 있는 것을 알 수 있으며, 이 파일을 더블클릭하여 실행해 보면 앞서 설정된 것처럼 타임라인에서 편집된 길이보다 **10프레임** 이 더 길어진 것을 알 수 있을 것입니다. 이처럼 편집된 클립(장면)을 그대로 백업하여 관리하기 위해서는 Used media and trim keeping과 frame handles의 역할은 매우 중요합니다.

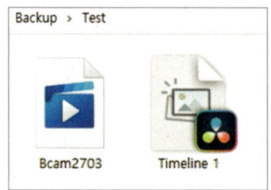

작업을 하다 보면 하나의 미디어 클립을 타임라인에서 여러 번 반복해서 사용하는 경우가 있습니다. 이런 상황에서 **Used media and trim keeping** 옵션을 사용했을 때 **Consolidate multiple edit segments into one media file**을 사용할 수 있습니다. 이 옵션을 체크하면 하나의 미디어 클립을 타임라인에 중복 사용할 경우 편집된 길이가 긴 클립을 기준으로 통합된 상태로 하나의 파일이 복사 및 이동됩니다.

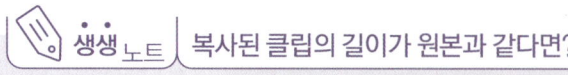 복사된 클립의 길이가 원본과 같다면?

앞선 과정에서 복사되었거나 이동되었을 때 그 결과물이 원본과 같다면 이것은 사용되고 있는 파일의 압축률이 높은 것일 수 있습니다. 가령, 일반적인 재생용으로 사용되는 **MPGE4(MP4)**나 **WMV** 포맷 그리고 **H.264** 코덱과 같은 비디오 파일일 경우엔 **Used media and trim keeping**을 체크하여도 영향을 받지 않습니다. 그러므로 이 옵션을 사용할 경우, **Windows** 사용자라면 아비드 코덱인 **DNxHD** 또는 비(무)압축을 사용해야하며, **Apple** 사용자라면 **ProRes** 코덱을 사용해야 합니다.

클립(Clips) 관리하기

클립 항목에서는 미디어 풀에 적용된 파일(클립)을 선택하여 선택된 파일을 복사, 이동, 변환할 수 있습니다. 이것은 앞서 살펴본 인타이어 프로젝트와 타임라인 항목과는 다르게 모든 파일들을 개별 또는 전체에 대한 작업을 할 수 있습니다.

새로운 프로젝트에서 살펴보기 위해 인터페이스 오른쪽 하단의 집 모양 아이콘인 Project Manager 버튼을 클릭합니다. 프로젝트 매니저가 열리면 Salad Days 프로젝트를 더블클릭하여 실행합니다. 이때 앞서 작업하고 있었던 프로젝트가 있다면 저장할 것인지에 대한 메시지 창이 뜹니다. 중요하다면 Save를 하고 그렇지 않다면 Don t Save를 선택하면 됩니다. 여기에서는 중요하지 않기 때문에 Don t Save를 해 줍니다.

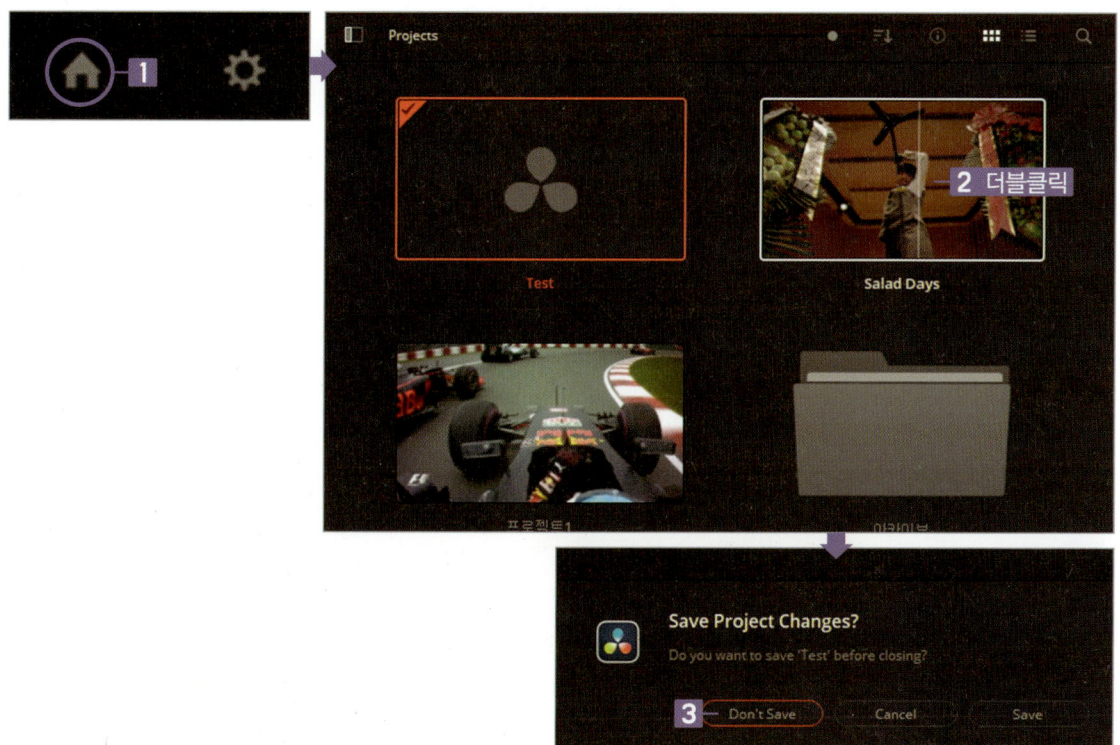

셀러드 데이즈 프로젝트가 열리면 미디어 풀에서 복사하고자 하는 파일(클립)들을 몇 개 선택합니다. 필자는 3개의 클립을 선택하였습니다. 그다음 [File] - [Media Management] 메뉴를 선택합니다.

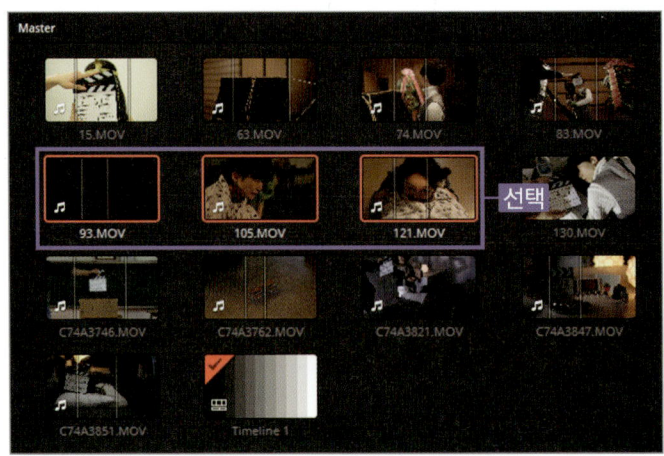

미디어 매니지먼트 창이 열리면 자동으로 Clips 항목이 선택되었을 것입니다. 클립 항목도 앞서 살펴본 두 항목과 같은 방식으로 파일을 복사합니다. 이 항목 대부분의 옵션들도 앞서 살펴본 항목의 옵션들과 유사합니다. 여기서 눈여겨 볼 옵션이 있다면 **Selected Timeline Clips**입니다. 이 옵션을 체크하면 타임라인에서 사용되는 클립들을 선택하여 복사, 이동, 변환 작업을 할 수 있게 해 줍니다. 지금까지 작업 파일을 관리하는 미디어 매니지먼트에 대해 살펴보았습니다. 살펴본 것처럼 미디어 매니지먼트는 작업 중이나 후에 파일을 특정 공간으로 옮겨놓고 관리할 수 있기 때문에 파일 관리를 하는데 아주 유용하게 사용됩니다.

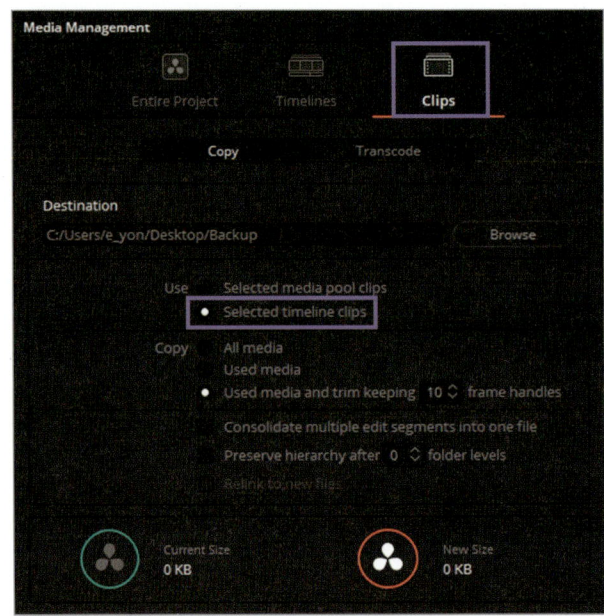

생생노트 | 시퀀스 파일과 개별 스틸 이미지 파일 불러오기

시퀀스(Sequence) 파일은 서로 다른 장면이 있는 스틸 이미지 파일들에 **번호**가 붙여진 파일 형식을 말합니다. **[학습자료] - [Image] - [시퀀스 파일]** 폴더로 들어가 보면 번호가 붙여진 120개의 스틸 이미지 파일이 있을 것입니다. 다빈치 리졸브의 미디어 스토리지에서는 이러한 시퀀스 형식의 파일들을 하나의 동영상 클립처럼 쉽게 사용할 수 있습니다. 그러나 만약 스틸 이미지 파일을 시퀀스 형태가 아닌 개별로 사용하기 위해서는 **[File] - [Import Media]** 메뉴를 통해 불러와야 합니다.

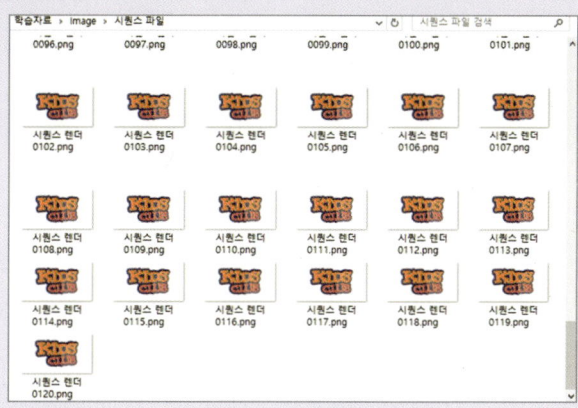

▲ 번호가 붙은 낱장의 시퀀스 파일들

작업환경과 재생환경 최적화하기

다빈치 리졸브의 특성상 **4K** 이상의 고화질 비디오 클립을 사용하기 때문에 PC 사양이 낮으면 편집 시 정상적인 플레이백(Playback)이 안되고 버벅거리는 현상이 발생됩니다. 이러한 문제를 해결하기 위해서는 **프록시(Proxy)**나 **옵티마이즈(Optimize)** 환경을 설정하여 최적의 작업환경을 설정해야 합니다.

재생 환경 개선을 위한 프록시 모드(Proxy Mode)의 활용

다양한 원인으로 인해 재생 환경이 나빠진다면 캐시를 이용하여 재생 환경을 개선할 수 있지만 렌더 캐시(Render cache)의 도움 없이 장면의 품질을 조절하거나 별도의 프록시 및 옵티마이즈 파일을 생성하여 재생 환경을 개선할 수도 있습니다. 풀다운 메뉴에서 [Playback] - [Timeline Proxy Mode]를 선택하면 기본적으로 프록시를 사용하지 않도록 Off로 되어있는데 만약 프록시 모드를 사용하고자 한다면 Half Resolution이나 Quarter

Resolution으로 설정하면 됩니다. 일반적으로 프록시 모드를 사용할 때는 **비교적** 품질이 좋은 **하프 레졸루션 (Half Resolution)**을 선호하지만 재생 환경이 개선되지 않는다면 **쿼터 레졸루션(Quarter Resolution)**을 선택하여 최하의 품질을 사용하게 됩니다. 참고로 프록시에서 품질을 떨어뜨리는 것은 실제 비디오 클립의 품질이 떨어지는 것이 아니라 재생 즉, **플레이백에서의 품질**에만 영향을 주는 것이기 때문에 최종 출력(파일 만들기) 시 품질에 대한 걱정을 하지 않아도 됩니다.

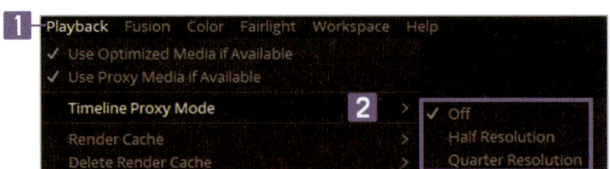

만약 **저해상도**의 비디오 클립이 준비되어있다면 이 클립을 **프록시 파일**로 대체하여 사용할 수도 있습니다. 이 또한 재생 환경에 도움이 됩니다. 준비된 프록시 파일을 현재 사용되고 있는 클립과 대체하기 위해서는 **미디어 풀**에 있는 클립에서 [**우측 마우스 버튼**] – [Link Proxy Media] 메뉴를 통해 프록시 파일을 불러와 대체하면 됩니다. 물론 이렇게 대체된 프록시 파일도 **플레이백**을 위한 것이기 때문에 **렌더(Render)**와는 상관없기 때문에 최종 품질에 대한 걱정을 하지 않아도 됩니다.

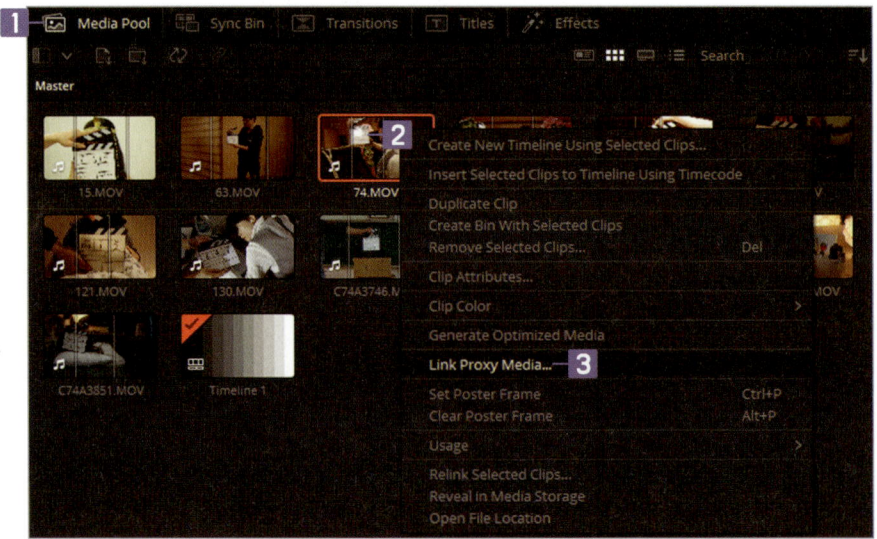

같은 메뉴에 있는 **Generate Optimized Media**는 비디오 클립을 플레이백에 최적화된 파일로 만들어주기 위해 사용됩니다. 이것은 프록시와는 다르지만 같은 결과를 위해 사용할 수 있습니다.

프록시(Proxy)와 옵티마이즈(Optimize) 설정하기

프록시와 옵티마이즈에 대한 품질 설정과 캐시 파일에 대한 설정은 프로젝트 세팅에서 가능합니다. 살펴보기 위해 인터페이스 우측 하단의 **프로젝트 세팅(Project Settings)** 버튼을 클릭하거나 단축키 [Shift] + [9]를 눌러 프로젝트 설정 창을 열어줍니다. 프로젝트 설정 창의 Master Settings 카테고리를 보면 Optimized Media and Render Cache와 Working Folders 항목이 있는데, **옵티마이즈 미디어 앤 렌더 캐시** 항목에서는 **프록시로 사용할 미디어(비디오) 클립의 품질**을 미리 설정하는 Proxy media resolution과 프록시 파일의 **포맷**을 설정하는 Proxy media format이 있으며, 미디어(비디오) 클립을 **최적화**할 때 설정하는 Optimized media resolution과 Optimized media format이 있습니다. 아래쪽 **워킹 폴더** 항목은 위쪽 **프록시**와 **옵티마이즈** 그리고 차후 학습할 **갤러리**에 등록되는 스틸 이미지가 **저장될** 경로(폴더)를 지정할 때 사용됩니다.

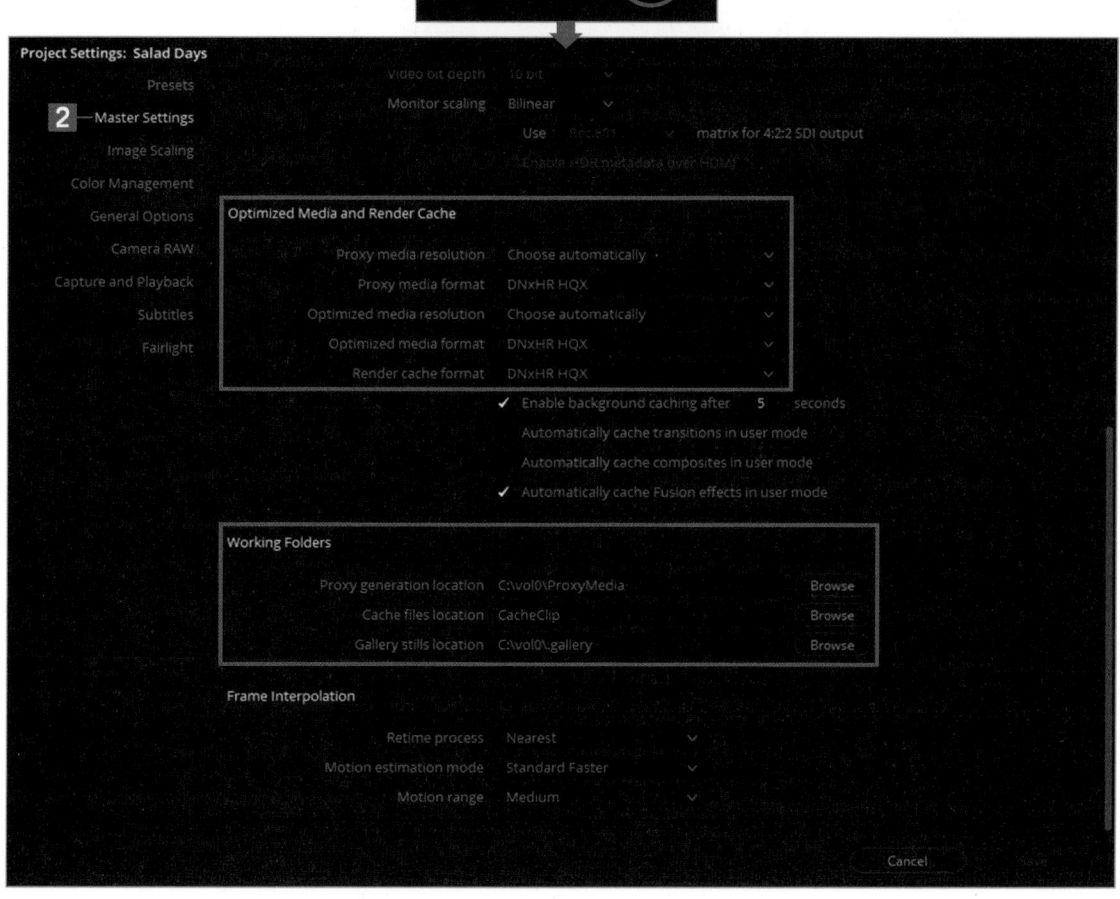

여기에서 먼저 **프록시 미디어 레졸루션**에 대해 살펴보겠습니다. 현재는 **플레이백(Playback)** 시 품질을 **자동**으로 설정해주는 Choose automatically로 되어있지만 사용자가 원하는 품질이 있다면 직접 선택할 수도 있습니다. 가장 좋은 품질은 **원본 클립**의 품질을 그대로 사용하는 Original과 가장 낮은 One-Sixteenth가 있는데, 일반적으로 Half나 Quarter 정도로 사용하지만 그래도 재생 환경이 해결되지 않는다면 이하의 품질로 설정해야 합니다.

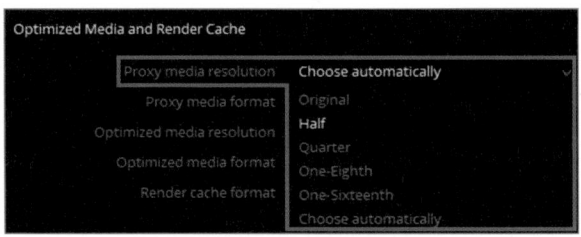

아래쪽 **프록시 미디어 포맷**은 프록시 파일 포맷에 대한 설정을 할 수 있습니다. 프록시 파일 포맷은 기본적으로 DNxHR HQX로 되어있는데, DNxHR은 Digital Nonlinear Extensible High Resolution의 약자로써 **아비드(Avid)**에서 개발한 코덱입니다. HQX는 최상위 하이퀄리티를 의미하며, 아래로 갈수록 품질이 낮아집니다. 만약 사용자의 PC 사양이 낮다면 DNxHR LB를 선택하길 권장합니다.

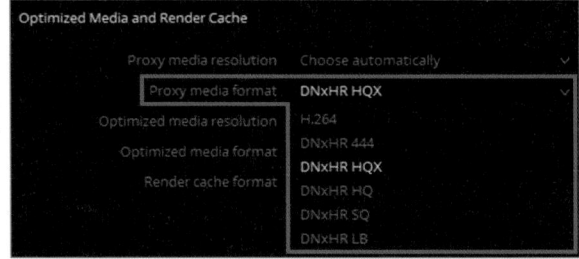

옵티마이즈 미디어 레졸루션은 플레이백 시 클립을 **최적화**해 주기 위한 품질 설정을 할 때 사용합니다. 기본적으로 PC 환경에 맞게 **자동**으로 **품질**을 설정해주는 Choose automatically로 되어있으며, 그밖에 사용자가 직접 설정해 주는 다섯 가지 모드를 제공합니다. 여기에서도 **프록시**에서처럼 가장 좋은 품질인 Original과 가장 낮은 One-Sixteenth 중 적당한 품질을 선택하면 됩니다.

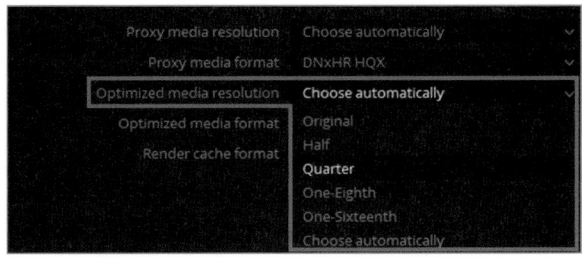

옵티마이즈 미디어 포맷 또한 **프록시**처럼 만들어질 미디어(비디오) 클립에 대한 포맷을 설정할 수 있는데, 여기에서는 액션 촬영을 위한 **고프로(GoPro)** 포맷까지 지원됩니다.

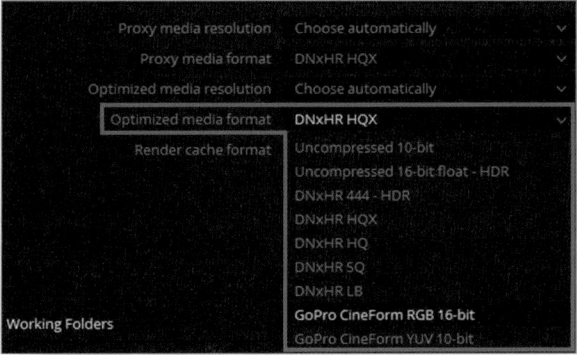

아래쪽 **Render cache format**은 **타임라인** 트랙에 사용되는 **클립**에 대한 **최적화**를 통해 플레이백 시 문제를 해결하거나 **최종적으로 파일**을 만들기 전에 클립(들)을 **사전 렌더링**할 때 사용되는 파일 포맷을 설정할 수 있습니다. 렌더 캐시에 대한 내용은 차후 렌더에 대한 학습에서 살펴볼 것입니다.

마지막으로 **워킹 폴드** 항목에서는 프록시 파일, 캐시 파일, 갤러리 파일이 **저장**될 **경로(폴더)**를 사전에 지정할 수 있습니다. 캐시 파일이 저장될 경로는 기본 경로를 그대로 사용해도 되지만 가능한 한 여유로운 공간과 **빠**른 속도의 **디스크(SSD 권장)**를 사용하는 것을 권장하며, 모든 설정이 끝나면 **Save** 버튼을 눌러 저장합니다.

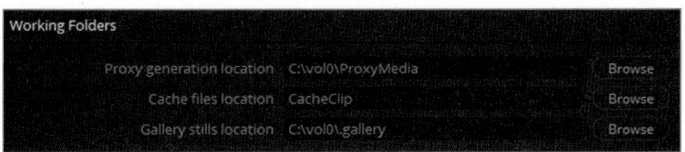

07 인터페이스(Interface) 살펴보기

이번 학습에서는 다빈치 리졸브의 작업 인터페이스(Interface)를 사용자의 작업 환경에 알맞게 설정하는 방법에 대하여 알아보겠습니다.

기본 인터페이스 살펴보기(작업 과정 살펴보기)

다빈치 리졸브는 최적의 작업을 위한 각각의 작업 모드를 제공합니다. 버전이 바뀌면서 현재는 미디어, 컷, 에디트, 퓨전, 컬러, 페어라이트, 딜리버 총 7개의 작업(페이지) 모드까지 증가되었다.

미디어 페이지

다빈치 리졸브를 실행하면 처음으로 보이는 페이지가 바로 **미디어(Media) 페이지**입니다. 미디어 페이지는 **모든 자료(미디어 파일)**들이 거쳐가야하는 페이지로써 편집이나 색보정 작업을 하기 위해서는 사용될 모든 음악, 사진(스틸 이미지), 동영상 파일들은 미디어(Media) 페이지에 갖다 놓아야 합니다.

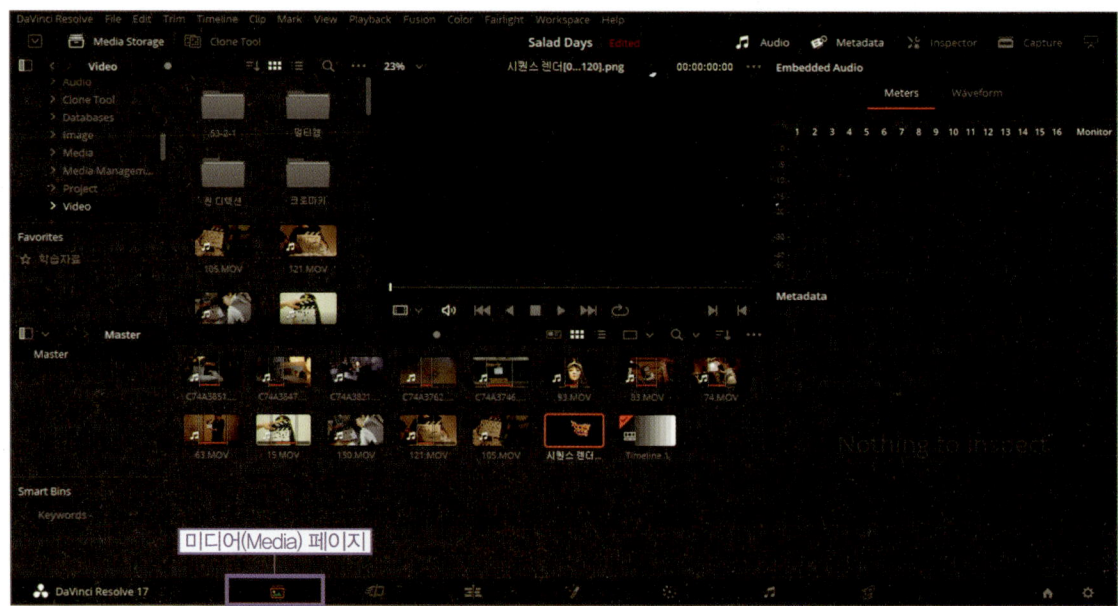

컷 페이지

컷(Cut) 페이지는 미디어 페이지의 미디어 풀(Media pool)에 적용된 파일(클립)들을 타임라인을 이용하여 컷 편집을 하는 곳입니다. **컷 편집은** 각 미디어 클립들의 **시작 점**과 **끝 점**을 이동하여 불필요한 장면을 자르고, 클립을 스플릿(하나의 클립을 두 개 이상으로 잘라서 개별로 사용하거나 불필요한 장면은 삭제함)하고 배치하는 등의 **기본 편집**을 하는 공간이라고 이해하면 됩니다. 장면과 장면이 바뀔 때 사용하는 **트랜지션(Transition)** 효과, 비디오/오디오에 적용하는 **이펙트**, **타이틀**과 **자막** 등도 여기에서 적용합니다.

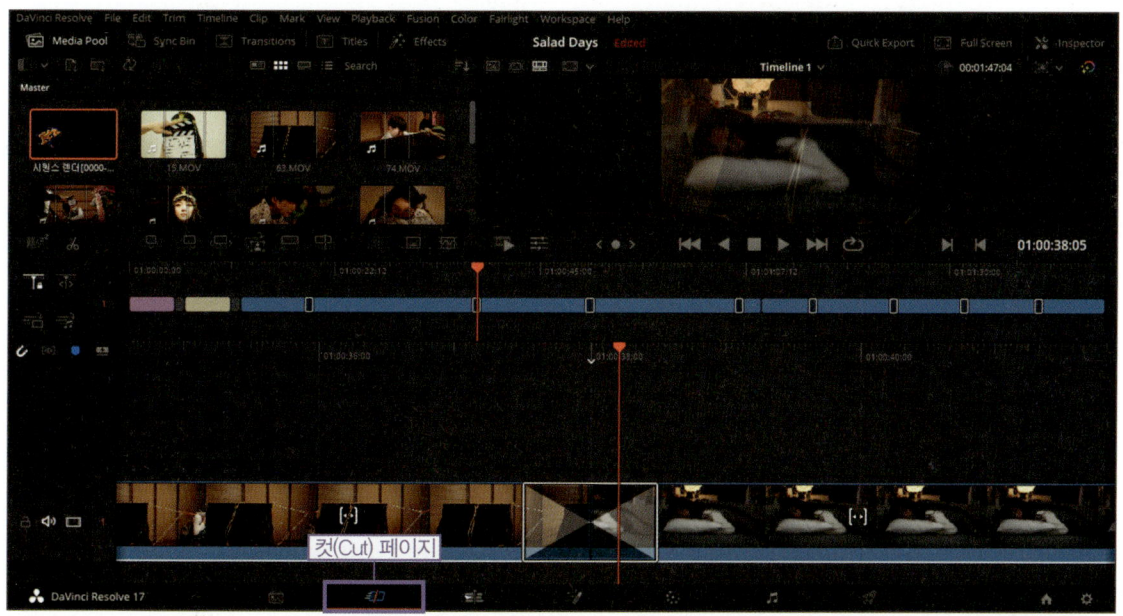

에디트 페이지

에디트(Edit) 페이지는 미디어 페이지의 미디어 풀(Media pool)에 적용된 파일(클립)들을 타임라인을 이용하여 편집을 하는 곳입니다. 앞서 살펴본 **컷 페이지**가 간단한 편집을 위한 공간이었다면 **에디트 페이지**는 보다 **세부적인 편집**을 하기 위한 공간이라고 이해하면 됩니다. 컷 페이지에서 적용된 트랜지션, 비디오/오디오 효과, 타이틀과 자막을 여기에서 보다 세부적으로 설정할 수 있으며, **사운드 라이브러리**를 사용할 수 있어 오디오 작업을 보다 폭넓게 활용할 수 있습니다. 또한 비디오 클립들이 이 곳을 통해 편집이 되기 전에는 이후의 **색보정** 작업이 **불가능**합니다. 이 부분에 대해서는 차후 집중적으로 살펴볼 것입니다.

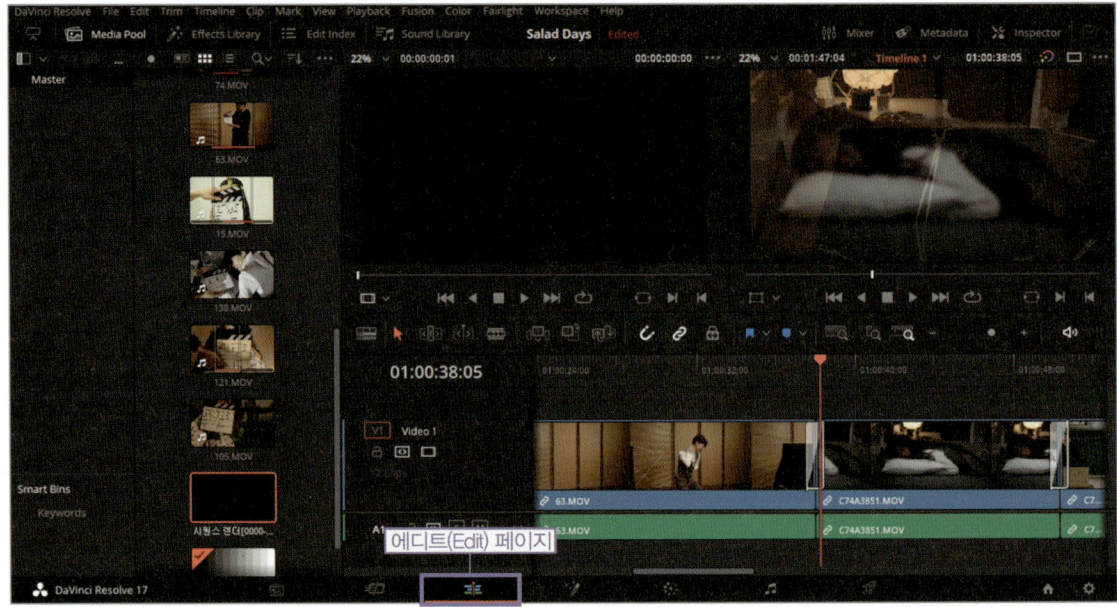

퓨전 페이지

퓨전(Fusion) 페이지는 미디어 클립에 **이펙트**를 적용하고 세부 설정을 하기 위한 공간입니다. 모든 효과는 **노드 트리(Node Tree)**를 이용하여 이루어집니다.

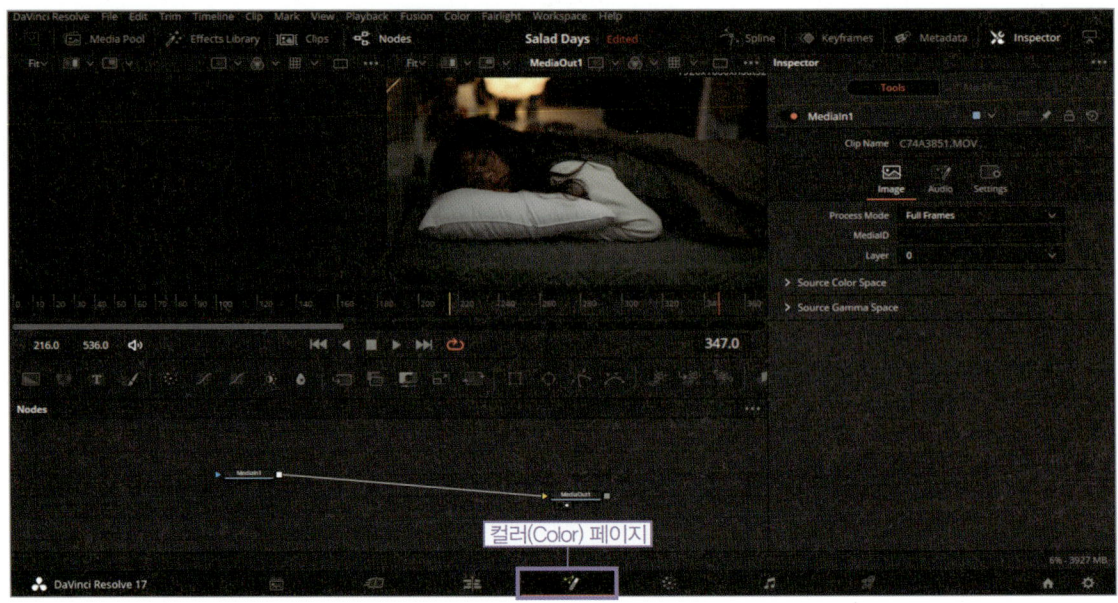

컬러 페이지

컷과 에디트 페이지에서 편집을 했다면 다음으로 **색보정** 작업을 위한 **컬러(Color) 페이지**로 넘어가게 됩니다. 컬러 페이지에서는 **노드 트리(Node Tree)**를 이용하여 다양한 색보정 작업이 이루어집니다. 비디오 클립의 **밝기**, **색상**, **채도** 등에 대한 기본 색보정 작업과 **마스크**나 **매트**를 이용하여 특정 영역에 대해서만 색보정 작업을 할 수 있습니다. 컬러 페이지에 대한 자세한 내용은 차후 자세히 알아볼 것입니다.

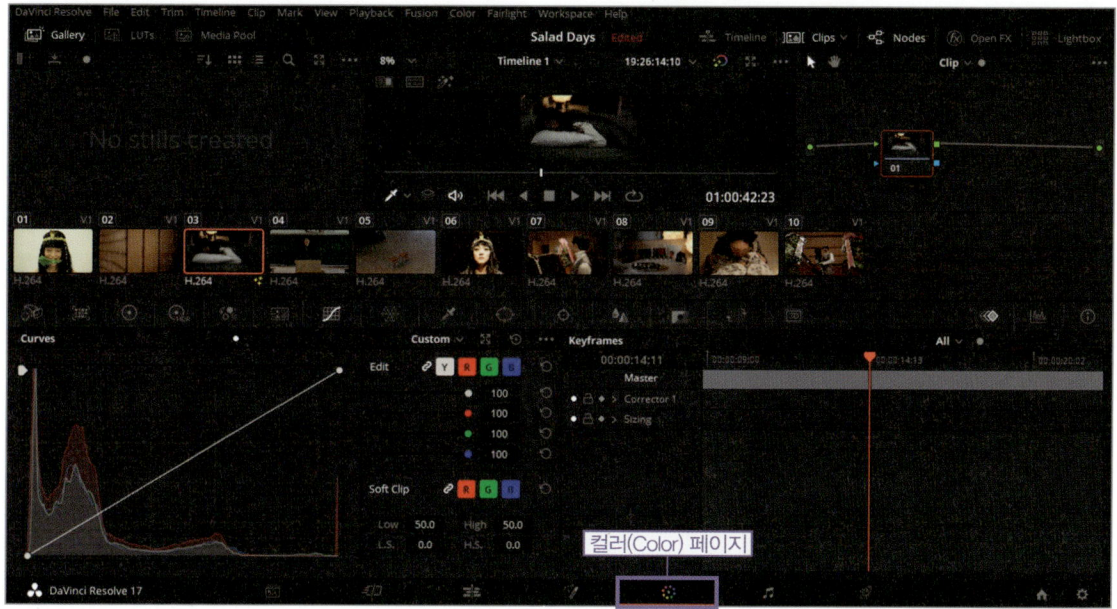

페어라이트 페이지

페어라이트(Fairlight) 페이지는 전문적인 **오디오 편집**을 하기 위한 공간입니다. 다양한 오디오 효과를 적용하고 설정하는 작업뿐만 아니라 **내레이션 레코딩** 작업을 위해서도 사용됩니다. 특히 **큐베이스**나 **로직**, **프로툴즈**와 같은 오디오 전문 프로그램에서 설치된 VST 사운드 효과까지 지원되기 때문에 보다 전문적인 오디오 작업이 가능합니다.

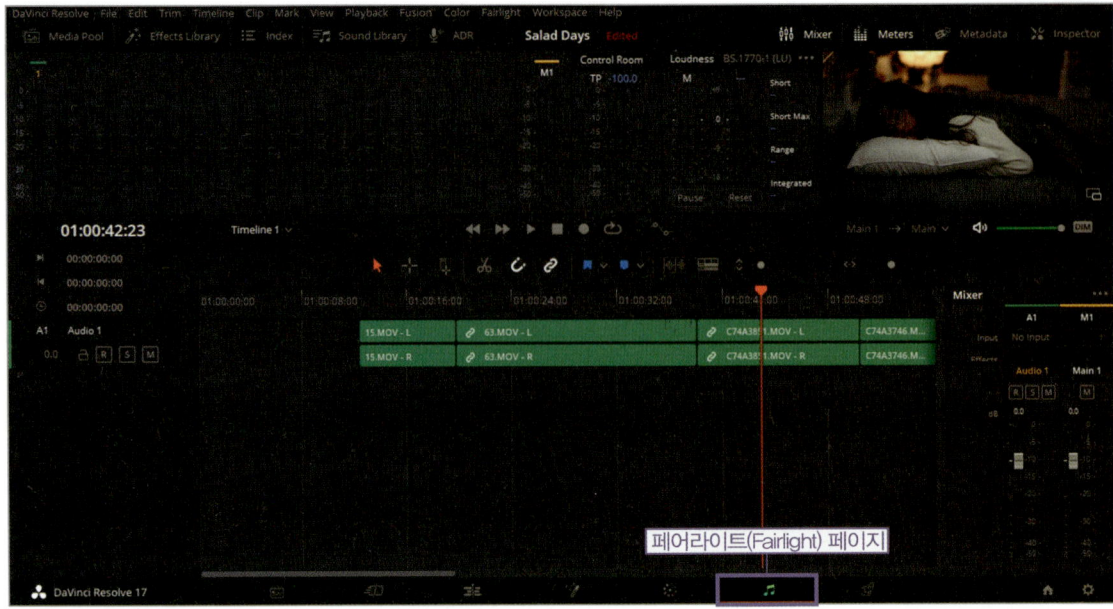

딜리버 페이지

딜리버(Deliver) 페이지는 **최종 렌더 작업**을 하는 공간입니다. 여러분이 편집 및 색보정 작업까지 끝냈다면 작업한 내용에 대한 결과물을 만들어야 합니다. 즉 **렌더(Render)**라는 과정을 거쳐야 합니다. 다시 말해 작업이 끝난 영상들을 관객이 볼 수 있게 하기 위한 **동영상 파일**을 만든다는 뜻입니다. 이와 같은 작업을 하는 곳이 바로 딜리버 페이지입니다. 렌더를 하기 위해서는 원하는 타임라인을 선택하면 되며, 색보정을 하지 않은 상태로 영상을 렌더링하고 싶다면 그 또한 가능합니다. 여기에서는 여러 가지 방식으로 영상을 렌더할 수도 있습니다. Final Cut, Avid, Vimeo, Youtube, Premiere 등 모두 가능합니다. 또한 코덱(Codec), 프레임 사이즈를 여러분이 원하는 방식으로 설정할 수도 있습니다. 이렇듯 미디어 페이지에서 시작해서 에디트 페이지로 넘어가고, 컬러 페이지에서 색보정을 한 후 딜리버 페이지에서 최종적으로 렌더(Render)를 해 주는 것이 다빈치 리졸브의 **일반적인 작업 과정(Workflow)**입니다.

 워크스페이스(작업 페이지) 이동을 위한 단축키

앞서 살펴본 각 작업 페이지는 **단축키**를 사용하면 보다 신속하게 미디어(Media), 컷(Cut), 편집(Edit), 퓨전(Fusion), 컬러(Color), 페어라이트(Fairlight), 딜리버(Deliever) 페이지로 이동할 수 있습니다. 단축키는 차례대로 **[Shift] + [2, 3, 4, 5, 6, 7, 8]**로 사용됩니다.

워크스페이스(Workspace) 설정하기

다빈치 리졸브 17 버전의 UI(**유저 인터페이스**)는 완전히 새로워 졌습니다. 이것은 워크스페이스설정 환경이 보다 다양해졌다는 뜻이기도 합니다. 이번 학습에서는 새로워진 워크스페이스 설정에 대해 알아보도록 하겠습니다. 설명을 시작하기에 앞서 한가지 짚고 넘어가야 할 것은 설정한 워크스페이스는 다른 **데이터베이스(Database)**로 보낼 수 없다는 것임을 참고하기 바랍니다.

전체 화면으로 전환하기

사용자의 컴퓨터 해상도 사양에 따라 다르겠지만 만약 다빈치 리졸브의 워크스페이스를 **전체 화면**으로 설정해 놓고 작업을 할 수 있습니다. 그렇게 하기 위해서는 [Workspaces] - [Full Screen Window]을 선택하여 체크하면 됩니다. 반대로 화면을 다시 원래대로 되돌리고 싶다면 같은 메뉴를 선택하면 됩니다.

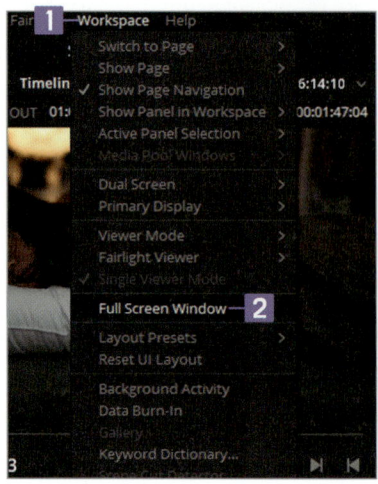

인터페이스 초기화하기

만약 다빈치 리졸브의 **인터페이스**를 최초로 설치했던 **초기** 상태로 되돌리고자 한다면 [Workspaces] - [Reset UI Layout] 메뉴를 선택하십시오. 그러면 필자와 같은 인터페이스로 동기화할 수 있을 것입니다. 또한 컴퓨터에 대한 지식이 많지 않거나 다빈치 리졸브와 같은 비디오 편집 툴을 처음 접하는 분들에게 있어 프로그램 인터페이스의 초기화는 매우 중요합니다. 그것은 작업을 하다 보면 원치 않은 무언가를 실수로 건드려 인터페이스가 엉켜버리는 일이 빈번하게 일어나기 때문입니다.

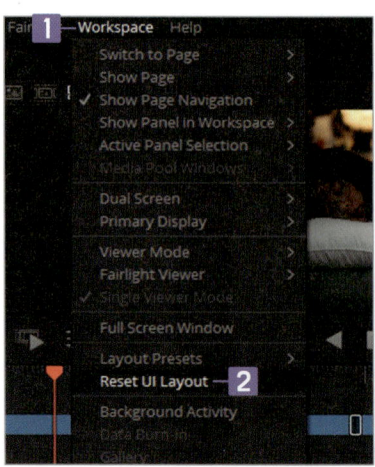

듀얼 모니터 사용하기

비디오 편집을 보다 효율적으로 하기 위해서는 하나의 모니터보다는 **두 개**의 **모니터**를 사용하는 것이 좋습니다. 만약 여러분이 두 개의 모니터를 사용한다면 [Workspaces] - [Dual Screen] - [On]을 선택하면 됩니다. 그러면 워크스페이스가 좌우로 나눠져 보다 쾌적한 환경에서 작업을 할 수 있습니다.

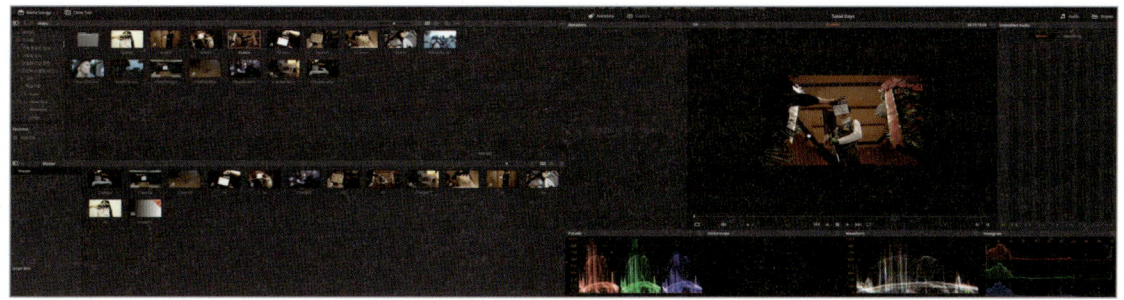

듀얼 모니터(스크린)를 사용할 때 좌우 화면을 바꾸고자 한다면 [Workspaces] - [Primary Display] 메뉴에서 **Display 1** 또는 **2**를 선택하십시오. **듀얼 스크린 모드**는 작업하기 좋은 환경이지만 불편함 없이 사용하기 위해서는 성능 좋은 **그래픽 카드**가 필요하다는 것을 기억하기 바랍니다.

뷰어 모드 사용하기

[Workspaces] - [Viewer Mode] 메뉴를 선택하면 뷰어 모드를 사용할 수 있습니다. 뷰어 모드에는 선택된 클립, 즉 장면을 **풀 스크린**으로 재생할 수 있는 Cinema Viewer와 색보정 작업을 위한 Enhanced Viewer 그리고 풀 스크린으로 전환해 주는 Full Screen Viewer를 선택할 수 있습니다. 뷰어 모드는 모든 페이지에서 사용할 수 있는 것은 아니지만 **컬러 페이지**에서는 효율적인 색보정 작업을 위해 3가지 뷰어 모드를 모두 사용할 수 있습니다.

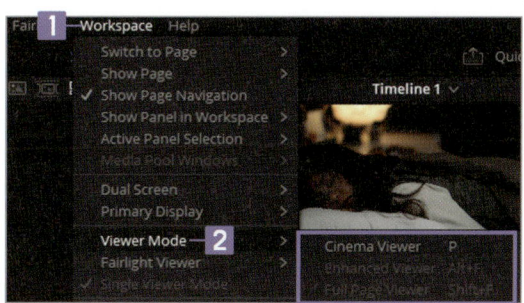

뷰어 모드에서 다시 **원래 상태**로 되돌아가기 위해서는 단축키 ESC 키를 누르면 됩니다. 컬러 페이지에서는 그밖에 다양한 워크스페이스 메뉴를 사용할 수 있는데, 이것은 차후 색보정 작업에 대한 학습에서 보다 자세히 살펴보기로 하겠습니다.

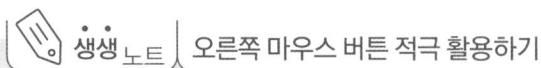 오른쪽 마우스 버튼 적극 활용하기

다빈치 리졸브에서 제공되는 기능은 수없이 다양합니다. 그러므로 이 모든 기능을 기억하고 사용한다는 것은 결코 쉽지 않습니다. 하지만 정말 중요한 기능은 반드시 익혀두어야 할 것입니다. 그렇다면 다빈치 리졸브에서 제공되는 기능 중 어떤 것이 중요할까요? 중요한 기능을 쉽게 살펴보는 방법은 특정 **아이콘이**나 **클립**, 그밖에 기능 위에서 **오른쪽 마우스 버튼**을 클릭해 보는 것입니다. 오른쪽 마우스 버튼을 통해 나타난 **팝업(퀵) 메뉴**는 다빈치 리졸브에서 가장 **즐겨 사용**되는 중요한 메뉴입니다. 만약 여러분이 오른쪽 마우스 기능을 잘 사용하지 않는다면 여러분은 다빈치 리졸브가 제공하는 반 이상의 기능을 사용하지 않는다고 판단해도 될 것입니다.

08 시스템 환경 설정하기

이번 학습에서는 사용자 편의를 위한 프레퍼런스(Preferences)와 프로젝트 세팅(Project Settings)에 대해서 알아보도록 하겠습니다.

시스템 프레퍼런스 설정하기

시스템 프레퍼런스는 다빈치 리졸브의 작업 환경설정에 관한 것으로 사용자의 시스템에 연결한 하드웨어와 관련이 있습니다. 이번 학습을 통해 외장 오디오(External Audio), 외장 모니터(External Monitor), 컬러 컨트롤 서피스(Color Control Surface) 등을 연결하고 설정하는 방법에 대해 알게 될 것입니다.

미디어 스토리지

[Davinci Resolve] - [Preferences] 메뉴를 선택합니다. 시스템 프레퍼런스 좌측의 여러 가지 옵션들 중 먼저 미디어 스토리지(Media Storage)를 선택합니다. 이 항목의 아래쪽 **Automatically display attached local and network storage locations** 옵션은 사용자의 컴퓨터에 연결된 디스크를 다빈치 리졸브가 자동으로 미디어 파일로 인식하도록 해 주는 기능인데, 예를 들어 여러 명의 사용자가 서로 다른 프로젝트를 진행하고있을 때 이 옵션을 체크 해제하게 되면 다른 사용자들은 다른 사람이 작업한 프로젝트를 확인할 수 없게 됩니다.

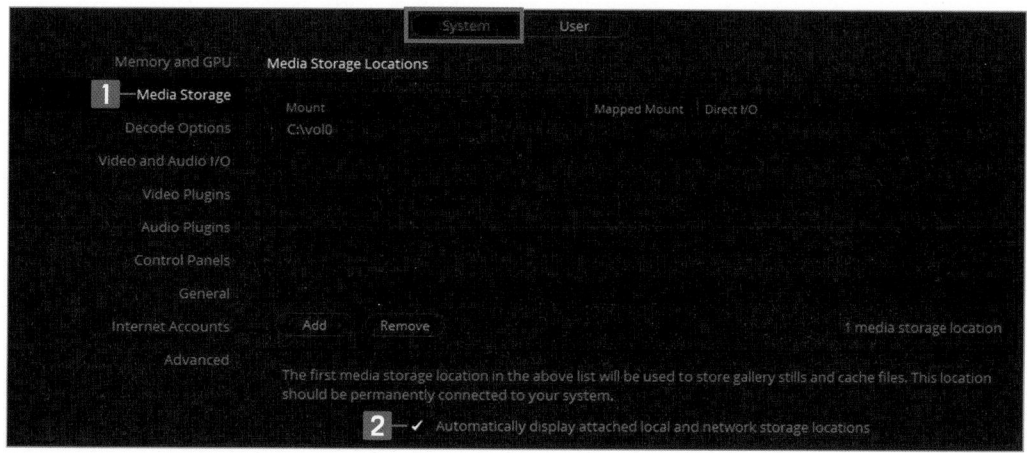

시스템(인터페이스 밝기 설정하기)

이번엔 **유저**(User) 탭으로 가서 UI Settings 카테고리 항목을 선택합니다. 이 항목에서는 프로그램 언어 선택을 위한 Language와 다빈치 리졸브 인터페이스의 밝기를 조금 밝게 해주는 Use gray background for user interface 등이 있습니다. 여기에서는 인터페이스의 밝기를 조금 밝게 설정하기 위해 Use gray background for user interface를 체크하고 Save 버튼을 클릭합니다. 재설정된 시스템으로 바꿔주기 위해 프로그램을 다시 실행하라는 메시지 창이 뜨면 OK 버튼을 클릭하여 창을 닫습니다.

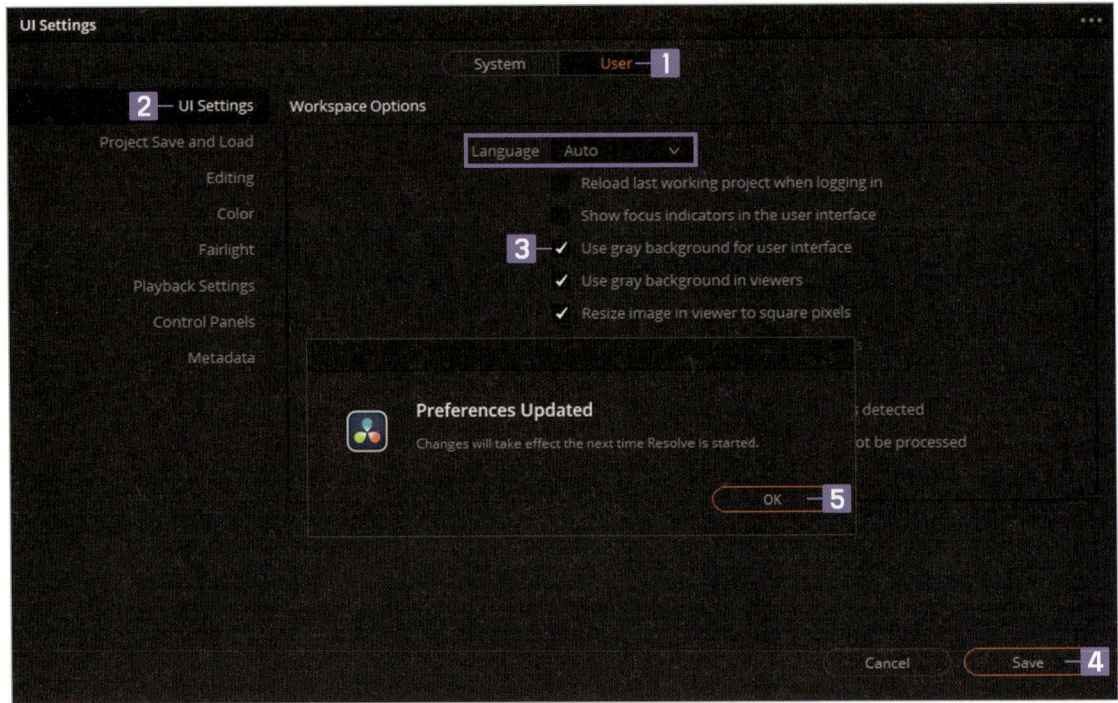

이제 다빈치 리졸브 프로그램을 **종료**했다가 다시 실행하기 위해 [Davinci Resolve] - [Quit DaVinci Resolve]를 선택합니다. 프로그램을 종료하는 방법은 방금 설명한 방법 말고도 프로그램 오른쪽 상단에 있는 [x] 모양의 닫기 버튼을 누르거나 해당 메뉴에 표기된 **단축키**(Ctrl+Q)를 이용할 수 있습니다.

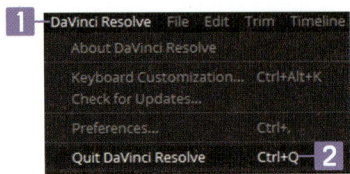

다시 프로그램을 실행하고 Salad Days 프로젝트를 열어줍니다. 확인해 보면 많은 차이는 나지 않지만 이전 인터페이스보다 **밝은 회색**에 가까워진 것을 알 수 있습니다. 사용자에 따라 차이가 있겠지만 작업 상황에 맞는 밝기를 선택해서 사용하십시오. **필자**는 다시 원래 **기본 밝기**로 전환하여 사용할 것입니다.

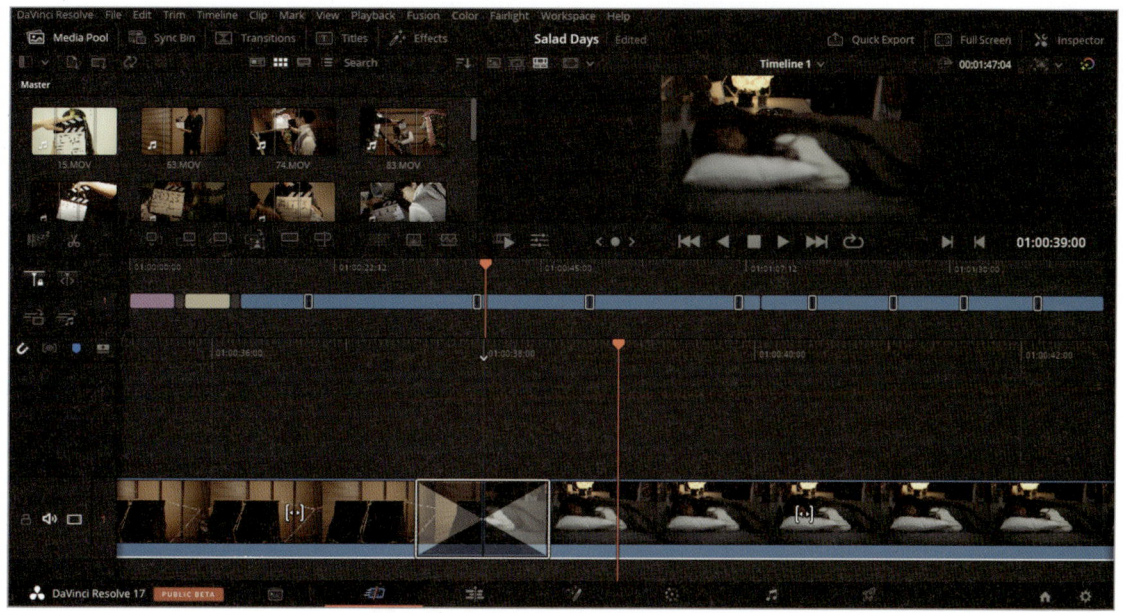

▲ Use gray background for user interface를 체크했을 때

Video and Audio I/O

이번엔 Video and Audio I/O(인/아웃) 항목에 대해 살펴보겠습니다. 이 옵션의 기능들은 다빈치 리졸브 프로그램을 활용하기 위한 **비디오**와 **오디오 장치**들에 대한 선택을 할 수 있습니다. 필자는 시스템 장치를 사용하지 않았기 때문에 대부분 None으로 되어있습니다. 하지만 외부 모니터와 그 외 장치들을 연결하고 인식을 하지 않았다면 해당 옵션을 선택해주고 원하는 지시에 따라 설정을 해 주면 됩니다. 아래쪽 Speaker Setup 옵션에서는 편집 작업 시 오디오를 출력하는 스피커 장치를 선택할 수 있습니다. 만약 모니터에 있는 스피커나 별도로 연결된 외부 스피커 또는 무선(블루투스) 스피커 등을 모두 사용하는 사용자라면 작업에 사용할 하나의 스피커를 선택할 수 있습니다. 그러므로 다빈치 리졸브를 통해 편집을 할 때 소리가 들이지 않는다면 이 부분을 잘 설정해야 합니다.

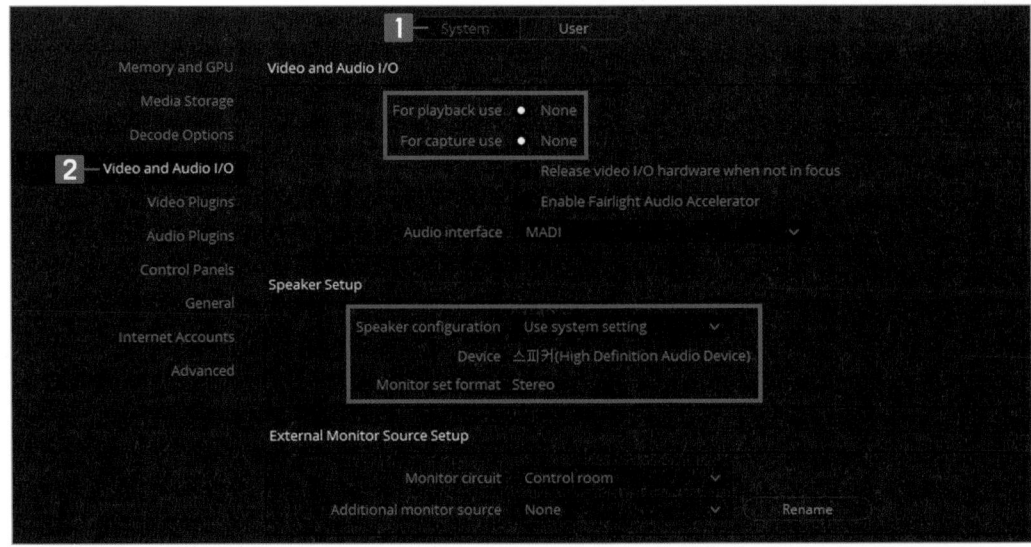

오디오(VST 플러그인)

오디오 플러그인(Audio Plugins)은 다빈치 리졸브에서 오디오 VST 이펙트의 위치를 **삭제**하거나 **추가**할 수 있습니다. 대부분 한 번 추가된 위치는 그대로 사용하지만 새로운 이펙트가 사용될 경우에는 **Add** 버튼을 눌러 가져올 수 있다.

비디오 플러그인

비디오 플러그인(Video Plugins)은 다빈치 리졸브에서 사용할 수 있는 Open FX Plugins 비디오 이펙트를 보여줍니다. 현재는 아무 것도 없지만 오픈 FX 플러그인을 설치했을 경우에는 여기에 나타나게 됩니다.

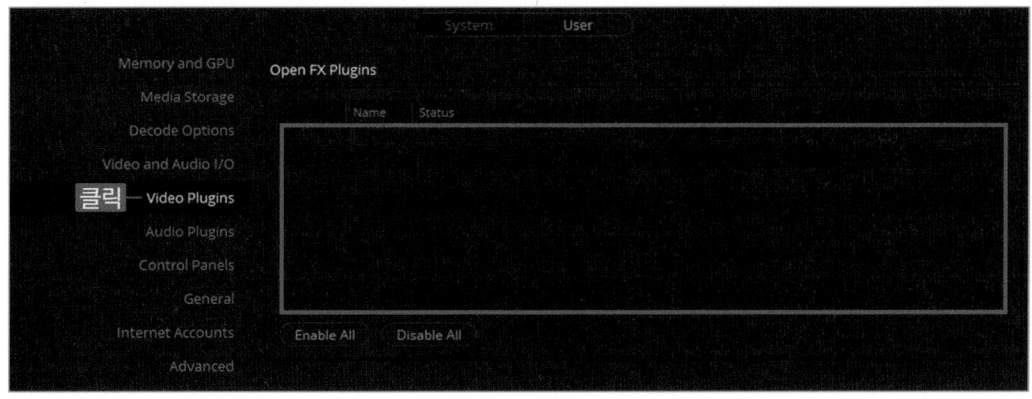

오픈 FX 플러그인(Open FX Plugins)은 다빈치 리졸브에서 제공하는 플러그인, 즉 이펙트가 아닌 외부에서 별도로 설치된 플러그인을 말합니다.

메모리 and GPU

메모리 and GPU는 편집 작업에 사용되는 **메모리(RAM)**의 사용량과 그래픽 설정에 필요한 옵션을 제공합니다. 위쪽 Memory Configuration의 Limit Resolve memory usage to는 다빈치 리졸브에서의 **기본 편집** 작업 시 사용되는 메모리 량을 설정하며, Limit Fusion memory cache to는 퓨전, 즉 **이펙트** 적용 및 설정을 위한 작업에 사용되는 메모리 량을 설정합니다. 두 옵션의 값을 적절하게 조절하여 작업 환경을 최적화할 수 있는데, **높은 메모리** 용량일수록 다빈치 리졸브에서의 작업이 원활해지지만 **다른 프로그램**과 동시에 사용할 경우에는 문제가 될 수 있기 때문에 적절한 값을 사용해야 합니다. 아래쪽 GPU Configuration은 그래픽 카드의 성능을 활용하기 위한 GPU 옵션을 설정할 수 있습니다. 다빈치 리졸브와 같은 그래픽 작업 프로그램에서는 GPU가 지원되는 그래픽 카드를 사용하는 것을 권장합니다.

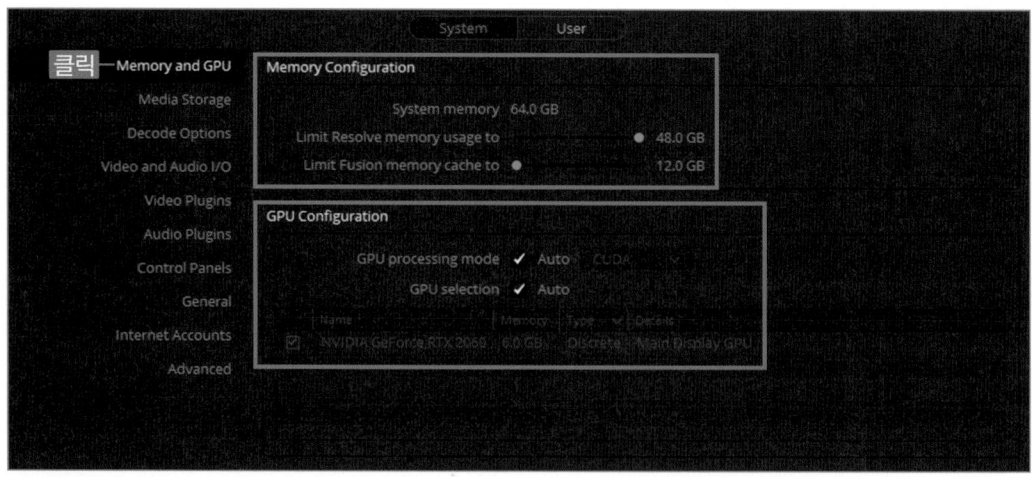

컨트롤 패널

컨트롤 패널(Control Panels) 항목에서는 작업을 보다 **정확**하고 **신속하게** 해 주기 위한 다양한 **외부 컨트롤** 장치에 대한 선택을 합니다. 만약 여러분이 여기에 있는 옵션과 관련된 컨트롤 장치를 연결했다면 해당 옵션을 체크해 주면 됩니다. 가령 **컬러 그레이딩(색보정)** 작업을 하기 위한 Color Grading Panel에서 Select this panel for grading의 Tangent Devices Element를 선택함으로써 연결된 키보드를 다빈치 리졸브와 동기화시킬 수 있을 것입니다. 현재 필자는 외부 컨트롤 장치를 사용하지 않기 때문에 사용할 수는 없지만 이러한 컨트롤 장치를 사용한다면 해당 컨트롤을 선택하면 됩니다. 아래쪽 Audio Console 또한 오디오 컨트롤 장치를 사용할 때 사용되는 **오디오 콘솔**을 선택하면 됩니다.

인터넷 어카운트

인터넷 어카운트(Internet Accounts) 항목에서는 **유튜브**와 **비메오**, **트위터** 계정에 로그인을 미리 할 수 있게 해 줍니다. 로그인된 계정은 다빈치 리졸브의 최종 작업인 **딜리버(렌더)** 페이지에서의 로그인 과정을 단축시켜 줍니다.

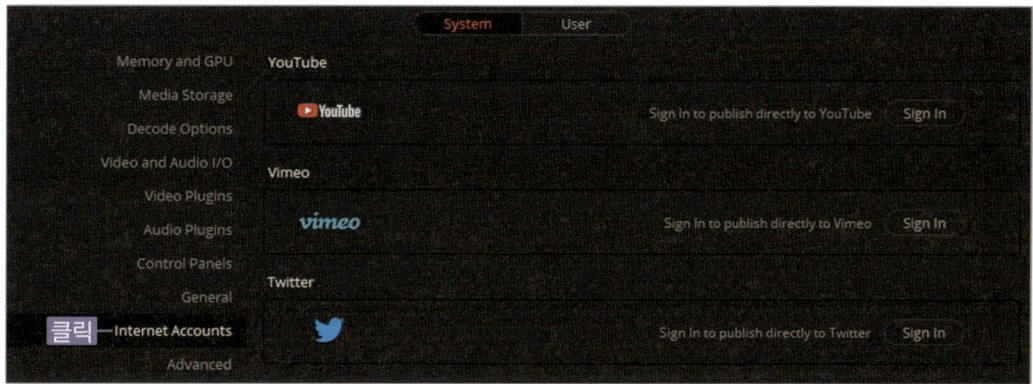

프로젝트 저장 and 가져오기

이번엔 다시 **유저**(User) 탭으로 이동합니다. UI Settins는 앞서 살펴보았기 때문에 이번에는 아래쪽에 있는 **프로젝트 저장 and 가져오기**(Project Save and Load) 항목에 대해 알아보겠습니다. 이 항목에서는 특정 프로젝트를 실행할 때 모든 타임라인도 같이 가져오는 Load all timelines when opening projects 옵션과 작업 즉시 **실시간**으로 **저장**할 수 있는 Live save, 저장 시 **프로젝트**를 **백업**할 수 있는 Project backups 옵션을 사용할 수 있습니다. 특히 여기에서 라이브 세이브 옵션은 작업 내용을 잃어버리지 않는 최고의 방법이 될 것입니다.

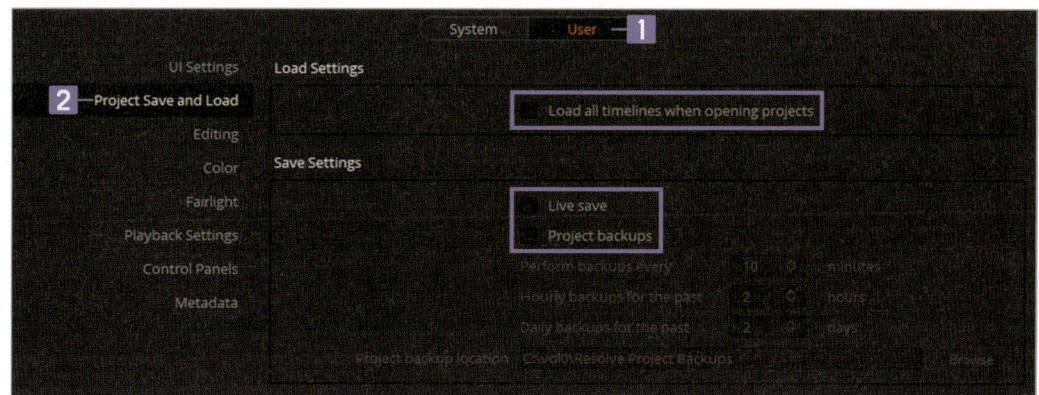

에디팅

에디팅(Editing)에서는 **작업 시작 시간**을 설정하기 위한 Start timecode와 초기 사용되는 **비디오/오디오 트랙 개수** 설정을 위한 Number of video/audio tracks, 빈 설정을 위한 Automatic Smart Bins 옵션들을 사용할 수 있으며, 그밖에 편집에 필요한 다양한 옵션들을 제공합니다.

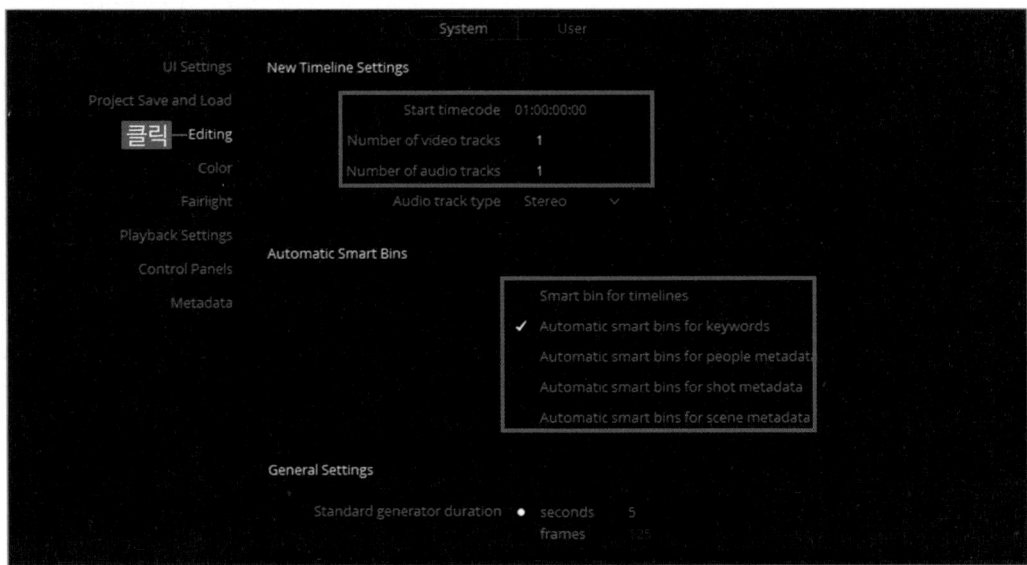

그밖에 컬러(Color), 페어라이트(Fairlight)는 해당 작업 페이지에서의 사용할 수 있는 옵션들을 설정할 수 있으며, 플레이백 세팅(Playback Settings)는 재생 시 반응하는 옵션들을 제공합니다. 아래쪽 컨트롤 패널(Control Panels)과 매타데이터(Metadata)는 각각 컨트롤 패널 설정과 매타데이터에 대한 설정을 할 수 있습니다. 참고로 프레퍼런스의 설정이 끝났으면 항상 **프로그램**을 **재시작** 해주어야 설정이 적용이 완료된다는 거 잊지 마십시오. 지금까지 프레퍼런스(작업 환경설정)에서 중요한 옵션들에 대해 알아보았습니다.

프로젝트 설정하기(재설정)

다빈치 리졸브는 새로운 프로젝트를 시작하기에 앞서 항상 프로젝트 세팅(Project Settings)을 해 주어야 합니다. 왜냐하면 미디어 풀에 미디어 파일을 추가하거나 타임라인을 만들 때 몇 가지 설정들에 제한이 주어지기 때문입니다. 이번 학습에서 다룰 프로젝트 설정은 앞서 다루었던 시스템 프레퍼런스와는 다르게 프로그램 전체에 적용되는 것이 아니라 하나의 특정한 프로젝트에만 설정이 적용됩니다. 그러므로 모든 프로젝트들은 각각의 다른 설정들을 가질 수 있습니다.

마스터 프로젝트 세팅과 타임라인 빈 설정하기

인터페이스 오른쪽 하단에 위치한 톱니 모양 아이콘 Project Settings 버튼을 선택하여 프로젝트 세팅 창을 열어줍니다. 본 도서에서는 **마스터 프로젝트 세팅**(Master Project Settings)에 중점적으로 알아보겠습니다.

먼저 Timeline resolution을 살펴봅니다. 이 옵션은 동영상 화면 규격을 설정할 때 사용합니다. 시간이 흐를수록 대형화된 화면을 선호하게 되었고, 최근에는 4k, 8k급 규격도 흔히 볼 수 있게 되었습니다. 하지만 지나치게 대형화된 화면은 재생 장치(PC, 모바일 등)가 뒷받침되지 못하기 때문에 아직까지는 2k급 1920 x 1080이 가장 대중화되어 있습니다. 이번에는 아래쪽 Timeline Frame Rate을 살펴봅니다. 타임라인 프레임 레이트는 비디오 클립의 **초당** 사용되는 **프레임 개수**를 결정합니다. 다빈치 리졸브에는 **하나의 렌더링 프레임 레이트**가 사용되며, 현재는 비활성화되어 있기때문에 Timeline Frame Rate은 설정 **변경이 불가능**합니다.

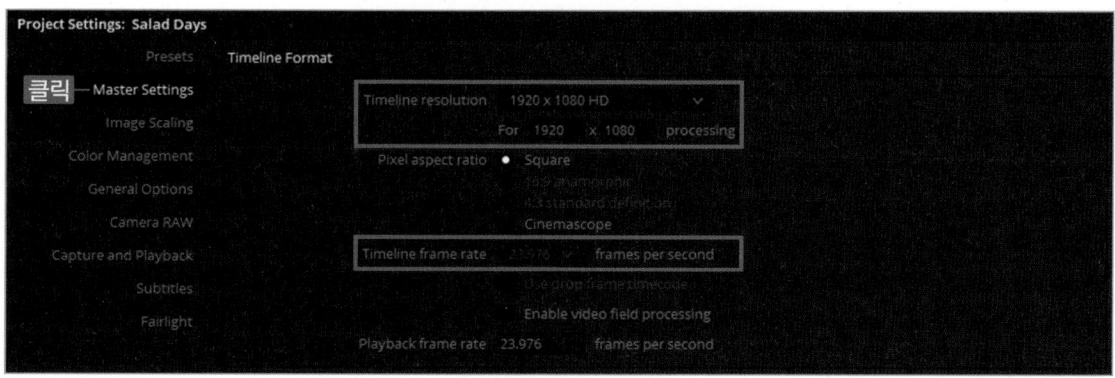

여기에서 잠깐 Mixed Frame Rate Format에 대해 알아보기 위해 겠습니다. General Options 항목으로 이동합니다. 현재 믹스 프레임 레이트 포맷은 Resolve로 설정이 되어있습니다. 사용자가 XML(서로 다른 프로그램에서 작업된 파일을 불러와 사용할 수 있게 해 주는 확장성 생성 언어)을 Avid에서 불러오는지 아니면 Premiere Pro 또는 Final Cut에서 불러오는지는 매우 중요합니다. 이것은 어플리케이션(프로그램)마다 서로 다른 방식으로

Mixed Frame Rates를 다루기 때문입니다. 여기에서 여러분이 필요한 종류의 XML을 선택할 수 있습니다.

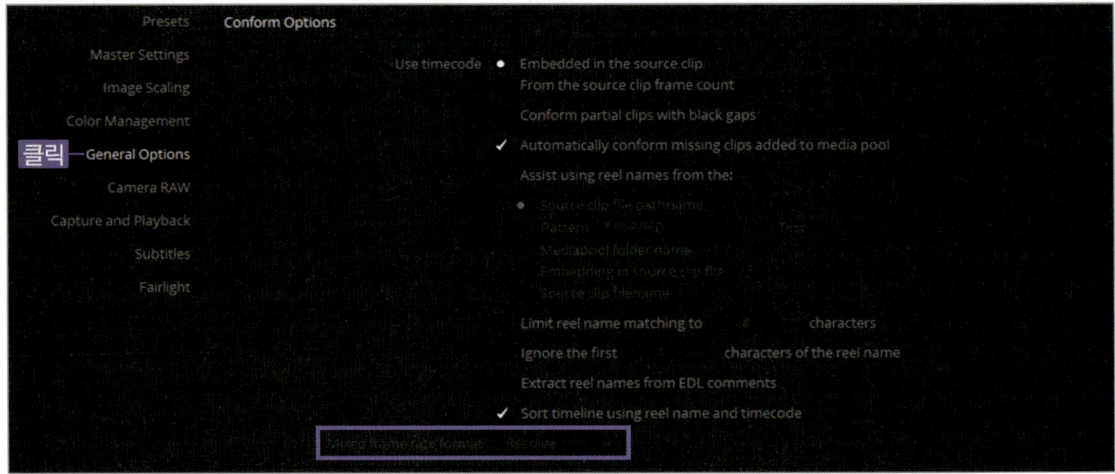

새로운 프로젝트를 통해 살펴보기 위해 프로젝트 세팅 창을 닫은 후 [File] - [New Project] 메뉴를 선택합니다. 현재 사용 중인 프로젝트는 저장하지 않습니다. 새로운 프로젝트 이름은 여러분이 원하는 이름으로 입력합니다. 이름 입력이 끝나면 Create 버튼을 누릅니다.

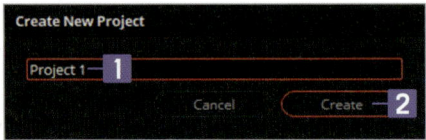

다시 프로젝트 세팅 창을 열기 위해 인터페이스 오른쪽 하단에 위치한 톱니 모양의 **Project Settings** 버튼을 클릭합니다.

프로젝트 세팅 창이 열리면 **마스터 프로젝트 세팅**(Master Project Settings)으로 이동한 후 Timeline Frame Rate을 확인합니다. 그러면 앞서 살펴보았을 때와는 다르게 해당 옵션이 설정이 가능하도록 활성화되어있는 것을 알 수 있습니다. 이제 여러분이 원하는 프레임 레이트로 설정해 보십시오.

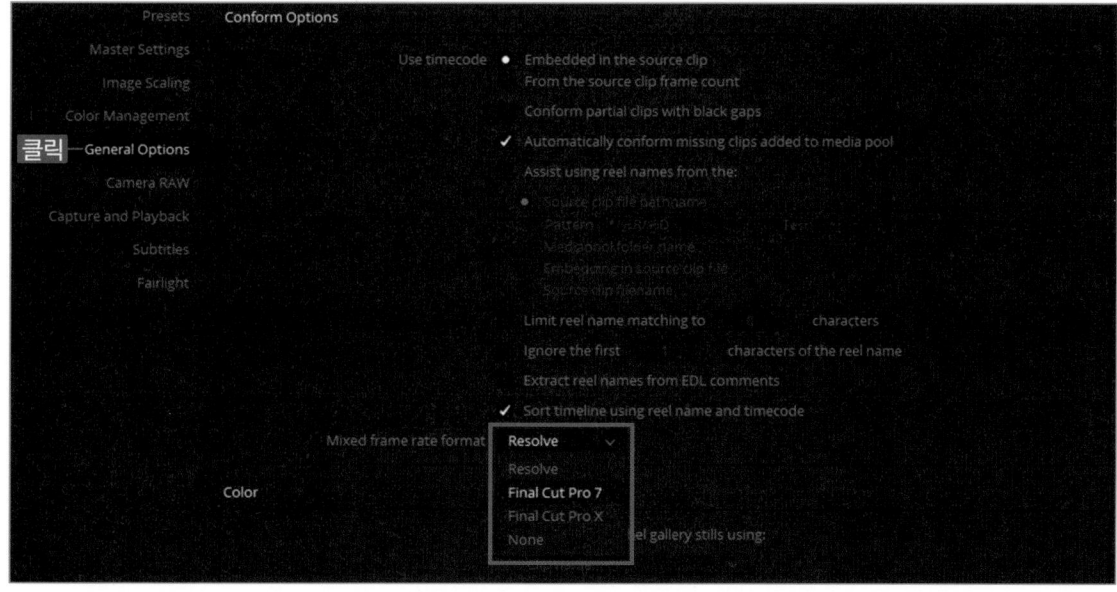

그리고 다시 General Options 항목으로 이동한 후 Mixed Frame rate format을 확인해 보면 이 옵션 역시 설정이 가능하도록 활성화된 것을 알 수 있습니다. 이처럼 다빈치 리졸브에서는 사용되는 프로젝트에 하나의 동영상 클립, 즉 타임라인이 적용된 상태에서는 마스터 세팅을 할 수 없다는 것을 명심하기 바랍니다.

필자는 브로드캐스트 세이프(Broadcast Safe) 기능을 설정하는 것을 좋아합니다. 이것은 프로젝트가 시작하기 전에 설정을 해 놓지 않으면 나중에는 설정하기 어렵기 때문입니다. 우선 Broadcast Safe 설정을 활성화시킨 상태로 특정 프로젝트를 렌더(Render)한다고 가정해 보겠습니다. 컬러 매니지먼트(Color Management)로 이동한 후 Make Broadcast Safe를 체크합니다. 메이크 브로트캐스트 세이프는 위쪽의 Broadcast safe IRE levels에 의해 미디어 클립의 **색상(채도)**의 표현 범위를 조절할 수 있게 해 줍니다. 이것은 지나치게 높은 채도를 가장 자연스럽게 처리하고자 할 때 주로 사용됩니다. 보다 자세한 사용법은 차후 해당 학습에서 살펴볼 것입니다. 모든 설정이 끝나면 아래쪽 **Save** 버튼을 눌러 저장합니다. 그러면 다른 미디어를 추가하기 전까지는 뭐든지 변경해도 됩니다.

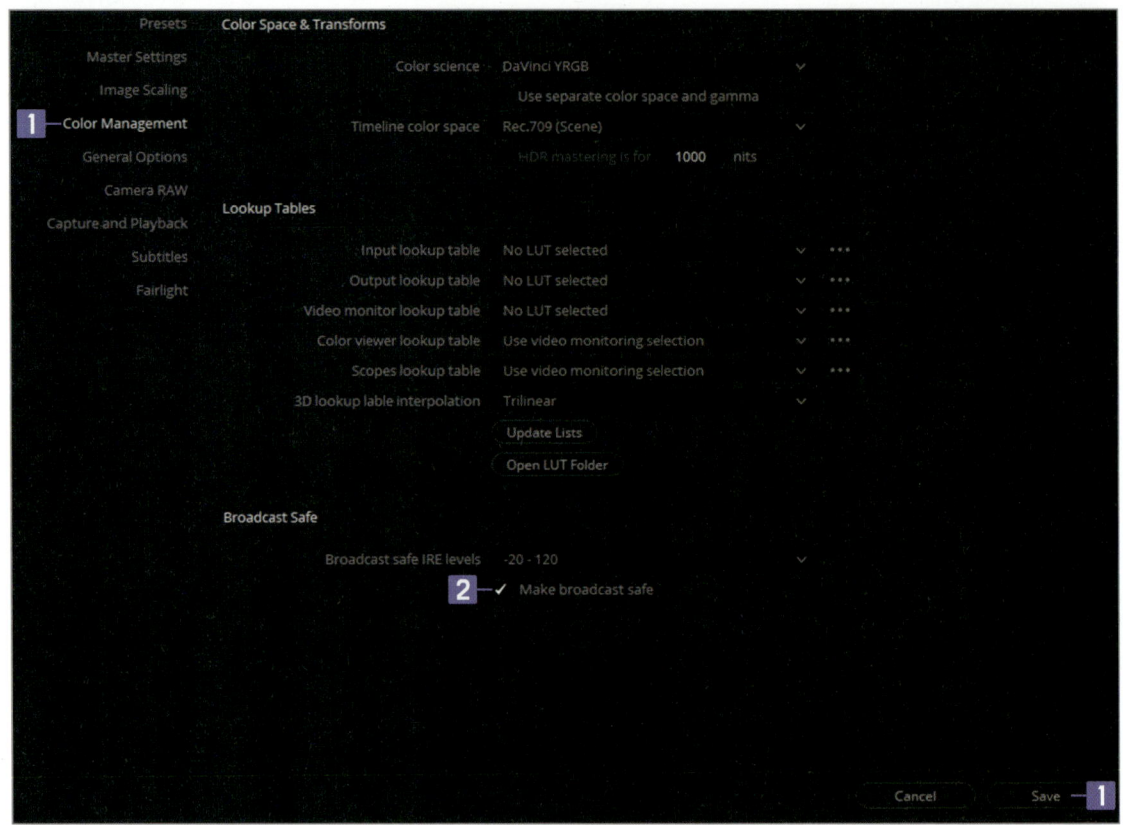

이제 **미디어 페이지**로 이동한 후 [학습자료] - [Video] 폴더에 있는 아무 미디어 파일 2개를 끌어다 미디어 풀에 적용합니다. 이제 다시 프로젝트 세팅을 확인해 보기 위해 톱니 모양의 **Project Settings** 버튼을 클릭합니다. 먼저 **Master Project Settings**에 가보면 **Timeline Frame Rate**가 활성화되어있는 것을 알 수 있습니다. 이렇듯 미디어 클립이 타임라인에 적용되지 이전에는 모든 설정 옵션을 재설정할 수 있습니다.

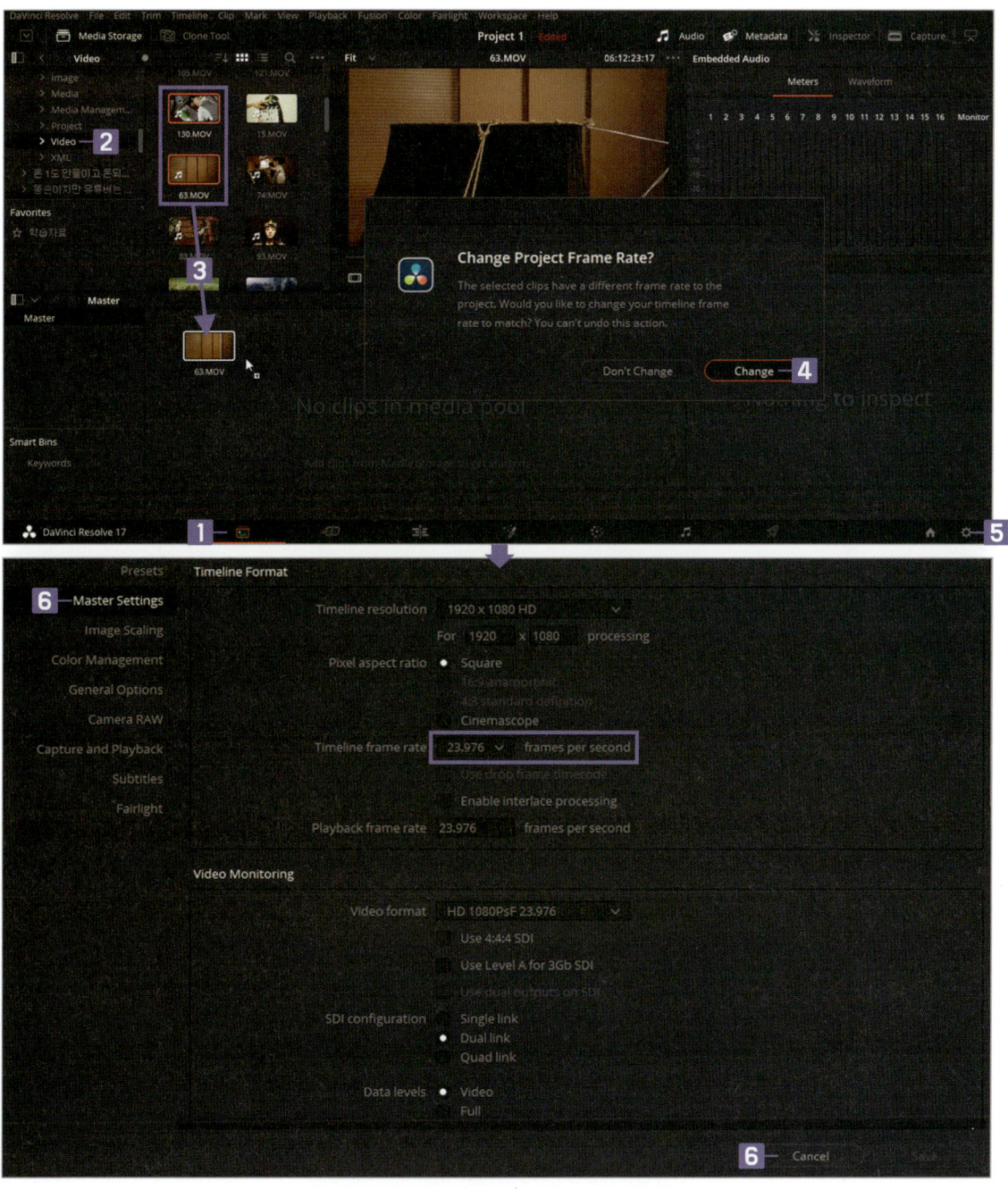

시스템 환경 설정하기

프로젝트 저장하기와 자동 저장하기

새로운 프로젝트를 생성하고 작업을 했을지라도 이것을 저장하지 않았다면 아무런 의미가 없습니다. 다시 말해 작업 중 PC가 멈추거나 프로그램이 강제 종료가 된다면 말이죠. 이럴 때를 대비하여 항상 작업 도중에 **저장(Save)**하는 습관을 길러야 합니다. 그러나 자칫 저장하는 것을 잊고 있었다면 다빈치 리졸브에서는 **자동 저장(Auto Save)**을 할 수 있는 옵션을 제공합니다. 먼저 사용자가 직접 저장하는 방법에 대해 알아봅니다. File 메뉴를 보면 **2개**의 저장 메뉴가 있습니다. 하나는 작업 중인 프로젝트를 그대로 저장하는 Save Project이며, 다른 하나는 프로젝트의 복사본을 만들어주는 Save Project As입니다. 이 두 저장 메뉴는 작업 상황에 맞게 이용하면 되며, 단축키는 윈도우가 [Ctrl] + [S], 맥은 [cmd] + [S] 키로 사용됩니다.

일단 프로젝트를 저장하는 메뉴나 단축키를 누르면 한 번도 저장되지 않은 프로젝트일 경우, 다음과 같이 프로젝트 이름을 입력하라는 창이 뜹니다. 적당한 **이름(자동 저장)**을 입력한 후 Save 버튼을 누르십시오.

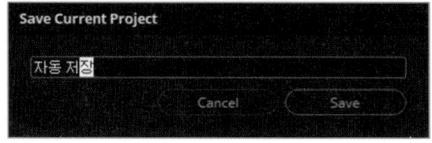

계속해서 자동 저장 옵션을 살펴보기 위해 [Davinci Resolve] - [Preferences] 메뉴를 선택합니다.

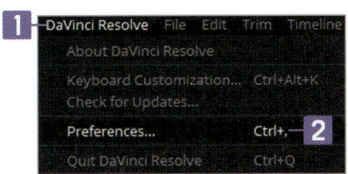

프레퍼런스 창이 열리면 **유저**(User) 탭에서 Projects Save and Load 항목으로 이동합니다. **Save Settings**의 **라이브 세이브**(Live save)를 체크합니다. 그러면 작업 중 프로젝트가 **실시간**으로 **저장**되기 때문에 PC가 멈추거나 프로그램이 강제로 종료될 때에도 문제가 없게 됩니다. 하지만 이 기능을 사용하기 위해서는 일반 하드 디스크가 아닌 SSD 디스크를 사용해야 정상적으로 사용할 수 있습니다. 참고로 아래쪽 **Project backups**을 체크하면 프로젝트가 저장될 때 백업 파일이 만들어지는데, **Perform backups every**에 백업 파일이 저장될 간격을 **분**(minutes) 단위로 지정할 수 있습니다. 이 옵션은 과거의 작업을 다시 확인하거나 되돌려 작업을 할 경우에 아주 유용하게 사용됩니다.

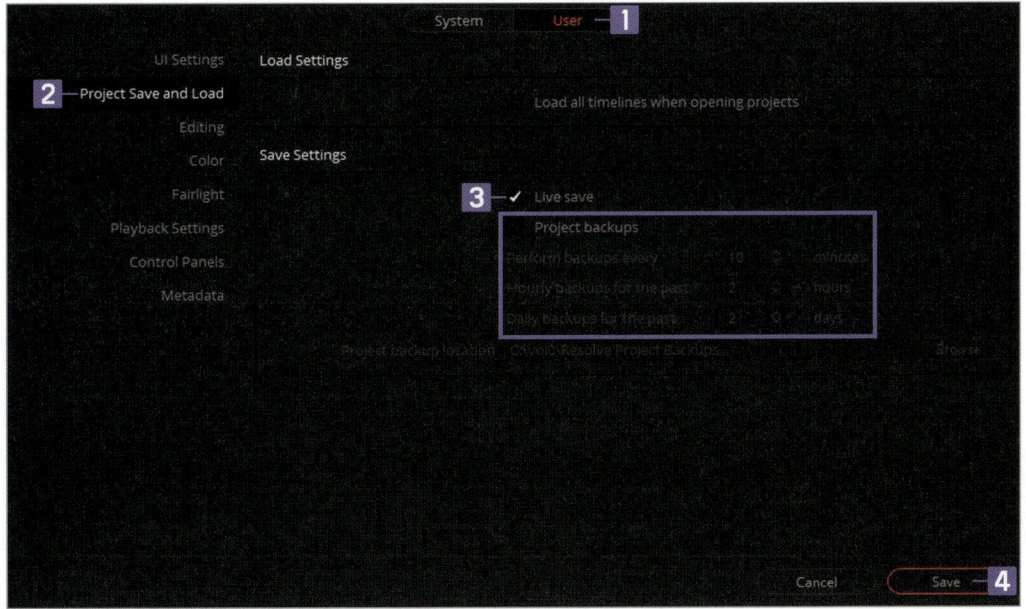

그밖에 유용한 설정들(원활한 영상 재생을 위한 기능들)

다빈치 리졸브의 가장 큰 장점은 광범위한 컴퓨터의 종류들로 사용이 가능한 프로그램이라는 점입니다. 윈도우즈는 기본, 맥(아이맥, 맥북)과 고성능 리눅스(Linux) 운영체제까지 모두 지원하기 때문입니다. 이러한 광범위한 시스템을 보다 효과적으로 사용하기 위해서는 올바른 설정을 해 주어야합니다. 이번 학습에서는 리졸브(다빈치 리졸브의 애칭) 사용 메뉴얼에 나와 있는 설정법들을 요약한 내용과 그 외의 몇 가지 주요 기능들을 소개하도록 하겠습니다. 먼저 학습을 위한 프로젝트를 하나 불러옵니다. 프로젝트를 불러오는 방법은 앞서 살펴본 적이 있지만 여기서 다시 한 번 살펴보겠습니다. **[학습자료]** - **[Project]** - **[색보정01]** 프로젝트 파일을 열어줍니다.

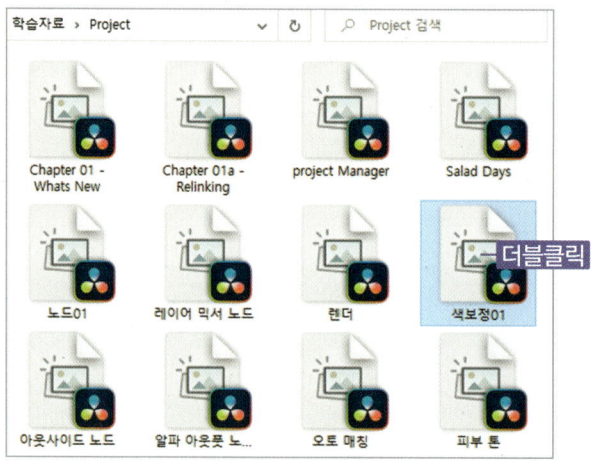

만약 **색보정**01 프로젝트에 사용된 미디어 클립들의 경로가 달라져서 클립들이 **빨간색**으로 되었다면 경로를 다시 연결해 주어야 합니다. 이 방법은 앞서 학습했던 것처럼 문제의 파일을 모두 선택한 후 **[우측 마우스 버튼]** - **[Reling Selected Clips]** 메뉴를 통해 문제의 파일들이 있는 폴더를 선택해주면 됩니다.

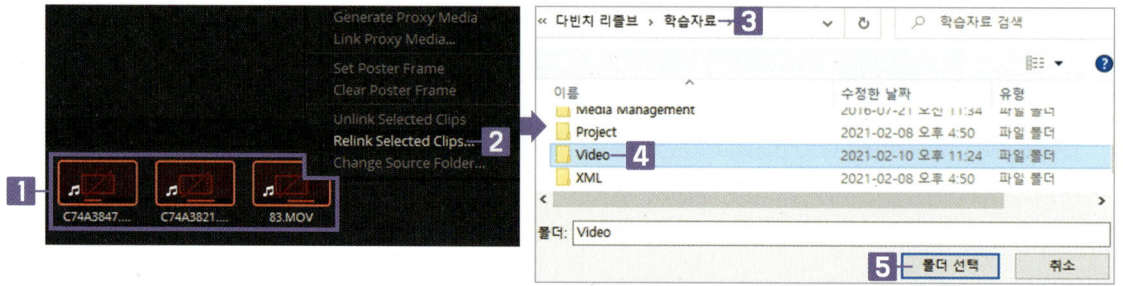

여기에서는 에디트 페이지로 가서 타임라인에 있는 영상을 재생하는데 어떠한 문제가 있는지를 알아보려고 합니다. 재생을 하기 위해 **Play** 버튼이나 **스페이스 바**를 눌러봅니다. 재생이 시작되면 **레코드 뷰어**(Record viewer)의 **플레이백 프레임 레이트**(Playback frame rate)를 확인해 봅니다. 현재는 23.976이라 숫자와 **초록색** 점을 확인할 수 있습니다. 이것은 현재 영상이 문제없이 정상적인 속도에 맞게 잘 재생되고 있다는 것을 뜻합니다. 아직 현재의 클립들이 색보정이나 이펙트와 같은 작업이 되어있지 않았기 때문입니다.

이제 **색보정 후** 타임라인으로 바꿔주기 위해 **미디어 페이지**로 이동한 후 Timelines에서 **색보정 후** 타임라인을 **더블클릭**하여 타임라인을 열어주는 방법 말고, 그림처럼 **뷰어 상단**에서 직접 **색보정 후** 타임라인을 선택해줍니다. 열린 색보정 후 타임라인은 색보정된 상태임을 알 수 있습니다.

에디트 페이지가 열리면 다시 **스페이스 바**를 눌러 재생을 해 봅니다. 그러면 앞서와 마찬가지로 **플레이백 프레임 레이트**(Playback frame rate) 수치가 23.976으로 표시됩니다. 이것은 필자가 사용하는 PC가 비교적 사양이 높기 때문에 색보정을 한 후의 작업도 문제없이 정상적인 속도로 재생이 되는 것입니다.

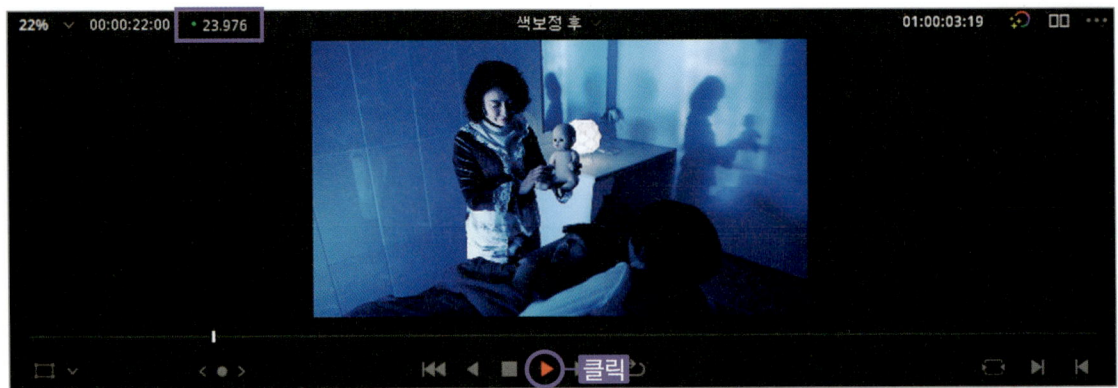

만약 사양이 낮은 PC였다면 프레임 레이트가 낮아지며 그림처럼 빨간색 점이 표시되었을 것입니다.

필자처럼 고성능 PC를 사용하지 않는 사용자라면 프로젝트 세팅에서 설정이 필요합니다. 살펴보기 위해 프로젝트 설정을 위해 인터페이스 오른쪽 하단의 **Project Settings** 버튼을 클릭합니다.

프로젝트 설정 창이 열리면 Camera Raw 항목에서 Decode Quality를 확인해야 합니다. 현재는 Full Res - Resolve를 사용하고 있는데, 이것을 Full Res - ARRI 또는 Half Res, Quarter Res 순으로 낮춰주면 이러한 재생 환경을 개선할 수 있습니다.

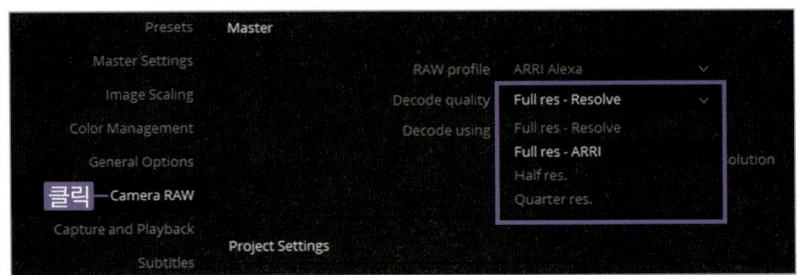

다음으로 Master Settings의 Enable video field processing을 활용하는 방법에 대해 알아봅니다. 만약 여러분이 과거에 주로 사용되던 **인터레이스(Interlaced - 비월주사)** 방식으로 된 비디오 클립을 사용하고 있다면, 렌더를 할 때에 Enable video field processing 기능을 체크해 주면 됩니다.

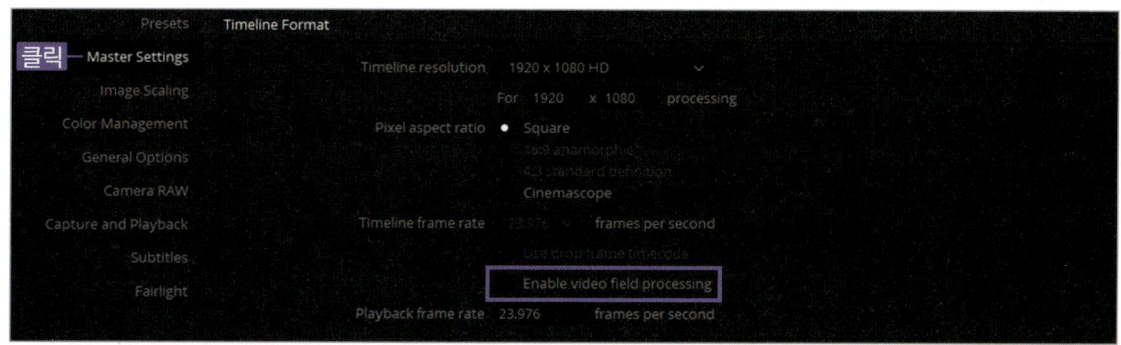

생생노트 | 비월주사 방식과 프로그레시브 방식의 차이

비월주사(Interlaced scanning - 필드 렌더) 방식은 화면 필드를 한 번에 주사(표현)하는 것이 아니고 홀수와 짝수 줄을 번갈아가면서 주사하는 방식을 말합니다. 하지만 이 방식은 최근엔 거의 사용되지 않습니다. 이 방식은 과거에 필름으로 된 비디오를 연상하면 이해가 빠를 것입니다. 그리고 **순차주사(Progressive scanning)** 방식은 홀수/짝수 구분없이 한 번에 주사하는 방식으로 디지털 비디오에 사용됩니다. 이 두 방식의 가장 큰 차이는 정지 화면일 때인데, 만약 비월주사 방식의 영상을 캡처한다면 홀수와 짝수 줄로 인해 엇나간 화면, 즉 깨끗한 화면을 얻을 수 없습니다.

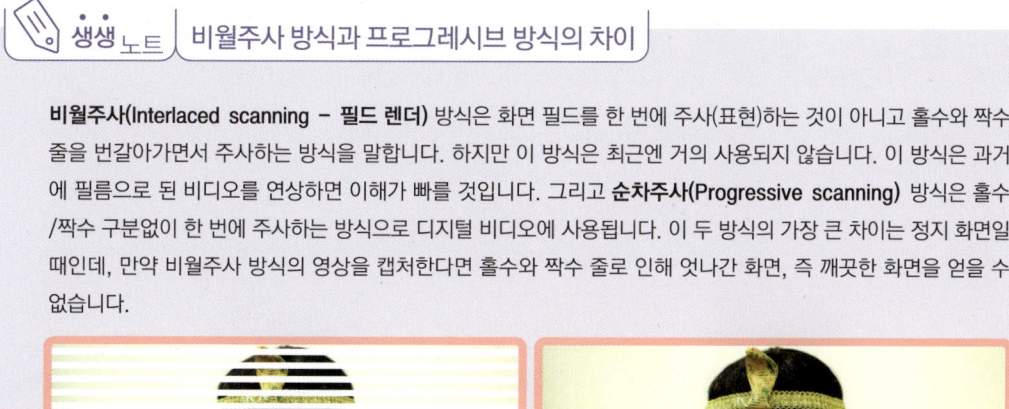

▲ 비월주사(Interlaced scanning) 방식　　　▲ 순차주사(Progressive scanning) 방식

DaVinci Resolve Guide for Beginner

DVR
다빈치리졸브

PART 02

◀비디오 편집

01 컷(Cut) 페이지 살펴보기
02 에디트(Edit) 페이지 살펴보기
03 비디오 편집을 위한 준비들
04 비디오/오디오 편집의 실무
05 자막과 모션 그래픽

01 컷(Cut) 페이지 살펴보기

이번 학습부터는 실제 편집을 하기 위한 페이지들에 대한 학습을 할 차례입니다. 가장 먼저 컷(Cut) 페이지에 대한 학습입니다. 컷 페이지에서는 기본적인 미디어 파일을 편집할 수 있는 공간이며, 미디어 페이지와 동기화되어있습니다. 예를 들어 컷 페이지에서 오디오 폴더를 선택한 후 미디어 페이지로 넘어가면 미디어 페이지에서도 동일하게 에디트 페이지에서 선택한 폴더가 선택되어있다는 것입니다. 이러한 기능을 **미디어 풀 미러링(Media pool Mirroring)**이라 부릅니다. 이제 컷 페이지에 대해 살펴보기 위해 **Salad Days** 프로젝트 파일을 열어줍니다. 컷 페이지 소개 시 에디트 페이지와 중복되는 기능은 교차하면서 살펴 볼 것입니다.

미디어 풀(Media pool) 살펴보기

앞선 인터페이스 설정 학습에서도 설명을 했었지만 좌측 상단에있는 **Media Pool** 아이콘을 선택해 사용할 파일(클립)들을 섬네일 형태로 볼 수 있으며, **마우스 커서**를 특정 클립 위로 갖다 놓은 후 좌우로 이동해보면 **빨간색** 수직선이 위치한 지점의 장면이 **스키머(Skimmer)** 형태로 볼 수 있어 어떤 장면이 있는 동영상 클립인지 쉽게 확인할 수 있습니다. 또한 스키머되는 장면은 좌측 소스 뷰어에서 큰 화면으로도 볼 수 있습니다.

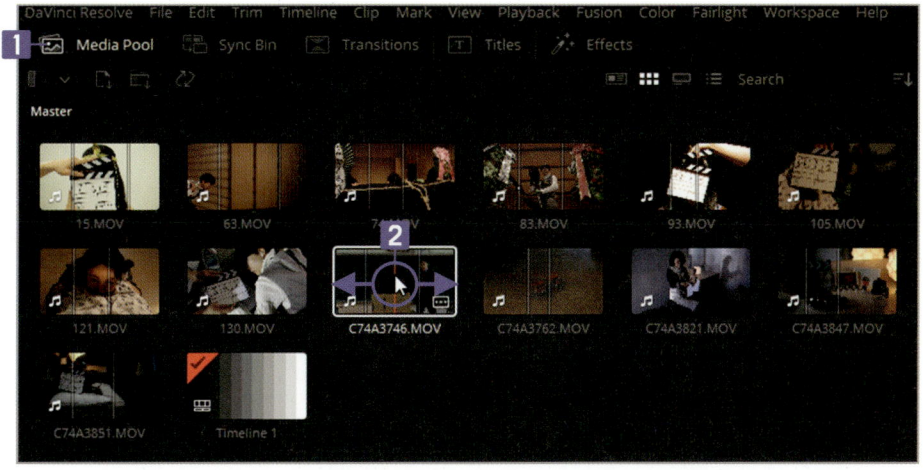

미디어 풀에 있는 동영상 클립들을 보면 2개의 하얀색 수직선이 있는 클립들이 있는데, 이 클립들은 해당 지점에서 편집이 이루어졌다는 표시입니다. 즉 클립의 **인/아웃 편집 점**이라고 보면 됩니다.

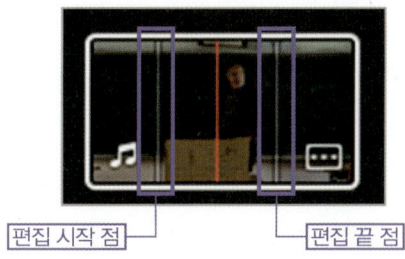

미디어 풀 좌측 상단에는 **빈 리스트(Bin list)**가 있는데, **빈 추가(Add Bin)**을 선택하여 미디오 풀에 새로운 빈을 추가할 수 있습니다. 빈은 폴더의 역할을 하기 때문에 미디어 클립들을 체계적으로 관리할 수 있습니다.

오른쪽으로는 외부에 있는 미디어 클립을 가져오는 Import Media, Import Media Folder가 있으며, 2개 이상의

동영상 클립의 **싱크(Sync)**를 맞춰줄 때 사용하는 Sync Clips가 있습니다. 싱크 클립에 대해서는 차후 자세히 알아보도록 하겠습니다. 그리고 맨 오른쪽에는 **링크가 깨진** 클립들을 연결하는 Relink Media가 있는데, 이 기능은 앞선 학습에서 메뉴를 통해 살펴본 적이 있습니다.

여기에서 아이콘(섬네일) 뷰에서 리스트 **뷰(List view)**로 전환해 봅니다. 리스트 뷰는 미디어 클립의 이름과 속성 정보만 보여줍니다. 미디어 풀에서는 그밖에 다양한 형태의 뷰를 제공합니다.

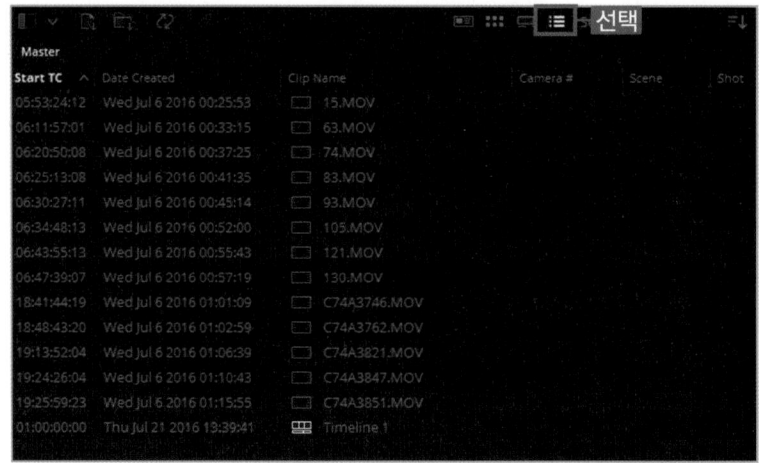

에디트 페이지에서의 리스트 뷰는 **필름 스트립(Show Filmstrip)** 기능을 제공하기 때문에 필름스트립 뷰를 통해 인(In) 그리고 아웃(Out)기능을 사용할 수도 있습니다. 만약 이 기능을 다시 숨기고 싶다면 해당 메뉴를 다시 한 번 선택하여 해제하면 됩니다.

다시 **섬네일 뷰**로 되돌아 간 후 오른쪽에 있는 **검색(Search)** 기능을 사용하면 미디어 풀에 있는 클립들 중 원하는 아이템을 직접 입력하여 찾을 수 있습니다.

에디트 페이지에서의 검색(Search) 기능은 **돋보기** 모양의 아이콘을 클릭해야 하며, 검색어 입력 오른쪽 Filter by에서는 찾고자 하는 기준을 필터링할 수 있습니다. 가령 클립의 파일명을 기준으로 하고 싶다면 File Name으로 선택해 놓고 검색을 하면 됩니다.

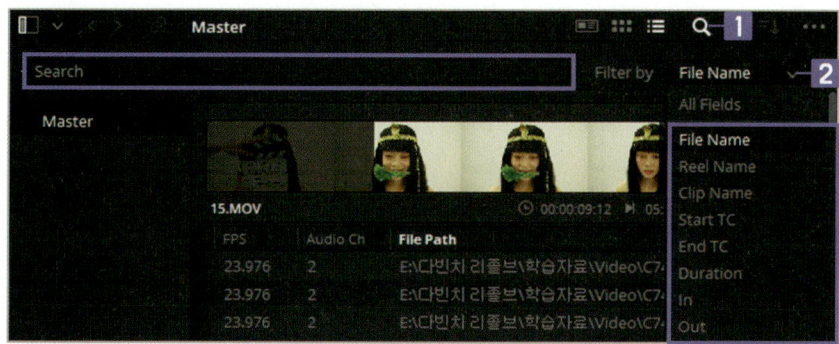

미디어 풀 가장 오른쪽에 있는 **소트(Sort)**는 미디어 풀에 있는 미디어 클립들의 **분류 방식**을 선택할 수 있습니다. 가령 소트를 Data Time으로 선택하면 미디어 클립이 **제작**된 **날짜**를 기준으로 정렬됩니다.

컷(Cut) 페이지 살펴보기 111

뷰어(Viewer) 살펴보기

뷰어는 편집 작업을 할 때 장면을 볼 수 있게 해주는 모니터입니다. **컷 페이지**에서의 뷰어는 **에디트 페이지**에서의 뷰어의 소스/타임라인(레코딩) 뷰어를 **동시**에 띄울 수 없다는 것만 빼놓고는 대부분 **유사**합니다. 뷰어 왼쪽 상단 4개의 아이콘은 각각 미디어 풀의 클립을 볼 수 있는 Source Clip, 전체 클립을 모두 나열해서 볼 수 있는 Source Clip Tape, 타임라인에 있는 클립들을 볼 수 있는 Timeline, 작업 안전영역을 보여주는 Safe Aare를 사용할 수 있습니다.

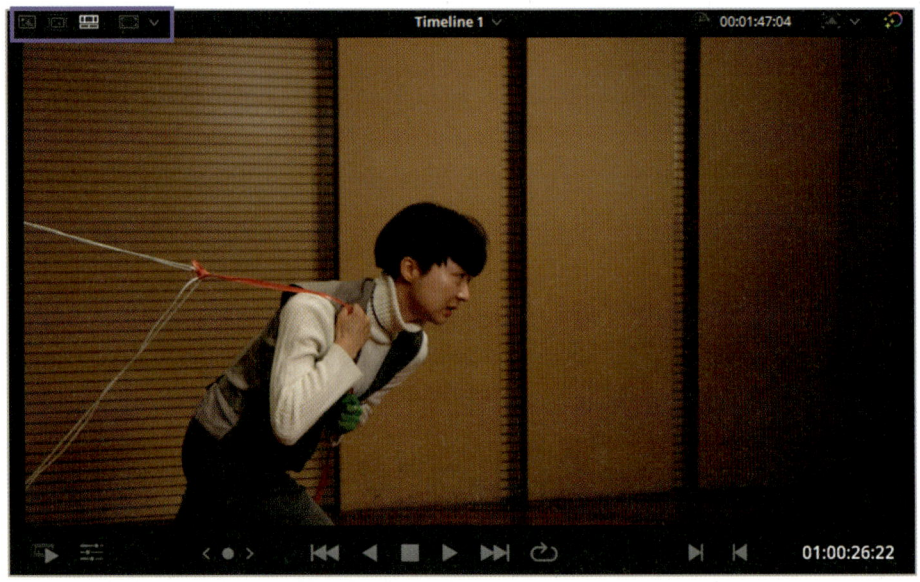

뷰어를 재생하기 위해서는 **스페이스 바**를 주로 이용하지만 뷰어 하단부에 있는 제어 버튼을 이용하기도 합니다. 또한 J K L 키를 이용할 수도 있습니다. L 키는 정방향으로 재생, J 키는 반대 방향, 즉 역재생되며, K 키는 정지할 때 사용됩니다. 그리고 J와 L 키는 반복하여 **누를 때마다** 재생 속도가 두 배로 **빨라**집니다. 컷 페이지에서의 제어 기능은 에디트 페이에서도 동일하게 사용됩니다.

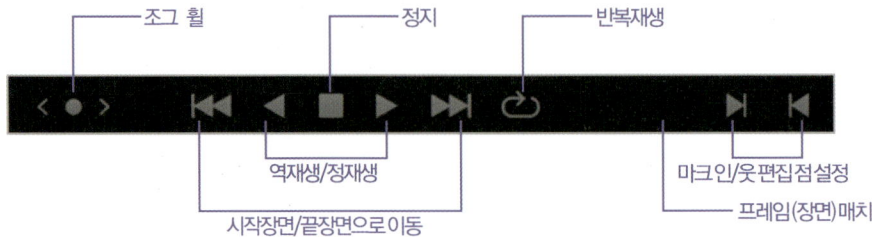

뷰어 오른쪽 상단에서 시간을 표시하는 **타임코드(시간:분:초:프레임)**와 Timeline Resolution이 있습니다. **타임라인 레졸루션**은 플레이백(재생) **해상도**를 설정할 수 있습니다. 만약 재생 속도가 제대로 나오지 않는다면 낮은 해상도로 설정하여 원활한 재생이 되도록 조절할 수 있습니다.

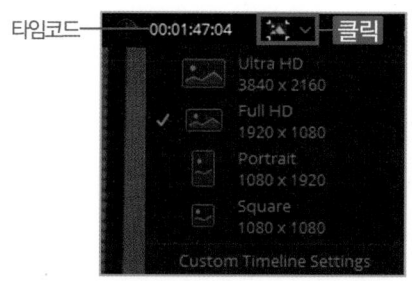

오른쪽 옆으로는 비디오 클립에 적용된 **이펙트**에 대한 **온/오프** 기능이 있습니다. 편집 시 이펙트를 적용했거나 컬러 그레이딩을 하였다면 현재의 뷰에서도 나타나게 될 것입니다. 그러나 뷰에서 일시적으로 이펙트가 적용되지 않은 원래의 모습을 보고자 했을 때 Bypass Color Grades and Fusion Effects를 꺼주면 됩니다.

출력/전체화면/설정 살펴보기

이펙트 온/오프 기능 위쪽을 보면 컷 페이지에서 곧바로 **출력**, 즉 **렌더**를 할 수 있는 Quick Export 기능과 **전체화면**으로 볼 수 있는 Full Screen이 있습니다. 풀 스크린 상태에서 다시 원래의 화면으로 되돌아오기 위해서는 ESC 키를 누르면 됩니다.

풀 스크린 오른쪽에는 **인스펙터(Inspector)**가 있습니다. 인스텍터는 **비디오 클립**의 위치, 크기, 회전, 비율 등에 대한 설정과 간단한 **애니메이션** 작업을 할 수 있는 기능들과 **오디오**, **이펙트**, **장면전환(트랜지션)**등에 대한 세부 설정을 할 수 있는 기능들을 제공합니다. 작업 후 설정을 하는 곳이므로 많이 사용되는 작업 패널이기 때문에 차후 자세히 알아볼 것입니다. 참고로 인스펙터는 에디트, 퓨전, 페어라이트 페이지에서 모두 공통적으로 사용됩니다.

트랜지션/타이틀/이펙트 살펴보기

다시 **왼쪽 상단**으로 이동해봅니다. 앞서 잠깐 언급한 동영상 클립의 **오디오 싱크** 작업을 할 수 있는 Sync Bin 오른쪽에는 장면전환 효과를 적용할 수 있는 트랜지션 효과들이 있습니다. 효과들 중 적용하고자 하는 효과는 **마우스 커서를 해당 효과 위로** 갖다 놓고 좌우로 **스키머(Skimmer)**하는 것만으로 어떠한 효과인지 알 수 있습니다. 트랜지션 효과를 적용하고 설정하는 방법에 대해서는 차후 자세히 알아보겠습니다.

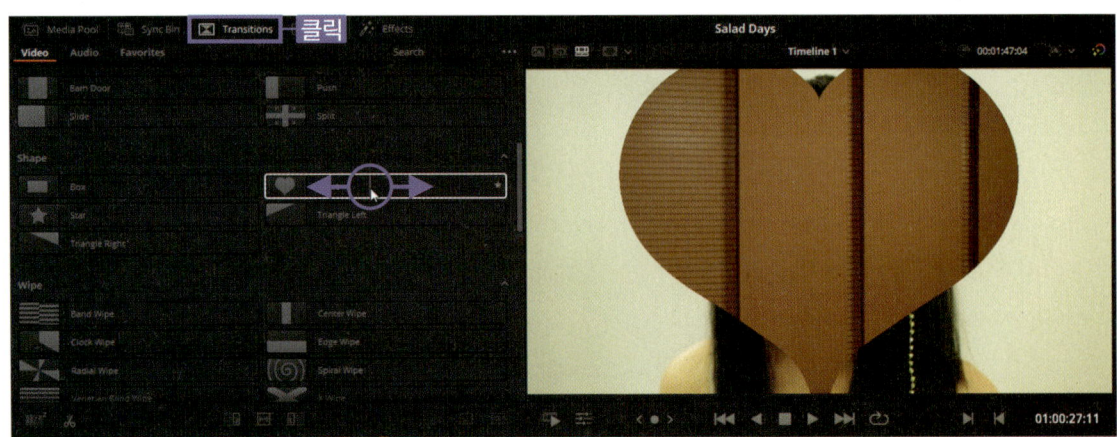

트랜지션 오른쪽에는 **자막**을 만들 수 있는 **Titles**이 있습니다. 타이틀 역시 마우스 **스키머**를 통해 어떤 타이틀 애니메이션인지 쉽게 알 수 있습니다. 자막에 대해서도 차후 자세히 알아볼 것입니다.

맨 오른쪽에는 효과를 적용할 수 있는 **Effects**가 있습니다. 이펙트는 구분하기 좋게 비디오/오디오와 컬러바와 매트를 생성하는 제너레이터 그리고 즐겨 사용하는 효과만 있는 페이버릿으로 나뉘어져 있습니다. 이펙트 역시 마우스 스키머를 통해 사전 확인이 가능합니다. 참고로 다빈치 리졸브에서 제공되는 모든 효과는 아쉽게도 **기본 효과**에 대해서만 **무료**로 사용할 수 있습니다. 그림처럼 뷰어에 DAVINCI RESOLVE STUDIO 글자가 나타난다면 이것은 **유료 버전**인 **다빈치 리졸브 스튜디오**에서만 사용이 가능하다는 것입니다. 만약 유료 이펙트를 사용하고자 한다면 유료 이펙트를 적용했을 때 나타나는 바로 구입(Buy Now) 창을 통해 유료 버전을 결제할 수 있습니다. 하지만 무료 버전인 다빈치 리졸브로도 **대부분의 작업**은 **가능**하기 때문에 아직 유료 버전을 구입할 필요는 없습니다.

컷(Cut) 페이지 살펴보기 **115**

타임라인 살펴보기

타임라인은 미디어 클립을 적용하여 실제 편집 작업을 하는 공간입니다. 그렇기 때문에 다른 작업 패널보다 기능들이 많으며, 주요 기능들에 대해서는 신속하게 익혀두는 것이 좋습니다. 타임라인을 보면 크게 **위/아래**로 구분된 것을 알 수 있습니다. **위쪽**은 타임라인에 적용된 모든 미디어 클립들을 한 눈에 볼 수 있으며, 원하는 구간을 빠르게 이동할 수 있는 **시퀀스 타임라인**이며, 아래쪽은 특정 클립에 대한 편집을 할 수 있는 편집 **작업용 타임라인**이라고 보면 됩니다.

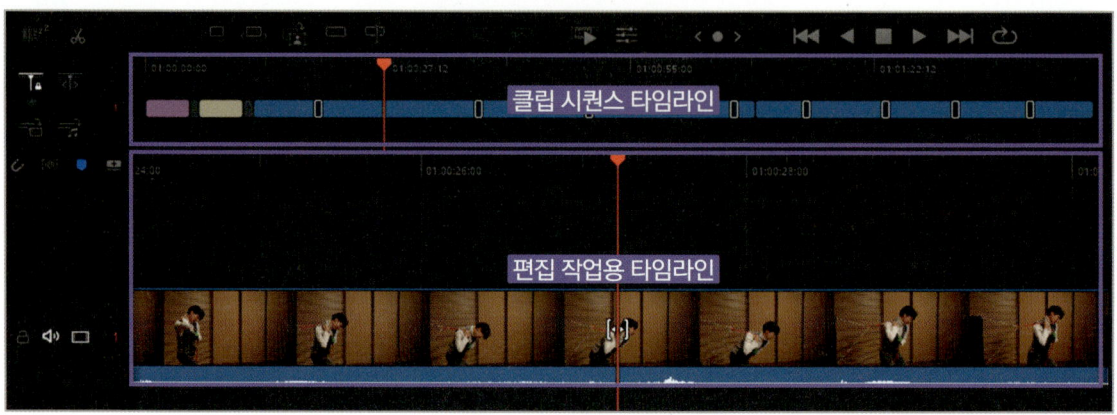

이제 타임라인 사용법에 대해 간단하게 살펴보겠습니다. 먼저 위/아래에 공통적으로 사용되는 **주황색 플레이 헤드(Play Head)** 중 아무거나 좌우로 **이동(스크러빙)**을 해봅니다. 플레이 헤드를 그대로 있고, 장면이 이동되는 것을 알 수 있습니다. 이때 두 플레이 헤드는 서로 **동기화**되어있기 때문에 같은 반응을 하게 됩니다. 이렇듯 플레이 헤드는 **특정 장면**을 찾아줄 때 사용됩니다. 즉 편집 점을 찾아주기 위한 용도로 사용된다는 것입니다.

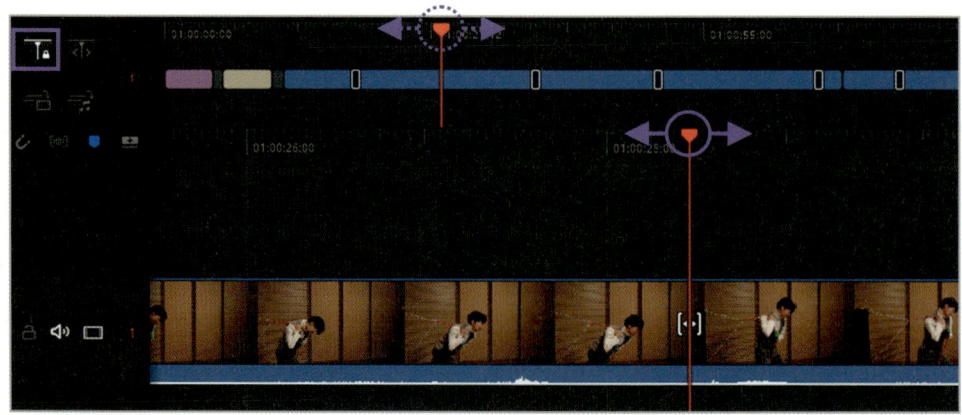

계속해서 이번에는 **프리 플레이 헤드(Free Playhead)**를 켜놓고 플레이 헤드를 이동해봅니다. 그러면 앞서 기본 **락 플레이 헤드(Lock Playhead)** 때와는 다르게 플레이 헤드가 움직이는 것을 알 수 있습니다. 이 방법은 예전부터 사용되던 방식이며, 직접 장면을 찾아준다는 직관적인 면이 있습니다.

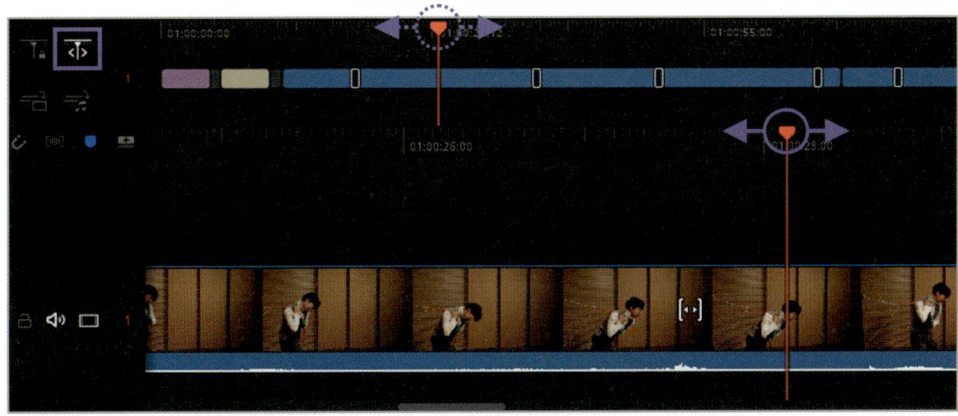

장면을 찾아주는 방법은 플레이 헤드뿐만 아니라 재생을 통해서도 가능합니다. 만약 재생(Play)을 통해 장면을 찾아줄 때 빠른 속도로 찾아주고자 한다면 뷰어 왼쪽 하단의 Fast Review 버튼을 사용하면 됩니다.

현재 셀러드 데이즈 프로젝트에서는 하나의 트랙만 사용하고 있는데 만약 여러 개의 트랙을 통해편집을 하고자 한다면 트랙 왼쪽의 빈 **트랙리스트** 우측 상단의 Add Track 버튼을 클릭하거나 빈 곳에서 [**우측 마우스 버튼**] - [Add Track] 메뉴를 선택하여 **트랙**을 **추가**할 수 있습니다. 물론 트랙의 추가는 새로운 미디어 클립을 빈 트랙에 갖다 놓는 것만으로도 자동 트랙 생성이 가능하기는 합니다.

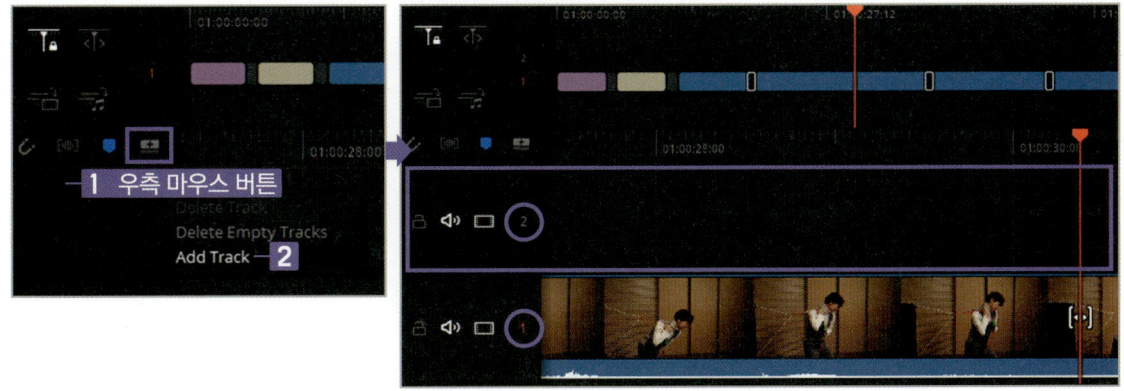

언두(Ctrl + Z)를 하여 앞서 추가한 트랙이 없었던 때로 되돌아갑니다. 이번에는 한 장면을 너무 오래 사용하지 않게 하고, 순간적인 짧은 장면을 보여주기 위한 **점프컷**(Jump cut) 시간을 분석해주는 **보링 디텍터**(Boring Detector)에 대해 알아보기 위해 zzZ 모양의 **보링 디텍터**를 클릭합니다. Analyze Timeline Edits 창이 열리면 위쪽에 지루한 장면이 되지 않게 하기 위한 Boring Clips 시간 설정이 있으며, 아래쪽에는 점프컷에 대한 시간 설정을 위한 Jump Cuts이 있는 것을 할 수 있습니다.

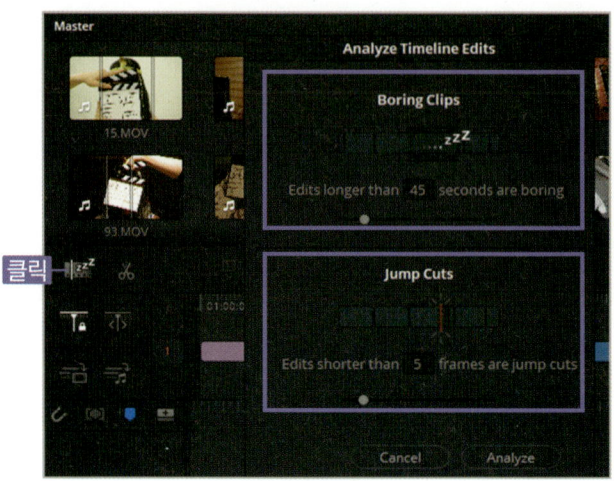

여기에서 일단 **보링 클립**의 시간을 **10초**로 설정합니다. 10초로 설정하면 편집된 클립 중 10 이상이 되는 클립, 즉 장면을 분석하여 10초가 넘은 장면에 대한 영역이 표시될 것입니다. **점프 컷**에 대해서는 기본 값인 **5프레임**을 그대로 사용합니다. 설정이 끝나면 Analyze 버튼을 클릭합니다.

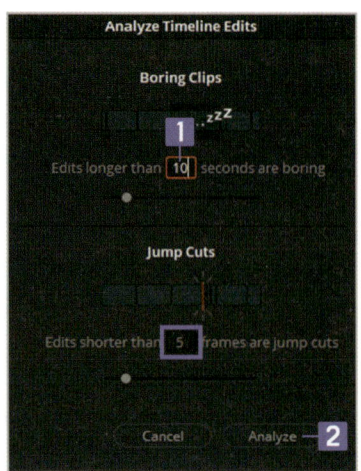

보링 디텍터의 분석이 끝나면 그림처럼 타임라인에 분석된 결과가 영역으로 표시됩니다. **회색 영역**은 **보링 클립** 영역이고, **갈색(필자는 분석되지 않았음) 영역**은 **점프 컷** 영역입니다. 이 분석된 영역을 통해 지나치게 길게 사용되는 장면은 없는지, 짧은 점프 컷의 기간은 적당한지 확인할 수 있습니다. 분석이 끝나면 분석된 영역에 맞게 장면을 편집하면 됩니다. 실제 편집에 대해서는 차후 자세히 살펴볼 것입니다.

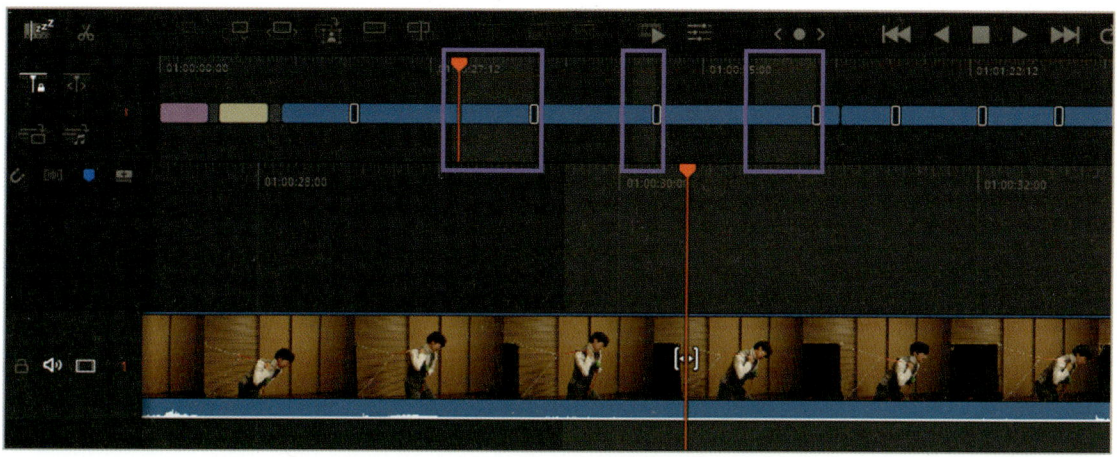

아래 그림처럼 점프 컷 영역은 짙은 **갈색**으로 표시됩니다. 점프 컷은 짧은 장면이니 만큼 보다 정교한 작업이 필요합니다.

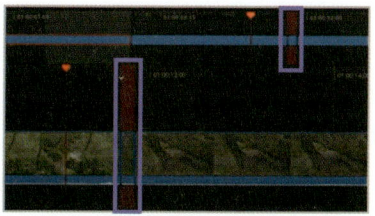

그밖에 트랙에서는 트랙을 사용하지 못하도록 **잠가놓기(Lock Track)**나 오디오의 소리를 무음으로 해주는 **Mute Track**, 비디오를 숨겨놓는 **Disable Track**을 사용할 수 있습니다. 컷 레이어의 트랙은 에디트 트랙과 유사한 점이 많기 때문에 여기에서 설명하지 않은 기능들에 대해서는 에디트 페이지에 대한 학습에서 살펴볼 것입니다.

02 에디트(Edit) 페이지 살펴보기

이번 학습은 컷 편집 후 세부 편집을 하기 위한 에디트(Edit) 페이지에 대해 알아보도록 하겠습니다. 에디트 페이지는 컷 페이지와 유사한 부분이 많으며, 미디어 페이지와 미디어 풀 미러링(Media pool Mirroring)이 되어있습니다. 에디트 컷 페이지에 대해 살펴보기 위해 **Salad Days** 프로젝트 파일을 열어줍니다. 참고로 앞서 컷 페이지에서 설명한 기능 중 에디트 페이지와 유사하거나 동일한 기능에 대해서는 설명을 하지 않을 것입니다.

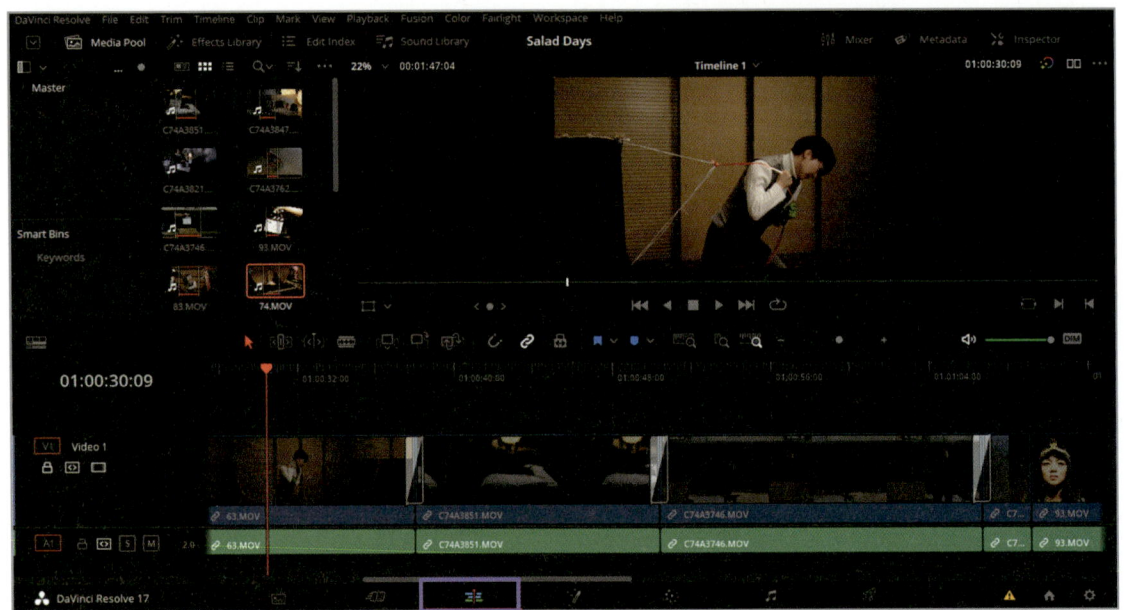

미디어 풀(Media pool) 살펴보기

앞선 컷 페이지 학습에서도 설명을 했었지만 미디어 풀은 작업에 사용되는 미디어 클립들을 가져와 관리하는 곳입니다. 에디트 페이지에서의 미디어 풀은 미디어 클립들의 섬네일 크기를 조절할 수 있다는 것인데, 그림처럼 둥근 모양의 슬라이더를 좌우로 이동하여 원하는 크기로 조절하면 됩니다.

소스 뷰어와 타임라인 뷰어 살펴보기

에디트 페이지에서의 뷰어는 소스 뷰어와 타임라인 뷰어 두 개를 모두 열어놓고 작업을 할 수 있습니다. 뷰어 오른쪽 상단의 Dual Viewer Mode를 선택하면 하나의 타임라인 뷰에서 소스 뷰어까지 나타나게 됩니다.

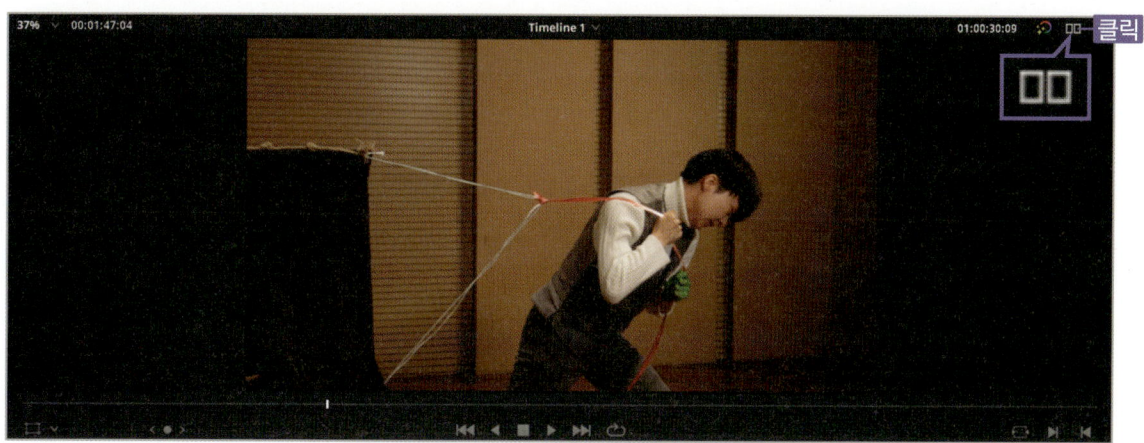

왼쪽 **소스 뷰어**(Source viewer)는 타임라인에서 편집 전의 클립을 확인하는 뷰어이고, 오른쪽 **타임라인 뷰어**(Timeline viewer)는 타임라인에서 **실제 편집**하는 장면을 보여주는 뷰어입니다. 소스 뷰어에 **클립**을 **추가**하려면 왼쪽 미디어 풀에 있는 클립을 **더블클릭**하거나 직접 끌어다 넣어주면 됩니다. 혹은 원하는 **클립**을 **선택**한 후 **윈도우즈**에서는 Enter 키, **맥**에서는 return 키를 누르면 됩니다.

특정 뷰어가 활성화되었다는 것은 활성화된 뷰어 상단의 클립 또는 타임라인 이름이 빨간색으로 되어있는 것으로 확인할 수 있습니다.

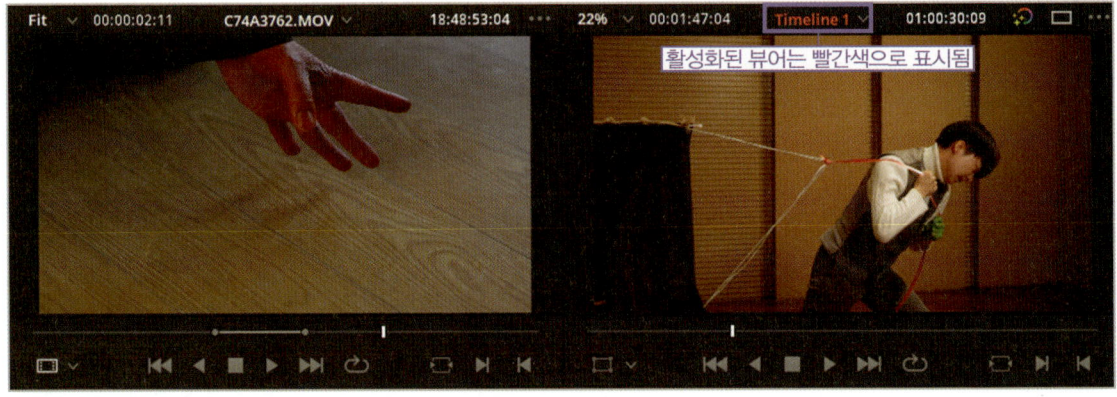

소스 뷰어나 타임라인 뷰어는 모두 **사이드 뷰어**(Side viewer)에서 같은 방법으로 뷰어를 원하는 크기로 조정할 수 있습니다. 일반적으로 뷰어의 크기에 따라 화면이 자동으로 조절되는 **핏**(Fit)을 사용하며, 그밖에 특정 크기를 선택할 수 있습니다.

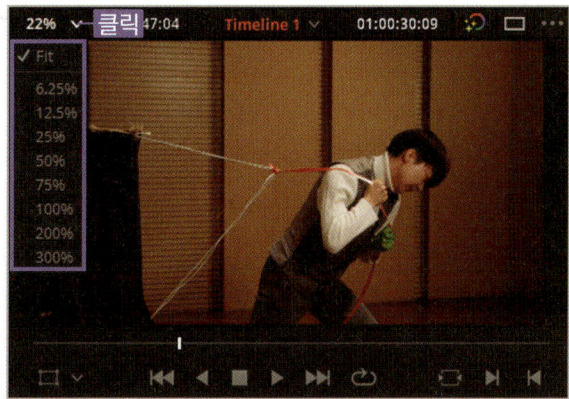

소스 클립과 타임라인 클립을 매칭시키기 위한 방법은 각 뷰어 오른쪽 하단의 **Match Frame** 버튼을 클릭하면 되는데, 가령 그림처럼 **타임라인 뷰**에서 **매치 프레임**을 하면 소스 뷰어의 장면이 자동으로 매칭됩니다.

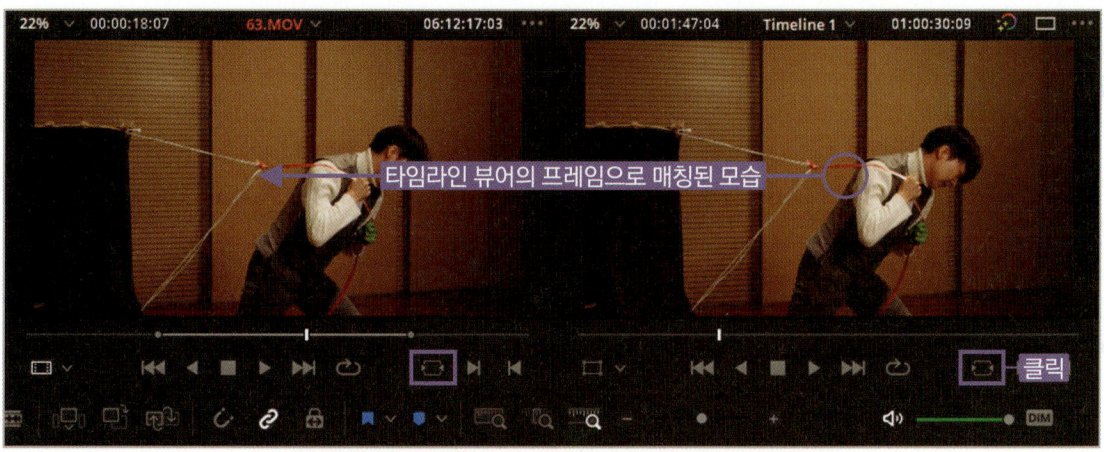

타임라인 살펴보기(아주 기본적인 편집법 익히기)

이번엔 **타임라인(Timeline)**에 대해 알아보도록 하겠습니다. 먼저 [File] - [New Project] 메뉴를 선택하여 **타임라인**이라는 이름의 새로운 프로젝트를 생성합니다. 그리고 미디어 페이지로 이동한 후 [학습자료] - [Video] 폴더에서 작업에 사용할 미디어 파일(아무 파일이나 상관없음)을 끌어다 미디어 풀에 적용합니다. 편집을 하기 위해서는 이와 같은 과정이 항상 필요함으로 기억해 두기 바랍니다. 다음 학습을 위해 **2개** 정도의 비디오 클립을 **미디어 풀**에 **적용**한 후 편집 작업을 위해 **컷 페이지**로 이동합니다.

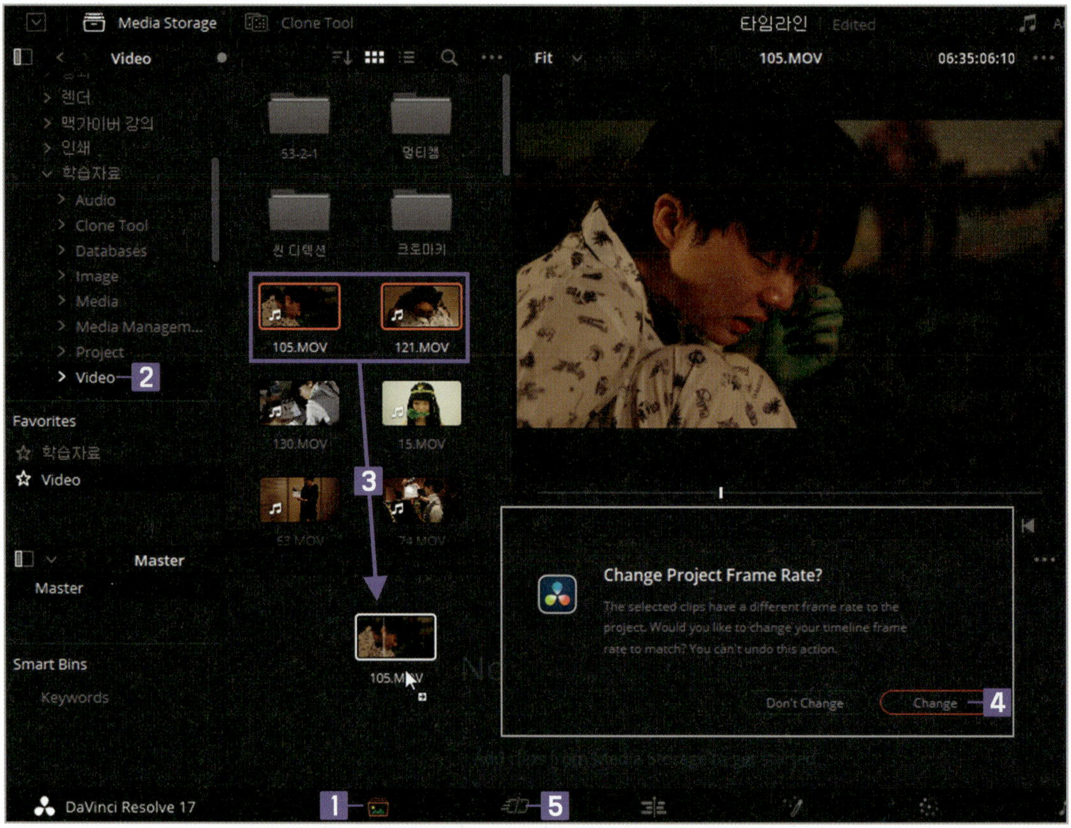

비디오(Video) 폴더는 앞으로도 많이 사용할 폴더이기 때문에 끌어다 **페이버릿**에 등록해놓습니다.

앞서 미디어 풀에 적용된 2개의 클립에 대한 편집을 하기 위해 먼저 **하나의 클립을 끌어서** 아래쪽 **타임라인**(위/아래 타임라인 아무 곳이나 상관없음)에 적용합니다. 그러면 자동으로 **타임라인**1이란 이름의 타임라인이 생성됩니다. 이제 기본적인 컷 편집이 가능한 상태가 되었습니다.

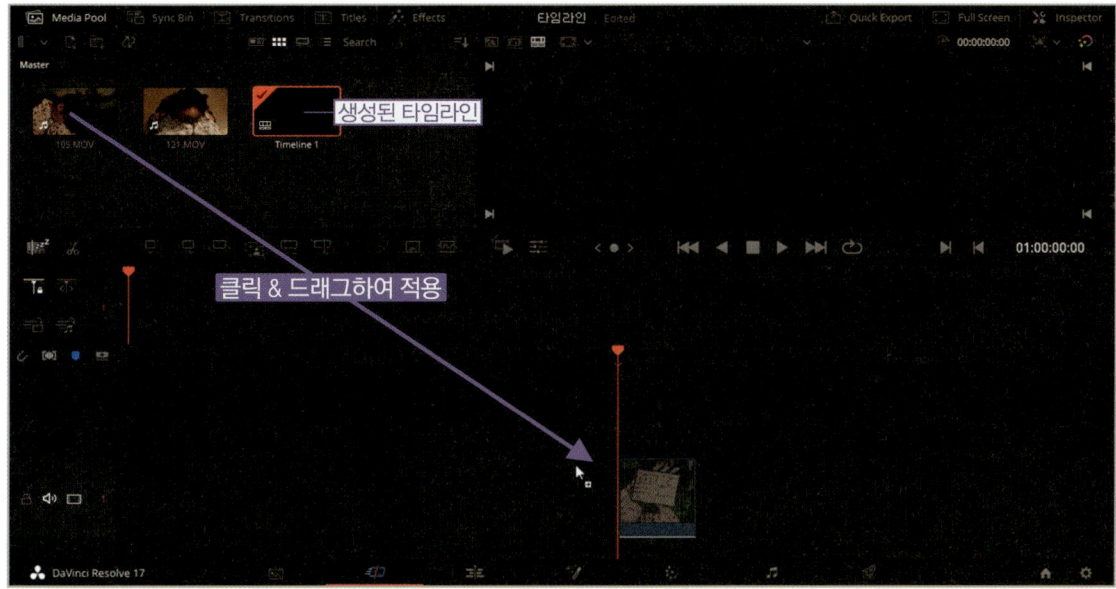

이번에는 **에디트 페이지**로 이동해봅니다. 그러면 앞서 **컷 페이지**에서 적용된 **클립**과 **타임라인**1이 그대로 미러링된 것을 알 수 있습니다. 이처럼 컷과 에디트 페이지는 상호작용을 하게되는데, 필자는 과거 버전에 익숙한 탓에 컷 페이지보다는 주로 에디트 페이지에서 편집을 합니다.

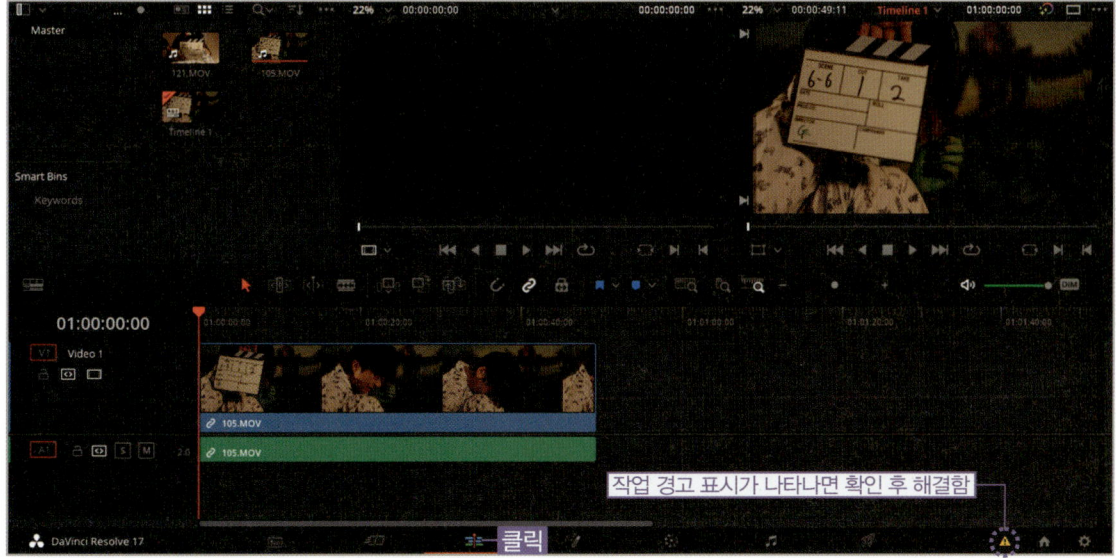

에디트(Edit) 페이지 살펴보기 **125**

타임라인에 적용된 클립(장면)을 확대/축소하기 위해서는 타임라인 상단에 있는 **줌 인/아웃 슬라이더**를 좌/우로 조절하는 것입니다. 이것은 작업 시간에 영향을 주는 것은 아니지만 디테일 작업을 하거나 러프 작업을 위해 중요합니다. 또한 **윈도우즈**의 Alt 키와 **맥**의 option 키를 누른 상태에서 **마우스 휠(가운데 버튼)**을 회전하여 줌 인/아웃을 할 수도 있습니다.

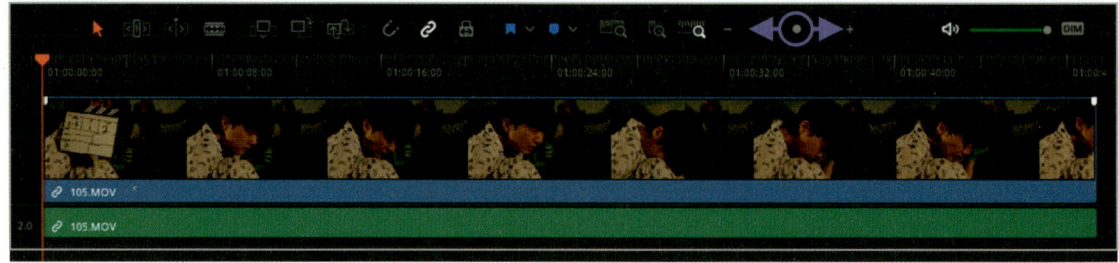

줌 인/아웃은 왼쪽에 있는 Full Extent Zoom을 통해 선택된 **클립 전체**를 볼 수 있는 줌, **플레이 헤드**를 기준으로 확대를 해주는 Detail Zoom, 앞서 **슬라이더**를 통해 설정된 모드의 Custom Zoom을 사용할 수 있습니다.

에디트 레이어의 타임라인에서도 수직으로 된 주황색 **플레이 헤드**가 있습니다. 플레이 헤드는 현재 시간을 의미하는 Current time이나 Time Marker로도 사용됩니다. 또 다른 이름으로는 **타임커서**나 CTI 등으로도 불리우지만 여기에서는 **플레이 헤드**라고 **통일**하겠습니다. 플레이 헤드 위쪽 헤드 부분을 클릭하여 **좌/우로 드래그**해 봅니다. 그러면 플레이 헤드가 움직이는 위치의 장면이 **타임라인 뷰어**에 나타납니다. 다빈치 리졸브에서의 편집은 이렇게 장면을 찾아가며 원하는 장면을 찾은 후에 편집을 하게 됩니다.

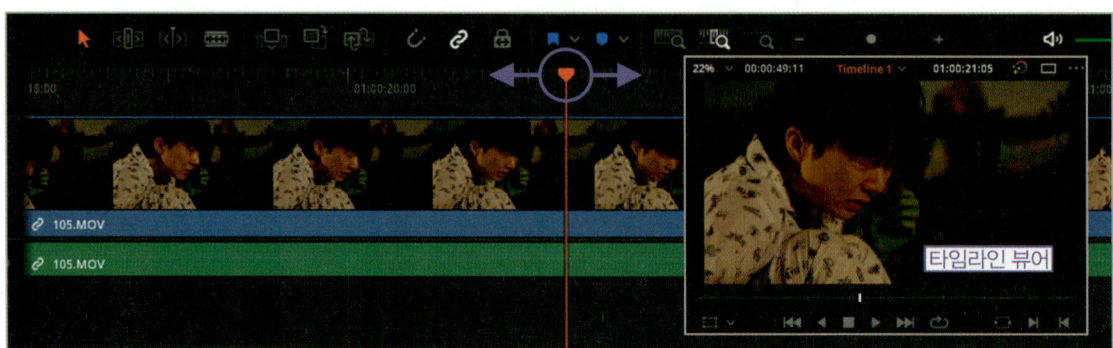

또한 타임라인 상단에 위치한 시간자(Time ruler)의 특정 부분을 클릭하면 플레이 헤드는 클릭한 지점으로 이동하게 되며, 키패드의 좌/우 방향 키(화살표 키)를 누르면 1프레임씩 이동되기 때문에 디테일 편집에 유용하게 사용합니다. 또한 Shift 키를 누른 상태로 방향키를 누르면 초 단위로 이동됩니다. 타임라인 가장 왼쪽에 위치한 타임코드는 현재 타임라인의 시간, 즉 작업 시간을 확인할 수 있습니다. 타임코드의 단위는 시간:분:초:프레임으로 구분됩니다.

타임코드(Time code)   시간자(Time ruler)

비디오 트랙의 **보이기/숨기기**를 사용하면 해당 트랙을 보이게 하거나 숨겨놓을 놓을 수 있습니다. 숨겨놓기를 하게 되면 타임라인 뷰어에서도 클립의 모습이 보이지 않게 되며, **오디오 트랙**의 **솔로(Solo)**를 켜면 해당 트랙의 소리만 들리게 됩니다. 참고로 **마우스 커서**를 오디오 **트랙 하단**에 갖다 놓고 그림과 같은 커서로 바뀌게 되면 **위/아래**로 이동하여 트랙의 높이를 **조절**할 수 있습니다. 오디오 트랙을 키우면 **오디오 파형**의 모습을 볼 수 있습니다.

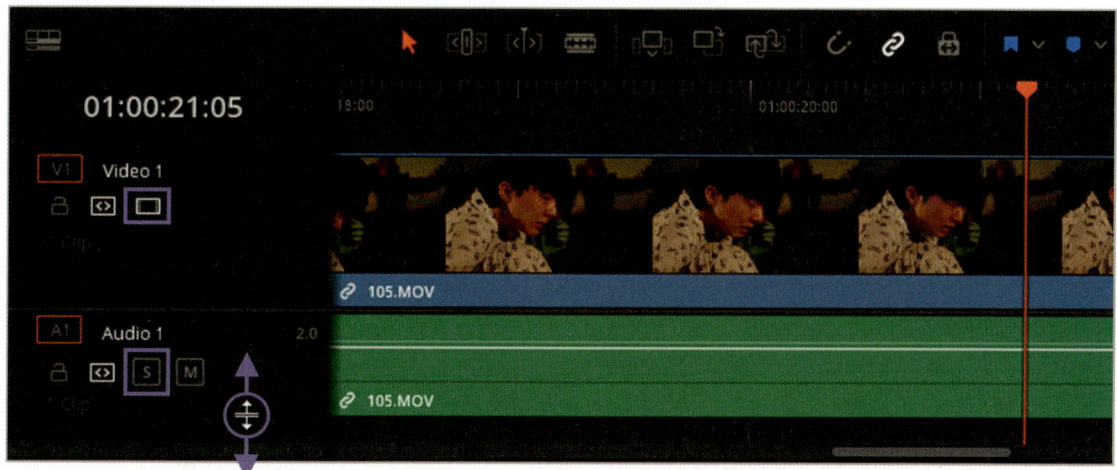

비디오/오디오 트랙에 **공통**으로 사용되는 기능 중 **트랙 잠그기(Lock Track)** 기능이 있습니다. 트랙을 잠가놓으면 해당 트랙의 클립들은 작업에 사용할 수 없게 됩니다. 예를 들어 클립을 이동하거나 자르거나 이펙트를 적용하는 등의 작업을 할 수 없다는 것입니다. 이것은 다른 작업을 할 때 방해를 주지 않기 위해서도 사용됩니다.

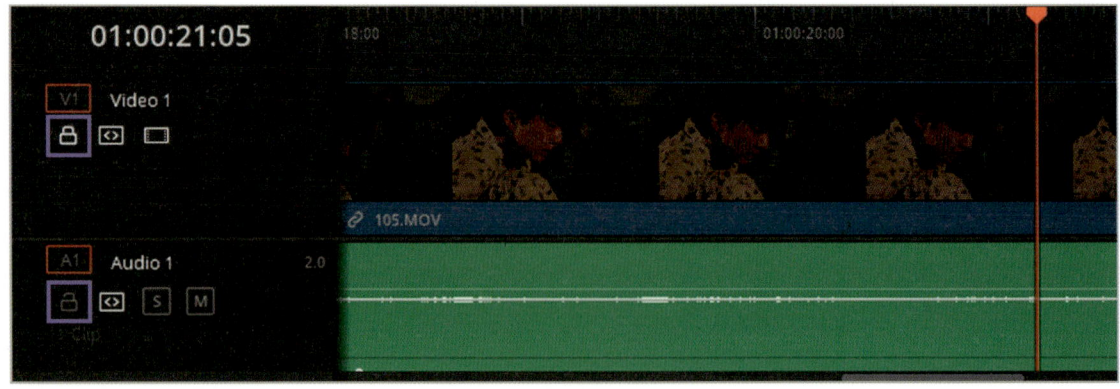

자동 트랙 선택(Auto track selector)은 **마크 인/아웃** 영역의 선택 및 영역 보이기/숨기기를 어떤 트랙으로 할 것인지 알 수 있도록 해 줍니다. 여기에서는 마크 인/아웃 영역의 보이기/숨기기에 대해 알아봅니다.

이 기능에 대해 알아보기 위해서 먼저 마크 인/아웃 영역을 만들어주어야 합니다. **플레이 헤드**를 원하는 곳(시간)으로 이동하여 I 키를 눌러 **마크 인** 영역을 만들어줍니다.

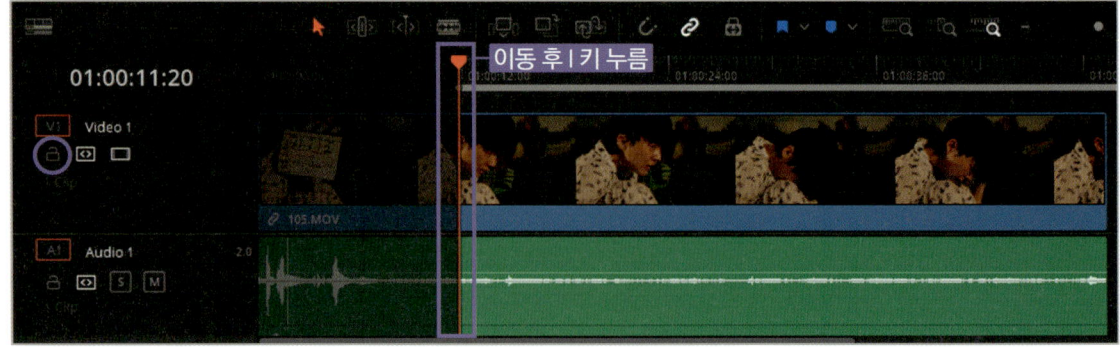

계속해서 **마크 아웃**될 장면으로 이동한 후 이번에는 O 키를 누릅니다. 그러면 마크 아웃 영역이 만들어집니다.

참고로 마크 인/아웃 영역은 지정된 영역의 클립(장면)을 편집(잘라내기)하기 위해 사용됩니다. 그리고 자동 트랙 선택에 대해서는 차후 다시 한 번 자세하게 살펴볼 것입니다.

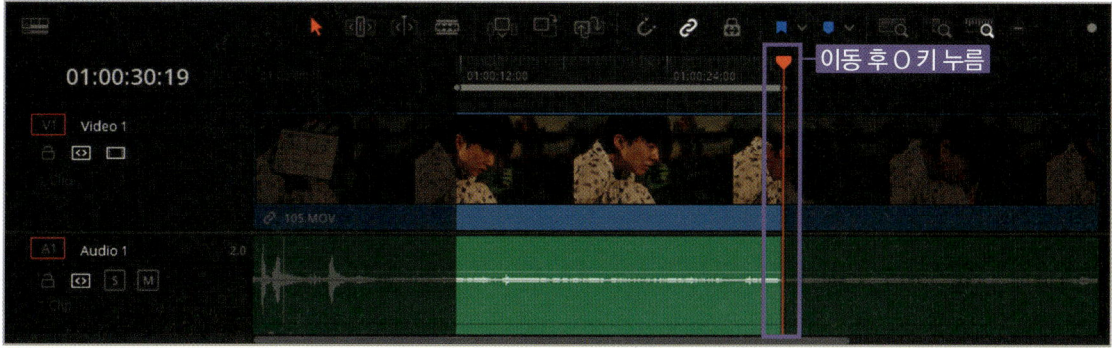

이제 **자동 트랙 선택**(Auto track selector) 버튼을 눌러봅니다. 그러면 **밝게** 표현됐던 **마크 인/아웃 영역도 어둡게** 표현되는 것을 알 수 있습니다. 이 기능 또한 비디오와 오디오 트랙에서 공통적으로 사용됩니다.

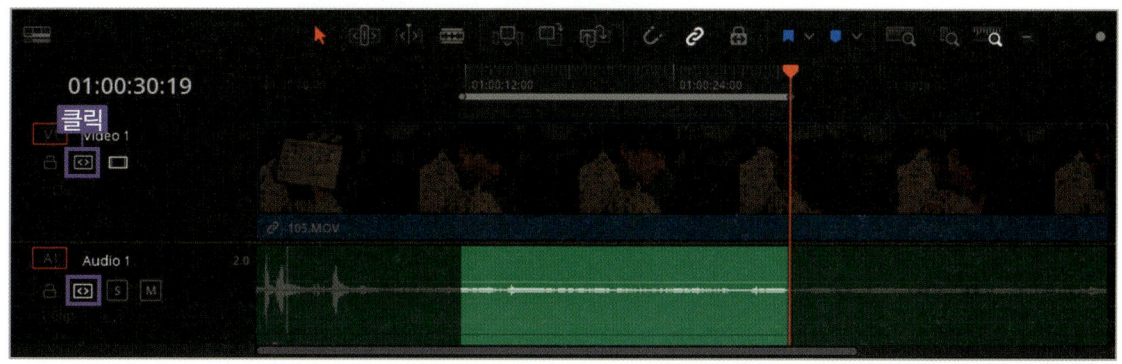

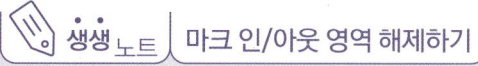

마크 인/아웃 영역을 만들어 주는 또 다른 방법은 타임라인 뷰어 하단에 있는 ▶◀ Mark in/out을 사용하거나 Mark 메뉴의 Mark in/out을 선택하는 것입니다. 그러나 단축키를 이용하는게 훨씬 빠르기 때문에 주로 I와 O 키를 이용하게 될 것입니다. 만약 마크 인/아웃 영역을 만들어놓은 후 영역을 삭제해야 한다면 **윈도우즈**에서는 **[Alt] + [X]**, 맥에서는 **[option] + [X]** 키를 이용하면 됩니다. 이 방법 역시 Mark 메뉴의 Clear in and out을 사용할 수 있습니다. 또한 마크 인 혹은 마크 아웃만 개별로 지우고 싶다면 **윈도우즈**에서는 **[Alt] + [I]**와 O, 맥에서는 **[option] + [I]**와 O 키를 이용하면 됩니다.

오디오 트랙도 비디오 트랙과 유사하지만 타임라인 오른쪽 상단의 스피커 모양의 트랙 **음소거**(Mute) 기능을 사용하면 해당 트랙의 소리를 들리지 않게 하거나 들리게 할 수 있습니다. 또한 오른쪽 DIM을 켜면 볼륨이 1/2정도로 줄어들게 됩니다. 보다 자세한 오디오 편집법은 차후 다시 살펴볼 것입니다.

그밖에 타임라인에서는 오디오에 대한 믹서와 레벨 미터를 사용할 수 있습니다. 뷰어 상단의 Mixer를 켜주면 타임라인 오른쪽 끝 부분에 믹서가 나타나는데, 믹서 오른쪽 상단의 메뉴를 열어보면 트랙(오디오 클립)의 **음량**을 확인할 수 있는 Meters와 오디오 클립 및 트랙을 **믹싱**할 수 있는 Mixer를 선택할 수 있습니다.

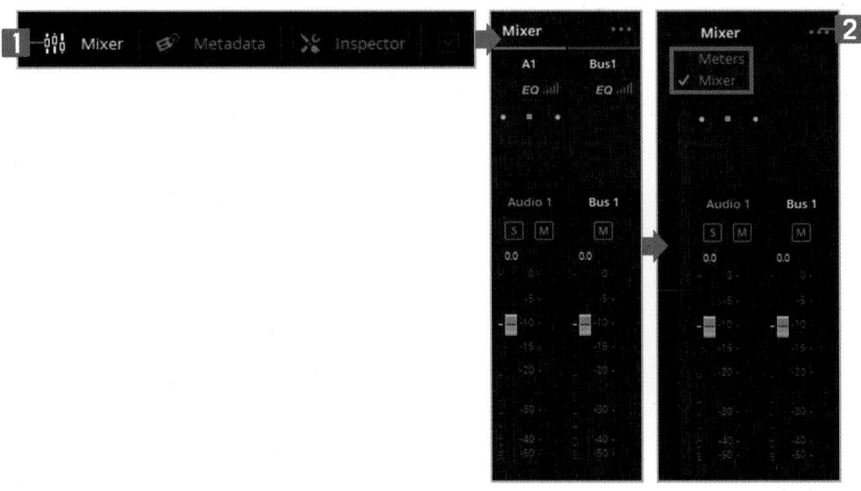

이펙트 라이브러리와 에디트 인덱스 살펴보기

계속해서 이펙트 라이브러리(Effects Library)와 에디트 인덱스(Edit Index)에 대해 알아보겠습니다. 먼저 이펙트 라이브러리에 대해 알아보겠습니다. 이펙트 라이브러리는 컷 페이지의 이펙트와 같지만 에디트 페이지에서는 이펙트, 트랜지션, 타이틀, 제너레이션을 모두 한 곳에서 확인 및 적용할 수 있습니다. 첫 번째 **툴박스**(Toolbox)를 보면 비디오 장면전환에 사용되는 Video Transitions과 오디오 전환에 사용되는 Audio Transitions 그리고 자막을 만들어 주는 Titles, 컬러바나 컬러 매트 등을 적용하는 Generators로 구성되어있습니다. 이 라이브러리들은 비디오/오디오 클립이나 트랙에 끌어다 적용하기만 하면 되며, 마우스 커서를 이펙트에 갖다 놓는 것만으로 어떠한 효과인지 확인할 수 있습니다.

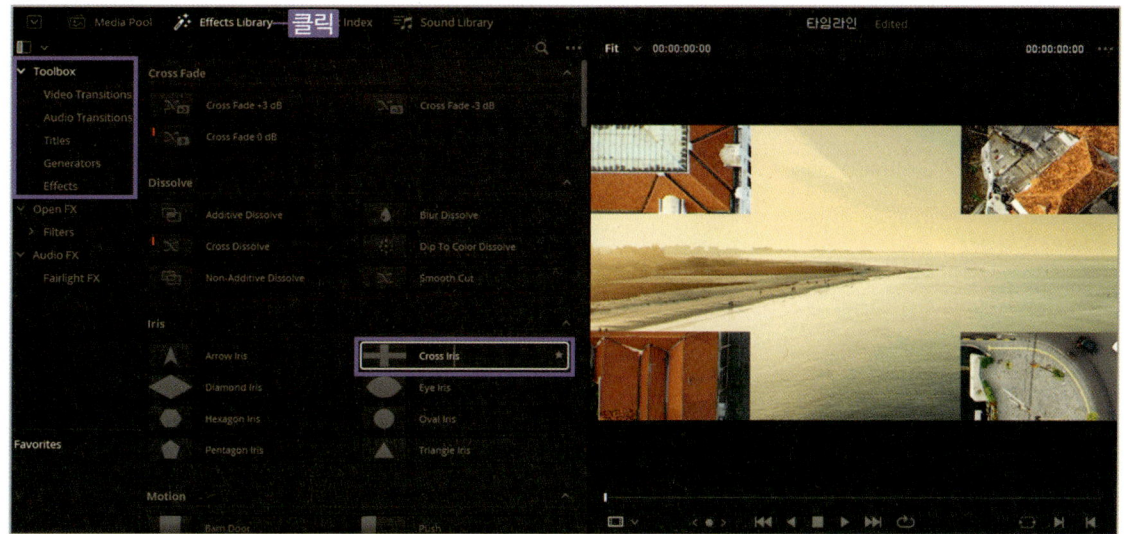

뷰어에 나타나는 화면의 위치를 이동하기 위한 가장 간편한 방법은 **마우스 가운데 버튼(휠)**을 클릭 & 드래그하는 것입니다.

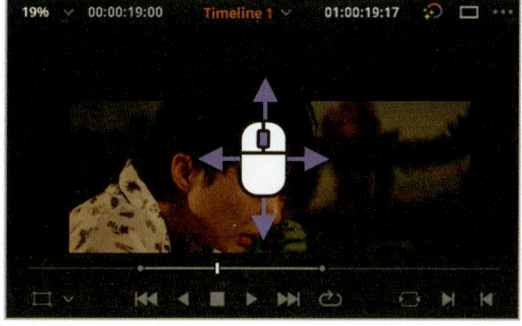

OpenFX로 이동해 보면 아무것도 없을 것입니다. 다빈치 리졸브의 FX(이펙트)는 **오픈소스**라는 의미를 가지고 있으며, 기본적으로는 아무 것도 없는 비어있는 상태입니다. 만약 **오픈 FX**에서 FX를 사용하고자 한다면 **서드파티** 플러그인을 설치해야 합니다. 서드파티는 대표적으로 **레드 자이언트**(RED Giant)사의 **놀 라이트 트랜지션**(Knoll Light Transition)과 **젠아트**(GenArts)사의 **사파이어**(Sapphire) 그리고 **뉴블루**(NewBlueFX) 등이 있습니다. 그리고 AudioFX 항목 역시 기본적으로는 비어있는 상태입니다. 오디오 이펙트 또한 오디오 전용 플러그인인 VST 이펙트를 설치해야 합니다. 물론 다빈치 리졸브가 영상 편집 및 색보정 작업을 위한 프로그램이기 때문에 오디오 이펙트의 비중은 극히 낮다고 생각하면 됩니다.

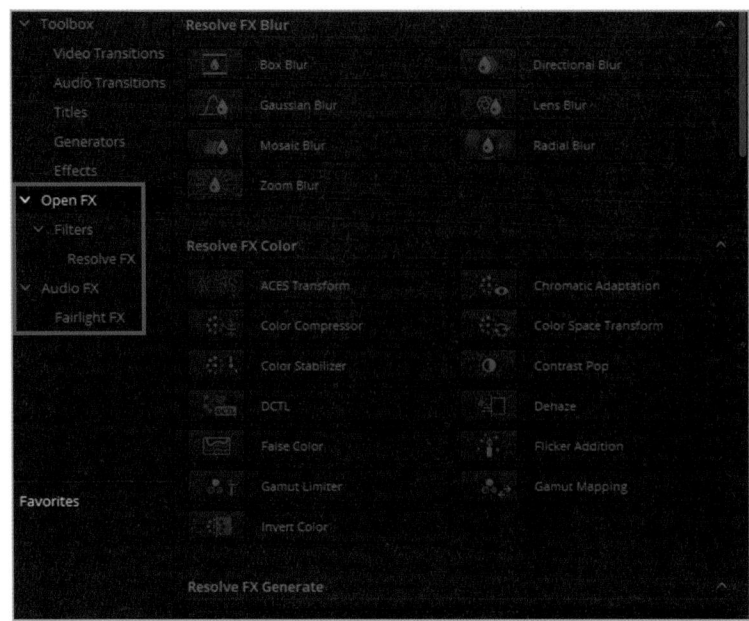

이번엔 **에디트 인덱스(Edit Index)** 리스트에 대해 알아봅니다. 에디트 인덱스는 타임라인에 사용되고 있는 클립들의 **메타데이터(Metadata)**를 확인할 수 있습니다.

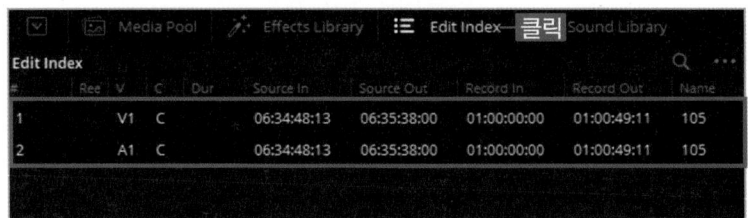

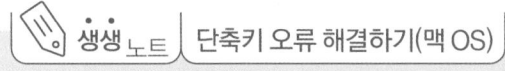 단축키 오류 해결하기(맥 OS)

Edit 메뉴에서 Insert와 Overwrite 메뉴를 보면 F9, F10과 같은 **단축키**를 사용합니다. 이 단축키들을 사용하다 보면, 프로그램이 F 키를 인식하지 못하는 경우가 있습니다. 그 이유는 **맥 OS**가 사용자의 키를 컨트롤하고있기 때문입니다. 이럴 경우에는 [**맥 시스템 프레퍼런스**(System Preferences)] - [Keyboard] - [Use F1 keys as standard function keys]를 선택하여 다빈치 리졸브에서 F 키를 단축키로 사용할 수 있도록 할 수 있습니다.

프레임(장면) 동기화하기

앞서 잠깐 살펴본 적이 있듯 소스 뷰어 또는 타임라인 뷰어에서 보이는 **화면(장면)**을 서로 **동기화(Match Frame)**할 수 있습니다. 먼저 소스 뷰어의 장면을 타임라인 뷰어에서 찾아 동기화하도록 하겠습니다. 먼저 타임라인에 적용된 클립을 **미디어 풀**에서 선택한 후 Enter 키를 눌러 소스 뷰어에 적용합니다.

그다음 **소스 뷰어**에서 **플레이 헤드**를 이용하여 동기화할 **장면**을 찾아줍니다. 물론 이와 같은 작업은 플레이 버튼을 이용해도 됩니다. 동기화할 장면을 찾았다면 이제 Match Frame 버튼을 클릭합니다. 그러면 **타임라인 뷰어**에서의 장면이 소스 뷰어의 장면과 **매칭**됩니다. 이때 타임라인의 플레이 헤드도 매칭 프레임으로 이동됩니다.

반대로 타임라인 뷰어에서 장면을 찾은 후 소스 뷰어의 장면을 매칭시켜줄 수도 있습니다. **타임라인 뷰어**에서 플레이 헤드를 이용하여 동기화할 장면을 찾아줍니다. 동기화할 **장면**을 찾았다면 Match Frame 버튼을 클릭합니다. 그러면 소스 뷰어의 장면이 타임라인 뷰어의 장면과 매칭됩니다.

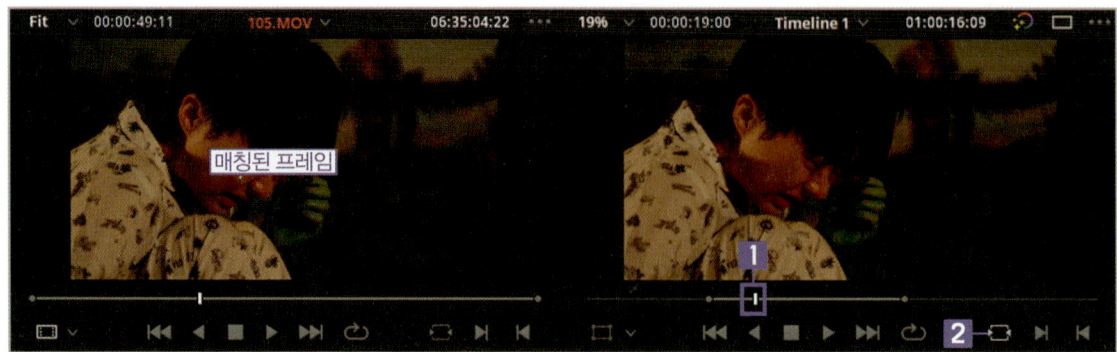

노멀 에디트 모드(툴) 사용하기

노멀 에디트 모드(Normal Edit Mode)는 타임라인에서 편집할 때 가장 기본적으로 사용되는 툴입니다. 이와 같은 툴은 대부분의 그래픽 프로그램에서는 **선택(Select)**나 **이동(Move)** 툴이라는 이름으로 사용됩니다. 노멀 에디트 모드는 도구와 같기 때문에 모드보다는 툴이란 용어를 사용하는 것이 좋을 듯하여 본 도서에서는 **노멀 에디트 툴**이란 이름으로 부르겠습니다. **노멀 에디트 툴**은 타임라인에 적용된 **클립**을 **이동**하거나 클립의 **시작과 끝(Mark in/out)**점을 이동하여 **편집**할 때 사용되는 가장 기본적인 툴입니다. 또한 **페이드 인/아웃(Fade in/out)**되는 장면을 만들거나 **오디오**의 **볼륨**을 조절하는 등의 대부분의 작업을 수행합니다. 노멀 에디트 툴의 단축키는 A를 사용합니다.

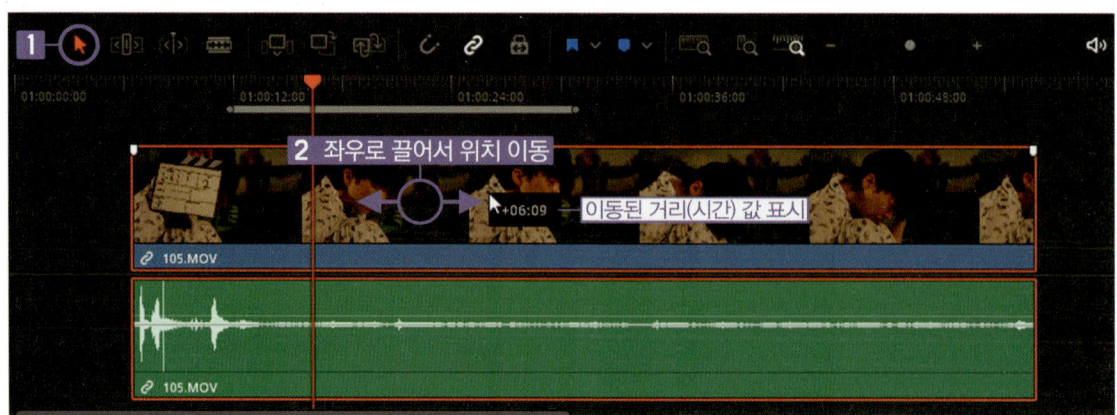

03 비디오 편집을 위한 준비들

비디오(오디오) 편집을 하기 전에는 먼저 준비된 미디어 소스(동영상/오디오/이미지 파일)들이 있어야 하고, 프로젝트 설정과 타임라인 생성 등의 과정이 필요합니다. 물론 본 도서에는 학습을 위한 다양한 소스들이 준비되어있지만 실제 작업에서는 여러분이 준비한 소스를 사용해야 합니다. 이번 학습에서는 편집 작업을 하기 전에 준비되어야 할 주요 과정에 대해 알아보겠습니다.

미디어 클립 및 프로젝트 속성 불러오기

편집 작업을 위해서는 편집에 필요한 미디어 파일들이 우선적으로 준비되어있어야 합니다. 그다음엔 프로젝트를 생성하고 실제 편집할 수 있는 타임라인 공간을 만들어야 합니다. 본 도서에서는 준비된 미디어 파일들과 예제 프로젝트들이 있지만 가급적 여러분이 가지고 있는 미디어 파일을 사용하길 권장합니다

프로젝트 속성 가져오기

기본적으로 편집 작업을 위해서는 **프로젝트**를 **생성**해야 합니다. 만약 **새로운 프로젝트**의 **속성 값**들을 **기존**에 사용됐던 **프로젝트**의 **속성**과 **동일**한 상태로 작업을 하고 싶다면 어떨까요? 다빈치 리졸브에서는 이와 같은 과정을 아주 쉽게 해 줍니다. 먼저 **다빈치 리졸브**를 **실행**합니다. 리졸브를 실행하면 항상 비어있는 새로운 **프로젝트**(Untitled Project)가 있습니다. 일반적으로는 이 프로젝트를 통해 새로운 작업을 시작하게 됩니다. 일단 이 프로젝트를 **더블클릭**하거나 Open 버튼을 클릭하여 실행합니다.

새로운 프로젝트가 실행되면 인터페이스 오른쪽 하단에 있는 **톱니** 모양의 **프로젝트 세팅**을 통해 원하는 프로젝트 속성을 설정해야 하겠지만 이번에는 **다른 프로젝트**의 **속성**을 **상속**받아 사용할 수 있는 방법에 대해 알아보겠습니다. 그러기 위해 홈 모양의 Project Manager 버튼을 클릭합니다.

다시 프로젝트 매니저가 열리면 프로젝트 속성을 상속받고자 하는 프로젝트 위에서 [**우측 마우스 버튼**] - [Load Project Settings to current project]를 선택하십시오.

그러면 현재 열려있는 프로젝트 속성을 지금 선택한 프로젝트 속성으로 바꾸겠느냐는 메시지가 뜹니다. 상속받고자 한다면 Override 버튼을 클릭하십시오. 그리고 프로젝트 메니저를 닫아줍니다. 이와 같은 방법으로 **특정 프로젝트 속성**을 다른 프로젝트에 쉽게 **상속**할 수 있습니다.

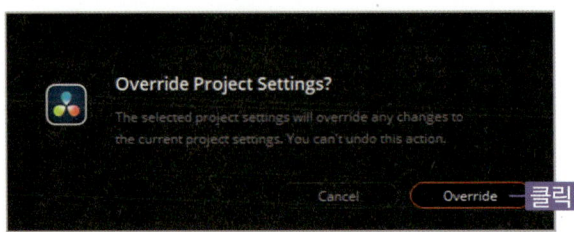

미디어 파일 불러오기

프로젝트가 생성됐다면 이제 편집에 사용될 미디어 파일을 불러와야 합니다. 미디어 파일을 불러오는 방법은 앞선 과정에서 살펴본 적이 있지만 여기서 다시 한 번 살펴보겠습니다. 작업에 사용될 미디어 파일들을 불러오기 위해 **미디어 페이지** 왼쪽에 있는 **익스플로러(Explorer)**를 일일이 찾아야 했습니다. 이러한 수고를 덜어주기 위해 즐겨찾기로 사용되는 폴더를 Favorites에 추가해놓으면 신속하에 원하는 미디어 파일을 사용할 수 있습니다. 즐겨찾기 등록 방법은 앞서 살펴보았듯이 여러 가지가 있지만 가장 **간편한 방법**은 원하는 **폴더를 끌어서** 페이버릿으로 갖다 놓는 것입니다. 다음 그림은 필자가 앞서 미리 등록한 모습입니다.

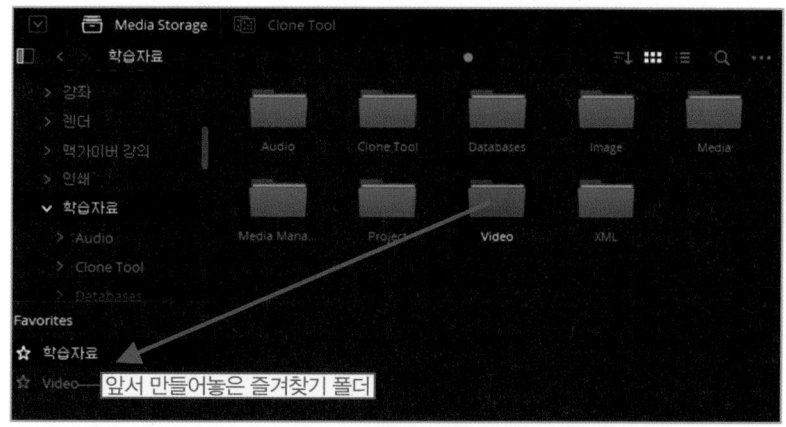

작업에 앞서 **미디어 스토리지**의 기능을 활용하여 클립들에 문제가 없는지 확인해 보겠습니다. **리스트 뷰(List view)**를 사용해 **초당 프레임**을 확인해 보겠습니다. 확인을 해보면 대부분의 클립들이 **23.976**이며, 프레임 사이즈(Resolution)도 모두 같습니다. 이와 같은 방법으로 리스트 뷰를 활용할 수도 있으니 참고하기 바랍니다.

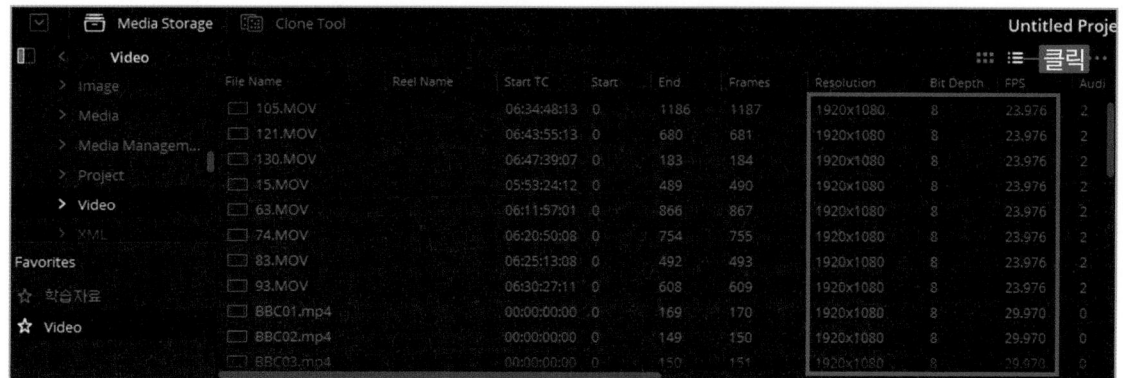

확인이 끝나면 다시 **섬네일(Thumbnail View)**을 클릭하여 아이콘 상태로 보여지게 합니다. 이제 미디어 파일을 미디어 풀에 적용하도록 하겠습니다. 물론 미디어 스토리지에 있는 파일을 더블클릭하거나 끌어다 적용할 수도 있습니다. 하지만 이번엔 **폴더째로** 적용해보도록 하겠습니다. 앞서 즐겨찾기로 등록된 **Video** 폴더 위에서 **[우측 마우스 버튼]** - [Add Folder and SubFolders into Media Pool(Create Bins)]를 선택합니다. 그러면 비디오 폴더 안에 있는 모든 미디어 파일들이 적용됩니다. 이때 해당 폴더에 다른 폴더가 존재한다면 그 폴더 또한 적용됩니다. 그밖에 폴더째로 적용하는 메뉴가 있는데, **위쪽** 메뉴는 **미디어 파일만** 적용하는 방식이며, **아래쪽** 메뉴는 **서브 폴더**에 있는 미디어 파일도 한 곳에 **통합**되어 적용되도록 하는 방식입니다.

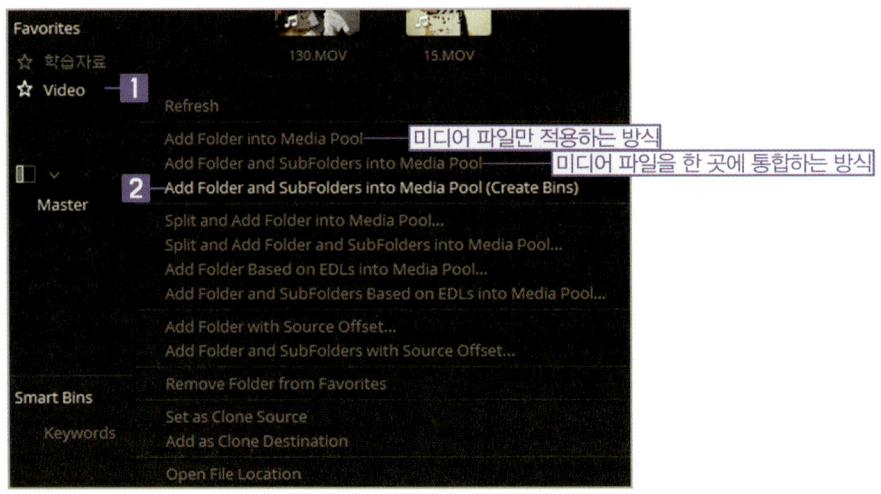

Add Folder and SubFolders into Media Pool(Create Bins)로 적용한 결과 [Master] - [Video]라는 순서로 폴더가 정렬된 것을 알 수 있습니다. 이제 하나씩 클릭하여 어떻게 정리됐는지 확인해 보십시오.

미디어 풀에서도 리스트 뷰(List view)를 사용하여 클립들을 원하는 속성(방식)으로 정렬시킬 수 있습니다. 즉 클립들의 길이 순이나 이름순으로 정렬시킬 수 있다는 것입니다. 가령 클립의 **이름(숫자 〉 알파벳 순으로 정렬됨)**순으로 정렬하고자 한다면 File Name을 클릭하십시오. 그러면 모든 클립들이 **이름**순으로 정렬됩니다.

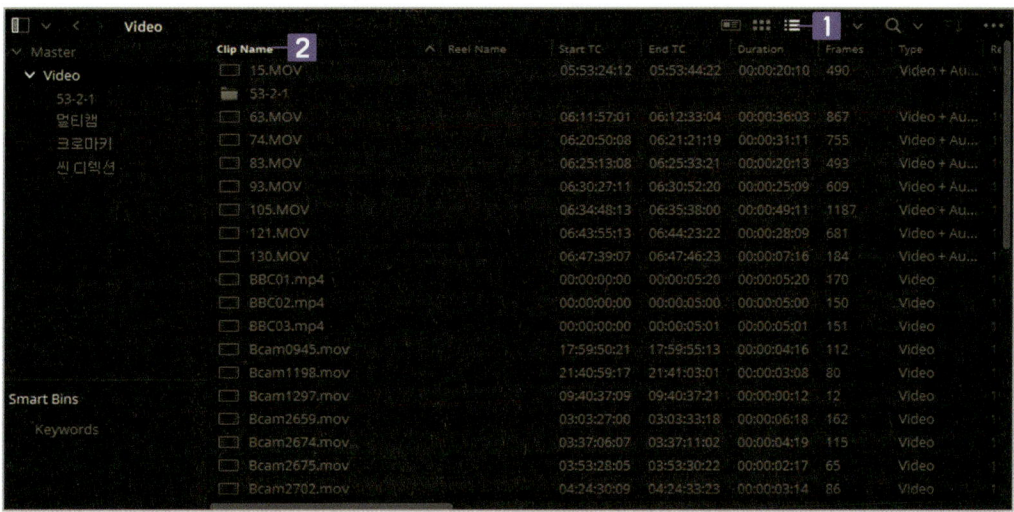

XML 파일 불러오기 1

이번 학습은 XML 파일을 불러오는 방법과 사용법에 대해 살펴보겠습니다. 먼저 추가하는 방법에 대해 알아봅니다. XML은 **파이널 컷**(Final Cut)이나 **프리미어 프로**(Premier Pro), **베가스 프로**(Vegas Pro) 등과 같은 비디오 편집 프로그램에 만들어진 **작업 내용(프로젝트)**를 다빈치 리졸브의 **타임라인**에 불러오는 것을 가능하게 하는 **파일** 형식입니다. XML을 불러오기 위해 [File] - [Import] - [Timeline] 메뉴를 선택하는 것입니다.

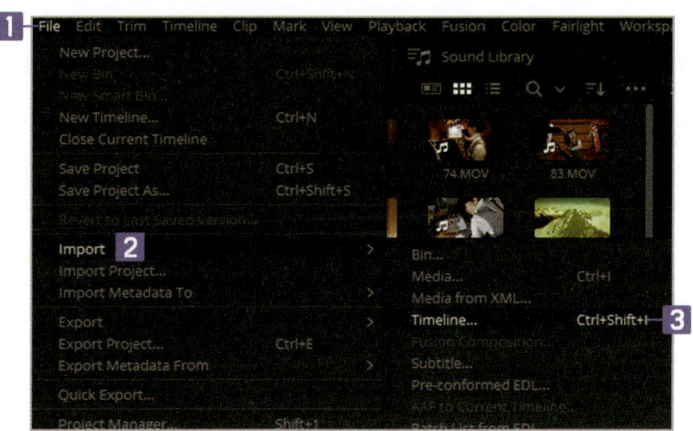

파일 불러오기 창이 열리면 [학습자료] - [XML] 폴더에 있는 XML01.fcpxml 파일을 불러옵니다. 참고로 준비된 XML 파일은 **파이널 컷 프로**에서 만들어진 파일입니다.

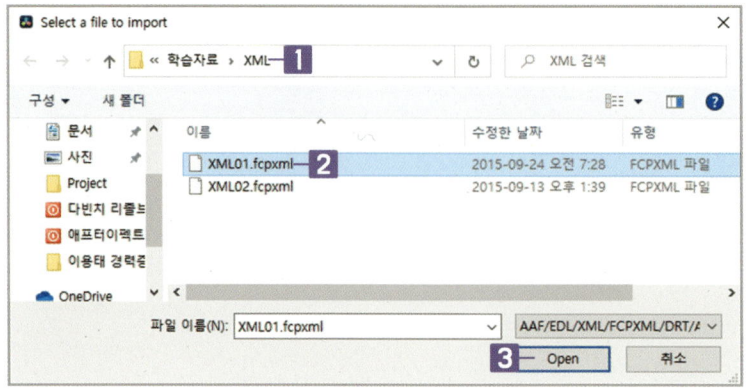

그러면 Load XML 설정 창이 뜹니다. 이제 여기서 몇 가지 설정들을 해 주어야 합니다. 지금의 과정을 **컨펌(Conform)**이라고 합니다. 작업 시 가장 먼저 확인할 것은 현재 XML에 여러 개의 타임라인이 있는가입니다. Import timeline을 확인을 해보니 Doc Trailer라는 타임라인이 하나밖에 없습니다. 만약 타임라인이 여러 개가 있다면 다른 타임라인으로 변경할 수 있으며, Timeline name에서는 원하는 이름으로 바꿔줄 수도 있습니다. 여기에서는 원본 이름을 그대로 사용하겠습니다. 그리고 **프로젝트 세팅**을 **자동**으로 설정할 것인지 새롭게 설정할 것인지에 대한 설정은 Automatically set project settings에서 가능하지만 이미 프로젝트 세팅을 마쳤기 때문에 이 옵션은 해제합니다.

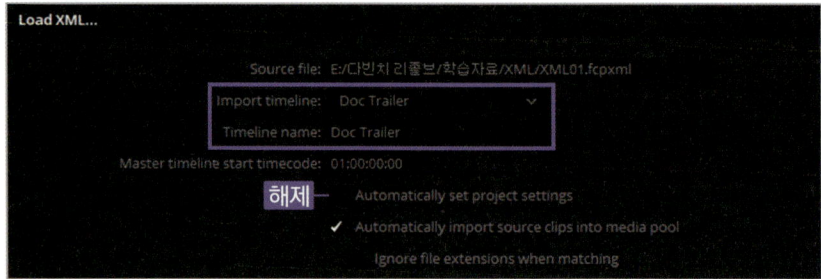

다음으로 소스(클립)을 **자동**으로 **미디어 풀에 불러오기**(Automatically import source clips into the media pool) 기능을 사용할 것인지 설정해야 합니다. 이미 앞서 미디어 파일들을 불러왔기 때문에 이 설정도 **사용**하지 **않도록** 하겠습니다. 계속해서 **유즈 사이징 인포메이션**(Use sizing information)을 사용할 것인지 설정해주어야 합니다. 이 설정은 **사용**하도록 하겠습니다. **유즈 컬러 인포메이션**(Use Color Information)은 **파이널 컷**(Final Cut 10 XML)과 함께 새로 추가된 기능입니다. Final Cut 10으로부터의 기본적인 **색보정**을 한 내용을 다빈치 리졸브에서 **확인**할 수 있습니다. 여기에서는 이 기능을 사용하지 않겠습니다. 설정과 확인이 끝났다면 OK 버튼을 눌러 적용합니다.

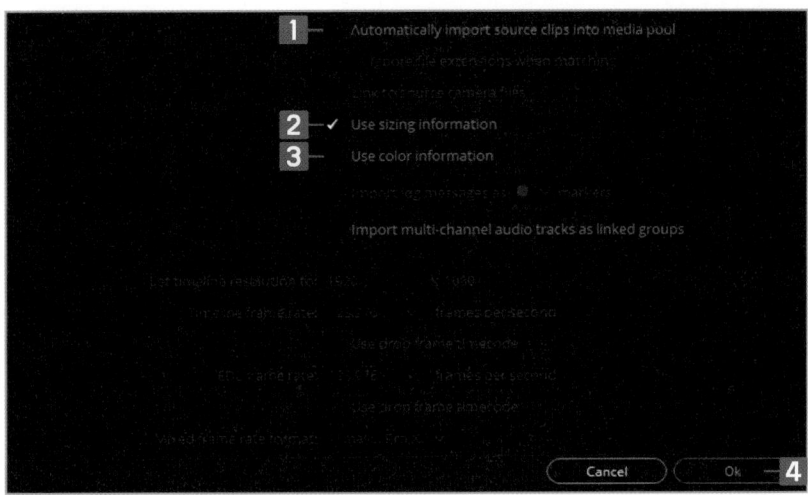

그러면 몇 가지 **빈**(Bin)들이 표시된 Folders 창이 나타납니다. 이 창은 사용자에게 **미디어 소스**를 사용할 때 **어떤 빈을 사용**할 것인지를 물어보는 창입니다. 가장 **상위**의 **마스터**를 선택한 후 OK를 하겠습니다.

그런데 파일을 여는 과정에서 Log 창이 떴습니다. 이것은 XML 파일을 불러 올 때 XML 파일에서 **작업된 파일**들이 **지정된 위치**에 **없거나 달라졌기** 때문에 뜨는 일종의 링크에 문제가 있다는 애러 메시지 창입니다. 일단

Close]버튼을 눌러 적용해 봅니다.

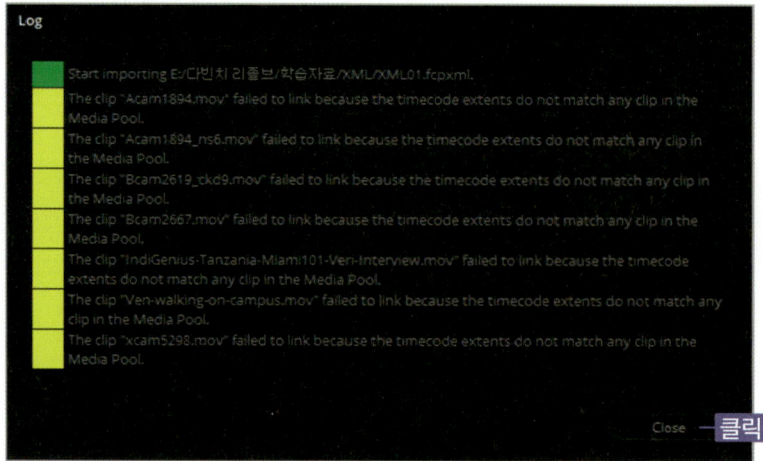

이제 타임라인을 보면 XML 파일에서 작업한 트랙과 클립들이 적용된 모습을 확인할 수 있습니다. 그러나 클립(장면)들 모두가 **빨간색**으로 되어있습니다. 이것은 미디어 클립들의 **링크 경로**에 **문제**가 있어 생기는 오류입니다. 이렇듯 XML 불러오는 작업이 항상 정상적으로 작동하는 것은 아닙니다. 다음 학습에서는 이와 같은 **문제** 시 어떻게 **대처** 해야 하는지에 대해 알아보도록 하겠습니다.

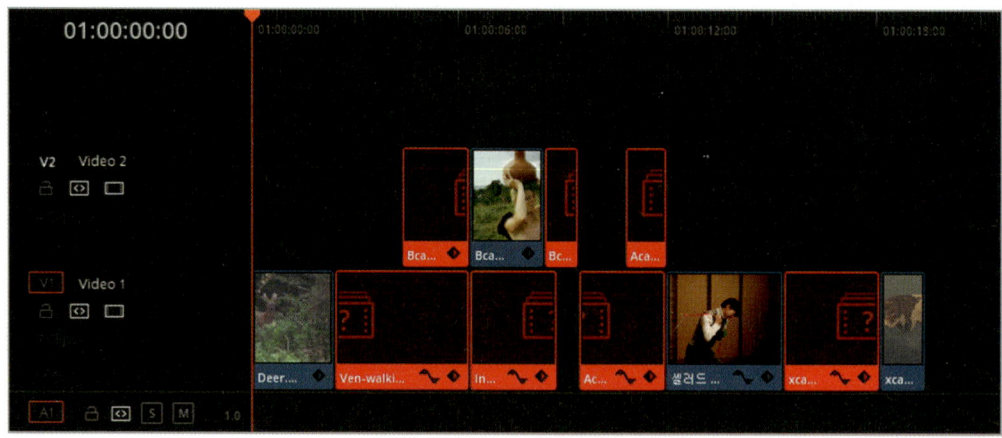

XML 파일 불러오기 2

이번 학습에서는 다른 방법으로 XML 파일을 불러오는 방법에 대해 소개하겠습니다. 이것은 XML에게 클립의 위치를 알려주고, 클립들을 찾아 미디어 풀에 연결해 주는 방법입니다. 이러한 경우 타임라인에 필요한 클립들만 골라내어 불러올 수 있는 장점이 있습니다. XML 파일이 제대로 **불러와 지지 않을 때**는 프로젝트 매니저에서 **새로운 프로젝트**를 생성하여 불러오는 것이 좋습니다. 프로젝트 매니저에서 New Project를 선택합니다. 이번에 만드는 프로젝트 이름은 그냥 XML이라는 이름으로 하겠습니다.

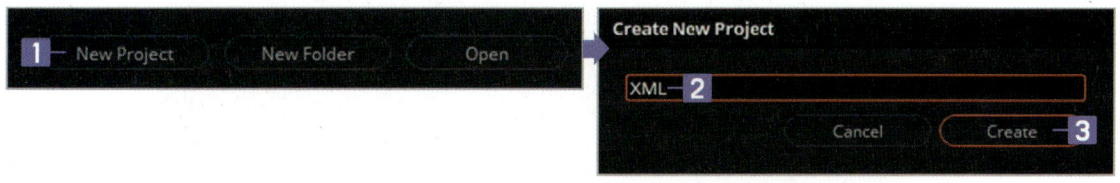

새로 생성된 프로젝트(XML)가 열리면 앞서 살펴본 것과 같은 방법으로는 [File] - [Import] - [Timeline]을 선택합니다. 불러오기 창이 열리면 역시 앞서 불러왔던 XML 폴더에 있는 XML01.fcpxml 파일을 불러옵니다.

Load XML 창이 열리게 되면 이번에는 XML이 자동으로 프로젝트 세팅되도록 Automatically set project settings와 **자동으로 미디어 클립을 미디어 풀로 보낼 수 있도록** Automatically import source clips into media pool을 모두 **사용하겠습니다. 설정이** 모두 **끝나면** OK 버튼을 눌러 불러옵니다. 그러면 11개의 클립들을 **찾지 못했다는** 메시지가 뜰 것입니다. 다시 말해 XML이 다른 디스크 드라이브로부터 찾지 못한 클립들을 찾아 불러오려고 한다는 뜻입니다. 이럴 땐 XML이 찾지 못한 미디어 클립들이 어디있는지 찾을 수 있도록 해 주어야 합니다. 그러기 위해서 Yes 버튼을 선택하십시오.

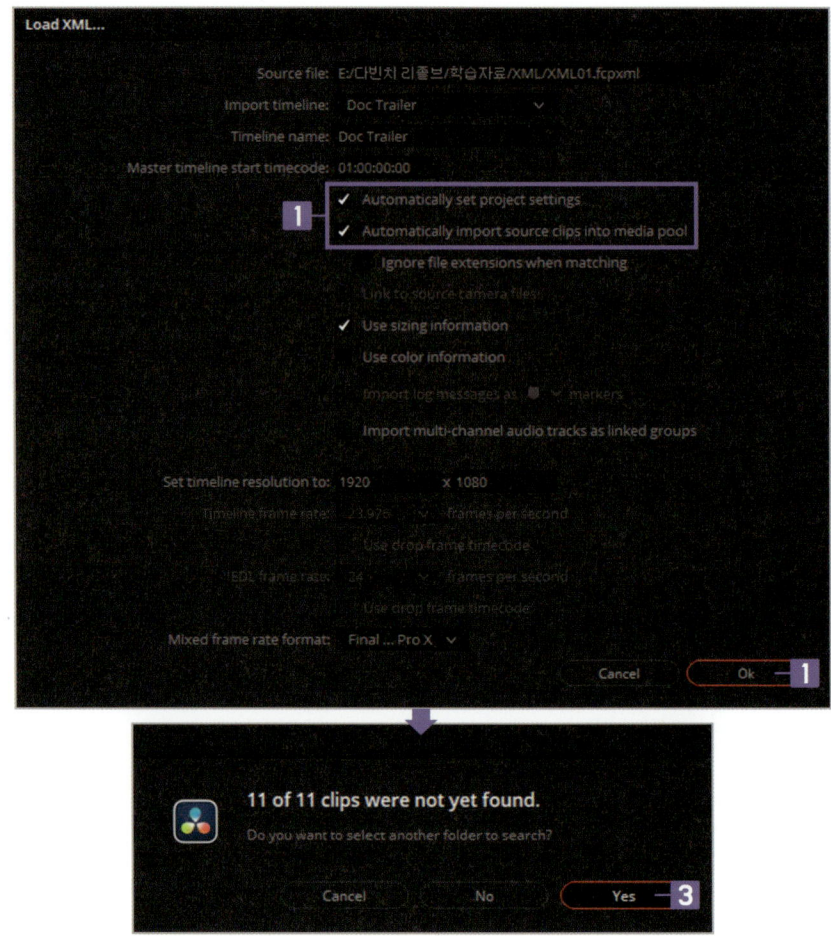

찾지 못한 클립을 찾아 링크시켜 줄 수 있는 Please select the folder containing source… 창이 열리면 XML에서 사용된 미디어 파일들이 있는 폴더를 선택한 후 OK를 해 주면 됩니다. 그러면 타임라인이 생성될 뿐만 아니라 클립들이 미디어 풀에 자동으로 연결됩니다. 불러온 XML의 모습을 보면 이제야 정상적으로 적용된 것을 알 수 있습니다. 이러한 방식으로 XML을 사용함으로써 다른 프로그램을 통해 작업된 내용을 다빈치 리졸브에서 사용할 수 있게 됩니다. 참고로 **다빈치 리졸브**에서 **작업된 내용도** XML 파일로 출력하여 **다른 프로그램**에서 **사용**할 수 있습니다.

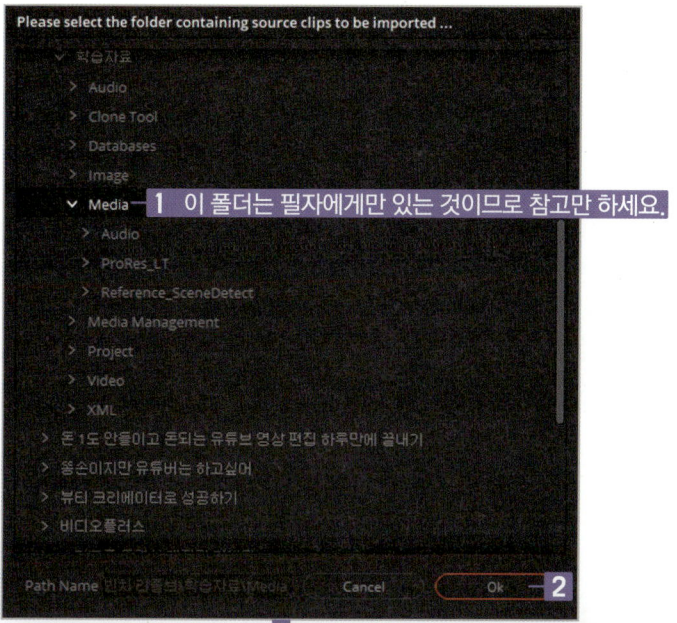

1 이 폴더는 필자에게만 있는 것이므로 참고만 하세요.

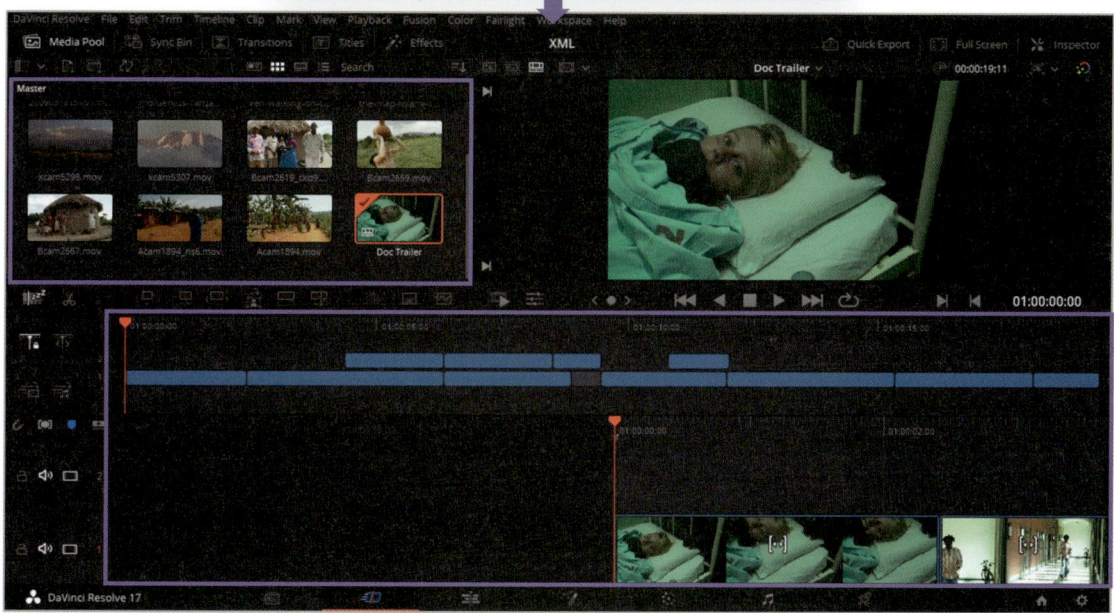

 비디오 캡처에 대하여

최근엔 촬영된 영상이 다양한 디스크 드라이브에 디지털 파일로 저장되기 때문에 **캡처**라는 작업을 하지 않습니다. 그러나 불과 5~10년 전만 하더라도 영상이 **테이프**, 즉 **필름**에 녹화되었기 때문에 이러한 영상을 다빈치 리졸브와 같은 **컴퓨터(넌리니어) 편집** 프로그램에서 사용하기 위해서는 캡처를 해야만 했습니다. **캡처**는 **아날로그** 신호로 된 영상을 **디지털** 신호로 바꿔주는 과정을 말하며, **디지타이징(Digitizing)** 작업이라고도 하는데 만약 여러분 중에서 필름에 녹화된 영상을 다빈치 리졸브에서 사용하고자 한다면 **미디어 페이지**의 오른쪽 상단에 있는 Capture 버튼(스튜디오 버전에서만 사용가능)을 이용할 수 있습니다. 다빈치 리졸브는 영화와 같은 필름을 스캔하는 Film Scanner와 테이프에 녹화된 영상을 캡처하는 Video Capture 두 가지 방식을 사용할 수 있습니다. 물론 이 기능을 사용하기 위해서는 해당 장비가 필요합니다. 필름 스캐너는 고가이지만 비디오 캡처 장치(IEEE DV 1394)는 매우 저렴하게 구입이 가능합니다.

타임라인 생성 및 관리하기

타임라인은 실제 편집 작업을 하는 공간으로써 불필요한 클립(장면)을 잘라 없애주고, 장면이 바뀔 때 효과를 주고, 자막(타이틀)을 만들며, 오디오의 소리를 조절하는 등의 다양한 작업을 합니다. 다빈치 리졸브에서의 편집, 즉 에디트 페이지는 색보정 툴로만 사용됐던 리졸브에게 더욱 다양한 편집 작업을 할 수 있게 해 줍니다. 이번 학습에서는 타임라인 생성 및 관리를 하는 방법에 대해 살펴보겠습니다.

타임라인 생성하기 1

타임라인을 생성하는 방법은 여러 가지가 있습니다. 앞선 학습에서 이미 살펴본 적이 있지만 여기에서는 타임라인 생성에 대해 보다 자세하게 알아보겠습니다. 학습을 하기 위해 새로운 프로젝트를 생성합니다. 만약 여러분이 다빈치 리졸브를 처음 실행했다면 **프로젝트 매니저**에 있는 Untitled Project를 더블클릭하여 실행하면 될 것이고, 이미 다른 프로젝트가 열린 상태라면 [File] - [New Project] 메뉴를 통해 생성해 주면 됩니다. 계속해서 편집에 사용될 **몇 개**의 파일을 **미디어 풀**에 갖다 적용합니다. 앞선 학습에서 이미 **학습자료**와 Video 빈을 만들어놓았기 때문에 간편하게 파일을 찾아 적용할 수 있을 것입니다. 이번엔 아무 파일이나 3개 정도만 사용해 봅니다. 파일을 끌어나 미디어 풀에 적용하면 프로젝트 속성(규격)을 적용되는 미디어 클립의 속성과 일치시킬 것인지 아니면 프로젝트 속성에 맞출 것인지에 대한 메시지가 뜨면 Change 버튼을 클릭하여 프로젝트의 속성을 클립의 속성에 맞춰줍니다.

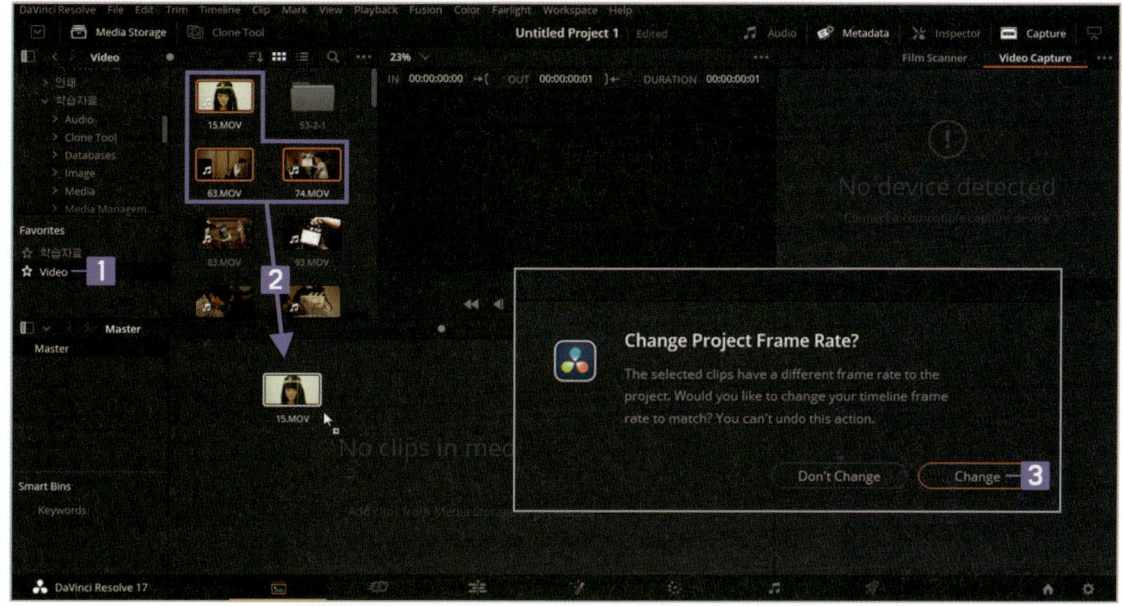

이제 **타임라인**을 **생성**하기 위해 **컷 페이지**로 넘어갑니다. 그러면 앞서 미디어 풀에 적용된 3개의 클립이 보일 것이며, 현재 타임라인에는 아무것도 없는 상태입니다. 타임라인을 생성하는 가장 간편한 방법은 앞선 학습에서 살펴보았듯이 **클립을 끌어다** 직접 타임라인에 갖다 놓는 것입니다. 그러나 이와 같은 방법은 타임라인에 필요한 트랙의 개수 등을 설정할 수 없기 때문에 이번엔 메뉴를 통해 타임라인을 생성해 보도록 하겠습니다. 미디어 풀의 빈 곳에서 [**우측 마우스 버튼**] - [Timelines] - [New Timeline]을 선택하거나 **윈도우즈 단축키** [Ctrl] + [N], **맥 단축키** [cmd] + [N]을 눌러주면 됩니다.

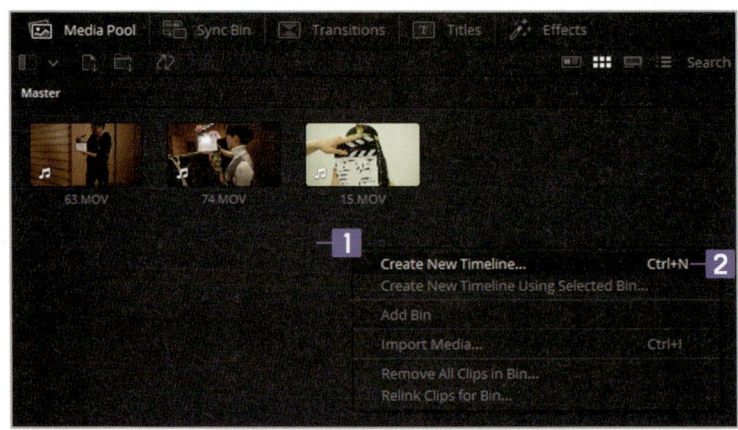

타임라인 설정 창이 열리면 이 곳에서는 타임라인의 이름(Timeline Name)과 원하는 트랙의 개수 그리고 타임라인의 시작 시간(Start Timecode) 등을 설정할 수 있습니다. 일단 여기에서는 타임라인에 사용될 **트랙의 개수**만 설정하겠습니다. No. of Video Tracks와 No. of Audio Tracks 값을 모두 2로 설정합니다. 직접 입력해도 되지만 **입력 필드**에서 **마우스 커서**를 갖다놓고 **좌우**로 **드래그**해도 됩니다. 지금의 설정은 타임라인에 사용할 비디오와 오디오 트랙을 각각 2개씩 사용한다는 뜻입니다. 설정이 끝나면 Create 버튼을 클릭합니다.

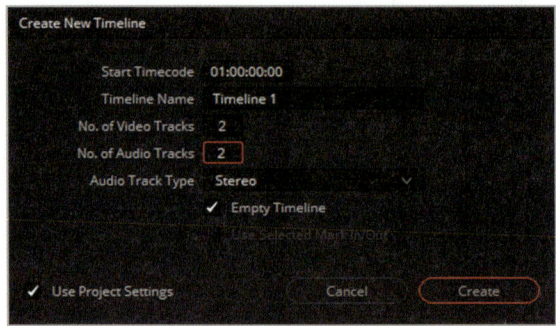

타임라인을 생성할 때 Audio Track Type에서는 보편적으로 사용되는 스테레오 채널을 비롯하여 모노와 입체 음향 채널인 5.1, 7.1 등을 사용할 수 있습니다. 참고로 5.1과 7.1 **채널**을 사용하기 위해서는 해당 채널을 가진 오디오 파일을 사용해야 합니다.

생성된 타임라인을 보면 비디오 트랙과 오디오 트랙이 모두 2개씩 생성된 것을 알 수 있습니다. 이제 생성된 타임라인에 클립을 적용하여 편집을 할 수 있습니다. 트랙은 필요에 따라 추가하거나 삭제할 수도 있습니다.

타임라인 생성하기 2

이번엔 다른 방법으로 타임라인을 생성해 보도록 하겠습니다. 지금의 방법은 앞선 학습에서도 몇 번 살펴보았지만 여기서 다시 한 번 살펴볼 것입니다. **앞서** 만들어놓은 **프로젝트**의 **컷 페이지**에서 미디어 풀에 있는 파일 중 하나를 끌어서 **타임라인**의 **빈 곳**에다 갖다 놓습니다. 이것만으로 타임라인이 **자동**으로 **생성**됐습니다. 물론 이렇게 적용된 타임라인에서는 비디오와 오디오 트랙이 모두 하나씩만 적용됩니다.

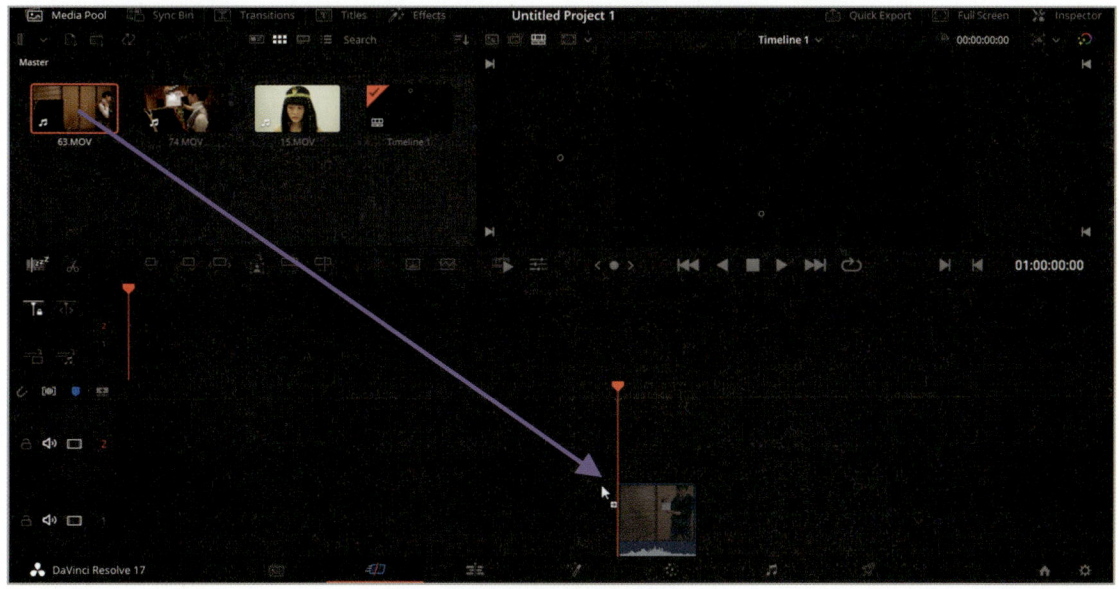

계속해서 이번엔 다른 클립을 타임라인에 적용해 보겠습니다. 물론 앞서 적용된 클립 뒤쪽에 갖다 놓을 수도 있겠지만 이번엔 앞서 적용된 클립 **위쪽 트랙**에 적용해 보겠습니다. 현재는 위쪽에 적용될 트랙이 하나도 없습니다. 하지만 클립을 빈 트랙에 갖다 놓는 것만으로도 새로운 트랙을 생성할 수 있습니다. 일단 부족한 **위쪽 트랙** 영역을 조금 **높여서** 공간을 확보한 후 미디어 풀에서 클립 하나를 끌어다 위쪽 빈 트랙에 갖다 놓습니다. 그러면 역시 아무 것도 없는 위쪽에 트랙이 생성되며 적용됩니다. 이렇듯 비어 있던 타임라인에 클립을 적용하는 것만으로도 트랙을 생성할 수 있다는 것을 알 수 있습니다.

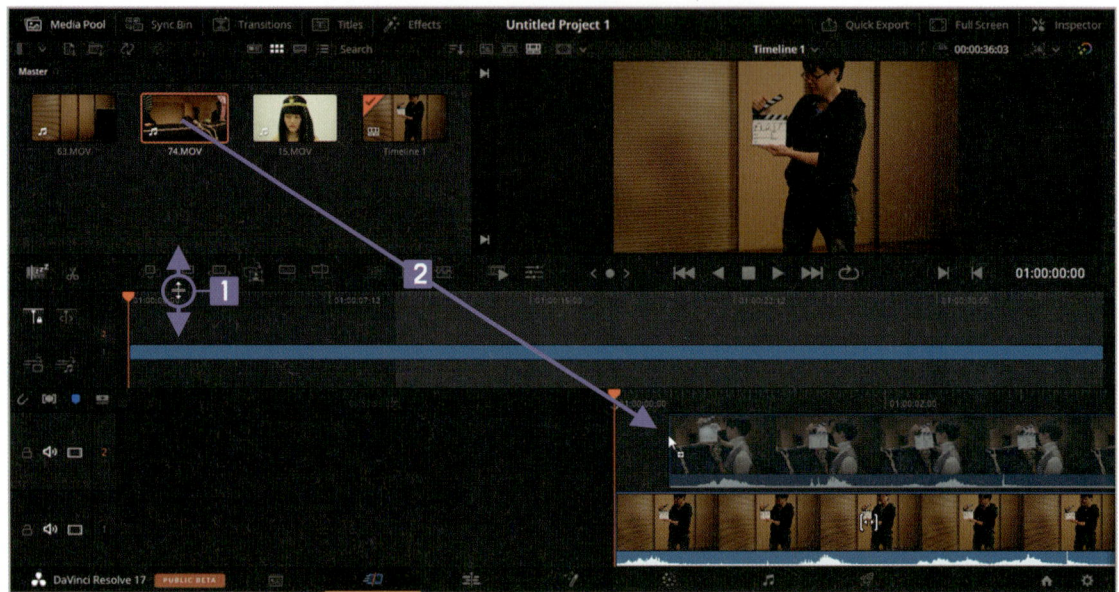

트랙(비디오/오디오) 추가/삭제하기

작업을 하다가 또 다른 트랙이 필요하게 될 때에도 별다른 어려움없이 트랙을 추가할 수 있습니다. 먼저 **컷 페이지**에서 트랙을 추가하는 방법에 대해 알아봅니다. 트랙 오른쪽 영역을 **트랙 리스트(Track list)**라고 하는데, 트랙 리스트 오른쪽 상단에 + 버튼을 클릭하는 것만으로 간편하게 트랙을 추가할 수 있습니다.

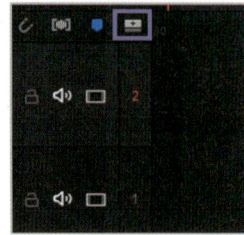

이번에는 **에디트 페이지**로 이동한 후 **트랙 리스트** 위에서 **우측 마우스 버튼**을 눌러 나타나는 메뉴를 보면 하나의 트랙을 추가하는 Add Track, 설정 창을 열어 원하는 개수만큼 추가하는 Add Tracks…, 자막을 위한 Add Subtitle Track 등을 사용할 수 있으며, 아래쪽 Delete Track과 Delete Empty Tracks을 통해 특정 트랙 삭제 및 클립이 적용되지 않은 빈 트랙들을 제거할 수 있습니다. 참고로 트랙의 **위치**를 이동하기 위해서는 Move Track UP(한 칸 위로 올리기) 또는 Move Track Down(한 칸 아래로 내리기) 메뉴를 이용하면 됩니다.

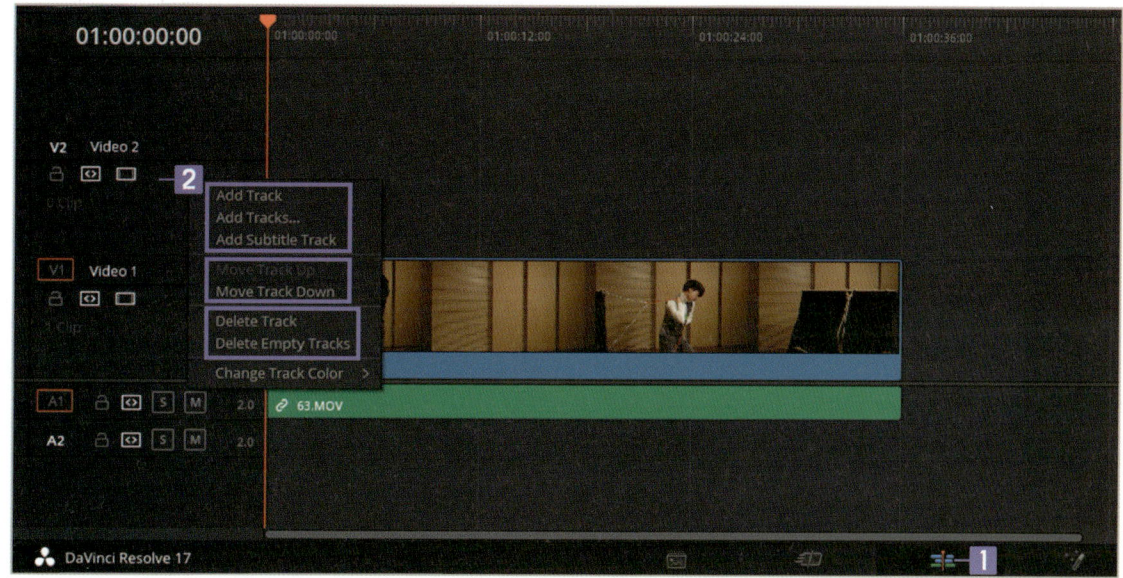

컷 페이지에서의 트랙 삭제도 **트랙 리스트**에서 **우측 마우스 버튼**을 눌러 나타나는 메뉴의 Delete Track과 Delete Empty Tracks을 통해 불필요한 트랙들을 제거할 수 있습니다.

04 비디오/오디오 편집의 실무

편집의 시작은 매우 기본적인 어셈블 편집(Assemble Editing)부터 인서트 편집(Insert Editing), 테이크 편집(Take Editing) 그리고 자막이나 이펙트 등과 같은 고급 편집으로 구분할 수 있습니다. 특히 비디오 편집 프로그램을 이용한 넌 리니어(Non-Linear) 편집에서는 인서트와 이펙트 등을 활용하는 편집을 선호합니다. 이번 학습에서는 비디오 편집에 사용되는 주요 기능들과 사용법에 대해 학습해 보겠습니다.

기본 편집 익히기(초급)

이번 학습에서는 클립(장면)의 불필요한 부분을 커팅해 주는 어셈블 편집부터 인서트 편집의 기본적인 편집법에 대해 학습해 볼 것입니다. 이번 학습을 통해 여러분은 비디오 편집에 대한 개념을 완전히 이해하게 될 것입니다.

어셈블 편집(Assemble Editing)

어셈블 편집은 편집 작업 시 가장 우선적으로 해야 하는 기본 편집으로써 하나의 장면의 불필요한 부분을 잘라 놓은 것을 말합니다. 다빈치 리졸브에서는 **컷 페이지**가 **어셈블 편집**에 적합합니다. 새로운 프로젝트에서 학습을 하기 위해 [File] - [New Project]를 선택하여 새로운 프로젝트를 생성합니다. 프로젝트의 이름은 여러분 임의로 사용하십시오.

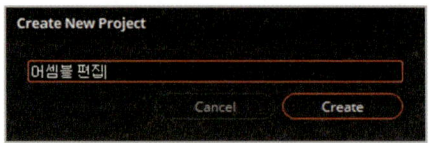

새로운 프로젝트의 생성은 항상 [File] - [New Project] 메뉴를 선택하는 것이고, 다빈치 리졸브를 처음 실행했을 때에는 프로젝트 매니저의 New Project 또는 Untitled Project를 더블클릭하는 것입니다. 이후의 학습에서는 **별도의 설명이 없을** 것이므로 상황에 따라 이 세 가지 방법을 이용하기 바랍니다.

새로 생성된 프로젝트에 편집에 사용될 비디오 클립을 찾아서 **미디어 풀**에 갖다 놓습니다. 이번에는 아무 클립이나 **4개** 정도만 적용합니다.

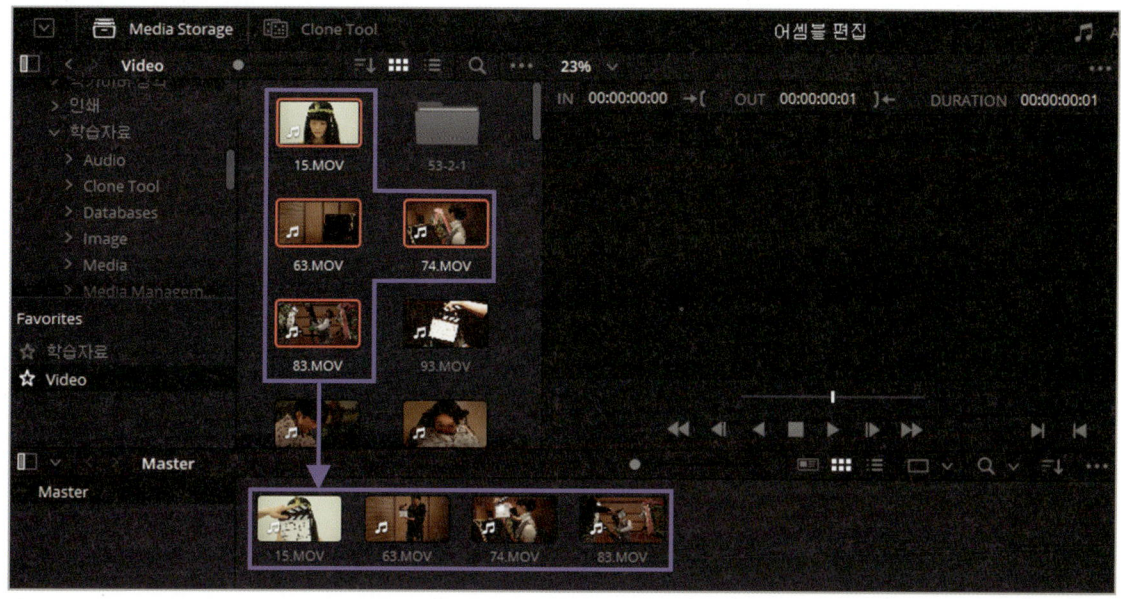

다음으로 어셈블 편집을 위한 **컷 페이지**로 이동합니다. 먼저 앞서 미디어 풀에 적용한 4개의 클립 중 **하나**를 **클릭(선택)**하여 소스 뷰어에 나타나도록 해줍니다. 이때 뷰어 모드는 **Source Clip**이 선택되어있어야 합니다.

적용된 클립을 보면 **첫 장면**에서 **슬레이트(Slate)**를 든 사람이 나옵니다. 영화나 드라마 등의 대부분의 영상 촬

영에서는 이와 같이 씬(Scene)의 시작을 슬레이트와 함께합니다. 그러므로 실제 편집에서는 이러한 불필요한 장면을 커팅하여 편집되어야 합니다. 이제 어셈블 편집을 시작해 보겠습니다. 소스 뷰어 아래쪽 **플레이 헤드**를 **좌/우**로 이동하거나 플레이 버튼 또는 스페이스 바를 눌러 **시작 점**으로 사용될 **장면**을 찾아줍니다. 물론 어셈블 편집에서는 아주 정교하게 장면을 찾아줄 필요까지는 없습니다.

장면을 찾았다면 그림처럼 소스 뷰어 하단의 **마크 인(Mark in)** 설정 **헤드(슬라이드)**를 우측으로 이동하여 방금 찾아놓은 장면, 즉 플레이 헤드가 있는 지점으로 이동합니다. 이것으로 **시작 점(Mark in point)**가 지정되었습니다.

이번에는 장면의 **끝 점(Mark out point)**을 찾아봅니다. 이번에는 **마크 아웃(Mark out) 헤드**를 직접 좌측으로 이동하여 끝 점을 잡아봅니다. 이것으로 한 장면에 대한 어셈블 편집이 끝났습니다. 물론 이렇게 편집된 소스는 이대로 끝나는 것이 아니라 타임라인 및 에디트 페이지를 통해 세부 편집을 해야 합니다.

방금 **마크 인/아웃**으로 지정된 영역은 **미디어 풀**의 클립 **섬네일**에도 **표시**되는 것을 알 수 있습니다.

계속해서 **두 번째** 장면에 대한 어셈블 편집에 사용할 클립을 **클릭**하여 소스 뷰어에 나타나도록 합니다. 만약 소스 뷰어에 나타나지 않으면 **더블클릭**하여 적용해 봅니다. 적용된 클립은 앞선 방법처럼 필요한 장면에 대해서만 **마크 인/아웃 포인트**를 지정해 줍니다. 이와 같은 방법으로 미디어 풀에 적용된 나머지 클립들도 어셈블 편집을 해 줍니다.

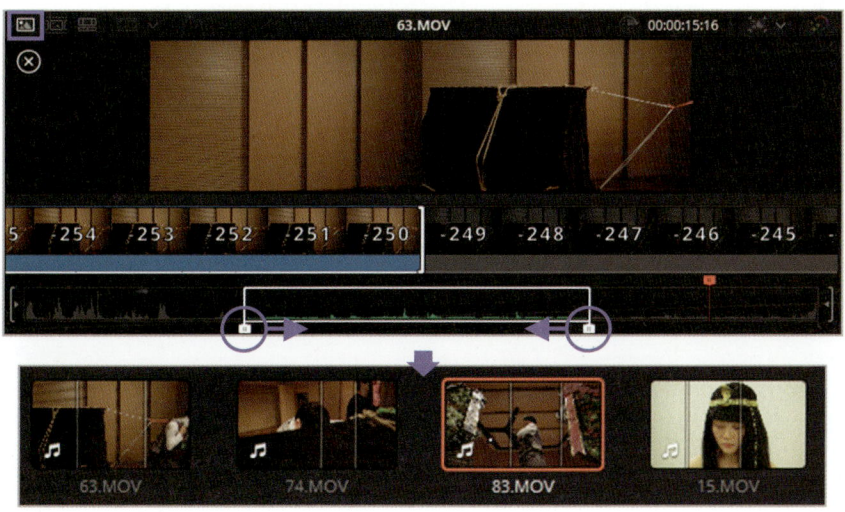

인서트 편집(Insert Editing)

이제 어셈블 편집이 끝난 장면들을 타임라인에 적용할 차례입니다. 이와 같은 편집을 **인서트 편집**이라고 합니다. 현재는 타임라인이 없기 때문에 타임라인을 만들어 준 후 적용하거나 장면(클립)을 직접 끌어다 적용할 수 있습니다. 그러나 이번에는 메뉴를 이용해 보겠습니다. 첫 번째로 적용할 클립 위에서 [**우측 마우스 버튼**] - [Insert Selected Clips to Timeline **Using Temecode**]을 선택합니다.

Create New Timeline 창에서 적당한 설정을 한 후 Create 버튼을 누르면 되는데, 필자는 **시작 시간(Start Timecode)**를 00:00:00:00으로 설정한 후 적용하였습니다. 적용 후 확인해 보면 어셈블 편집에서 지정한 마크 인/아웃 포인트 구간만 타임라인에 적용된 것을 알 수 있습니다.

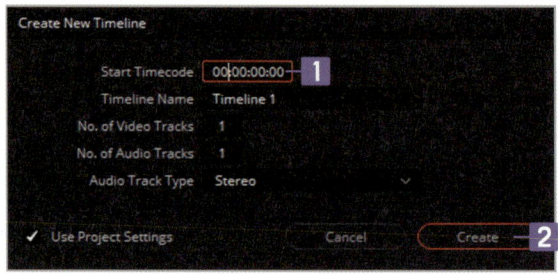

확인해 보면 **어셈블 편집**에서 지정한 **마크 인/아웃 포인트** 구간만 타임라인에 적용된 것을 알 수 있습니다.

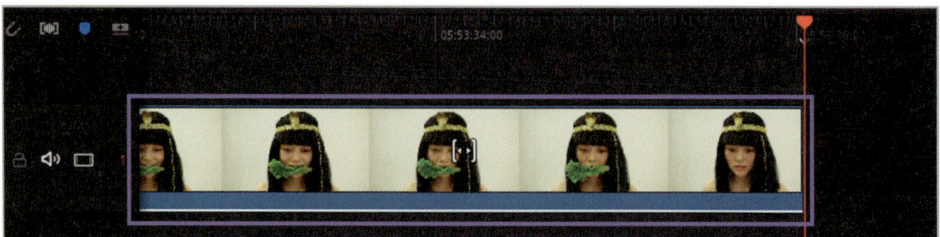

그런데 현재는 앞서 설정한 시작 시간(Start Timecode)를 **00:00:00:00**이 아닌 것으로 되어있습니다. 플레이 헤드를 이동해보면 타임라인 왼쪽 부분에 아무 장면도 없는 **회색 클립**이 있는 것을 알 수 있습니다. 현재는 **무의미한** 클립이기 때문에 선택 후 Delete 키를 눌러 삭제합니다. 이것으로 시작 시간이 00:00:00:00으로 설정되었습니다.

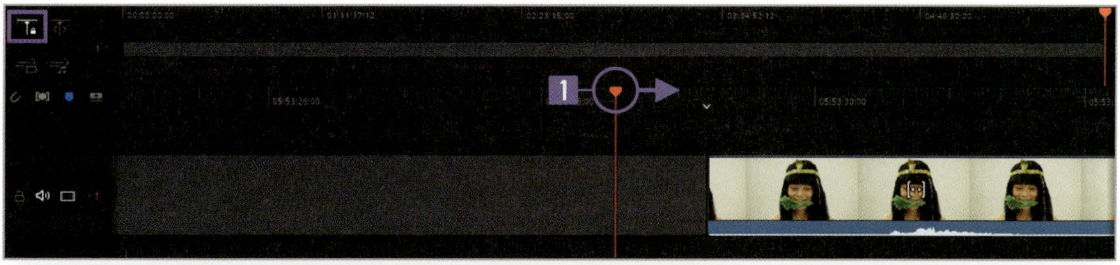

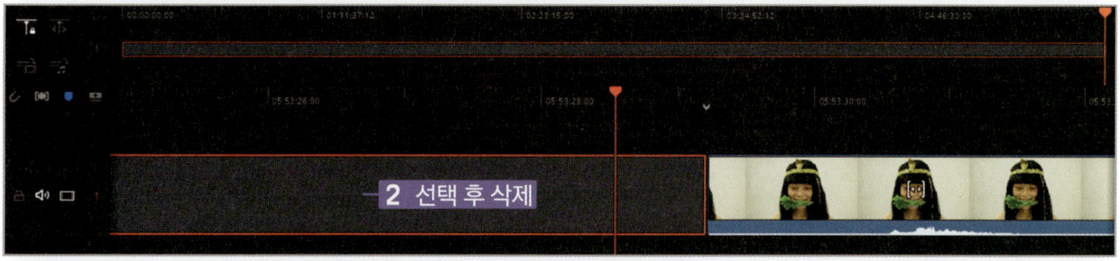

타임라인이 생성됐기 때문이 이번엔 타임라인 상태의 **툴(Tool)** 들을 이용하여 클립을 적용해 보겠습니다. 먼저 **플레이 헤드**를 이동하여 첫 번째 클립의 **끝 점**에 맞춰줍니다.

플레이 헤드를 클립의 시작 점이나 끝 점을 정확하게 맞춰줄 때 **뷰어** 좌측 또는 우측에 **지그재그** 모양의 표시가 나타난다는 것은 플레이 헤드가 정확하게 클립의 인/아웃에 맞춰졌다는 의미입니다. 그림은 정확하게 **끝 점**에 맞춰졌다는 표시입니다.

이제 적용할 **두 번째** 클립을 **선택(더블클릭)**한 후 타임라인의 툴 중 Smart Insert 툴을 클릭합니다. 그러면 앞서 적용된 첫 번째 클립 뒤쪽에 적용됩니다. 적용되는 위치는 플레이 헤드가 위치한 곳입니다.

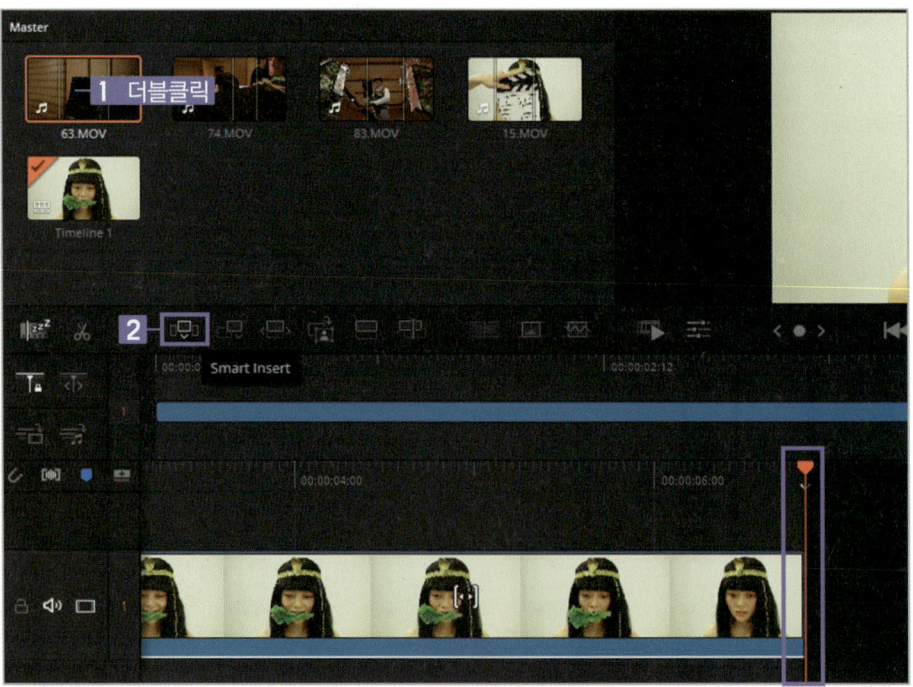

이것은 적용된 **클립의 시작 점(Mark in point)**이 플레이 헤드가 위치한 지점에 정확하게 적용됐다는 것을 의미합니다.

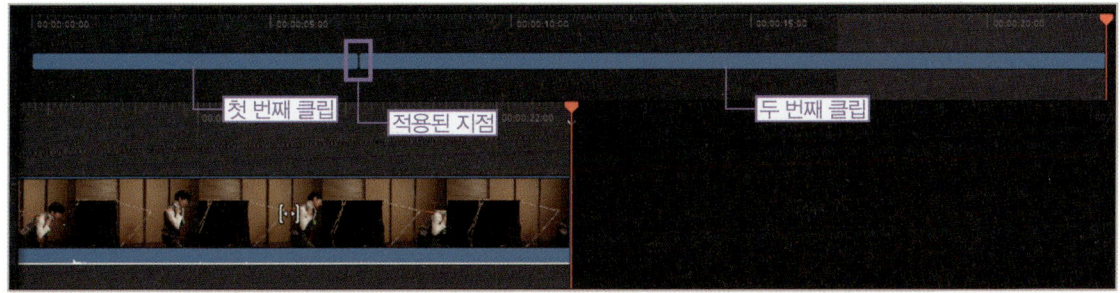

이번엔 두 번째로 적용된 클립 중간 지점에 세 번째 클립을 인서트(중간 삽입)하기 위해 에디트 페이지로 이동합니다. 그다음 플레이 헤드를 두 번째 클립이 적용된 중간 부근으로 이동합니다. 이것은 이미 적용된, 즉 사용되고 있는 장면 중간에 다른 장면을 **끼어넣기** 위한 진정한 **인서트 편집**이라고 할 수 있습니다. 이제 인서트 할 **세 번째 클립**을 **선택(더블클릭)**한 후 타임라인 상단의 Insert Clip(단축키 F9) 툴을 선택합니다. 그러면 플레이 헤드가 위치한 시간을 기준으로 세 번째 클립이 적용됩니다.

그러면 플레이 헤드가 위치한 시간을 기준으로 세 번째 클립이 적용됩니다. 자세히 보면 타임라인에 있었던 **두 번째 클립**은 플레이 헤드가 있는 위치에서 **잘려**지고, 적용된 세 번째 클립의 길이만큼 **뒤쪽**으로 **밀려나간** 것을 알 수 있습니다. 이게 바로 인서트 편집의 정석입니다.

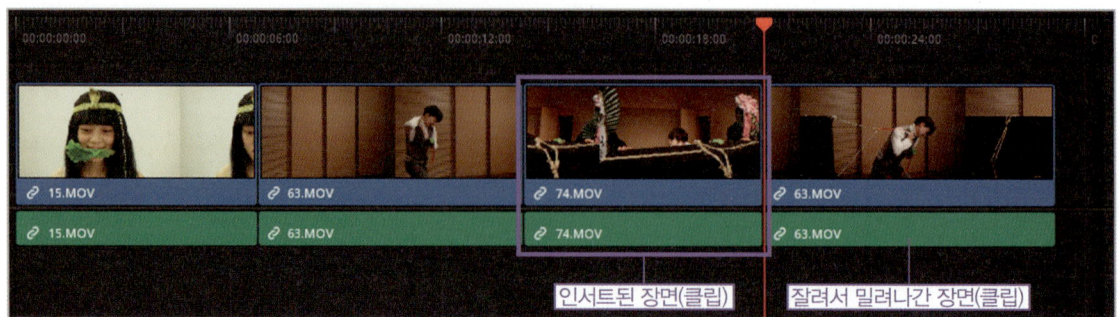

오버라이트 편집(Overwrite Editing)

앞서 인서트한 작업은 **취소(언두)**합니다. **윈도우즈**에서는 [Ctrl] + [Z], **맥**에서는 [cmd] + [Z] 키를 한 번만 눌러 줍니다. 이것으로 한 단계 **작업 전**으로 돌아갔습니다. 이번에는 인서트 클립 오른쪽 옆에 있는 Overwrite clip(단축키 F10) 툴을 클릭합니다. 그러면 인서트와는 다르게 타임라인에 있던 클립을 덮어씌우는 것을 알 수 있습니다. 이것으로 기존의 두 번째 클립의 일부는 사라지게 된 것입니다.

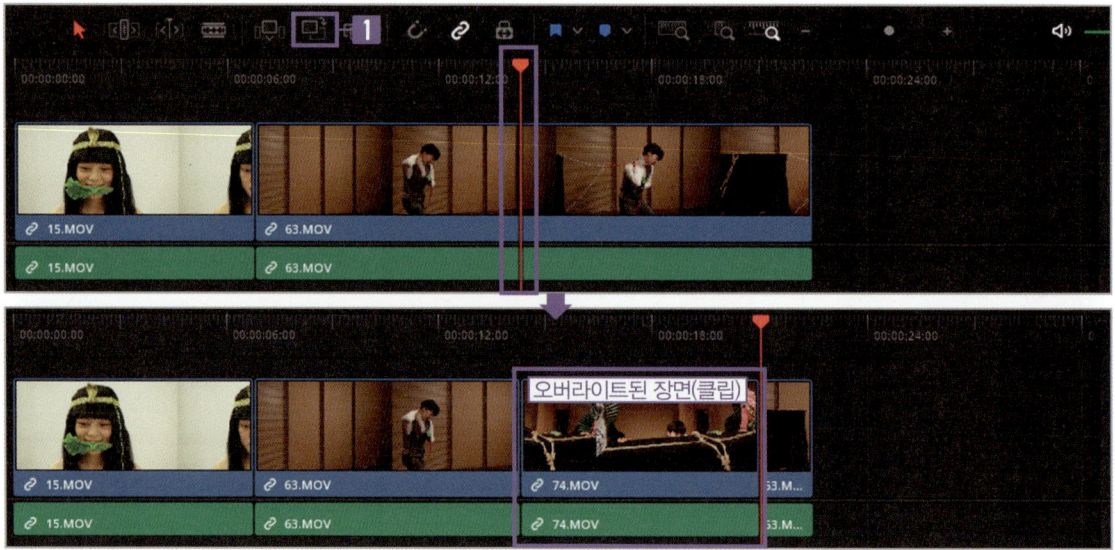

이렇듯 오버라이트 클립은 클립 사이에 삽입되는 것은 인서트와 같지만 적용된 클립의 길이만큼 기존의 클립을 지워지게 하는 것이 다릅니다. 인서트 클립과 오버라이트 클립은 즐겨 사용되기 때문에 단축키 **F9**와 **F10**을 기억하기 바랍니다.

 작업 실행 취소를 위한 언두(Undo)와 복귀를 위한 리두(Redo)

작업을 하다가 잘못된 부분이 있거나 현재 작업과 앞선 작업을 비교해 보기 위해 사용되는 **언두(Undo)**와 **리두(Redo)**는 대부분의 프로그램에서 공통적으로 사용됩니다. 다빈치 리졸브에서도 마찬가지로 언두, 즉 **작업 취소**는 **윈도우즈**에서 [**Ctrl**] + [**Z**] 키를 사용하며, **맥**에서는 [**cmd**] + [**Z**] 키를 사용합니다. 이 키조합을 여러 번 누를 경우엔 누르는 횟수만큼 작업이 취소됩니다. 반대로 취소된 작업을 다시 **복귀**시켜주기 위해서는 **윈도우즈**는 [**Ctrl**] + [**Shift**] + [**Z**], 맥은 [**cmd**] + [**shift**] + [**Z**] 키를 사용합니다. 언두와 리두의 메뉴는 **Edit** 메뉴에서 사용할 수도 있습니다.

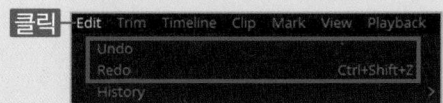

같은 메뉴의 **히스토리(History)**는 작업한 구간을 한번에 보거나 원하는 구간으로 이동할 수 있습니다. 단 히스토리 목록에서는 기본적으로 20번 작업구간까지만 제공합니다.

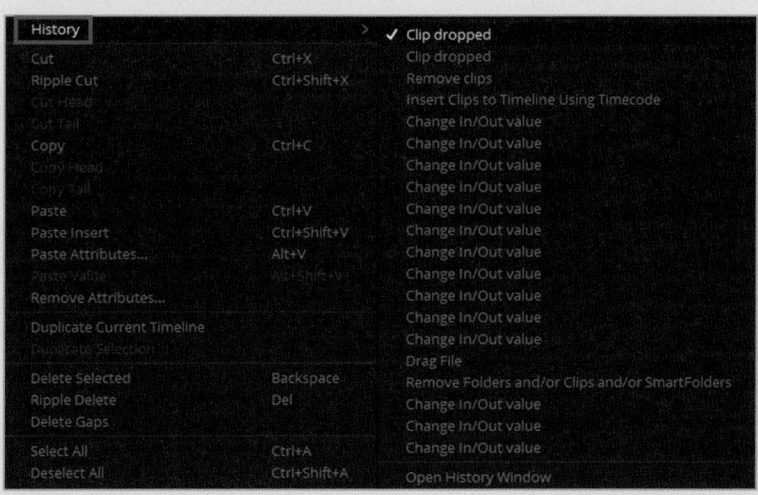

다음 학습을 위해 **언두(Ctrl + Z)**를 **한 번**만 실행하여 오버라이트전으로 돌아갑니다. 이번엔 다른 트랙에 클립을 적용해 보겠습니다. 그러기 위해 먼저 **컷 페이지**로 다시 이동합니다. 다른 트랙(위쪽)에 새로운 클립을 적용하기 위해 적용될 위치로 **플레이 헤드**를 이동한 후 미디어 풀에서 적용한 클립을 선택합니다.

이제 **Place on Top** 툴을 클릭합니다. 그러면 그림처럼 비워있던 **위쪽 트랙**에 적용됩니다.

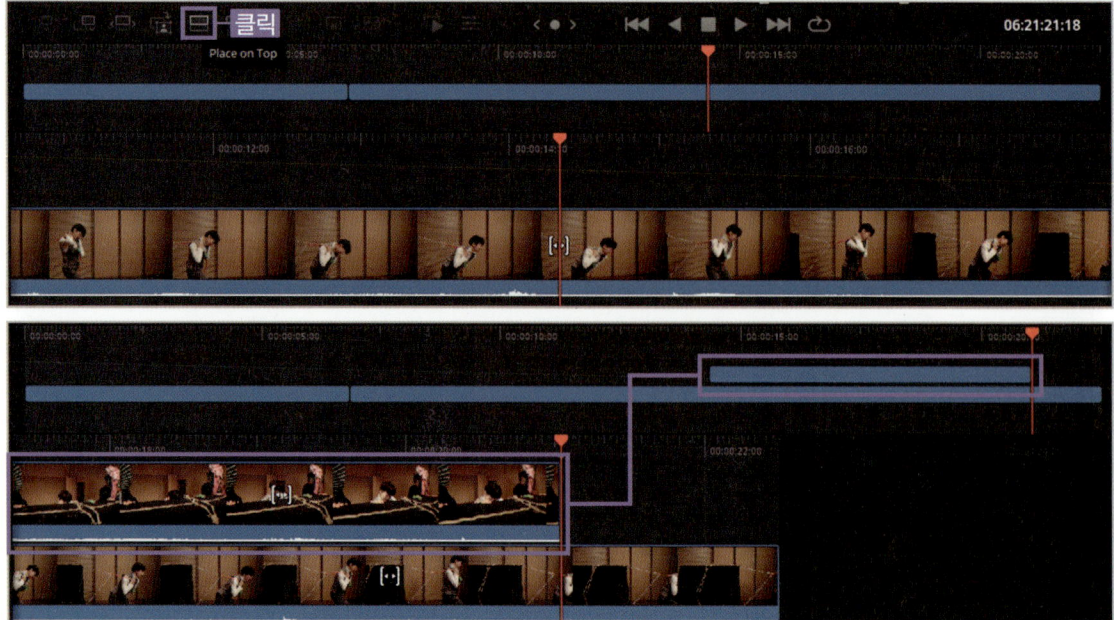

컷과 **에디트 페이지**는 유사한 듯 다르기 때문에 각각의 작업 페이지에서만 가능한 작업들이 있기 때문에 효율적인 작업을 하기 위해 번갈아 가면서 작업을 해야 할 때가 많습니다.

계속해서 타임라인에 적용된 클립을 **반복 적용**하는 **소스 오버라이트**에 대해 살펴보기 위해 앞서 **세 번째 클립**으로 사용한 클립이 **선택**된 상태에서 Source Overwrite 툴을 선택합니다. 그러면 세 번째 클립이 적용된 바로 위쪽에 새로운 트랙이 추가되면서 적용되는 것을 알 수 있습니다.

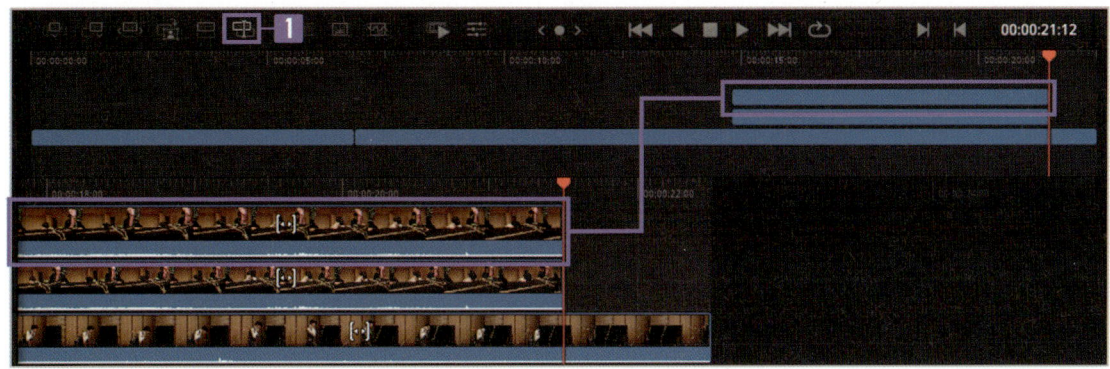

이번에는 **첫 번째**로 적용된 **클립**을 **선택**(더블클릭)한 후 Source Overwrite 툴을 선택합니다. 그러면 첫 번째 클립이 적용된 위치를 기준으로 위쪽에 적용됩니다. 이렇듯 소스 오버라이트는 클립을 반복 사용할 때 유용합니다.

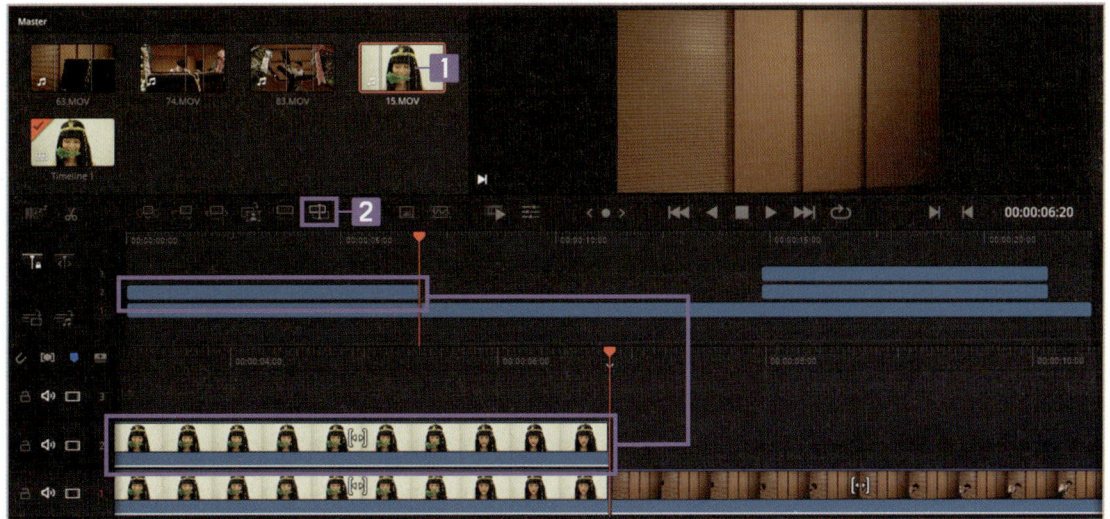

계속해서 이번엔 트랙의 **빈 곳**을 **채워**주면서 클립이 적용되는 **리플 오버라이트**에 대해서 알아보겠습니다. 먼저 **미디어 풀**에서 적용하고자 하는 **클립**을 선택한 후 적용되는 **트랙**을 **선택(더블클릭)**해줍니다. 필자는 3번 트랙을 선택했습니다.

이제 Ripple Overwrite 툴을 선택합니다. 그러면 뒤쪽 클립들이 이동하여 트랙의 **빈 곳**을 **채워주면서** 미디어 풀에서 선택한 클립이 선택한 **3번** 트랙 맨 뒤쪽에 적용된 것을 할 수 있습니다.

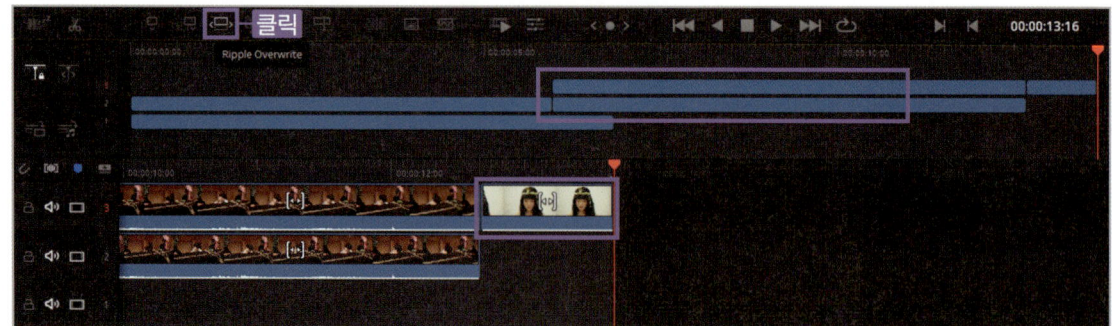

리플 오버라이트에 대해 다시 한번 살펴보기 위해 이번에는 에디트 페이지에서 살펴보겠습니다. 우선 **언두 (Ctrl + Z)**를 하여 작업 취소를 해준 후 **에디트 페이지**로 이동합니다. 에디트 페이지가 열리면 그림과 같은 상태인지 확인합니다. 이때 **플레이 헤드**는 트랙의 **빈 곳**에 있어야 해당 지점의 빈 곳이 채워지게 됩니다.

첫 번째 적용했던 클립을 오른쪽 **타임라인 뷰어**로 이동합니다. 그러면 그림처럼 **일곱 가지** 적용 툴이 나타납니다. 여기에서 맨 아래쪽에 있는 Ripple Overwrite로 갖다 놓습니다. 그러면 플레이 헤드가 있던 타임임라인의 빈 곳이 **뒤쪽** 클립들이 이동하여 채워지면서 적용됩니다.

클립을 적용하는 또 다른 방법은 방금 살펴본 것처럼 클립을 타임라인 뷰로 이동했을 때 나타나는 적용 툴들을 이용하는 것입니다. 이렇듯 다양한 방법으로 클립을 타임라인에 적용할 수 있기 때문에 사용자의 취향에 맞는 방법을 사용하면 됩니다.

다음의 그림을 보면 기존의 빈 곳이 완전히 메꿔진 것을 알 수 있으며, **맨 뒤쪽** 부분을 **확대**를 해보면 **메꿔진 클립**의 **길이**를 **뺀** 나머지 장면이 나타나는 것을 알 수 있습니다. 살펴본 것처럼 오버라이트 편집은 매우 다양하게 사용되지만 작업에 따라 불편할 수 있기 때문에 필자는 아주 기본적인 적용법을 사용합니다.

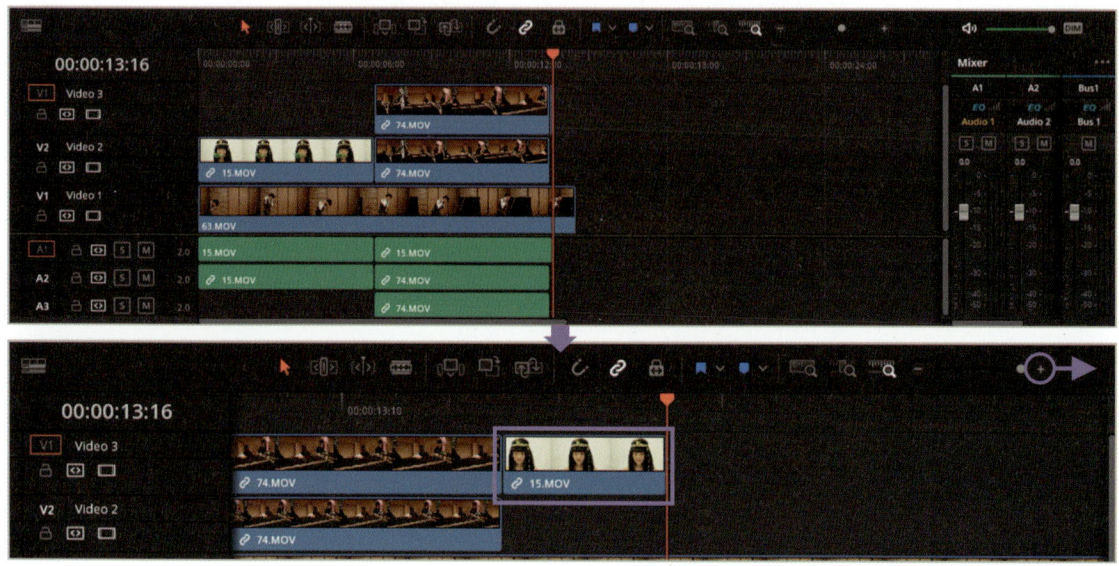

리플레이스 편집(Replace Editing)

이번에는 적용된 클립과 적용되는 **클립**이 서로 **대체**되는 **리플레이스 편집**에 대해 알아보겠습니다. 살펴보기 위해 먼저 적용할 **트랙(2번)**을 **선택**한 후 **플레이 헤드**를 리플레이스 될 클립 영역으로 갖다 놓습니다.

그다음 **대체될 클립**을 **더블클릭**하여 선택한 후 이번에는 타임라인 상단의 툴 중 Replace Clip(**단축키 F11**) 툴을 선택합니다. 그러면 그림처럼 비디오 2번 트랙 그리고 플레이 헤드가 위치한 영역의 클립과 **대체**되는 것을 알 수 있습니다.

어펜드 편집(Append Editing)

어펜드 편집은 특정 트랙의 **맨 뒤쪽**에 연속되는 클립(장면)을 **배치**할 때 사용하는 편집법입니다. 살펴보기 위해 다시 **컷 페이지**로 이동한 후 클립이 적용될 **트랙**을 **선택**합니다. 필자는 2번 트랙을 선택했습니다.

비디오/오디오 편집의 실무 **167**

이제 미디어 풀에서 **적용**할 **클립**을 **선택**(더블클릭)한 후 **Append** 툴을 선택합니다. 그러면 그림처럼 2번 트랙 **맨 뒤쪽**에 **적용**된 것을 알 수 있습니다. 살펴본 것처럼 어펜트 툴은 단순히 특정 트랙 맨 뒤쪽에 클립을 배치하기 위해 사용됩니다.

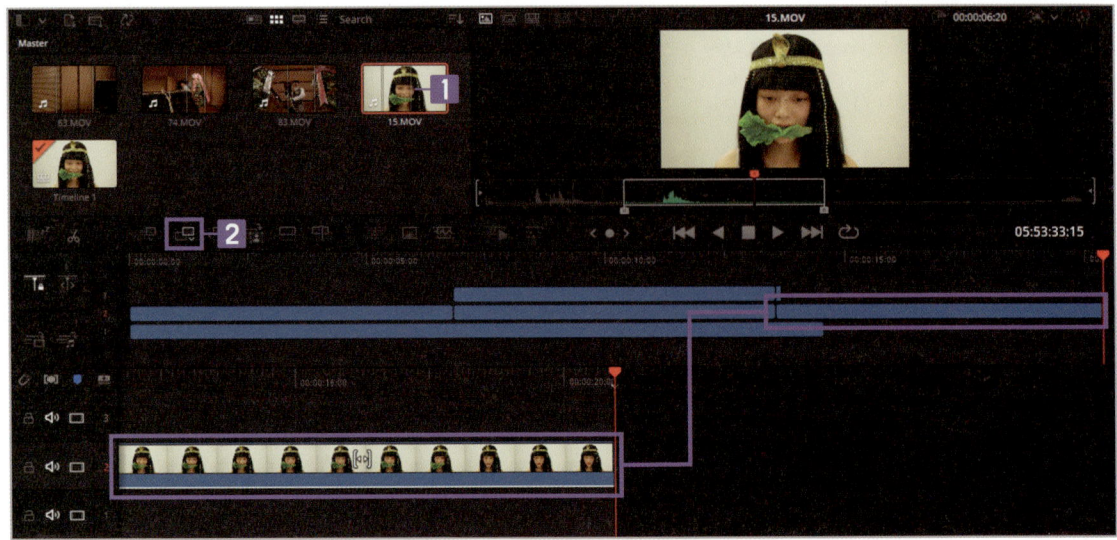

새로운 타임라인에 클립 모두 적용하기

앞서 클립을 타임라인에 적용하는 방법 중 인서트와 오버라이트, 리플레이스, 어펜드 편집에 대해 알아보았습니다. 이번엔 타임라인을 만들 때 아예 미디어 풀에 있는 **모든 클립**을 **한 번**에 적용하는 방법에 대해 알아보겠습니다. **윈도우즈에서는 [Ctrl] + [N]**, **맥에서는 [cmd] + [N]** 키를 눌러 새로운 타임라인을 만듭니다. New timeline 창이 열리면 모두 기본 값을 그대로 사용하고 Empty timeline을 **해제**합니다. 그러면 아래쪽 Use selected mark in/out 옵션이 활성화되는데, 이 옵션을 **체크**한 상태로 Create 버튼을 클릭합니다.

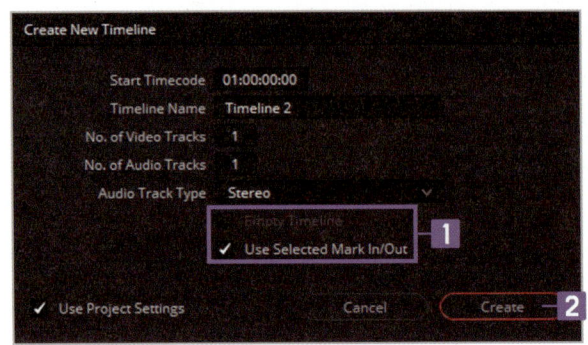

그러면 **미디어 풀**에 있는 **모든** 클립들이 새로운 타임라인에 순서에 맞게 **차례대**로 **적용**된 것을 알 수 있습니다. 그것도 **어셈블 편집**을 통해 **마크 인/아웃 포인트**를 지정한 길이 그대로 적용된 것을 확인할 수 있습니다. 이것은 앞서 트랙을 만들 때 설정한 Empty timeline을 해제한 후 체크한 Use selected mark in/out 옵션이 사용됐기 때문입니다. 이렇듯 한 번에 클립을 적용한 상태에서의 편집은 클립의 적용되는 순서가 실제 편집되는 순서와 같거나 크게 차이가 나지 않을 때 유용하게 사용됩니다.

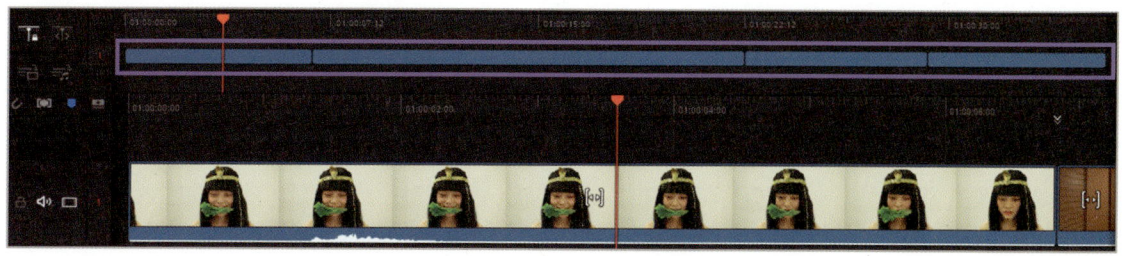

마크 인/아웃 영역에 클립 적용하기(3점 편집 - three point editing)

클립을 타임라인에 적용하는 방법 중에는 타임라인에서 지정된 **마크 인/아웃** 영역에 적용해야 하는 경우도 있습니다. 이와 같은 편집을 **3점 편집**이라고 합니다. 학습을 위해 앞서 한 번에 클립을 적용한 **타임라인** (Timeline 2)에서 살펴보겠습니다. 플레이 헤드를 클립이 적용될 **시작 점**(Mark in point)으로 이동합니다. 그다음 타임라인 뷰어에 있는 Mark in 버튼을 클릭하거나 단축키 I 키를 누릅니다.

계속해서 같은 방법으로 플레이 헤드를 이동하여 **끝 점**(Mark out point)를 지정합니다. 그다음 타임라인 뷰어의 **Mark out** 버튼이나 단축키 O 키를 누릅니다. 그러면 그림처럼 타임라인에 **마크 인/아웃** 영역 구간이 만들어집니다. 이제 이 영역을 통해 클립을 삭제하거나 다른 클립을 끼워 넣을 수 있습니다.

여기서 먼저 마크 인/아웃 영역을 삭제해 보겠습니다. **Delete** 키를 눌러봅니다. 그러면 **마크 인/아웃**으로 지정된 영역에 포함된 모든 클립이 **삭제**되는 것을 알 수 있습니다. 또한 삭제된 영역은 비어있지 않고 뒤쪽 클립들이 이동하여 채워지게 됩니다. 이것은 비단 하나의 트랙만이 아닌 여러 개의 트랙을 사용할 경우에도 동일한 결과가 나타납니다.

다음 학습을 위해 **언두**(Ctrl + Z)을 해 줍니다. 다시 마크 인/아웃이 영역이 지정된 상태로 돌아오면 이번엔 다른 클립을 이 영역에 삽입하기 위해 삽입될 클립을 미디어 풀에서 **더블클릭**해 줍니다. 그다음 인서트 클립이

나 오버라이트 클립 둘 중 하나를 클릭하여 적용해 봅니다. 필자는 **인서트 클립**을 사용했습니다. 이제 적용된 모습을 보면 **마크 인/아웃** 영역에 정확하게 들어간 것을 알 수 있습니다. 참고로 마크 인/아웃 영역보다 적용되는 클립의 길이가 짧을 경우엔 짧은 클립의 길이를 반영하고 반대로 적용될 클립의 길이가 길 경우엔 마크 인/아웃 영역에 맞게 나머지 부분이 잘려나갑니다. 또한 하나의 트랙이 아닌 **여러 개의 트랙**을 사용할 경우엔 클립이 적용될 **트랙**을 **선택**해 주면 됩니다.

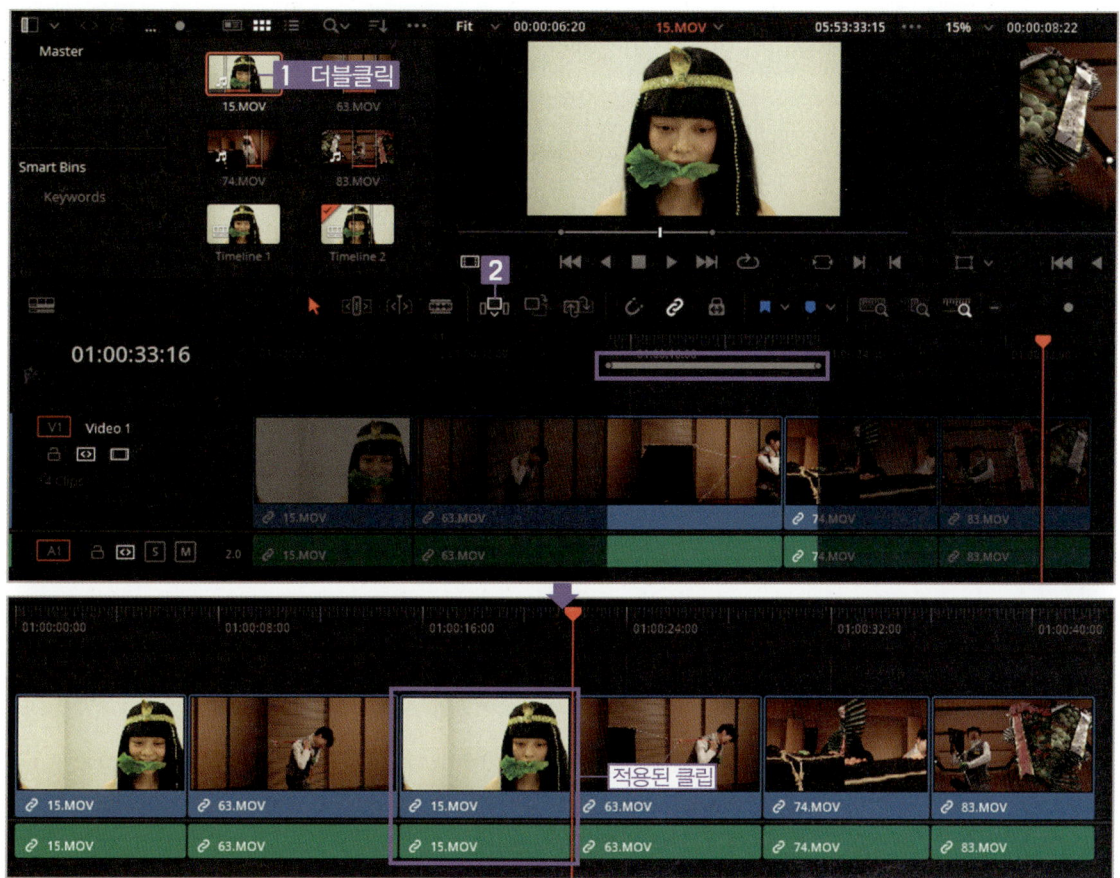

클립 삭제하기

작업 시 불필요한 클립은 삭제해야 합니다. 기본적으로 클립을 삭제하기 위해서는 Delete 키를 사용하게 됩니다. 삭제할 클립을 클릭하여 선택한 후 딜리트 키를 누르면 되는데 , 여기에서는 앞서 적용한 가운데에 있는 클립을 선택한 후 Delete 키를 눌러 삭제합니다. 그러면 삭제된 클립의 공간은 뒤쪽에 있는 클립들이 이동하여 자동으로 채워줍니다. 계속해서 삭제하는 또 다른 방법에 대해 알아보기 위해 **언두(Ctrl + Z)**를 합니다.

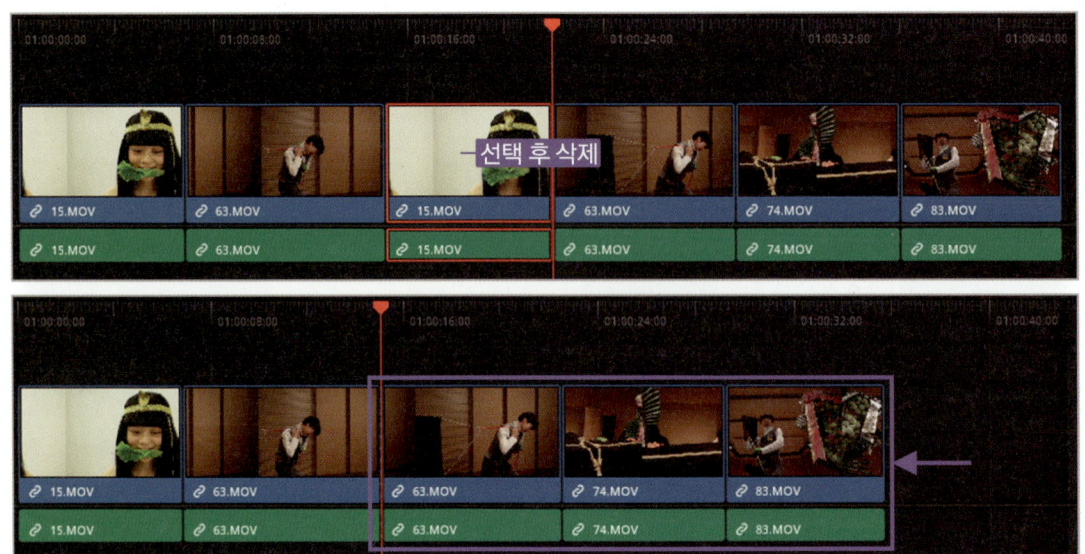

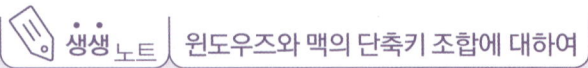

윈도우즈와 맥의 단축키 조합에 대하여

본 도서는 **윈도우즈 OS(운영체제)**를 기반으로 설명되고 있기 때문에 단축키의 이름이 다른 맥 OS를 사용하는 분들에게는 다소 혼란스러울 수도 있을 것입니다. 이후부터 설명되는 단축키에 대해서는 **윈도우즈** 단축키의 **Ctrl(컨트롤)** 키는 **맥**의 **cmd(커맨드)** 키라고 이해하면 되고, 윈도우즈의 **Alt(알트)** 키는 맥의 **option(옵션)** 키로 이해하면 됩니다.

이번엔 메뉴를 통해 삭제를 해 보겠습니다. 이번에도 **앞서** 삭제했었던 **클립**을 다시 한 번 선택해 줍니다. 그다음 [Edit] – [Cut] 메뉴를 선택합니다. 단축키 [Ctrl] + [X] 키를 눌러도 됩니다.

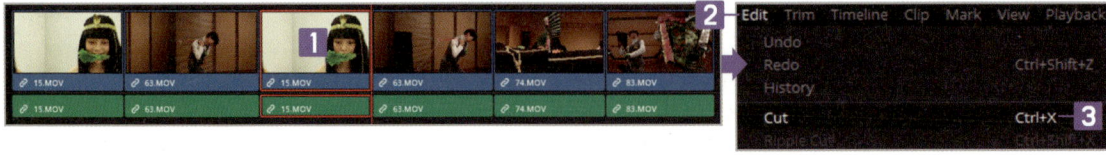

선택된 클립이 삭제됐습니다. 그런데 삭제된 클립이 있던 **공간**은 그냥 **비어있는** 상태로 남아있는 것을 알 수 있

습니다. 이렇듯 **잘라내기(Ctrl + X)** 메뉴를 사용하면 삭제된 클립의 공간은 그대로 비워두게 됩니다.

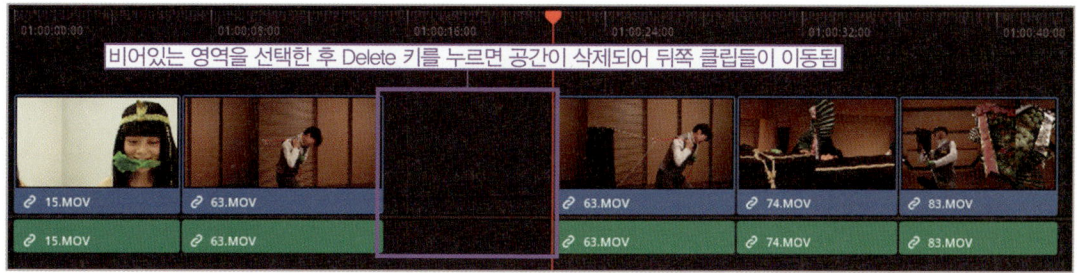

또 다른 삭제 방법에 대해 알아보기 위해서 다시 [Ctrl] + [Z] 키를 눌러 **언두**를 합니다. 그리고 삭제될 클립을 선택한 후 [Edit] - [Ripple Cut]을 선택하거나 단축키 [Ctrl] + [Shift] + [X] 키를 누릅니다. 그러면 삭제된 클립의 공간이 앞서 Delete 키를 눌러 삭제했을 때처럼 뒤쪽 클립들이 이동하여 채워진 것을 알 수 있습니다. 참고로 같은 메뉴의 Delete Selected, Ripple Delete 메뉴 또한 살펴본 두 삭제법과 유사한 결과를 얻을 수 있습니다.

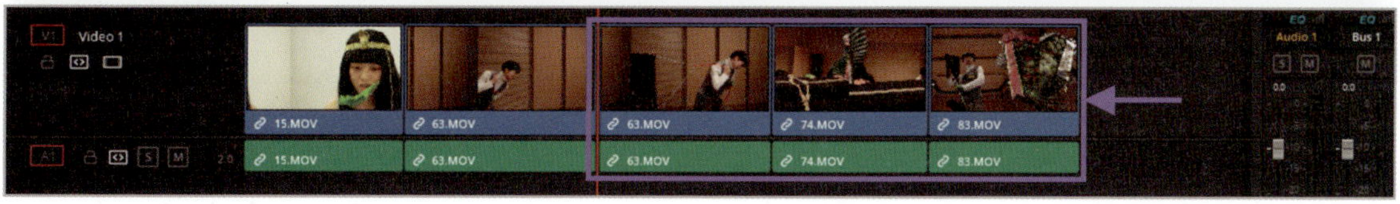

잘라내기(Cut)와 삭제(Delete)는 같은 결과가 나타나기 때문에 자칫 같은 기능으로 착각을 할 수 있는데, 사실은 그렇지 않습니다. **잘라내기**는 실제로 **삭제**되는 것이 **아니라** PC **백그라운드** 공간(RAM)에 **보관되**었다가 **붙여넣기(Paste)** 메뉴를 통해 다른 타임라인 **트랙**으로 붙여넣기 할 수 있기 때문입니다.

클립(장면) 복사 및 붙여넣기

때에 따라서는 특정 클립을 여러 번 타임라인에서 사용해야하는 경우가 있습니다. 이럴 때 복사(Copy)와 붙여넣기(Paste)를 통해 이와 같은 작업을 할 수 있습니다. 먼저 **복사할 클립** 하나를 **선택(클릭)**한 후 [Ctrl] + [C] 키를 눌러 복사합니다. 그다음 **플레이 헤드**를 붙여넣기 할 위치로 이동한 후 [Ctrl] + [V] 키를 누릅니다. 그러면 플레이 헤드가 있는 지점에 방금 복사된 클립이 **붙여넣기**가 됩니다. 이때 타임라인에 여러 개의 트랙이 있다면 붙여넣기 될 트랙을 선택한 후 붙여넣기를 하면 됩니다.

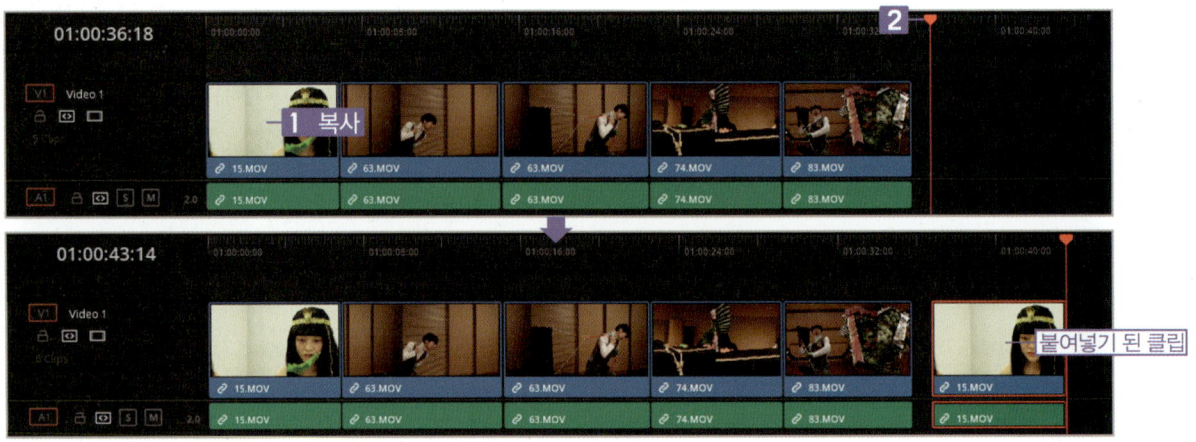

언두(Ctrl + Z)를 한 후 이번엔 플레이 헤드를 다른 클립이 있는 위치로 이동합니다. 그다음 다시 [Ctrl] + [V] 키를 눌러봅니다. 그러면 복사된 클립이 기존의 클립에 삽입됩니다. 이것은 앞서 배웠던 **오버라이트** 클립을 사용한 결과와 같습니다. 확인을 했다면 [Ctrl] + [Z] 키를 눌러 언두를 해 줍니다.

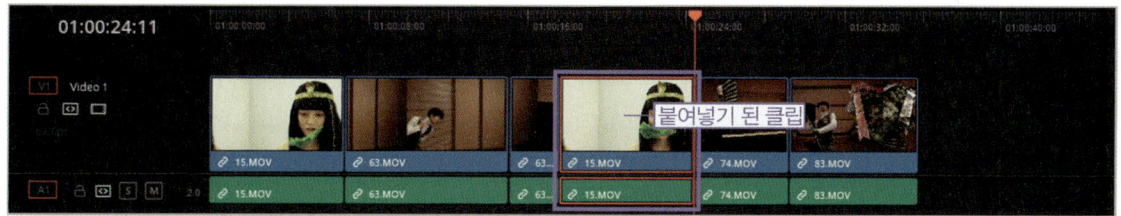

계속해서 Edit 메뉴를 열어봅니다. 앞서 살펴보았던 **붙여넣기(Paste)** 메뉴가 보입니다. 그밖에 두 개의 붙여넣기 기능과 아래쪽에는 인서트, 오버라이트 및 타임라인 툴 바에도 있는 다양한 메뉴들이 보입니다. 주요 메뉴에 대해서는 차후에 다시 살펴보기로 하고, 메뉴에서 Paste insert를 선택해 봅니다. 만약 이 메뉴를 즐겨 사용할 것이라면 단축키 [Ctrl] + [Shift] + [V] 키를 기억해 두기 바랍니다.

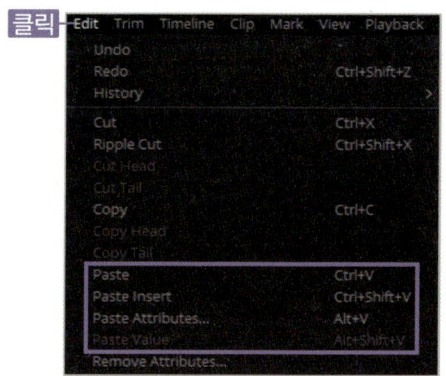

페이스트 인서트(Paste Insert) 메뉴를 사용하여 붙여넣기 한 모습을 보면, 붙여진 클립의 길이만큼 기존의 클립이 잘려서 뒤로 밀려난 것을 알 수 있습니다. 이것은 앞서 살펴보았던 **인서트 클립**과 같습니다.

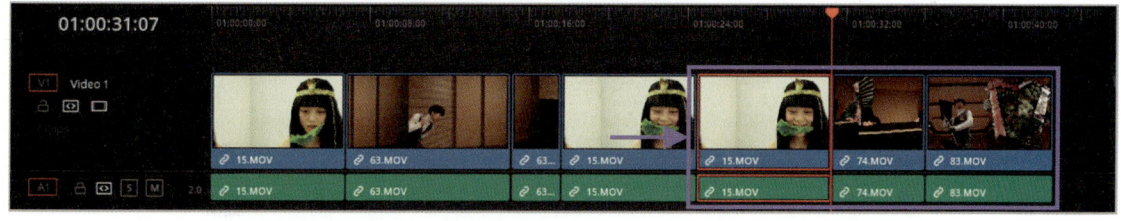

이번엔 마지막으로 클립의 속성을 다른 클립에 상속해 주는 Paste Attributes에 대해 알아봅니다. 먼저 속성을

상속할 클립을 선택(클릭)해 줍니다. 이때 설정을 위해 방금 선택한 클립의 장면이 타임라인 뷰어에서 볼 수 있도록 **플레이 헤드**를 해당 클립이 있는 곳으로 이동해 놓습니다.

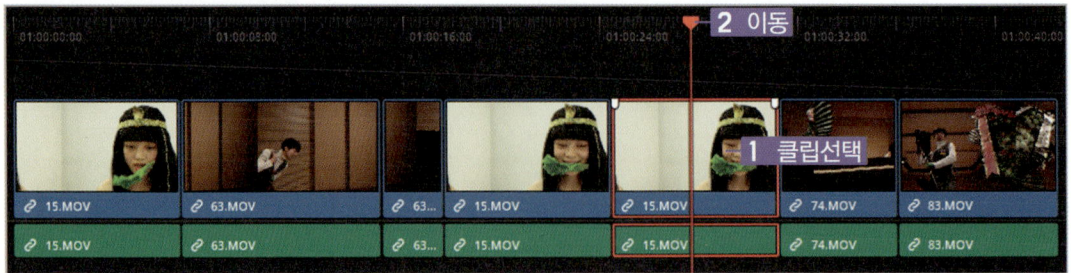

이제 방금 선택된 클립에 대한 변형 작업을 하기 위해 타임라인 뷰어의 왼쪽 하단의 **트랜스폼(Transform)**을 열어봅니다. 이 메뉴에의 위쪽 3개의 메뉴 중 맨 위쪽은 화면의 크기, 위치, 회전을 할 수 있는 트랜스폼(Transform)과 화면을 잘라주는 크롭(Crop) 그리고 화면에 대한 줌 인/아웃 애니메이션을 쉽게 만들어주는 다이내믹 줌(Dynamic Zoom)을 만들 때 사용됩니다. 이 기능들의 세부 설정은 인스펙터(Inspector)에서 가능합니다. 자세한 내용은 차후 해당 학습에서 살펴보기로 하고 일단 여기서는 **Transform**을 선택하여 활성화해 줍니다.

트랜스폼 모드가 활성화되면 10개의 포인트가 있는데, 먼저 **모서리**에 있는 포인트를 이동해 봅니다. 그러면 화면의 크기가 조절됩니다. 다음으로 **포인트가 없는 영역**을 이동(클릭 & 드래그)해 보면 화면의 위치가 바뀝니다. 계속해서 화면 중간의 위쪽으로 **돌출**된 포인트를 움직여 보면 화면이 회전될 것입니다. 이렇듯 트랜스폼은 화면의 크기, 위치, 회전에 대한 변화를 줄 수 있으며, 뷰어 상단의 **인스펙터(Inspector)**를 통해 설정 및 애니메이션으로도 표현할 수 있습니다. 이 부분에 대해서는 차후에 다시 살펴볼 것입니다.

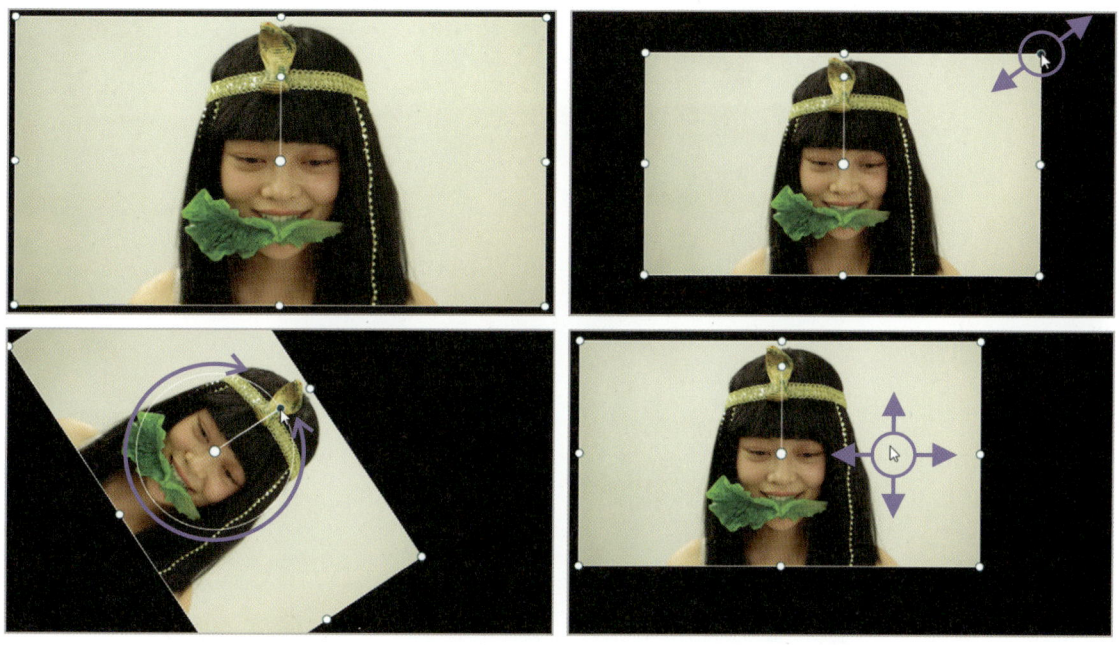

이제 트랜스폼을 통해 변화를 준 클립을 [Ctrl] + [C] 키를 눌러 복사합니다. 그다음 복사된 클립의 속성을 상속받을 클립을 선택한 후 **플레이 헤드**도 선택한 클립으로 이동하여 타임라인 뷰어에서 볼 수 있도록 해줍니다.

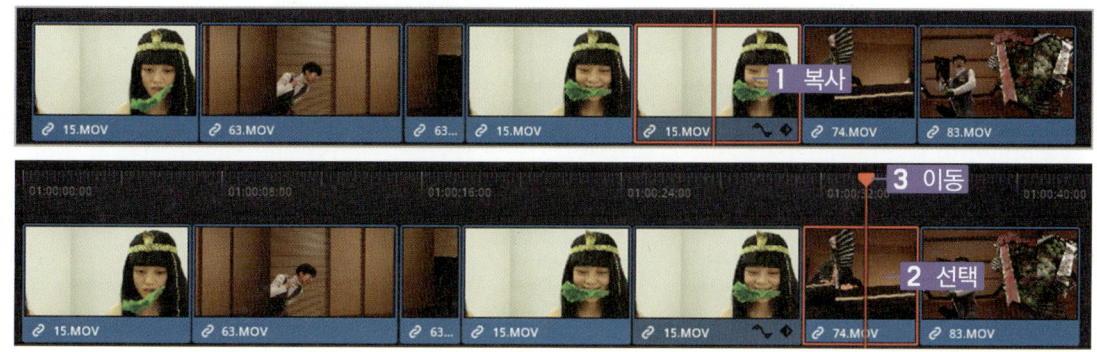

이제 [Edit] – [Paste Attributes] 메뉴를 선택하거나 Alt] + [V] 키를 누릅니다. Paste attributes 창이 뜨면 여기서 원하는 속성을 선택해야 합니다. 지금처럼 비디오 클립에 대한 작업만을 했다면 굳이 오디오 어트리뷰트까지 사용할 필요는 없습니다. 그러므로 여기에서는 Video attributes를 체크합니다. 이것으로 비디오 채널에 대한 속성이 상속될 준비가 됐습니다. 여기서 만약 세부 속성에 대한 선택 여부를 결정하고자 한다면 해당 옵션(속성)을 체크하거나 해제하면 됩니다. 가령 비디오 채널(클립)의 불투명도에 대한 속성을 상속하지 않겠다면 Opacity(오패서티)를 해제하면 됩니다. 이번에는 기본값 그대로 적용해 볼 것입니다. Apply 버튼을 클릭하여 적용합니다.

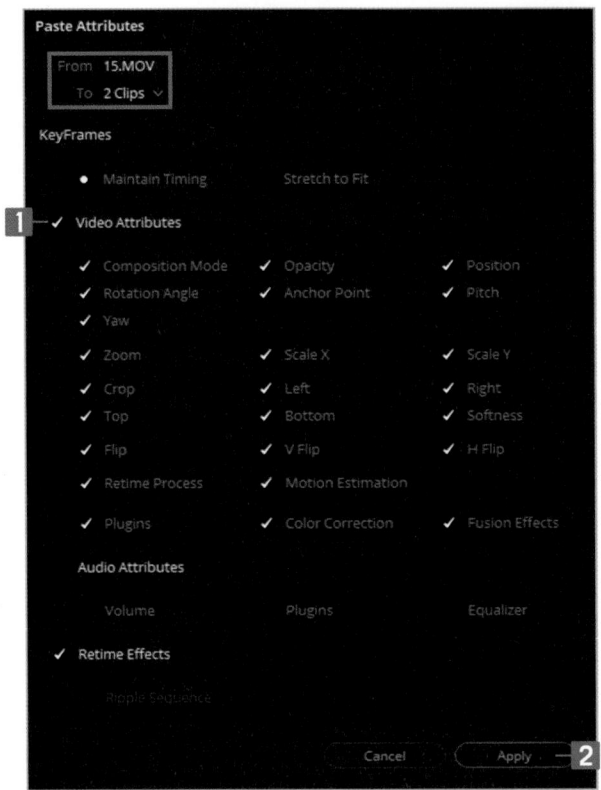

속성 붙여넣기(Paste attributes)가 적용된 모습을 보면 복사됐던 클립처럼 크기와 위치, 회전된 모습(속성)이 그대로 상속된 것을 알 수 있습니다. 이처럼 속성 붙여넣기를 활용하면 특정 클립의 속성을 상속할 수 있기 때문에 반복되는 작업을 할 때 아주 유용하게 사용됩니다.

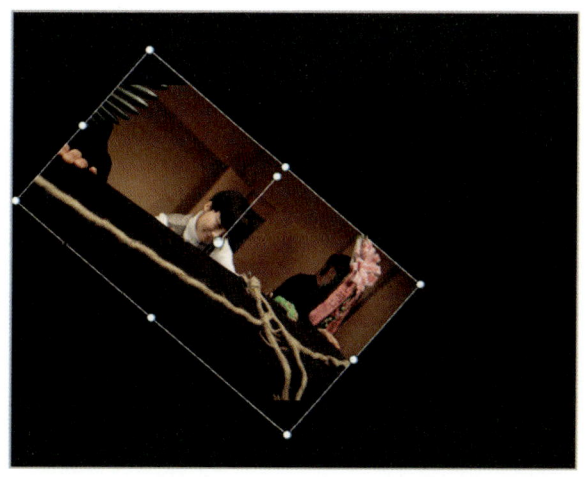

클립 교체하기

작업을 하다 보면 작업 후 특정 장면, 즉 클립을 다른 클립으로 교체해야 할 경우가 생깁니다. 이럴 땐 **리플레이스(Replace)**를 이용하면 됩니다. 리플레이스는 타임라인 상단의 툴로도 사용되지만 Edit 메뉴에서도 사용됩니다. 단축키로는 F11입니다. 먼저 앞서 설명하지 않은 에디트 메뉴의 주요 기능에 대해 살펴보고 넘어가겠습니다. **Place On Top**은 클립이 타임라인에 적용될 때 사용되고 있는 트랙이 아닌 위쪽에 새로운 트랙을 생성한 후 적용되도록 합니다. 그리고 **Ripple Overwrite**는 적용되는 클립이 기존의 클립보다 길이가 짧을 경우, 덮어씌우는 클립의 빈 곳을 채워줍니다. **Fit To Fill**은 적용되는 클립의 길이가 덮어 쓰일 클립보다 짧거나 길 경우 장면을 축소하거나 늘려서 덮어 쓰일 클립의 길이에 맞춰줍니다. 이것은 길이의 차이로 인한 장면의 속도 변화가 생기게 때문에 주의하기 바랍니다. 마지막으로 **Append To End of Timeline**은 적용되는 클립이 항상 타임라인 가장 마지막 위치에 적용됩니다. 설명한 몇 가지 메뉴들은 소스 뷰어에 나타난 클립을 적용할 때 사용되며, 편집 시 유용하게 사용되므로 기억해 두기 바랍니다.

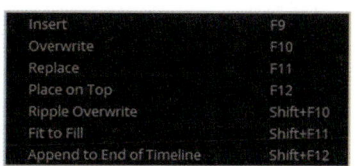

계속해서 교체할 파일 하나를 찾아 적용하도록 하겠습니다. 이번엔 새로운 파일을 사용하겠습니다. **미디어 페이지**로 이동한 후 [학습자료] - [Video] 폴더에서 사용하지 않았던 파일을 찾아 하나만 적용해 줍니다. 직접 미디어 풀에 끌어다 적용할 수도 있겠지만 파일 위에서 [우측 마우스 버튼] - [Add into media pool]을 사용해도 됩니다. 교체될 클립이 미디어 풀에 적용되면 다시 **에디트 페이지**로 이동합니다.

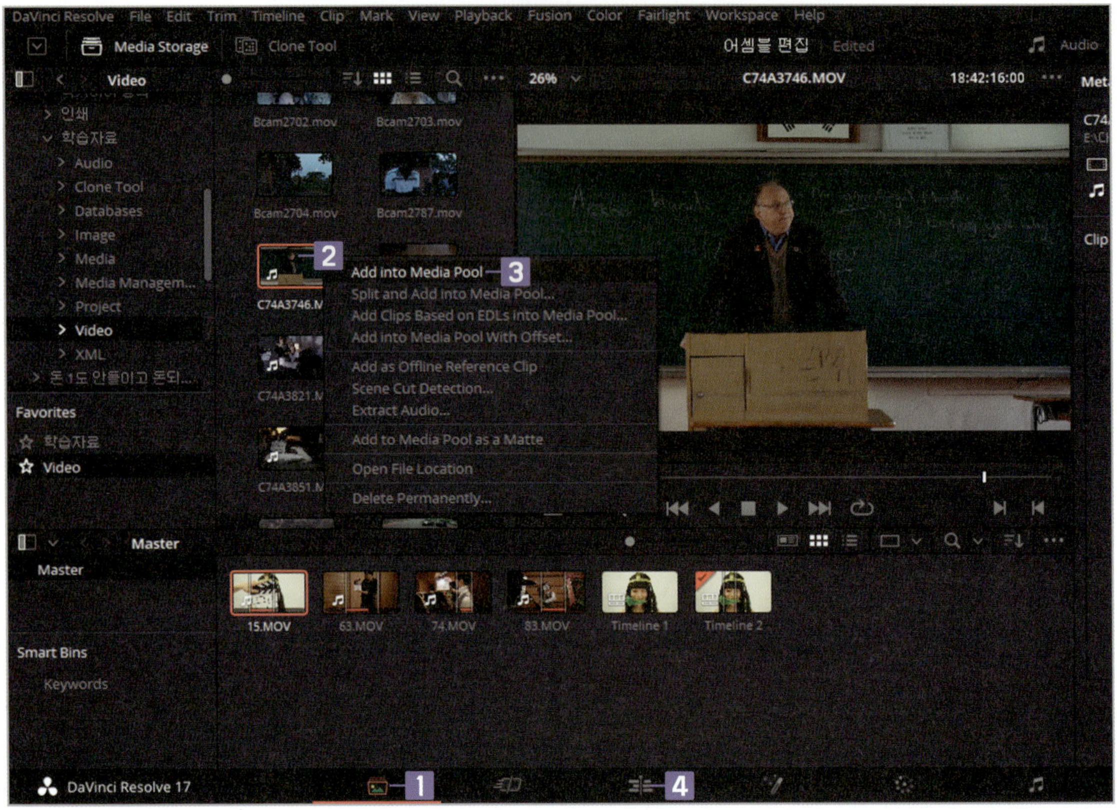

에디트 페이지가 열리면 앞서 미디어 풀에서 적용된 클립을 **더블클릭**하거나 직접 끌어다 소스 뷰어에 나타나게 합니다. 여기에서는 이 클립에 대한 어셈블 편집은 하지 않습니다.

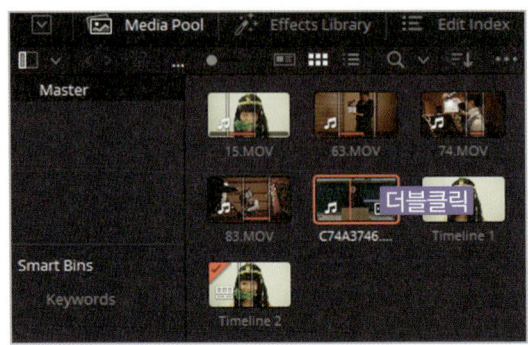

이제 교체할 클립이 있는 곳으로 **플레이 헤드**를 이동하여 교체할 클립이 있는 곳으로 이동합니다. 그다음 툴바에서 Repalce Clip 버튼을 클릭합니다. 그러면 선택된 클립과 플레이 헤드가 위치한 지점의 클립이 서로 대체됩니다. 대체된 클립의 길이가 기존 클립보다 길다면 대체되는 클립의 길이와는 상관없이 기존 클립의 길이만큼 사용됩니다. 참고로 여러 트랙을 사용할 경우에는 대체할 클립이 있는 트랙을 선택하면 됩니다.

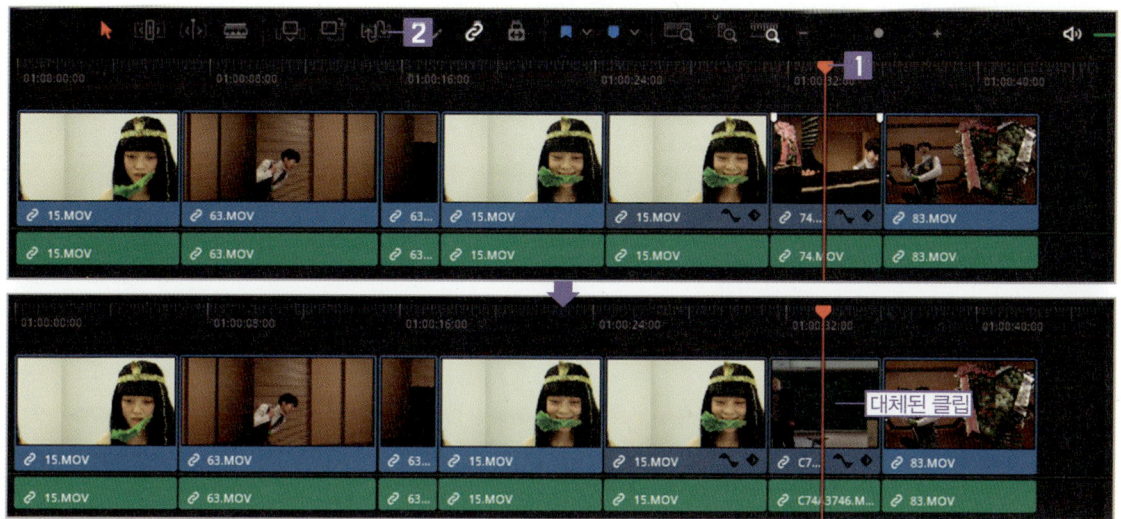

필자는 컷 페이지보다 에디터 페이지에서의 작업이 익숙한 관계로 주로 에디트 페이지에서의 작업 과정을 다루고 있지만 대부분의 작업 방식이 컷 페이지와 많은 차이가 없기 때문에 에디트 페이지에서 학습은 컷 페이지에서도 도움이 될 것입니다.

스냅과 언링크(클립 맞추기와 비디오/오디오 채널 분리하기)

이번 학습은 클립과 클립의 시작 점과 끝 점을 정확하게 맞추거나 마커가 있는 지점에 클립을 맞춰주기 위해 사용되는 **스냅(Snap)**과 비디오와 오디오 채널을 분리하여 필요 없는 채널을 삭제하거나 개별로 사용하는 방법에 대해 알아봅니다. 새로운 프로젝트나 새로운 타임라인에서 작업을 해 봅니다. [File] - [New Project]를 선택하여 새로운 **프로젝트(적당한 이름으로)**를 생성한 후 학습에 사용될 몇 개의 클립을 미디어 풀에 적용합니다. 필자는 3개의 클립을 적용했습니다. 그다음 **에디트 페이지**로 넘어와서 [File] - [New Timeline] 메뉴를 사용하거나 단축키 [Ctrl] + [N]을 눌러 기본 타임라인을 생성합니다. 그리고 그림처럼 2개의 클립을 타임라인에 적용합니다. 지금의 과정에서는 어셈블 편집을 하지 않아도 됩니다.

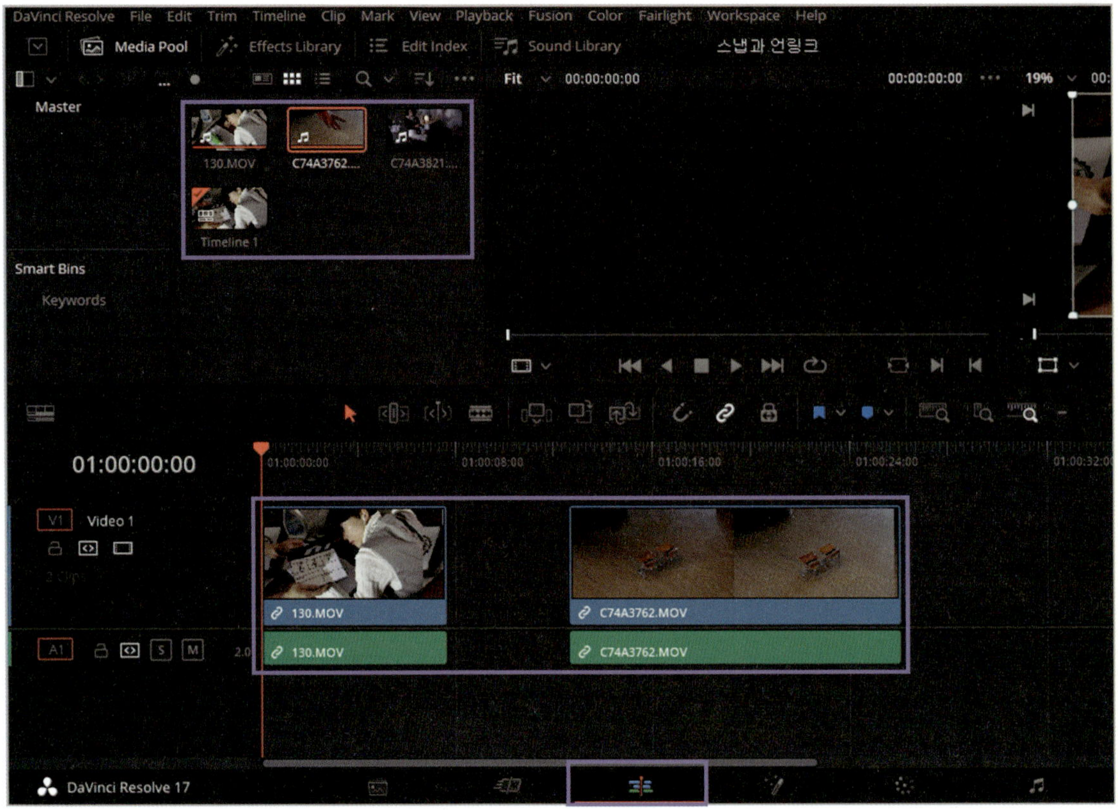

먼저 스냅에 대해 알아보기 위해 적용된 클립 중 **오른쪽 클립**을 이동하여 왼쪽(뒤쪽) 클립쪽으로 이동합니다. 이동하다 보면 앞쪽 클립의 **끝 점(Mark out)** 과 뒤쪽 클립의 **시작 점(Mark in)** 이 맞닿을 쯤에 자석처럼 달라붙는 것을 느낄 수 있을 것입니다. 이런 이유가 바로 **스냅(Snap)** 이 사용되기 때문입니다.

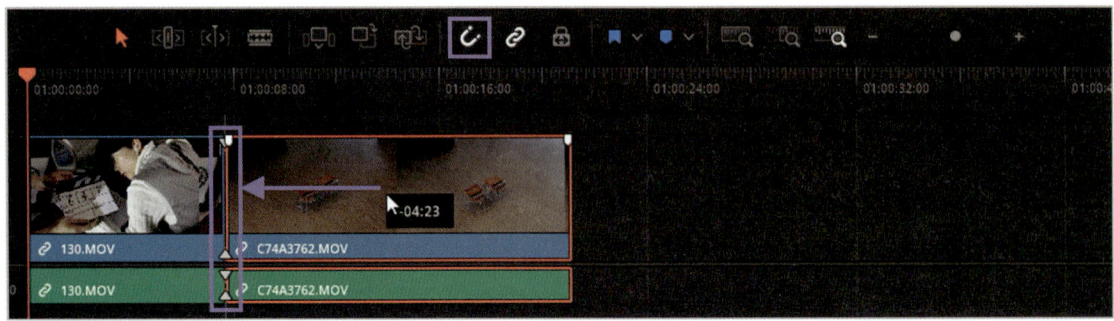

이번엔 **스냅**을 꺼놓고 클립을 이동해 보겠습니다. 자석 모양의 Snapping 툴을 클릭하여 해제합니다. 참고로 스냅핑의 단축키는 N입니다. 그다음 다시 클립을 이동해 보면 이전과는 다르게 앞쪽 클립의 끝 점(Mark out)과 뒤쪽 클립의 시작 점(Mark in)이 그냥 지나치는 것을 알 수 있습니다. 이렇듯 스냅을 사용하면 **이벤트(시작/끝 점, 마커 등)** 지점에 정확하게 위치시킬 수 있으나 때에 따라서는 정교한 작업 시 방해가 되는 경우도 있기 때문에 상황에 따라 적절하게 활용하면 됩니다.

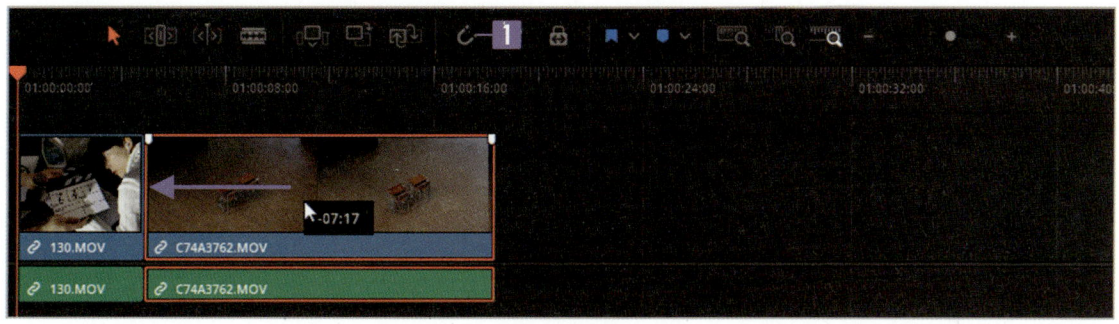

이번에는 비디오와 오디오 채널을 분리할 때 사용하는 링크에 대해 알아봅니다. 앞서 클립을 이동할 때 비디오와 오디오 채널이 항상 같이 움직인 것을 알 수 있었을 것입니다. 만약 오디오에 문제가 있거나 오디오를 다른 비디오 클립에 붙여서 사용하고자 한다면 오디오 채널만 분리해서 독립적으로 사용해야 합니다. 타임라인 **툴 바**에서 체인 모양의 Linked selection을 클릭해서 해제합니다. 단축키 [Ctrl] + [Shift] + [L]를 사용해도 됩니다. 그 후 다시 클립을 이동해 봅니다. 이때 클립이 선택된 상태였다면 먼저 타임라인의 **빈 곳**을 클릭하여 해제한 후 다시 이동해야 합니다. 이제 **비디오** 부분을 이동해보면 비디오/오디오 채널이 서로 해체되어 비디오 채널만 이동되는 것을 알 수 있습니다. 참고로 분리된 비디오/오디오 클립의 싱크 불일치 간격은 빨간색 **싱크 (Synchronization – 동기화)** 표시로 나타납니다.

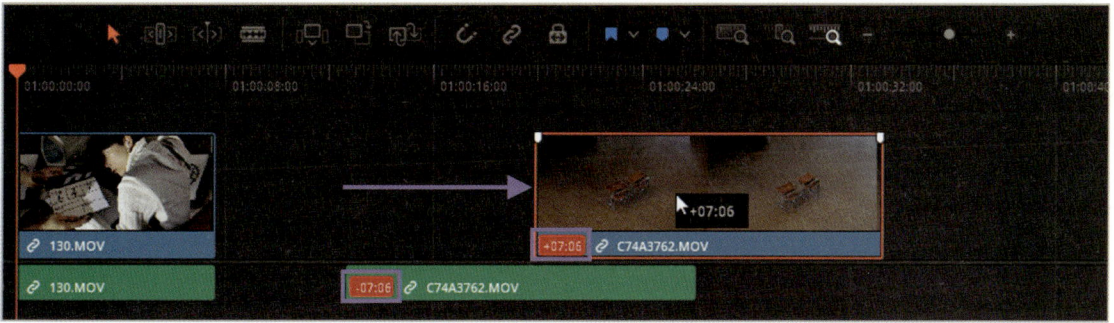

이번엔 오디오 클립을 선택한 후 Delete 키를 눌러 삭제합니다. 그러면 오디오 채널 클립만 삭제되고, 남아있는 비디오 클립이 삭제된 오디오 클립의 길이와 앞쪽 빈 곳을 채워줍니다. 만약 아무런 이동 없이 선택된 오디오 클립만 삭제하고자 한다면 **백스페이스(←)** 키를 눌러 삭제하면 됩니다.

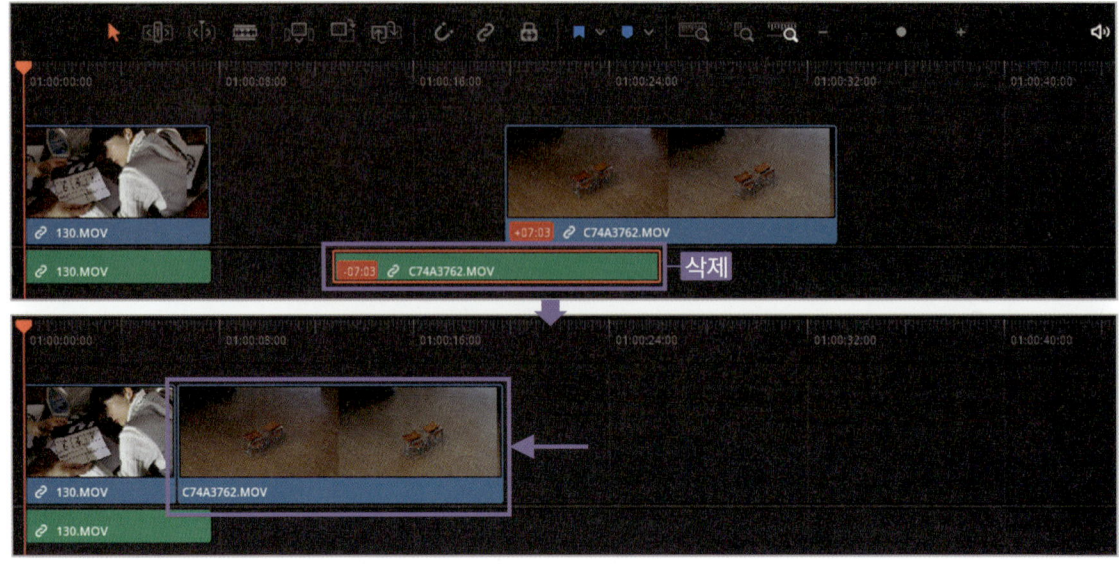

언두(Ctrl + Z)하여 원상 복귀한 후 미디어 풀에 있는 클립을 하나 타임라인에 적용합니다. 그다음 그림처럼 삭제하여 두 번째 클립은 오디오, 세 번째 클립은 비디오만 남겨놓습니다. 이때 백스페이스 키로 삭제합니다.

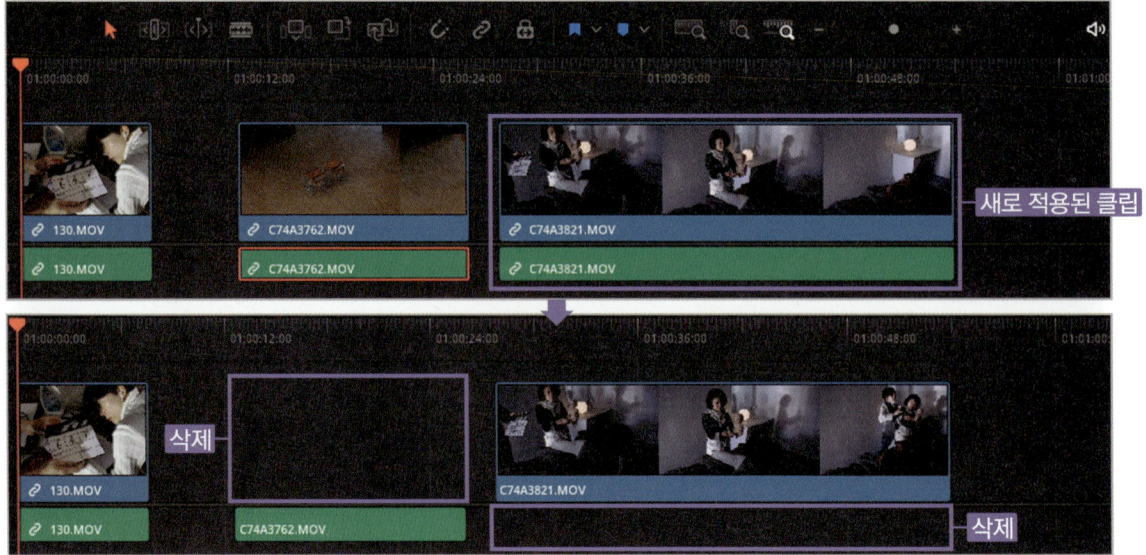

이제 분리된 서로 다른 비디오와 오디오 채널을 하나로 합쳐서 사용해 보겠습니다. 일단 비디오 클립을 끌어다 비디오 클립의 시작 점과 맞춰줍니다. 이때 **스냅**이 켜져있어야 합니다. 오디오 클립이 짧기 때문에 비디오 클립의 **끝 점**(Mark out)을 좌측으로 이동하여 오디오 클립의 끝 점에 맞춰줍니다.

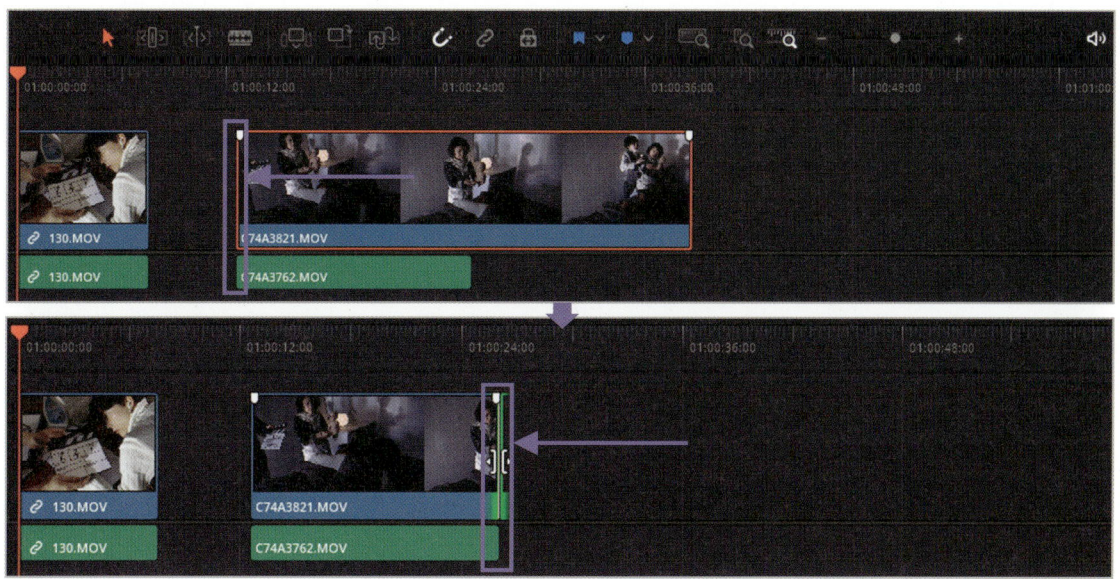

다시 Linked selection을 클릭하거나 단축키 [Ctrl] + [Shift] + [L]를 눌러 링크 실렉션 툴을 켜줍니다. 그다음 앞서 싱크를 맞춰준 비디오 또는 오디오 중 하나를 이동해 봅니다. 그러면 서로 분리되는 것을 알 수 있습니다. **언두**(Ctrl + Z)를 하여 원상 복귀해줍니다. 참고로 Ctrl 키를 누른 상태로 이동해도 분리된 상태로 이동됩니다.

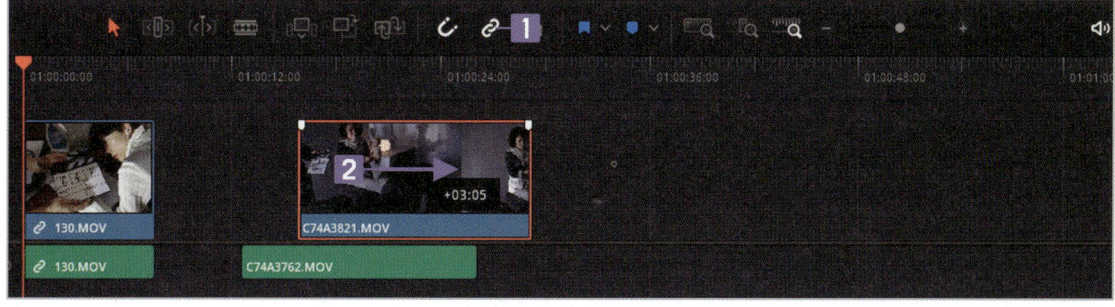

비디오와 오디오 클립을 Ctrl 키를 누른 상태로 모두 선택합니다. 그다음 아무 클립 위에서 [**우측 마우스 버튼**] - [Link Clips] 또는 단축키 [Ctrl] + [Alt] + [L] 키를 눌러 선택된 두 클립을 합쳐줍니다. 이제 다시 비디오 또는 오디오 클립을 이동해 보면 완전한 하나의 클립으로 합쳐진 것을 알 수 있습니다. 이렇듯 비디오/오디오 클립은 필요에 따라 서로 다른 클립으로 링크하여 사용할 수 있습니다.

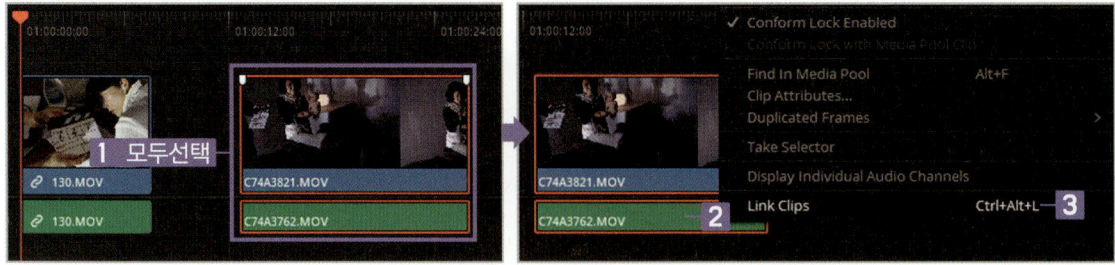

완전한 하나의 클립은 클립 왼쪽 하단에 **체인** 모양의 아이콘이 나타나기 때문에 특정 클립이 링크된 클립인지 아닌지를 쉽게 구분할 수 있습니다.

타임라인 편집 익히기(중급)

이번 학습에서는 타임라인에서 이루어지는 클립의 인/아웃점을 이용한 편집, 클립 자르기, 클립과 클립 사이에서의 편집, 트림을 이용한 정교한 편집 등에 대해 학습할 것입니다. 이번에 학습한 편집법은 타임라인에서 하는 편집에서 매우 중요하므로 주요 기능과 활용법에 대해 반드시 숙지해야 할 것입니다.

타임라인 복제 및 이름 수정하기

이번 학습에서는 타임라인을 복제하고 이름을 수정하는 방법에 대해 배워보도록 하겠습니다. 우선 간단하게 타임라인의 이름을 재설정하는 방법과 타임라인을 복사하는 방법을 알아보도록 하겠습니다. 이번에도 역시 **새로운 프로젝트**와 **새로운 타임라인**을 만들고 **몇 개의 비디오 클립**을 미디어 풀에 적용해 놓습니다. 프로젝트와 타임라인을 생성하는 방법에 대해서는 앞서 많이 살펴보았기 때문에 이제부터는 **스스로** 시도해보도록 합니다. 먼저 타임라인을 복제해 보겠습니다. 복제할 타임라인에서 [**우측 마우스 버튼**] - [Duplicate Timeline]을 선택합니다. 그러면 똑 같은 속성의 타임라인이 하나 더 생성됩니다. 현재의 메뉴는 **컷 페이지**의 메뉴입니다.

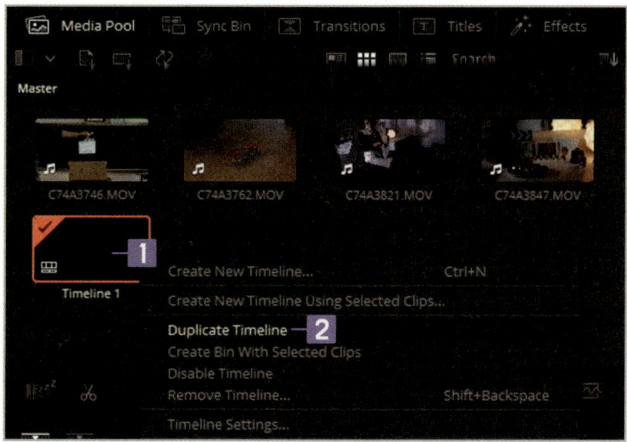

이번엔 복제된 타임라인의 이름을 바꿔보겠습니다. 이름을 바꾸는 방법은 여러 가지가 있지만 가장 편한 방법은 바꾸고자 하는 타임라인의 이름에서 시간을 두고 더블클릭하는 것입니다. 이제 느린 속도로 **더블클릭**하여 원하는 이름으로 수정해 보십시오. 참고로 타임라인은 한글 입력은 되지 않기 때문에 한글을 사용하기 위해서는 다른 곳에서 입력 후 복사/붙여넣기로 사용해야 합니다.

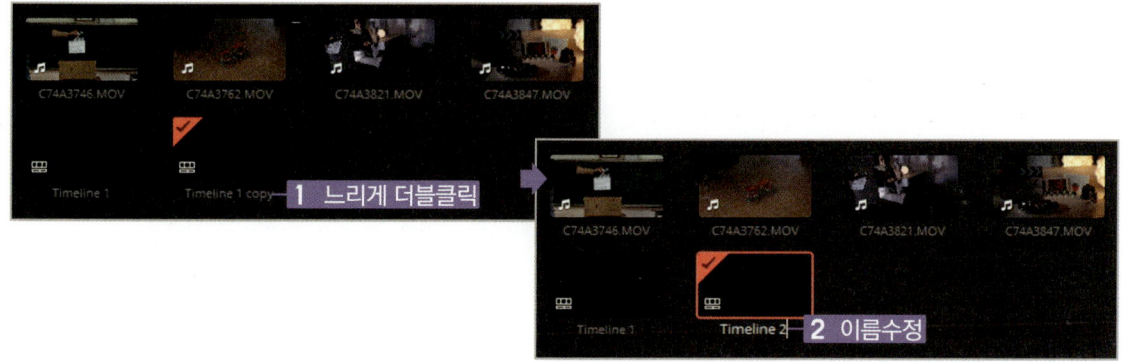

 **지금부터의 학습은 기능의 사용법에 대한 것이므로 학습에 사용되는 미디어 클립(장면)들은 책에서 설명하는 클립과 달라도 상관없습니다. 만약 [학습자료] 풀더에 있는 미디어 파일들의 사용이 어려울 경우라면 여러분이 준비한 미디어 파일들을 이용하여 학습하기 바랍니다.**

클립 두 개로 만들어주기

에디트 페이지의 타임라인에서 클립, 즉 장면을 이동하고 싶다면 단순히 **노멀 에디트** 툴을 사용하여 이동하고자 하는 클립을 선택한 후 원하는 곳으로 끌어주기를 하면 됩니다. 그러나 **Alt** 키를 누른 상태에서 클립을 이동하면 클립이 복제됩니다. 이 방법은 하나의 클립을 즉시 다른 곳에서 사용하고자 할 때 유용하게 사용됩니다.

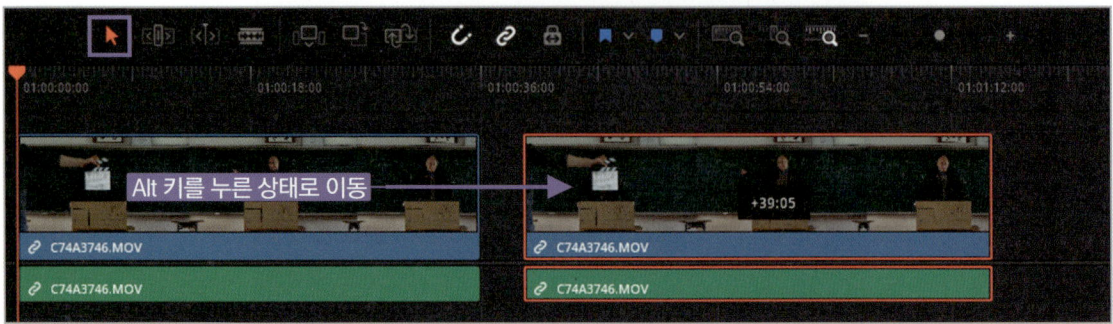

클립의 인/아웃 포인트를 이용한 편집

타임라인에서 직접 편집을 할 때 클립의 시작 점(Mark in point)이나 끝 점(Mark out point)을 이동하여 불필요한 장면을 삭제할 수도 있습니다. 이것은 소스 뷰어에서의 어셈블 편집을 타임라인에서 하는 것이라고 이해하면 될 것입니다. 클립의 끝 부분에 **마우스 커서**를 갖다 놓으면 그림처럼 양쪽 **대괄호** 모양이 나타나는데 이때 원하는 방향으로 이동하면 됩니다. 이동될 때는 타임라인 모니터에서 편집되는, 즉 잘려지는 장면을 확인할 수 있기 때문에 원하는 장면을 쉽게 편집할 수 있습니다.

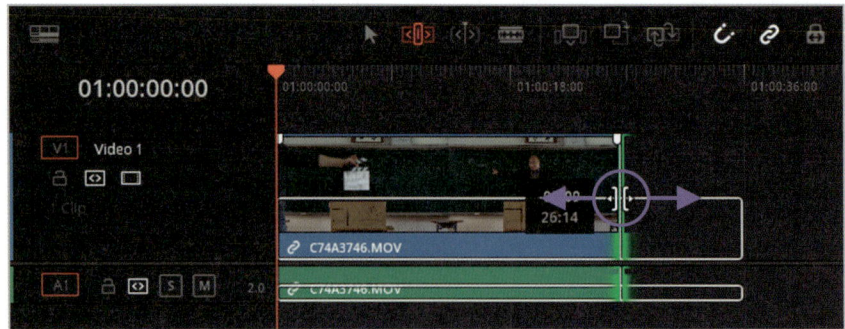

이것은 비단 끝 점 뿐만 아니라 클립의 **시작 점**에서도 가능합니다. 참고로 필자의 경우엔 소스 뷰어에서의 어

셈블 편집보다 타임라인에서의 클립을 이용한 인/아웃 편집을 주로 사용합니다.

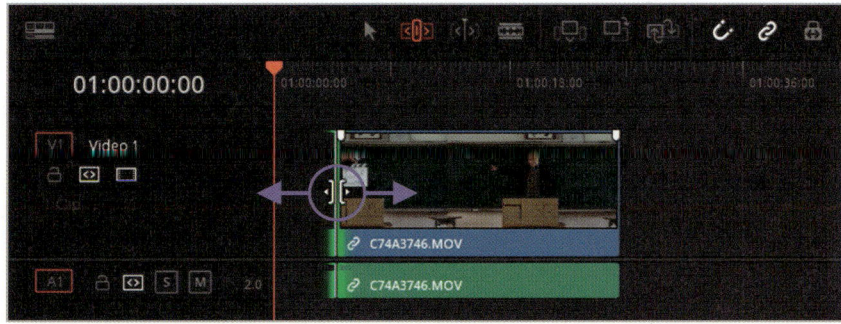

장면(클립) 나누기

클립의 인/아웃 포인트를 이용하여 편집하지 않고 클립의 특정한 장면을 둘로 나눠서 각각 개별로 사용하기 위해 장면(클립)을 두 개로 나누고 싶다면 **Blade Edit Mode**를 사용하거나 단축키 [Ctlr] + [B] 키를 사용합니다. 먼저 레이저 에디트 툴에 대해 알아봅니다. 블레이드 에디트 선택 키는 B 입니다. 면도칼 모양의 **Blade** 툴을 선택한 후 클립의 자르고 싶은 부분을 클릭합니다. 그러면 클릭한 지점을 기준으로 클립이 잘려나갑니다. 확인해 보기 위해 **노멀 에디트** 툴로 오른쪽 클립을 이동해 보면 클립이 두 개로 나눠지는 것을 알 수 있습니다.

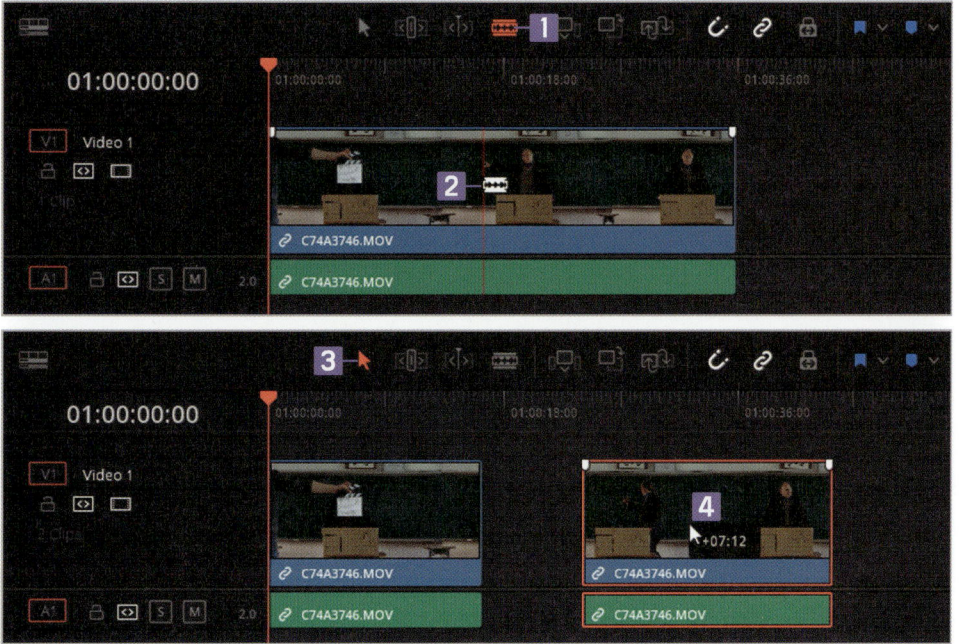

이번엔 단축키로 통해 클립을 잘라보겠습니다. 먼저 **플레이 헤드**를 자르고자 하는 지점에 갖다 놓습니다. 그 다음 [Ctrl] + [B] 키를 누릅니다. 그러면 플레이 헤드가 위치한 지점의 클립이 잘려집니다. 또한 하나의 트랙이 아니고 여러 개의 트랙을 사용할 경우에도 플레이 헤드가 위치한 지점에 클립이 있다면 모두 잘려집니다.

여러 개의 트랙에 클립이 적용됐을 때에도 플레이 헤드가 위치한 지점의 모든 클립들을 잘라줄 수 있습니다.

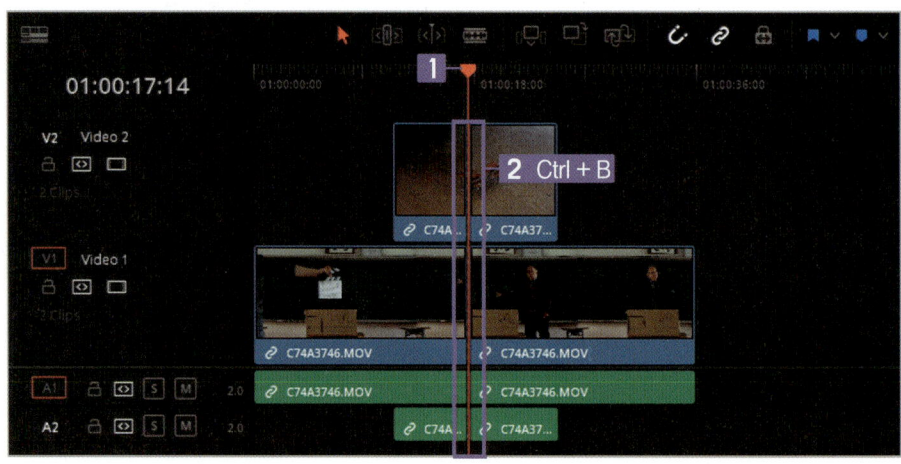

클립 이동하기

앞서 많이 사용한 것처럼 클립을 이동하기 위해서는 **노멀 에디트** 툴을 주로 사용하지만 숫자나 키를 이용한다면 보다 정교하게 이동할 수 있습니다. 먼저 숫자를 입력하여 이동해 보겠습니다. 이동하고자 하는 클립을 선택한 후 [+] → [90] → [Enter] 키를 차례대로 누르고 입력해 보십시오. 그러면 선택된 클립이 **오른쪽(시간상으로는 뒤쪽)** 으로 90프레임 만큼 이동되는 것을 알 수 있습니다. 이렇듯 이동하고자 하는 거리를 직접 입력하여 이동할 수 있습니다. 반대로 왼쪽으로 이동하고자 한다면 **마이너스(-)** 값을 사용하면 됩니다.

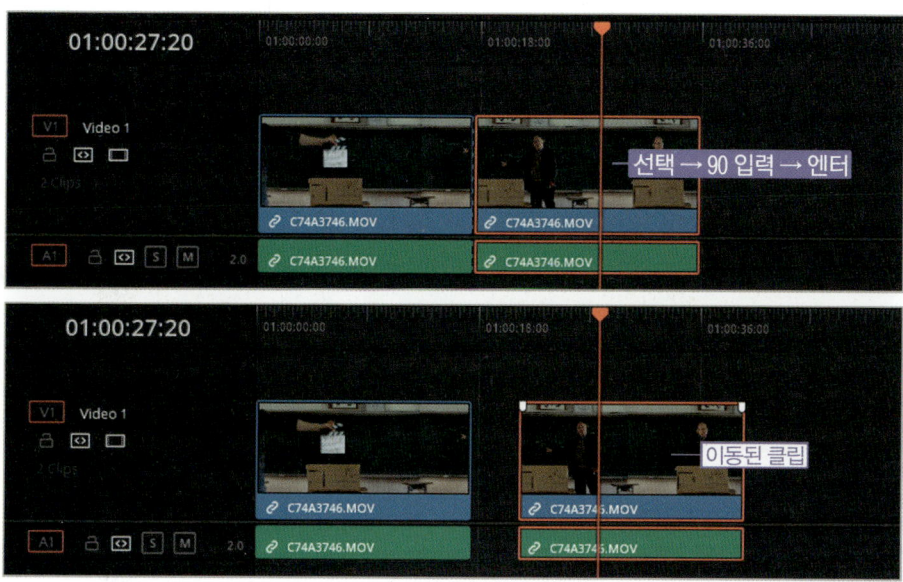

수치를 입력하여 클립을 이동할 때 타임라인 뷰어 또는 소스 뷰어 오른쪽 상단을 보면 입력된 값의 이동 시간이 나타나기 때문에 이동되는 클립의 시간적 계산을 하는데 도움이 됩니다.

이번엔 키를 이용하여 이동해 보겠습니다. 이동할 클립을 선택한 후 〉 키를 눌러봅니다. 그러면 오른쪽으로 **1프레임** 이동됩니다. 아주 조금 이동됐기 때문에 확대를 해야만 볼 수 있을 것입니다.

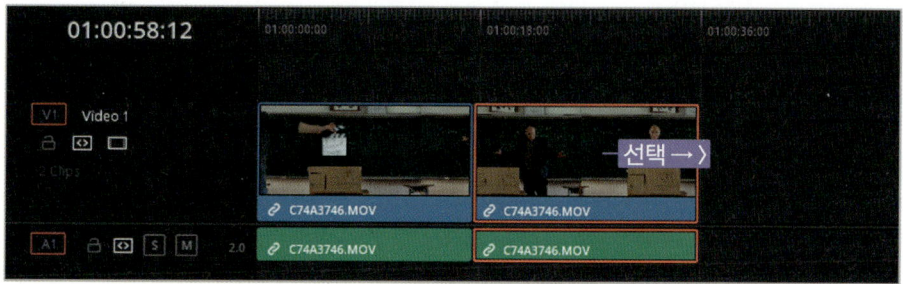

타임라인의 확대/축소는 툴 바에서 **줌 인/아웃** 슬라이더나 **Alt** 키를 누른 상태로 마우스 휠(가운데 버튼)을 이용하면 됩니다.

이번엔 Shift 키를 누른 상태에서 〉 키를 눌러봅니다. 그러면 오른쪽으로 **5프레임** 이동됐을 것입니다. 이러한 방법을 통해 선택된 클립을 정교하게 이동할 수 있겠지만 좀 더 멀리 이동하고 싶을 때는 어떤 방법을 사용해야 할까요?

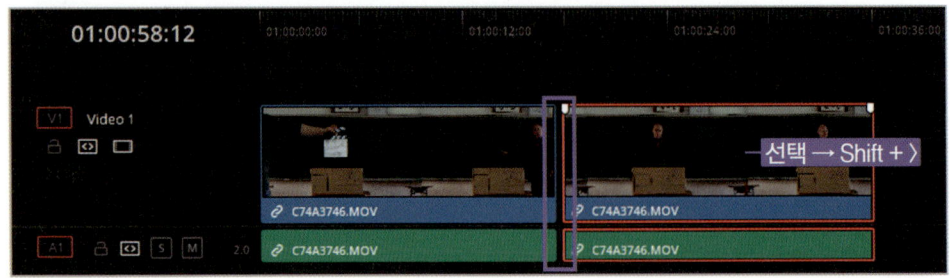

더 멀리 이동하는 방법은 작업 환경설정에서 이동 값을 설정하는 것입니다. [DaVinci Resolve] - [Preferences]를 선택하여 작업 환경설정 창을 열어줍니다.

프레퍼런스 창의 Editing 카테고리 항목으로 이동합니다. 그다음 Default fast Nudge Length 값을 30프레임으로 설정한 후 Save 버튼을 눌러 적용합니다. 이제 다시 Shift 키를 누른 상태에서 〉 키를 눌러봅니다. 그러면 방금 설정된 값처럼 30프레임 뒤로 이동되는 것을 알 수 있습니다. 이제 타임라인을 축소해도 이동된 거리를 확인할 수 있을 것입니다. 반대로 클립을 왼쪽으로 이동하기 위해서는 〈 키 혹은 [Shift] + [〈] 키를 사용하면 됩니다. 이와 같은 방법으로 클립의 위치를 원하는 만큼 거리 값을 설정해서 사용하기 바랍니다.

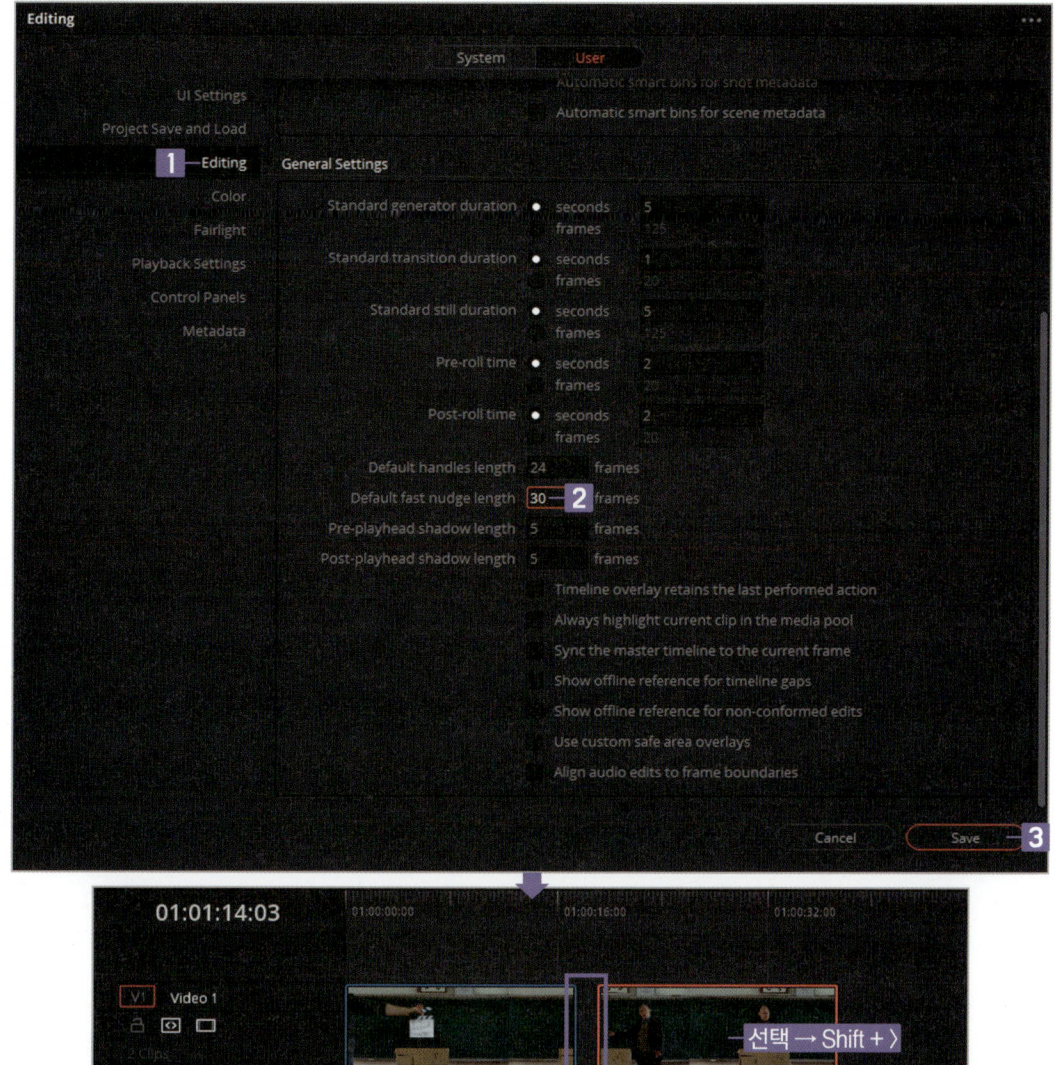

키보드를 이용한 편집

이번 학습에서는 편집을 할 때 유용하게 사용되는 키보드 조작법에 대해 알아보도록 하겠습니다. **에디트 페이지**의 타임라인에서 일정 부분을 그림처럼 **마크 인(In), 마크 아웃(Out)**을 해놓습니다. 단축키 I와 O를 사용하면 보다 간편하게 마크 인/아웃 영역을 지정할 수 있습니다.

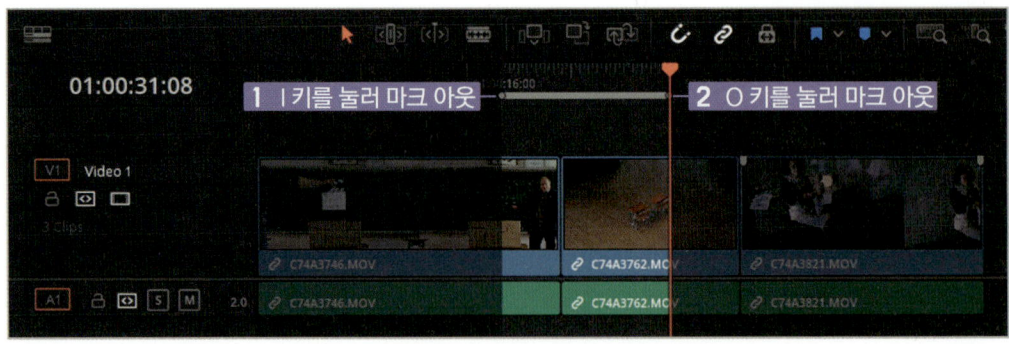

만약 지정된 마크 인/아웃으로 플레이 헤드를 이용하고자 한다면 [Shift] + [I] 또는 [Shift] + [O] 키를 눌러 쉽게 마크 인과 아웃 포인트로 이동할 수 있으며, [Alt] + [X] 키를 누르면 설정된 마크 인/아웃 포인트들을 삭제할 수도 있습니다.

계속해서 Home 키를 누르게 되면 **플레이 헤드**는 타임라인의 맨 처음, 즉 시작 프레임으로 이동하고 반대로 끝 프레임으로 이동하기 위해서는 End 키를 누르면 됩니다. End 키를 눌렀을 때 이동되는 끝 프레임은 타임라인에서 사용되는 마지막 클립의 끝점으로 이동된다는 것을 의미합니다.

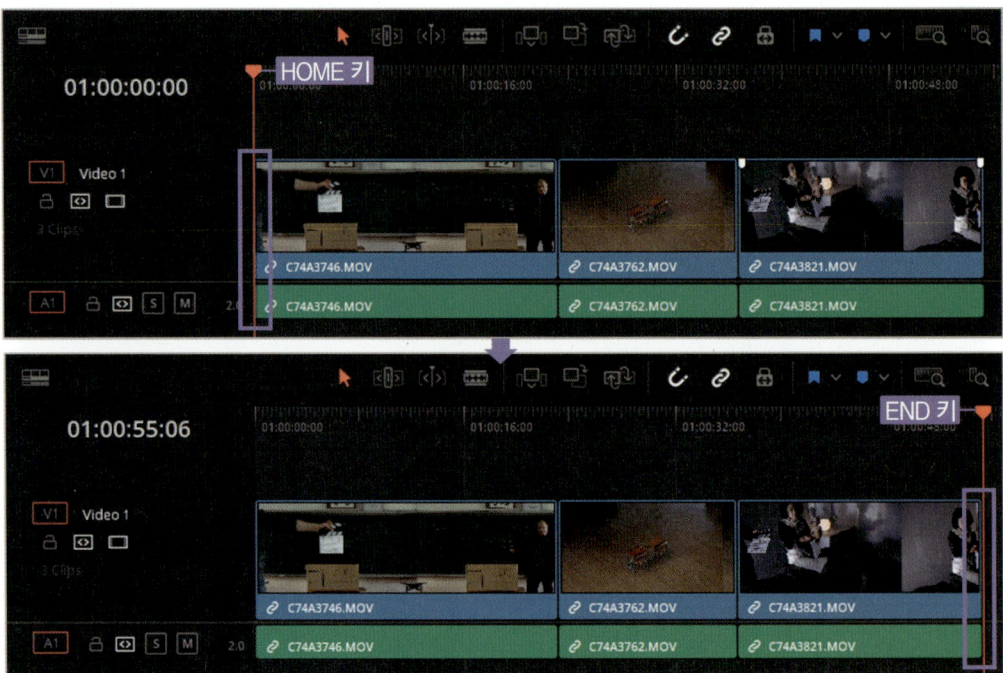

만약 타임라인에 사용되는 클립들이 너무 많아서 특정 클립이 보이지 않을 경우에는 찾고자 하는 클립을 찾아 스크롤하면 됩니다. 그러나 전체 클립들이 한 눈에 보이도록 하고 싶다면 [Shift] + [Z] 키를 누르면 됩니다. 그러면 타임라인이 자동으로 줌 또는 아웃하여 모든 클립들이 타임라인에 보이도록 조정됩니다.

계속해서 **플레이 헤드**가 있는 위치를 기준으로 클립의 **시작 점**(Mark in point)과 **끝 점**(Mark out point)을 이용하기 위해서는 **세미콜론**(;) 키와 **어퍼스트로피**(') 키를 사용합니다. 이와 같은 작업은 트림(Trim) 편집을 할 때 아주 유용하지만 이 키들을 사용하기 위해서는 플레이 헤드를 원하는 클립으로 항상 이동해 주어야 하기 때문에 다소 불편한 점이 있습니다.

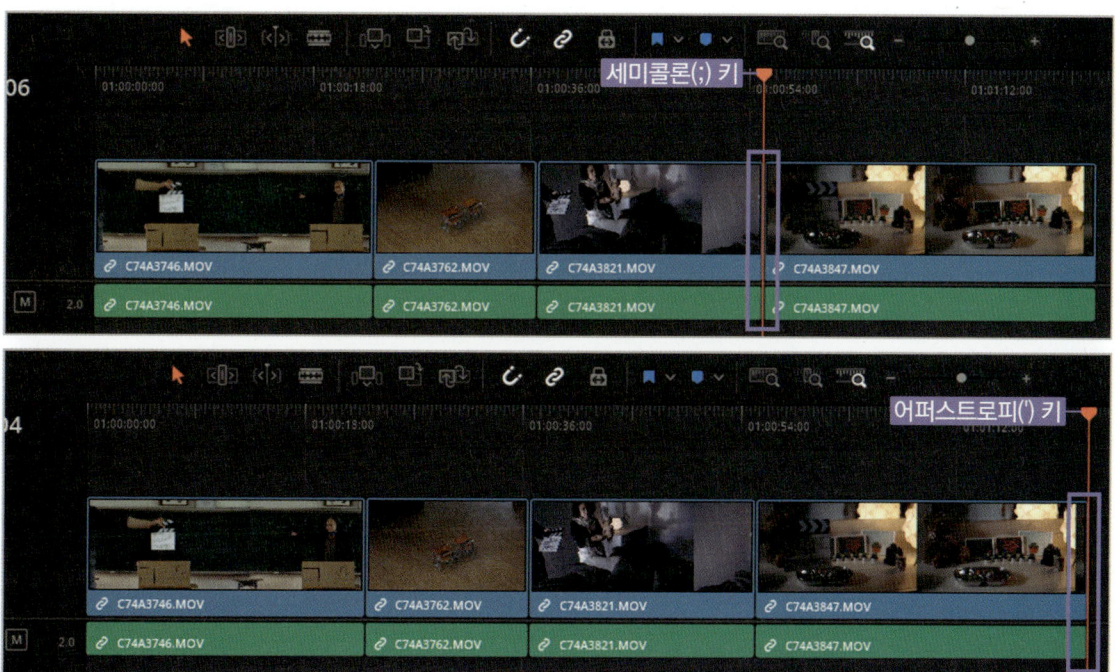

방금 살펴본 세미콜론(;)과 어퍼스트로피(') 키보다 효율적으로 사용할 수 있는 키는 바로 **업(↑)**과 **다운(↓)** 키입니다. ↑키를 사용하면 앞쪽 방향의 클립과 클립 사이의 편집점으로 쉽게 이동할 수 있습니다. 반대로 ↓ 키를 사용하면 뒤쪽 방향의 클립과 클립 사이의 편집점으로 이동됩니다.

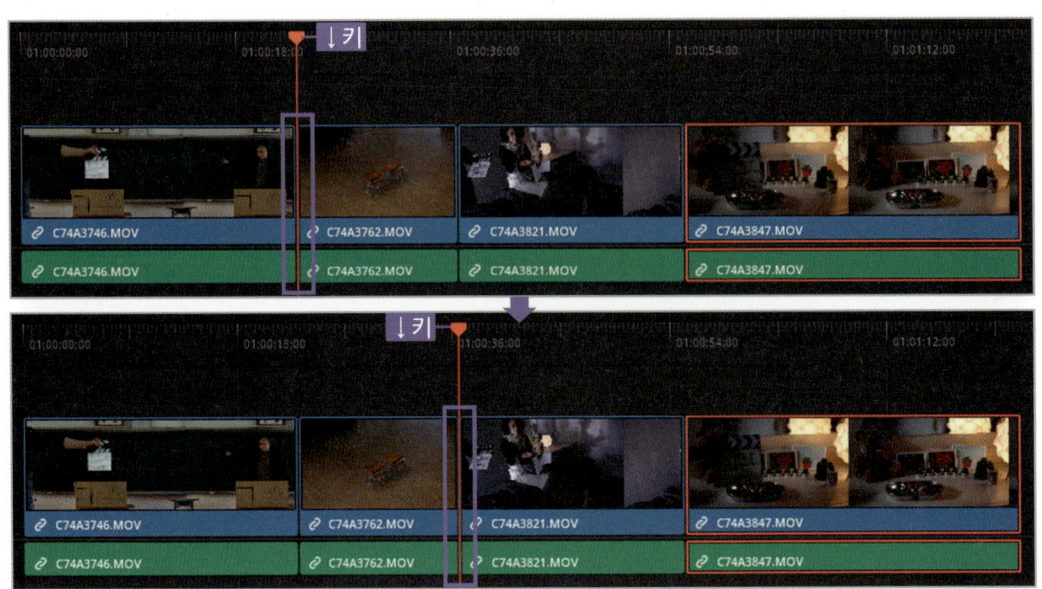

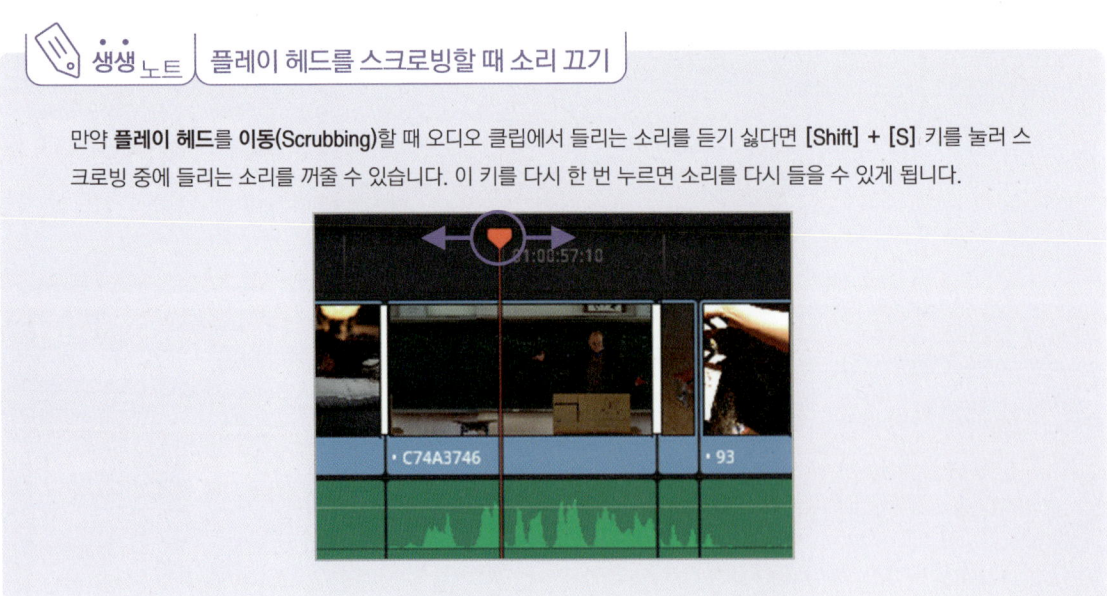

| 생생노트 | 플레이 헤드를 스크로빙할 때 소리 끄기 |

만약 **플레이 헤드를 이동(Scrubbing)**할 때 오디오 클립에서 들리는 소리를 듣기 싫다면 [Shift] + [S] 키를 눌러 스크로빙 중에 들리는 소리를 꺼줄 수 있습니다. 이 키를 다시 한 번 누르면 소리를 다시 들을 수 있게 됩니다.

계속해서 **플레이 헤드**를 편집하고자 하는 지점으로 이동한 후 [Shift] + [[ ] 키를 누르면 플레이 헤드가 있는 지점을 기준으로 왼쪽 장면이 잘려나가고, [Shift] + [ ]] 키를 누르면 오른쪽 장면이 잘려나갑니다.

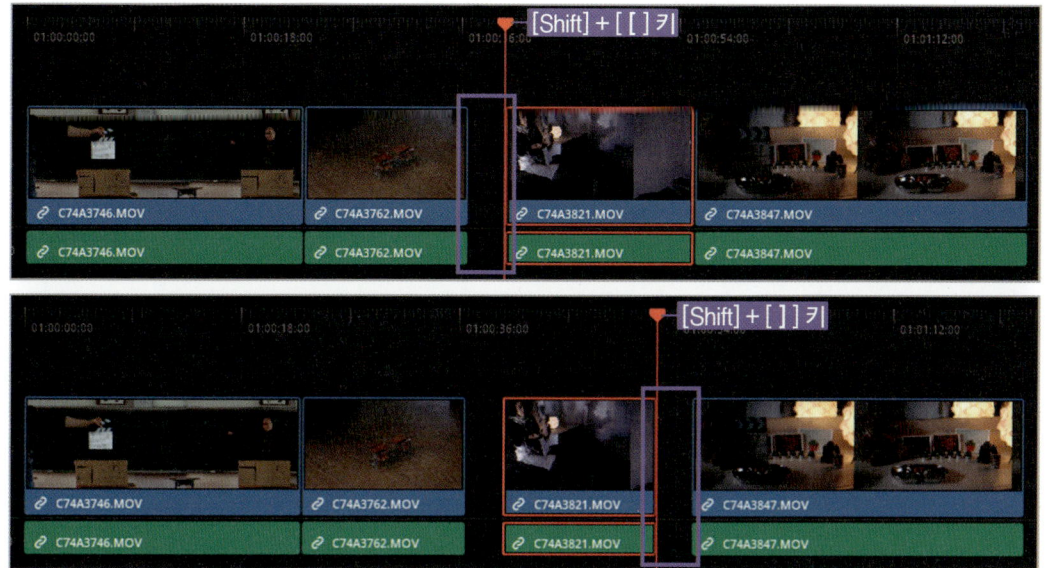

[Ctrl] + [Shift] + [[ ] 키와 [Ctrl] + [Shift] + [ ]]를 이용하여 잘려진 인/아웃 공간을 뒤쪽 클립들이 자동으로 채워주는 리플 형태로 편집할 수 있습니다.

방금 살펴본 편집법은 비단 하나의 트랙에서뿐만 아니라 여러 개의 트랙을 사용할 때도 마찬가지입니다. 플레이 헤드를 편집 점으로 사용할 때 매우 유용한 기능이기 때문에 기억해 두기 바랍니다. 지금까지 살펴본 키들은 Playback 메뉴에서도 사용할 수 있습니다. 참고로 즐겨 사용하는 메뉴 중에 단축키가 없는 메뉴의 단축키 설정은 차후에 살펴볼 것입니다.

모든 클립 선택하기

마지막으로 Playback 메뉴에서는 없지만 단축키로 즐겨 사용되는 키로는 [Ctrl] + [A] 키가 있습니다. 이 단축키는 미디어 풀이나 타임라인의 모든 클립들을 **전체 선택**할 때 유용하게 사용됩니다. 클립을 전체 선택하여 이동하거나 삭제하는 등의 작업에서 사용되며 반대로 선택된 클립들을 해제하고 싶다면 [Ctrl] + [Shift] + [A] 키를 사용하면 됩니다.

노멀 에디트(Normal Edit) 모드와 트림(Trim) 편집 모드 이해하기

이번 학습에서는 일반적인 편집을 할 때의 편집 모드인 노멀 에디티 모드(**Normal Edit Mode**)와 세부 편집을 위한 트림(Trim) 편집 모드에 대해 알아보도록 하겠습니다.

노멀 에디트 모드 이해하기

노멀 에디트 모드(Normal Edit Mode)를 구분하는 방법은 간단합니다. 타임라인에 **마우스 커서**를 올렸을 때 마우스 포인터가 왼쪽 그림처럼 **화살표** 모양이면 노멀 에디트 모드를 사용하고 있다는 뜻입니다. 여기서 만약 **트림 모드**로 변경하고 싶다면 T 키를 눌러주면 됩니다. 그러면 마우스 포인터가 오른쪽 그림처럼 **괄호**처럼 표현됩니다. 이것은 현재 트림 모드에 있다는 의미입니다. 만약 트림 모드에서 다시 노멀 에디트 모드로 돌아가고자 한다면 A 키를 누르면 됩니다.

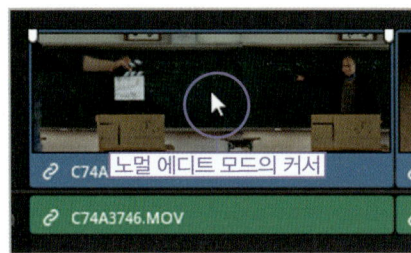
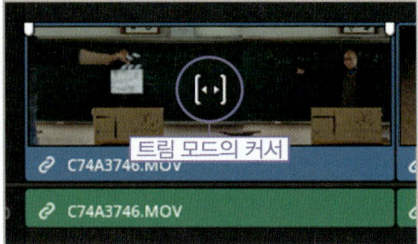

노멀 에디트 모드와 트림 모드는 그림처럼 타임라인 상단의 툴로 선택할 수 있습니다. 참고로 다빈치 리졸브에서 노멀 에디트 모드의 공식 명칭은 **선택(Selection)** 툴입니다.

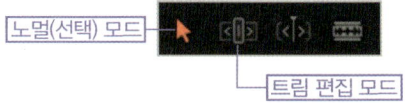

노멀(선택) 에디트 모드에서 클립을 클릭하여 선택하면 클립 테두리가 빨간색으로 둘러싸이게 되며, 편집 점 (Edit point) 주변에 마우스 커서를 갖다 놓으면 **세 가지** 다른 모양의 괄호들을 볼 수 있습니다.

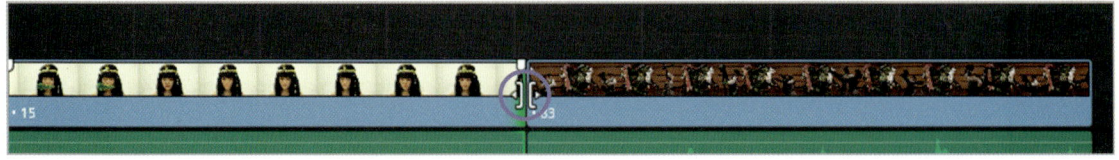

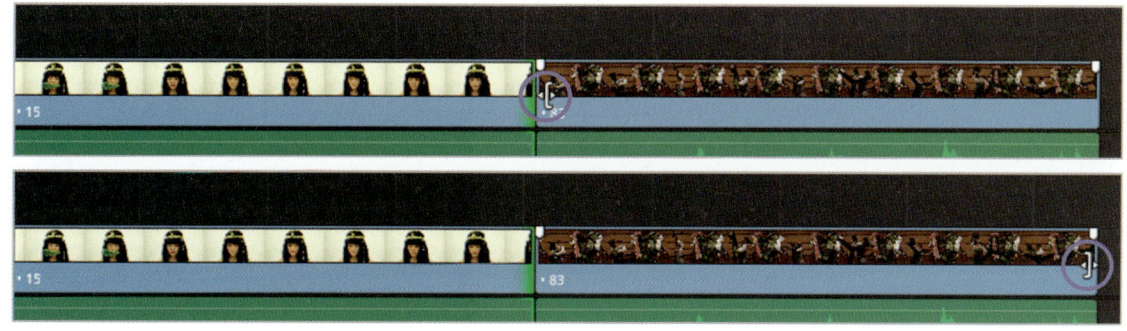

마우스 커서를 클립의 좌측 혹은 우측 방향으로 편집을 하기 위해 시작/끝 점을 클릭하거나 클립과 클립 사이를 클릭했을 때 편집점이 **초록색**으로 표시된다면 조정, 즉 편집이 가능하다는 뜻이며, **빨간색**으로 표현된다면 이 부분은 더이상 조정이 안된다는 뜻입니다.

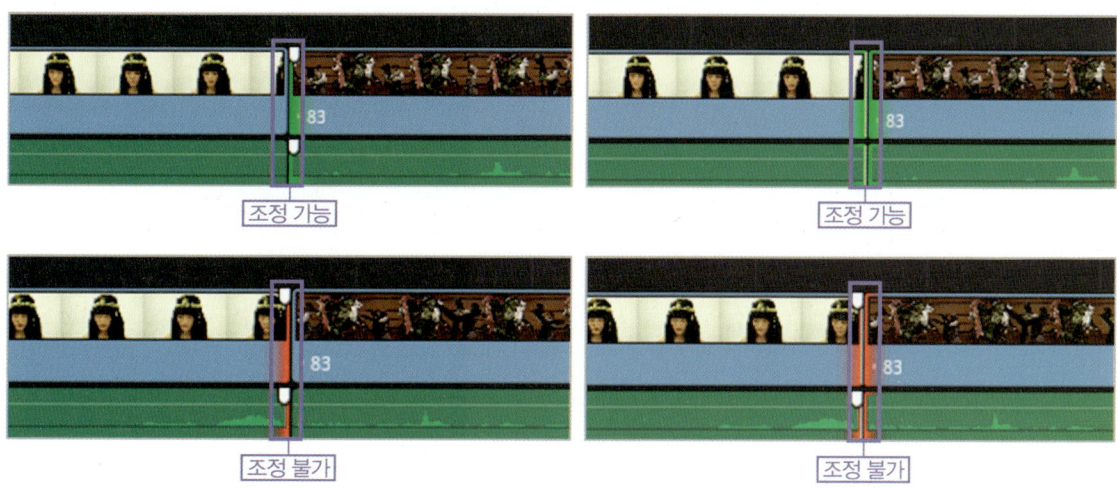

클립의 시작 점과 끝 점을 이용하여 편집하는 방법은 앞서 살펴본 적이 있습니다. 이번엔 **클립과 클립 사이**에 **커서를 놓고 클릭**하여 좌우로 이동해 봅니다. 그러면 조정되는 방향으로 편집되는 것을 알 수 있으며, 클립과 클립 사이는 항상 붙어있는 상태로 유지됩니다. 그러다가 더 이상 편집할 수 없는 상태(어느 한쪽의 클립의 길이를 더 이상 늘릴 수 없을 때)에서 멈추게 됩니다.

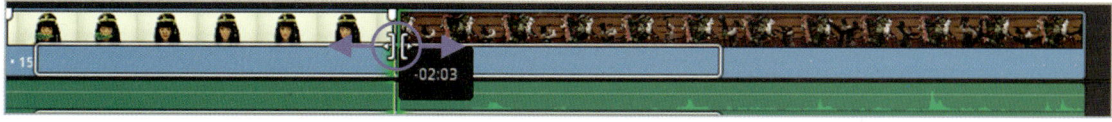

플레이 헤드를 이동하여 특정 클립이 있는 곳으로 이동합니다. **플레이 헤드**를 이동할 때의 위치는 항상 클립과 클립의 정가운데, 즉 사이에 위치하도록 한다음 V 키를 이용합니다. V 키를 누르면 플레이 헤드는 가장 가까운 위치의 편집 점(Edit point)으로 이동하게 됩니다.

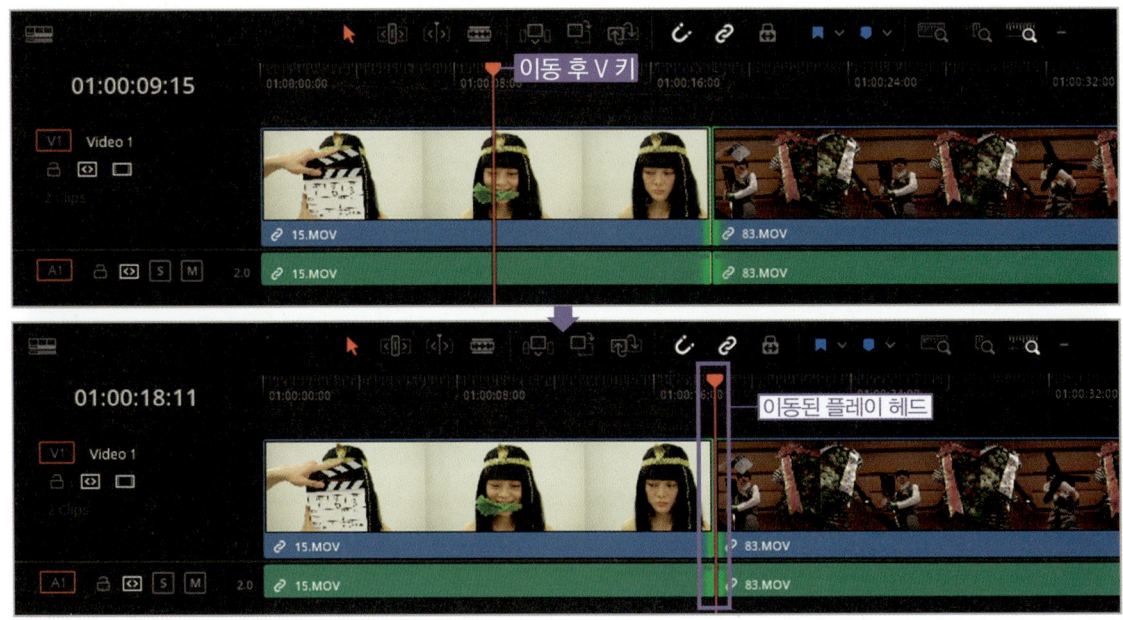

플레이 헤드를 이동하는데 있어 주로 상단 헤드 부분을 이동하거나 시간자(Time rular) 부분을 클릭하여 이동하지만 플레이 헤드의 **얇은 수직선** 부분의 **주위**를 클릭해서도 이동이 가능합니다. 물론 지금의 방법은 아주 미세한 이동만 가능합니다. 주의 사항은 플레이 헤드 수직선에서 멀리 떨어진 곳을 클릭했을 때에는 아무 반응이 없다는 것입니다.

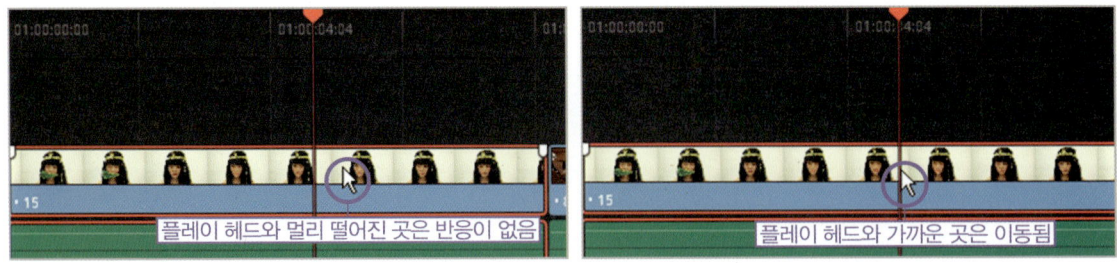

U 키를 사용하면 **세 가지** 종류의 편집점을 선택할 수 있습니다. 먼저 클립의 시작 점이나 끝 점을 클릭하여 선

택한 후 U 키를 누르면 한 번식 누를 때마다 편집 점의 **초록색 하이라이트**가 차례대로 선택됩니다. 예를 들어 왼쪽 클립의 끝점을 선택한 후 U 키를 누르면 쌍방향을 향한 초록색 하이라이트가 생기고, 다시 한 번 누르면 오른쪽 클립의 시작 점이 선택됩니다.

오른쪽 클립의 시작 점이 선택된 상태에서 만약 장면을 우측으로 **20프레임** 만큼 이동시키고 싶다면 + 키를 누른 후 곧바로 20이란 숫자를 입력하고 Enter 키를 누르면 됩니다. 숫자를 입력하여 클립을 편집하는 방법은 앞서 살펴본 적이 있습니다.

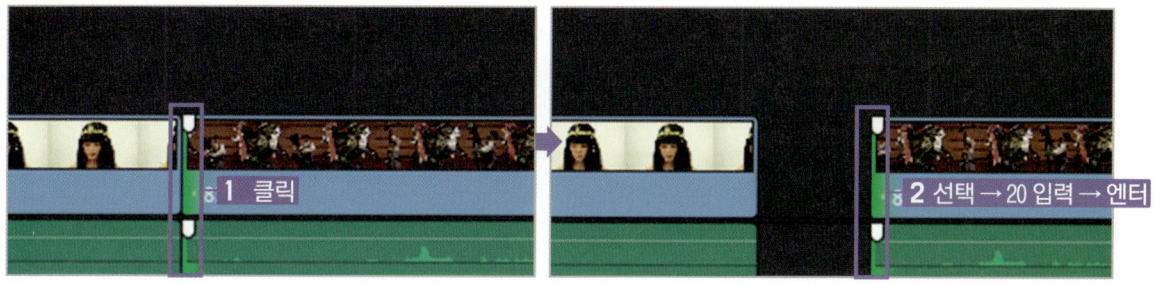

이번에는 플레이 헤드가 위치한 지점을 편집하는 단축키에 대해 알아봅니다. 먼저 **플레이 헤드**를 편집하고자 하는 위치로 이동합니다. 그다음 E 키를 누릅니다. 그러면 클립의 편집 점이 이동하여 플레이 헤드에 맞춰집니다. 지금의 방법은 앞서 살펴본 [Shift] + [[ ] 키를 사용하는 것과 차이가 있는데, E 키는 [Shift] + [[ ] 키와는 다르게 해당 클립을 선택했을 때가 아닌 이전 클립의 **아웃 포인트**가 선택된 상태에서 가능하며, 편집된 거리만큼 늘어나 빈 곳이 생기지 않습니다.

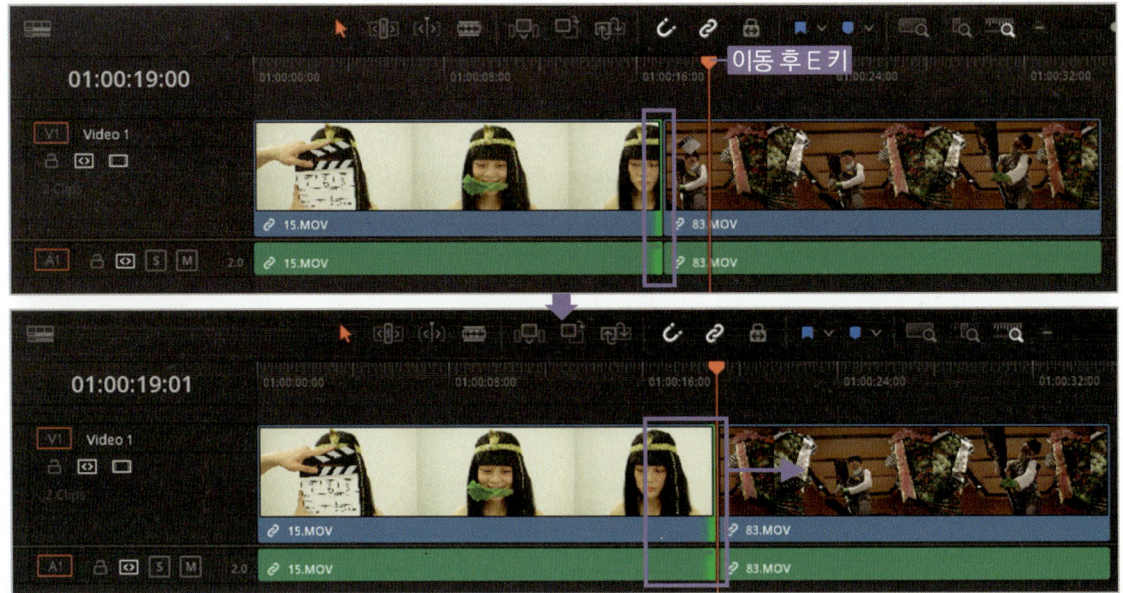

계속해서 [Shift] + [V] 키를 누르면 마우스 커서가 위치한 곳으로부터 가장 가까운 클립이 선택하게 됩니다.

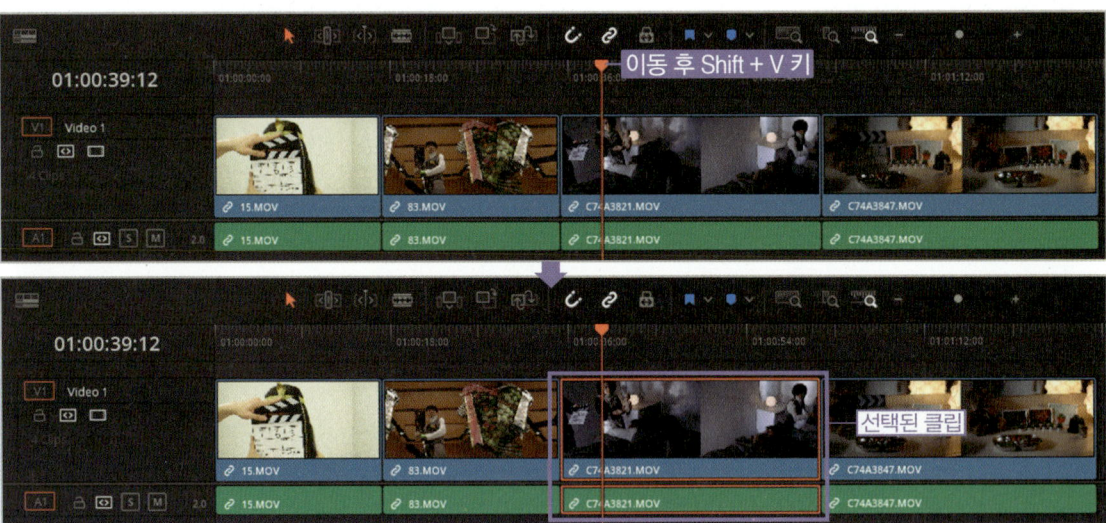

그리고 Y 키를 누르면 플레이 헤드가 위치한 곳으로부터 가장 가까운 클립을 시작으로 오른쪽 그 이후의 클립들을 모두 선택됩니다.

반대로 플레이 헤드가 위치한 곳으로부터 가장 가까운 클립을 시작으로 왼쪽 클립들을 모두 선택하고자 한다면 [Ctrl] + [Y] 키를 누르면 됩니다. 참고로 하나의 트랙이 아니라 여러 개의 트랙을 사용할 경우 플레이 헤드를 기준으로 이후의 모든 클립을 선택하고자 한다면 [Alt] + [Y] 키를 선택하면 되며, 반대로 앞에 있는 모든 클립들은 선택하고자 한다면 [Ctrl] + [Alt] + [Y] 키를 누르면 됩니다.

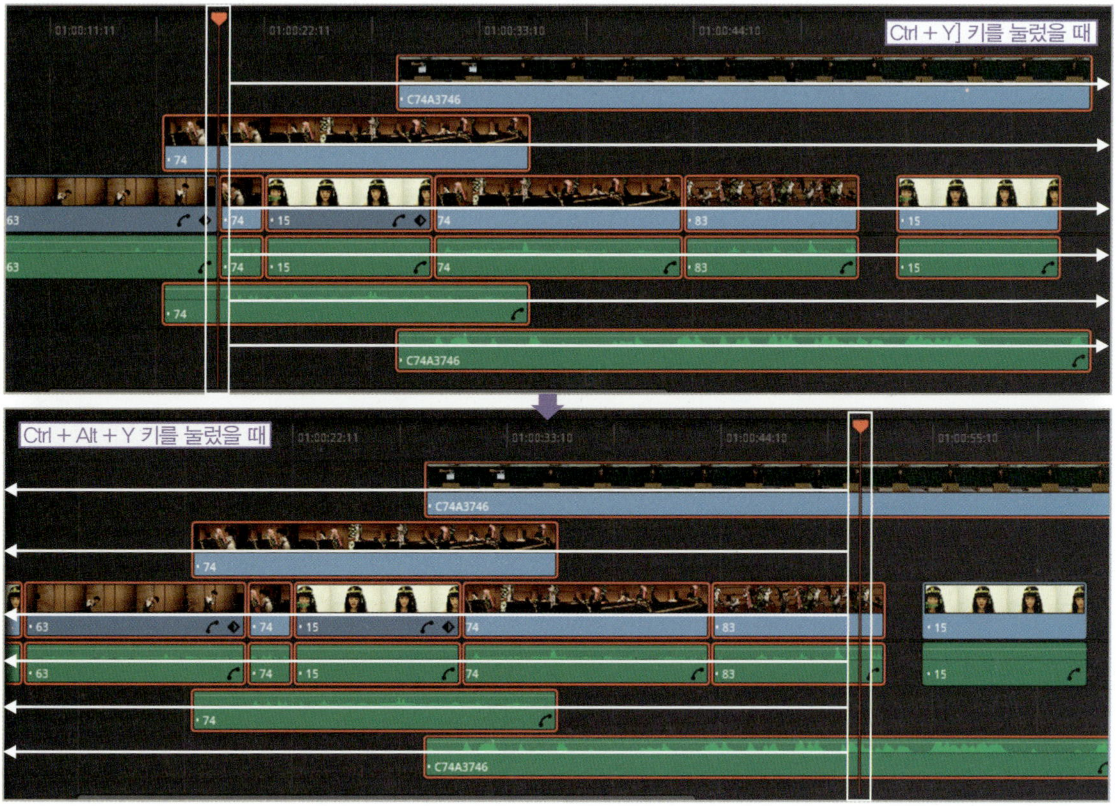

트림 모드 이해하기

트림 모드(Trim Mode)는 세부 편집을 위해 사용되는 편집 모드로써 어셈블 편집이 된 상태의 2개 이상의 클립이 연속으로 배치된 상태일 때 사용이 가능합니다. 물론 반드시 트림 모드를 통한 편집을 할 필요는 없겠지만 세부 편집이 요구되는 작업을 반복적으로 해야 한다면 트림 모드는 유용하게 사용될 것입니다. 트림 모드 편집을 위해서는 T 키를 누르며, A 키를 누르면 다시 노멀 에디트 모드가 된다는 것은 지난 시간에 이미 살펴보았습니다. 노멀 에디트 모드에서 마우스 커서를 끌어 영역을 만든 후 여러 개 클립들을 선택하면 선택된 클립들은 단순히 선택되는 것을 알 수 있지만, 반면 트림 모드에서는 같은 방식으로 선택한 클립들이 선택되는 것이 아니라 같이 범위내의 **편집 점(Edit point)**들이 선택됩니다. 이제부터 트림 편집 모드의 네 가지 기본적인 기능들을 소개하도록 하겠습니다.

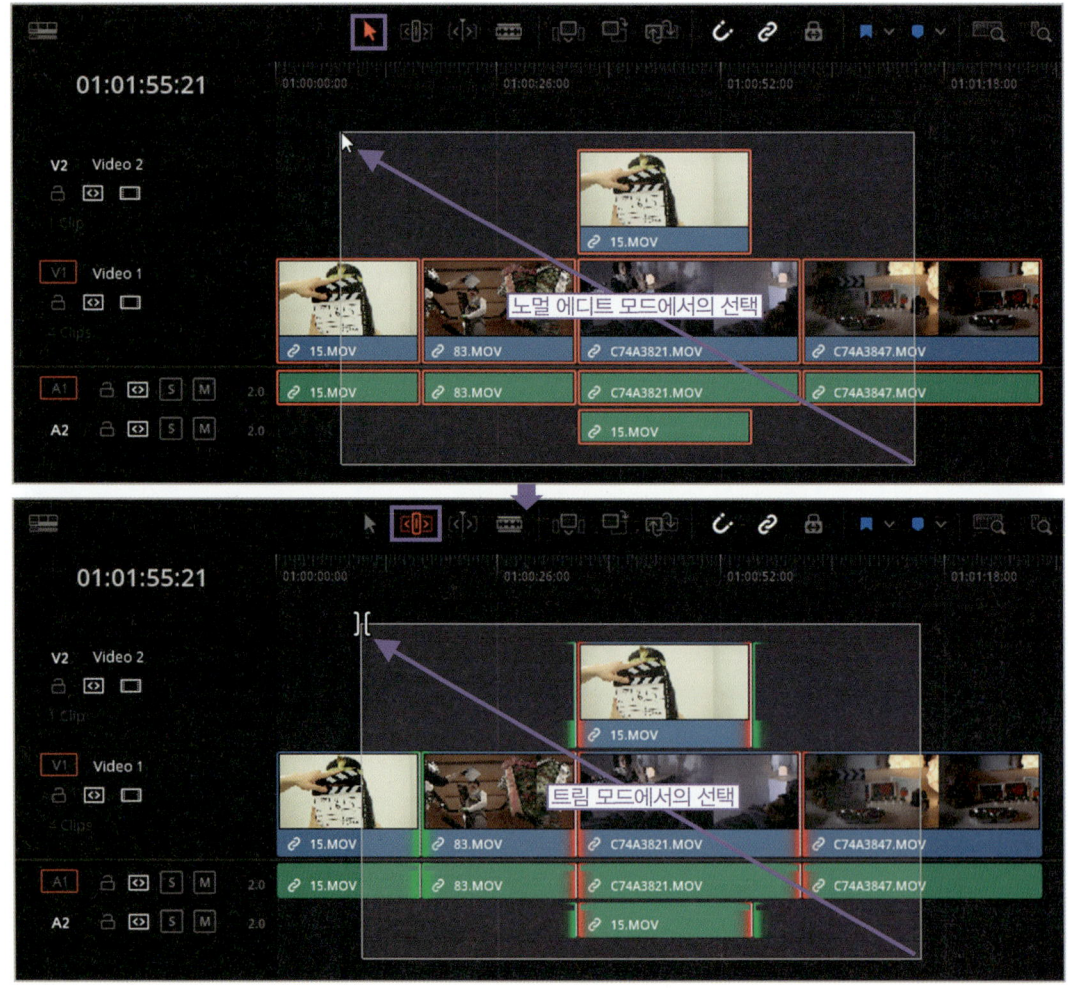

먼저 **리플**(Ripple)과 **롤**(Roll)에 대해 알아봅니다. 이 두 개의 기능(메뉴)을 사용하기 위해서 먼저 **플레이 헤드**를 특정 클립의 편집 점으로 갖다 놓습니다. 이때 가능하면 두 개 이상의 트랙을 사용하여 클립을 적용해 놓길 권장합니다.

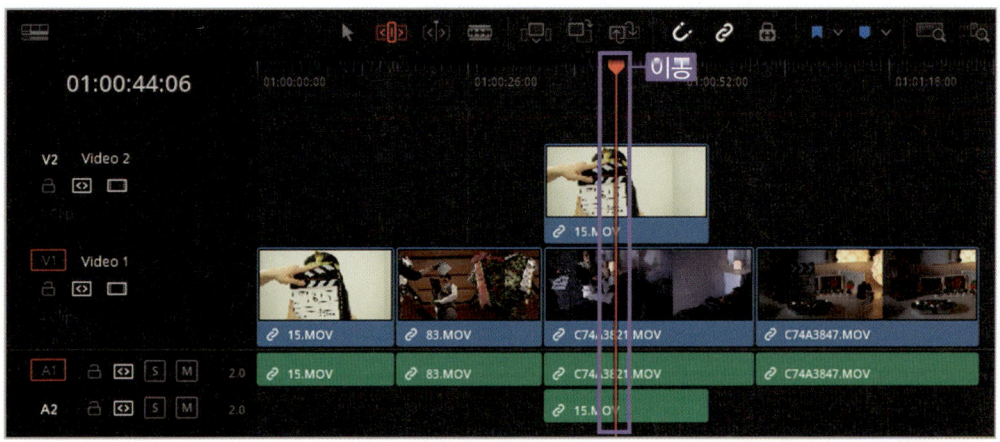

이제 Trim 메뉴 아래쪽에 있는 공통된 **2개**의 **리플**(Ripple) 메뉴들과 **2개**의 **롤**(Roll)을 적용해 봅니다. 특히 리플 작업을 할 때 주의해야 할 점이 있습니다. 비디오와 오디오 사이의 싱크를 맞춰주어야 하는데, 리플과 롤 작업을 할 경우엔 싱크에 오차가 생기기 쉬우므로 주의하기 바랍니다.

각각 2개씩의 리플과 롤 메뉴의 결과는 다음과 같습니다.

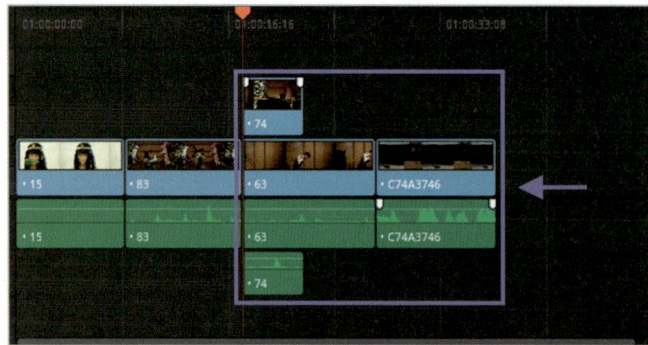

Ripple Start to Playhead
타임라인 기준 뒤쪽 장면이 편집되고 편집된 공간은 앞쪽 장면(클립)들이 이동하여 채워짐

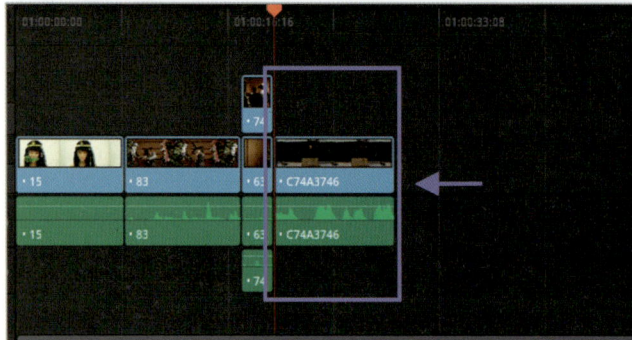

Ripple End to Playhead
타임라인 기준 앞쪽 장면이 편집되고 편집된 공간은 앞쪽 장면(클립)들이 이동하여 채워짐

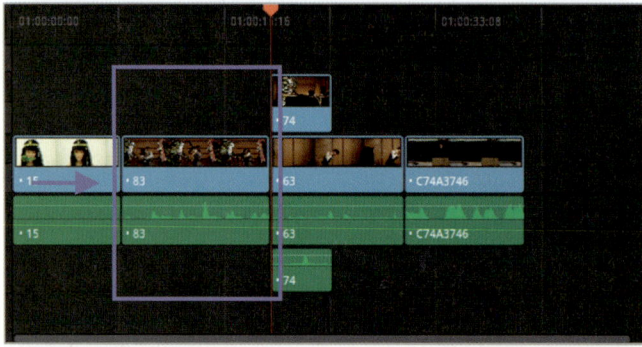

Roll Start to Playhead
타임라인 기준 뒤쪽 장면이 편집되고 편집된 공간은 뒤쪽 장면(클립)들이 이동하여 채워짐

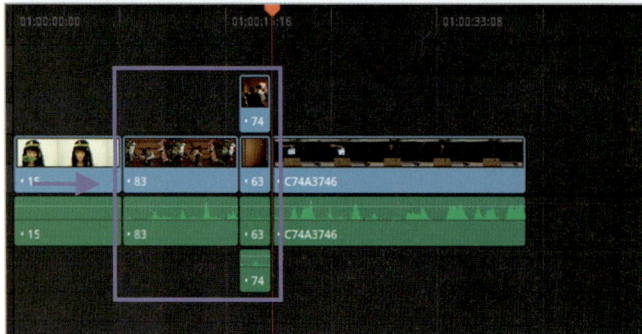

Roll End Start to Playhead
타임라인 기준 앞쪽 장면이 편집되고 편집된 공간은 뒤쪽 장면(클립)들이 이동하여 채워짐

다음으로는 슬립(Slip)과 슬라이드(Slide)에 대해 알아보겠습니다. 먼저 [Trim] - [Toggle Slip/Slide Mode]를 선택합니다. 이 메뉴는 S 키를 이용하여 토글(선택할 때 마다 바뀌는 방식)로 사용할 수 있으며, 현재 상태를 타임라인 상단 다이내믹 트림 모드의 아이콘 모양을 확인해야 합니다. 다음의 아이콘 모양을 참고 하십시오.

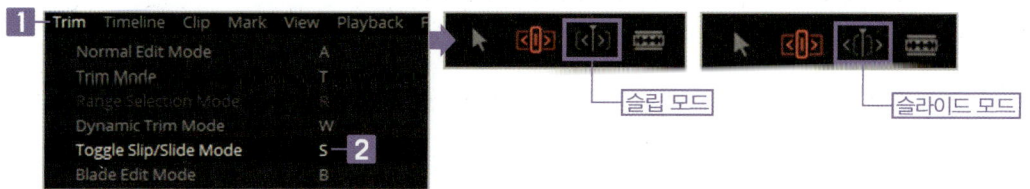

트림 에디트 모드에서 원하는 영상, 즉 클립의 상단부에 마우스 커서를 갖다 놓으면 새로운 모양의 마우스 커서가 생깁니다. 그림과 같다면 **슬립(Slip)** 편집을 사용할 수 있다는 뜻입니다. 이 상태에서 클립을 좌/우로 이동하면 영상의 길이에는 변화를 주지 않고 해당 클립의 **시작(In)**과 **끝(Out)** 프레임의 장면만 조정됩니다.

슬립 편집을 할 때 **타임라인 뷰어**를 보면 편집되는 장면이 **4개의 분할 화면**으로 나타납니다. 왼쪽 상단 영상은 편집되는 장면(클립)의 시작 프레임이고, 오른쪽 상단 영상은 끝 프레임을 나타내는 것입니다. 그리고 좌측 하단은 이전 영상의 끝 프레임이고 우측 하단은 다음 영상의 시작 프레임입니다. 슬립 편집은 타임라인의 다른 트랙에 영향을 주지 않을 뿐만 아니라 선택한 영상의 길이에도 변화를 주지 않습니다. 이 기능을 통해 이전 장면의 끝 프레임과 다음 장면의 시작 프레임을 정확하게 확인할 수 있습니다.

이번엔 **슬라이드(Slide)**에 대해 알아보겠습니다. 클립 하단부(오디오 영영)에 **마우스 커서**를 갖다 놓으면 **슬라이드**가 가능한 마우스 포인터로 바뀝니다. 앞서 슬립 기능을 사용하면 해당 영상의 인(In) 그리고 아웃(Out) 포인트는 그대로 유지되지만 슬라이드는 이전 장면(클립)의 **끝(Out)** 프레임과 다음 영상의 **시작(In)** 프레임에 변화를 줍니다. 여기까지가 마우스를 사용한 트림 에디트 모드의 조정법이었습니다.

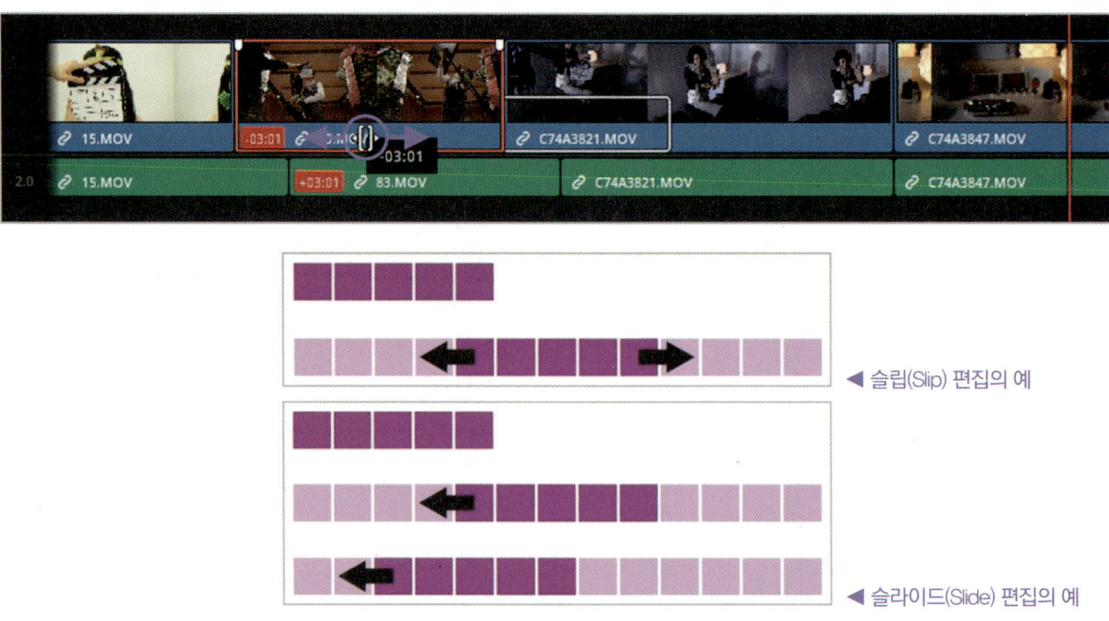

◀ 슬립(Slip) 편집의 예

◀ 슬라이드(Slide) 편집의 예

208 비디오 편집

이번에는 키보드를 이용한 **트림 편집법**에 대해 알아보도록 하겠습니다. 먼저 **플레이 헤드**가 있는 위치와 가장 가까운 클립을 선택하는 방법에 대해 알아봅니다. **플레이 헤드**를 아무 곳이나 이동한 후 [Shift] + [V] 키를 눌러봅니다. 그러면 현재 플레이 헤드가 있는 위치와 가장 가까운 클립이 선택됩니다.

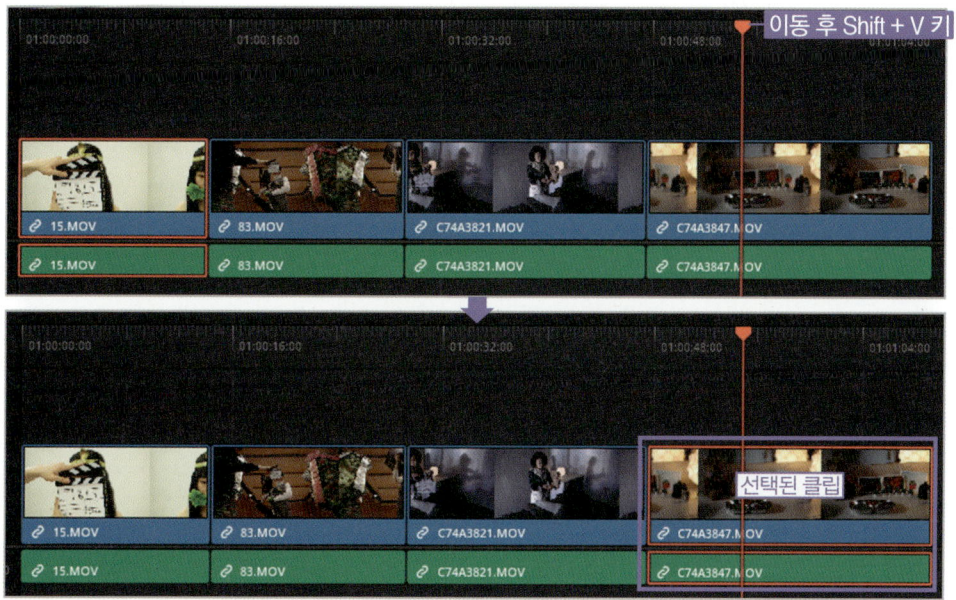

선택된 영상(클립)을 왼쪽으로 1**프레임씩** 움직인다는 개념의 **넛징**(Nudging)을 하려면 〈 키를 사용하며, 오른쪽으로 넛징을 하려면 〉 키를 사용하면 됩니다. 넛징, 즉 〈와 〉를 **노멀 에디트 모드**에서 사용하면 편집 점(Edit point)에 영향을 주지 않지만, **트림 모드**(Trim Mode)에서 사용하면 편집 점에 영향을 줍니다. 넛징 편집도 타임라인 뷰어에서 4개의 분할화면으로 볼 수 있습니다.

또한 넛징 편집 시 Shift 키를 누른 상태에서 , 키 또는 . 키를 사용하면 1프레임이 아니라 5프레임씩 넛징되며, Shift 키를 이용할 때의 넛징되는 프레임은 앞서 살펴보았 듯이 **작업 환경설정** 창의 Editing 카테고리 항목에 있는 Default fast Nudge Length 값을 변경하는 것으로 조정이 가능합니다.

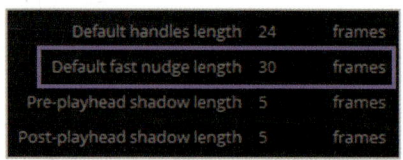

마지막으로 편집 점을 연장시켜 줄 수 있는 Extend Edit에 대해 알아보겠습니다. 단축키는 E입니다. 먼저 편집 점으로 사용할 클립의 **시작 점(Mark in point)**를 클릭하여 선택합니다. 그다음 **플레이 헤드**를 연장하고자 하는 왼쪽 지점에 갖다 놓습니다. 그리고 E 키를 누릅니다. 그러면 클립의 시작 점부터 플레이 헤드가 있는 지점까지 클립의 길이가 연장됩니다.

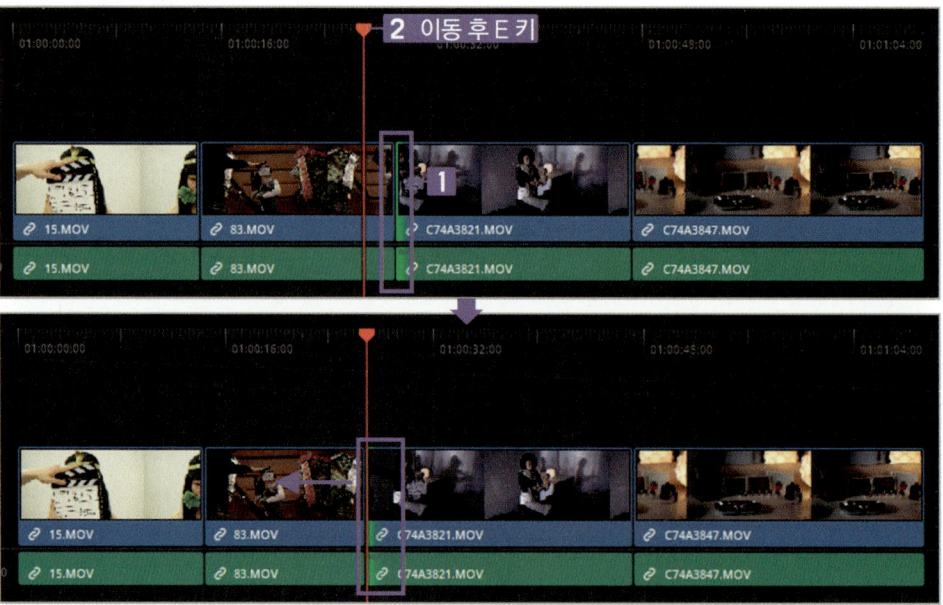

계속해서 이번엔 클립의 **끝 점(Mark out point)**을 선택한 후 **플레이 헤드**를 그림처럼 끝 점보다 조금 왼쪽 부분에 갖다 놓습니다. 그리고 E 키를 눌러 보면 이번엔 끝 점부터 플레이 헤드가 있는 지점까지 클립의 길이가 짧아졌습니다. 이렇듯 E 키를 사용하여 클립의 길이를 늘리거나 잘라줄 수 있습니다.

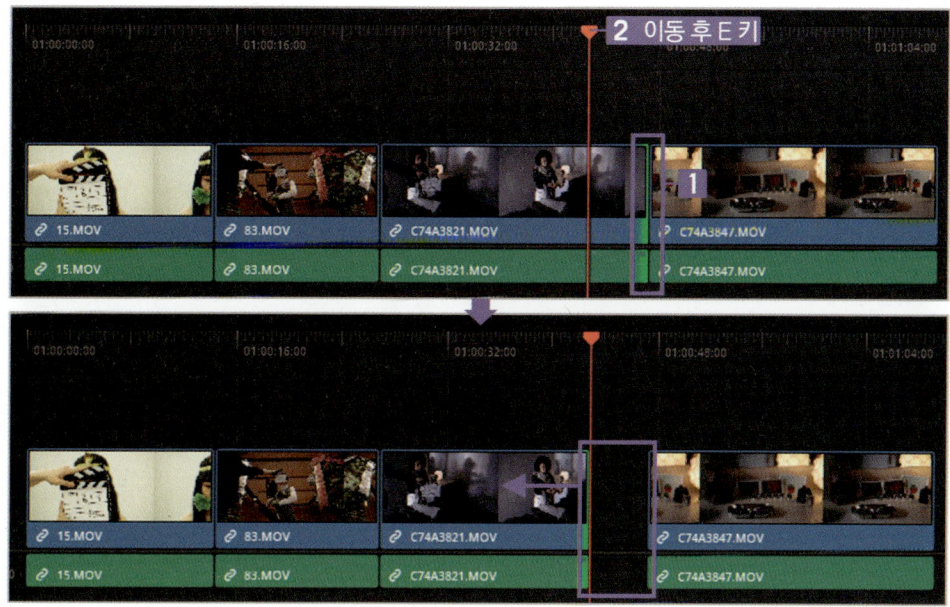

소스 뷰어에서의 트림 모드

트림 모드는 타임라인뿐만 아니라 **소스 뷰어**에서도 설정이 가능합니다. 사용법은 아주 간단합니다. 타임라인에 있는 클립을 **더블클릭**하여 소스 뷰어가 활성화되도록 합니다.

그다음 소스 뷰어에서 **마크 인 포인트**를 오른쪽으로 이동해 봅니다. 그러면 이동된 만큼 타임라인에 있는 클립의 인 포인트도 잘려지는 것을 알 수 있습니다. 이때 잘려진 만큼 뒤쪽의 클립이 이동되어 빈 곳을 채워줍니다.

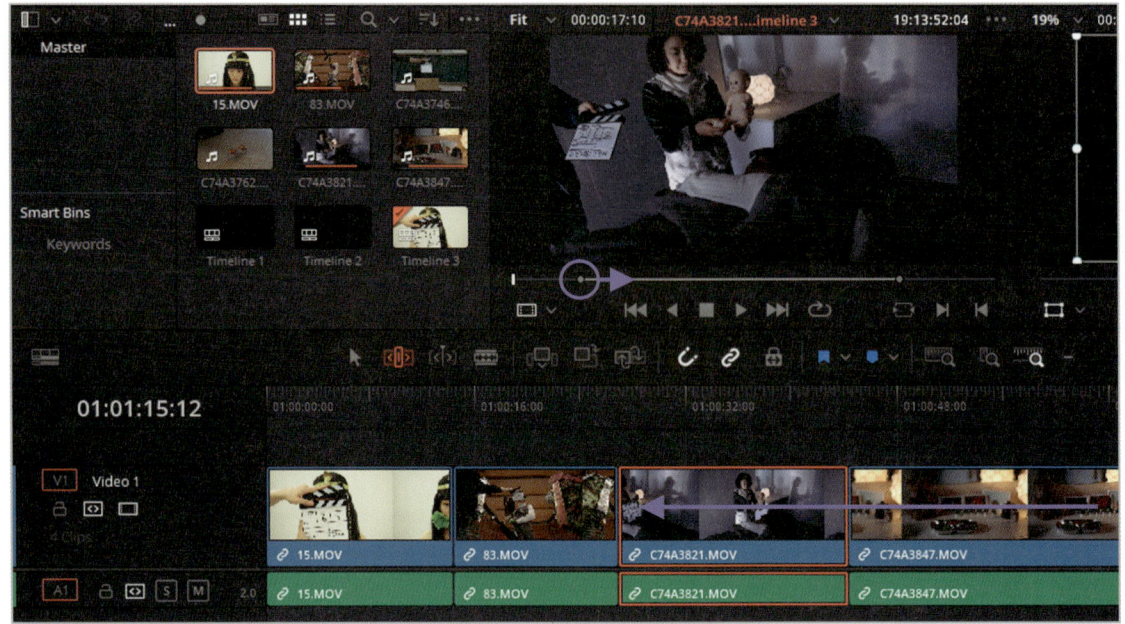

방금 했던 작업을 **노멀 에디트 모드**에서 실행을 한다면 트림 모드 때와는 다르게 클립의 길이는 조절되는 만큼 오른쪽에 있는 클립의 길이가 잘려져 나갑니다.

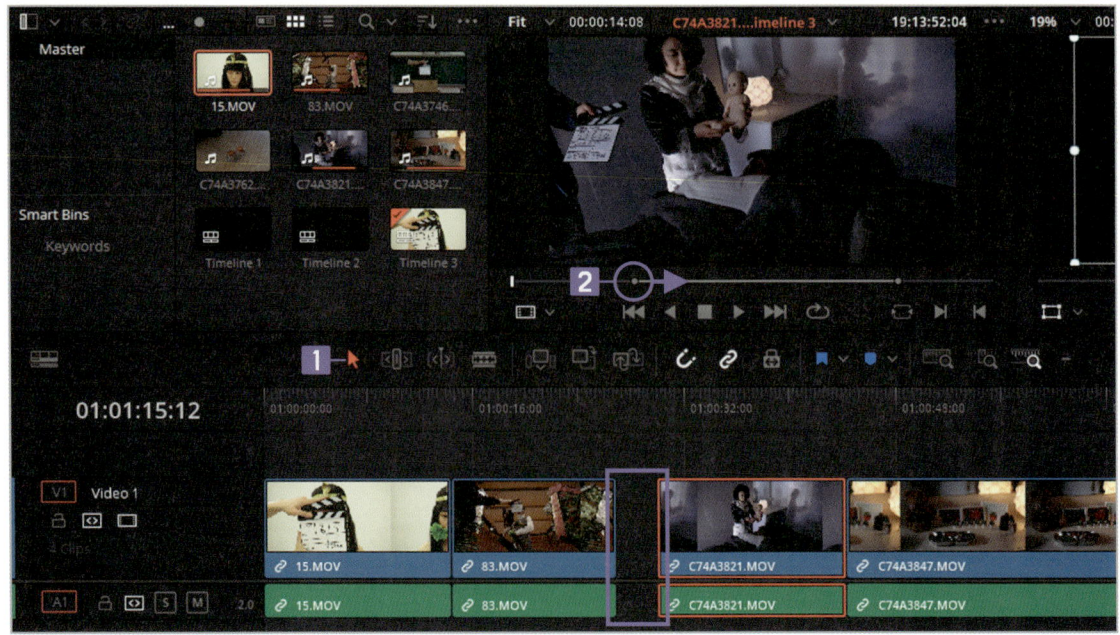

만약 트림 모드 상태에서 소스 뷰어의 마크 인 포인트 또는 마크 아웃 포인트를 **Shift** 키를 누른 상태로 조정하면 영상(클립)의 길이는 그대로 유지한 상태로 클립의 인/아웃 포인트만 수정됩니다. 이것은 앞서 살펴본 **슬립(Slip)** 모드 편집과 같은 것입니다. 이 방법을 사용하면 조금 더 확대된 이미지를 보면서 작업할 수 있다는 장점이 있습니다.

생생노트 | 다이내믹 트림 모드에 대하여

노멀 에디트 모드에서 좌/우 **방향키**를 사용하면 플레이 헤드가 한 프레임씩 이동합니다. 만약 플레이 헤드를 선택된 편집 점으로 한 번에 이동하고자 한다면 **다이내믹 트림 모드(Dynamic Trim Mode)**로 전환하면 됩니다. 다이내믹 트림 모드로 전환하면 플레이 헤드가 **노란색**으로 바뀌게 됩니다.

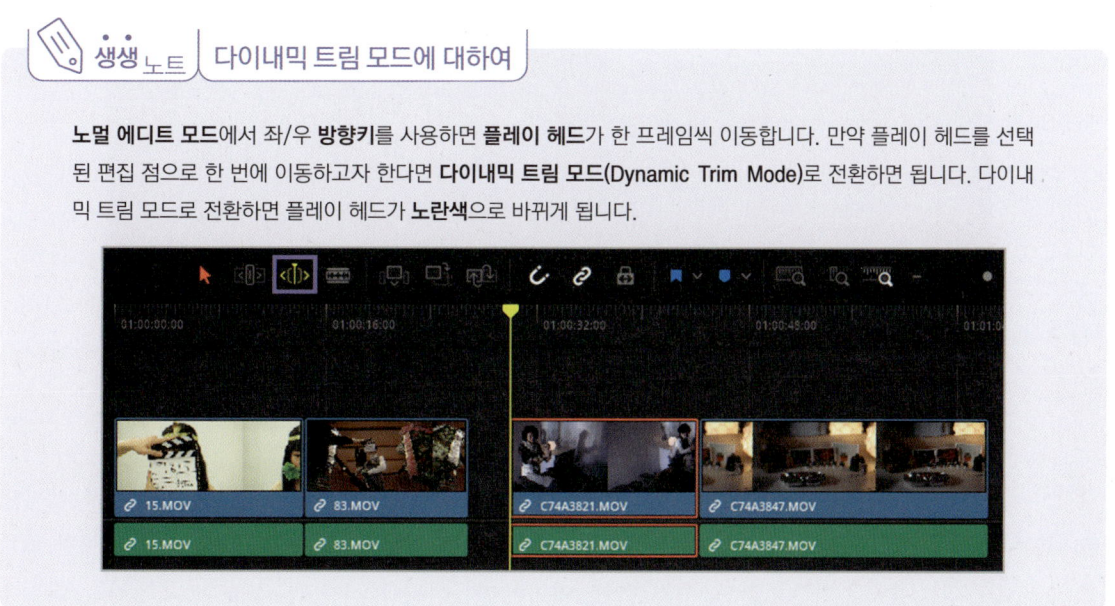

타깃 트랙 지정하기

이전 학습에서는 노멀 에디트 모드와 트림 모드에 대해 알아보았습니다. 하지만 두 기능들을 이용하여 작업을 할 때 단축키는 불편한 점이 한 두개가 아닐겁니다. 예를 들어 그림처럼 대략적인 인/아웃 영역을 만든 후

V2(비디오 2) 트랙의 클립 중 특정 하나의 클립의 인/아웃 포인트를 지정하기 위해 **플레이 헤드**를 해당 클립으로 이동한 후 X 키를 눌러보면 V2 트랙이 아니라 V1 트랙에 있는 클립의 인/아웃 포인트가 표현되는 것을 확인할 수 있을 것입니다.

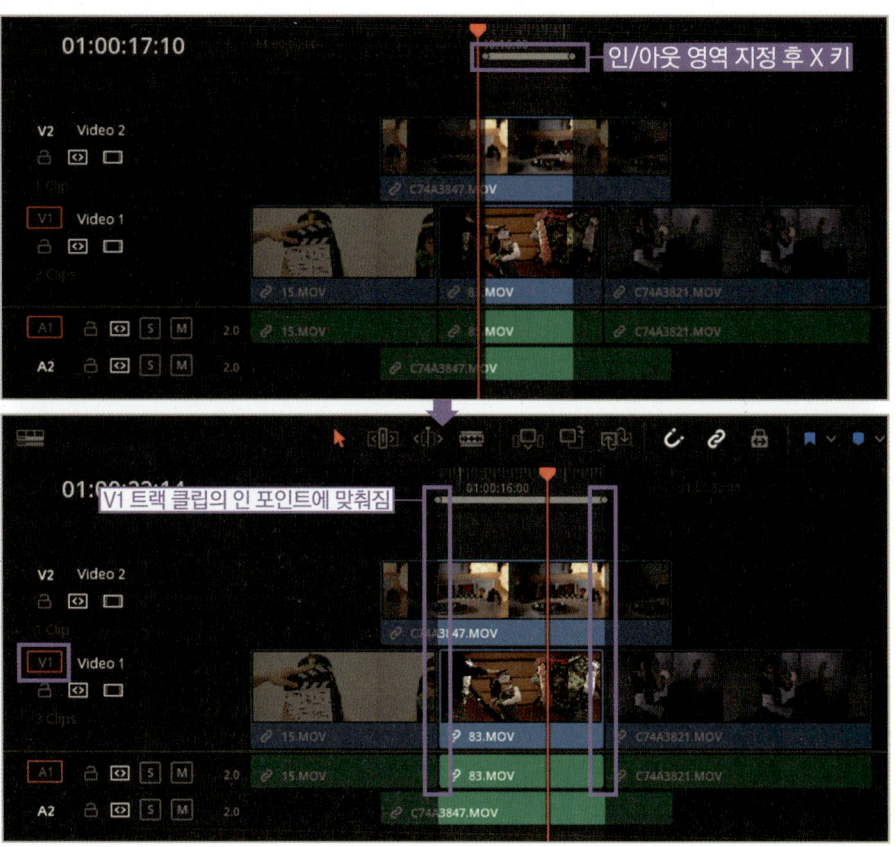

여기서 만약 V1 트랙에 있는 클립이 아니라 V2 트랙에 있는 클립의 인/아웃 포인트를 기준으로 영역을 만들어 줄 것이라면 V1 트랙의 **자동 트랙 선택**(Auto Track Selector) 기능을 비활성화한 후 X 키를 눌러야 합니다. 그러면 V2 트랙에 있는 클립을 기준으로 인/아웃 포인트 영역이 만들어집니다. 참고로 Auto Track Selector의 단축키는 [Alt] + [F1] ~ [F8]까지 사용됩니다. 예를 들어 [Alt] + [F1] 키를 누르면 V1 트랙이 비활성화됩니다.

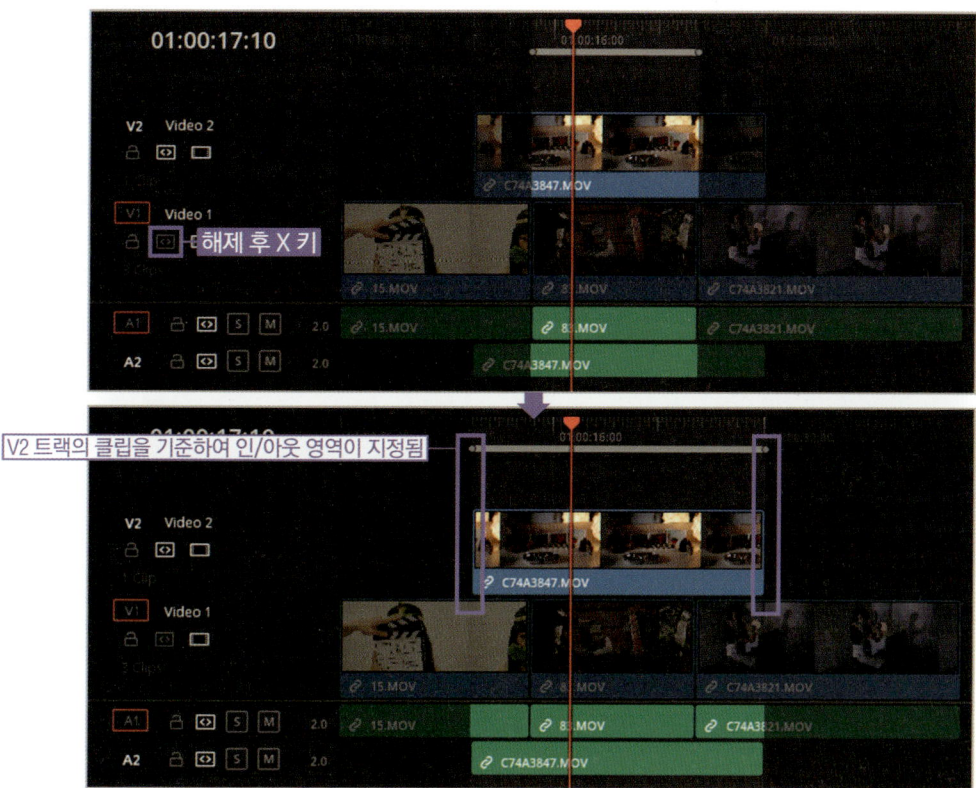

인/아웃 포인트 영역의 밝고 어두운 경계를 해제하기 위해서는 **아무 클립**을 선택하는 것이며, **빈 트랙**을 선택하면 다시 인/아웃 포인트 영역이 밝고 어두운 경계로 지정됩니다.

마커와 플래그를 이용한 편집

마커(Markers)는 클립(장면)의 특정 부분이나 타임라인의 특정 시간을 표시할 때 사용됩니다. 이렇게 표시된 마커는 다른 클립의 편집 점이나 또 다른 마커를 동기화시킬 수 있어 정교한 편집을 가능하게 해 줍니다. 상대적으로 플래그(Flags)는 클립의 속성을 구분하기 위해 붙이는 일종의 라벨이라고 이해하면 됩니다.

마커 활용하기

마커(Markers)는 작업 시간을 위한 타임라인 머커와 클립에 사용되는 클립 마커 두 가지로 구분됩니다. 마커를 만드는 방법은 동일하지만 마커를 적용할 때 클립이 선택되었을 때와 그렇지 않을 때에 따라 전혀 다른 마커가 만들어집니다. 먼저 클립에 사용되는 클립 마커를 만들어주기 위해 마커가 적용될 아무 클립 하나를 선택한 후 **플레이 헤드**를 선택한 클립으로 이동합니다. 그다음 마커가 적용될 위치로 이동한 후 Markers 옆에 있는 ∨ 모양의 아이콘을 눌러서 메뉴를 열어준 후 원하는 색상(필자는 노랑색을 선택했음)의 마커를 선택합니다. 그러면 선택된 색상의 마커가 **선택**된 클립의 **플레이 헤드**가 있는 위치에 생성됩니다.

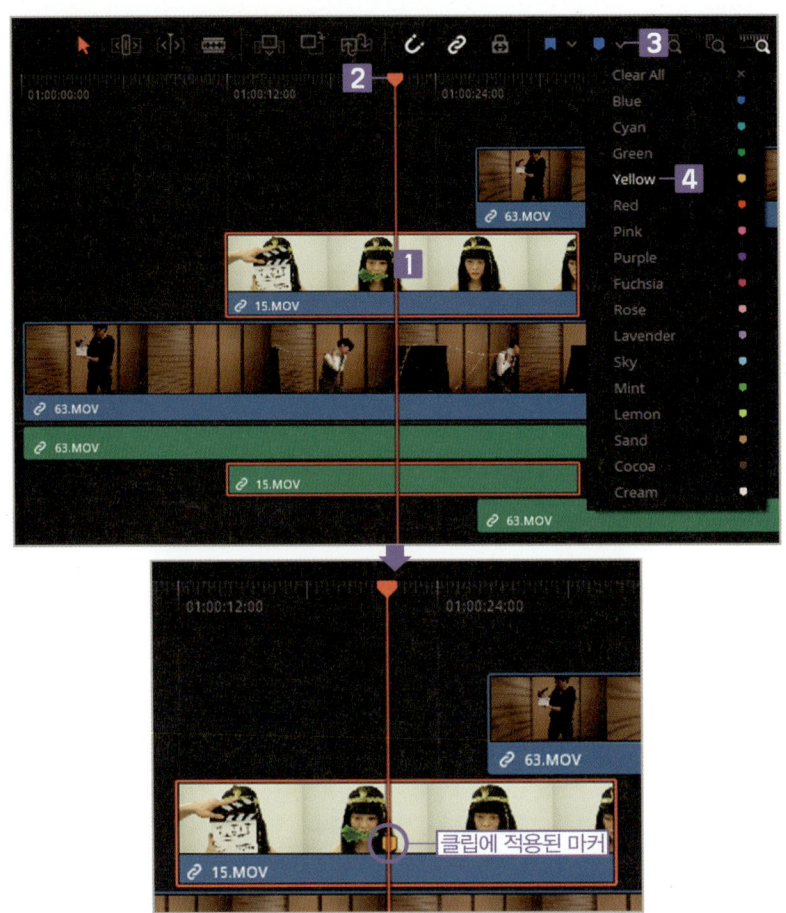

이제 방금 추가된 마커 근처로 **클립**을 **이동**해 봅니다. 현재는 **스냅**이 켜져있기 때문에 이동되는 클립의 시작 점(혹은 끝 점)이 마커 근처로 왔을 때 자석처럼 달라붙는 것을 알 수 있습니다. 이처럼 마커는 특정 편집 점을 정확하게 맞춰줄 때 사용됩니다. 스냅은 마커와 마커끼리도 가능하며, 비디오와 오디오의 싱크(Sync)를 맞출 때도 유용하게 사용됩니다. 또한 마커는 편집하고자 하는 내용을 주석으로 표기할 때도 사용됩니다.

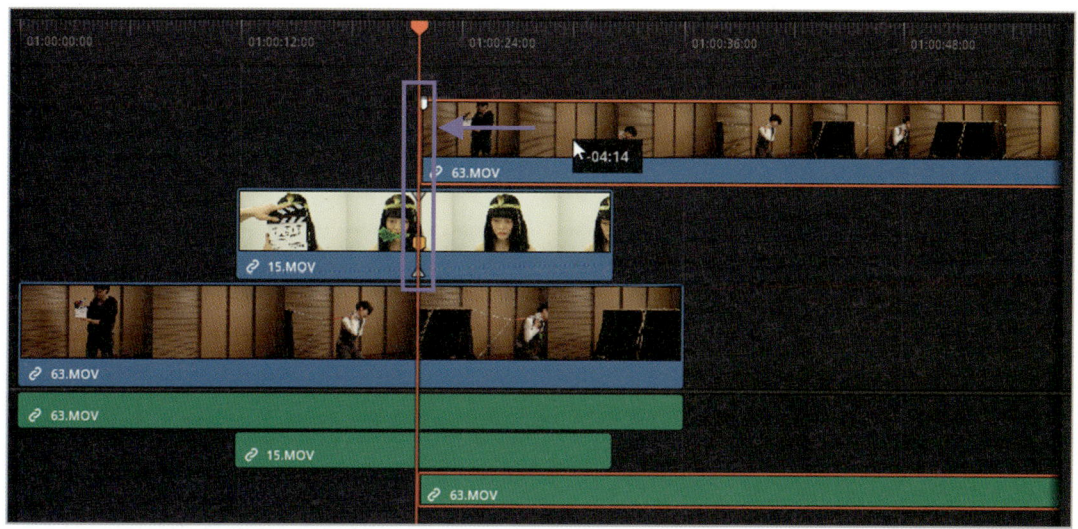

이번엔 타임라인 마커를 만들어보겠습니다. 타임라인 마커도 클립 마커와 만드는 방법은 같습니다. 그러나 어떠한 클립도 선택되지 않는 상태에서만 타임라인 마커를 만들 수 있기 때문에 먼저 타임라인의 **빈 트랙**을 **클릭**하여 모든 클립을 제해합니다. 그다음 **플레이 헤드**를 마커가 추가될 위치로 이동한 후 Markers 아이콘을 클릭하거나 단축키 M 키를 누릅니다. 그러면 타임라인 상단의 시간자(Time ruler) 지점에 마커가 생성됩니다.

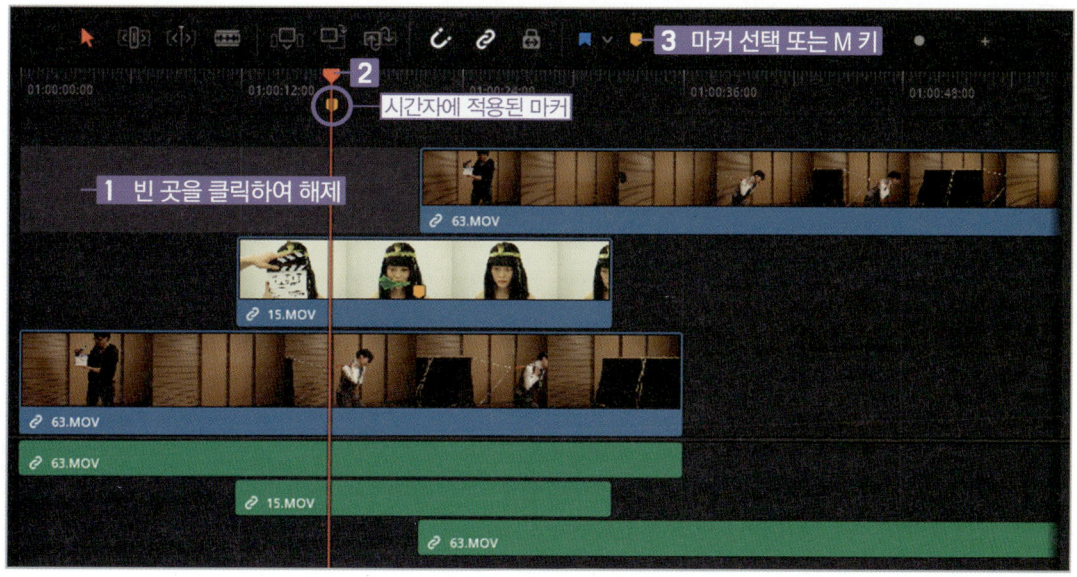

이렇듯 타임라인 마커는 아무 클립이 선택되지 않았을 때 적용되는 것을 알 수 있습니다. 타임라인 마커 또한 클립의 편집 점이나 클립 마커 등을 맞춰줄 때 사용되며, 편집 내용에 대한 주석을 달기 위해서도 사용됩니다. 계속해서 시간과 상관없이 색상이 다른 마커를 여러 개 만들어줍니다. 그다음 특정 마커를 더블클릭해 봅니다. 그러면 마커 정보와 이름 그리고 해당 마커에 대한 주석을 달아줄 수 있는 창이 나타납니다. 필자는 Notes에 **BGM을 넣지 말 것**이라고 입력했습니다. 이처럼 마커에 주석을 달아주면 편집 시 유용한 정보가 됩니다. 설정이 끝나면 Done 버튼을 누르면 되지만 만약 해당 마커가 불필요하다면 **Remove maker**를 눌러 삭제할 수 있습니다.

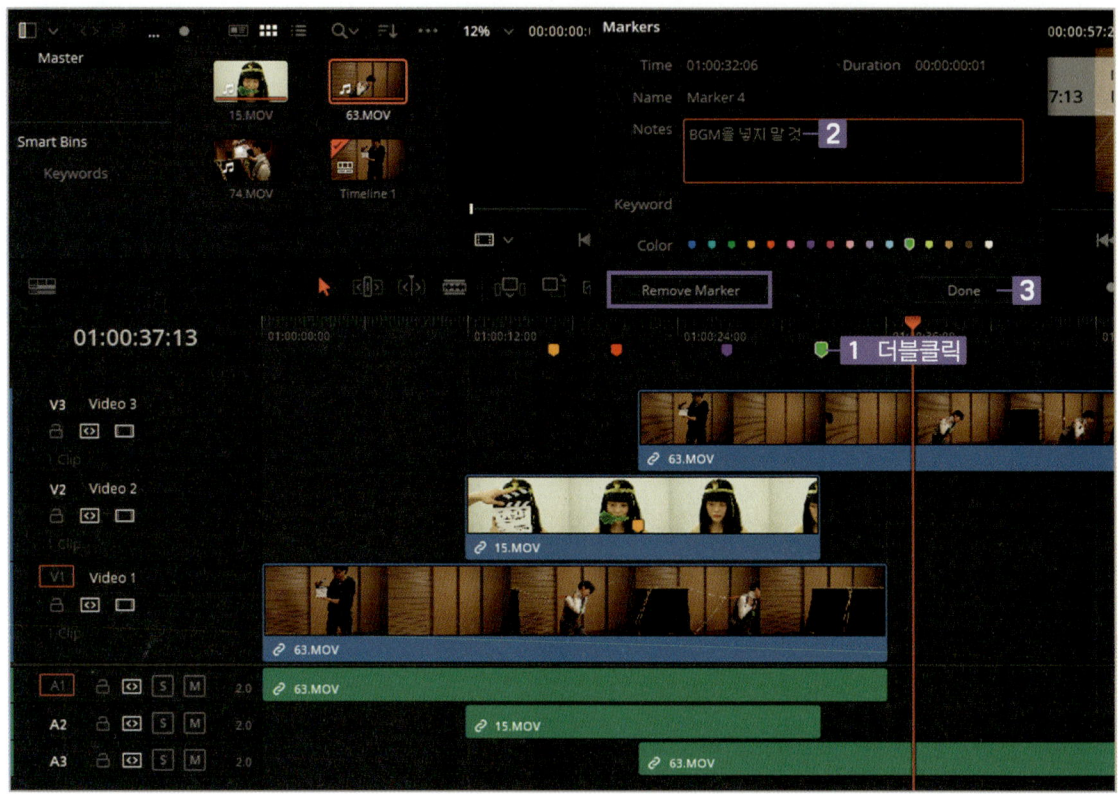

마커의 위치를 수정하기 위해서는 단순히 이동하고자 하는 마커를 선택하여 원하는 곳으로 이동하면 되며, 마커를 순차적으로 선택하는 가장 쉬운 방법은 [Shift] + [위/아래 방향] 키를 이용하는 것입니다. 그리고 마커를 선택한 후 Delete 키를 누르면 선택된 마커가 삭제되며, Markers 메뉴에서 Remove All Markers를 선택하면 모든 마커가 삭제됩니다.

플래그 활용하기

플래그(Flags)는 클립의 속성을 구분하기 위해 붙이는 일종의 라벨이라고 이해하면 됩니다. 클립의 이름이나 장면, 런타임 등과 같은 속성이 같거나 유사한 클립들을 같은 색상의 플래그를 붙여놓으면 편집 시 헷갈리지 않을 것입니다. 사용하는 방법은 앞서 배운 마커와 유사합니다. 먼저 플래그를 적용할 클립을 하나 선택합니다. 그다음 **Flags** 또는 단축키 **G** 키를 누릅니다. 필자는 플래그 옆 ∨모양 아이콘 메뉴를 통해 분홍색 플래그를 적용했습니다.

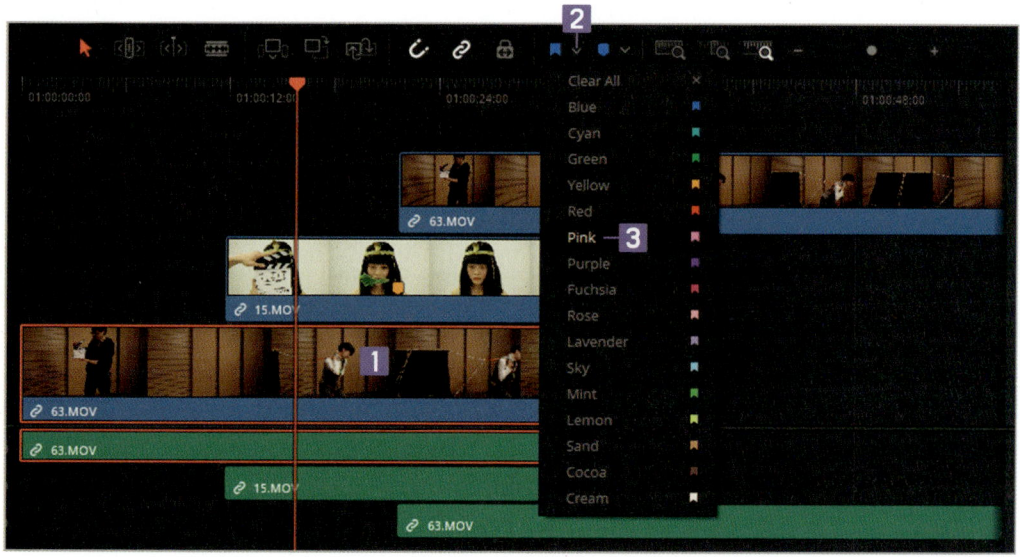

적용된 모습을 보면 선택한 클립 이외에 **동일한 이름의 클립**에도 분홍색 플래그가 적용된 것을 알 수 있습니다. 여기서 만약 방금 플래그를 적용한 클립과 이름은 다르지만 런타임이나 장면 등이 같은 클립에도 같은 색상의 플래그를 적용한다면 클립의 속성을 쉽게 구분할 수 있을 것입니다.

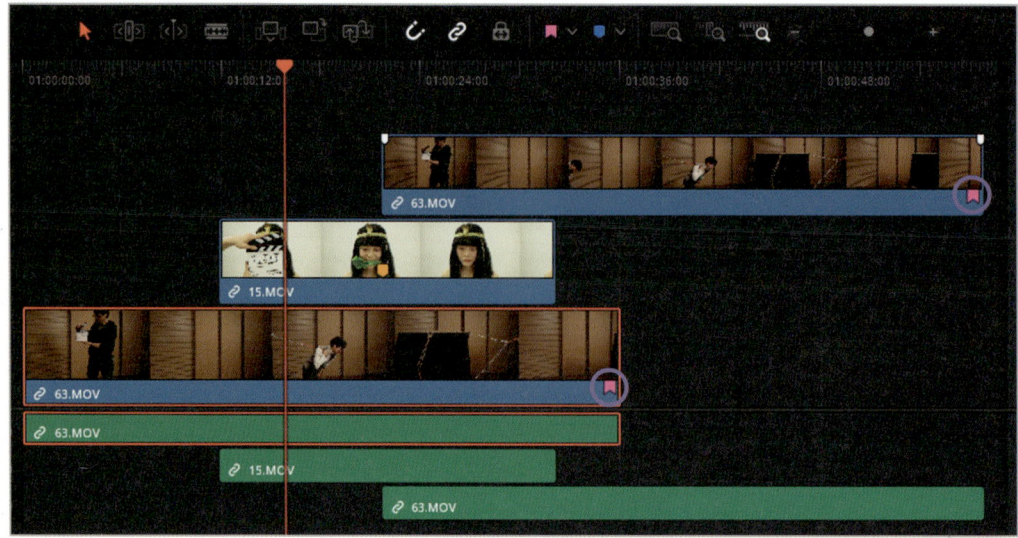

플래그를 **더블클릭**하면 마커처럼 Notes를 통해 플래그에 대한 주석을 달아줄 수 있으며 색상을 수정할 수도 있습니다. 또한 불필요한 플래그는 Remove flag하거나 직접 선택한 후 Delete 키를 누르면 됩니다.

풀다운 Mark 메뉴의 아래쪽 부분을 보면 마커와 플래그를 만들고, 수정하고, 삭제하는 등의 다양한 메뉴들이 있습니다.

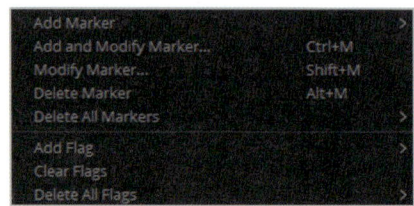

오디오 편집 실무

이번 학습은 오디오 편집에 대한 방법입니다. 오디오 편집 또한 비디오 편집과 크게 차이는 없습니다. 오히려 비디오 편집보다 단순하기 때문에 특별히 기술적인 부분에 대해서는 어렵지 않을 것입니다. 또한 오디오 편집에서의 오디오 클립은 BGM이나 내레이션 등 독립적인 오디오 클립을 사용하기도 하지만 일반적으로는 비디오와 함께 링크되어있는 오디오 클립(채널)에 대한 편집이 주가 될 것입니다. 하지만 서로 다른 용도로 사용되는 오디오일지라도 편집 방법은 동일하다는 것을 기억하기 바랍니다.

페이드 인/아웃 설정하기

이번 학습에서는 오디오 파일을 불러와 학습에 사용해 보겠습니다. 미디어 스토리지의 익스플로러(Explorer)에서 [학습자료] - [Audio] 폴더를 선택하면 준비된 오디오 파일들이 보일 것입니다. 여기서 아무 오디오 클립 하나만 선택해 보면 소스 뷰어에는 선택된 오디오 클립이 **웨이브폼(Waveform)** 형태로 나타납니다. 웨이브폼은 두 개로 나눠져있는데, 아래쪽 넓은 영역에서는 오디오 채널(현재는 스테레오이기 때문에 두 개의 채널(Left/Right)로 구분되어 있음)의 웨이브폼을 보여주며, 위쪽 좁은 영역에서는 채널이 합쳐진 오디오의 파형(Waveform)이 나타납니다. 현재 웨이브폼 배율은 10x로 되어있는데 만약 확대된 범위를 조정하고 싶다면 원하는 배율로 조정할 수 있습니다. 그리고 상단 회색 박스를 이동하여 파형을 찾기 위한 스크롤을 할 수 있습니다. 오디오 소스 뷰어에서도 역시 다양한 컨트롤을 통해 재생, 정지, 시작/끝점으로 이동할 수 있습니다.

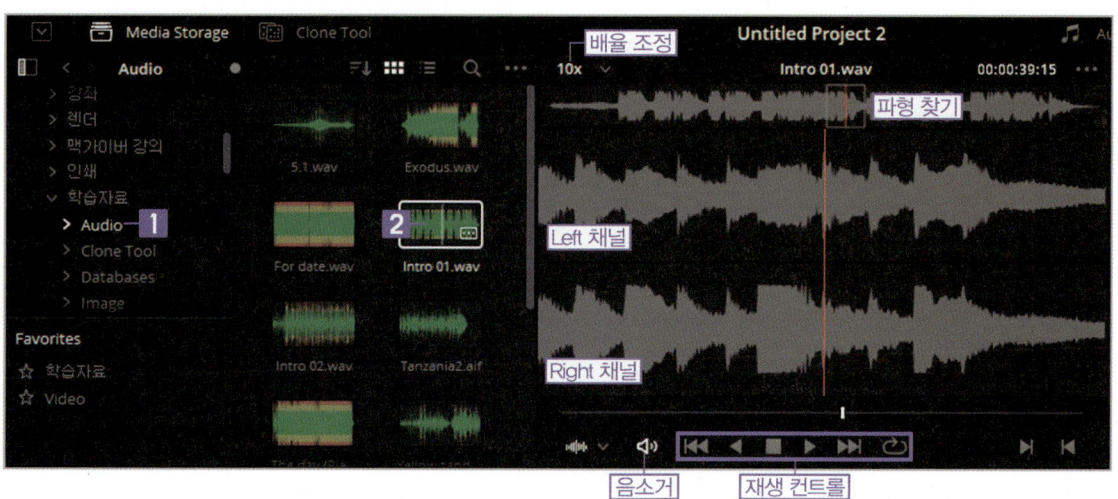

준비된 오디오 클립 몇 개만 미디어 풀에 적용합니다. 오디오 클립도 비디오 클립과 마찬가지로 직접 끌어다 놓거나 오디오 소스 뷰어의 파형을 끌어서 적용할 수도 있습니다. 미디어 풀에 오디오 클립이 적용되면 이제 컷 페이지나 에디트 페이지로 이동하여 편집 준비를 하면 되며, 두 작업 페이지에서도 마찬가지로 비디오 클립처럼 오디오 클립을 소스 뷰어에 적용한 후 마크 인/아웃을 통해 어셈블 편집을 하여 타임라인에 적용하거나 타임라인에 직접 적용한 후 시작 점이나 끝 점을 이용하여 편집을 할 수 있습니다. 그밖에 비디오 편집 학습에서 살펴보았던 다양한 기능을 이용하여 편집을 할 수 있으며, 타임라인에 적용된 초기 오디오 클립은 오디오 파형을 볼 수 없으므로 트랙을 키워주어야 합니다.

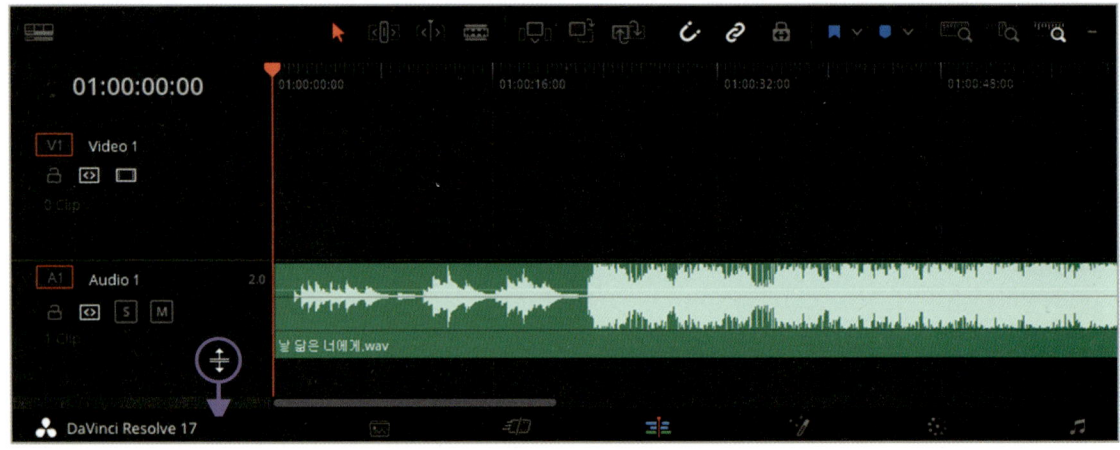

만약 플레이 헤드를 이동할 때 오디오를 잠시 들리지 않게 한다면 [Shift] + [S] 키를 눌러 음소거할 수 있으며, 다시 한 번 [Shift] + [S] 키를 눌러 해제할 수 있습니다. 이제 오디오 클립의 페이드 인/아웃되도록 해 보겠습니다. 다빈치 리졸브에서의 페이드 인/아웃은 비디오 클립과 오디오 클립 모두 동일한 방법을 사용합니다. 오디오 클립의 시작 점과 끝 점의 위쪽 모서리를 보면 **마커**와 비슷한 표시가 보일 것입니다. 이 표시는 **페이드 어웨이(Fade away)**란 기능으로써 마우스 커서가 해당 클립 위에 위치했을 때만 보입니다. 페이드 인/아웃(Fade In/Out) 표시 중 클립의 시작 점 부분에 있는 것을 선택하여 오른쪽으로 이동해 봅니다. 그러면 이동되는 거리 값과 함께 클립의 시작 점 부분에는 이동된 거리만큼 사선으로 처리됩니다. 사선의 위치가 아래로 내려간 부분은 소리가 들리지 않으며, 반대로 위로 올라간 부분은 소리가 정상적으로 들립니다. 그러므로 지금의 **페이드 인**의 모습은 처음엔 소리가 들리지 않았다가 서서히 들리게 됨을 의미하는 것입니다.

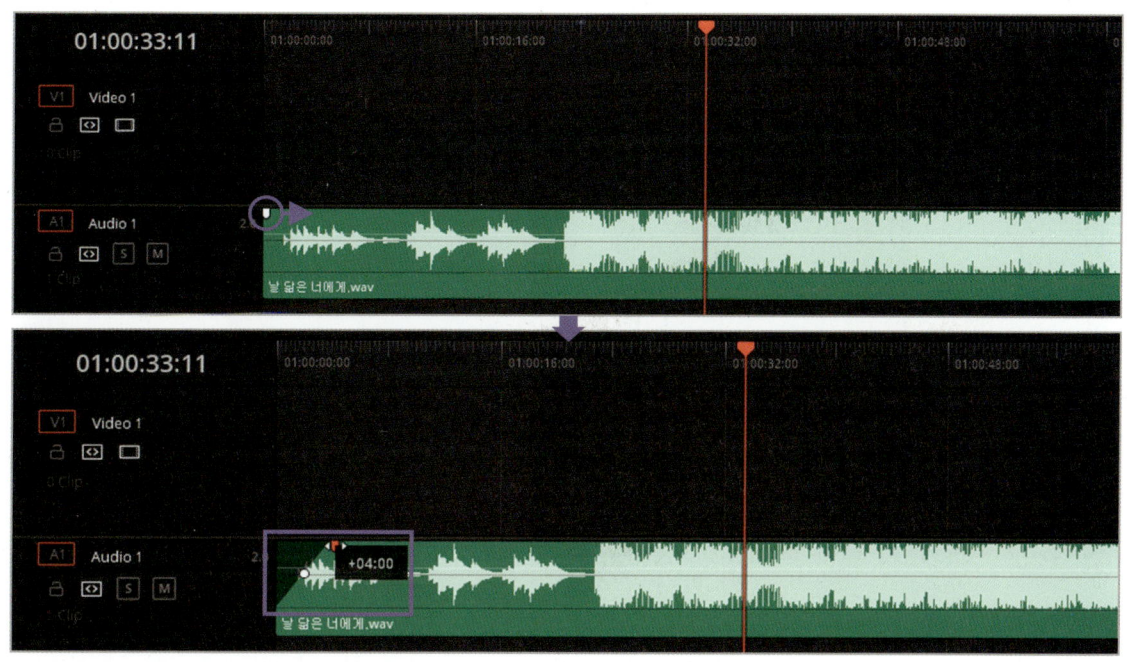

반대쪽 끝 점에서도 같은 방법으로 페이드 아웃을 표현할 수 있습니다. 이렇듯 오디오에서의 페이드 인/아웃은 소리에 대한 영향을 준다는 것을 알 수 있으며, 대부분의 오디오는 소리의 시작과 끝을 자연스럽게 들리게 해야하므로 이와 같은 페이드 인/아웃 작업이 필요합니다. 물론 오디오 클립의 원본 자체가 페이드 인/아웃이 이루어진 상태라면 굳이 지금과 같은 작업을 할 필요는 없습니다.

비디오 클립에서의 **페이드 인/아웃**도 마찬가지 방법으로 설정을 합니다. 그러나 비디오는 오디오와는 다르게 소리에 영향을 주는 것이 아니라 영상의 밝기에 영향을 주게 됩니다. 즉 장면이 시작될 때는 보이지 않았다가 서서히 화면이 나타나는 것을 말합니다. 장면이 끝날 때도 페이드 아웃이 필요하다면 비디오 클립의 끝 점에 있는 페이드 아웃을 이용하면 됩니다.

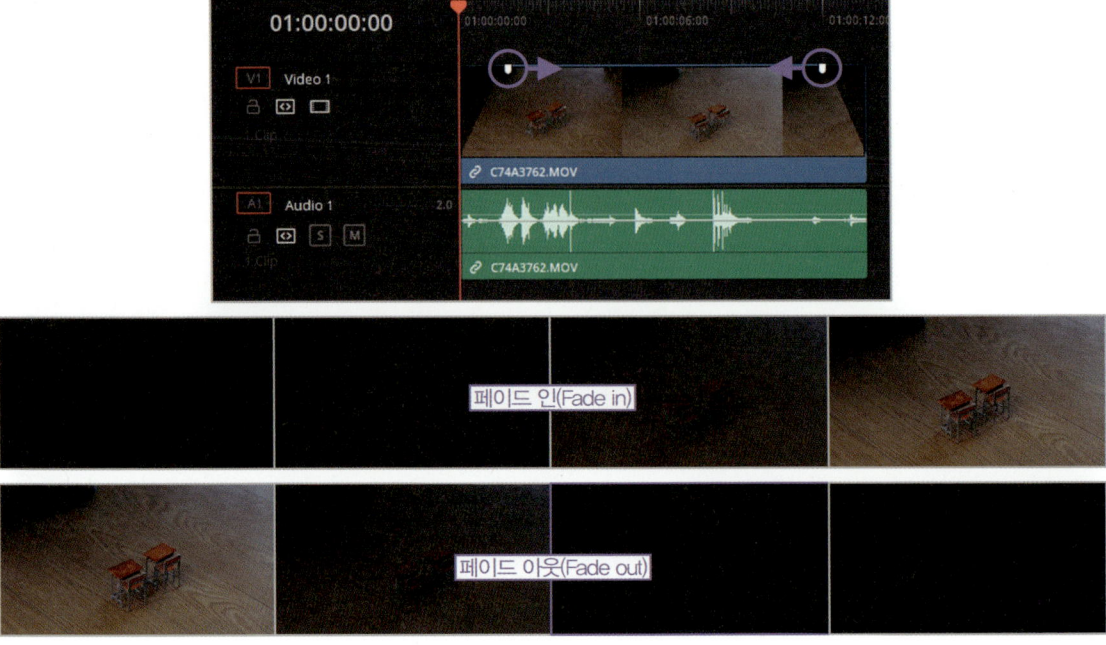

볼륨 조절하기

오디오 편집을 할 때 오디오의 볼륨을 조절해야 하는 경우가 있습니다. 이것은 작업할 때의 소리를 듣기 위해서가 아니라 오디오 클립의 볼륨에 문제가 있었을 때를 말하는 것입니다. 다빈치 리졸브에서의 오디오 볼륨은 **에디트 페이지**에서 작업하는 것이 편하며, 오디오 클립 가운데 부분의 엷은 **흰색 수평선**을 위/아래로 이동하는 것으로 쉽게 조절할 수 있습니다.

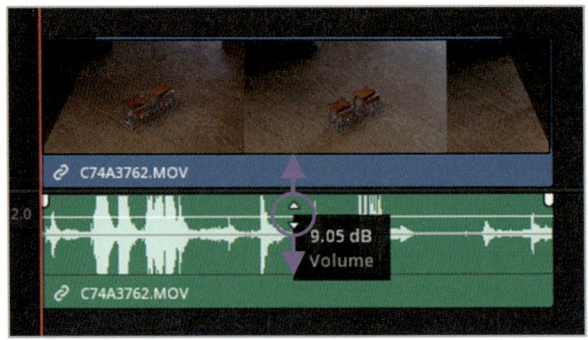

또한 볼륨 조절은 **인스펙터**(Inspector)를 선택하면 나타나는 Volume and Pan을 통해서도 가능합니다. 여기서는 단순히 볼륨을 조절하는 것 뿐만 아니라 시간에 따라 변화가 생기는 볼륨을 표현할 수도 있습니다. 먼저 **타임라인**에 하나의 **오디오 클립**을 적용합니다. 그다음 **플레이 헤드**를 볼륨을 조절할 위치로 이동한 후 Volume and Pan에서 Volume의 **키프레임 추가**(Add Keyframe)을 클릭하여 현재 시간에 프레임을 추가합니다.

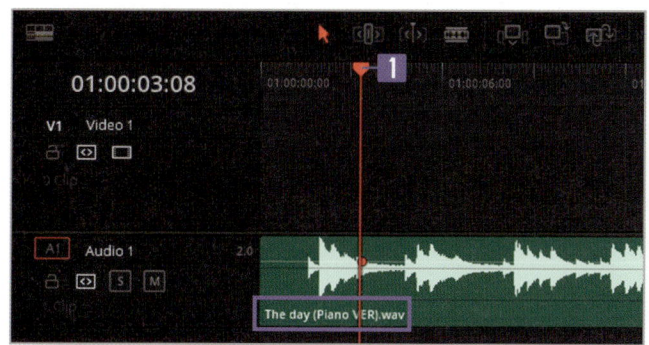 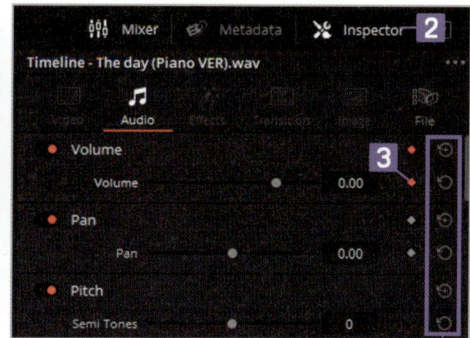

초기 값으로 돌아가기

계속해서 **플레이 헤드**를 다른 시간대(오른쪽)로 이동한 후 Vloume을 최저로 낮춰줍니다. 그러면 역시 현재 시간에 **키프레임**이 추가됐습니다. 이제 앞서 만든 키프레임과 현재의 키프레임 사이를 보면 위쪽에서 아래쪽으로 내려가는 사선 형태를 띤 것을 알 수 있습니다. 이것으로 소리가 시간에 따라 작아지는, 즉 조절되도록 하였습니다. 여기서 여러분은 앞으로 있을 수많은 키프레임을 조작해야 할 것입니다. 키프레임은 시간에 따라 변화(비디오 및 오디오)하는 **애니메이션**을 표현할 때 사용된다는 것을 기억하기 바랍니다.

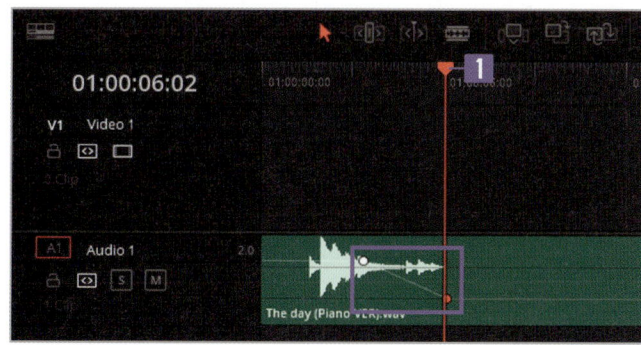 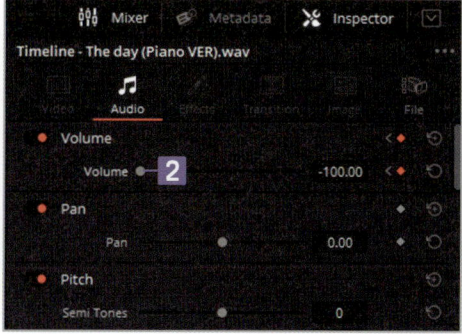

방금 추가된 볼륨 조절 **키프레임**들은 **직접 끌어서** 원하는 위치(볼륨)로 조절할 수 있습니다. 이 작업은 어떤 작업 모드에서도 가능합니다. 또한 특정 키프레임에서 **우측 마우스 버튼**을 클릭하여 나타나는 메뉴에서 **Ease In**을 선택하면 애니메이션의 시작과 끝을 서서히 시작하고 서서히 끝나게 할 수 있습니다.

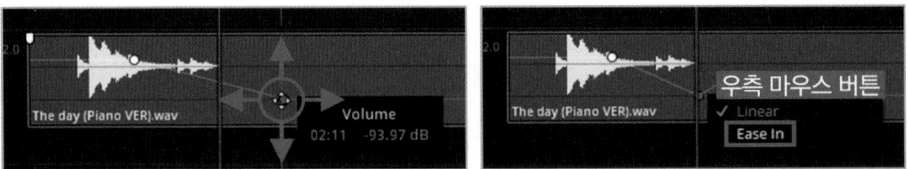

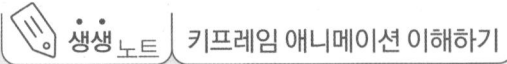 키프레임 애니메이션 이해하기

키프레임 애니메이션(Key frame animation)은 멀티미디어 응용에서 하나의 애니메이션(시간에 따라 변화하는 것)을 표현하기 위한 기술입니다. 이러한 키프레임은 시작(이전) 프레임(Start key frame)과 끝(이후) 프레임(End frame)을 생성하여 이들 키가 되는 프레임 사이에서 장면이나 소리 등이 자연스럽게 변화하도록 합니다. 키프레임 원리는 아래에서 설명하는 내용과 그래프과 같습니다.

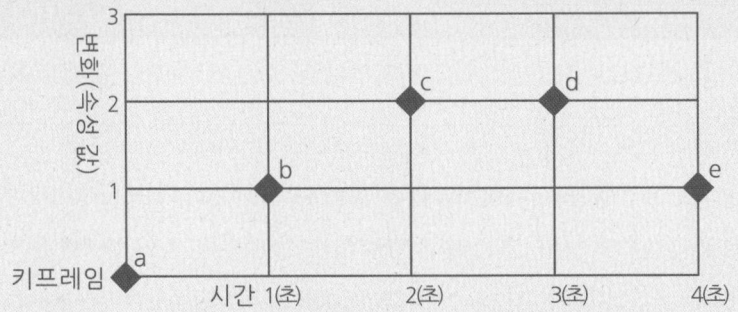

위의 그래프처럼 a~e까지의 키프레임이 있다고 가정했을 때 **a**와 **b**는 시간의 흐름에 따라 속성 값(변숫값)에 변화가 있기 때문에, 즉 a와 b는 다른 속성 값을 가지고 있기 때문에 변화가 생기게 됩니다. 또한 **b~c**까지도 속성 값에 변화가 있기 때문에 이 구간에서도 변화가 생기게 됩니다. 이렇듯 두 개의 키프레임 값에 차이가 있다면 해당 구간에서는 **애니메이션(변화/움직임)**이 발생되는 것이라고 이해하면 될 것입니다. 그리고 **c~d**에서는 속성 값이 같기 때문에 아무런 변화가 없게 됩니다. 참고로 키프레임이 두 개 이상이 있지만 속성 값이 같아서 아무런 변화가 생기지 않는 것을 **스톱 애니메이션(Stop animation)**이라고 합니다. 계속해서 마지막 **d~e** 구간은 속성 값에 차이가 있기 때문에 애니메이션이 발생됩니다. 살펴본 것처럼 키프레임과 키프레임 속성 값은 애니메이션을 표현하는데 있어 매우 중요한 기술적 요소이기 때문에 반드시 이해를 해야 할 것입니다. 이렇듯 서로 다른 값을 가진 키프레임 사이에서는 오브젝트, 즉 장면에 동작(소리의 변화, 색상의 변화, 밝기의 변화, 위치의 변화, 크기의 변화, 회전의 변화 등)이 만들어지는 것입니다.

오디오 볼륨에 대한 세부 설정을 위해 오디오 클립 오른쪽 **하단 모서리** 부분에 있는 **아이콘**을 클릭해 줍니다. 그러면 볼륨을 라인으로 보여주는데, 이 그래프 라인을 통해서 다양한 볼륨의 변화를 표현할 수 있습니다.

그래프 라인에서 수평선으로 된 흰색 부분에 **마우스 커서**를 두고 **위/아래로** 이동해 보면 해당 그래프 라인이 있는 구간의 볼륨이 설정됩니다. 이것은 위쪽의 클립에서 조절하는 볼륨보다 정교합니다. 그리고 **키프레임**을 상하좌우로 이동하여 볼륨과 시간에 대한 조정을 할 수 있습니다. 이때 변화되는 값을 보여주기 때문에 어떤 변화가 생기는지 쉽게 파악할 수 있습니다.

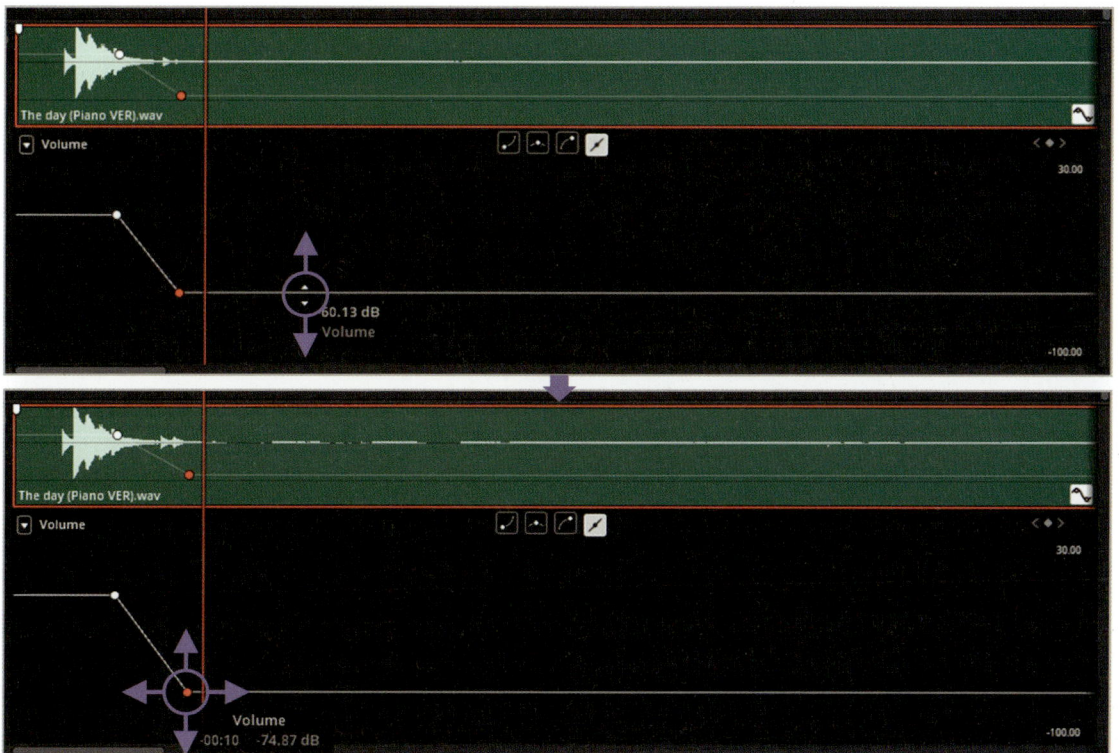

비디오/오디오 편집의 실무 **227**

그래프 라인에서는 각 키프레임 구간의 선을 다양한 모양으로 설정할 수 있으며 설정된 모양에 따라 키프레임 **구간의 속도가** 달라집니다. 먼저 왼쪽에 있는 키프레임을 선택한 후 세부 설정을 위한 4개의 **키프레임 어시스턴트**(Keyframe Assistant) 버튼 중 **첫 번째** 버튼을 선택하면 선택된 키프레임 오른쪽으로 조절 **핸들**이 나타납니다. 이 핸들을 이동해 보면 직선이었던 그래프 라인이 곡선으로 바뀌는 것을 알 수 있는데, 이와 같은 모양의 그래프 라인은 천천히 시작하고 빠르게 끝나는 방식이며, 이것을 **이지 이즈 인**(Easy Ease In)이라고 합니다.

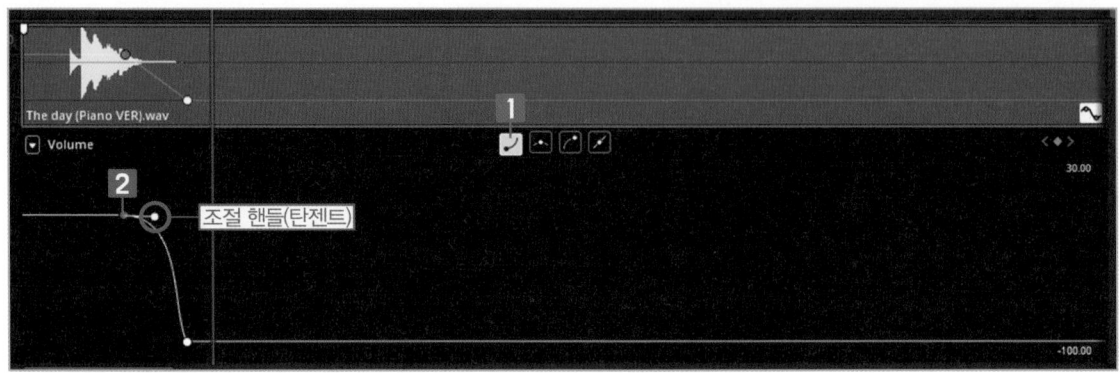

확인 후 **언두**(Ctrl + Z)를 하여 다시 **직선**으로 바꿔준 후 이번엔 오른쪽 키프레임을 선택합니다. 그리고 **키프레임 어시스턴트** 버튼 중 세 번째 버튼인 **이지 이즈 아웃**(Easy Ease Out)을 클릭합니다. 그러면 선택된 키프레임 왼쪽으로 **핸들**이 나타납니다. 이 핸들을 조정하면 앞서 살펴본 이지 이즈 아웃과 반대의 곡선이 표현됩니다. 이와 같은 모양의 그래프 라인은 빠르게 진행되다가 천천히 끝나게 됩니다.

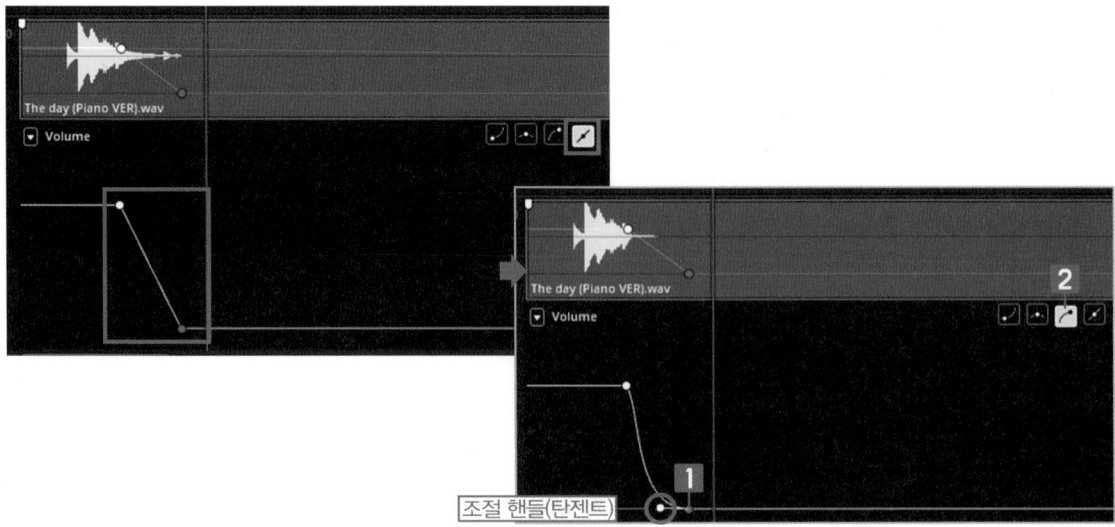

이번엔 두 번째 키프레임 어시스턴트에 대해 알아보기 위해 키프레임을 하나 더 추가합니다. **플레이 헤드**를 그림처럼 오른쪽으로 이동한 후 **키프레임 추가(Add Keyframe)** 버튼을 클릭합니다. 이처럼 그래프 라인에서도 원하는 위치에 키프레임을 추가할 수 있습니다.

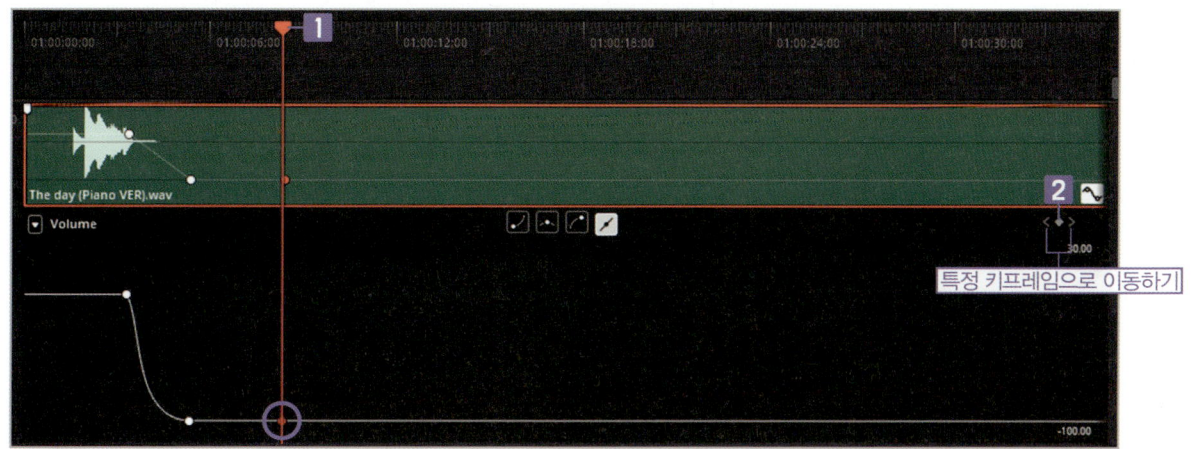

이제 세 개의 키프레임 중 **가운데 키프레임**을 선택한 후 **키프레임 어시스턴트**의 두 번째 버튼인 **이지 이즈 (Easy Ease)**를 클릭합니다. 그러면 선택된 키프레임 **양쪽**으로 **핸들**이 나타나는데, 이 두 개의 핸들을 조절하여 해당 키프레임 구간의 속도에 대한 변화를 줄 수 있습니다. 이렇듯 이지 이즈 인(Easy Ease In), 이지 이즈 아웃 (Easy Ease Out), 이지 이즈(Easy Ease)을 통해 키프레임 구간에 대한 세부적인 속도의 변화를 줄 수 있습니다.

여기서 다시 원래 상태인 **리니어(Linear)** 방식으로 돌아가고자 한다면 키프레임이 선택된 상태에서 네 번째 버튼인 **리니어** 버튼을 클릭합니다. 그러면 선택된 그래프 라인이 선형으로 바뀝니다. 선형 방식은 키프레임 구간에 대한 시작과 끝의 속도를 일정하게 해주는 방식입니다.

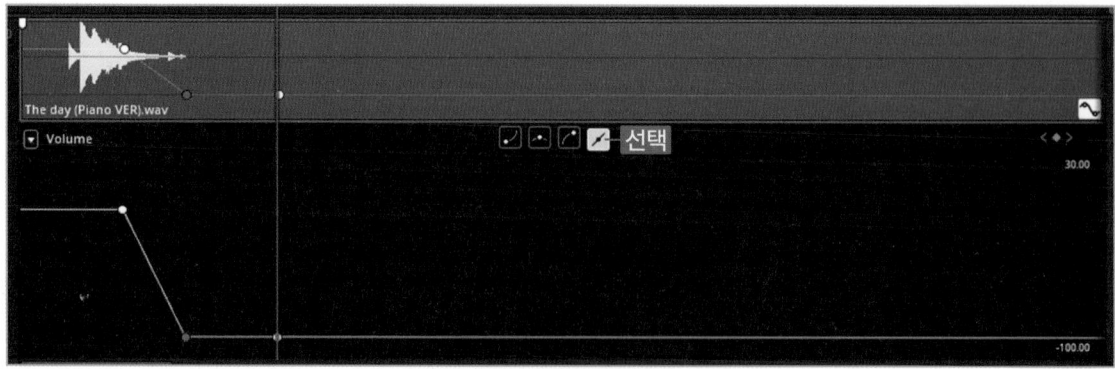

지금까지 살펴본 이지 이즈 인(Easy Ease In), 이지 이즈 아웃(Easy Ease Out), 이지 이즈(Easy Ease), 리니어(Linear) 방식은 오디오 뿐만 아니라 비디오 클립의 키프레임에서도 공통적으로 사용됩니다.

이번엔 오디오 믹서를 통한 볼륨을 조절해 보겠습니다. 인터페이스 오른쪽 상단의 믹서가 켜졌는지 확인한 후 타임라인 오른쪽 상단에 Audio 메뉴를 클릭하여 Mixer를 선택하여 오디오 믹서 모드로 전환합니다.

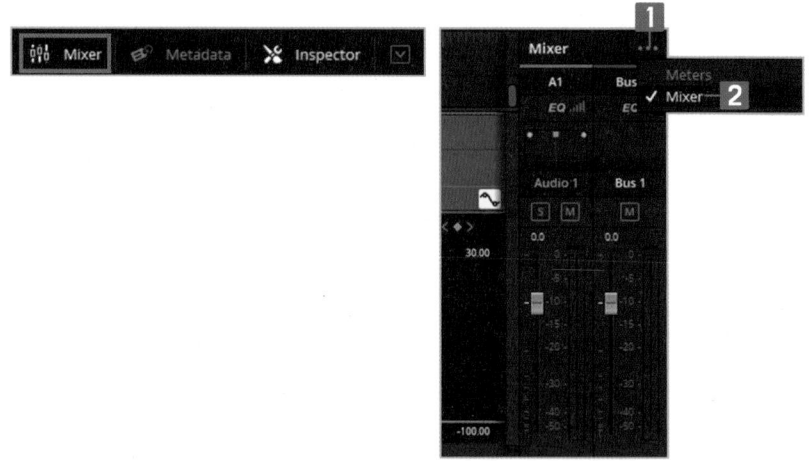

믹서는 사용되는 오디오 트랙의 따라 개수가 정해지는데, 현재는 하나의 오디오 트랙만 사용하기 때문에 Audio 1 믹서만 나타납니다. 위쪽 팬(Pan)은 소리의 방향을 설정하기 위해 사용됩니다. 그리고 Bus 1은 여러 개의 오디오 트랙을 사용할 때 전체 오디오 트랙에 대한 볼륨을 조절합니다.

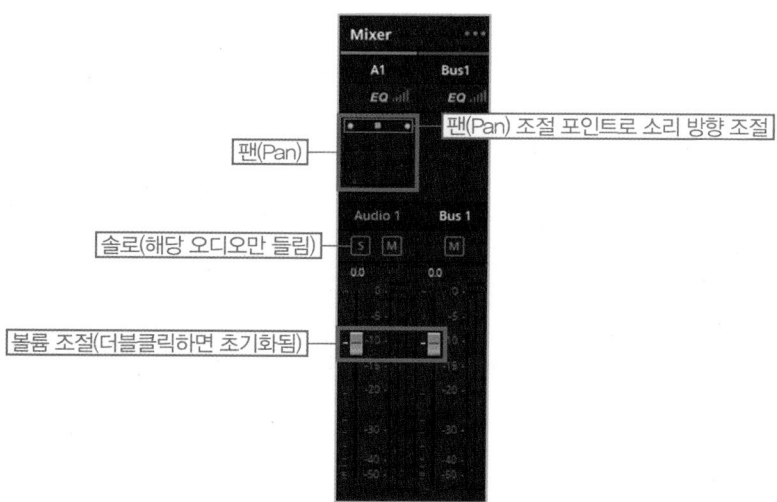

여기서 만약 팬 작업을 하지 않을 경우에는 그래프 라인의 왼쪽 상단에 있는 **삼각형 아이콘**을 클릭하여 나타나는 메뉴에서 **Pan**을 해제하면 됩니다. 물론 여기에 있는 팬을 해제하더라도 설정된 음량은 그대로 보존됩니다. 참고로 사용되는 오디오 클립이 **모노(Mono)**일 경우에는 팬을 사용할 수 없으며, 5.1 채널을 사용할 경우에는 두 번째 그림처럼 각 방향에 대한 소리를 조절할 수 있는 팬 상태로 전환됩니다.

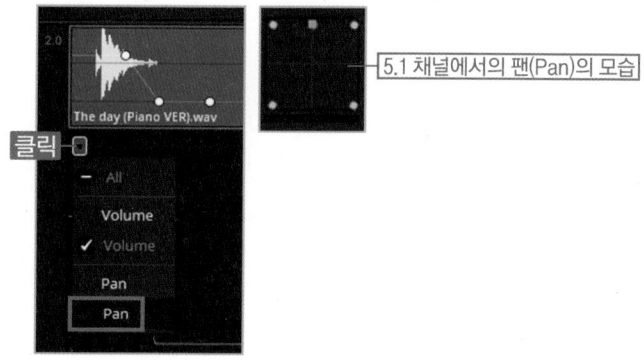

트랙 볼륨 조절하기

앞서 클립에 대한 볼륨을 설정했다면 이번엔 트랙 전체에 대한 볼륨을 조절하는 방법에 대해 알아보겠습니다. 물론 트랙 볼륨 또한 클립 볼륨과 사용상의 차이는 없습니다. 오디오 트랙 왼쪽의 **트랙 리스트**를 클릭(선택)해 보면 인터페이스 오른쪽 상단의 **인스펙터**의 Audio가 **트랙 레벨(Track Level)**로 전환될 것입니다. 전환된 트랙 레벨의 **볼륨**(Volume) 슬라이더를 이동하여 해당 오디오 트랙의 볼륨을 조절할 수 있습니다. 물론 여기에서 조절되는 볼륨은 믹서에도 반영이 됩니다.

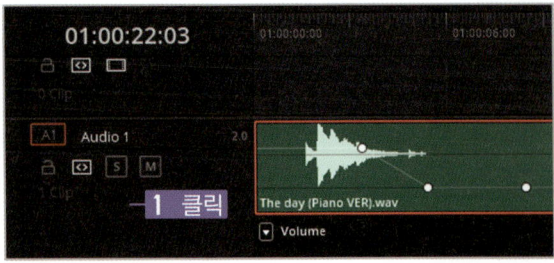 

 키프레임 삭제와 리셋하기

키프레임 작업을 하다보면 불필요한 키를 삭제해야 하는 경우가 생깁니다. 이럴 땐 삭제하고자 하는 키프레임을 선택한 후 **Delete** 키를 누르거나 삭제하고자 하는 키프레임으로 **플레이 헤드**를 이동한 후 볼륨 & 팬의 키프레임 추가 버튼을 클릭합니다. 키프레임 추가 버튼은 키프레임이 없는 곳에서는 키가 추가되지만 키가 있는 부분에서는 해당 키가 삭제됩니다.

그리고 키프레임 속성 값을 초기화하기 위해서는 인스펙터의 각 속성 옵션의 **둥근 화살표** 모양의 Reset 버튼을 누르면 됩니다. 그러나 각 키프레임에 대한 개별 초기화는 않는다는 것을 기억하기 바라며, 키프레임 삭제와 리셋 역시 비디오 편집을 할 때 사용되는 모든 키프레임에 공통적으로 해당됩니다.

오디오 트랙 타입 변경 및 채널 분리하기

오디오 클립을 사용할 때의 트랙은 오디오 타입에 맞는 트랙으로 변경해야 합니다. 오디오 트랙의 타입을 변경하기 위해서는 오디오 **트랙 리스트**의 빈 곳에서 [**우측 마우스 버튼**] - [Change Track Type To] 메뉴에서 원하는 종류를 선택해 주면 됩니다.

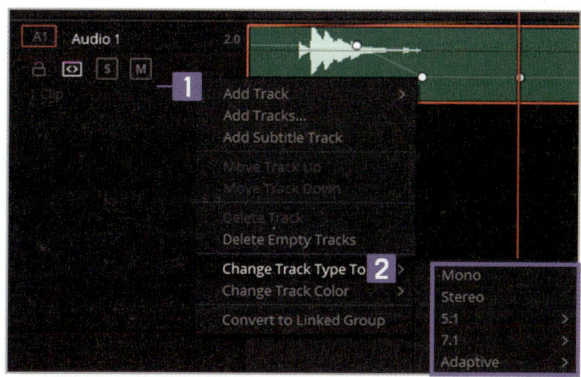

그리고 하나로 보이는 오디오 클립의 채널을 분리하고 싶다면 오디오 클립에서 [**우측 마우스 버튼**] - [Display Individual Audio Channels]를 선택해 주면 됩니다. 그러면 현재 사용되는 클립이 스테레오 채널이기 때문에 두 개의 채널로 분된 것을 알 수 있습니다. 참고로 다시 하나로 합쳐진 채널로 전환하고자 한다면 방금 선택한 메뉴를 다시 한번 선택하면 됩니다.

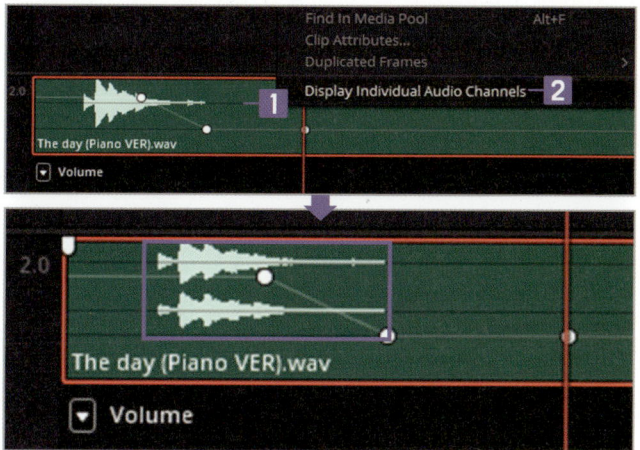

계속해서 오디오 클립 위에서 [우측 마우스 버튼] - [Clip Attributes]를 선택하여 클립 속성 설정 창을 열어 줍니다. 이 창에서는 클립의 속성(비디오, 오디오, 타임코드, 이름)을 확인 및 변경할 수 있는데 이번엔 Audio 탭을 선택해 봅니다. 오디오 탭의 Source Channel을 보면 Left/Right 채널에 대한 설정이 가능합니다. 가령 오른쪽 채널을 Mute로 설정하면 해당 채널에 소리는 들리지 않게 됩니다. 이것은 가끔 문제가 될 수 있는 채널을 사용하지 않고자 할 때 유용합니다. 확인이 끝나면 취소(Cancel)하고 나옵니다.

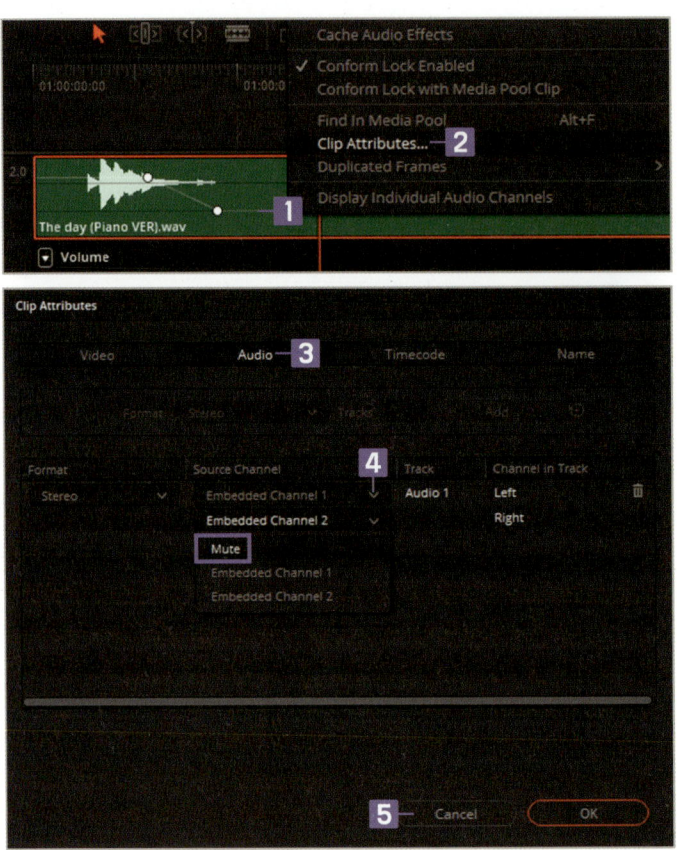

페어라이트 페이지 살펴보기

페어라이트(Fairlight)는 오디오 작업만을 하기 위한 공간입니다. 이 공간에서는 오디오에 대한 작업을 위한 기능뿐만 아니라 컷과 에디트 페이지에서 사용되는 미디어 풀과 이펙트 라이브러리는 제공하며, 내레이션 작업을 할 수 있는 **레코딩** 기능까지 제공하여 다빈치 리졸브에서의 작업이 매우 다양해졌음을 알 수 있게 해줍니다.

니다. 여기에서는 페어라이트의 기본 사용법과 레코딩을 하는 방법에 대해 알아볼 것입니다.

오디오 편집 모드를 이용한 편집

페어라이트 페이지에서의 오디오 편집도 에디드 페이지와 크게 다를 게 없습니다. 살펴보기 위해 먼저 **학습 자료** 또는 **여러분**이 가지고 있는 **하나**의 **오디오 클립**을 **미디어 페이지**에서 적용한 후 **페어라이트 페이지**로 이 동합니다. 현재는 **오디오 파형**이 보이지 않기 때문에 **트랙**을 키워서 파형이 보이도록 해줍니다.

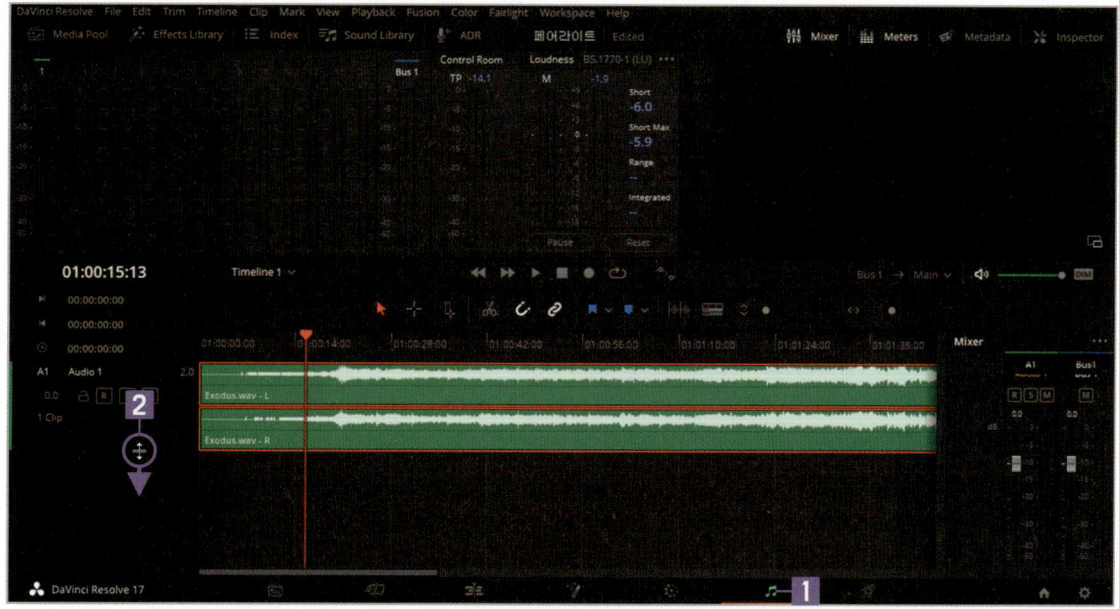

트랙을 키워주는 또 다른 방법으로는 타임라인 상단 툴 바에서 수직으로 크기를 조절하는 **Vertical Slider**와 수평으로 크기를 조절하는 **Horizontal Slider**를 사용할 수 있습니다. 하지만 여기에서 사용되는 크기 조절은 트랙 전체의 크기에 영향을 주기 때문에 개별 설정을 해야 할 경우에는 앞서 살펴본 방법을 사용해야 합니다.

먼저 레인지 **실렉션 모드**(Range Selection Mode)를 선택합니다. 그다음 오디오 클립 위에서 **클릭 & 드래그**하여

영역을 만들어줍니다. 이렇게 지정된 영역은 비디오 편집에서처럼 **마크 인/아웃** 영역처럼 해당 영역의 클립을 삭제(잘라내기), 이동 등의 작업에 사용되며, 동영상이 포함된 오디오 클립일 경우 비디오 부분도 같이 삭제, 이동됩니다. 이제 지정된 영역을 **끌어서** 오른쪽으로 이동해봅니다. 그러면 해당 영역의 오디오가 잘려나가는 것을 알 수 있습니다. 확인 후 **언두(Ctrl + Z)** 합니다.

계속해서 이번엔 **새로운 오디오 클립**을 **아래쪽 트랙**에 적용(미디어 페이지에서 추가한 후 다시 페어라이트 페이지로 이동해야 함)한 후 **레인지 영역**을 다시 지정해봅니다. 그러면 오디오 A1, A2 트랙 모두 영역이 지정되는 것을 알 수 있습니다. 이렇듯 레인지 실렉션 모드에서는 **모든 트랙**의 클립에 대한 **인/아웃 영역**을 만들 때 사용됩니다.

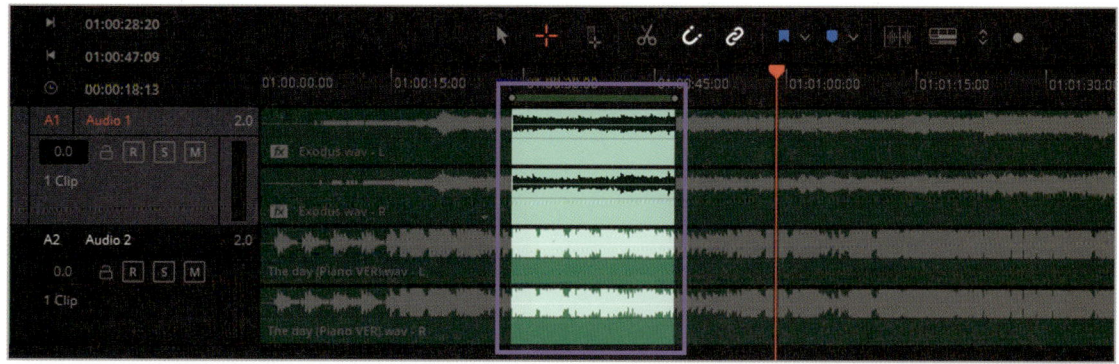

이번에는 **에디트 실렉션 모드(Edit Selection Mode)**를 선택합니다. 그러면 앞서 레인지 영역이 해제됩니다. 이제 같은 방법으로 위쪽 A1 트랙의 오디오 클립 위에서 영역을 만들어봅니다. 그러면 레인지 실렉션 모드를 사용할 때와는 다르게 해당 트랙에만 영역이 만들어집니다. 이렇듯 에디트 실렉션 모드는 **하나의 트랙(클립)**에만 오디오 편집 작업을 할 수 있게 해줍니다.

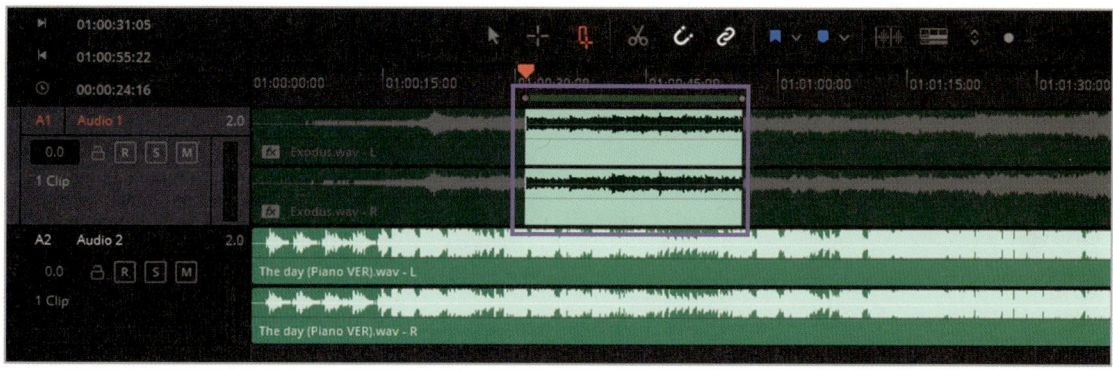

현재의 학습에서는 **타임라인 뷰어**에 아무 모습도 보이지 않지만 동영상이 포함된 오디오 클립이 사용될 경우에는 뷰어에 동영상도 같이 나타납니다.

또한 페어라이트 페이지의 타임라인에 동영상 클립이 나타나게 하고자 한다면 **Timeline View Options**에서 **타임라인 옵션**의 첫 번째 **Video Tracks**을 선택하면 되며, **스크롤러**의 첫 번째 **Video**를 선택하여 타임라인 맨 아래쪽에 **비디오 스크롤러**를 나타나게 할 수도 있습니다. 이와 같은 방법들은 오디오 편집 공간인 페어라이트에서도 동영상을 보면서 작업을 할 수 있도록 해주지만 대부분의 비디오 편집은 컷이나 에디트 페이지에서 이뤄지기 때문에 즐겨 사용되지는 않습니다.

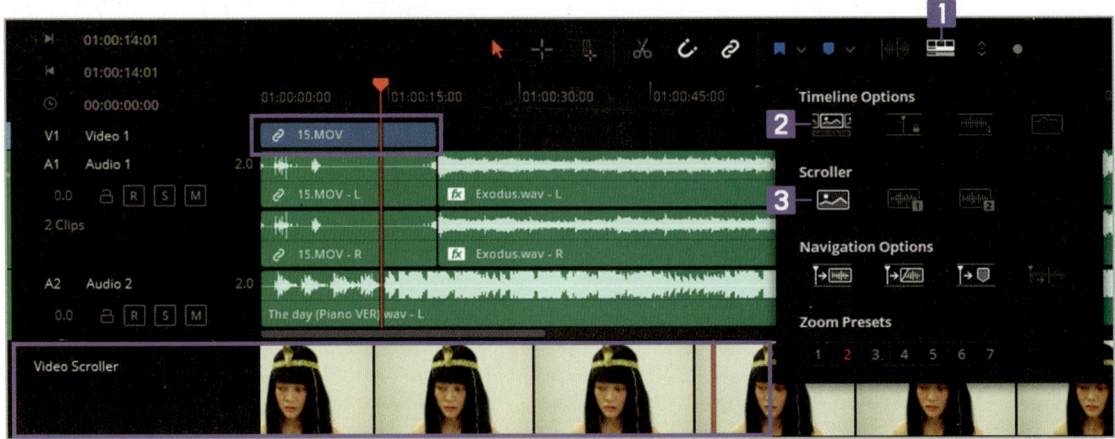

마이크를 이용한 내레이션 레코딩

아직 내레이션을 할 단계는 아니지만 일단 과거에 없었던 내레이션 레코딩에 대해 살펴보고자 합니다. 이제 레코딩할 트랙을 생성하기 위해 타임라인 왼쪽 **트랙 리스트**에서 [**우측 마우스 버튼**] - [**Add Track**] - [**Stereo**] 메뉴를 선택하여 스테레오 오디오 트랙을 생성합니다. 참고로 지금 추가한 트랙은 일반적인 트랙이지만 만약 여러분이 원하는 오디오 트랙이 있다면 해당 오디오 트랙 속성을 선택하면 됩니다.

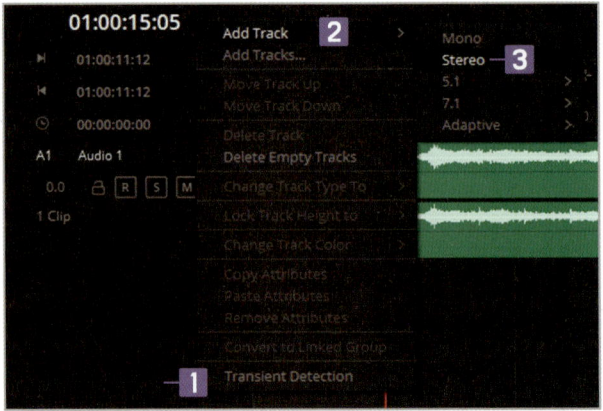

다빈치 리졸브에서 외부 마이크를 통해 녹음을 하기 위해서는 먼저 인풋 장치를 설정해야 하는데, 설정을 위해 **믹서의 Input**에서 **Input**을 선택합니다.

Patch Input/Output 설정 창이 열리면 그림처럼 현재 PC에 연결된 **마이크 장치**를 선택한 후 아래쪽 Patch 버튼을 클릭하여 마이크 장치를 인식합니다. 정상적으로 인식이 끝나면 창을 닫고 나옵니다.

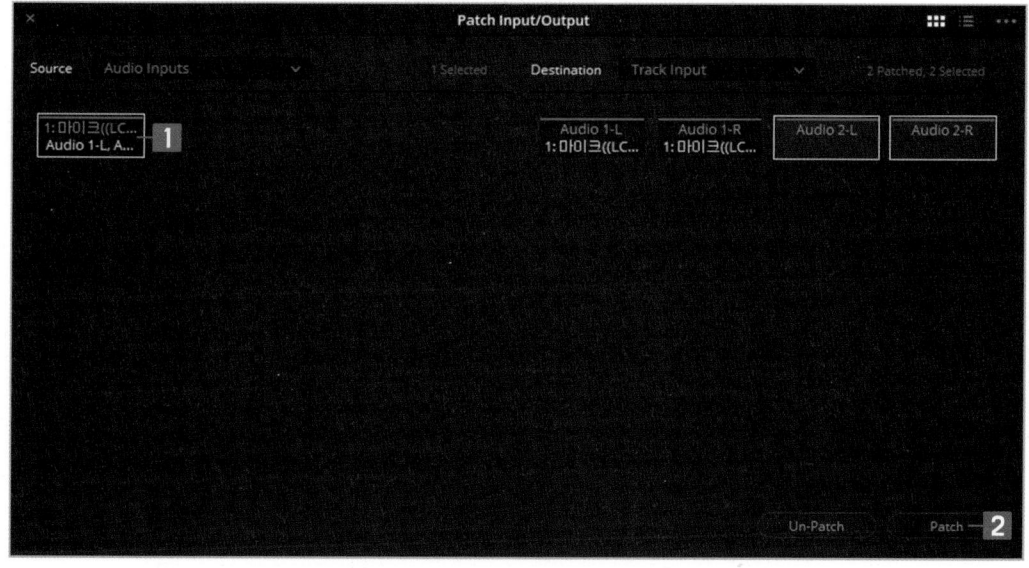

새로운 트랙이 추가됐다면 이 트랙을 내레이션 트랙으로 사용합니다. 이제 새로 생성된 트랙의 R이란 이모콘의 **Arm for Recore** 버튼을 클릭하여 켜줍니다. 그러면 **빨강색** 버튼으로 전환되는데, 오디오 마이크를 통해 소리가 제대로 들어오는지 확인하기 위해 마이크에 소리를 내봅니다. 레벨 미터에 **초록색 램프**가 들어오면 소리가 정상적으로 들어오는 것이기 때문에 레코딩 준비를 하면 됩니다.

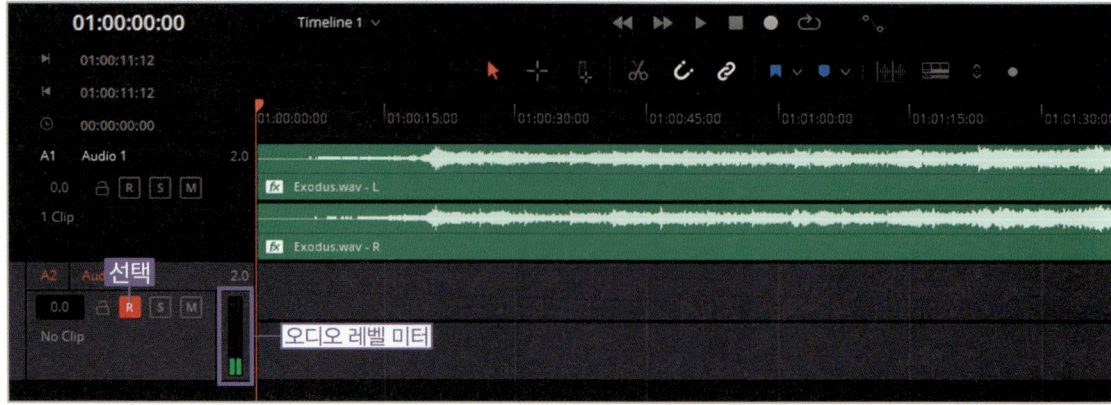

레코딩 준비가 끝났다면 이제 녹음을 하기 위해 상단에 있는 Record 버튼을 클릭합니다. 그러면 레코딩이 시작되고 레코딩 데이터가 오디오 클립으로 생성됩니다. 만약 레코딩이 잘못되거나 끝났다면 **정지(Stop)** 버튼을 누르면 됩니다. 참고로 레코딩이 잘못됐다면 잘못된 오디오 클립은 **삭제(Delete)**한 후 다시 시작합니다.

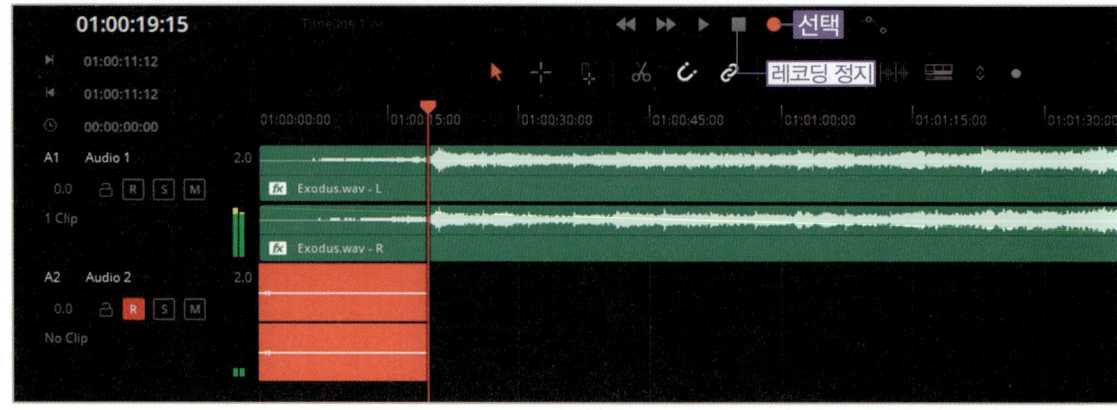

살펴본 것처럼 **페어라이트 페이지**는 오디오 작업을 위한 공간입니다. 하지만 필자는 대부분의 작업을 에디트 페이지에서 하기 때문에 페어라이트 페이지는 그렇게 많이 사용하지는 않습니다. 물론 이것은 작업자 취향에 따라 다르기 때문에 여러분 손에 맞는 작업 페이지를 잘 활용하는 것이 중요합니다.

그밖에 편집 테크닉

앞서 살펴보았던 편집법은 매우 기초적인 것이었다면 이번에 살펴볼 편집법은 장면과 장면 사이에 트랜지션 이펙트를 적용하거나 움직임의 속도를 조절하고 투명도를 조절하는 등의 장면에 다양한 변화를 주기 위한 편집법입니다.

장면전환 이펙트 적용 및 설정하기

편집의 묘미 중 하나는 장면과 장면이 바뀔 때 사용되는 효과를 사용할 수 있다는 것입니다. 이것은 영상을 좀 더 다양한 장면으로 표현함으로써 다이내믹하고 화려한 장면으로 만들어줍니다. 이번 학습에서는 트랜지션 이펙트를 적용하고 설정하는 방법에 대해 알아보겠습니다. 트랜지션 이펙트를 적용하기 위해 먼저 그림처럼 **컷 페이지(에디트 페이지와 동일)**에서 두 개의 **비디오 클립**을 타임라인에 배치한 다음 Transitions의 Video에서 Dissolve 효과를 끌어서 클립과 클립 사이에 갖다 놓습니다. 하지만 지금은 효과가 제대로 적용되지 않습니다.

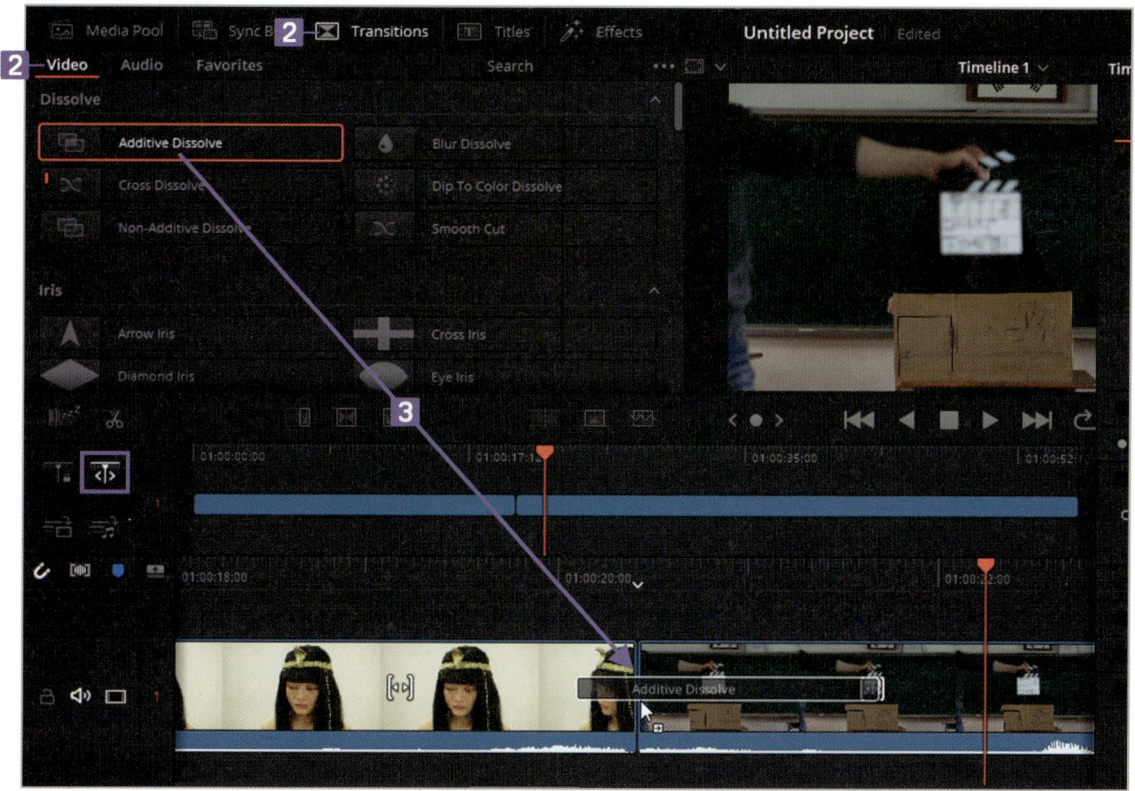

그 이유는 타임라인의 두 비디오 클립이 컷 편집이 이루어지지 않았기 때문입니다. 이제 그림처럼 첫 번째 클립의 끝 점과 두 번째 클립의 시작 점을 이동하여 컷 편집을 조금 해줍니다.

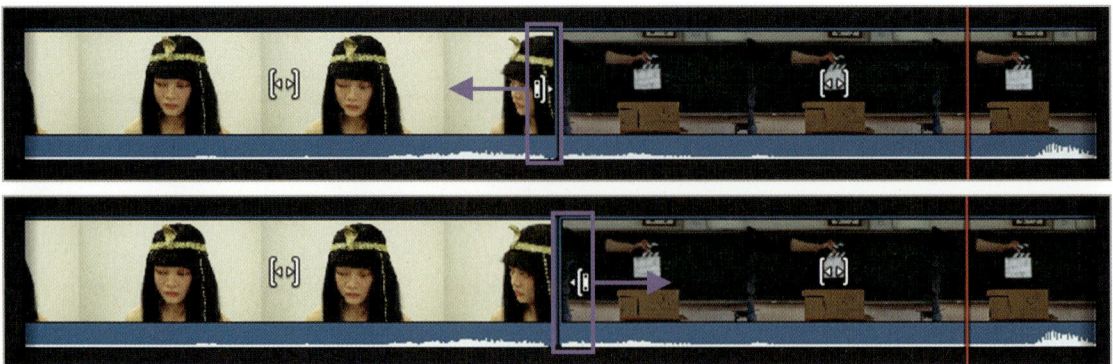

방금 설명한 것처럼 **장면전환 효과**를 적용하기 전에는 **반드시** 적용될 두 클립의 아웃/인 포인트 지점에 **핸들(Handles)** 영역이 있어야 한다는 것입니다. 예를 들어 1초의 장면전환을 사용되기 위해서는 클립에 1초 이상의 핸들이 필요하다는 것입니다. 이것은 실제 트랜지션으로 사용되는 장면(시간)이 바로 이 핸들 영역(장면)을 끄집어내어 사용하기 때문입니다. 다음 그림에서 설명하는 장면전환의 구조를 살펴보면 쉽게 이해할 수 있을 것입니다.

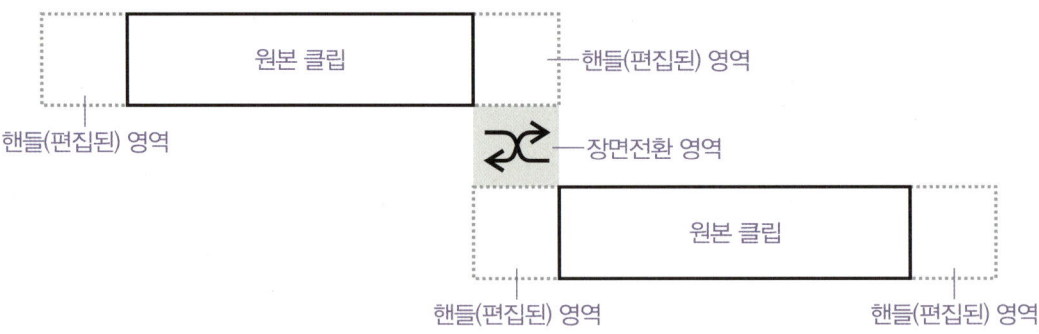

이제 다시 **트랜지션 효과(디졸브)**를 끌어서 클립과 클립 사이에 갖다 놓습니다. 그러면 그림처럼 두 클립 사이에 **하얀색 박스(타임라인을 확대해야 보임)**가 나타나며 적용되는 것을 알 수 있습니다.

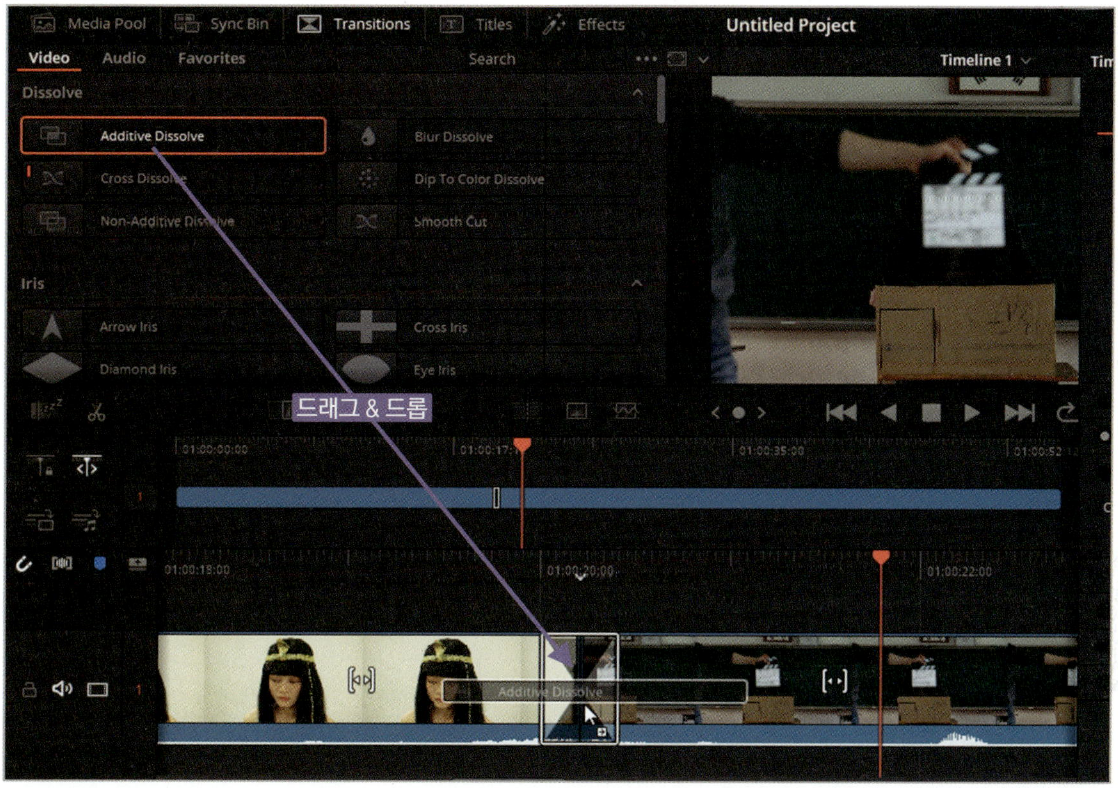

이제 적용된 트랜지션 구간에 플레이 헤드를 옮겨놓고 재생해 봅니다. 그러면 앞 장면과 뒤 장면이 자연스럽게 **오버랩(디졸브)**되면서 바뀌게 됩니다. **디졸브(Dissolve)** 효과는 장면이 바뀔 때 가장 많이 사용되는데 그 이유는 어떤 장면에서도 자연스럽게 표현되기 때문입니다.

이번엔 또 다른 트랜지션 이펙트를 적용해 봅니다. 그러면 앞서 적용되었던 트랜지션 이펙트는 사라지고 지금 적용된 이펙트만 사용됩니다. 이것은 장면전환 효과가 하나만 사용할 수 있기 때문입니다. 참고로 지금 적용한 **크로스 디졸브**(Cross Dissolve) 효과는 디졸브 효과 중에서도 장면과 장면이 자연스럽게 연결되도록 해 주기 위해 사용되는 대표적인 효과입니다.

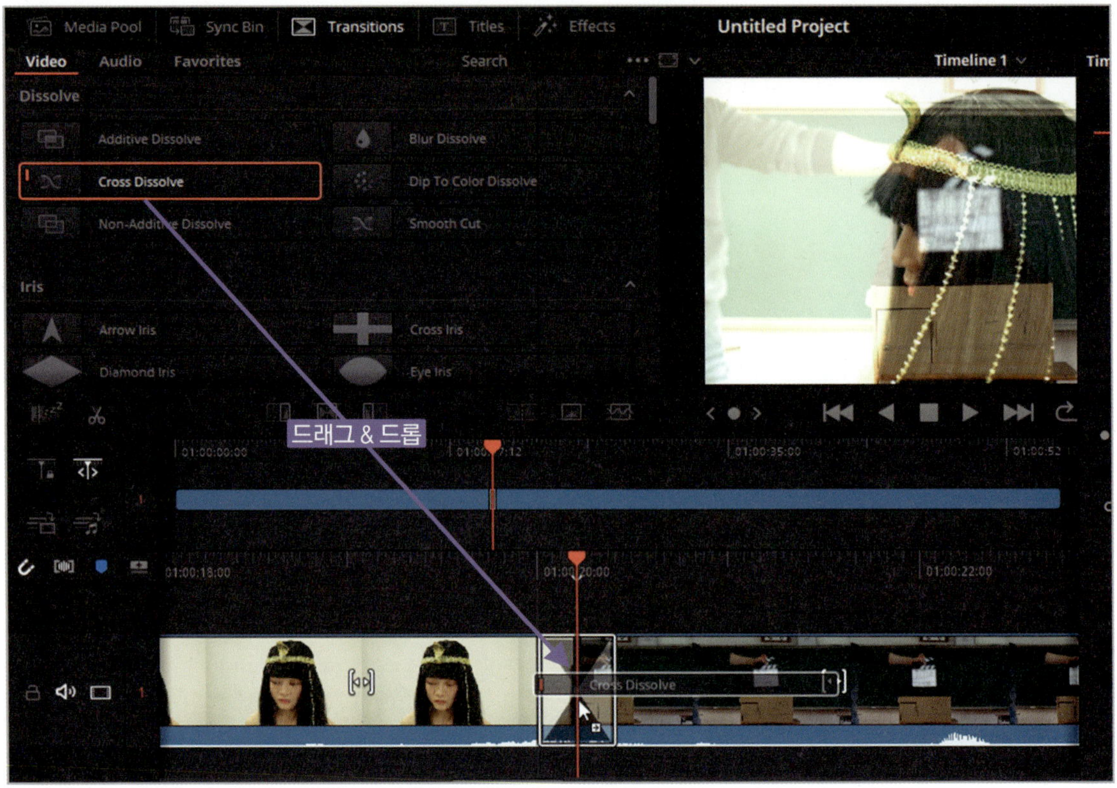

오디오 트랜지션에는 이펙트가 3개 있습니다. 오디오 트랜지션 역시 오디오 클립과 클립 사이에 적용하는데 주로 소리가 교차될 때 자연스럽게 해 주기 위해 사용됩니다. 적용하는 방법은 비디오 트랜지션과 같습니다.

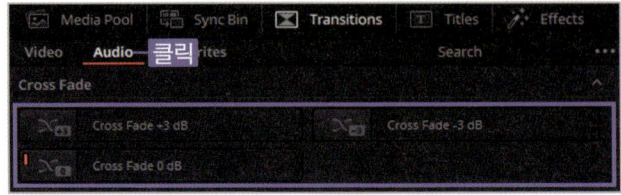

트랜지션이 지속되는 시간은 트랜지션의 **인/아웃점**을 끌어(클릭 & 드래그)서 조절할 수 있으며, **타임라인 뷰어** 하단에서는 보다 큰(펼쳐진) 형태로 설정이 가능합니다. 또한 트랜지션이 적용된 영역을 **클릭(선택)**하게 되면 해당 트랜지션이 선택되므로 Delete 키를 눌러 삭제하거나 **인스펙터**의 트랜지션에서 세부 설정을 가능하게 해 줍니다.

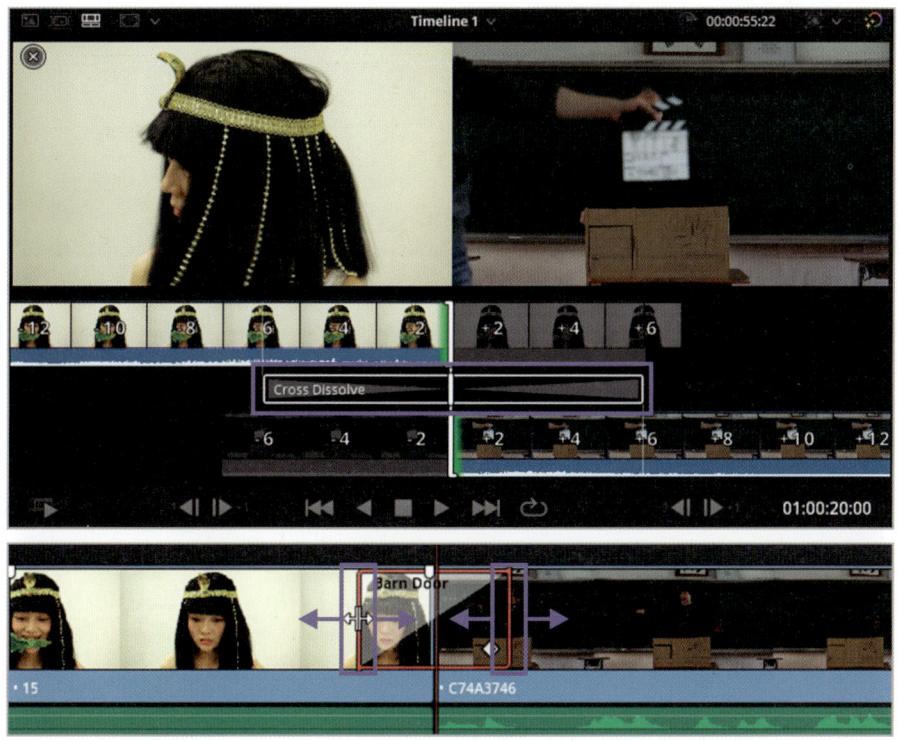

트랜지션 영역을 선택한 후 인터페이스 오른쪽 상단에 있는 **인스펙터(Inspector)**를 보면 트랜지션 설정 탭이 열리는데, 여기에서 트랜지션이 지속되는 시간(Duration), 색상(Color), 정렬(Alignment) 방식, 두께(Border) 등을 설정할 수 있습니다. 필자는 Iris의 Arrow Iris 트랜지션을 적용하여 효과가 진행될 때의 두께를 조절하기 위해 **보더(Border)** 값을 증가해 보았습니다. 설정된 내용은 타임라인 뷰어에서 확인할 수 있습니다. 이렇듯 트랜지션 이펙트는 적용 후 세부 설정이 가능하며, 설정 파라미터(옵션) 들은 트랜지션 이펙트마다 조금씩 차이가 있지만 설정하는데 특별히 어려운 점은 없을 것입니다. 참고로 여기에서는 모든 트랜지션 이펙트에 대해 살펴보지는 않을 것입니다. 그러므로 살펴보지 않는 효과에 대해서는 여러분이 직접 적용하여 어떠한 효과인지 확인해 보십시오.

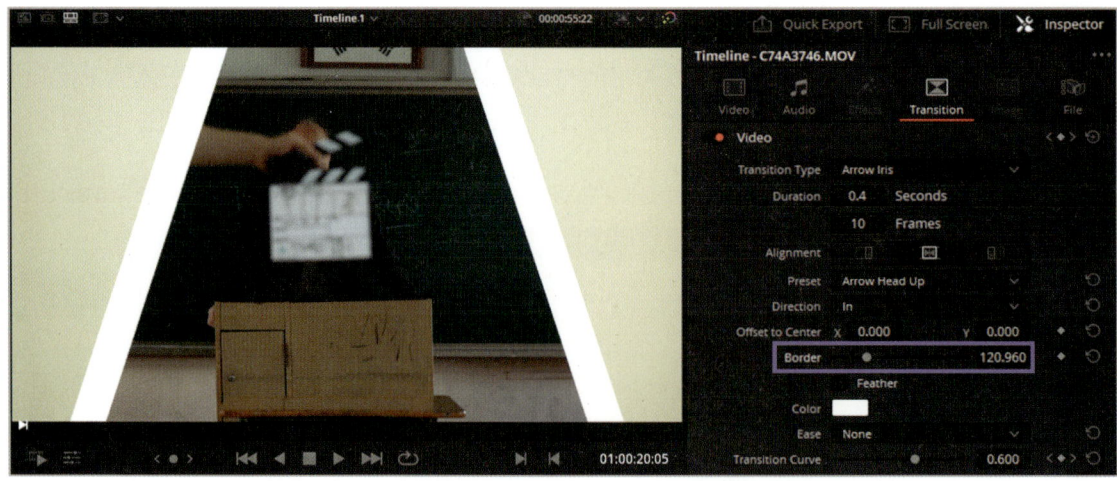

계속해서 디폴트 트랜지션의 용도에 대해 알아보겠습니다. Cross Dissolve 효과는 다른 효과와는 다르게 이름 왼쪽에 **빨간색** 표시가 되었습니다. 이것은 이 효과가 **스탠더드 트랜지션**(Standard Transition)으로 되어있기 때문입니다. 스탠더드 트랜지션 효과는 여러 개의 장면(클립)을 사용할 때 각 클립과 클립 사이에 쉽게 적용할 수 있게 해 줍니다. 스탠더드 트랜지션을 설정하는 방법은 해당 트랜지션에서 [**우측 마우스 버튼**] - [Set As Standard Transition]을 선택하는 것입니다. 스탠더드 트랜지션은 하나의 트랜지션에만 사용됩니다. 참고로 즐겨 사용되는 효과는 Add to Favorites을 선택하거나 **별** 아이콘을 클릭하면 됩니다.

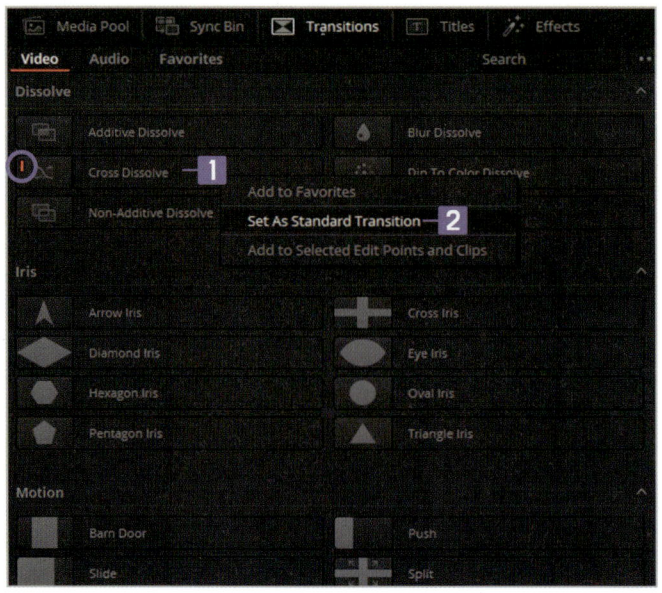

이제 스탠더드 트랜지션을 적용하는 방법에 대해 알아보겠습니다. 이번엔 **에디트 페이지**에서 작업을 해봅니다. 그다음 먼저 앞서 적용된 트랜지션 효과는 **삭제(선택 후 Delete 키)**클립과 클립 사이를 편집 점으로 **선택(클릭)**하여 인/아웃점이 **초록색**이 되도록 해 줍니다.

그다음 풀다운 메뉴에서 [Timeline] - [Add Transition]을 선택하거나 단축키 [Ctrl] + [T] 키를 누릅니다. 그러면 앞서 선택된 초록색 편집 점에 스탠더드 트랜지션이 적용됩니다. 참고로 비디오 또는 오디오의 스탠더드 트랜지션만 따로 적용하고자 한다면 Add Video Only Transition 또는 Add Audio Only Transition을 선택하면 됩니다.

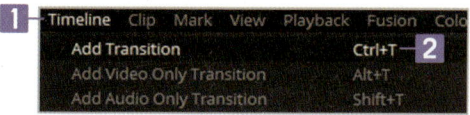

스탠더드 트랜지션이 적용될 때 **Add Transitions** 창이 뜬다면 적용되는 효과의 길이에 비해 클립과 클립 사이의 편집된 핸들 영역이 짧은 것이므로 효과의 길이에 맞게 클립의 인/아웃 포인트를 편집하여 잘라주는 **Trim Clips**과 그대로 유지되는 **Skip Clips** 두 방법을 선택해야 합니다.

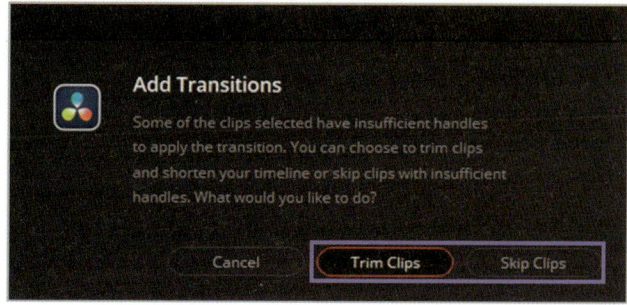

필자는 **Trim Clips** 방식으로 적용하였습니다. 적용된 모습을 보면 이전에 적용되었던 길이와는 다르게 트랜지션 효과 영역이 길어진 것을 알 수 있습니다. 이것은 그만큼 인/아웃에 대한 편집도 이루어진 것을 의미하며, 그만큼 클립의 길이도 짧아졌다는 것입니다.

계속해서 다음 장면과 장면에도 스탠더드 트랜지션을 적용하고자 한다면 아래 방향 ↓ 키를 누릅니다. 그러면 다음 편집 점이 선택됩니다. 만약 앞서 편집 점이 선택되지 않았다면 편집 점이 선택되는 것이 아니라 단순히 다음으로 이동만 할 것입니다. 그다음 다시 단축키 [Ctrl] + [T] 키를 누르면 스탠더드 트랜지션 효과가 적용됩니다. 이와 같은 방법을 사용하면 수많은 클립에 장면전환 효과를 신속하게 적용할 수 있습니다. 지금의 작업은 메뉴를 사용하는 것보다 단축키를 이용하는 것이 효과적이므로 단축키를 외워두기 바랍니다. 지금까지 장면전환 효과에 대해 알아보았습니다. 참고로 비디오 클립, 즉 장면에 효과를 주는 비디오 이펙트는 **색보정** 학습 편에서 살펴볼 것입니다.

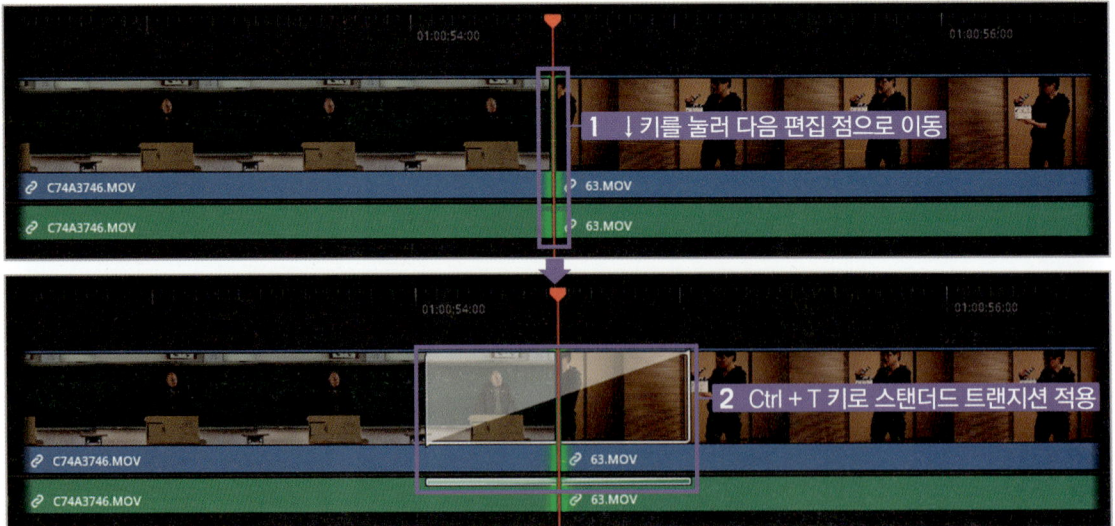

장면(클립) 투명도 조절하기

비디오 편집 시 가끔은 장면의 투명도를 조절하여 두 개의 영상을 합성해야 하는 경우가 생깁니다. 다빈치 리졸브에서는 약간 독특한 방법을 통해 투명도를 조절합니다. 투명도 조절을 위해 **인스펙터**(Inspector)를 열어줍니다. 이때 당연히 투명도를 조정하고자 하는 비디오 클립이 선택되어있어야 합니다. Video 탭을 보면 투명도를 조절하기 위한 **컴포지트**(Composite)의 **오패서티**(Opacity)가 있습니다. 설정 값을 50 정도로 해 봅니다. 그러면 비디오 클립이 어두워졌을 것입니다. 하지만 이것은 어두워진 것이 아니라 **50%** 투명해진 것입니다.

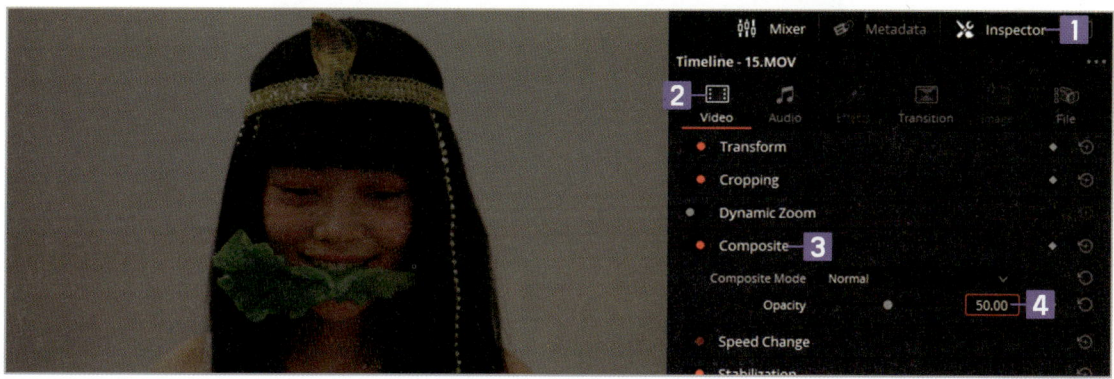

일단 투명도를 조절하게 되면 해당 비디오 클립 오른쪽 하단에는 투명도를 그래프 형태로 조절할 수 있는 아이콘이 나타납니다. 이제 이 아이콘을 클립해 봅니다.

아직은 어떠한 것도 나타나지 않습니다. 이제 클립 왼쪽 하단에 있는 **삼각형** 아이콘을 클릭하여 앞서 설정한 **Opacity**를 체크합니다. 그러면 투명도 조절을 할 수 있는 **빨간색 수평선**이 표시됩니다.

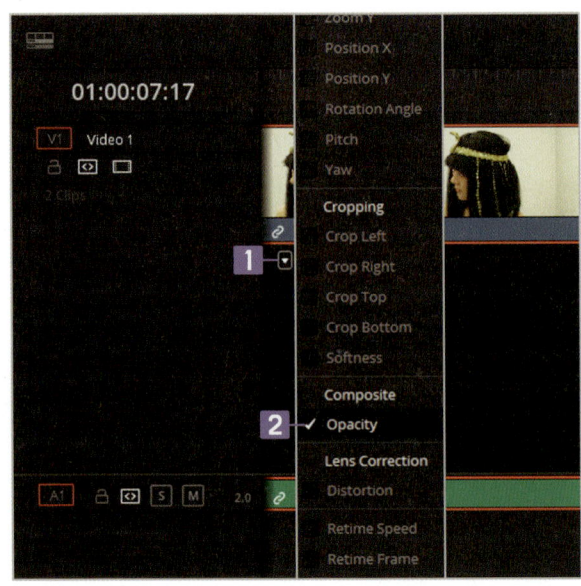

이제 이 공간에서 시간에 따라 변화가 생기는 투명도를 조절할 수 있습니다. 키프레임을 생성하기 위해 **플레이 헤드를 원하는 위치로 이동한 후** Opacity 오른쪽에 있는 **키프레임 추가(Add Keyframe)**를 클릭합니다. 이렇게 생성된 키프레임을 이동하여 특정 구간의 투명도를 다양하게 조절할 수 있습니다. 사용법은 앞서 오디오 볼륨 조절에 대한 학습에서 살펴보았기 때문에 여기에서는 그냥 넘어가겠습니다.

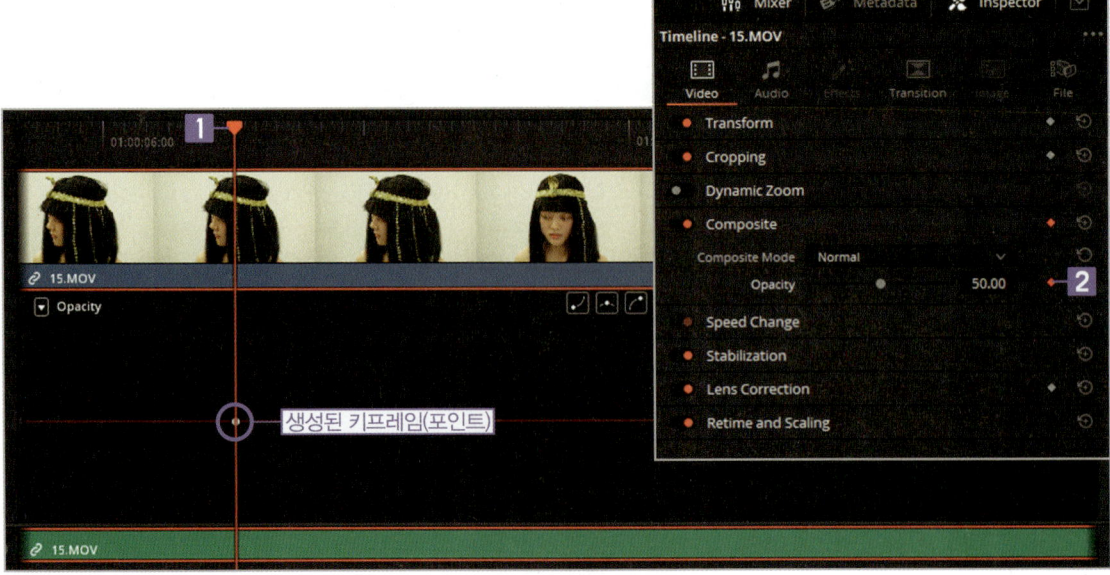

생생노트 | 컴포지트 모드를 이용한 합성법

컴포지트 모드는 위쪽과 아래쪽 트랙에 있는 두 개의 클립(장면)을 합성할 때 사용합니다. 컴포지트를 사용하는 트랙은 위쪽 트랙의 클립이 되며, 위/아래 클립, 즉 장면의 **색상**, **밝기**, **채**도 값의 차이를 통해 다양하게 합성됩니다. 이것은 위쪽 트랙의 클립에 투명도를 조절하여 합성하는 것과는 차이가 있습니다. 어도비 포토샵을 사용해 본 사용자라면 쉽게 이해할 수 있을 것입니다. 잠시 살펴보기 위해 위/아래 트랙에 비디오 클립을 배치합니다. 그다음 위쪽 트랙을 선택하십시오.

그다음 **Composite Mode**에서 **Add**를 선택해 봅니다. 그러면 레코드 뷰어에서 보이는 화면이 더욱 밝고 강렬해진 것을 알 수 있습니다. 이렇듯 컴포지트 모드의 Add는 위/아래 장면의 밝기를 합산하여 더욱 밝고 강렬한 장면으로 만들어줍니다. 그밖에 모드에 대해서는 여러분이 하나씩 적용해가면서 어떤 모드인지 확인해 보십시오. 컴포지트 모드는 일일이 적용해 보기 전에는 어떤 결과가 나올지 완전하게 예측하기 어렵기 때문입니다.

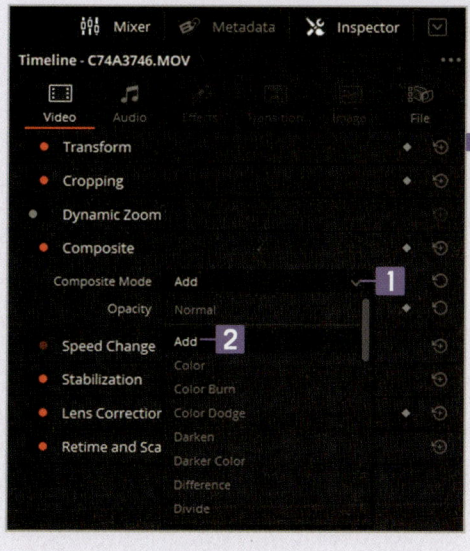

장면 속도 조절 및 역재생하기

비디오 및 오디오의 속도를 조절하면 재미있고 독특한 장면 또는 소리를 연출할 수 있습니다. 클립의 속도를 조절하는 방법은 비디오나 오디오가 동일하기 때문에 여기에서는 비디오 클립을 사용하여 살펴볼 것입니다. 먼저 적당한 비디오 클립 [학습자료] - [Video] - [63.MOV]을 타임라인에 적용한 후 클립 위에서 [우측 마우스 버튼] - [Change Clip Speed]를 적용합니다. 참고로 적용된 클립은 인/아웃을 편집한 상태이고 타임라인을 확대한 상태입니다.

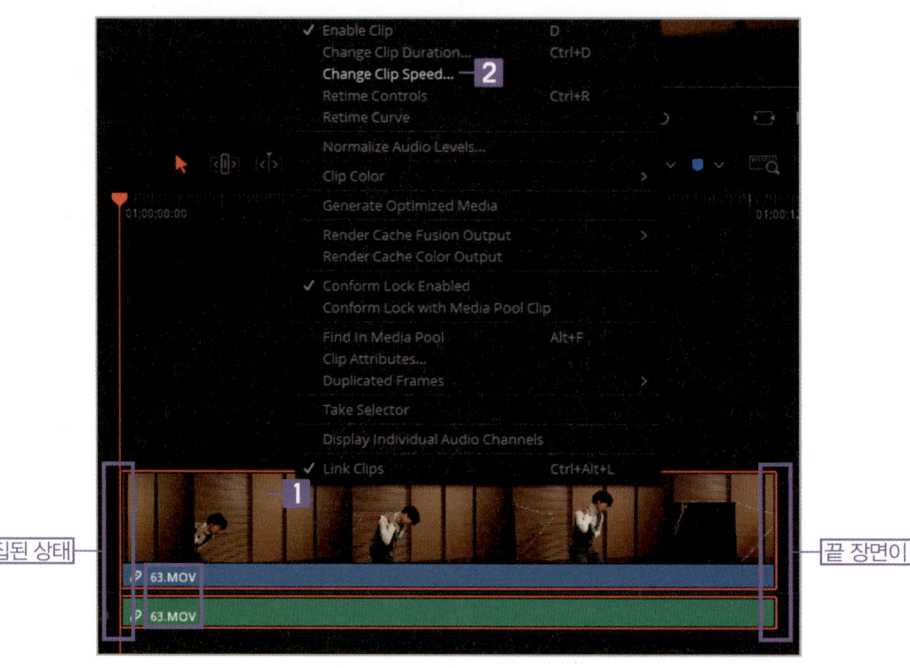

속도 조절(Change Clip Speed) 설정 창이 열리면 세 가지 방식으로 속도를 조절할 수 있습니다. **Speed**는 백분율로 조절하며, **Frames per second**는 프레임 단위로 조절, **Duration**은 시간, 즉 타임코드로 조절합니다. 일단 여기에서는 Speed 값을 50% 정도로 설정합니다. 설정 값이 적을수록 속도는 느려지게 됩니다. 참고로 Ripple sequence를 체크하고 적용하면 속도를 조절하는 클립 뒤쪽에 다른 클립이 있을 경우 조절되는 상황에 맞게 자동으로 위치가 조정되며, **리버스 스피드**(Reverse speed)를 체크하면 **역재생**되는 장면을 만들 수 있습니다. 설정이 끝났다면 Change 버튼을 누릅니다.

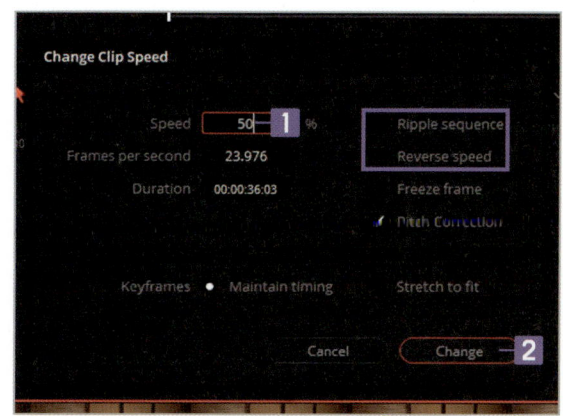

확인을 해 보면 Ripple sequence를 체크하지 않고 적용했기 때문에 클립의 길이는 동일하지만 **장면(프레임)**을 보면 원본보다 많이 밀려있는 것을 알 수 있습니다. **플레이(스페이스바)**를 해보면 확실하게 알 수 있을 것입니다. 확인이 끝나면 **언두(Ctrl + Z)**를 하여 다시 원래 상태로 돌아옵니다.

이번엔 보다 진보되고 색다른 방법으로 속도를 조절해 보겠습니다. 속도를 조절할 클립 위에서 [**우측 마우스 버튼**]- [Retime Controls]를 선택합니다. 그러면 비디오 클립 위쪽에 **파란색 화살표** ▶▶▶▶가 우측 방향으로 여러 개 표시됩니다. 화살표 방향을 보면 현재 재생 방향을 알 수 있으며 또한 화살표 간격을 통해 속도를 확인할 수 있습니다.

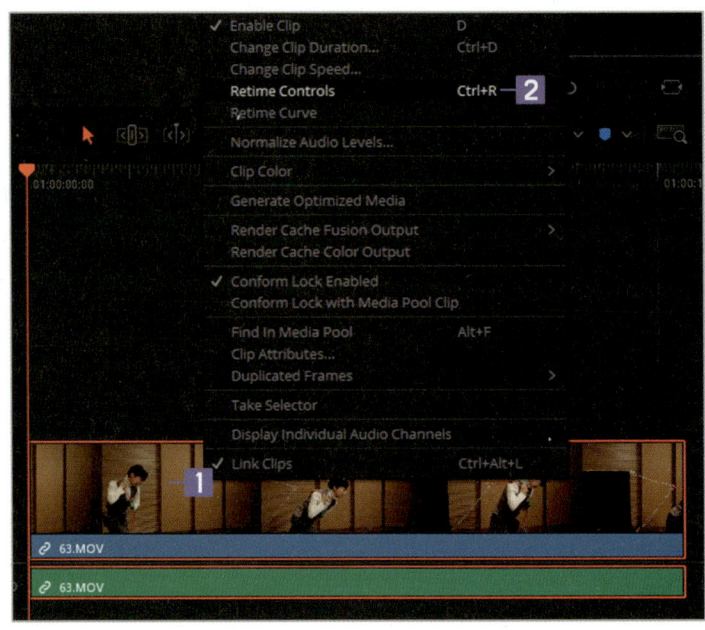

이제 속도를 조절하기 위해서 비디오 클립 하단에 있는 검정색 **삼각형** ▼ 버튼을 클릭합니다. 그러면 속도와 재생 방향에 대한 설정을 할 수 있는 메뉴가 나타납니다. 일단 여기서 Change Speed를 200%으로 설정합니다.

그러면 클립의 길이가 절반으로 줄어든 것을 알 수 있습니다. 이것으로 보아 장면의 속도가 두 배로 빨라진 것을 알 수 있습니다. 다시 화살표를 클릭한 후 Reset to 100%를 선택하여 원래 속도로 되돌아옵니다.

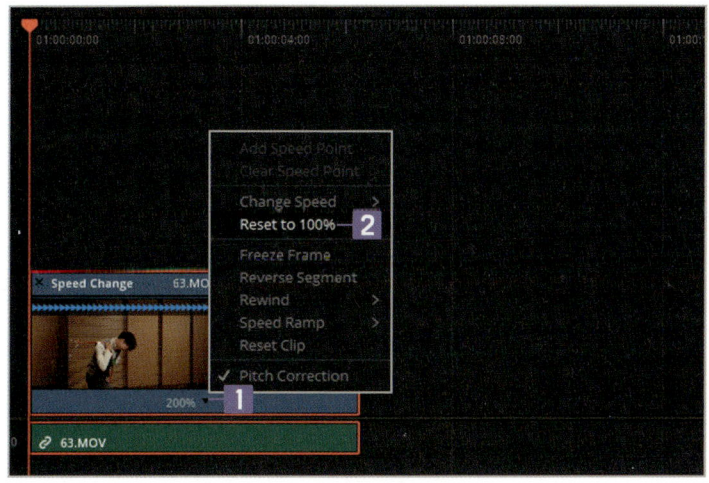

이번엔 구간별, 즉 시간별로 속도를 다르게 설정해 보겠습니다. 먼저 **플레이 헤드**를 속도를 조절하고자 하는 위치로 이동합니다. 그다음 **화살표** 버튼을 클릭한 후 Add Speed Point를 선택합니다. 그러면 플레이 헤드가 있는 지점에 속도를 조절할 수 있는 **키프레임(포인트)**이 생성됩니다.

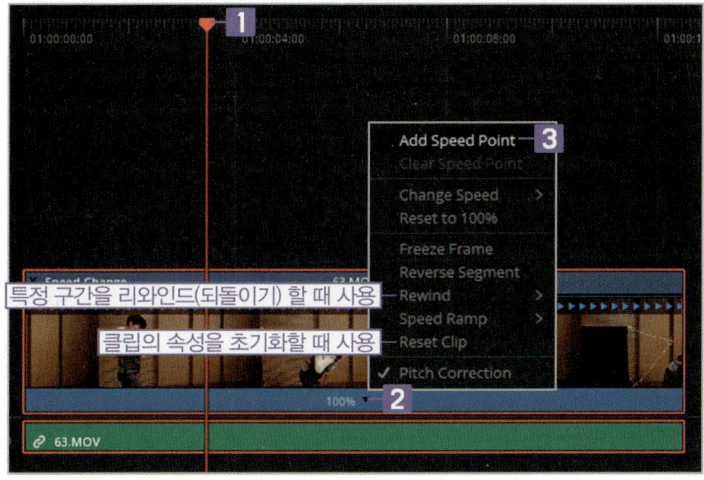

다시 **플레이 헤드**를 속도를 조절하고자 하는 다른 위치로 이동합니다. 그다음 **화살표** 버튼을 클릭한 후 Add Speed Point를 선택합니다. 이것으로 2개의 속도 조절 키프레임이 생성됐습니다.

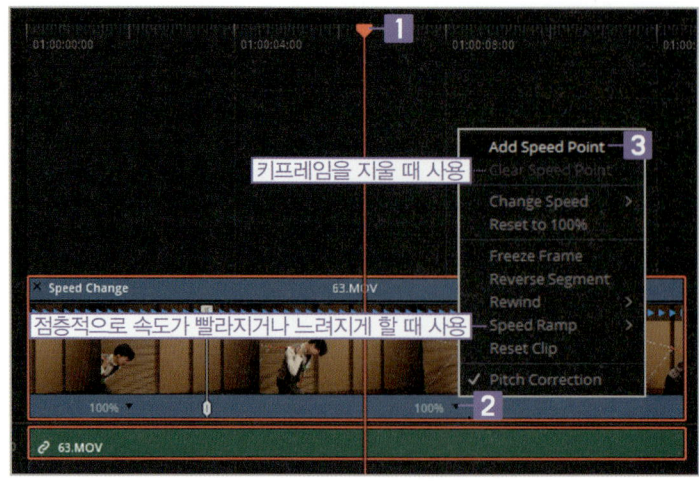

이제 앞서 생성한 **2개**의 속도 조절 키프레임 중 **뒤쪽(두 번째)**에 있는 **화살표**를 클릭한 후 Change Speed를 **200%**으로 설정해봅니다.

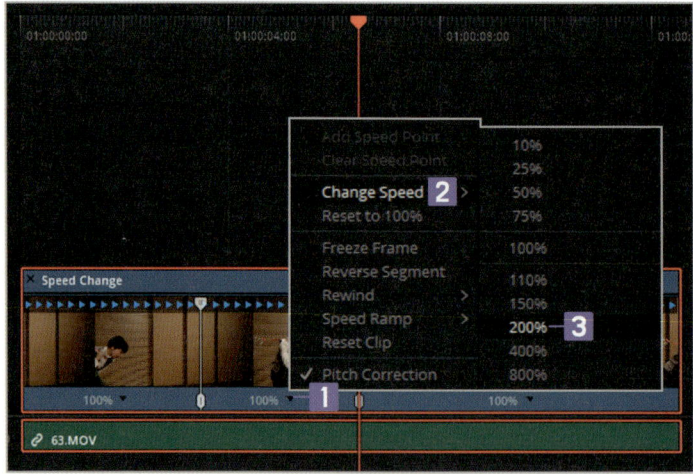

확인해 보면 앞서 200%로 설정한 대로 해당 구간만 속도가 빨라진 것을 알 수 있습니다. 또한 **파란색 화살표** 간격을 통해서도 속도가 빨라졌다는 것을 확인할 수 있을 것입니다. 만약 설정된 속도에 대한 구간을 변경하고자 한다면 키프레임을 원하는 위치로 이동하면 됩니다.

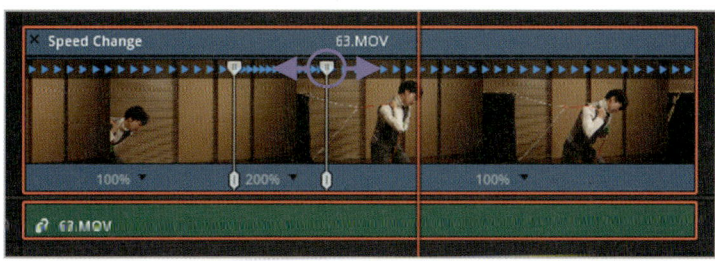

보다 디테일한 설정을 하고자 한다면 그래프 라인(커브)을 사용할 수 있습니다. 클립 위에서 [우측 마우스 버튼] - [Retime Curve] 메뉴를 선택합니다. 그러면 볼륨을 조절하거나 투명도를 조절할 때 살펴보았던 그래프 라인이 나타납니다. 여기서 원하는 시간대에 속도를 자유롭게 조절할 수 있습니다. 사용법은 동일합니다.

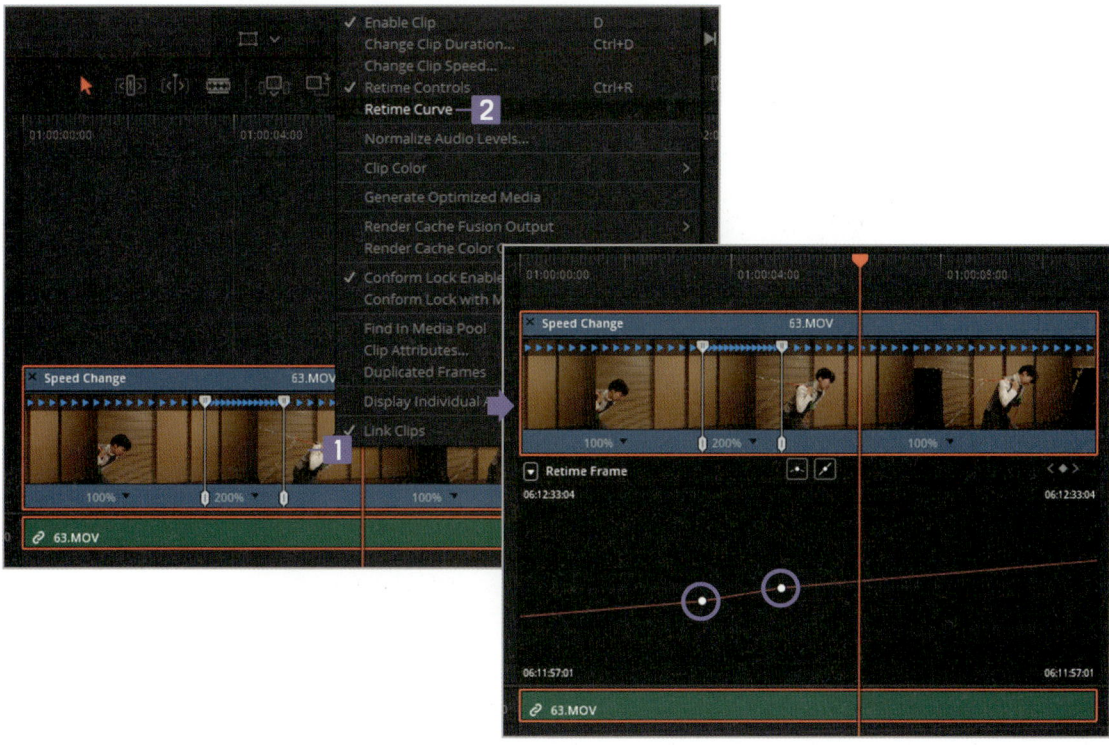

계속해서 이번엔 **역재생**하는 방법에 대해 알아보겠습니다. 역재생 또한 클립 전체에 대한 것과 구간별 역재생이 가능합니다. 이번엔 구간별 역재생법에 대해 알아봅니다. 앞서 작업했던 내용 그대로 사용합니다. **먼저 플레이 헤드를 그림처럼 역재생하고자 하는 구간으로 이동합니다. 그다음 [화살표] - [Add Speed Point]를 선택**

하여 키프레임을 추가한 후 역재생하고자 하는 구간의 **[화살표] – [Reverse Segment]** 를 선택합니다. 참고로 전체 역재생은 속도 조절 **키프레임(포인트)**이 **없는** 상태에서 리버스 세그먼트를 사용하면 됩니다.

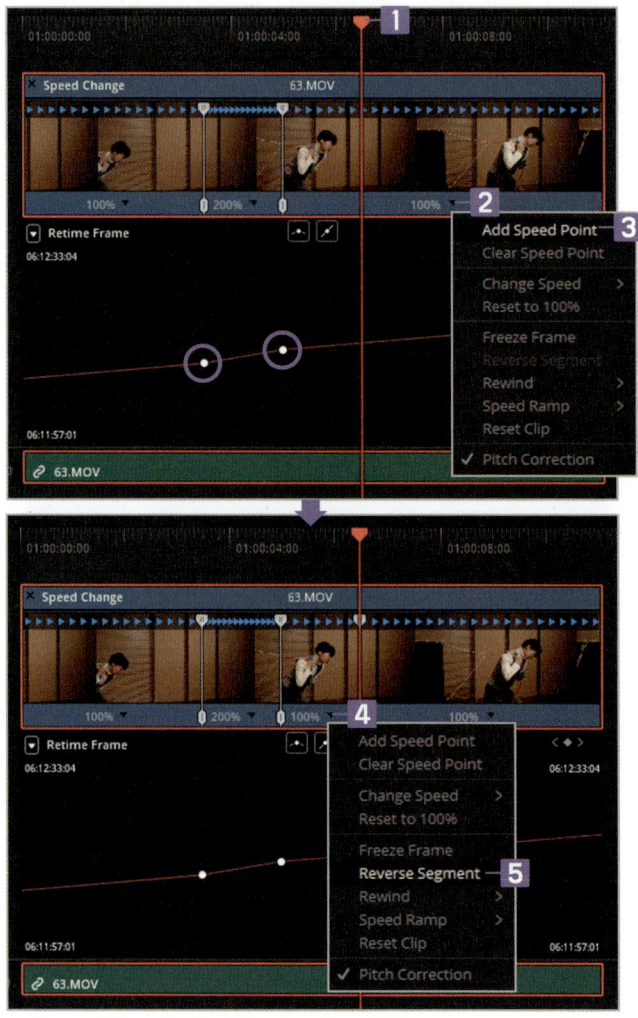

확인해 보면 리버스 세그먼트가 적용된 구간의 **파란색 화살표가 왼쪽(반대방향)** ◀◀◀◀으로 바뀐 것을 할 수 있으며, **속도 조절 선** 또한 아래로 내려간 것을 알 수 있습니다. 이것으로 보아 이 구간만 역재생된다는 것을 알 수 있습니다. 이렇듯 역재된 되는 장면은 장면의 전체 또는 구간별로 쉽게 연출할 수 있습니다.

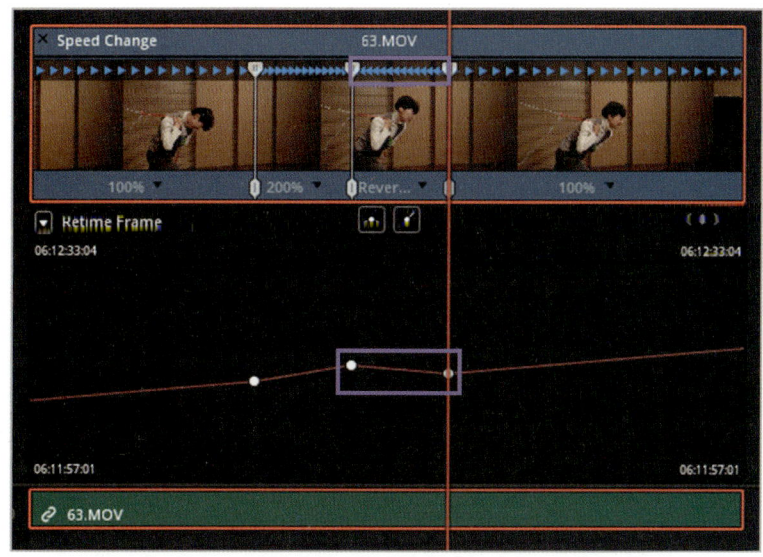

마지막으로 장면 전체 또는 **구간별**로 **정지 화면**을 연출하고자 한다면 역시 **화살표 ▼**를 클릭한 후 나타나는 메뉴에서 **Freeze Frame**을 선택하면 됩니다. 구간별 정지 화면은 키프레임으로 구간을 만든 후 해당 메뉴를 적용하면 되고 전체를 정지 화면으로 만들고자 한다면 구간 없이 그대로 해당 메뉴를 적용하면 됩니다. 참고로 동영상의 특정 장면을 **정지(스틸)** 이미지로 만들어주는 방법은 **컬러 페이지**에서 가능합니다. 다음 페이지에서 설명하는 **팁(생생노트)**를 참고하십시오.

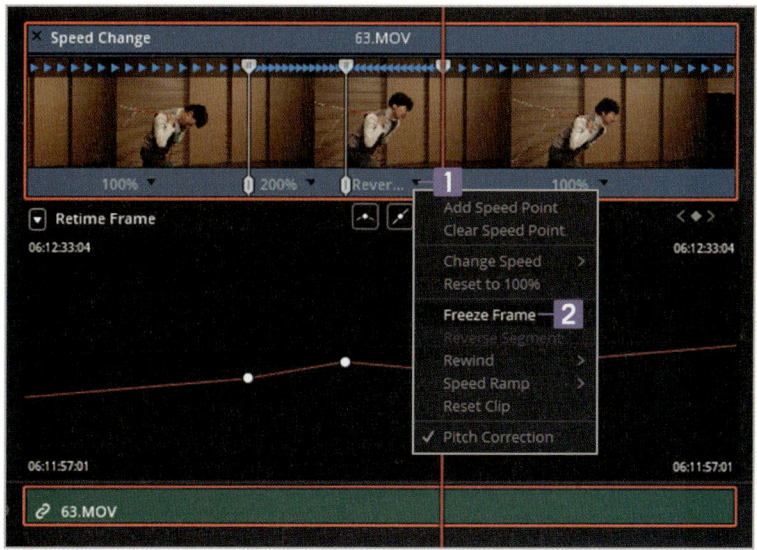

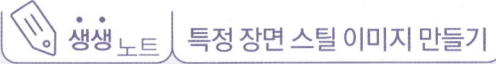 특정 장면 스틸 이미지 만들기

동영상 편집 중에 가끔은 특정 장면을 **스틸 이미지** 파일로 만들어야 하는 경우가 생깁니다. 이럴 땐 색보정 작업을 위한 **컬러 페이지(Color Page)**로 이동한 후 뷰어(Viewer)에서 **[우측 마우스 버튼] - [Grab Still]**을 선택합니다.

그러면 **갤러리(Gallery)**에 해당 장면이 등록됩니다. 등록된 장면 위에서 **[우측 마우스 버튼] - [Export]**를 선택하여 원하는 파일 형식(확장자)의 이미지 파일로 저장하면 됩니다.

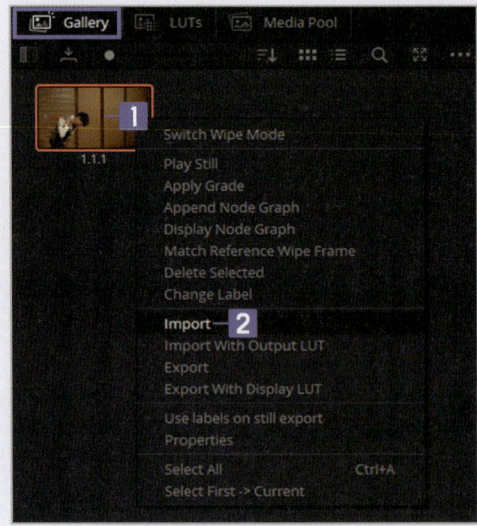

테이크 편집하기

테이크 편집(Take Editing)은 하나의 타임라인에서 여러 장면(클립)을 하나의 클립으로 묶어놓고 편집하는 방식으로 하나의 클립에 여러 개의 장면을 그룹화하여 필요에 따라 선택할 수 있습니다. 그러므로 테이크 편집은 동일한 장면을 여러 앵글로 촬영한 후 얻어진 비디오 클립을 주로 사용합니다. 물론 서로 다른 장면을 테이크 편집으로 이용할 수도 있겠지만 일반적으로는 동일한 상면을 사용합니다. 일단 하나의 **클립**(**필자는 MVI 폴더의 클립들을 사용했음**)을 **타임라인**(**에디트 페이지**)에 적용한 후 테이크 편집을 위해 적용된 클립 위에서 **[우측 마우스 버튼] – [Take Selector]**를 선택합니다. 테이크 실렉터가 실행되면 **미디어 풀**에서 테이크 편집에 사용될 클립을 끌어서 **테이크 실렉터**에 갖다 놓습니다. 이것으로 이 클립 구간에서는 **2개**의 장면을 상황에 맞게 선택하여 사용할 수 있습니다. 여기서 일단 x 버튼을 눌러 테이크 실렉터를 닫아줍니다.

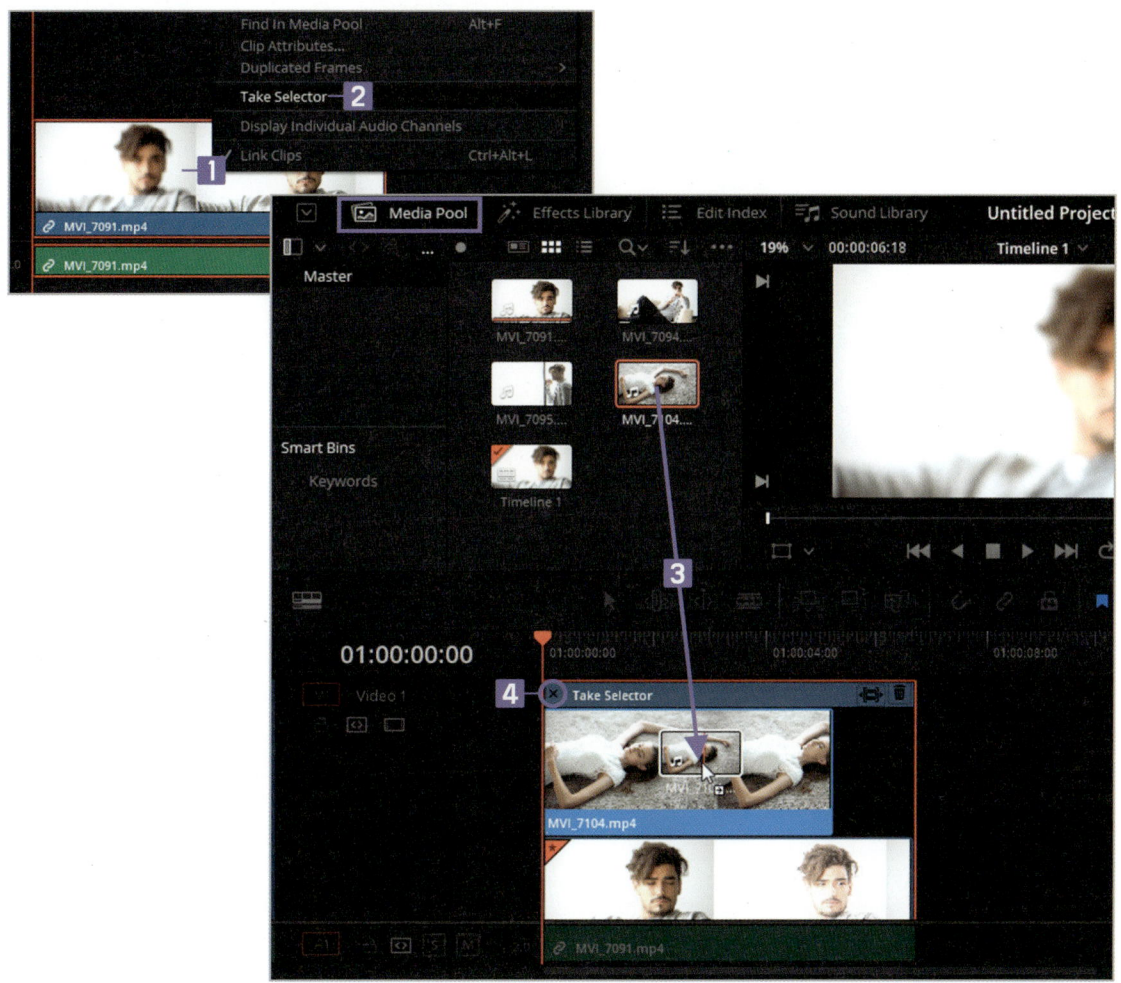

이제 확인해 보면 새로 추가된 클립으로 바뀐 것을 알 수 있습니다. 만약 바뀐 클립(장면)이 마음에 들지 않는다면 다시 앞서 사용했던 클립으로 바꿔주어야 할 것입니다. 테이크 편집이 적용된 클립의 왼쪽 하단을 보면 **슬레이트** 모양의 아이콘이 있습니다. 이 아이콘을 **더블클릭**합니다. 다시 테이크 실렉터가 열리면 이번엔 다른 **클립(장면)**을 선택합니다. 그러면 클립의 길이에 따라 뒤쪽 클립이 밀렸다 당겨졌다 할 것입니다. 이제 창을 닫고 나옵니다. 이렇듯 테이크 편집은 한 공간(클립)에 여러 개의 장면을 담아놓고 상황에 맞게 선택하여 사용할 수 있습니다.

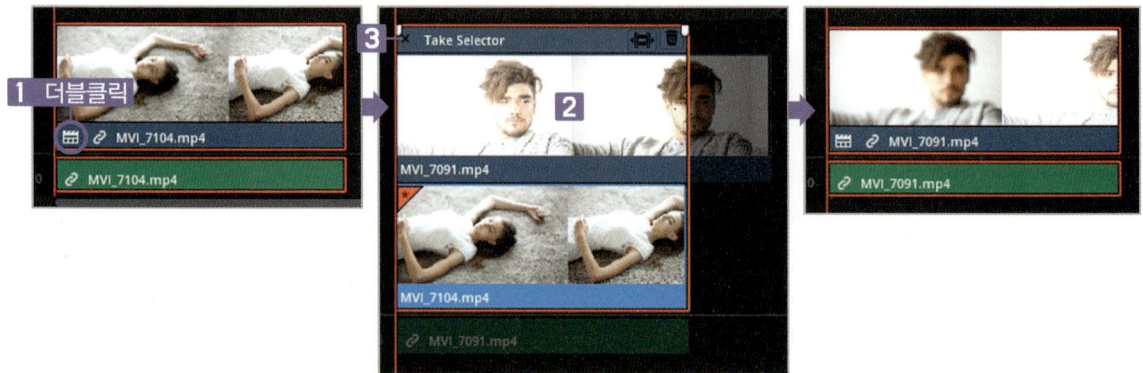

컴파운드 클립 활용하기

컴파운드 클립은 타임라인에 사용되는 여러 개의 클립을 하나로 묶어 타임라인의 공간을 여유롭게 사용할 수 있게 해줍니다. 이와 유사한 방법으로는 타임라인에 다른 타임라인을 소스로 적용하여 사용하는 것입니다. 이번 학습에서는 이 두가지 방법에 대해 살펴보겠습니다. 두 개의 타임라인을 생성한 후 작업을 해 봅니다. 하나의 타임라인은 작업이 이루어진 상태이며 하나는 빈 타임라인입니다. 작업된 타임라인은 여러 개의 트랙을 사용한 것입니다. 지금의 작업은 **에디트 페이지**에서 진행합니다.

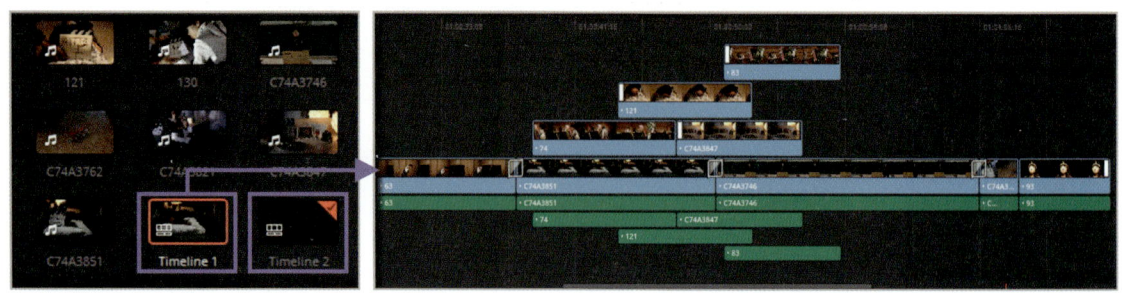

▲ Timeline 1에서 작업된 트랙과 클립들

이제 빈 **타임라인 2**를 **더블클릭**하여 열어주고 작업이 되었는 **타임라인 1**을 끌어다 비어있는 타임라인으로 갖다 놓습니다. 적용된 타임라인을 보면 여러 개가 사용됐던 타임라이이 하나의 클립으로 적용된 것을 알 수 있습니다. 이렇듯 타임라인은 다른 타임라인에 적용하여 일반적인 미디어 클립처럼 사용할 수 있습니다.

이번엔 **컴파운드 클립**에 대해 알아봅니다. 먼저 여러 개의 트랙으로 이루어진 타임라인을 만들어줍니다. 그 다음 그림처럼 컴파운드 클립으로 묶어줄 클립들을 **모두 선택**합니다.

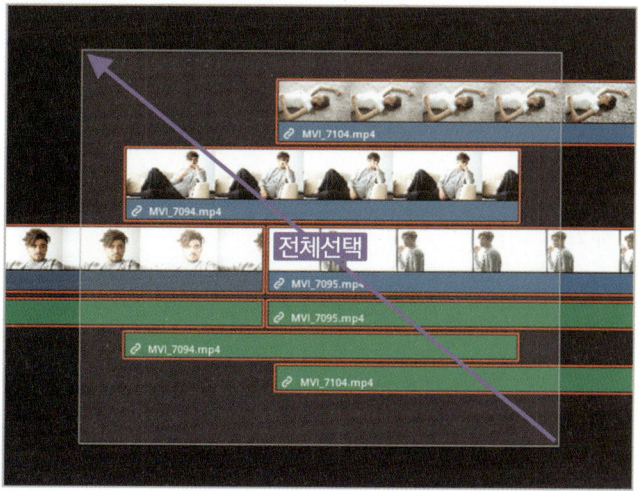

이제 선택된 클립들은 하나로 묶어보겠습니다. **Clip** 메뉴에서 **New Compound Clip**을 선택합니다. New Compound Clip 창이 열리면 적당한 컴파운드 클립의 **이름**을 입력하고 **Create** 버튼을 클릭합니다.

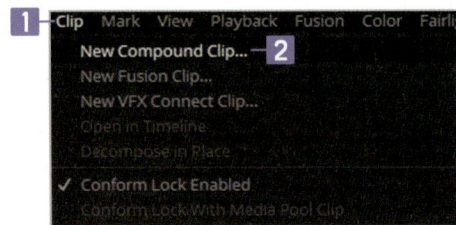 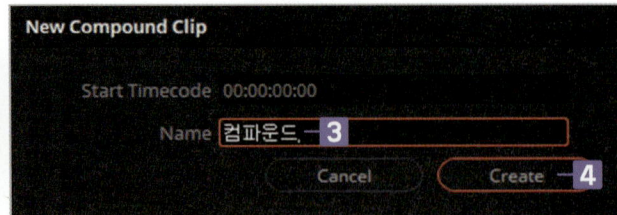

확인해 보면 선택된 클립들이 하나의 클립으로 합쳐진 것을 알 수 있습니다. 또한 미디어 풀에도 컴파운드 클립이 새롭게 등록된 것도 알 수 있습니다. 이렇듯 컴파운드 클립을 사용하면 작업 중 하나로 합쳐서 사용할 클립들을 선택하여 간편하게 묶어서 사용할 수 있습니다.

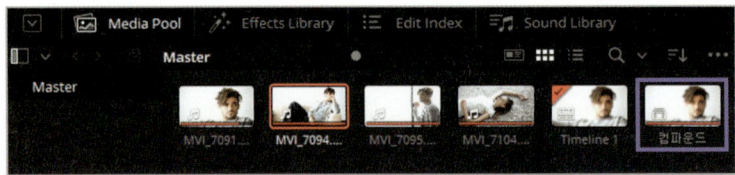

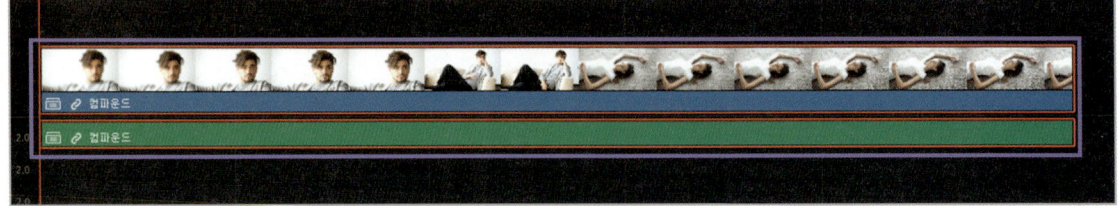

멀티캠 편집하기(오디오 싱크)

멀티캠(Multicam) 편집은 여러 대의 카메라로 촬영된(주로 동시에 공연이나 중계방송, 예능 등을 촬영한 소스) 클립들을 하나의 공간(뷰어)에서 스위칭 방식으로 장면을 선택해 가며 편집하는 기법입니다. 학습을 위해 **[학습자료]** - **[멀티캠]** - **[멀티캠01~04.mp4]** 클립을 미디어 풀에 적용합니다. 멀티캠 편집에 앞서 비디오 클립의 오디오 싱크를 맞추는 방법에 대해 알아보겠습니다. **컷 페이지**로 이동한 후 미디어 풀에 적용된 4개의 클립을 모두 선택한 후 **Sync Clips**를 선택합니다.

싱크 클립 설정 창이 열리면 선택된 4개의 클립에 각각의 카메라 트랙에 적용된 것을 알 수 있으며, 오디오 파형을 보면 서로 싱크가 맞지 않고 볼륨도 제각기 인 것을 알 수 있습니다. 이제 이 4개의 클립에 싱크를 맞춰보겠습니다. Sync by에서는 싱크 방식을 선택할 수 있는데, 첫 번째 Timecode는 촬영된 시간, 즉 타임코드를 기준으로 싱크를 맞춰주는 방식이며, 두 번째 Audio는 소리를 분석하여 맞추는 방식 그리고 세 번째와 네 번째는 각각 클립의 **인/아웃 포인트**를 기준으로 맞춰주는 방식입니다. 이번에는 소리를 분석하여 맞춰주는 **오디오** 방식을 선택한 후 Sync 버튼을 클릭합니다.

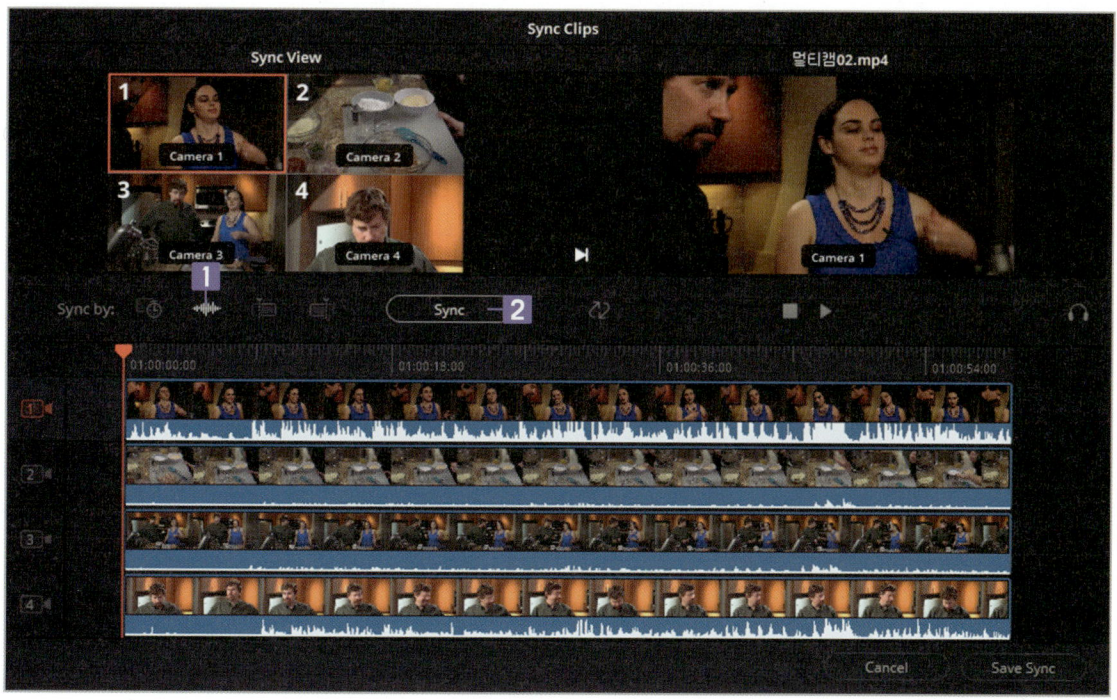

오디오 싱크 분석이 끝나면 그림처럼 4개의 클립의 싱크가 맞춰진 것을 알 수 있습니다. 이렇듯 다빈치 리졸브의 싱크 작업은 정확하면서도 빠른 결과를 보여줍니다. 이제 **Save Sync** 버튼을 눌러 작업한 내용을 저장합니다.

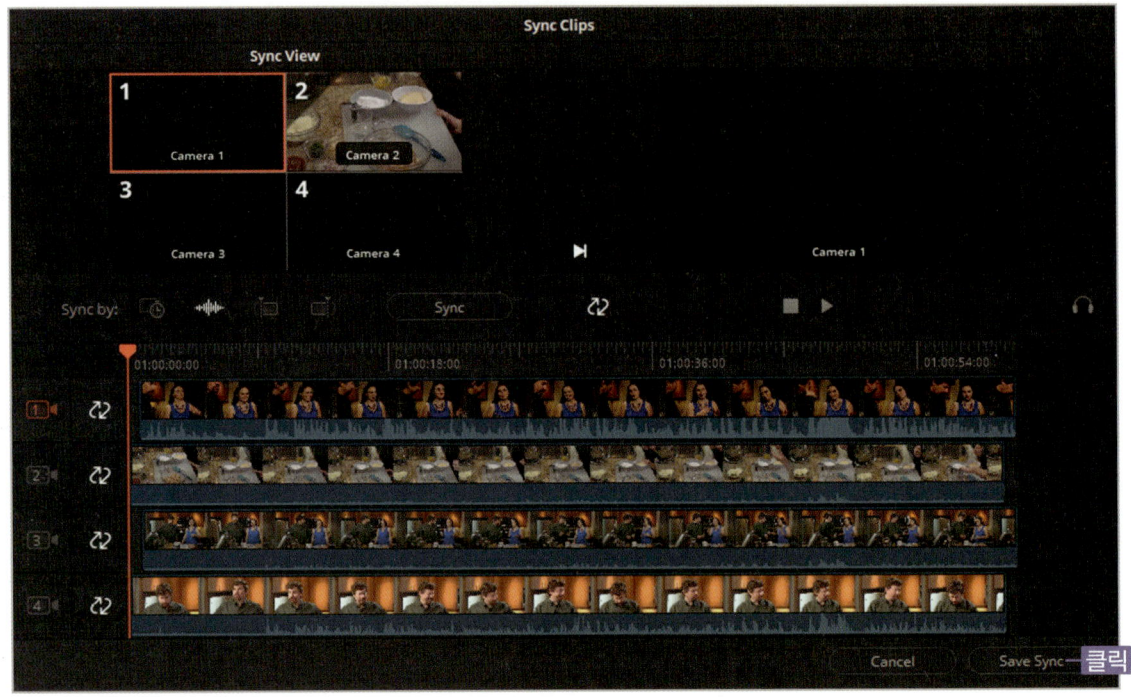

싱크 작업이 끝난 후의 클립을 보면 왼쪽 상단 모서리에 **파란색 라벨**이 적용된 것을 알 수 있습니다. 이것으로 해당 클립들이 싱크화된 클립이라는 것을 알 수 있습니다.

싱크 작업에 이어 멀티캠 편집을 하기 위해 먼저 오디오 상태가 가장 좋은 **멀티캠 02** 클립을 타임라인에 적용합니다. 이렇게 적용된 클립은 멀티캠 편집의 기본 사용되는 클립이 되는 것입니다.

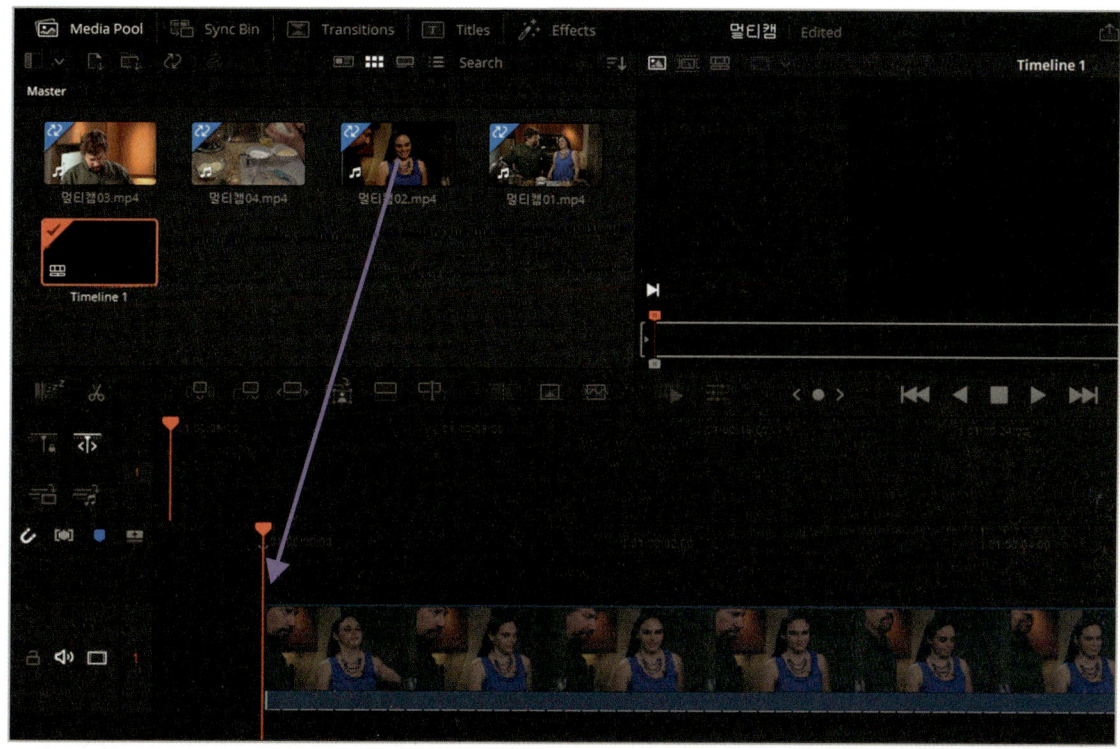

이제 Sync Bin을 선택하여 멀티캠 편집을 할 수 있는 환경으로 전환합니다. 싱크 빈에는 4개의 클립이 있으며, **플레이 헤드**가 위치한 시점은 앞서 타임라인에 적용한 **멀티캠 02** 클립의 시작 점인 것을 알 수 있습니다. 그리고 **뷰어**에는 싱크 작업에 사용되었던 4개의 클립이 분할 화면으로 나타나는 것을 알 수 있습니다.

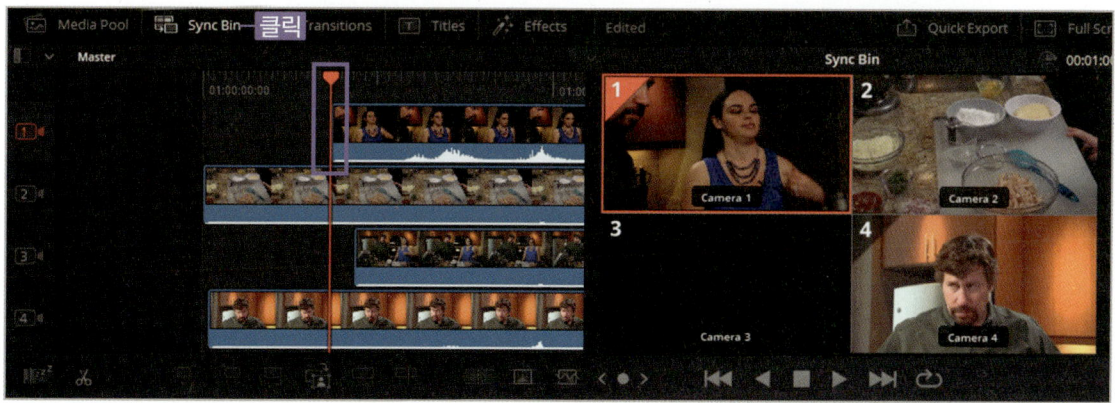

첫 번째 멀티캠 편집을 위해 **플레이 헤드**를 이동하여 **6초** 정도 되는 장면으로 이동합니다. 그다음 **뷰어**에서 **2번** 카메라 화면을 클릭합니다.

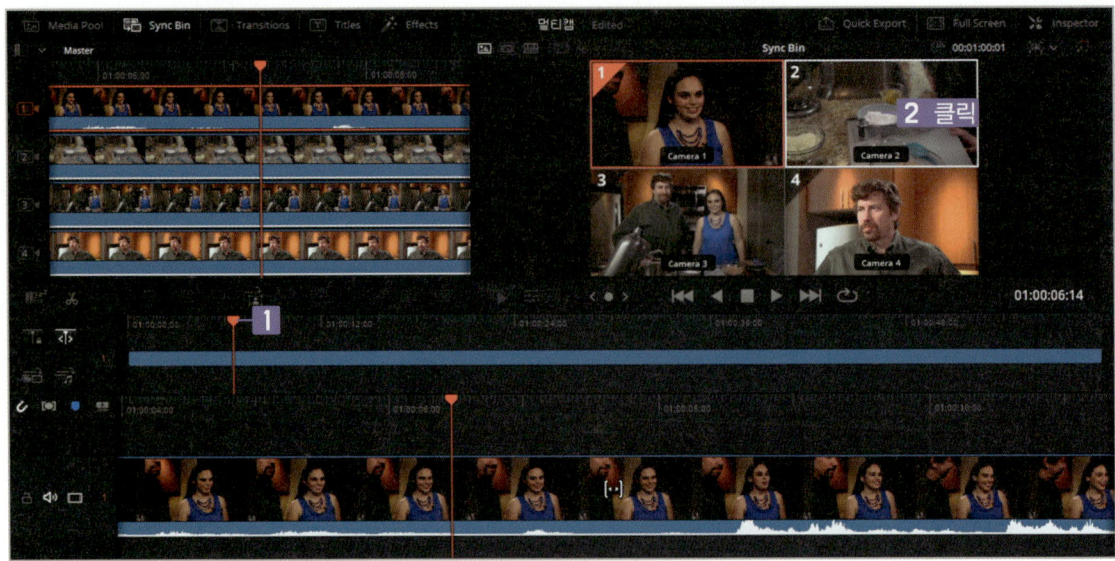

그러면 기본적으로 **5초**에 길이만큼 잘려지는 것을 알 수 있습니다. 물론 편집된 5초의 길이는 **어셈블 편집** 학습에서 살펴보았던 것처럼 편집 점의 길이를 조절해서 **재설정**할 수 있습니다.

5초로 편집된 장면을 타임라인에 적용하기 위해 Source Overwrite를 선택합니다. 그러면 **플레이 헤드**가 위치한 지점에 비디오 **2번** 트랙으로 적용됩니다.

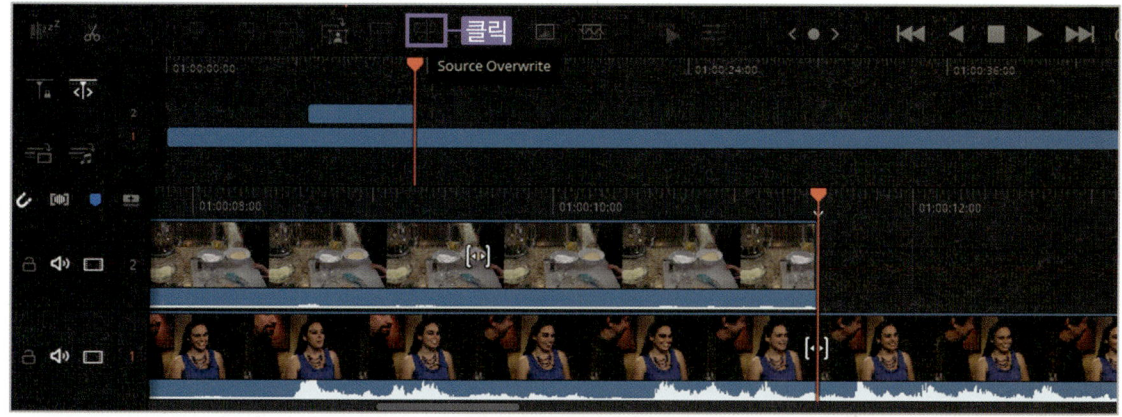

계속해서 다음 장면을 편집하기 위해 **시간(플레이 헤드)**을 뒤쪽으로 **5초** 정도 이동한 후 이번엔 **카메라 3번**을 클릭합니다.

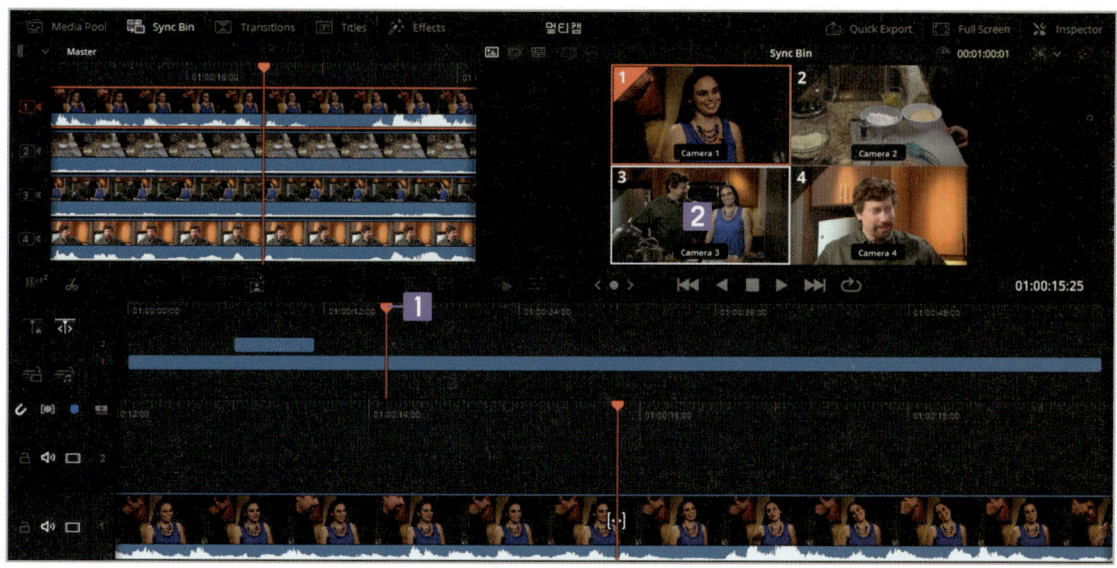

그러면 역시 **5초** 길이만큼 편집된 것을 알 수 있으며 계속해서 앞서 작업한 대로 Source Overwrite를 선택하여 타임라인에 적용합니다. 나머지 장면, 즉 카메라들은 이와 같은 방법으로 멀티캠 편집을 이어나가면 됩니다. 살펴본 것처럼 다빈치 리졸브에서의 싱크 작업과 멀티캠 편집은 유기적으로 할 수 있습니다.

다빈치 리졸브는 싱크 빈이 없을 때부터 멀티캠 편집이 가능했었습니다. 잠깐 살펴보기 위해 앞서 사용한 4개의 클립을 **에디트 페이지**의 **미디어 풀**로 적용한 후 모든 클립을 선택 후 **[우측 마우스 버튼] - [New Multicam Clip Using Selected Clips]**을 선택합니다.

New Multicam Clip 창이 열리면 기본적인 설정을 하면 되는데 여기에서는 멀티캠으로 사용될 클립의 싱크(Sync)를 음성에 맞춰주기 위해 **Sound**로 설정했습니다. 만약 멀티캠으로 사용되는 클립들의 시작되는 시간이 동일하다면 In으로 설정하며, 타임코드나 마커가 있는 영상이라면 해당 옵션을 선택하면 됩니다. 이것은 앞서 학습한 **싱크 클립**에서 살펴본 것과 동일합니다. 그리고 이번엔 멀티캠에 사용된 클립이 있는 폴더를 생성하지 않게 하기 위해 **Move Source Clips to 'Original Clips' Bin**을 해제한 후 **Create** 버튼을 클릭합니다.

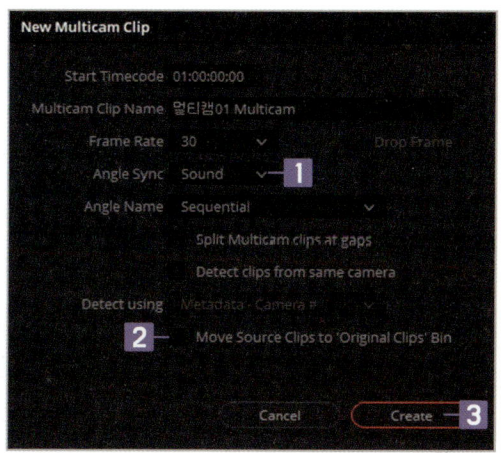

계속해서 앞서 만든 멀티캠 클립을 **타임라인**에 적용합니다. 그다음 **소스 뷰어** 왼쪽 하단에서 소스 모드를 **Multicam** 모드로 전환합니다. 그러면 그림처럼 4개의 화면으로 분할됩니다. 이제 멀티캠 편집을 위해 재생을 시작한 후 소스 뷰어에서 **Angle 1~4**번까지의 장면을 클릭해 봅니다. 이와 같은 방법으로 원하는 장면을 스위칭하면서 편집할 수 있습니다. 이렇게 편집된 클립은 자동으로 잘려지게 됩니다.

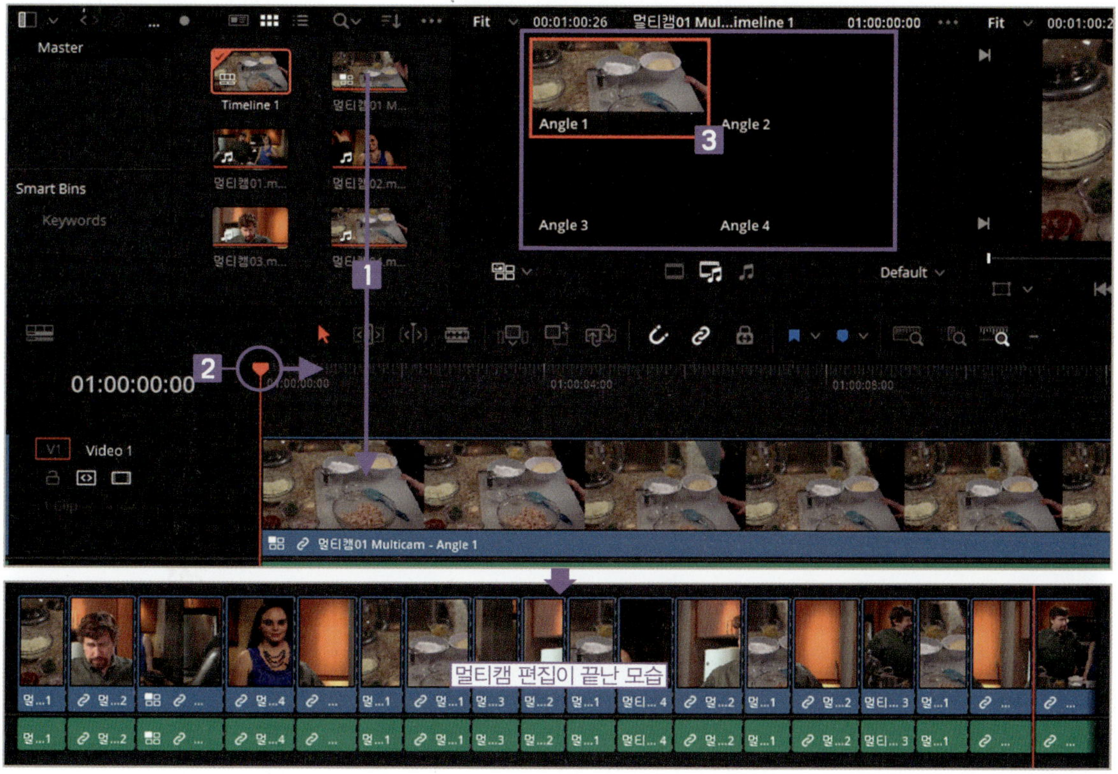

제너레이터 활용하기

이번엔 **이펙트**의 **제너레이터**(Generator)에 대해 알아보도록 하겠습니다. 제너레이터는 TV나 모니터의 색상 조정을 위해 사용되는 **컬러바**(Color Bar)와 회색 음영의 **그레이 스케일**(Grey Scale) 그리고 하나의 컬러 매트로 사용되는 **솔리드 컬러**(Solid Color) 등을 사용할 수 있습니다. 여기에서 제공되는 아이템 소스를 사용하기 위해서는 일반 클립처럼 타임라인에 끌어다 놓으면 됩니다.

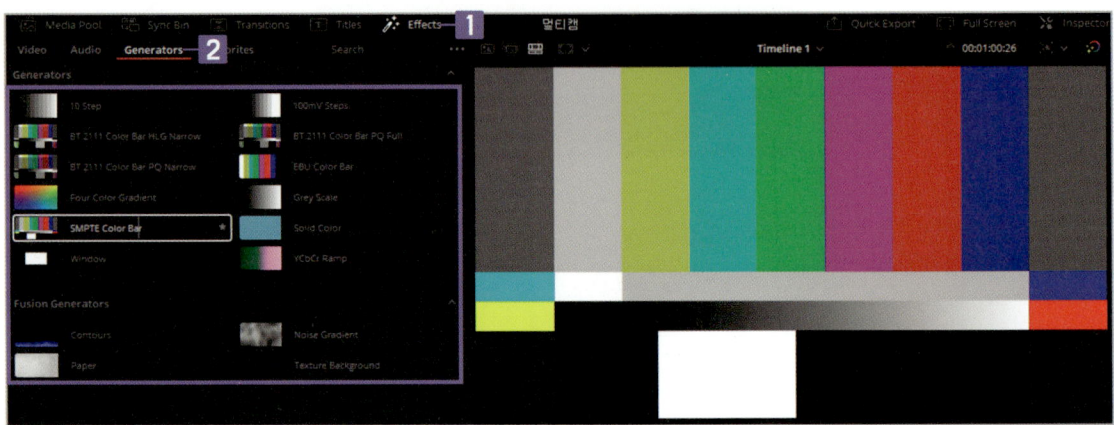

그러나 제너레이터에서 적용된 클립들은 색보정 작업을 위한 **컬러 페이지**에서는 인식하지 못합니다. 그러므로 해당 클립을 **컴파운드 클립**으로 만든 후 사용해야 합니다. 여기에서는 **그레이 스케일**(Grey Scale)을 사용하여 제너레이터를 일반 비디오(이미지) 클립으로 변환하는 방법에 대해 살펴보겠습니다. 우선 **그레이 스케일**을 **타임라인**에 적용합니다. 그레이 스케일은 흰색과 검정색으로 이루어진 매트입니다. 보기엔 단순해 보일지라도 컴포지트 모드나 키(Key) 등을 이용하면 명도 차이를 이용하여 다른 영상과 합성도 가능합니다.

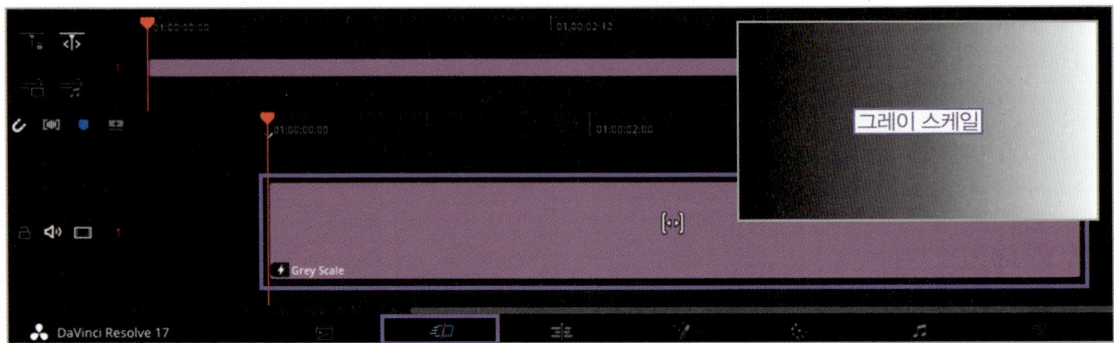

그다음 **컬러 페이지**로 이동해 보면 그레이 스케일은 아예 존재하지 않는, 즉 소스 데이터로 인식조차 되지 않은 것을 알 수 있습니다. 다시 말해 현 상태로는 색보정이 불가능 하다는 의미입니다.

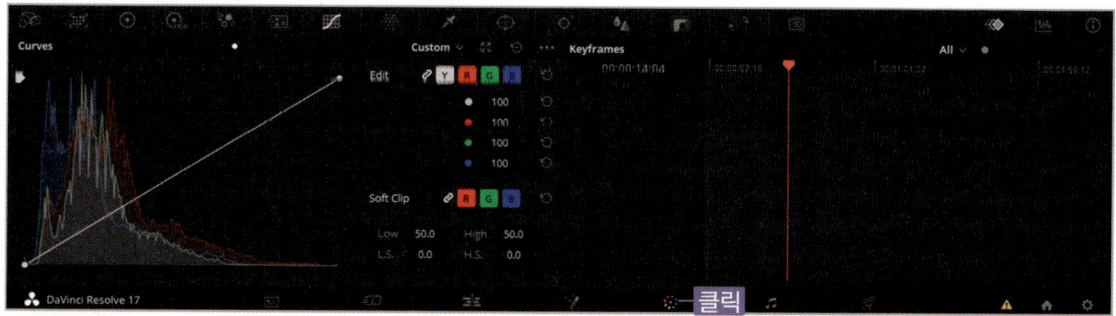

확인이 끝나면 다시 **에디트 페이지**로 이동한 후 **그레이 스케인** 클립에서 [우측 마우스 버튼] - [New Compound Clip]을 선택합니다. 컴파운드 클립 설정 창이 뜨면 **이름(그레이 스케일)**만 입력한 후 **Create** 버튼을 눌러 적용합니다. 컴파운드는 앞선 학습에서 여러 클립을 하나로 묶어줄 때 사용했었지만, 지금처럼 하나의 클립도 컴파운드하여 원래 가지고 있던 클립의 속성을 일반 비디오 클립처럼 만들 수 있습니다.

컴파운드 클립 후의 모습을 보면 앞서 보라색으로만 되었던 클립의 모습이 본연의 그레이 스케일로 나타나는 것을 알 수 있습니다. 이제 다시 **컬러 페이지**로 가서 확인을 해 보면 이제야 정상적으로 나타나는 것을 알 수 있습니다. 다시 말해 이제는 컬러 페이지에서 색보정 작업도 가능하다는 뜻입니다.

생생노트 | 그레이 스케일(컬러 매트)을 이용한 합성

제너레이터에 있는 다양한 아이템을 이용하면 일반 비디오 클립과 합성하여 독특한 결과물을 표현할 수 있습니다. 가령 그레이 스케일을 매트로 사용하게 되면 흰색과 검정색, 즉 밝은 영역과 어두운 영역의 차이를 이용하여 그림과 같은 합성이 가능합니다. 합성법은 앞서 살펴보았듯이 **위쪽 트랙**에 그레이 스케일, **아래쪽 트랙**엔 비디오 클립을 배치한 후 위쪽 트랙에 있는 그레이 스케일 소스의 컴포지트 모드를 설정하는 것입니다.

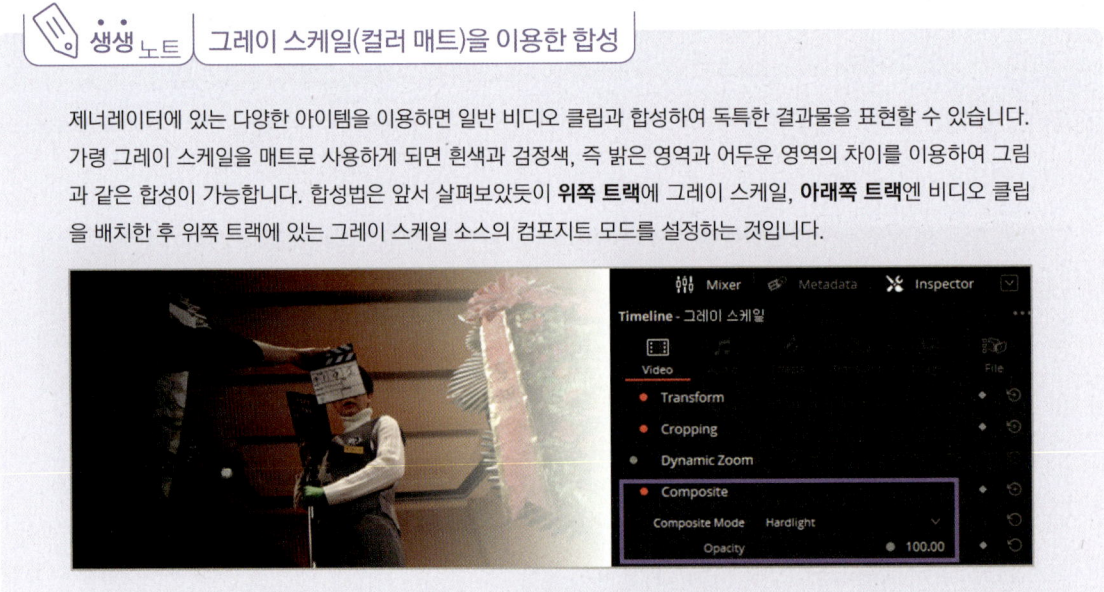

XML 파일 내보내기와 오토매틱 씬 컷에 대하여

XML(Extensible Markup Language)은 앞선 학습에서도 살펴보았듯 다른 프로그램, 그러나 공통점이 있는 프로그램 간에 작업 데이터를 공유하기 위한 언어입니다. 이것은 다빈치 리졸브에서 만든 작업 데이터를 파이널 컷 프로 또는 프리미어 프로 등의 다른 업체에서 만든 영상 편집 프로그램에 전달하여 사용할 수 있게 하거나 반대로 다른 프로그램에서 작업한 데이터를 다빈치 리졸브에서 불러올 수 있게 해 줍니다. 앞서 이미 XML 데이터를 불러오는 방법에 대해서는 살펴본 적이 있기 때문에 이번 학습에서는 다빈치 리졸브의 작업 데이터를 내보내는 방법에 대해서만 알아볼 것입니다. 또한 장면의 **편집 점**(Edit pinot)을 찾아 간편하게 타임라인에 적용하는 **오토매틱 씬 커트 디텍션**(Automatic scene cut detection)에 대해서도 살펴볼 것입니다.

XML 파일 내보내기

XML은 서로 다른 소프트웨어 간의 교류를 가능하도록 해 주는 역할을 합니다. XML를 통해 소프트웨어 간의 교류를 함으로써 작업의 효율성을 증가시킬 수 있지만, 반면에 불편한 점들도 있습니다. 그 이유는 각 소프트웨어마다 다른 기능을 가지고 작업을 하기 때문입니다. 이것은 완전한 XML 교류가 힘들게 합니다. 여기에서는 이러한 오류 사항들을 어떻게 해결하는 지에 대해서도 살펴볼 것입니다. 아래 이미지에서 비디오 클립을 살펴보면 해당 클립에 **스피드 램프**(Ramp) 아이콘이 있습니다. 이것은 즉 해당 클립에 속도 조절 작업을 했다는 것임을 알 수 있습니다. 이와 같이 속도가 일정하지 않은 클립을 사용할 경우에는 **XML** 파일에 **오류**가 생깁니다. 이것은 다른 프로그램에서 사용할 수 없는 다빈치 리졸브만의 기능이기 때문입니다. 이와 같은 경우엔 속도를 **초기화**하거나 해당 클립(장면)만 별도로 렌더(Render)하여 파일로 만든 후 다시 사용해야 합니다.

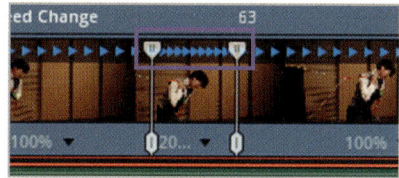

계속해서 아래 그림을 보면 이번엔 **자막** 클립이 많은 것을 알 수 있습니다. 이렇듯 자막을 많이 사용할 경우에도 XML 작업상 오류가 생길 확률이 높으므로 가급적 타이틀 트랙을 많이 사용하지 않은 것이 좋습니다.

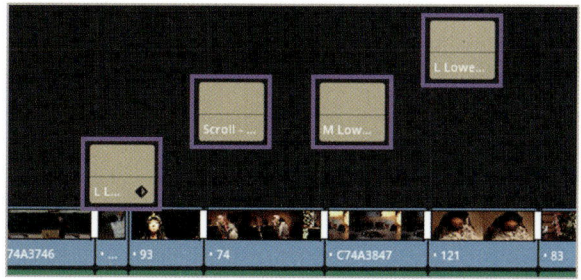

위와 같은 문제가 될 사항들은 개선했다면, 즉 기본 편집 이외에 다른 복잡한 것에 대해 깔끔하게 정리했다면 이제는 다빈치 리졸브의 타임라인을 XML로 내보낼 준비가 된 것입니다. [File] - [Export] - [Timeline]을 선택합니다.

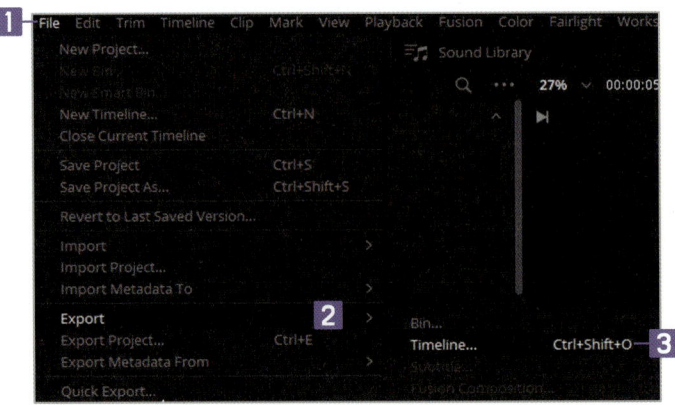

익스포트 타임라인(Export Timeline) 창이 열리면 적당한 파일명과 파일 형식 그리고 위치를 선택한 후 Save 버튼을 누르면 됩니다. 참고로 파일 형식을 보면 **FCPXML**이 있는데 이것은 파이널 컷 프로에 적합한 XML 파일입니다. 만약 파이널 컷 프로가 아닌 그밖에 프로그램에서 사용할 것이라면 **AAF**와 **EDL**로 만들기 바랍니다. 이 두 형식의 파일 또한 동영상 편집 프로그램 간에 상호 교류을 위한 파일 형식입니다.

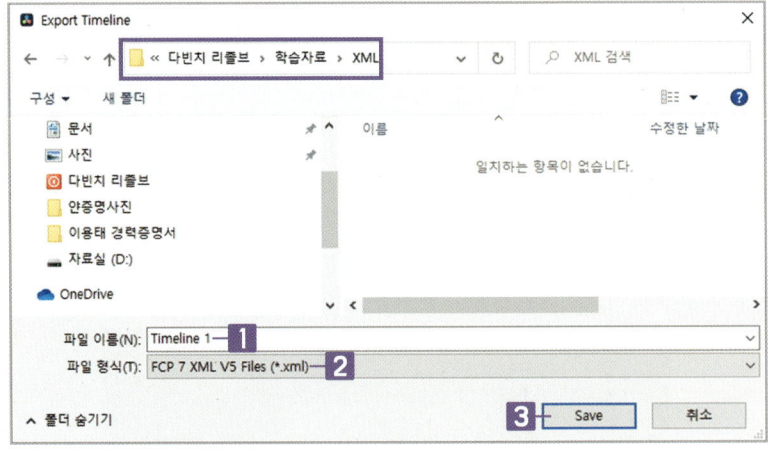

오토 씬 디텍트를 사용하여 장면 분석하기

이번에는 장면을 자동으로 탐색해 주는 **오토매틱 씬 커트 디텍션**(Automatic scene cut detection)에 대해 알아보겠습니다. 오토매틱 씬 커트 디텍션 기능의 개념은 아주 간단합니다. 쉽게 말해 원하는 비디오 클립의 각 씬, 즉 장면들을 편집 점(Edit point)으로 탐지하여 개별로 사용할 수 있게 해 준다는 것입니다. 이것은 해당 클립의 모든 타이틀(자막)을 제거하고 모든 색보정 작업들을 제거한 후 다른 비디오 파일로 렌더하여 컬러리스트에게 넘겨줌으로써 XML을 위한 과정을 거치지 않고 간단한 방법으로 **컨펌**(Conform)을 할 수 있기 때문에 컬러리스트가 비디오 클립의 편집 점들을 하나하나 찾아야 하는 불편함을 덜어줄 수 있습니다. 오토매틱 씬 커트 디텍션에 대해 살펴보기 위해 [학습자료] - [Video] - [씬 디텍션] 폴더에 있는 **셀러드 데이즈**란 이름의 파일에서 [우측 마우스 버튼] - [Scene Cut Detection]을 선택합니다.

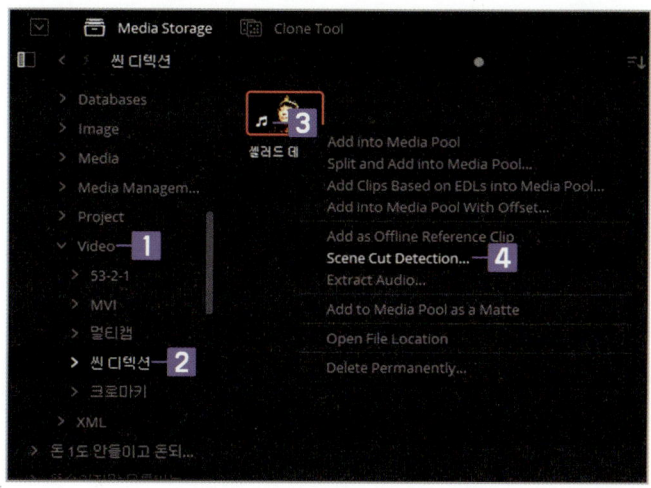

그러면 Scene Detect란 새로운 작업 인터페이스가 열립니다. 여기서 한가지 주의해야 할 사항은 미디어 파일을 씬 디텍션을 하기 전에 먼저 미디어 풀에 적용하면 안된다는 것입니다. 그 이유는 다빈치 리졸브가 클립을 하나의 장면으로 인식하기 때문입니다. 씬 디텍트 작업 창은 크게 위아래 두 가지 패널로 나눌 수 있는데, 상단은 **뷰어**(viewer), 하단은 **타임라인**입니다. 그리고 오른쪽 하단엔 **Add Cuts to Media Pool** 버튼이 있습니다. 이 기능은 씬 디텍트 작업에 의한 컷 결과를 미디어 풀에 추가할 때 상용합니다. Auto Scene Detect를 하기 전에 먼저 오른쪽 상단의 메뉴를 눌러 **Auto Cue**를 활성화해 줍니다. 오토 큐는 다빈치 리졸브가 자동으로 편집 점을 찾기 위한 스캔을 하는 과정을 보여주는 기능입니다. 오토 큐가 활성화됐다면 이제 왼쪽 하단의 **Auto Scene Detect** 버튼을 눌러 실행합니다.

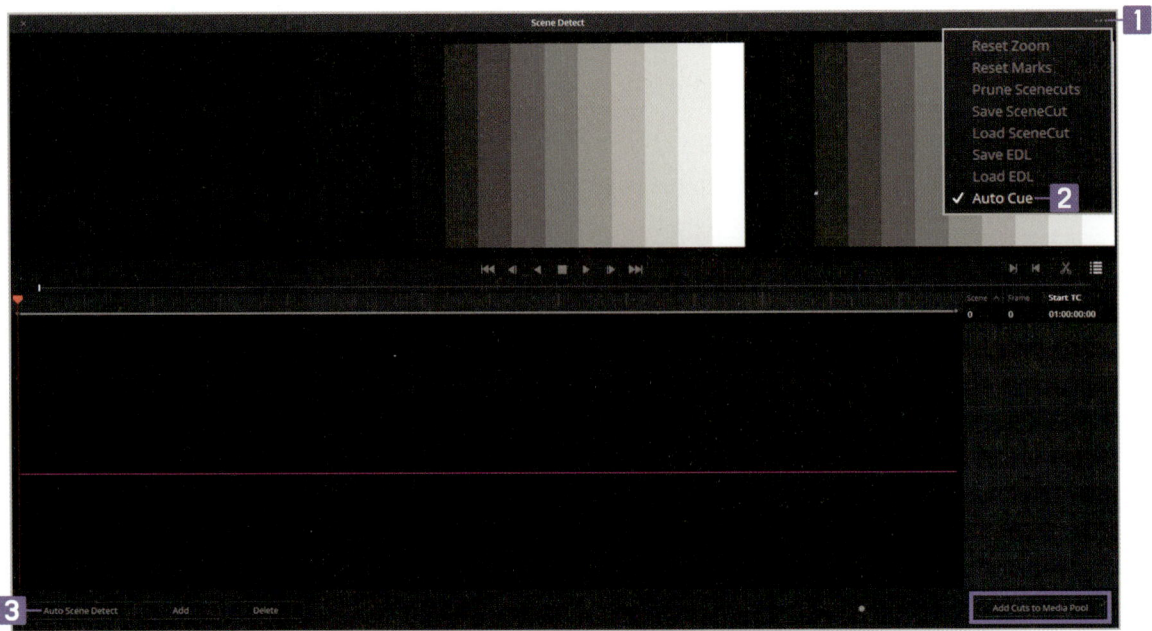

그러면 불과 몇 초만에 해당 클립의 장면을 분석하여 편집 점을 찾아줍니다. 하단 타임라인을 보면 초록색 막대 그래프와 같은 것들이 장면이 바뀔 때의 틈(차이점)을 찾아낸 흔적입니다.

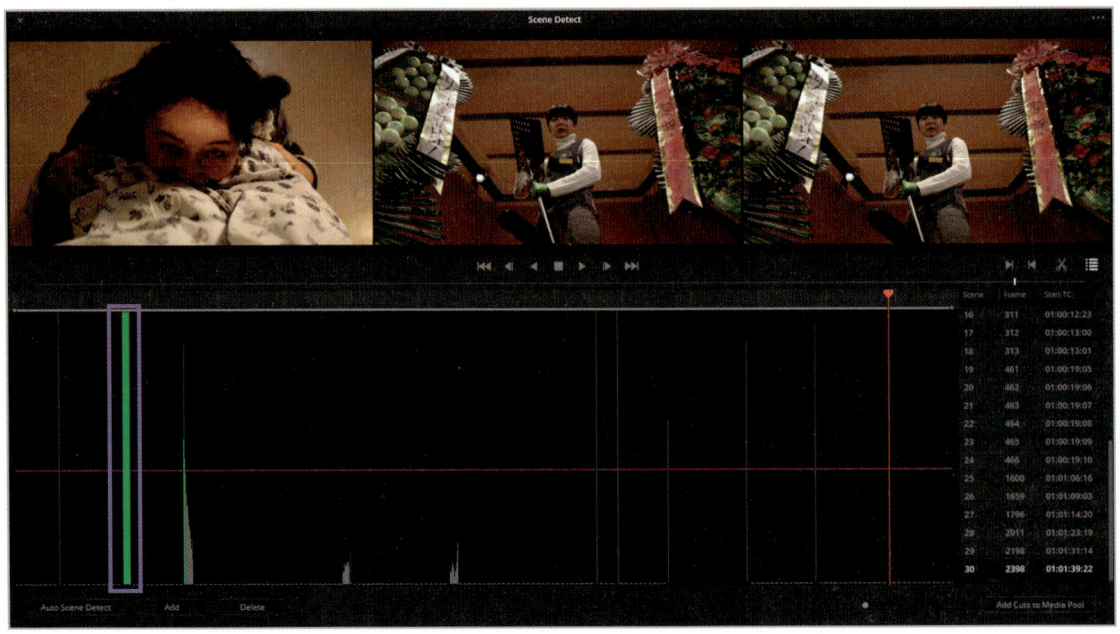

분석이 끝나면 오른쪽에는 분석된 장면들의 편집 점이 **시간(타임코드)**로 나눠진 것을 알 수 있으며, 초록색 그래프의 모양 중 빗살무늬처럼 보여지는 **회색** 부분은 편집 점이 아니라 **페이드(Fade)** 효과 및 그 외의 효과가 적용된 흔적입니다. 이것은 Auto Scene Detect이 편집 점으로 잘못 인식했다는 오류들이라고 보면 됩니다. 다음은 이와 같은 경우가 발생됐을 때 어떻게 대처 해야하는지에 대해 알아보도록 하겠습니다.

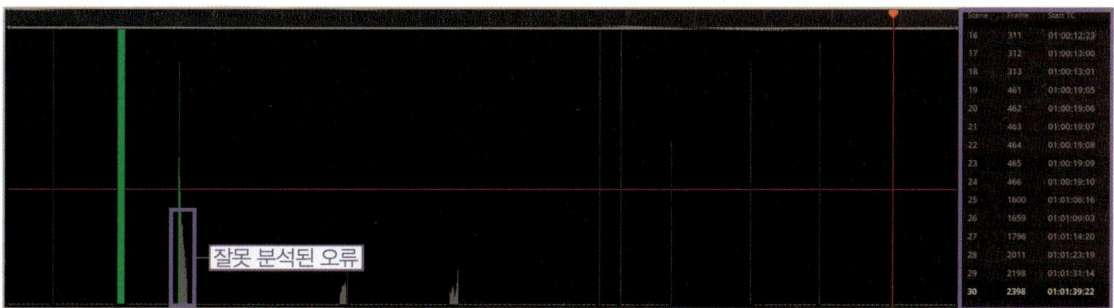

오토 씬 디텍트 분석 오류 해결하기

이번엔 Auto Scene Detect로 찾아낸 편집 점들 중 잘못 찾아낸 편집 점들에 대한 가지치기 작업을 해 보겠습니다. 먼저 편집 점으로써 잘못 인식된 장면을 **마크 인(In)**과 **마크 아웃(Out)** 영역으로 **설정(I/O 키로 가능)**해 준 후 **가위** 모양의 **프룬(Prune)**을 클릭하여 마크 인/아웃으로 지정된 문제의 편집 점을 잘라냅니다.

프룬이 실행된 후의 편집 점을 보면 대폭 정리된 것을 알 수 있습니다. 이제 그밖에 오류가 있는 편집 점에 대해서는 일일이 찾아서 잘라냅니다. 문제가 되어보이는 곳에 **플레이 헤드**를 갖다 놓고 왼쪽 하단에 있는 **Delete** 버튼을 누르면 됩니다. **초록색 그래프**가 높이 솟아 오를수록 편집 점일 가능성이 높습니다. 이렇게 제거된 그래프는 회색으로 처리됩니다. 참고로 새로운 편집 점을 추가하고자 한다면 마크 인/아웃을 새롭게 설정한 후 **Add** 버튼을 누르면 됩니다.

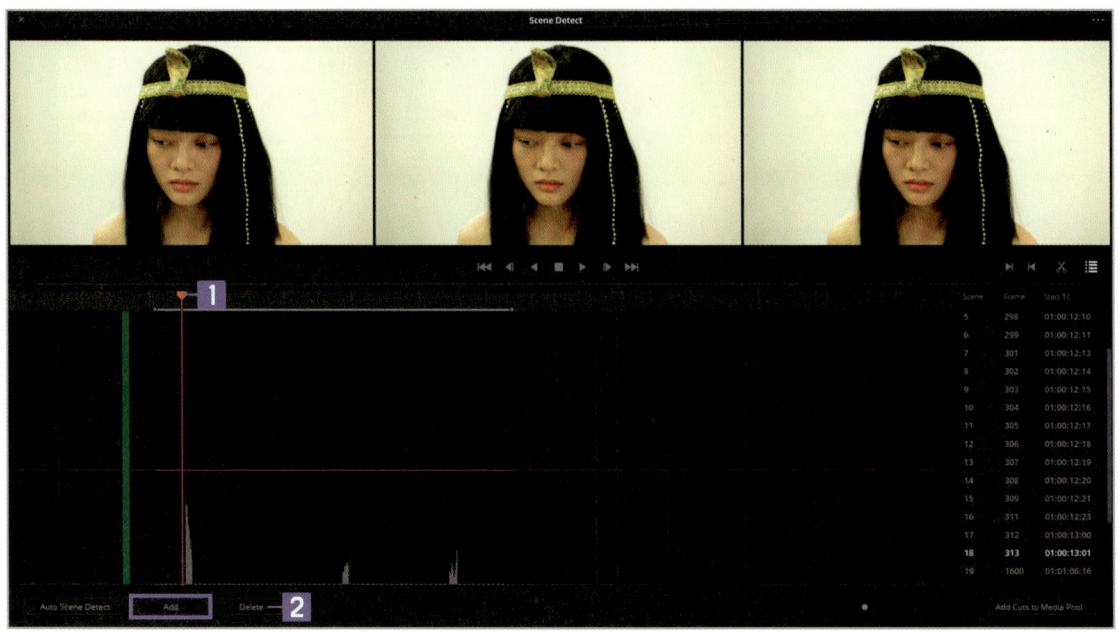

오토 씬 디텍트 작업 창에서는 두 가지 단축키가 있습니다. 하나는 N과 P 키로써 N은 다음 편집 점으로 이동하고 P는 이전 편집 점으로 이동합니다. 두 번째로는 + 와 - 키입니다. +는 편집 점을 추가하고 -는 편집 점을 삭제합니다. 그리고 오토 씬 디텍트를 다시 반복하고자 한다면 오른쪽 상단 메뉴에서 **Reset Marks**를 통해 마크 인/아웃 영역을 초기화한 후 사용하면 됩니다.

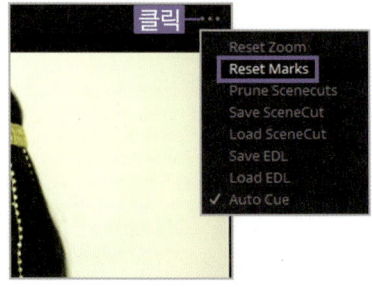

오토 씬 디텍트로 분석된 장면 타임라인에 적용하기

이번엔 마지막으로 최종적으로 분석된 장면들을 작업에 사용하기 위해 미디어 풀에 적용하는 방법에 대해 알아보겠습니다. 그러기에 앞서 혹시 모를 문제가 발생되기 전에 앞서 분석한 장면에 대한 내용을 데이터 파일로 저장해 봅니다. 오른쪽 상단의 메뉴에서 Save SceneCut을 선택하여 적당한 이름과 위치에 파일을 저장하면 되며, 저장된 파일은 유사시 Load SceneCut을 통해 불러올 수 있습니다. 이제 오른쪽 하단의 **미디어 풀에 추가하기**(Add Cuts to Media Pool) 버튼을 눌러 편집 점에 해당하는 장면들을 미디어 풀에 적용합니다.

씬 디텍트 창을 닫고 **미디어 풀**을 보면 하나의 클립에서 여러 개로 **컷 편집**된 **클립**(장면)이 나열된 것을 볼 수 있습니다. 컷 편집된 클립의 개수는 어떤 지점에서 이뤄졌는지에 따라 달라집니다. 이처럼 하나의 비디오 클립을 분석하여 장면별로 나눠서 사용할 수 있다는 것을 알 수 있습니다. 이제 이 클립들은 타임라인에 적용하여 정상적으로 편집 작업을 할 수 있습니다.

05 타이틀(자막)과 모션 그래픽

최근에는 자막이 단순히 글자를 넘어 캐릭터나 이모티콘 같은 그래픽 요소가 강한 이미지도 자막으로 사용되는 추세입니다. 또한 자막을 포함한 화면의 움직임을 연출하여 다이내믹한 장면을 연출하기 위해 모션 그래픽 기법을 자주 보게 됩니다. 이번 학습에서는 다양한 자막과 인스펙터를 이용한 모션 그래픽 작업에 대해 학습해 보겠습니다.

자막 제작하기

다빈치 리졸브에서는 기본 타이틀과 화려한 모션 그래픽이 가미된 퓨전 타이틀을 제공합니다. 제공되는 타이틀을 이용하여 **정지(Still)** 자막부터 **로워써드(Lower 3rd)** 그리고 아래서 위로 롤링되는 **스크롤(Scroll)** 등 다양한 자막을 만들 수 있으며, 컷 페이지와 에디트 페이지에서 사용할 수 있습니다.

로워써드 자막 만들기

로워써드(Lower 3rd)는 화면 아래쪽에 사용하는 자막을 말합니다. 아마 스포츠 중계 같은 영상에서 많이 보았을 것입니다. 화면에 등장하는 선수의 이름과 성적 등을 알려줄 때 주로 사용하지만 그밖에 다양한 자막으로 활용할 수 있습니다. 로워써드 자막은 Left Lower Third, Middle Lower Third, Right Lower Third 세 가지로 구분되며, 컷 페이지는 타이틀, 에디트 페이지는 이펙트 라이브러리의 툴박스에서 제공됩니다.

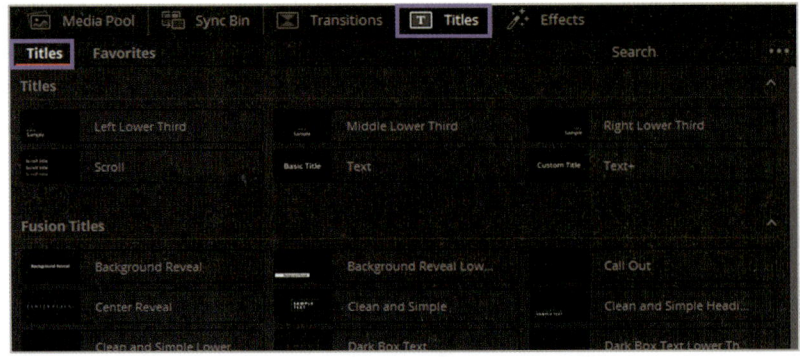

▲ 컷 페이지에서 제공되는 자막의 위치

로워써드 자막에 대해 살펴보기 위해 먼저 **비디오 1** 트랙에 [학습자료] - [Video] - [F1.mp4] 클립을 적용하고, Left Lower Third를 위쪽 **비디오 2** 트랙에 갖다 놓습니다. 작업은 **에디트 페이지**에서 합니다.

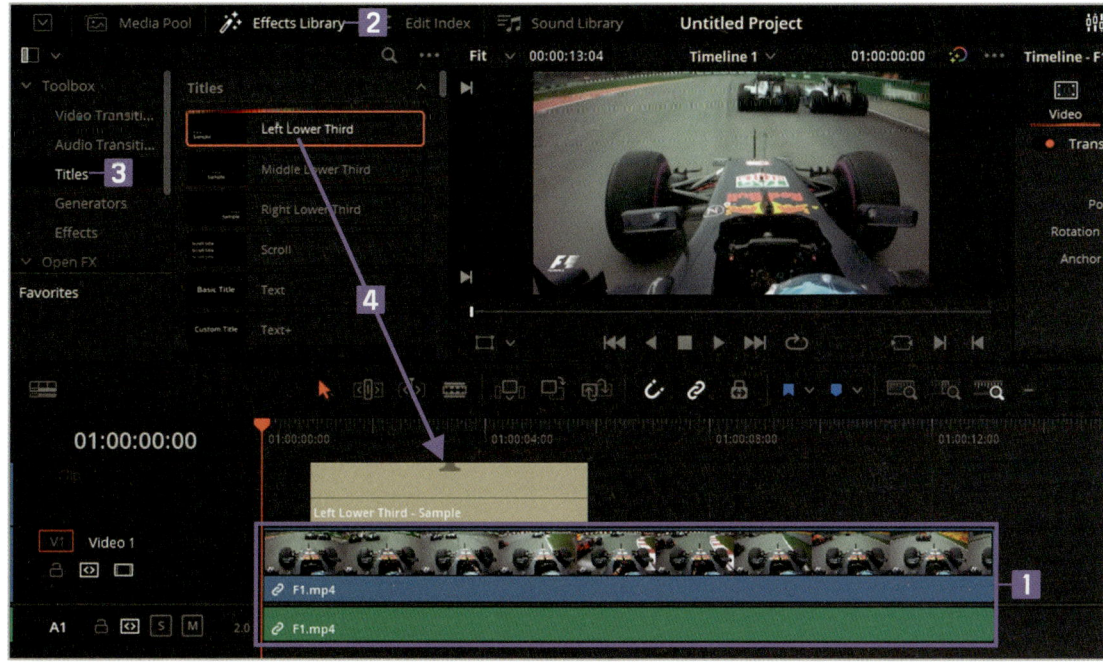

적용된 자막의 길이는 기본적으로 5초로 사용됩니다. 자막이 나타나는 지속 시간을 조절하고자 한다면 자막 클립의 시작/끝 점을 이동하여 원하는 길이로 조절하면 되며, 기본 자막의 길이를 원하는 시간으로 조정해 놓고 싶다면 [DaVinci Resolve] - [Prefernces] 메뉴를 선택하여 작업 환경설정 창을 열고, **User** 탭의 **Editing** 항목에 있는 General Settings의 Standard generator duration에서 원하는 시간으로 설정하면 됩니다. 이 시간은 자막뿐만 아니라 제너레이터에서 제공되는 모든 클립 소스(컬러바, 그레이 스케일 등)의 시간에 영향을 줍니다.

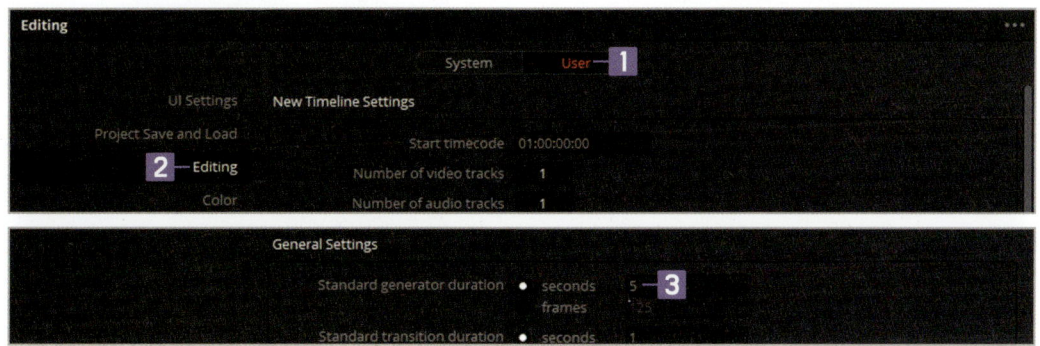

이제 로워써드 자막(글자)을 수정하기 위해 자막 클립을 선택한 후 인스펙터(Inspector)를 열어줍니다. 인스펙터를 펼쳐놓고 작업을 하기 위해 ∨모양의 **확장(Expand)** 버튼을 누릅니다. 인스펙터의 Title은 선택된 자막 클립의 글꼴, 색상, 크기, 간격, 위치 등을 설정할 수 있습니다. 먼저 위쪽 Title 글자를 바꿔주기 위해 위쪽의 Rich Text에서 F1로 바꿔주고 그밖에 글자 색상, 크기 등을 변경합니다. 계속해서 아래쪽 Sample은 Korea로 바꿔주고 나머지는 기본 값을 그대로 사용하겠습니다. 이처럼 인스펙터의 타이틀에서 자막을 수정할 수 있습니다.

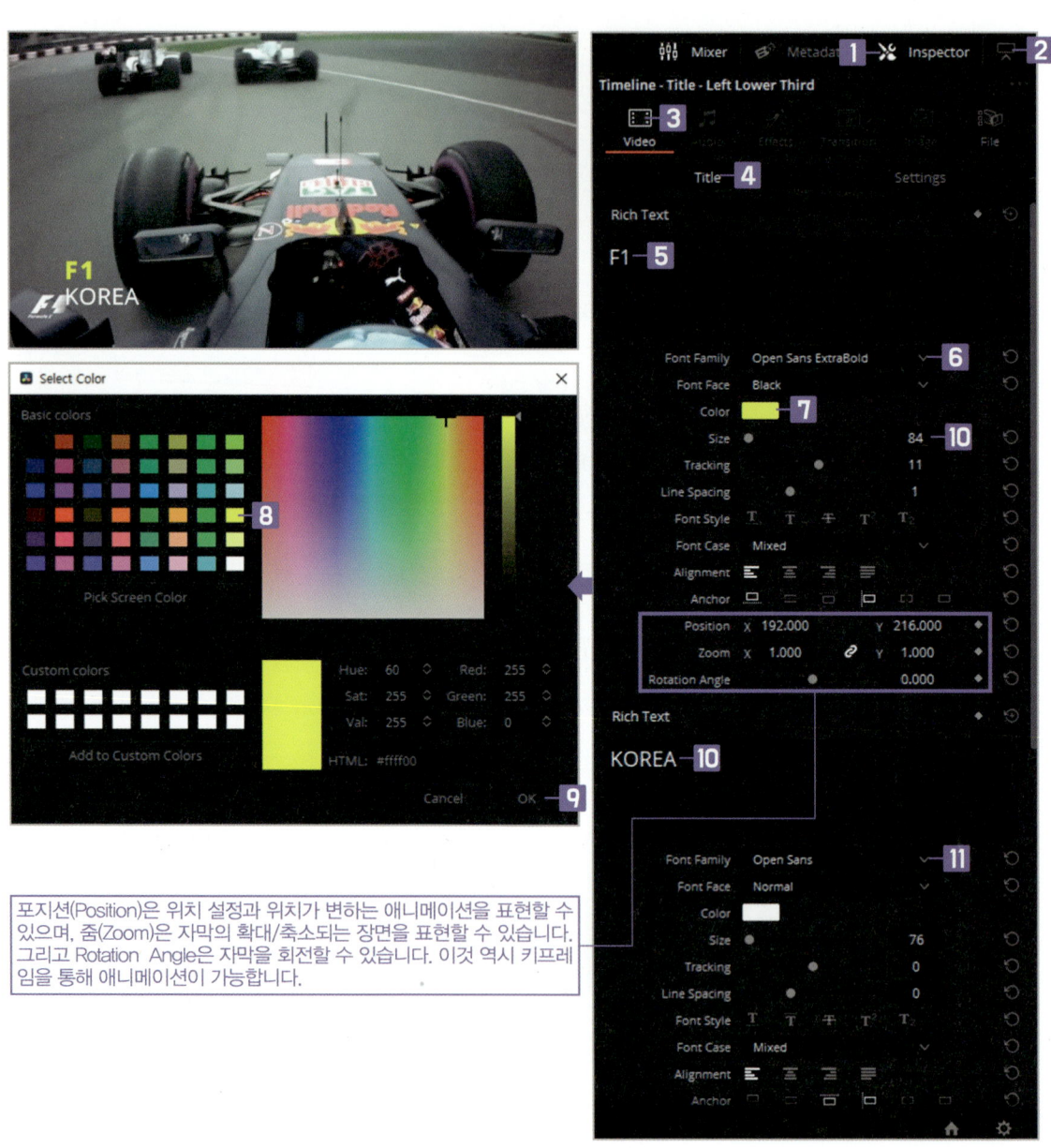

포지션(Position)은 위치 설정과 위치가 변하는 애니메이션을 표현할 수 있으며, 줌(Zoom)은 자막의 확대/축소되는 장면을 표현할 수 있습니다. 그리고 Rotation Angle은 자막을 회전할 수 있습니다. 이것 역시 키프레임을 통해 애니메이션이 가능합니다.

이번엔 자막에 그림자 효과를 적용해 보겠습니다. 인스펙터를 아래로 스크롤 하면 **Drop Shadow**가 나타납니다. 드롭 쉐도우에서 **Offset**의 **XY**축의 위치 값을 조금씩만 설정해 줍니다. 그러면 그림자와 자막의 간격이 생기게 됩니다. 쉽게 속성(파라미터) 값을 설정하는 방법은 마우스 커서를 속성 값에 올려놓고 좌/우로 드래그하는 것입니다. 드롭 쉐도우에서는 그밖에 그림자 색상, 부드러운 경계, 투명도 등을 설정할 수 있습니다.

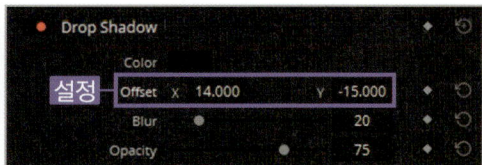

자막의 테두리는 **Stroke**을 통해 설정이 가능하지만 아래쪽 자막만 테두리가 생기는데, 아래쪽 자막에 테두리가 필요하다면 크기를 조절해서 사용하기 바랍니다. 맨 아래쪽의 **Background**는 자막의 **배경**을 만들어줍니다. **Outline Width**로 두께를 설정하고, **Width/Height**로 배경 크기를 조절합니다. 그리고 **Corner Radius**로 모서리를 둥글게 해 주고 **Center**의 XY축을 설정하여 적당한 위치로 이동해 줍니다. 그밖에 색상이나 투명도에 대한 설정도 가능합니다. 설정한 것을 확인해 보면 전보다 훨씬 세련된 로워써드가 만들어졌습니다. 참고로 글자나 배경에 **애니메이션(모션)**을 표현하고 싶다면 각 **파라미터(속성)**에 있는 동그라미 모양의 **키프레임(Add Keyframe)**을 이용하면 됩니다.

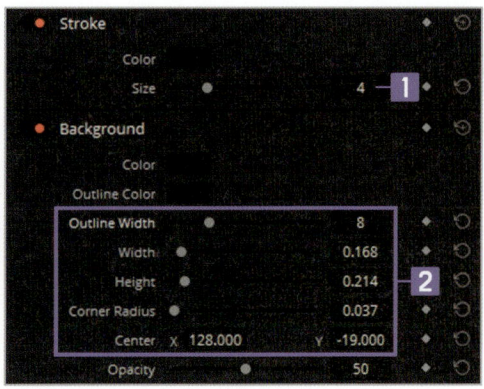

타이틀(자막)과 모션 그래픽 **285**

로워써드 자막 애니메이션 만들기

로워써드 자막에 애니메이션의 표현은 앞서 학습한 **볼륨 조절**에 대한 **애니메이션** 제작법을 참고하면 되며, 여기에서는 로워써드 자막 배경에 대한 애니메이션을 간단하게 표현해 보겠습니다. 먼저 자막의 시작 점으로 플레이 헤드를 이동합니다.

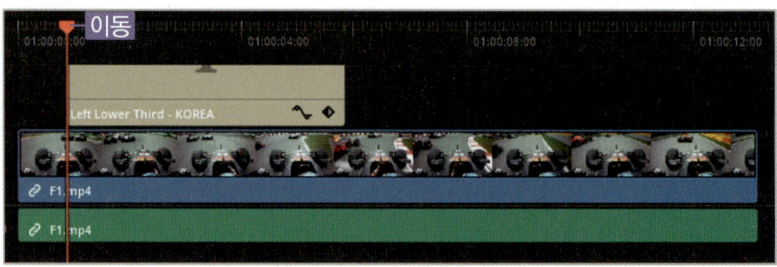

인스펙터의 **백그라운드**에서 Width 값을 조절하여 배경을 그림처럼 넓게 조절합니다. 그다음 Add Keyframe을 클릭하여 **키프레임**을 생성합니다.

시간(플레이 헤드)를 1초 정도 뒤로 이동한 후 다시 백그라운드의 Width 값을 조절하여 그림처럼 배경을 다시 원래대로 좁혀줍니다. 이것으로 간단하게 배경 애니메이션을 만들어졌습니다.

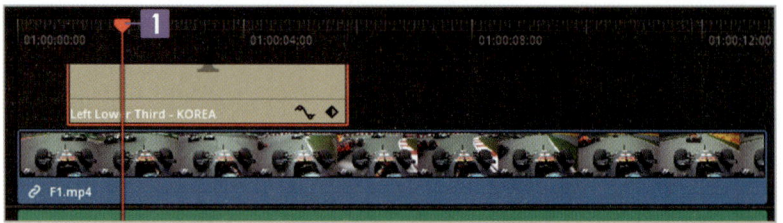

 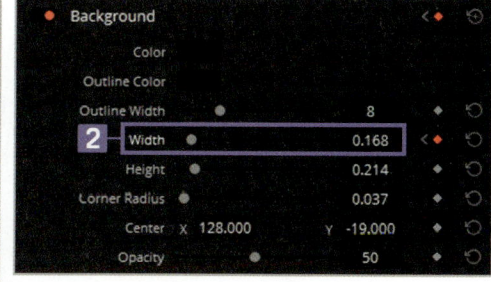

프리뷰

일단 애니메이션이 만들어지면 앞서 살펴본 적이 있듯이 해당 클립에는 **그래프 라인(곡선)**을 이용하여 디테일한 애니메이션을 설정할 수 있는 공간이 만들어집니다. 이 공간에서는 특히 키프레임 구간의 속도를 자연스럽게 연출할 수 있습니다.

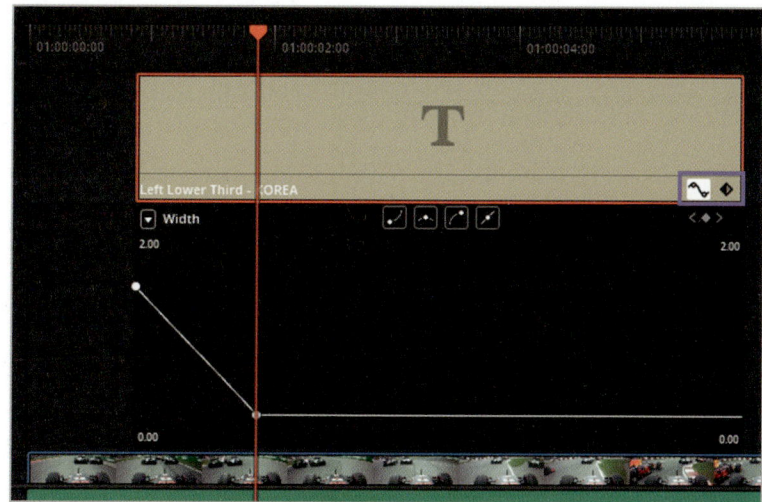

타이틀(자막)과 모션 그래픽 **287**

로워써드 애니메이션의 마지막 작업으로 배경이 처음부터 배경이 나타나는 것은 자연스럽지 않습니다. 또한 자막도 처음부터 나타나는 것보다는 **페이드 인**으로 시작되는 게 보다 자연스러울 것입니다. 자막과 배경이 시작되고 끝날 때 **페이드 인/아웃**을 표현하기 위해 자막 클립의 시작 점과 끝 점 상단 모서리에 있는 **페이드 어웨이(Fade away)**를 이용하여 그림처럼 페이드 인/아웃 영역을 만들어줍니다.

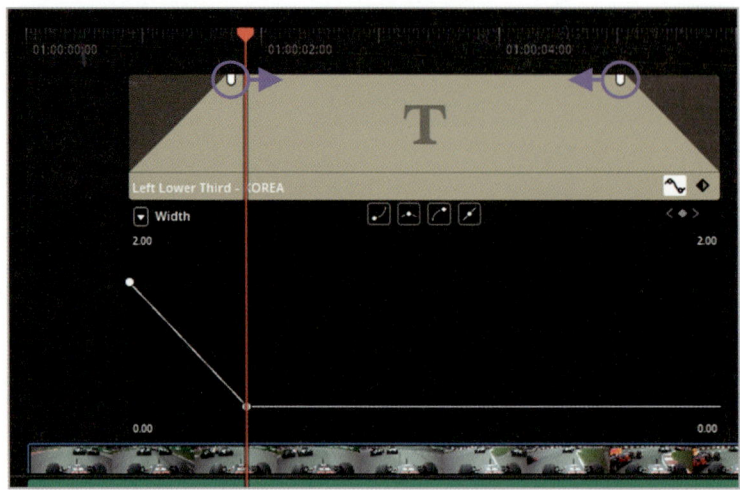

▶ 아웃풋

스크롤 자막 만들기

스크롤(Scroll) 자막은 아래서 위로 올라가는 **엔딩 크레딧** 자막으로 영화나 드라마의 마지막에 사용하는 자막입니다. 다빈치 리졸브에서의 스크롤 자막은 기본적으로 위로 스크롤되는 애니메이션으로 되어있기 때문에 별도의 키프레임을 사용하지 않아도 됩니다. 살펴보기 위해 먼저 작업이 끝난 타임라인(프로젝트)이 있다고 가정합니다. 이제 타임라인 맨 끝부분에 Scroll 자막을 끌어다 놓습니다.

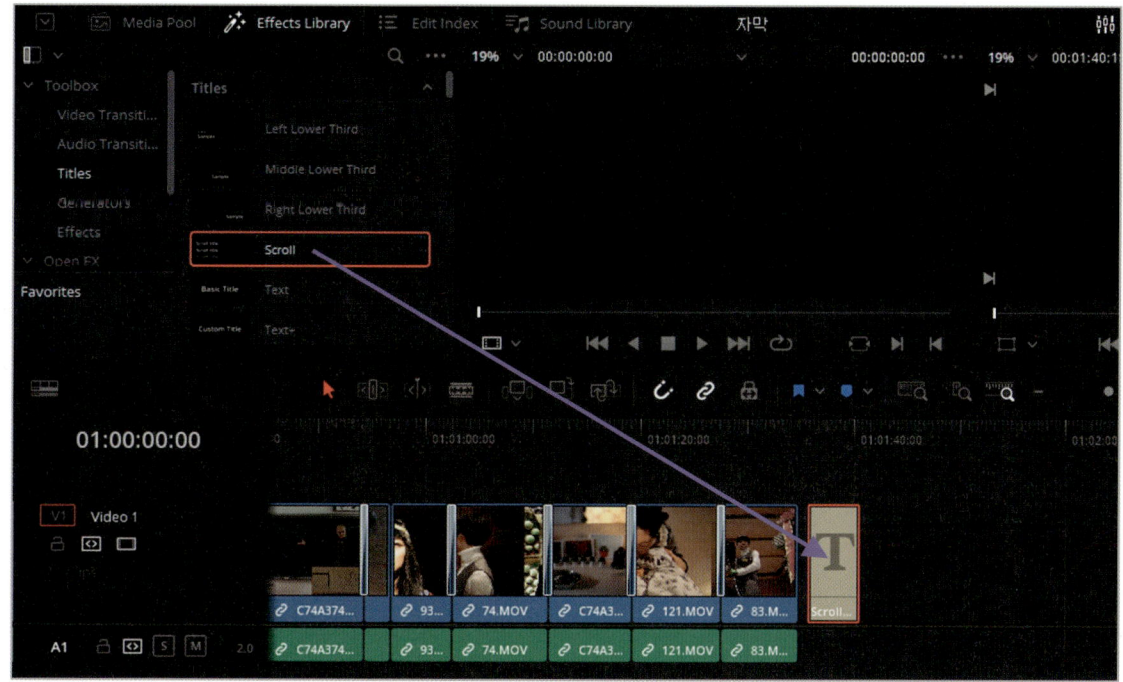

스크롤 자막이 선택된 상태에서 **인스펙터(Inspector)**를 열어줍니다. 그리고 Text에 원하는 글자를 입력합니다. 필자는 영화 **셀러드 데이즈**의 감독과 주연 그리고 주요 스탭의 이름을 입력했습니다.

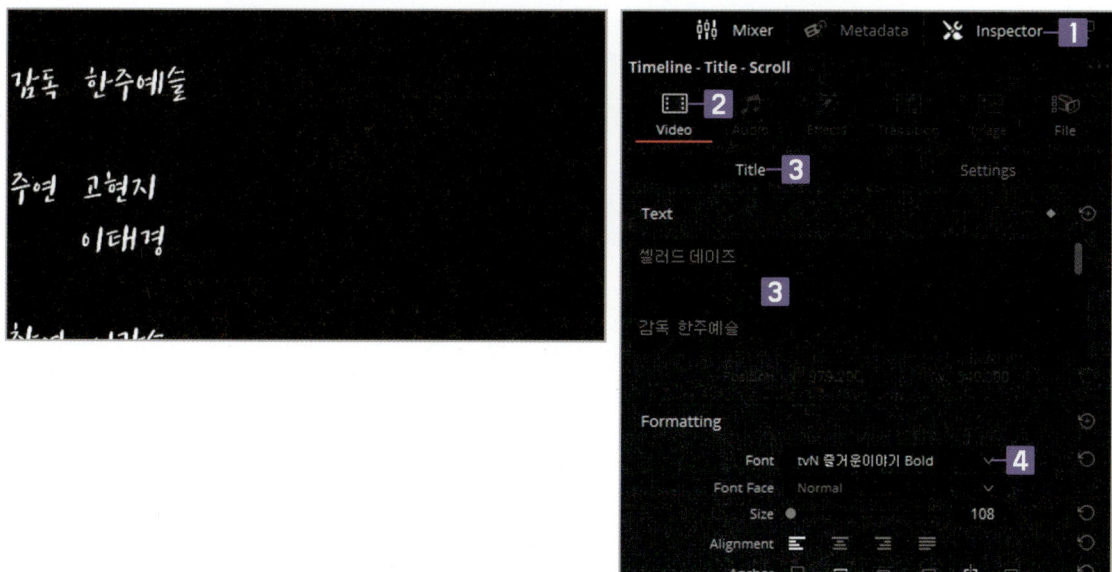

타이틀(자막)과 모션 그래픽 289

현재는 스크롤 자막의 위치가 왼쪽으로 치우쳐있습니다. 세이프 에어리어를 켜서 확인을 해 보겠습니다. View 메뉴에서 Safe Area를 보면 여러 개의 메뉴가 있습니다. 여기서 필요한 것만 사용합니다. Title를 체크한 상태에서 On 메뉴를 선택하여 세이프 에어리어를 타임라인 뷰어에 나타나도록 합니다. 세이프 에어리어는 중요한 화면과 자막을 보호(화면에서 벗어나지 않도록 하기 위함)하기 위해 사용됩니다.

세이프 에어리어를 켜놓고 자막을 보니 현재의 자막이 화면밖으로 지나치게 치우쳐있는 것을 확인할 수 있습니다. 이 상태로는 파일을 만들면 자막이 모니터 화면에 잘릴 확률이 높습니다. 이제 이러한 자막의 위치를 안전한 곳으로 이동해야 합니다.

스크롤 자막에서 자막의 위치를 조정하는 옵션은 Alignment와 Anchor뿐입니다. 여기서도 그나마 Anchor를 사용하는 것이 더 효율적입니다. 일단 여러 가지 앵커(Anchor) 중에서 네 번째에 있는 앵커를 선택해 봅니다. 그러면 그림처럼 스크롤 자막의 위치가 오른쪽으로 이동됩니다. 이대로 사용한다면 문제가 되지 않지만 보다 디테일하게 위치를 이동하고 싶다면 이 곳이 아닌 Settings 탭의 **트랜스폼(Transform)**을 이용해야 합니다.

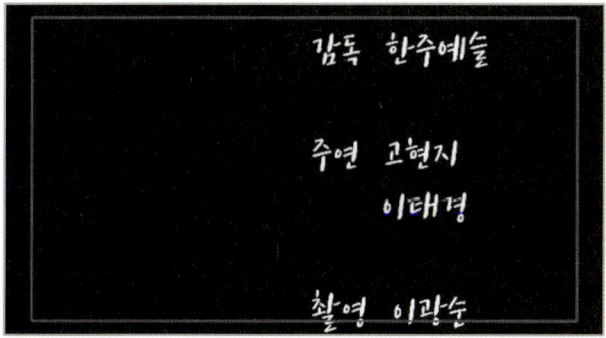

세팅 탭의 **트랜스폼**으로 이동한 후 Position의 X축을 조절하여 자막의 위치를 원하는 곳으로 이동합니다. 필자는 조금 더 오른쪽으로 이동했습니다. 이렇듯 스크롤 자막의 위치는 정교하지 못하기 때문에 트랜스폼을 이용해야 합니다. 참고로 세팅 탭의 활용법은 자막에 대한 학습이 끝난 후에 자세히 알아볼 것입니다.

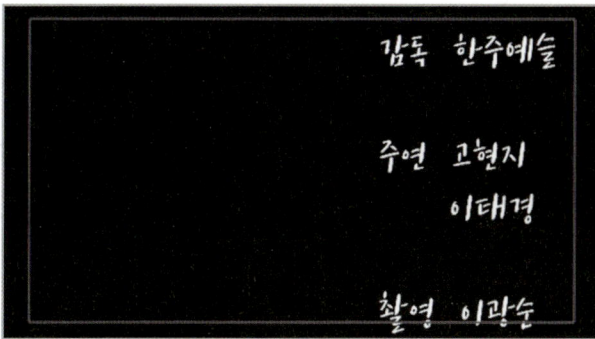

스크롤 자막의 속도는 자막 클립의 시작 점과 끝점을 조절하는 것으로 가능합니다. 이렇게 조절된 길이가 자막이 흐르는 최종 시간으로 사용됩니다. 만약 자막이 스크롤되다가 어느 시점에서 멈췄다가 다시 스크롤되는 자막을 표현하려면 어떻게 해야 할까요? 답은 앞서 학습했던 속도 조절에 대한 학습 편에 있습니다. 물론 자막 자체는 비디오 클립으로 취급되지 않기 때문에 먼저 자막 클립을 **컴파운드 클립**(Compound Clip)으로 만들어 준 후에 가능합니다. 이 부분 역시 지난 학습을 참고하면서 여러분이 직접 표현해 보기 바랍니다. 다음의 **두 번째** 그림이 **힌트**가 될 것입니다.

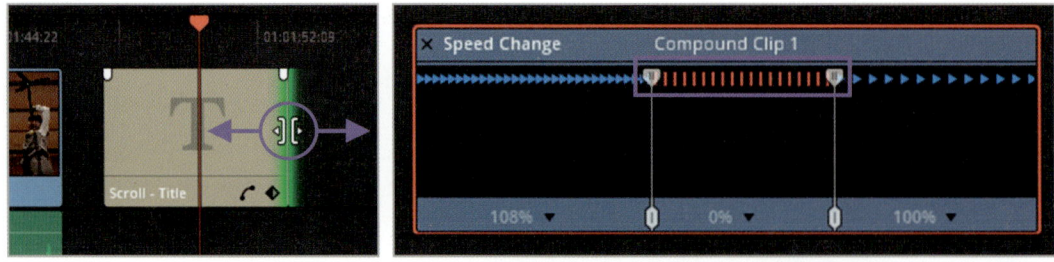

▲ 컴파운드 클립으로 전환한 후 정지하고자 하는 구간만 Freeze Frame을 한 모습

정지 자막 만들기

정지 자막은 움직임이 없는 기본 자막입니다. 주로 영상이 시작되는 메인 타이틀로 사용됩니다. 물론 메인 타이틀말고도 다양하게 활용할 수 있을 것입니다. 본 도서의 학습자료로 사용되고 있는 **샐러드 데이즈** 프로젝트를 열어보면 특별히 화려하지는 않지만 영화와 잘 어울리도록 선택된 글꼴과 시작 점과 끝 점에 페이드 인/아웃을 설정하여 서서히 시작되고 끝나도록 하였습니다. 이렇듯 타이틀은 해당 프로그램과 조화로워야 합니다. 만약 이 타이틀에 **블러(Blur)** 효과를 적용한다면 더욱 자연스런 타이틀이 만들어지는데, 블러와 같은 효과는 먼저 **컴파운드 클립**으로 만들어주어야 효과 적용이 가능합니다.

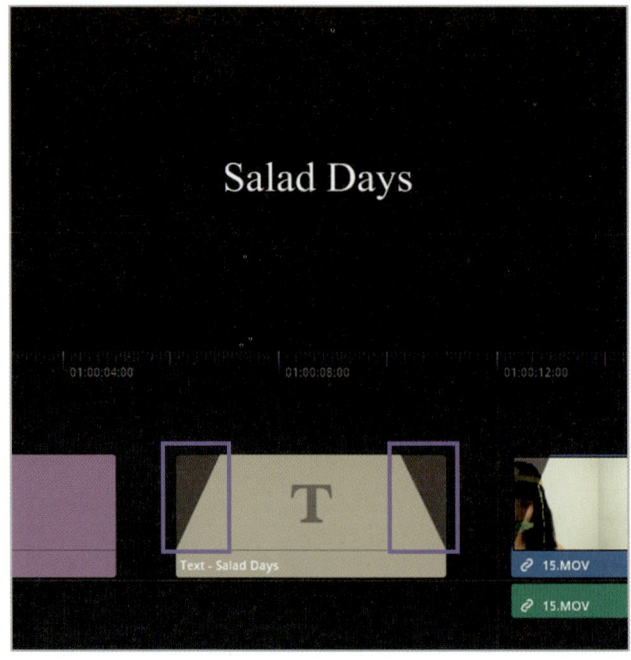

잠깐 살펴보기 위해 자막 클립에서 [우측 마우스 버튼] – [New Compound Clip] 메뉴를 선택합니다. 새로 만들어질 컴파운드 이름을 입력한 후 Create 버튼을 눌러 적용합니다.

이펙트 라이브러리(에디트 페이지에서의 이름)에서 Open FX의 Filters에서 가우시안 블러(Gaussian Blur)를 끌어다 자막 **컴파운드 클립**에 적용합니다. 이펙트도 이처럼 효과를 끌어서 적용하고자 하는 클립에 적용합니다.

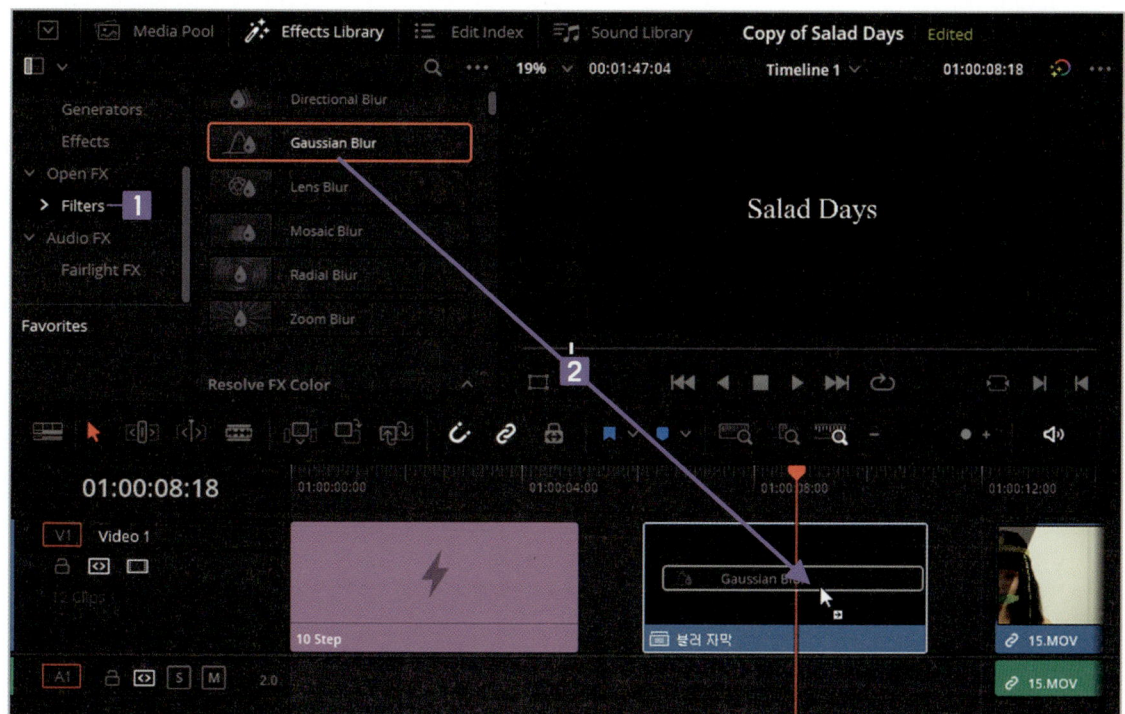

자막 클립을 선택한 후 **인스펙터**에 있는 **이펙트**의 **오픈 FX**에서 가우시안 블러에 대한 설정을 할 수 있는데, 여기에서는 Horizontal/Vertical Strength 값을 증가하여 글자가 많이 흐려지도록 해줍니다.

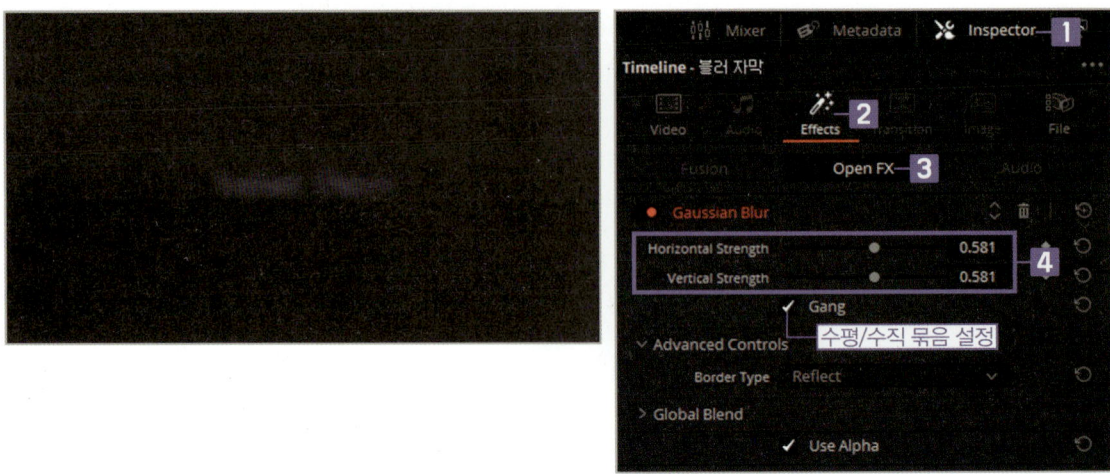

시간(플레이 헤드)을 자막 클립의 **시작 점**으로 이동한 후 가우시안 블러의 Horizontal/Vertical Strength의 키프레임을 생성합니다.

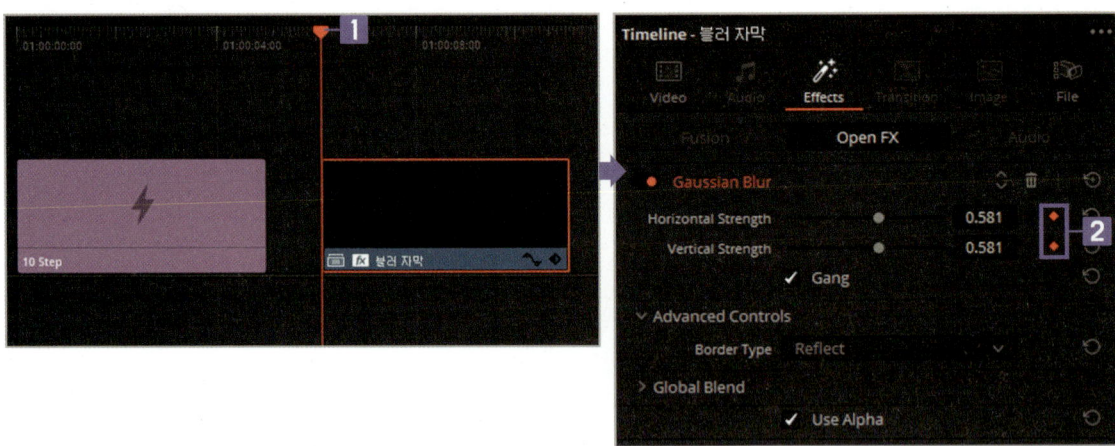

계속해서 **시간(플레이 헤드)**을 1초 정도 뒤로 이동한 후 가우시안 **블러 값**을 모두 0으로 설정하여 정상적인 글자의 모습이 나타나도록 해줍니다. 이것으로 흐리게 시작하여 선명해지는 블러 애니메이션이 완성됐습니다.

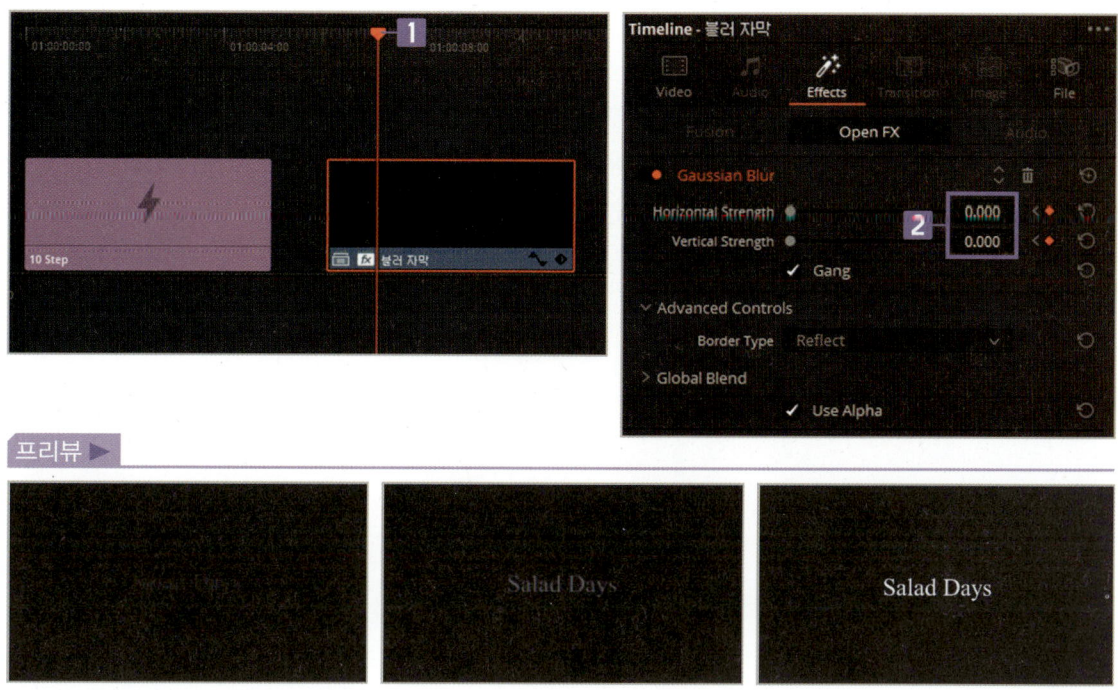

참고로 움직임이 없는 정지 자막일지라도 **비디오 탭**의 **트랜스폼**을 이용하면 위치, 줌, 회전 등에 변화가 생기는 애니메이션 자막을 만들어줄 수 있습니다. 또한 Pitch와 같은 옵션을 사용하면 그림처럼 모양이 변형되는 자막도 표현할 수 있습니다.

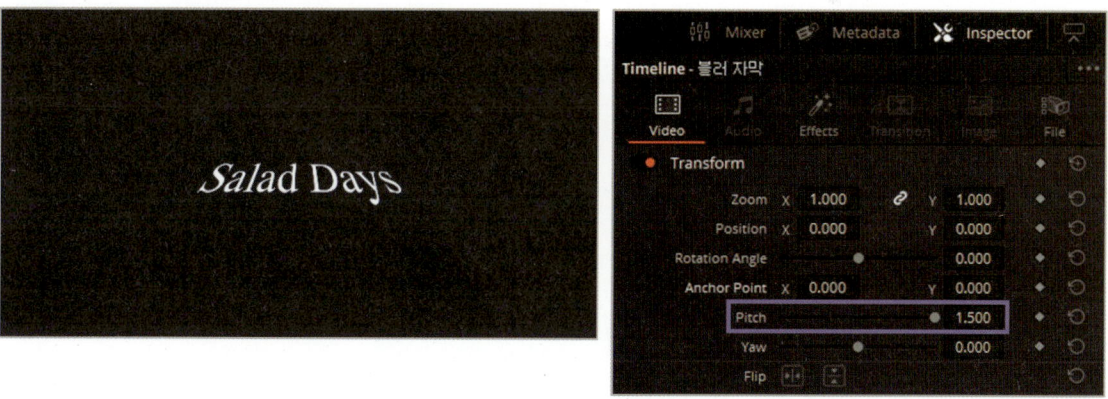

포토샵 스타일 컬렉션 도서에 대하여

포토샵의 스타일을 사용하면 다양한 스타일 자막을 만들 수 있습니다. 만약 다양한 디자인 자막을 원한다면 **유튜브 자막 디자인 걱정하지 말아요** 도서를 활용하길 권장합니다. 본 도서에는 포토샵에서 스타일을 만들고, 응용하는 다양한 방법에 대한 설명과 더불어 2,310가지 스타일들을 무료로 제공합니다.

001_Boulevard

002_Engraved retro
사용법 p.224

003_Roc wall
사용법 p.217

004_Wall poster
사용법 p.222

008_Simple metal

011_Metal snow
사용법 p.239

013_Stone grass
사용법 p.243

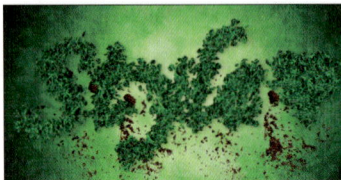

076_Grass effect
사용법 p.280

077_Knit pattern
사용법 p.283

079_Embroidery effect 2 — 사용법 p.292

080_Leather effect — 사용법 p.296

083_classic neon

084_Glow neon

086_Sandwich — 사용법 p.248

087_Vignette 3d

184_Raining window — 사용법 p.316

185_Glitch — 사용법 p.320

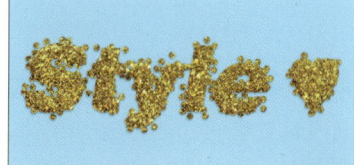

186_Glitter effect 1 — 사용법 p.322

200_Shadow_solid bottom left

204_Shadow_fade bottom left

209_Neon bar

215_Isometric down

231_Ink outline — 사용법 p.338

239_Fur effect 1 — 사용법 p.344

타이틀(자막)과 모션 그래픽 297

모션 그래픽 제작하기

모션 그래픽(Motion Graphic)라고 하면 화려하게 움직이는 영상을 연상하게 됩니다. 그러나 따지고 보면 영상 자체가 움직임이기 때문에 영상을 모션 그래픽이라고도 할 수 있을 것입니다. 하지만 현대의 모션 그래픽은 단순히 영상 속에서의 움직임이 아닌 정지된 오브젝트를 역동적인 장면으로 표현하는 것을 모션 그래픽이라고 정의하는 추세입니다. 다빈치 리졸브에서는 **인스펙터**의 **비디오** 탭에서 제공하는 다양한 기능을 통해 움직임의 미학, 모션 그래픽을 표현할 수 있습니다.

트랜스폼 활용하기

트랜스폼은 장면(비디오 클립)을 줌 인/아웃하고, 위치를 이동하고, 회전, 기울기, 뒤집기 등과 같은 작업을 할 수 있습니다. 이와 같은 작업은 단순히 하나의 정지된 상태가 아닌 키프레임을 이동하여 모션을 발생시킬 수 있기 때문에 아주 쉽게 기본적인 모션 그래픽을 구현할 수 있습니다. 타임라인에 있는 비디오 클립이나 스틸 이미지(사진) 클립을 선택한 후 **인스펙터(Inspector)**의 **비디오(Video)** 탭을 열어줍니다. 맨 위쪽에 있는 **트랜스폼(Transform)**을 이용하면 다양한 **모션(애니메이션)** 작업을 할 수 있습니다. 여기서 제공되는 옵션(속성)들을 설정해 보면 어떤 변화를 주기 위한 것인지 쉽게 알 수 있는데, 가령 Zoom은 장면, 즉 화면을 앞으로 당겨주거나 밀어서 화면의 크기(거리)를 조절합니다. 설정법은 직접 수치를 입력하거나 **입력 필드**에 마우스 커서를 **클릭 & 좌우 드래그**하여 설정합니다. 특히 줌은 체인 모양의 **링크**를 해제하여 가로(X축)와 세로(Y축)의 비율을 개별로 설정할 수 있습니다. Position은 XY축의 위치를 설정하며, Rotation Angle은 회전, Anchor Point는 장면의 회전축(중심점)을 설정합니다. 그밖에 Pitch는 장면을 눕혀줄 수 있으며, **Flip**은 장면을 수평/수직으로 뒤집어줍니다.

또한 트랜스폼은 **타임라인 뷰어**에서도 작업이 가능한데, 뷰어 왼쪽 하단의 **트랜스폼(Tranform)**을 클릭하여 켜 주면 뷰어에 트랜스폼 박스와 포인트가 나타납니다. 이 포인트들을 이용하여 크기를 조절하고, 위쪽에 삐어 나온 포인트는 회전을 하며, 장면 가운데 부분은 이동하는데 사용됩니다. 정확한 수치가 필요치 않다면 트랜 스폼 작업은 뷰어에서 하는 것이 효율적일 수도 있습니다.

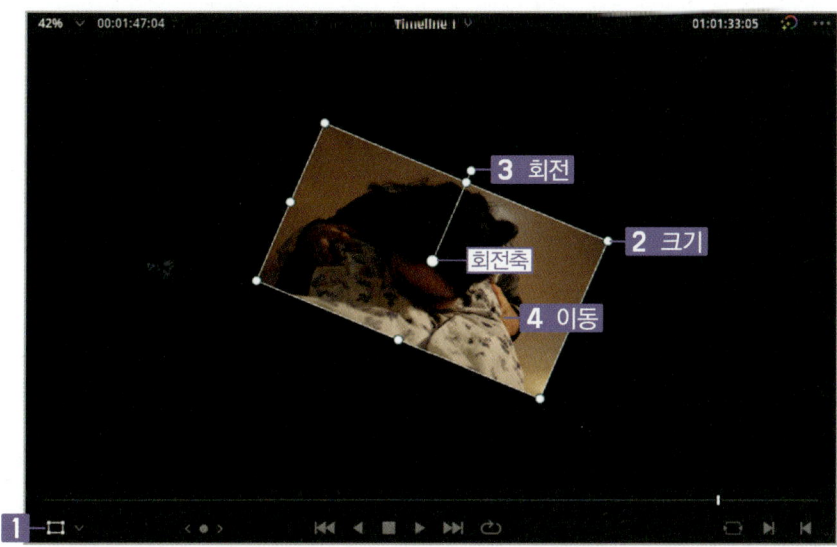

여기에서 화면이 **슬라이딩**되는 간단한 모션을 표현해 보겠습니다. 먼저 **새로운 프로젝트**를 만들고, 하나의 **비디오 클립**을 타임라인에 적용합니다. 그다음 **시간(플레이 헤드)**을 시작 점으로 이동해 놓습니다. 작업은 **에 디트 페이지**에서 합니다.

인스펙터의 비디오 탭에서 **트랜스폼** 값을 그림처럼 설정하여 비디오 클립을 작게 한 후 뷰어 우측 밖으로 이

동해줍니다. 여기부터 슬라이딩되는 모션이 시작될 것입니다. 그다음 **포지션**에 **키프레임**을 생성합니다.

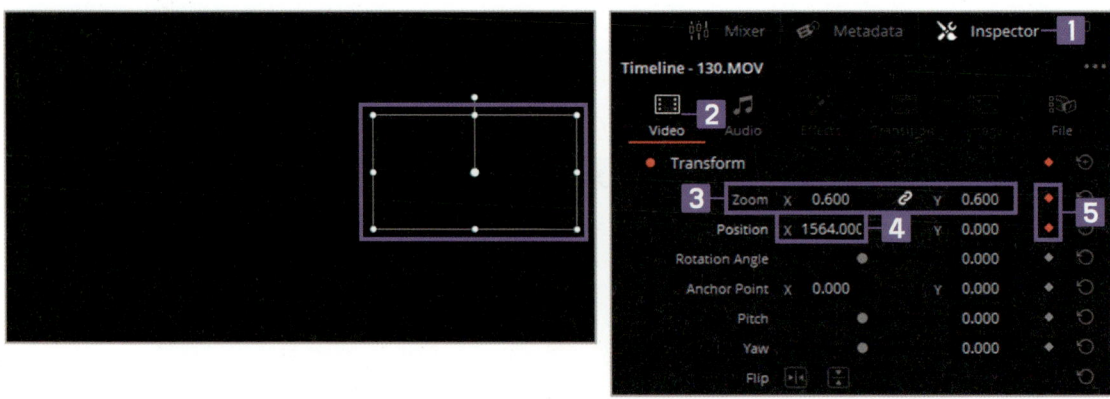

계속해서 **시간(플레이 헤드)**을 3초 정도 뒤로 이동한 후 **Position X축**을 설정하여 뷰어 왼쪽 화면 밖으로 슬라이딩되는 모션을 만들어줍니다. 이것으로 모션 작업을 간단하게 표현해 보았습니다.

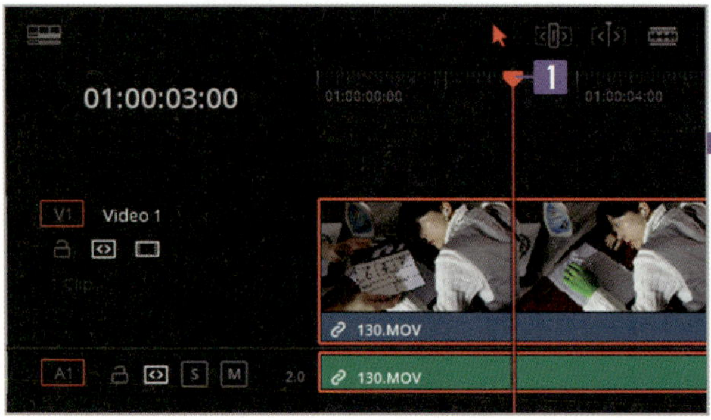

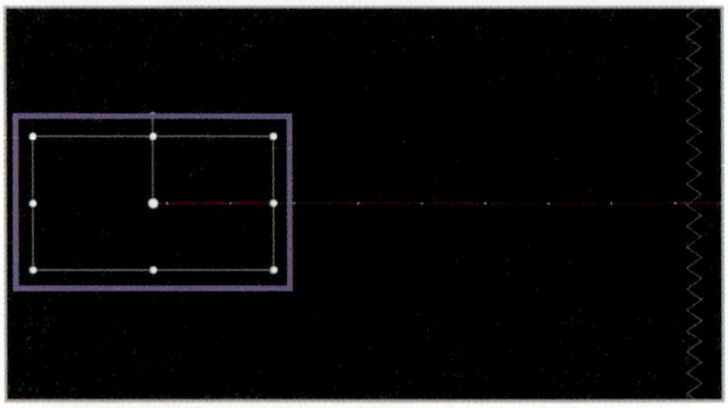

PIP 장면 만들기

PIP(Picture in Picture)는 화면 안에 화면을 표현하는 기법으로 대부분 한 화면에 여러 개의 작은 화면이 나타나게 할 때 사용합니다. 여기에서는 간편한 방법으로 PIP를 표현하는 방법에 대해 알아보겠습니다. 먼저 [**학습자료**] - [Project] 폴더에서 비디오 클립 4개가 배치된 PIP 프로젝트 파일을 열어줍니다. **맨 위쪽** 트랙의 비디오 클립을 선택한 후 **트랜스폼**의 Zoom과 Position XY축을 설정하여 그림처럼 왼쪽 상단에 배치합니다. 이런 방법으로 장면들은 배치하면 됩니다. 하지만 지금처럼 작업된 클립의 속성을 다른 클립에 상속시키주면 보다 간편하게 원하는 결과를 얻을 수 있습니다.

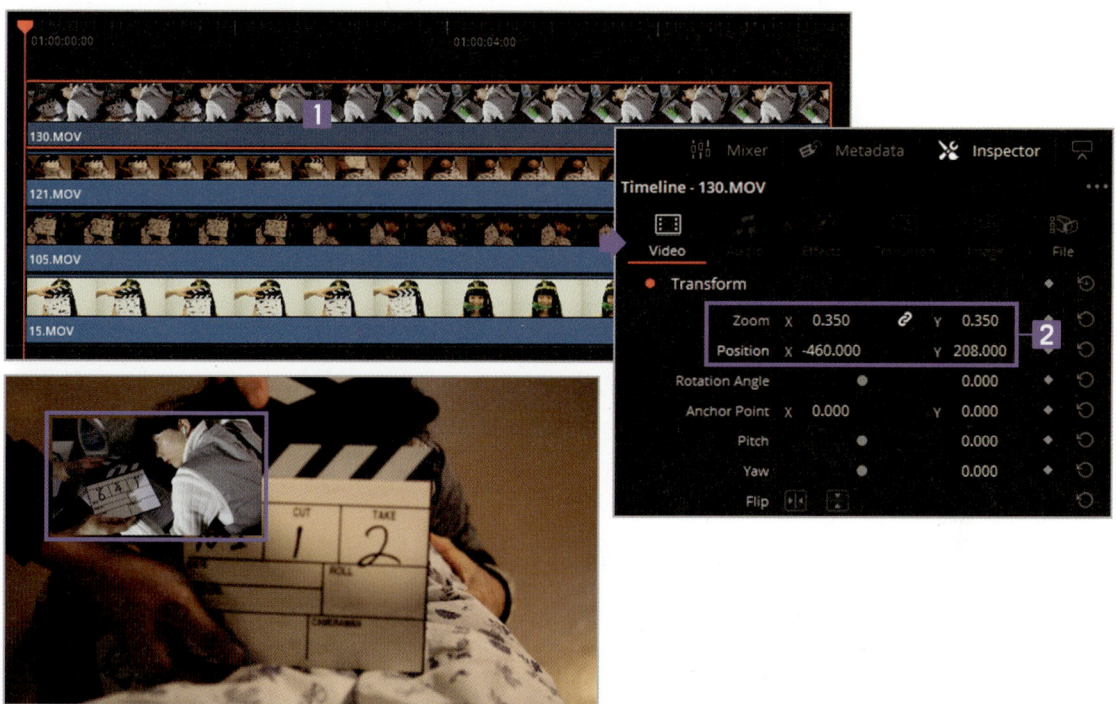

맨 위쪽 클립이 선택된 상태로 [Ctrl] + [C] 키를 눌러 선택하여 선택된 비디오 클립을 복사합니다. 그다음 **아래쪽 트랙의 클립**을 선택한 후 [Alt] + [V] 키 또는 [Edit] - [Paste Attributes]를 선택하여 앞서 복사했던 클립의 속성을 현재 클립에 **붙여넣기(상속)**합니다. 그러면 Paste Attributes 설정 창이 열리는데 Video Attributes만 체크하고 **Apply** 버튼을 누릅니다. 참고로 오디오 클립에 대한 속성도 상속에 포함하고자 한다면 Audio Attributes도 체크하면 되며, 그밖에 필요한 옵션(속성)만 구분하여 체크 및 해제할 수도 있습니다.

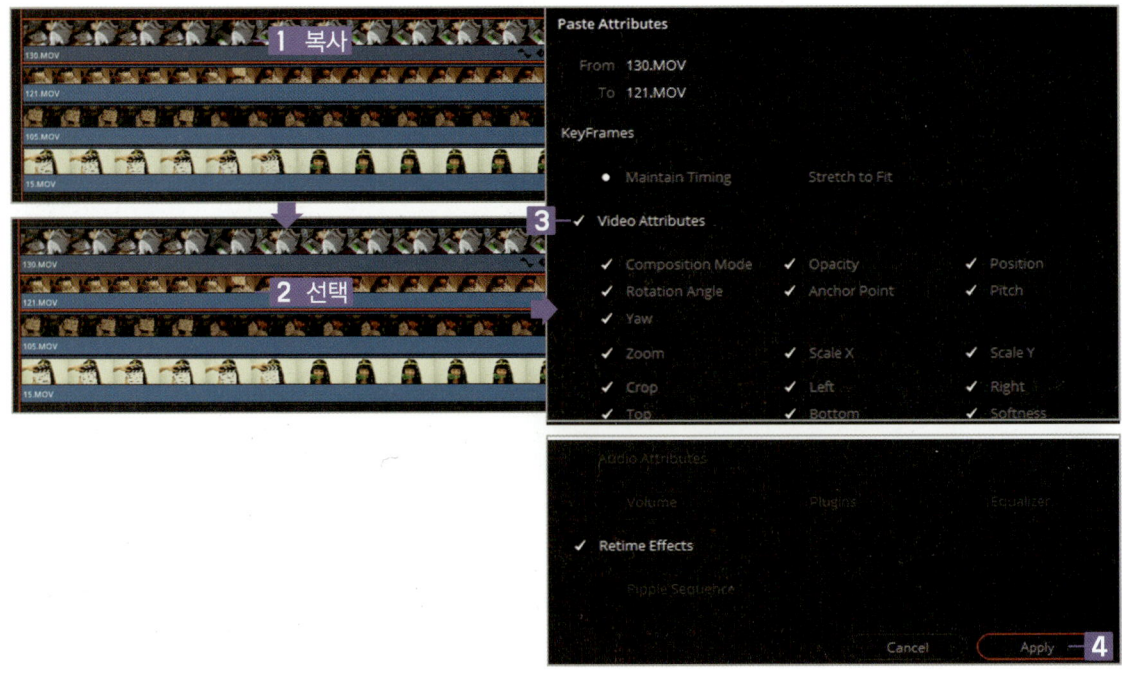

앞선 작업을 확인해 보면 두 번째 클립의 크기와 위치가 맨 위쪽의 클립의 속성을 상속받았기 때문에 같은 위치에 있는 맨 위쪽 첫 번째 클립에 가려져 보이지 않습니다. 이제 트랜스폼의 **포지션 X축**을 설정하여 그림처럼 오른쪽으로 이동합니다.

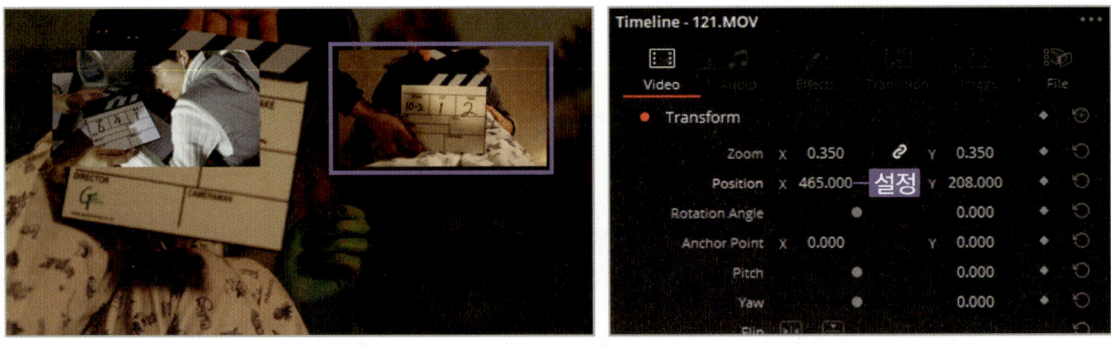

같은 방법으로 나머지 세 번째, 네 번째 클립도 복사된 클립의 속성을 상속시켜준 후 최종 위치를 잡아줍니다. 이렇게 **속성 붙여넣기**란 방법을 통해 간편하게 PIP 화면을 표현할 수 있습니다. 참고로 배경이 필요하다면 맨 아래쪽에 트랙을 만든 후 적당한 배경 영상을 적용하면 되며, 화면들이 줌 인/아웃되는 장면을 표현하고자 한다면 트랜스폼의 **Zoom**의 키프레임을 활용하면 됩니다. 물론 줌 인/아웃 애니메이션 작업에서는 트랙의 우선순위에 따라 아래쪽 화면이 가려질 수 있기 때문에 상황에 따라 클립의 위치를 이동해야 합니다.

크롭핑을 이용한 화면 자르기

크롭핑(Cropping)은 화면을 자를 때 사용됩니다. 화면에 불필요한 것이 있거나 화면이 서서히 나타나는 장면 등을 표현할 수 있습니다. Cropping에 있는 옵션(속성)들을 설정해 보면 화면이 잘리는 것을 알 수 있으며, 잘려진 경계를 부드럽게 하고자 한다면 맨 아래쪽의 **Softness** 값을 증가하면 됩니다.

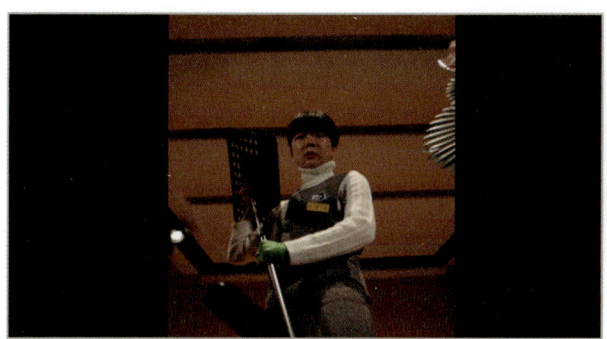 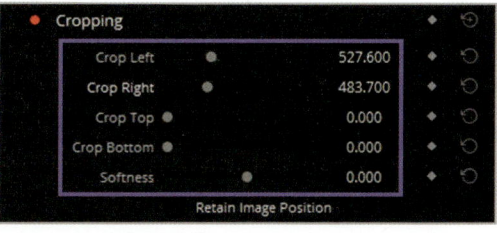

크롭핑 또한 타임라인 뷰어 왼쪽 하단에 있는 **Transform**을 **Crop**으로 변경하여 뷰어에서 작업을 할 수도 있습니다. 또한 크롭핑의 키프레임을 이용하면 잘려지는 화면을 애니메이션으로 표현할 수 있습니다. 크롭핑 모션 작업은 여러분이 직접 작업해 보기 바랍니다.

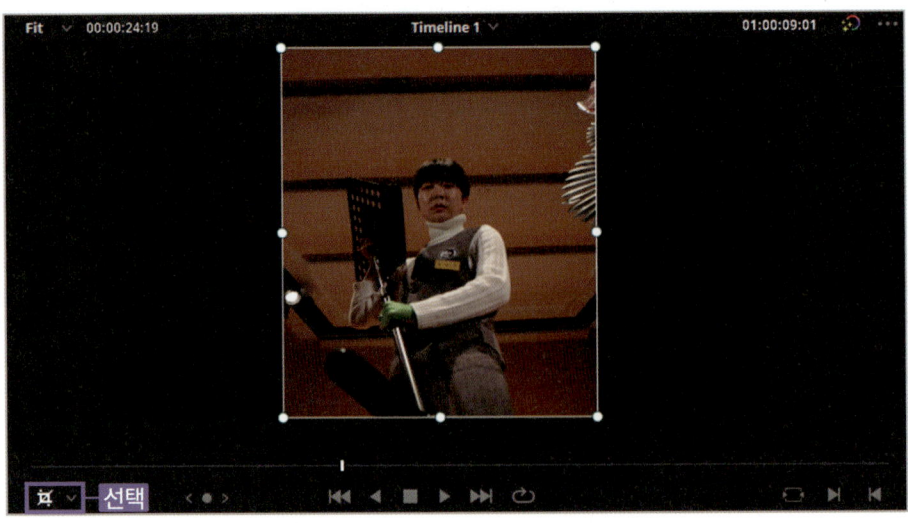

다이내믹 줌 활용하기

다이내믹 줌(Dynamic Zoom)은 화면을 자동으로 줌 인/아웃되는 애니메이션을 표현해 줍니다. 타임라인에 6초 정도의 길이로 비디오 클립 또는 스틸 이미지(사진) 클립을 편집해 놓습니다. 그다음 인스펙터의 비디오에서 Dynamic Zoom을 켜줍니다. 기본적으로 이 기능은 꺼져있기 때문에 이름 왼쪽의 **주황색 동그라미**를 클릭하여 켜주어야 합니다. 다이내믹 줌의 속도를 천천히 시작하여 가속이 붙다가 끝날 때는 다시 천천히 끝나도록 Dynamic Zoom Ease를 Ease in and Out으로 설정합니다. 설정 후의 화면을 확인해 보면 화면이 천천히 줌 아웃되는 것을 알 수 있을 것입니다.

다이내믹 줌 또한 타임라인 뷰어 왼쪽 하단에 있는 Dynamic Zoom을 이용하여 뷰어에서 직접 작업을 할 수 있

습니다. **다이내믹 줌**을 켜서 확인해 보면 **초록색** 박스는 **줌 인**(Zoom in) 영역이며, **빨간색** 박스는 **줌 아웃** (Zoom out) 영역입니다. 일단 초록색 박스의 **모서리**를 이동하여 그림치럼 작게 해주고 **박스 안쪽**을 이동하여 위치도 **여자 얼굴** 쪽으로 이동해 줍니다. 그러면 줌 인/아웃되는 장면의 심도가 더욱 깊어지게 됩니다. 여기서 주의할 점은 지나치게 줌 인을 했을 때 화면의 해상도가 나빠질 수 있다는 것입니다.

방금 설정한 내용을 확인하기 위해서는 뷰어에 있는 Dynamic Zoom을 꺼주어야 합니다. 이제 확인을 해 보면 다이내믹 줌이 시작되는 모습이 이전보다 훨씬 확대, 즉 줌 인이 된 것을 알 수 있습니다. 이처럼 다이내믹 줌을 사용하면 줌 인/아웃되는 다이내믹한 모션을 표현할 수 있습니다.

앞서 살펴본 것은 줌 아웃되는 장면이었습니다. 만약 반대로 줌 인되는 장면을 원한다면 Dynamic Zoom에서 스왑(Swap) 버튼을 클릭하면 줌의 진행 방향을 바꿔주면 됩니다.

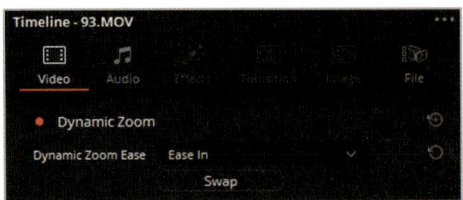

▶ 프리뷰

렌즈 커렉션을 이용한 화면 왜곡(스튜디오 버전)

렌즈 커렉션(Lens Correction)은 사물이 왜곡되는 장면을 표현할 때 사용됩니다. 확인을 위해 Lens Correction의 Distortion을 설정해 봅니다. 그러면 **이 기능을 정상적으로 사용하기 위해서는 구입 절차가 필요합니다.**라는 메시지가 뜹니다. 구입 여부는 여러분 몫이기 때문에 일단 Not Yet 버튼을 눌러 메시지를 닫습니다.

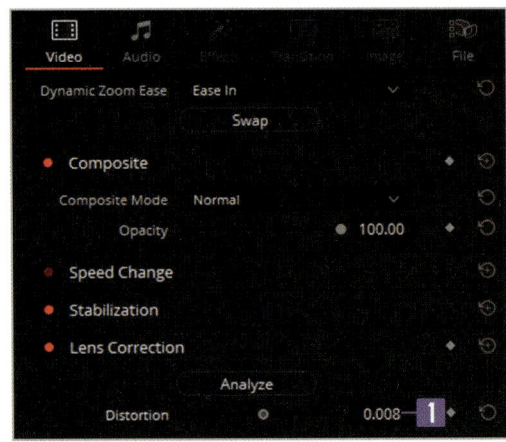 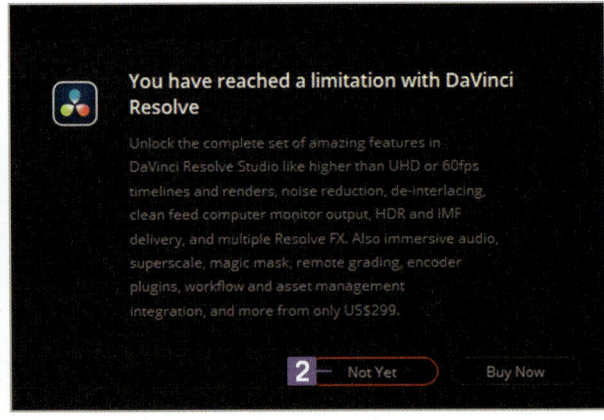

다시 Distortion을 설정하여 확인해 봅니다. 필자는 디스토션 값을 최대 값으로 하여 볼록 렌즈를 통해 사물을

보는 듯한 장면으로 표현했습니다. 그런데 화면에 **다빈치 리졸브 스튜디오** 버전의 로고가 나타나는 것을 알 수 있습니다. 이 기능을 정상적으로 사용하기 위해서는 **유료**인 다빈치 리졸브 스튜디오 버전을 구입해야 한다는 것입니다. 물론 지금의 효과가 반드시 필요하다면 스튜디오 버전을 구입해야 겠지만 그렇지 않다면 굳이 구입할 필요는 없습니다. 참고로 무료 버전인 리졸브를 사용하다 보면 가끔 이와 같은 화면을 보게 될 것입니다. 그렇지만 크게 신경쓰지 마십시오. 다른 기능으로도 충분히 여러분이 원하는 작업은 할 수 있을 테니까 말이죠. 지금까지 비디오 및 오디오 편집에 대한 모든 것을 살펴보았습니다. 이제 지금까지의 학습을 참고하여 여러분이 원하는 다양한 편집 작업을 해 보십시오.

▲ Distortion이 설정된 모습(다빈치 리졸브 스튜디오 로고가 뜸)　　　▲ 기본값일 때의 모습

06 퓨전(Fusion) 페이지 살펴보기

퓨전(Fusion)은 클립(장면)에 대한 이펙트 적용을 하거나 눈, 비, 안개, 번개, 폭발 장면 등을 표현하는 이미터를 제공하며, 와이어 액션에서의 와이어를 지우거나 색상을 변경하고 크로마키 합성 등의 작업을 위한 공간입니다. 이렇듯 퓨전에서는 다양한 그래픽 시각효과를 위한 250여 개의 효과 노드를 제공합니다. 여기에서는 퓨전의 이해와 기본 사용법에 대해 살펴보도록 하겠습니다. 퓨전 페이지에 대해 살펴보기 위해 **Salad Days** 프로젝트 파일을 열어줍니다.

작업 패널 살펴보기

퓨전 페이지는 컬러 페이지처럼 **노드(Node)** 기반으로 작업을 수행하도록 되어있습니다. 앞서 학습한 컷과 에디트 페이지가 트랙에 클립을 적용하여 결과를 확인하는 **직관적인** 형태였다면 **퓨전**과 **컬러 페이지**는 모든 작업을 **노드 트리** 형태로 수행해야 하기 때문에 처음 접하는 분들에게는 다소 어렵게 느껴질 수도 있습니다. 그러므로 기본적인 효과는 퓨전보다는 컷이나 에디트 페이지에서 직접 적용하는 것이 좋을 수도 있습니다.

뷰어(Viewer) 살펴보기

퓨전 페이지에 대해 살펴보기 위해 먼저 **에디트 페이지**로 이동하여 **플레이 헤드**를 **첫 번째 비디오 클립**이 있는 곳에 갖다 놓습니다. 이제 플레이 헤드가 위치한 클립을 퓨전에서 사용할 수 있게 되었습니다. 이렇듯 퓨전은 하나의 클립에 대해서만 작업을 할 수 있기 때문에 작업하고자 하는 클립에 플레이 헤드가 위치해야 합니다. 작업할 클립을 선택했다면 이제 **퓨전 페이지**로 이동합니다.

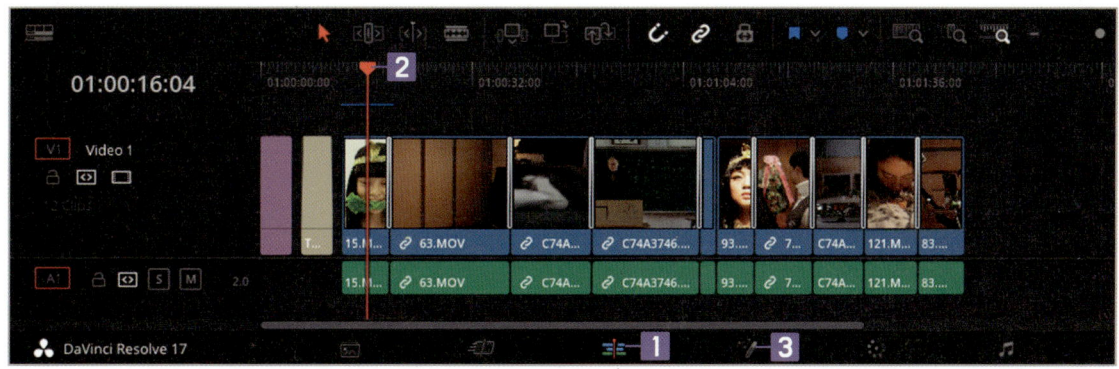

퓨전 페이지의 뷰어는 컷과 에디트 페이지에서의 소스와 타임라인 뷰어와는 다른 노드의 아웃풋에 대한 결과를 확인하기 위한 **2개**의 **뷰어**를 제공합니다. 노드를 끌어서 뷰어에 갖다 놓으면 해당 노드의 결과물을 확인할 수 있으며, 2개의 뷰어에 서로 다른 노드를 적용할 수 있기 때문에 각 노드에 대한 결과를 비교하면서 작업을 할 수 있습니다. 현재는 아무 작업도 하지 않은 상태이기 때문에 왼쪽 뷰어에만 화면이 나타납니다.

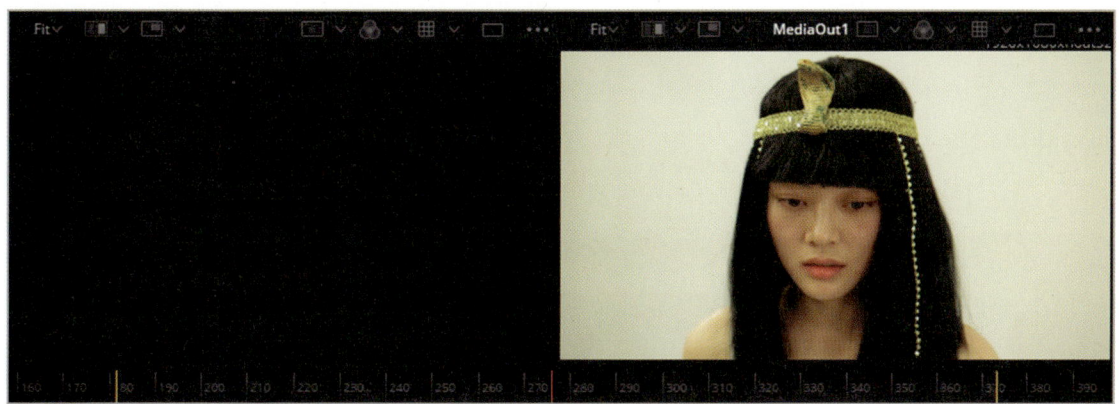

뷰어 하단에는 **타임라인**이 있습니다. 컷과 에디트 페이지에서처럼 넓은 공간이 아닙니다. 이것은 퓨전에서는 작업이 이루어지는 하나의 클립(장면) 단순히 시간에 대한 정보를 확인하기 위한 용도로만 사용하기 때문입니다. 타임라인의 **빨간색** 수직선은 **플레이 헤드**로 사용되며 양쪽 **노란색** 선은 컷 편집이 이루어진 **마크 인/아웃 편집 점** 표시입니다.

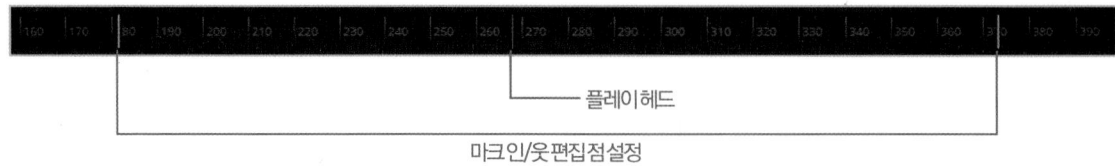

노드(Node) 살펴보기

타임라인 아래쪽에는 **노드(Nodes)**가 있습니다. 노드는 다빈치 리졸브에서 가장 기초가 되는 개념으로 노드란 블럭을 쌓는 것이라 이해하면 됩니다. 예를 들어 포토샵의 **레이어** 위에 또 다른 **레이어**를 추가할 수 있는 것처럼 노드 위에 노드를 추가할 수 있고, 기초적인 작업이 끝난 한 개의 노드에 변화를 주지 않고 대부분은 또 다른 노드를 추가하여 변경하게 됩니다. 또 변경된 노드 위에 또 다른 노드를 추가할 수 있으며, 이런식으로 **노드 트리(Node Tree)**가 형성됩니다. 노드에 대해서는 차후 컬러 페이지에서 더 자세하게 다룰 것입니다.

현재 **노드 에디터(Node Editor)** 영역에는 기본적으로 2개의 노드가 양쪽으로 이어져있는 것을 알 수 있습니다. 먼저 왼쪽에 있는 Media In 1은 현재 사용되는 비디오 클립이고 오른쪽에 있는 Media Out 1은 최종 결과를 보여주는 노드입니다. 노드는 최초 2개로 시작하여 작업 상황에 따라 수십 개의 노드를 연결하기도 합니다. 그러므로 노드를 이동하여 작업하기 좋게 배치하는 것도 중요합니다.

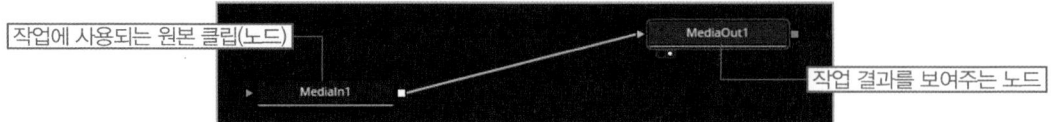

노드 에디터 위쪽에는 효과를 적용하기 위한 **노드 툴바**(Node Toolbar)가 있습니다. 노드 툴바에는 가장 즐겨 사용되는 효과 노드들이 있으며, 필요한 노드를 끌어서 노드 에디터에 적용한 후 원하는 노드에 연결해서 사용하면 됩니다.

노드 툴바에 없는 효과 노드를 사용하기 위해서는 **노드 에디터**의 빈 곳에서 [우측 마우스 버튼] - [Add Tool] 메뉴 또는 단축키 [Ctrl] + [스페이스바]를 눌러 **선택 툴**(Select Tool) 창을 띄어 원하는 효과 노드를 선택한 후 Add 버튼을 눌러 적용할 수 있습니다.

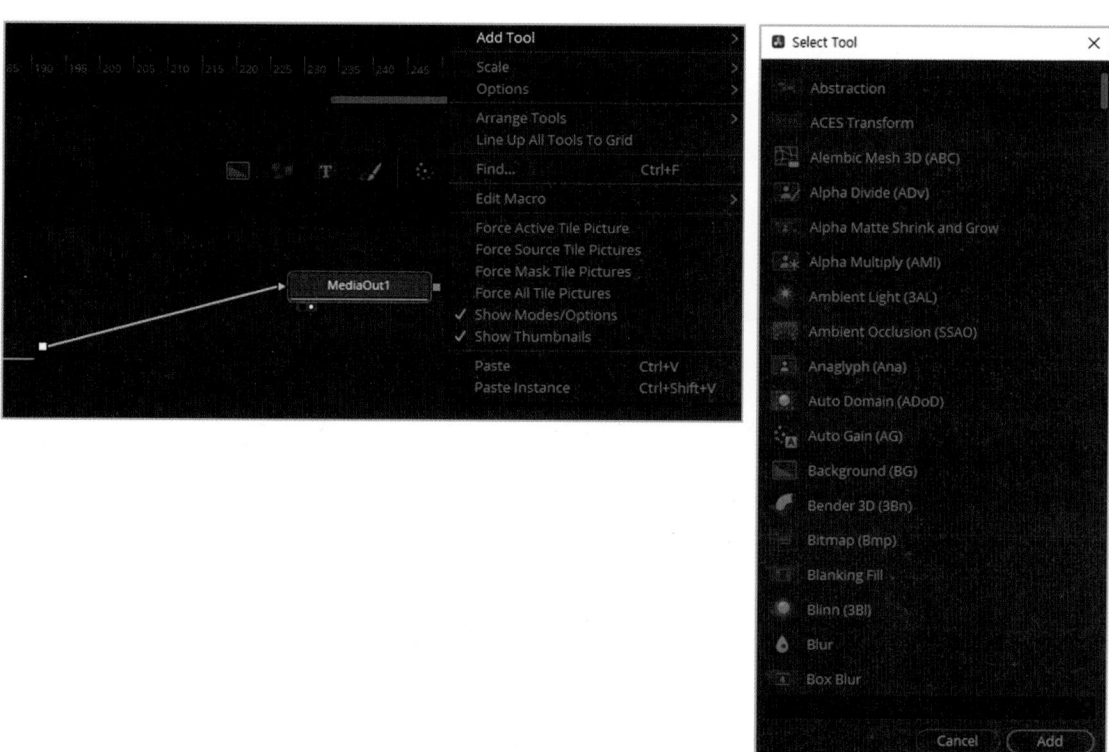

그밖에 퓨전 페이지에서도 설정을 위한 인스펙터가 있으며, 스플라인(Spline)과 키프레임(Keyframes) 작업을 할 수 있는 작업 패널을 제공합니다.

노드(Node) 사용하기

노드(Node)는 다빈치 리졸브에서 가장 기초가 되는 개념으로써 이번 학습에서는 변화가 이뤄지는 여러 개의 장치를 만들어 적용된 데이터를 서로 인식 및 처리하고 연결된 다른 장치로 전송하여 결과물을 표현하는 노드에 대해 알아보도록 하겠습니다.

노드(Node)란?

다빈치 리졸브에서의 **노드(Node)**는 블럭 쌓기와 비슷합니다. 노드는 노드 위에 노드를 추가할 수 있습니다. 이것을 **노드 트리(Node Tree)**라고 합니다. 다빈치 리졸브에서 제공하는 모든 기능들은 각각의 노드에 적용하여 사용이 가능합니다. 예를 들어 기초적인 보정 작업이 끝난 한 개의 노드에다 변화를 주고 싶을때 또 다른 노드를 그 위에 추가하여 변경할 수 있다는 것입니다. 또한 변경된 노드 위에는 또 다른 노드를 추가할 수 있으며, 이런 식으로 노드 트리가 형성이 되는 것 입니다. 노드를 보면 **주황색 테두리**로 하이라이트된 것이 있는데 이것은 해당 노드가 실행, 즉 현재 작업에 사용 중이라는 뜻이며, 각 노드는 고유의 번호가 부여됩니다.

퓨전 페이지에서의 노드를 보면 **인풋**(Input - 입력)과 하나의 **아웃풋**(Output - 출력)이 있습니다. 노드 양 옆에 **삼각형**과 **사각형** 두 개가 있는데, 왼쪽 삼각형이 인풋, 사각형이 아웃풋입니다. 이처럼 퓨전 페이지에서는 **컬러 페이지**와는 약간 다른 형태의 노드를 사용합니다.

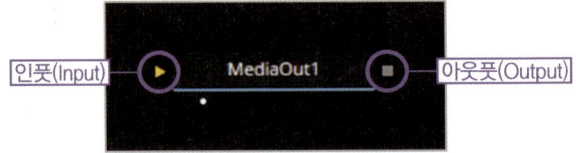

노드(Node) 추가/연결/삭제/설정 방법

노드는 두 개 이상 사용해야 하며, 노드와 노드는 항상 연결되어있어야 하며, 최종적으로 **미디어 아웃 노드**와 연결되어야만 결과물을 확인할 수 있습니다. **미디어 인 1 노드**와 **미디어 아웃 1 노드**에 연결된 **선** 위에 **마우스 커서**를 갖다 놓습니다. 그러면 **노란 선**이 커서의 위치에 따라 **파란 선**으로 바뀌게 됩니다. 이때 오른쪽 부분이 파란 선으로 바뀔 때 **클릭**하면 연결된 선이 지워집니다. 연결 선이 지워졌다는 것은 최종 결과물을 볼 수 없다는 것을 의미합니다. 뷰어를 보면 전에 있던 화면(장면)이 사라진 것을 알 수 있습니다.

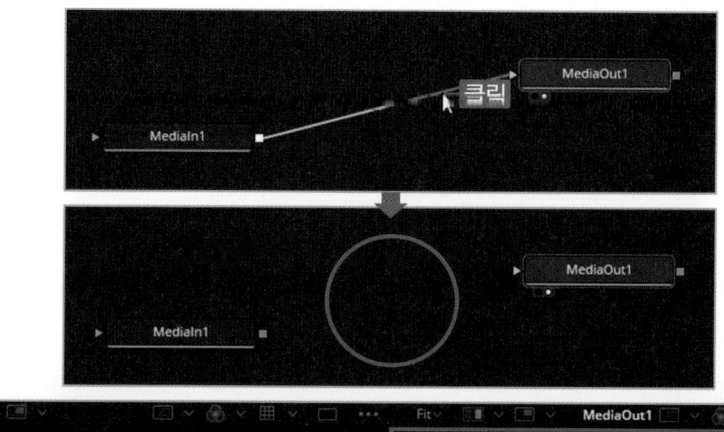

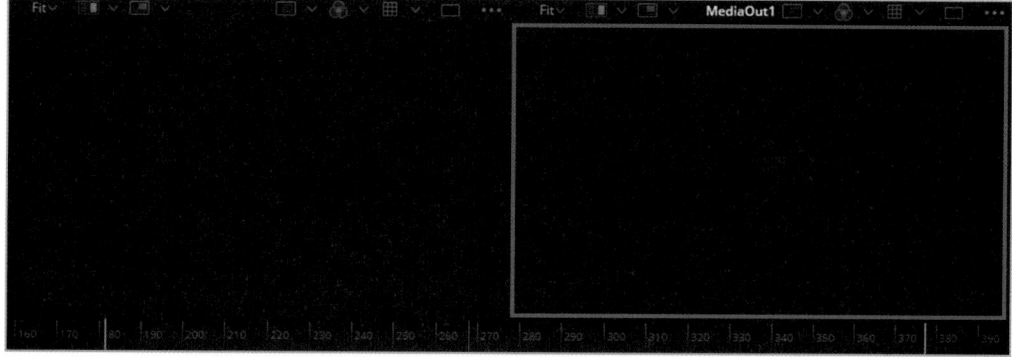

끊어진 선을 다시 연결하기 위해서는 사각형 **아웃풋**에서 **클릭 & 드래그**하여 삼각형 **인풋**에 갖다 놓는 것입니다. 정상적으로 연결되면 **노란 선**과 **하얀색** 글자로 표시되며, 잘못된 연결이 되었을 때는 **빨간색** 글자가 되기 때문에 문제를 해결해야 합니다.

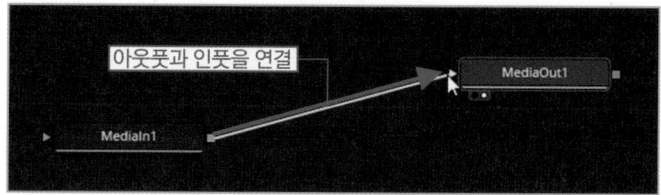

계속해서 이번엔 노드를 추가하여 설정하는 방법에 대해 살펴보겠습니다. 노드를 추가하는 방법은 앞서 설명

한적이 있듯 **노드 툴바**와 노드 에디터 빈 곳에서 **우측 마우스 버튼** 그리고 단축키 **[Ctrl] + [스페이스바]** 세 가지 방법을 사용합니다. 먼저 가장 쉬운 방법인 노드 툴바를 사용해봅니다. 여기에서는 밝기를 조정하는 Brightness / Contrast를 클릭합니다. 이때 중요한 것은 현재 어떤 노드가 선택되었느냐입니다. 일단 아무 노드도 선택되지 않은 상태에서 적용해봅니다. 그러면 노드 에디터 빈 곳에 따로 적용됩니다. 이렇게 따로 적용된 노드는 적당한 노드와 연결을 해주어야 하는데, 매우 성가신 일이고 또한 지금은 노드에 대한 사용법을 모르기 때문에 어느 노드와 연결해야 할 것인지 알 수가 없습니다. **언두(Ctrl + Z)**를 하여 다시 원상복귀합니다.

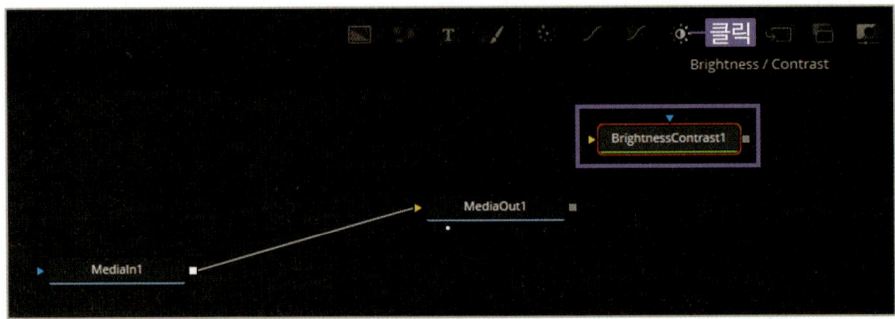

이번에는 작업 원본 클립 역할을 하는 **미디어 인 1 노드**를 선택한 후 Brightness / Contrast를 클릭합니다. 그러면 선택한 **미디어 인 1 노드**의 **아웃풋**과 **미디어 아웃 1 노드**의 **인풋** 사이에 적용된 것을 알 수 있습니다. 이처럼 특정 노드를 선택할 수 노드를 추가하면 두 노드 사이에 자연스럽게 연결됩니다.

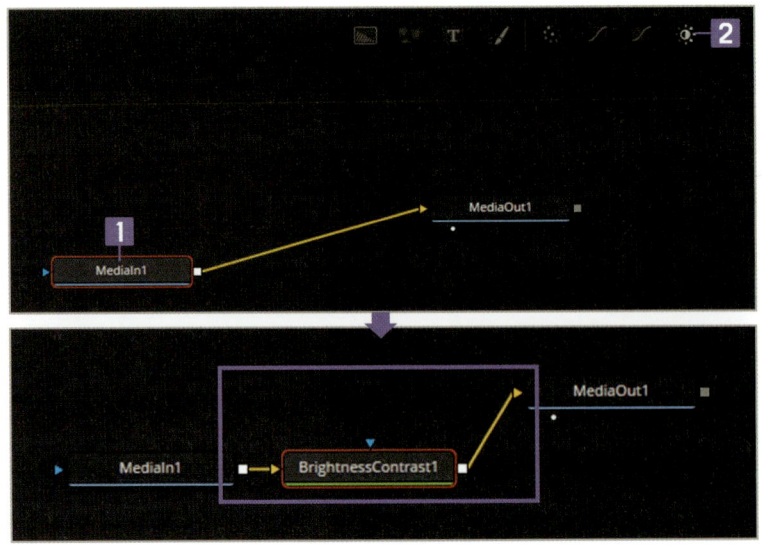

이제 적용된 밝기/대조 효과에 대한 설정을 하기 위해 인스펙터(Inspector)의 Controls에 있는 설정 옵션들을 설정해봅니다. 필자는 Contrast, Brightness, Saturation 값을 설정하여 그림처럼 밝은 흑백 이미지로 만들어보았습니다. 이렇듯 노드는 **원본 미디어 클립 노드 데이터**를 받은 **효과 노드**는 설정을 통해 **아웃 노드**에게 전달되어 최종 결과물을 얻게 되는 구조로 이뤄집니다.

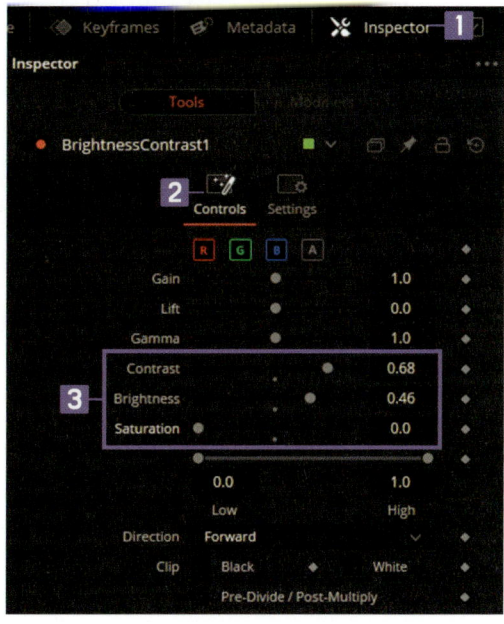

노드의 구조(원리)

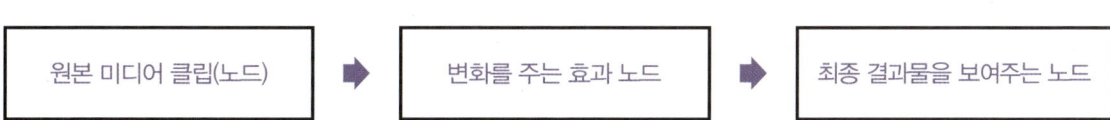

레이어 구조의 노드 설정하기

앞서 살펴본 노드는 매우 기초적인 것이었다면 이번에 살펴볼 노드는 여러 개의 노드를 레이어 형태로 연결해서 사용하는 방식입니다. 예를 들어 화면(장면) 위에 자막을 만들거나 그림이나 도형을 그리는 등과 같은 장면에서는 필요한 만큼의 노드와 이를 합쳐주는 **머지(Merge)** 노드를 사용해야 합니다. 살펴보기 위해 앞서 적용했던 **밝기/대조** 노드를 Delete 키를 눌러 삭제합니다. 그다음 장면 위에 자막을 만들기 위해 Text 노드를 적용합니다. 이때 아무 노드도 선택하지 않은 상태로 적용합니다.

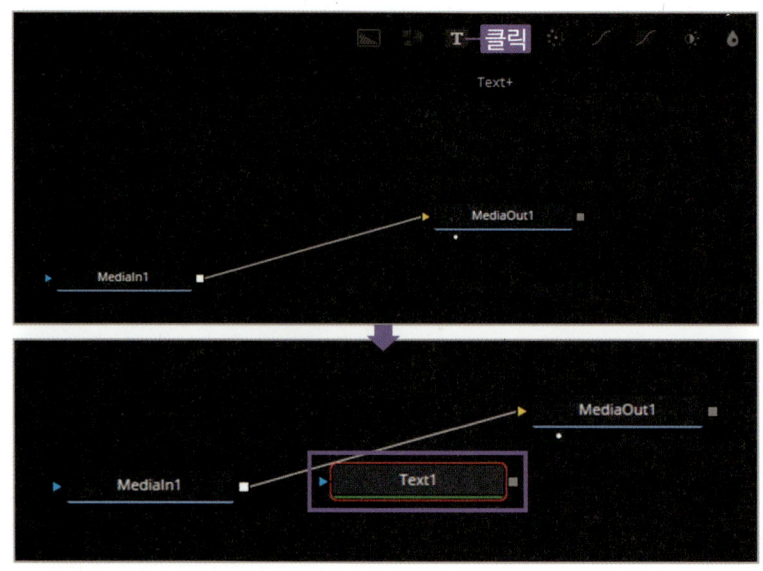

이제 적용된 텍스트 노드를 어디에 적용해야 할까요? 아까처럼 미디어 인 1 노드와 연결해야 할까요? 그렇게 생각한다면 한번 연결하도록 합니다. 먼저 **미디어 아웃 노드의 인풋**을 이동하여 **텍스트 노드의 인풋**으로 연결합니다. 그다음 **텍스트 노드의 아웃풋**을 **미디어 아웃 노드의 인풋**에 연결합니다. 그러면 텍스트 노드와 **미디어 아웃 1 노드**의 선은 여유로운 공간 확보를 위해 만들어진 **위쪽 아웃풋**이 만들어지면서 연결됩니다.

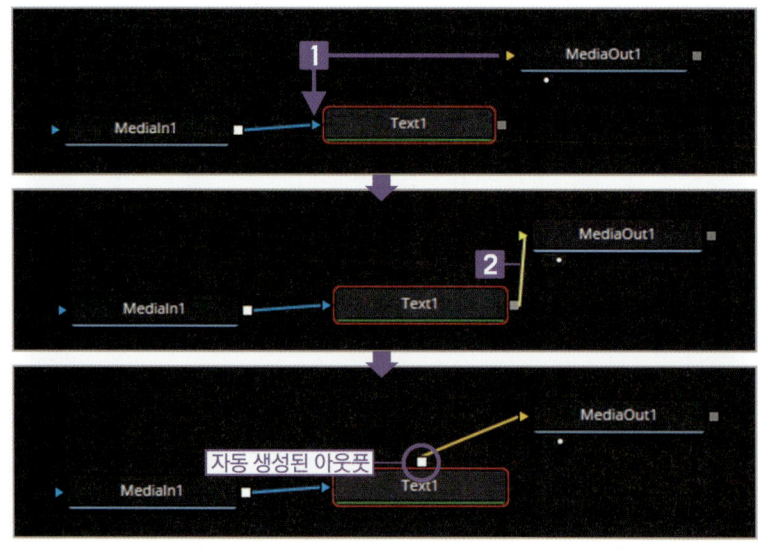

텍스트 노드가 선택된 상태에서 **인스펙터**의 Text에 글자를 입력해봅니다. 그러면 **미디어 인 1 노드**의 장면은 없어지고 투명한 공간에 **텍스트**만 나타나는 것을 알 수 있습니다. 이렇듯 화면 위에 나타나는 자막은 앞서 적용한 **효과 노드**와는 다르게 표현되는 것을 알 수 있는데, 텍스트는 화면, 즉 **미디어 인 1 노드**에 변화를 주는 노드가 아니기 때문입니다. **언두**(Ctrl + Z)를 하여 텍스트 노드가 연결되지 않았던 때로 돌아갑니다.

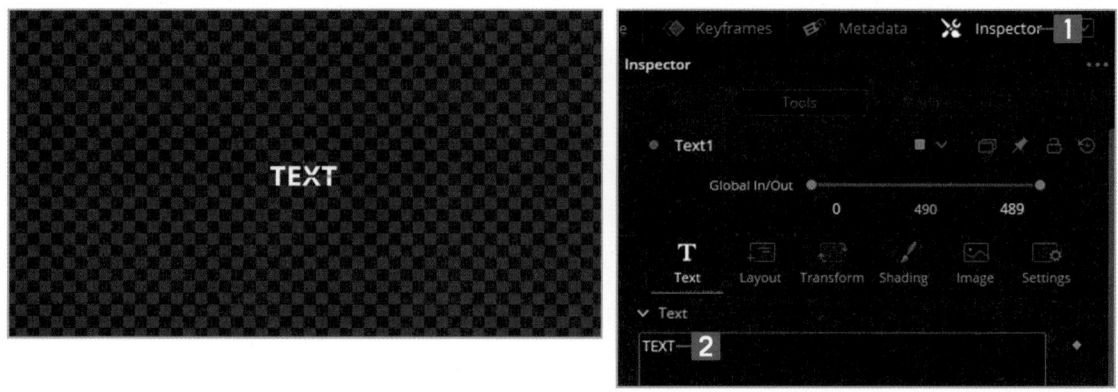

이번에는 화면 위에 자막이 나타나도록 하기 위해 Merge 노드를 적용합니다. 이때도 역시 아무 노드도 선택되지 않은 상태에서 머지 노드를 적용합니다. 머지 노드가 적용되면 그림처럼 **텍스트와 미디어 인 1 노드의 아웃풋**을 **머지 노드의 인풋**과 연결하고 **머지 노드의 아웃풋**은 **미디어 아웃 1 노드의 인풋**에 연결합니다. 여기서 중요한 것은 텍스트와 미디어 인 1 노드가 머지 노드의 어떤 인풋에 연결되느냐입니다.

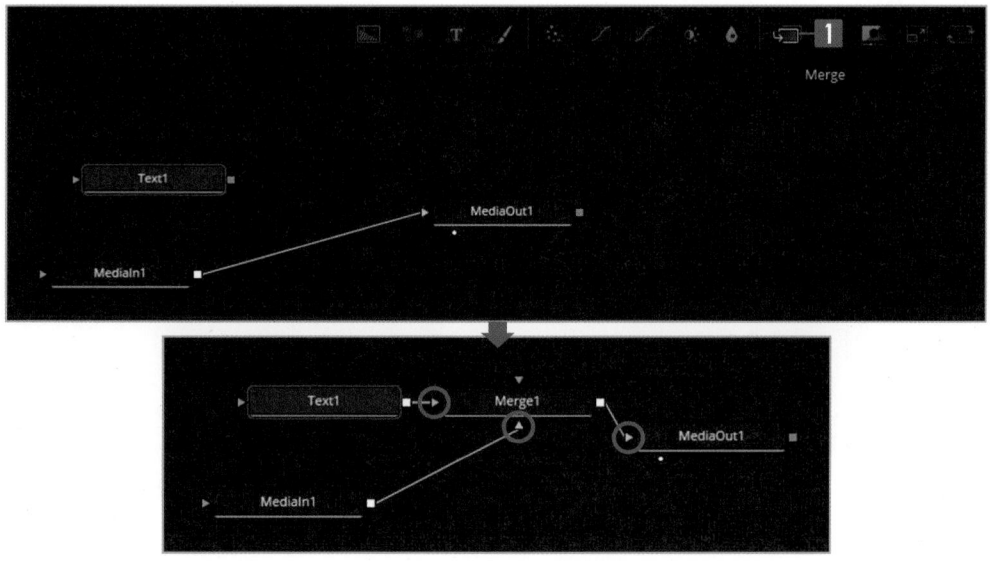

머지 노드를 보면 초록, 파랑, 노랑 세 가지의 인풋이 있는데, **초록색**은 **전경(Foreground)**, **노랑색**은 **배경(Background)**, **파랑색**은 합성을 위한 **마스크(Mask)** 노드가 연결되어야 할 곳입니다. 그렇다면 앞서 연결한 이유는 무엇일까요? 쉽게 말해 **자막**은 **화면 위쪽**에 있어야 하므로 머지의 **전경**에 연결한 것이고, **화면**은 **자막 아래쪽**에 있어야 하므로 머지의 **배경**에 연결한 것입니다. 만약 연결된 위치가 다르게 되면 결과는 예측할 수 없는 오류를 범하게 되므로 노드의 속성을 잘 파악해야 합니다.

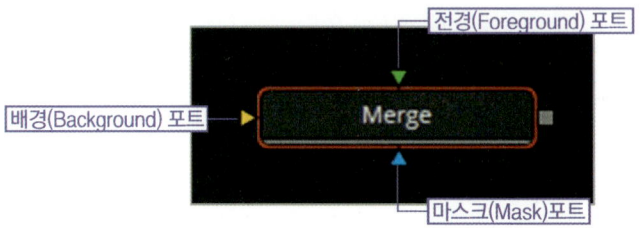

노드 왼쪽 하단의 **2개**의 **동그라미**는 해당 노드를 뷰어에 출력할 때 사용됩니다. **왼쪽 동그라미**를 선택하면 해당 노드의 결과물이 **왼쪽 뷰어**에 나타나고, **오른쪽 동그라미**를 선택하면 **오른쪽 뷰어**에 나타납니다. 노드를 원하는 뷰어로 끌어서 갖다 놓으며 같은 결과를 얻을 수 있습니다.

이제 **인스펙터**의 Text에서 글자를 입력합니다. 그러면 장면 위쪽에 자막이 정상적으로 나타납니다. 살펴본 것처럼 레이어 구조의 노드는 기본적으로 이와 같은 방법으로 설정하면 됩니다.

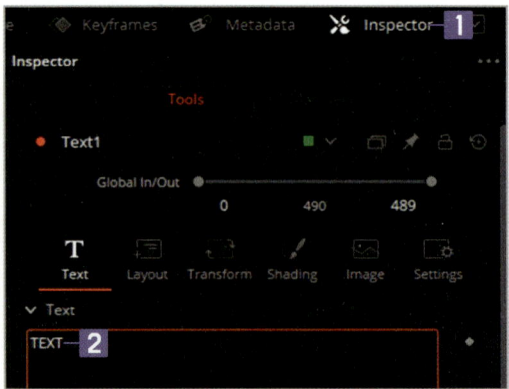

그렇다면 자막에 배경을 만들고자 한다면 어떻게 해야 할까요? 앞서 살펴본 방법을 응용하면 되는데, 같이 한 번 살펴봅니다. 먼저 **배경(색)**으로 사용할 **백그라운드(Background)** 매트 노드를 하나 만들어줍니다. 그다음 백그라운드 매트에 **모양**을 만들 **사각형(Rectangle)** 노드를 만들어줍니다. 만들어진 노드들은 작업하기 편한 위치로 이동해줍니다.

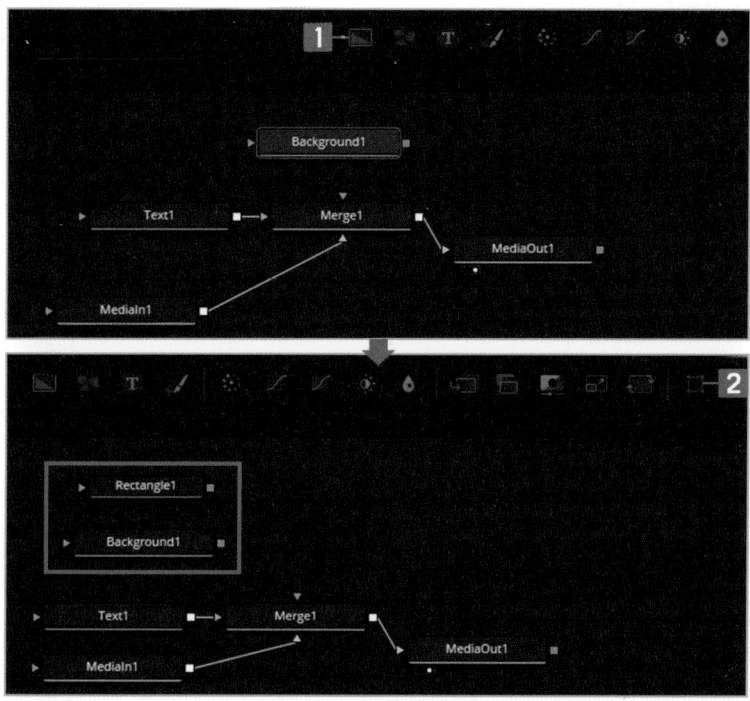

계속해서 이번에도 **머지(Merge)** 노드를 하나 만들이준 후 **백그라운드** 노드와 **사각형(랙탱글)** 노드를 그림처럼 **머지 2** 노드의 **배경 인풋**과 **전경 인풋**에 연결합니다.

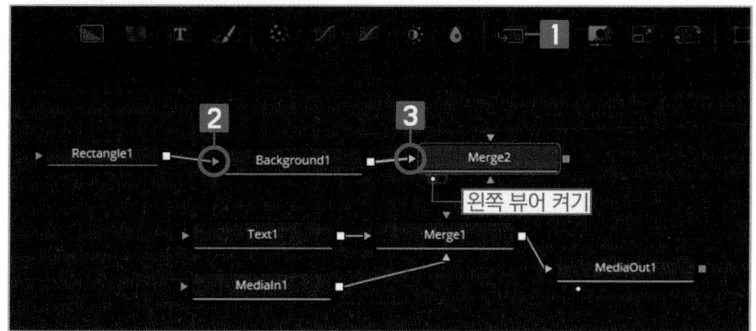

이제 머지 2 노드의 **레프트 뷰**를 켜주면 그림처럼 왼쪽 뷰어에는 지금 작업한 **머지 2 노드**의 결과물이 나타납니다. 현재 검정색 사각형 배경이 작은 이유는 배경에 사각형 노드의 기본 크기가 적용되었기 때문입니다.

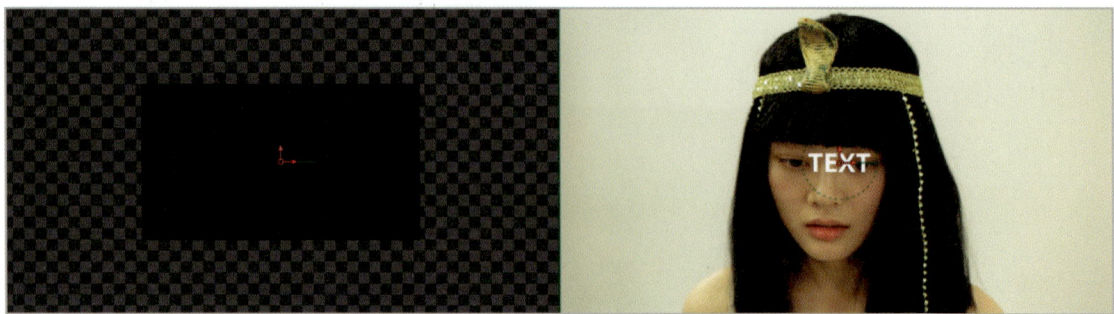

여기에서 배경색을 변경하기 위해 **백그라운드 노드를 선택**합니다. 그다음 **인스펙터**의 Background에서 색상을 설정합니다. 필자는 하늘색으로 설정했습니다. 설정한 후의 모습은 가운데 사각형 바깥쪽의 색상이 하늘색으로 바뀌었습니다.

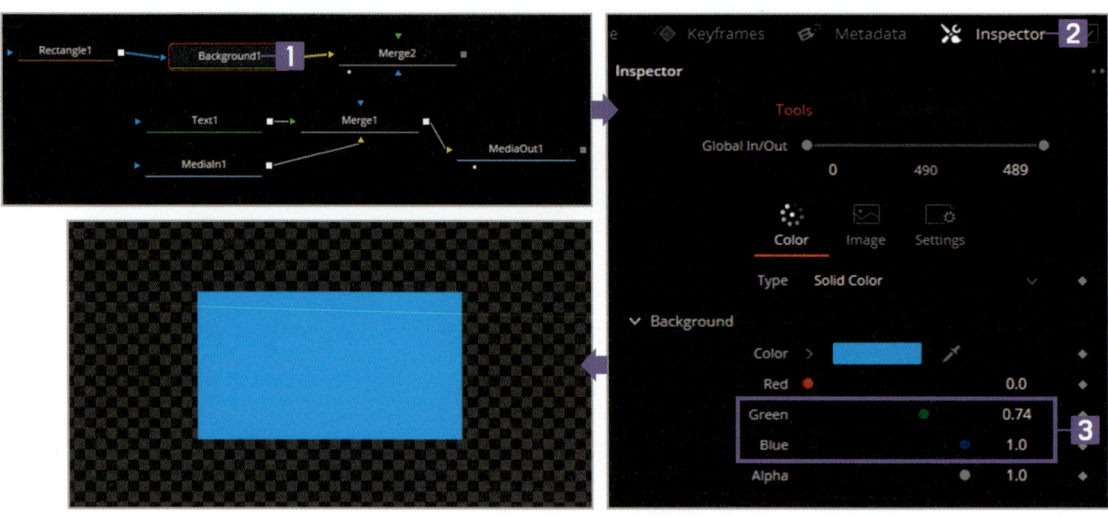

이제 자막 아래쪽에 하늘색 배경이 나타나도록 하기 위해 앞서 **머지 1 노드**에 연결했던 **텍스트 노드를 머지 2 노드**의 **배경(Background) 인풋**으로 바꿔줍니다. 그러면 그림처럼 하늘색 배경 위에 자막이 나타납니다. 지금의 과정이 조금 헷갈릴 수 있겠지만 잘 생각해보면 왜 이렇게 변경했는지 이해가 될 것입니다.

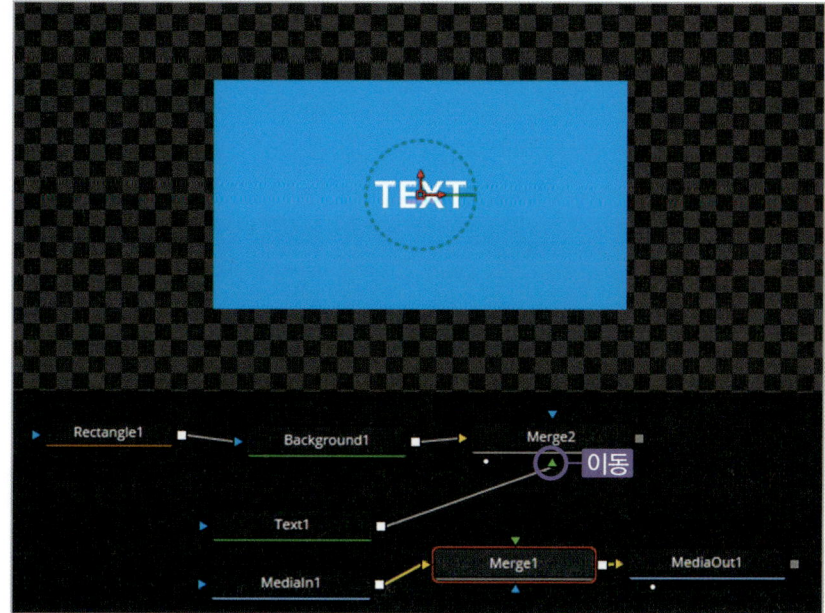

이제 배경 글자 아래쪽에 **미디어 인 1 노드**의 모습이 나타나게 하기 위해 **머지 2**의 **아웃풋**을 **머지 1**의 **전경 (Foreground) 인풋**에 연결하여 그림과 같은 결과가 나타나도록 해줍니다.

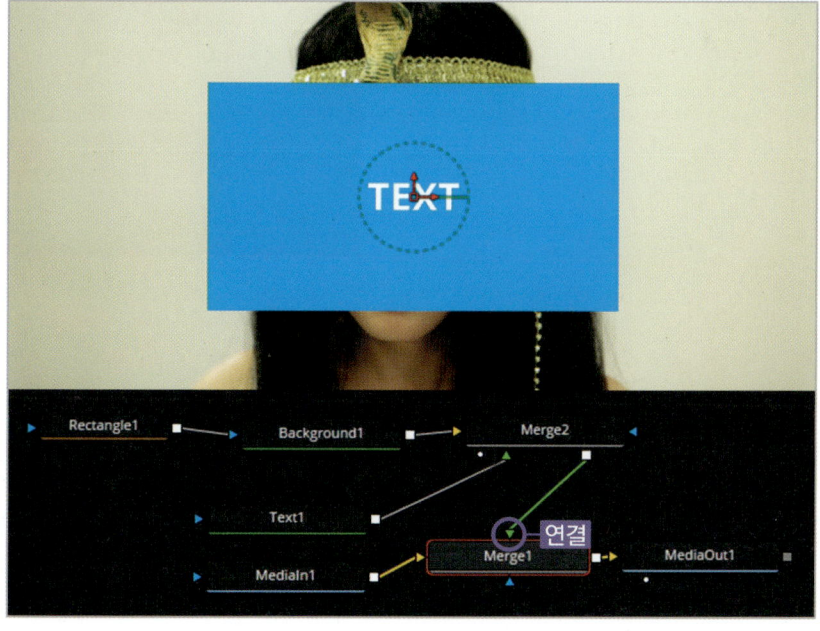

마지막으로 자막 배경의 크기를 조절하기 위해 **랙탱글 노드**를 선택한 후 **인스펙터**의 Rectangle의 가로/세로 크기를 조절하여 그림과 같이 작게 해줍니다. 살펴본 것처럼 노드는 다소 복잡한 형태로 구성되지만 작업 공간을 여유롭게 사용할 수 있다는 것과 작업 구조를 한 눈에 파악할 수 있다는 이유로 사용되지만 때에 따라서는 타임라인에서의 작업이 더 직관적일 수 있기 때문에 상황에 맞게 적절하게 활용해야 할 것입니다.

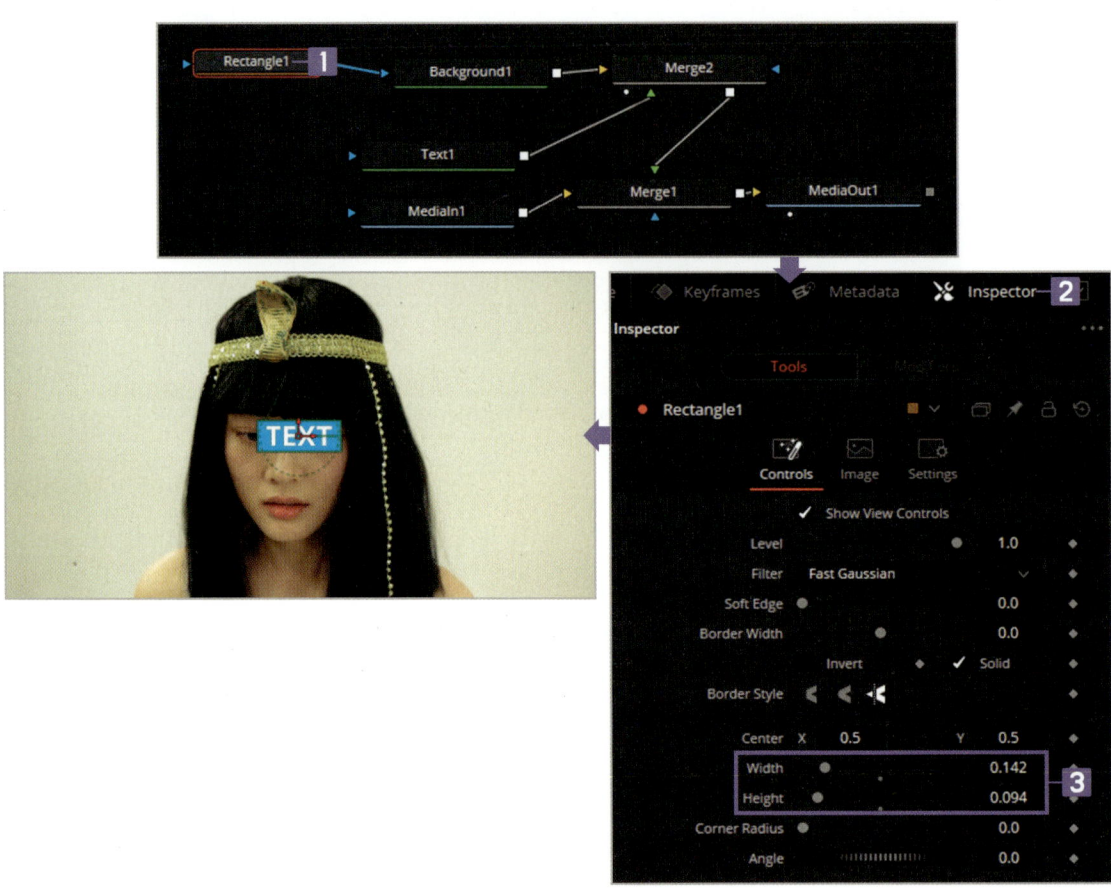

노드 툴바 설정하기

퓨전 페이지에서 제공되는 수 많은 효과 노드를 다 사용하지는 않지만 그래도 즐겨 사용하는 노드들이 있다면 사용자에 맞는 노드 툴바를 설정해 놓는 것이 좋습니다. 사용자 노드 툴바를 설정하기 위해서는 **노드 툴바**에서 [우측 마우스 버튼] - [Customize] - [Create Toolbar]를 선택한 후 사용자 이름으로 새로운 노드 툴바를 생성할 수 있습니다.

새로 추가된 노드 툴바에서 불필요한 노드는 [우측 마우스 버튼] - [Customize] - [Remove(노드명)]를 선택하여 제거할 수 있습니다.

사용자 노드 툴바에 새로운 효과 노드를 추가하기 위해서는 [Ctrl] + [스페이스바]를 눌러 **툴 선택** 창을 띄운 후 추가하고자 하는 노드를 찾아 **Add** 버튼을 눌러 추가한 후 추가된 노드를 끌어서 원하는 툴바 위치로 갖다 놓으면 됩니다. 이것으로 퓨전 페이지에 대해 살펴보았습니다. 지금의 학습으로 방대한 퓨전의 모든 것을 이해할 수는 없지만 그래도 기본 개념이라도 이해했으면 하는 바람입니다. 퓨전에 대해 깊이 파고들고자 하는 분들은 퓨전에 대한 도서나 강좌를 참고하기 바랍니다. 다음 학습부터는 리졸브의 본질인 **색보정**(Color Grading) 작업에 대해 살펴보기로 하겠습니다.

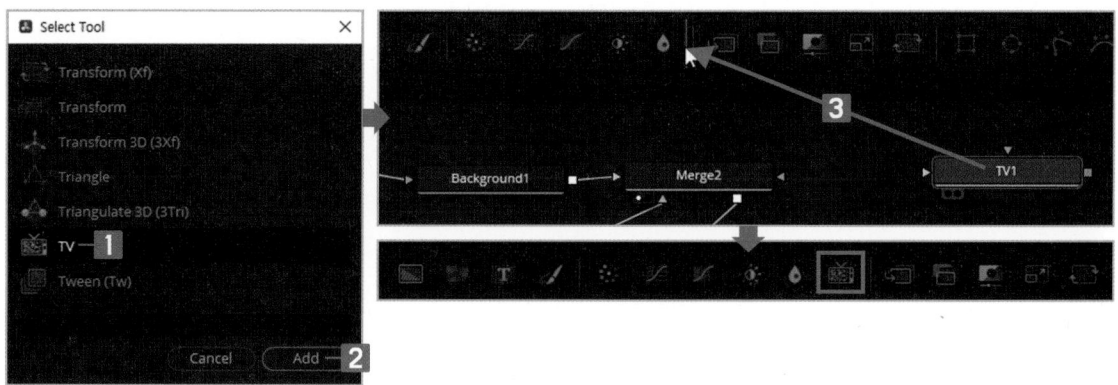

DaVinci Resolve Guide for Beginner

DVR
다빈치리졸브

PART 03

◀ 색보정 & 렌더

01 컬러(Color) 페이지 살펴보기
02 스코프(Scopes) 활용하기
03 색보정의 모든 것
04 렌더(Render)의 모든 것

01 컬러(Color) 페이지 살펴보기

이번 학습부터는 다빈치 리졸브의 본질이라고 할 수 있는 색보정 작업을 위한 컬러 페이지에 대해 살펴볼 것입니다. 컬러 페이지에서는 컷, 에디트, 퓨전 페이지에서 편집된 클립을 색보정, 즉 컬러 그레이딩(Color Grading) 작업을 매우 섬세하게 할 수 있습니다. 아마도 다빈치 리졸브를 사용하는 분들은 대부분의 작업을 컬러 페이지에서 할 것입니다. 그만큼 다빈치 리졸브는 색보정 작업에 대한 비중이 높기 때문입니다.

컬러(Color) 페이지

갤러리(Gallery) 살펴보기

학습을 위해 필자는 Salad Days 프로젝트를 사용할 것입니다. 학습을 하기 전에 먼저 본 도서에서 설명하고 있는 다빈치 리졸브 인터페이스와 여러분의 인터페이스가 같아야 쉽게 학습할 수 있기 때문에 [Workspace] - [Reset UI Layout] 메뉴를 선택하여 초기화합니다. 이제 다빈치 리졸브의 컬러 페이지에 대한 주요 작업 패널에 대해 살펴보겠습니다. 먼저 왼쪽 상단에는 **갤러리(Gallery)** 가 있습니다. 갤러리는 선택된 클립의 특정 장면(프레임)을 한 장의 스틸 이미지로 만들었을 때 관리되는 곳입니다. 여기에서는 사용자가 원하는 대로 갤러리 안의 장면들의 크기를 조정하여 확인할 수 있으며 또한 갤러리의 장면을 다른 장면의 색보정을 위해 사용하거나 때론 이미지 파일로 만들어줄 때에도 사용됩니다. 작업 전에는 아무 것도 없는 상태의 **No stills created**라는 글자만 보일 것입니다. 만약 특정 장면을 스틸 이미지로 캡처하고 싶다면 **뷰어**에서 **[우측 마우스 버튼]** - **[Grab Stills]**를 선택하면 됩니다. 이렇게 등록된 스틸 이미지는 이미지 파일로도 만들 수 있습니다. 이 방법은 앞선 학습에서 살펴본 적이 있습니다.

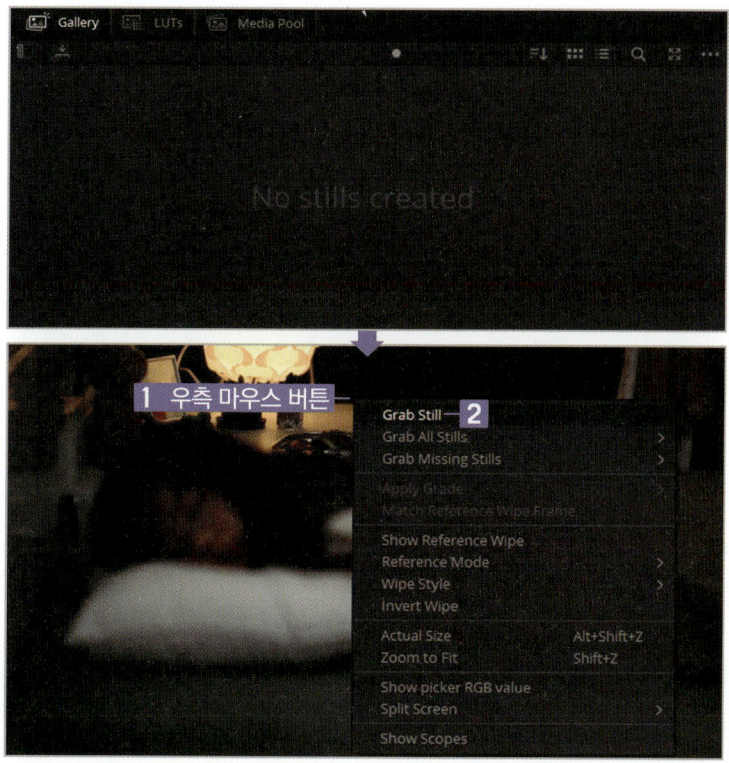

타임라인(Timeline)을 열어주면 인터페이스 중간쯤에 작은 타임라인으로 보여주며, **클립**(Clips)은 타임라인에 있는 클립들을 보여줍니다.

▲ 타임라인에서 사용된 클립들과 미니 타임라인의 모습

뷰어(Viewer) 살펴보기

인터페이스 가운데 상단 부분의 **뷰어(Viewer)**는 색보정의 결과를 보여주는 뷰어입니다. 컬러 페이지의 뷰어도 에디트 페이지 뷰어와 유사하게 사용되지만 몇몇은 색보정 작업을 위해 특화된 기능들이 있습니다.

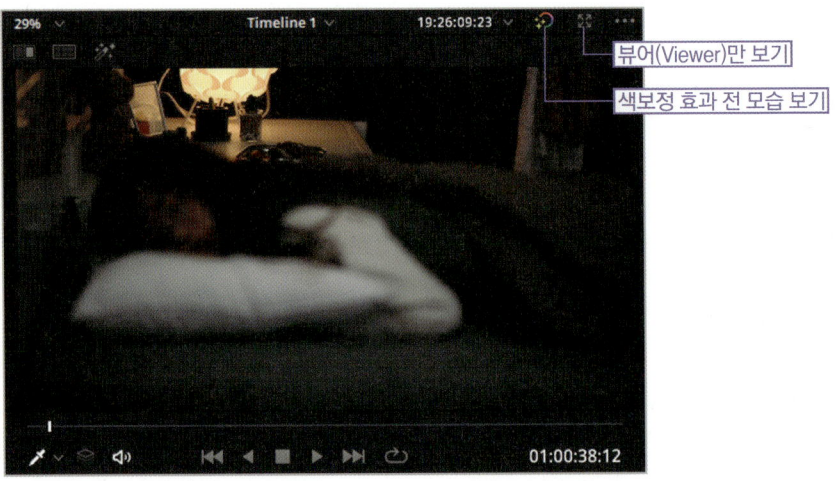

뷰어 왼쪽 상단에는 **3개**의 아이콘이 있습니다. 첫 번째 이미지 **와이프(Image Wipe)**는 **갤러리**에서 선택된 장면과 **타임라인**에서의 장면을 **분할화면**으로 볼 수 있습니다. 이미지 와이프를 선택하면 오른쪽에서 분할되는 방식을 선택할 수 있습니다.

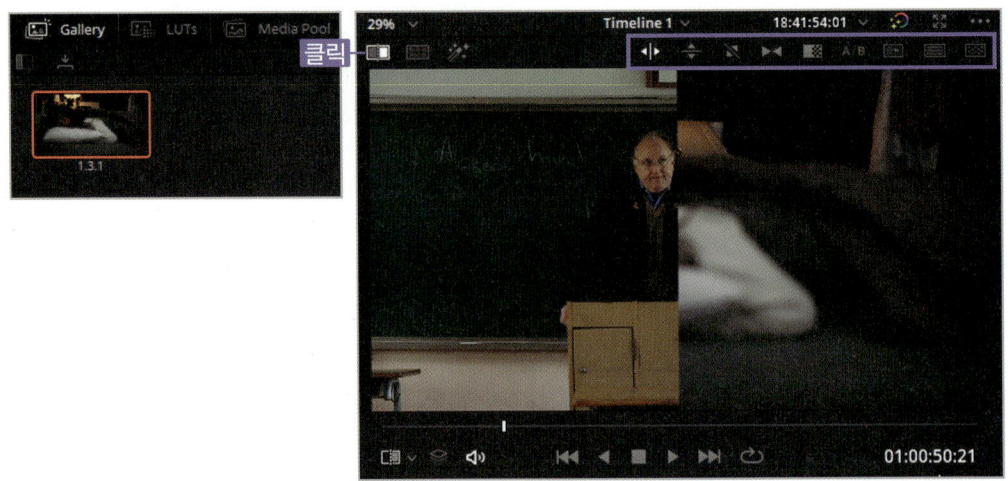

두 번째 **스플릿 스크린**(Split Screen)은 타임라인에 있는 원본과 효과를 적용하고 설정된 후의 모습을 다양한 화면으로 비교할 수 있습니다. 스플릿 스크린을 선택하면 오른쪽에 화면 방식을 선택할 수 있는데, Versions and Original로 선택한 후 아래쪽 **커브**(Curves) 곡선을 조절해 봅니다. 그러면 좌측은 원본, 우측은 설정된 후의 모습이 나타납니다.

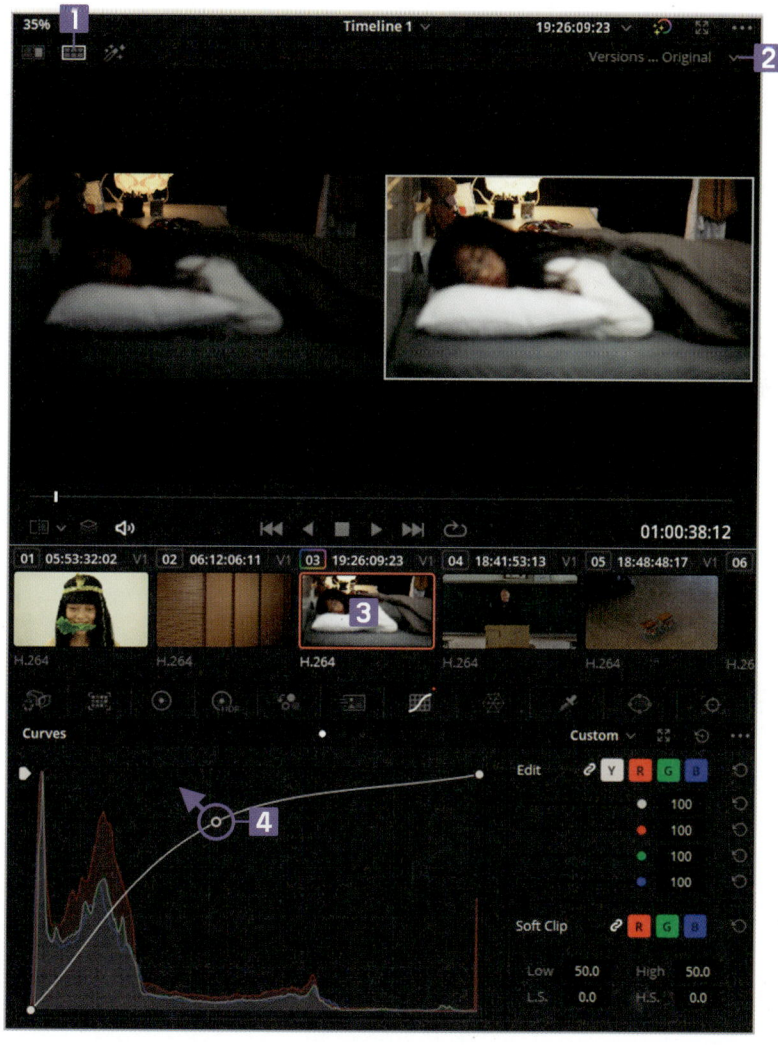

마지막 세 번째 **하이라이트**(Highlight)는 사용 중인 클립(노드)의 하이라이트 영역과 합성을 하기 위한 B/W(**블랙 & 화이트**) 영역 그리고 반전 영역을 보여줍니다. 하이라이트를 선택하면 오른쪽의 화면 방식을 선택할 수 있습니다. 지금 살펴본 세 가지의 화면 모드는 차후 실제 작업을 하면서 좀 더 자세히 살펴볼 것이며, 이 기능들은 평상시에는 필요없기 때문에 꺼놓고 작업을 하십시오.

뷰어에서 원하는 타임라인을 선택해 작업을 할 수도 있으며, **타임코드(Timecode)** 방식 또한 선택할 수 있습니다. 일반적으로는 선택된 클립의 길이(시간)만 반영하는 **소스 타임코드(Source Timecode)**와 작업 전체 시간을 방영하는 타임라인 타임코드(Timeline Timecode)중 하나를 사용하게 됩니다. 그밖에 작업 목적에 따라 원하는 방식을 선택하면 됩니다.

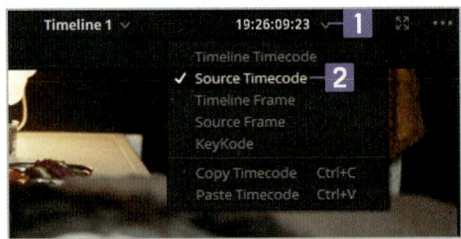

뷰어 왼쪽 하단에 있는 스포이트 모양의 **퀄리파이어(Qualifier)**는 사용자들이 종종 잘 모르고 사용하게 되는데, 필요하지 않을 경우엔 Off를 선택하여 꺼놓는 것이 좋습니다. 퀄리파이어 오른쪽에 위치한 스피커 모양의 아이콘을 선택하면 **음소거(Mute)**를 할 수 있으며 또한 **루프(Loop)**를 통해 장면을 계속해서 반복 재생할 수도 있습니다.

노드(Node) 살펴보기

뷰어 옆에는 **노드(Nodes)**가 있습니다. 노드는 앞서 퓨전 페이지에서 살펴보았듯 다빈치 리졸브에서 가장 기초가 되는 개념으로 기초적인 보정 작업이 끝난 한 개의 노드에 변화를 주지 않고 대부분은 또 다른 노드를 추가하여 변경하게 됩니다. 또 변경된 노드 위에 또 다른 노드를 추가할 수 있습니다. 노드에 대해서는 차후 자세하게 다룰 것입니다.

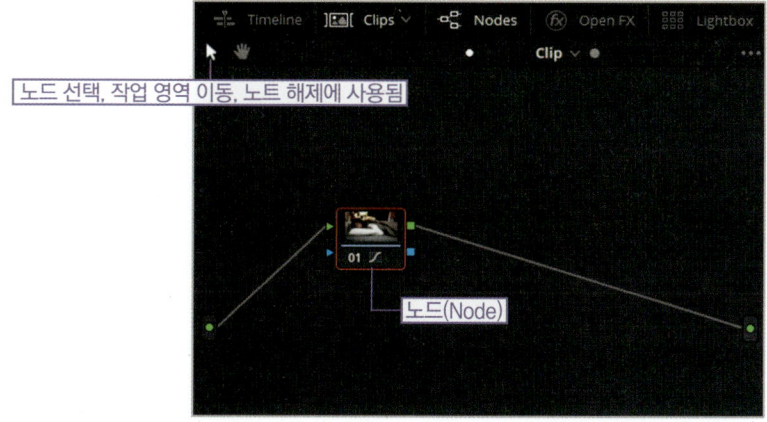

색보정 툴(Tools) 살펴보기

아래에 있는 패널은 모두 색보정 작업에 관한 툴들과 패널입니다. 색보정 작업을 하는데 실질적으로 가장 중요한 곳이기도 합니다. 다빈치 리졸브는 기본 색보정(1차 보정)을 위한 **프라이머리 보정**(Primary Correction)과 2차 보정을 위한 **세컨더리 보정**(Secondary Correction) 툴들이 있습니다. 그리고 오른쪽에는 **인포메이션 디스플레이**(Information Display)가 위치하고 있습니다.

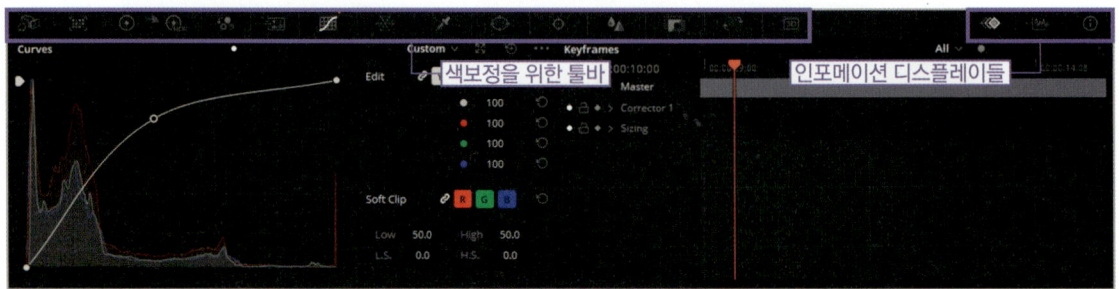

프라이머리 툴과 세컨더리 툴에 대해 깊이 설명하기 전에 한가지 짚고 넘어가야할 부분이 있습니다. 모든 툴에 대한 것은 아니지만 특정 툴 패널 상단에는 여러 개의 포인트들이 있습니다. 이 포인트들은 여러 가지 옵션들을 가지고 있습니다. 예를 들어 **컬러 휠**(Color Wheels)에는 **3가지 옵션 포인트**가 있습니다. 가장 왼쪽은 **프라이머리 휠**(Primary Wheels)이고 두 번째는 **프라이머리 바**(Primary Bars)이며 세 번째는 **로그 휠**(Log Wheels)입니다. 나중에 더 자세히 설명하겠지만 이 포인트들을 사용해 여러 가지 옵션들을 사용할 수 있다는 점을 기억하기 바랍니다. 지금까지 컬러 페이지에 대해 간단하게 살펴보았습니다. 다음 학습부터는 컬러 페이지를 통해 실질적인 색보정 작업을 하는 방법과 주요 기능에 대해 자세히 학습해 보겠습니다.

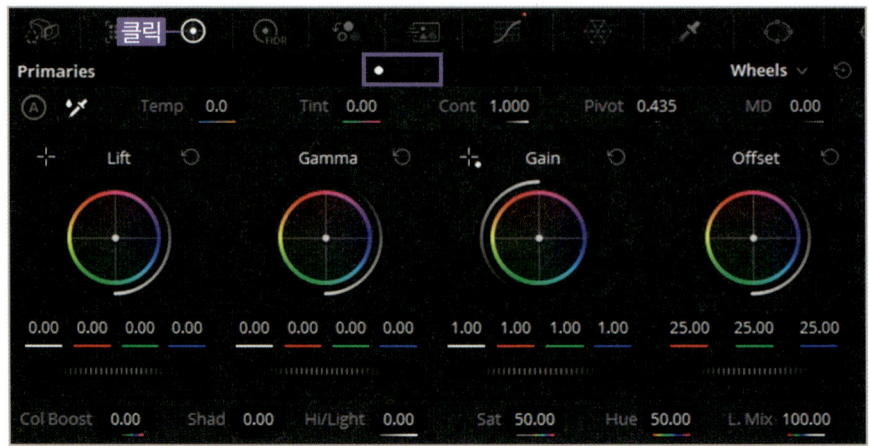

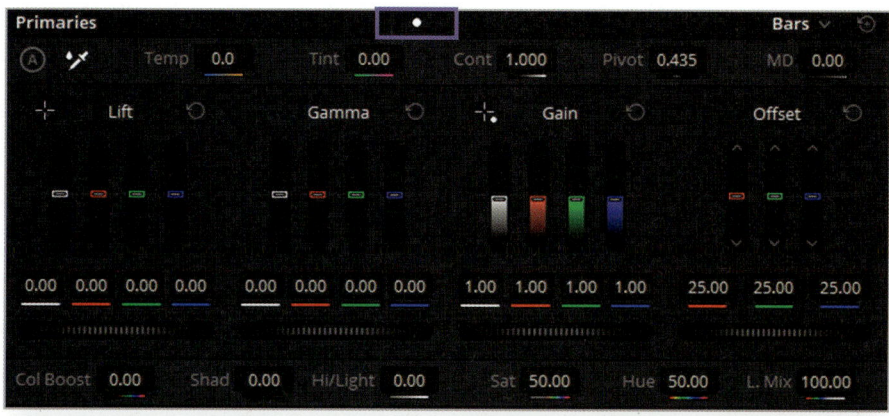

단축키는 여러분이 원하는 키조합으로 변경할 수도 있습니다. **[DaVinci Resolve] – [Keyboard Customization]** 메뉴를 선택하거나 단축키 **[Ctrl] + [Alt] + [9]** 키를 눌러 **키보드 설정 창**을 열어줍니다. 여기에서는 이미 설정되어있는 단축키나 단축키가 없는 기능(메뉴)을 여러분이 원하는 키조합으로 재설정할 수 있습니다.

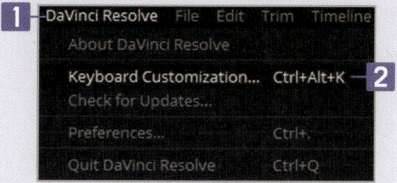

새로운 키조합을 추가하거나 변경하는 방법도 동일합니다. 먼저 추가 또는 수정하고자 하는 메뉴를 찾아 선택합니다. 그러면 키를 입력할 수 있는 상태로 전환되는데 이때 원하는 키를 차례대로 누르면 됩니다. 필자는 **Edit**의 **Cut Head**를 선택한 후 키조합을 **[Ctrl] + [Alt] + [C]**로 설정해 보았습니다. 설정 후에는 **Save As** 버튼을 을 누른 후 새

컬러(Color) 페이지 살펴보기 **333**

로운 단축키 프리셋으로 등록해야 합니다. 만약 단축키를 삭제하고자 한다면 오른쪽 X 버튼을 클릭하면 됩니다.

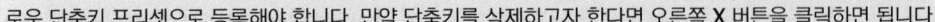

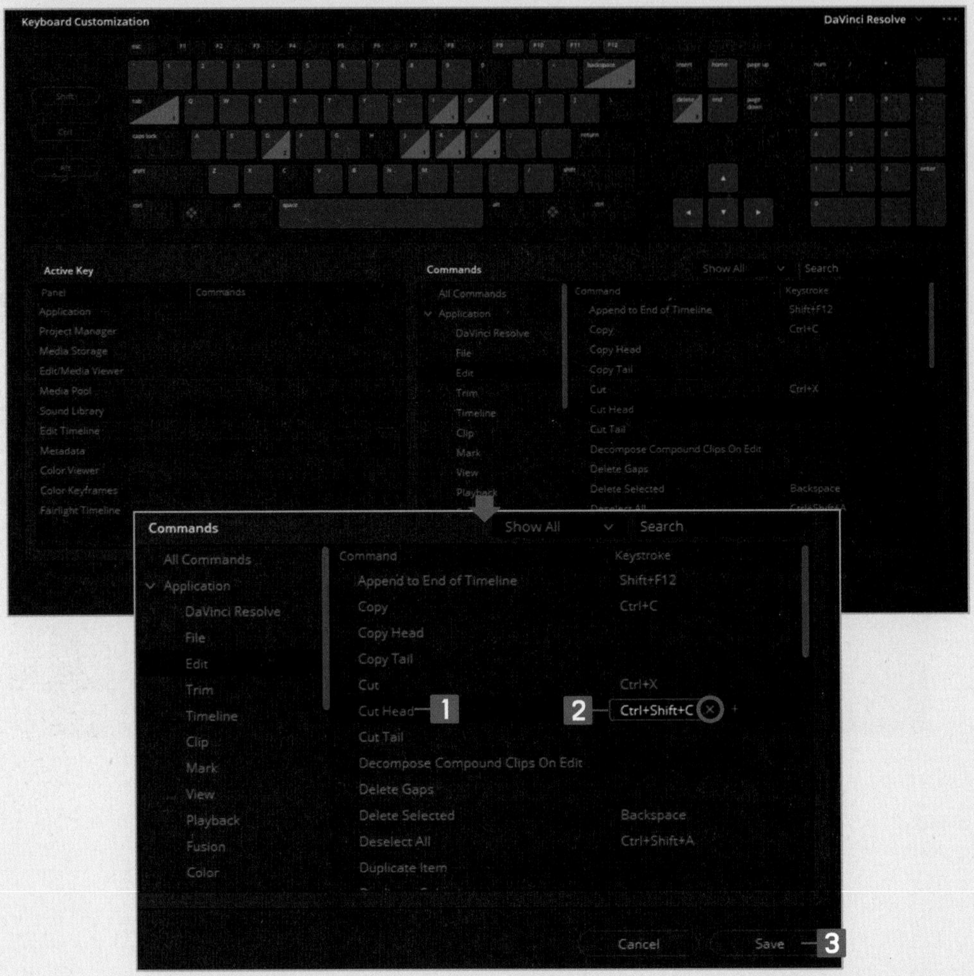

다빈치 리졸브의 단축키를 프리미어 프로, 파이널 컷 프로 등에서 사용되는 단축키 조합으로 변경할 수도 있습니다. 맨 위쪽에 **맵 키보드 투(Map keyboard to)**의 메뉴를 열어보면 어도비 프리미어 프로와 애플 파이널 컷 프로 X, 아비드 미디어 컴포저, 프로 툴즈가 있는데 이 중 여러분이 원하는 프로그램을 선택하면 됩니다. 이 메뉴는 해당 프로그램의 단축키에 익숙한 사용자에게 아주 유용하게 사용될 것입니다.

02 스코프(Scopes) 활용하기

스코프(Scopes)는 장면(이미지)의 색상, 채도, 명도의 분포도를 분석하기 위한 장치입니다. 쉽게 말해 색상의 차이, 어둡고 밝은 명암의 차이에 따라 영역을 분리하며, 분리된 영역이 색상 분포도를 보여준다는 것입니다. 이렇게 분석된 데이터는 컬러리스트가 원하는 이상적인 색상, 채도, 명도의 이미지를 얻을 수 있게 해주며, 다빈치 리졸브에서는 총 4개의 스코프를 지원합니다.

타임라인 점검 및 히어로 쇼트(Hero Shots) 선정하기

이번 학습에서는 스코프에 대한 학습에 앞서 컬러리스트들이 클립, 즉 장면을 어떻게 점검하고 선택하는지 알아볼 것이며, **히어로 쇼트 워크플로우(Hero Shots Workflow)**라는 작업에 대해 살펴볼 것입니다. 히어로 쇼트 워크플로우는 작업 중인 장면에서 그 영상을 대표하는 상징적인 이미지를 골라내는 작업입니다. 예를 들어 아이언맨 영화에서 아이언맨이 멋진 포즈를 취하고 있는 모습을 영화의 핵심적이고 상징적인 포스터로 사용하기 위해 선정하는 것과 같습니다. 먼저 하나의 히어로 쇼트를 선정하고자 합니다. 원하는 장면, 즉 클립에서 **[우측 마우스] - [Flags] - [Blue]**를 선택하여 해당 클립에 파란색 **플래그(Flag)**을 적용합니다. 필자가 학습에 사용한 프로젝트는 Salad Days이지만 여러분은 여러분이 작업한 내용을 사용해도 상관없습니다.

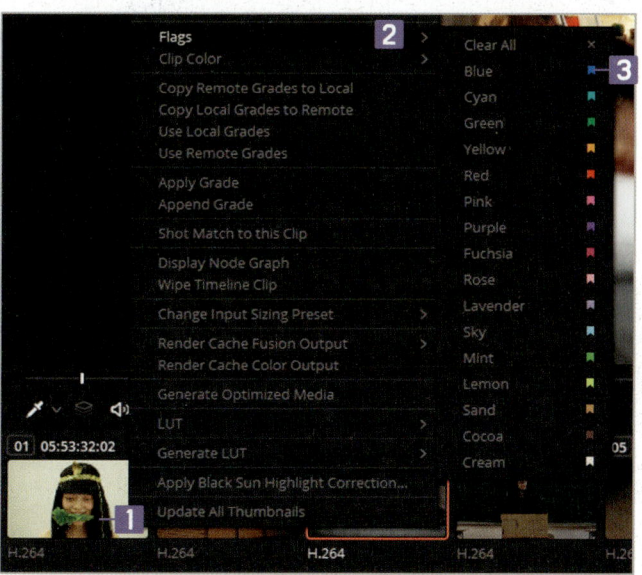

그러면 **파란색 플래그**가 클립에 적용됐습니다. 같은 방법으로 앞서 적용한 파란색 플래그를 몇 개의 클립에 히어로 쇼트로 선정해 줍니다.

이제 플래그를 적용한 장면들을 필터링해 주기 위해 [Clips] - [Flagged Clips] - [Any Flag] 또는 Blue Flag를 선택합니다. 그러면 그림과 같이 **파란색 플래그** 4개만 남고 나머지는 **필터링**되어집니다. 이렇듯 히어로 쇼트들을 선정하여 실제 작업에 사용할 장면들을 선정하여 여유로운 타임라인 공간을 만들거나 개별 렌더에 사용할 수 있습니다. 본 학습에 앞서 히어로 쇼트 워크플로우에 대해 알아보았습니다.

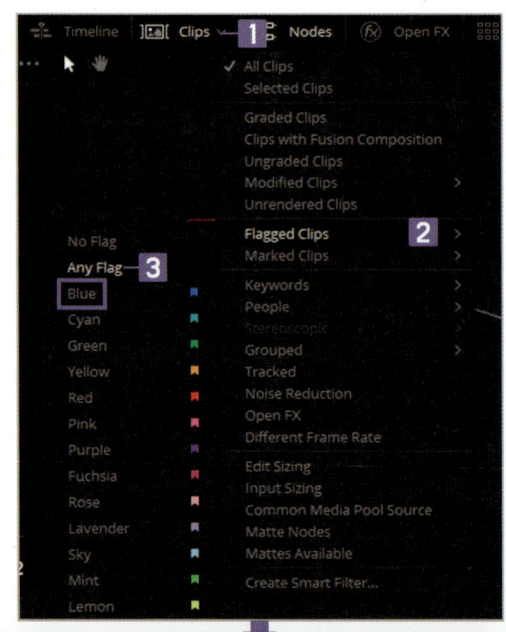

스코프(Scopes) 활용하기 1 - 콘트라스트(Contrast)와 노출(Exposure)

이번 학습에서는 본격전인 스코프 활용에 대해 학습해 보겠습니다. 이번 학습에 사용한 장면들은 앞서 **히어로 쇼**

트(Hero Shots)으로 선정한 장면들입니다. 전문 컬러리스트들은 세 가지 방면으로 이미지를 분석합니다. **컴포넌트(Components-요소)**, **콘트라스트(Contrast-대비)** 그리고 **휴(Hue-색상)**가 바로 그것입니다. 여기에서는 먼저 **노출(Exposure)**과 깊은 관련이 있는 콘트라스트 측면으로 이미지를 분석해 보도록 하겠습니다. 콘트라스트와 노출은 이미지의 가장 밝음과 가장 어두움의 관계를 둡니다. 참고로 이미지를 분석할 때 우리의 뇌는 **45초**에서 **1분** 간격으로 이미지에 대한 밸런스를 무의식중에 맞추기 때문에 우리는 이미지에 대한 평가를 내릴때 **스코프(Scopes)**를 사용해 도움을 받는 것이 좋습니다. 다빈치 리졸브는 총 네 가지 종류의 스코프를 제공하고 있습니다. 다빈치 리졸브에는 스코프를 열어주는 두 가지 방법이 있습니다. 하나의 인터페이스 오른쪽 하단의 **스코프(Scopes)** 아이콘을 클릭하는 것입니다. 지금의 방법은 해당 패널 영역에 스코프가 나타납니다. 이 스코프 패널에서 원하는 스코프 타입을 메뉴를 통해 선택할 수 있습니다.

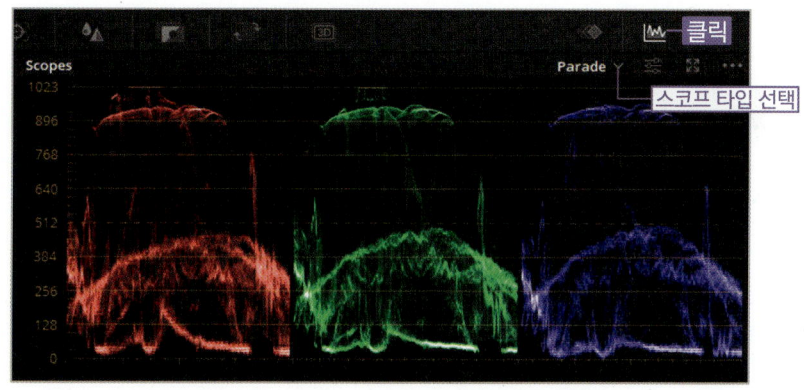

그리고 다른 하나의 방법으로써 풀다운 메뉴에서 [Workspace] - [Video Scopes] - [On]을 선택하거나 단축키 [Ctrl] + [Shift] + [W] 키를 누르는 것입니다. 여기서 열어놓은 스코프는 기본적으로 **4분할** 스코프를 별도의 창에서 사용할 수 있습니다.

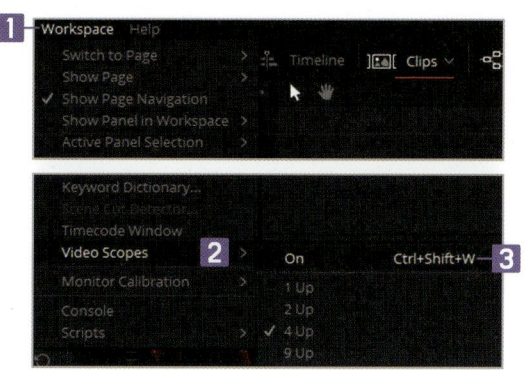

스코프 인터페이스를 웨이브폼(Waveform), 퍼레이드(Parade), 벡터스코프(Vetorscope), 히스토그램(Histogram) 총 4가지의 스코프를 제공합니다. 각 스코프마다 서로 다른 설정 옵션들이 제공됩니다. 설정 옵션 아이콘은 스코프의 오른쪽 상단에 위치하며, 각 스코프에 대한 색, 밝기 등에 대한 설정을 할 수 있습니다.

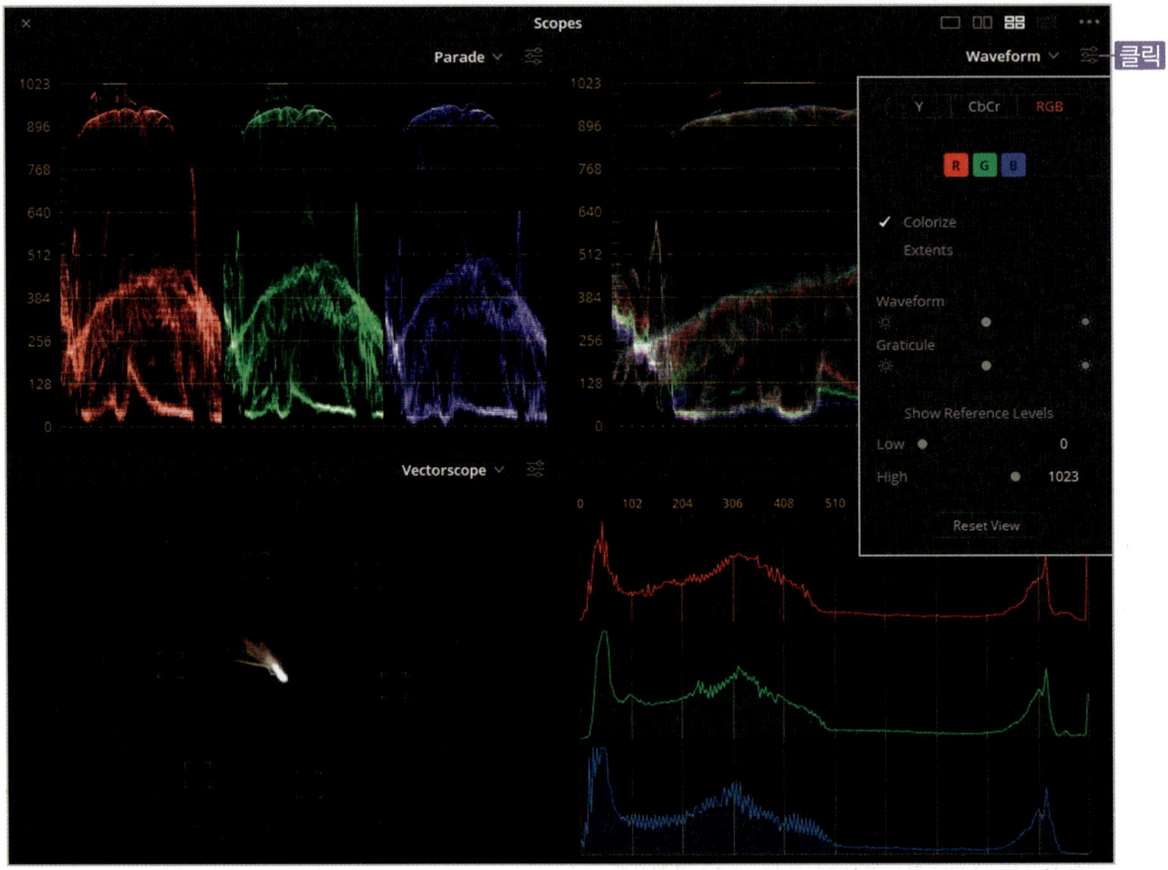

여기서 먼저 **웨이브폼(Waveform)**에 대해 알아보겠습니다. 웨이브폼 스코프는 **밝기** 값을 그래프로 나타냅니다. 살펴보기 위해 플래그가 적용된 장면(클립) 중 세 번째 장면을 선택합니다.

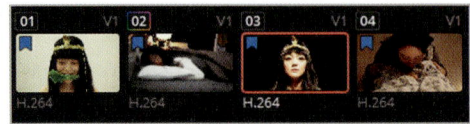

그러면 세 번째 장면, 즉 선택된 이미지에 대한 스코프를 그래프로 나타내주는데, 웨이브폼 스코프를 보면 좌와 우 영역은 어둡고 가운데 부분은 밝은 것을 알 수 있습니다.

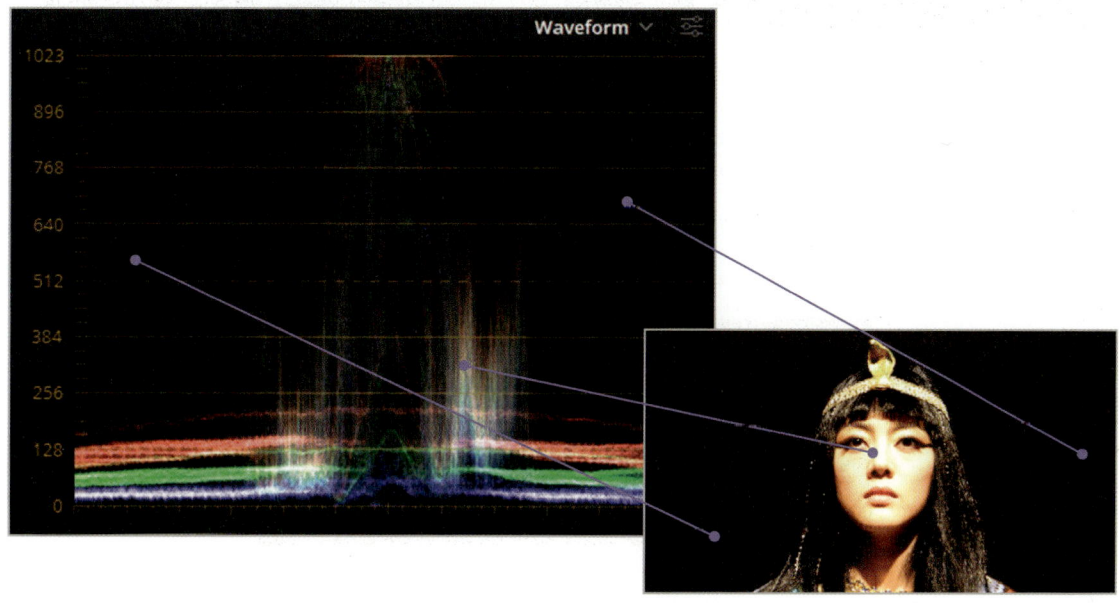

보다 자세히 살펴보기 위해 그림과 같은 검정색 배경에 흰색 글자가 있는 이미지를 웨이브폼 스코프로 확인을 해 보면 스코프의 중간중간에 가로로 된 흰색 막대를 확인할 수 있습니다. 이것이 **스코프**라는 흰색 글자를 나타낸 것입니다.

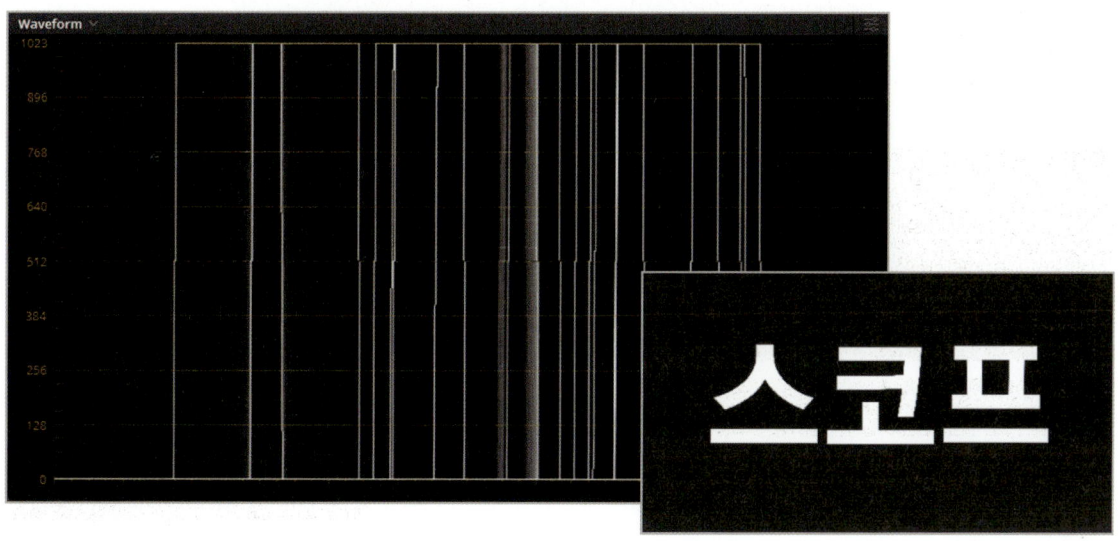

이번 이미지는 검정 바탕 위에 **스코프**라는 글자가 쓰여진 이미지입니다. 글자는 아래로 갈수록 점점 더 어두워지는 효과가 입혀져 있는 글자의 스코프의 모습입니다.

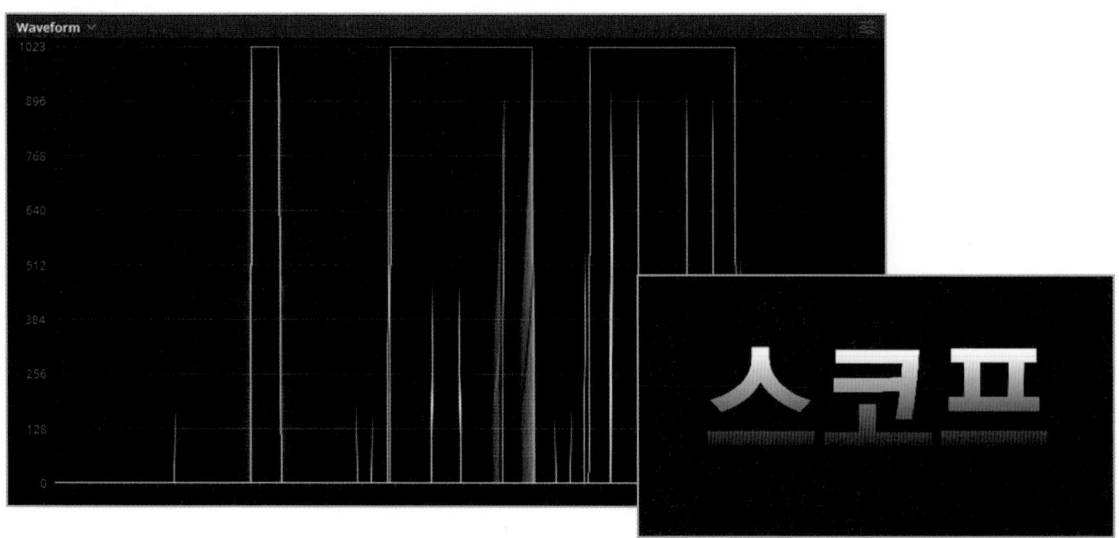

이번엔 앞서 살펴본 글자를 뒤집어 놓은 이미지입니다. 당연히 웨이브폼 그래프도 뒤집힐 것이라 생각을 하겠지만 그렇지 않습니다. 그 이유는 웨이브폼 스코프는 좌측에서 우측 방향의 밝기만 측정하기 때문입니다.

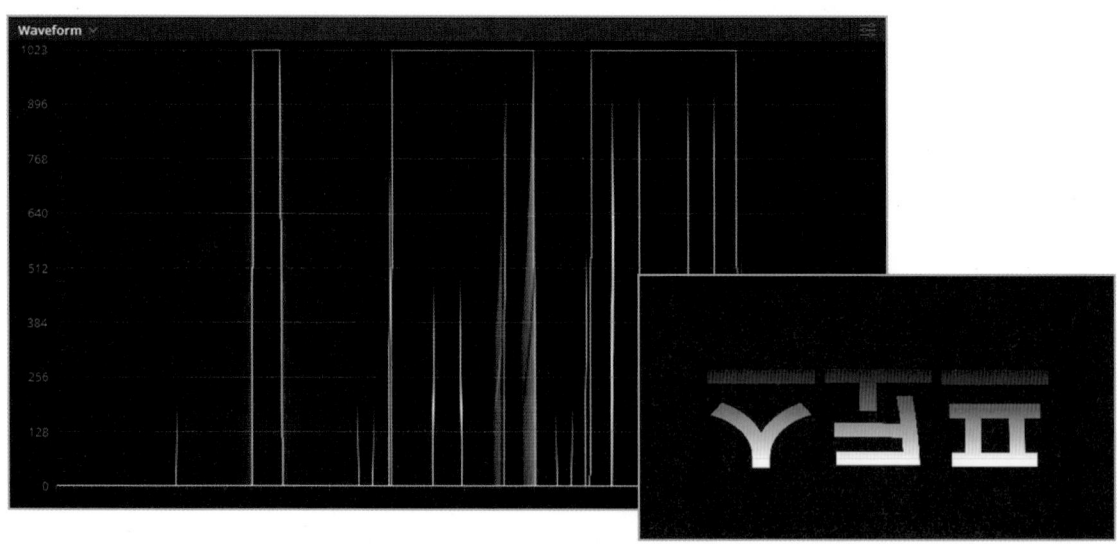

계속해서 해당 웨이브폼 스코프만 보고 어떤 이미지인지 추측을 해 봅니다. 일단 [Clips] - [All Clips]를 선택하

여 모든 장면이 나타나도록 한 후 다음과 같은 장면(클립)을 선택합니다. 그리고 [Ctrl] + [Shift] + [W] 키를 눌러 스코프를 감춰놓고 확인해 봅니다.

선택된 장면에서 한가지 추측할 수 있는 것은 **Y축**의 상단이 어둡다는 것입니다. 다시 말해 밝기는 75%보다 아래일 것이라고 보여집니다. 그리고 중간 부분을 보면 다른 곳보다 거칠게 보여집니다. 그러므로 중간에는 주변과 다른 이미지가 있을 것이라고 예측할 수 있습니다.

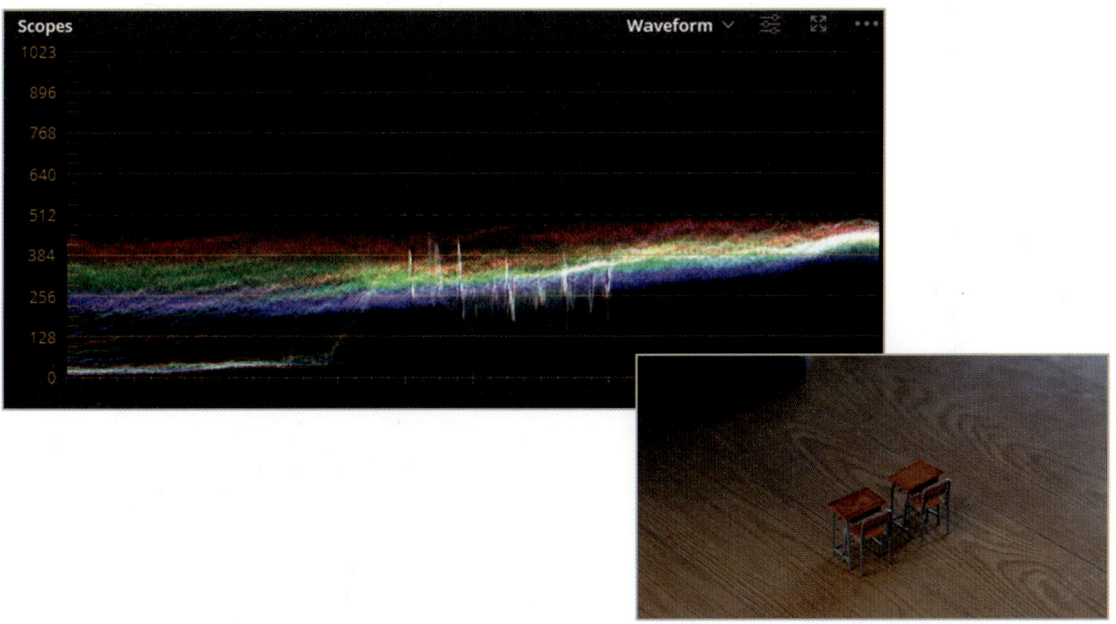

마지막으로 짚고 넘어갈 기능으로써 스코프 우측 상단에 있는 **세팅(Settings)** 아이콘을 선택하여 설정 창을 띄운 후 Y 버튼을 클릭하여 활성화하면 RGB 오버레이(Overlay)를 끌 수 있습니다. RGB 오버레이를 켜게 되면 색상없이 밝기만 확인할 수 있습니다. 여기까지가 웨이브폼 스코프를 이용해 밝기를 분석하는 방법이었습니다.

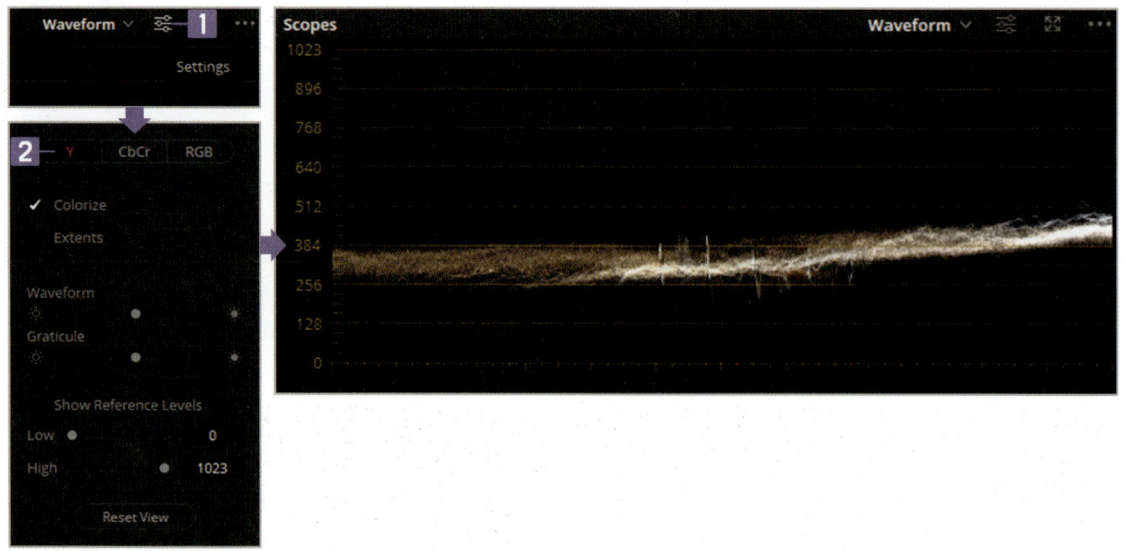

스코프(Scopes) 활용하기 2 – 색(Color)과 채도(Saturation)

이번 학습에서는 RGB **퍼레이드(Parade)** 스코프에 대해 알아보도록 하겠습니다. 지난 학습에서 살펴본 웨이브폼은 밝기 정보와 색상 정보를 모두 제공하며, RGB 색상들이 서로 엉켜 표현되어있었습니다. 그러나 퍼레이드 스코프 모드로 변경하면 RGB 색상들이 깔끔하게 분리되어 빨강, 초록, 파랑 순서로 나타납니다.

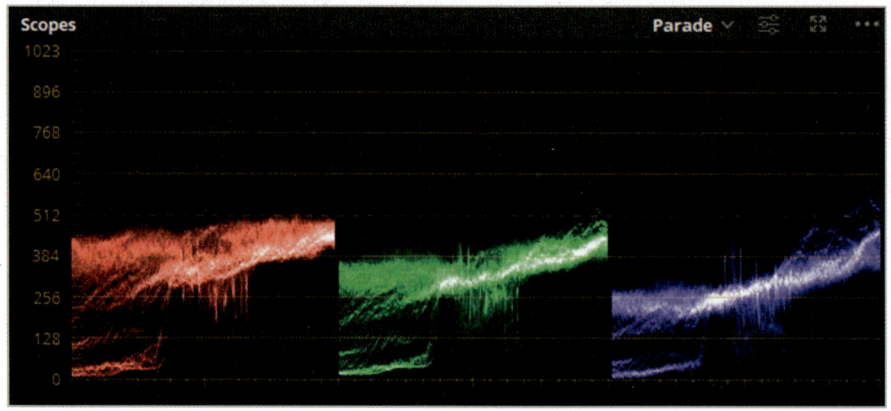

다음의 그림과 같은 장면에서의 퍼레이드 스코프를 보면 0~128라인 구간은 파란색 채널이 초록색 채널과 빨간색 채널보다 약하며, 768라인 구간에서는 빨강, 초록, 파랑이 서로 비슷한 것을 확인할 수 있습니다.

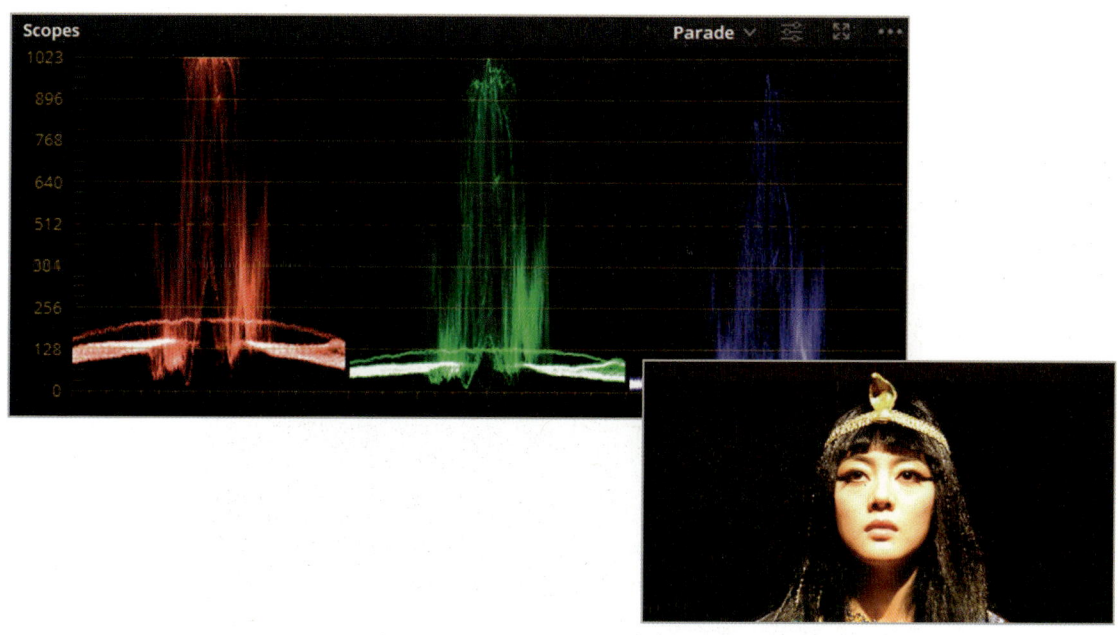

다음 장면은 빨간색 채널이 가장 강하지만 전체적으로 색상들이 모두 균형을 이루고 있다는 것을 알 수 있습니다. 하단부의 어두운 부분도 역시 세 가지 색상 대부분이 균형을 맞추고 있습니다.

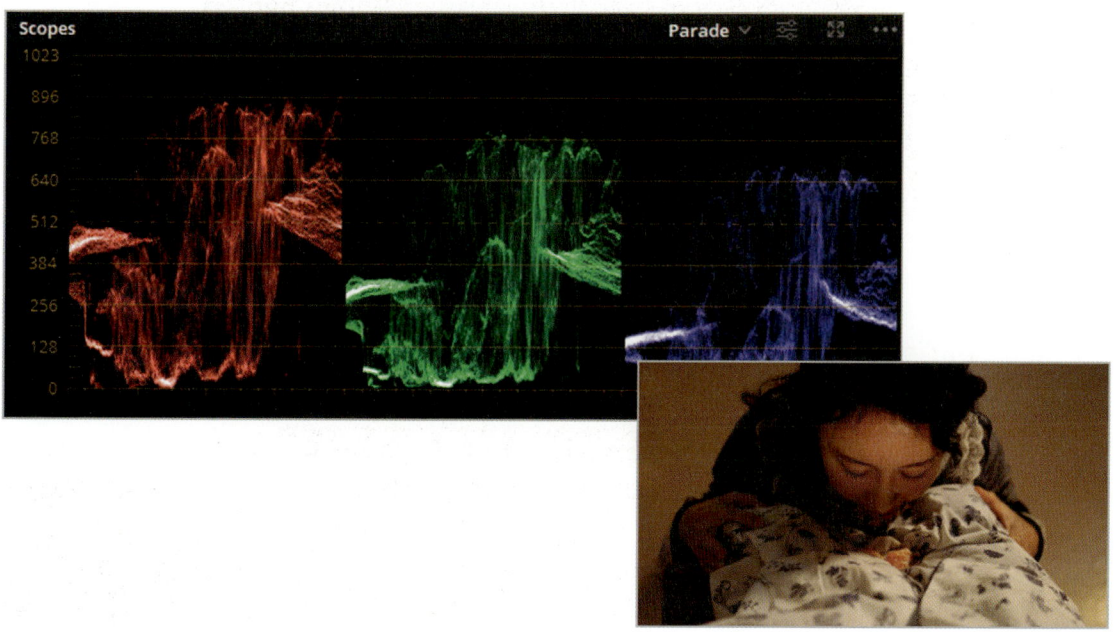

다음 장면은 [학습자료] - [Image] 폴더에 있는 **Image02**입니다. 살펴보면 초록과 파랑 특히 파란색 채널이 다른 색상들보다 강하다는 것을 알 수 있습니다. 추후에 세 가지 색상의 밸런스를 맞춰주기 위해서는 초록색과 파란색 채널을 줄이고 빨간색 채널을 조금 증가하면 될 것 같습니다.

이번 장면 [학습자료] - [Video] 폴더에 있는 Cat입니다. 이 장면은 빨간색 채널이 강하다는 것이 확인됩니다. 세 가지 색상의 밸런스를 맞추기 위해서는 빨간색 채널을 줄이고, 초록과 파랑 채널을 조금 증가하면 될 것 같습니다.

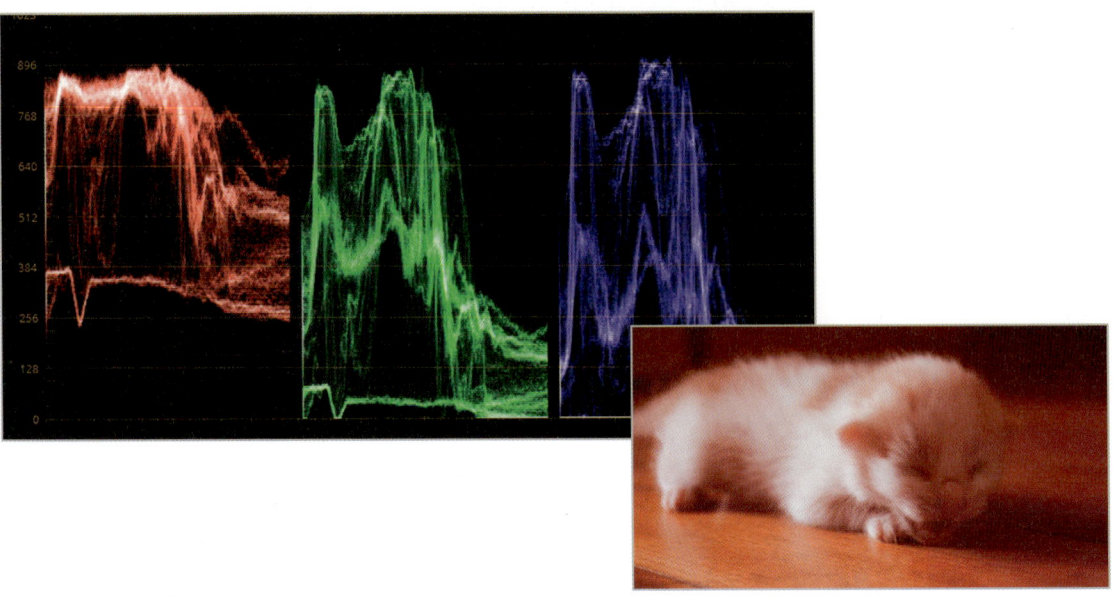

스코프(Scopes) 활용하기 3 - 색(Color)과 채도(Saturation) 분석하기

웨이브폼 스코프와 퍼레이드 스코프는 필요로 하는 색채를 모두 표현하지 못합니다. 다시 말해 두 스코프들은 어떤 색상이 이미지에서 우세한지는 알려주지만 얼마나 우세한지는 알려주지 못하고 있습니다. 이번 학습에서는 색보정을 위한 **벡터스코프(Vectorscope)**에 대해 알아보겠습니다. 먼저 [학습자료] - [Image] 폴더에서 **그레이 스케일** 이미지를 불러와 살펴봅니다. 보이는 것처럼 그레이 스케일 이미지에 대한 벡터스코프에는 아무런 변화가 없습니다. 왜냐하면 흑백 이미지에는 아무런 색상이 없기 때문입니다.

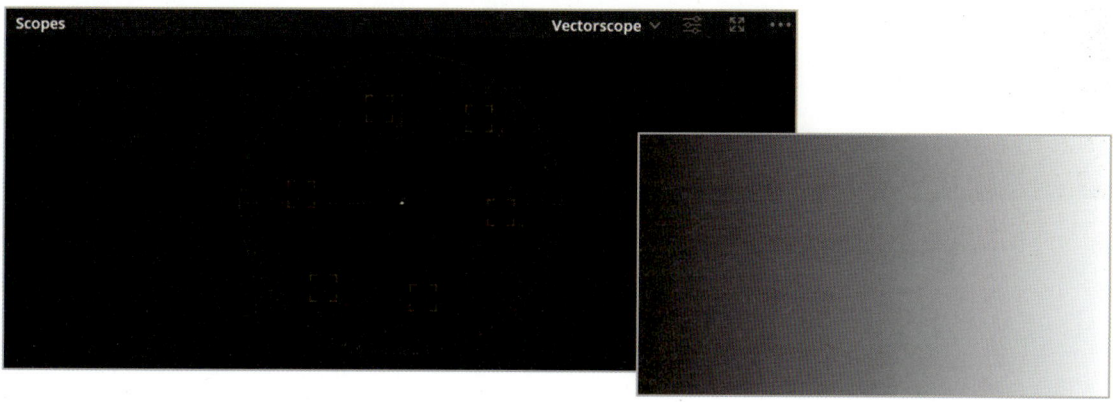

다음 이미지 **그레이 스케일-레드**를 보도록 하겠습니다. 이번 이미지에는 빨간색이 포함되었고 벡터스코프에도 변화가 생겼습니다. 빨간색(R)을 향해 막대가 뻗어있습니다. 참고로 센터 포인트가 있다는 뜻은 **뉴트럴(Neutral-중성)** 색상이 있다는 뜻입니다. 하지만 이게 얼마나 밝은지 어두운지는 알려주지 않으며, 그저 어느 정도의 채도가 있는지만을 알려줄 뿐입니다. 다시 말해 벡터스코프를 통해 뉴트럴 값이 있고 붉은색이 있다는 것만 알 수 있다는 것입니다.

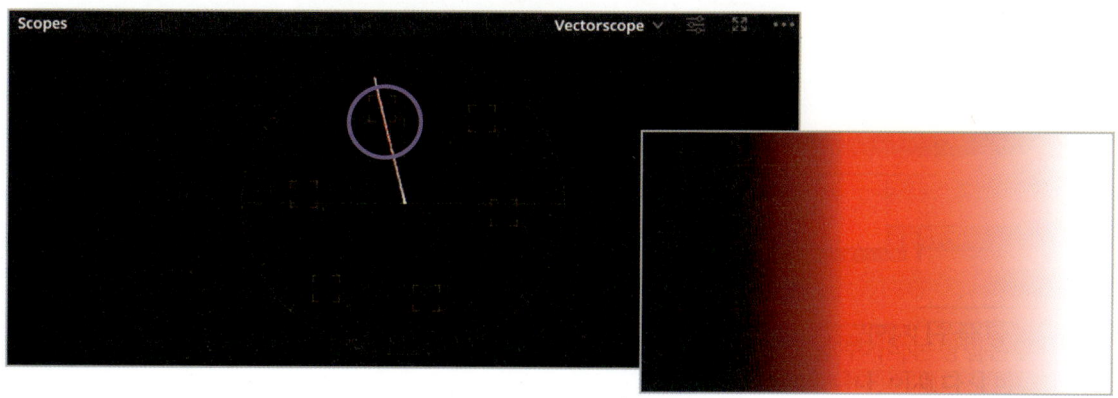

다음 장면 [학습자료] - [Video] 폴더의 F1입니다. 벡터스코프를 보면 빨강(R) 채널이 조금 길게 뻗어있지면 대체적으로 균형을 맞추고 있습니다. 그런데 벡터스코프의 밝기가 너무 엷게 표현되는 것 같아 정확하게 판단하기가 쉽지 않아 보입니다.

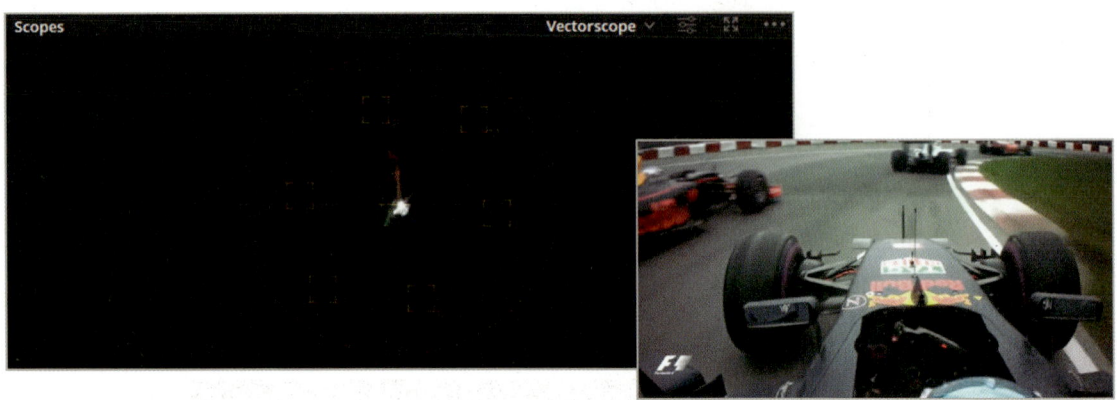

벡터스코프의 밝기를 보다 선명하게 보기 위해 **세팅**(Settings) 아이콘을 클릭합니다. 설정 창에서 **벡터스코프**(Vectorscope)와 **그레티큘**(Graticules) 값을 높여 벡터스코프의 휠(Wheel)과 박스들을 선명해지도록 합니다. 또한 아래쪽에 있는 Show 2x Zoom을 체크하면 벡터스코프의 크기가 두 배로 커지기 때문에 보다 정확하게 확인할 수 있습니다.

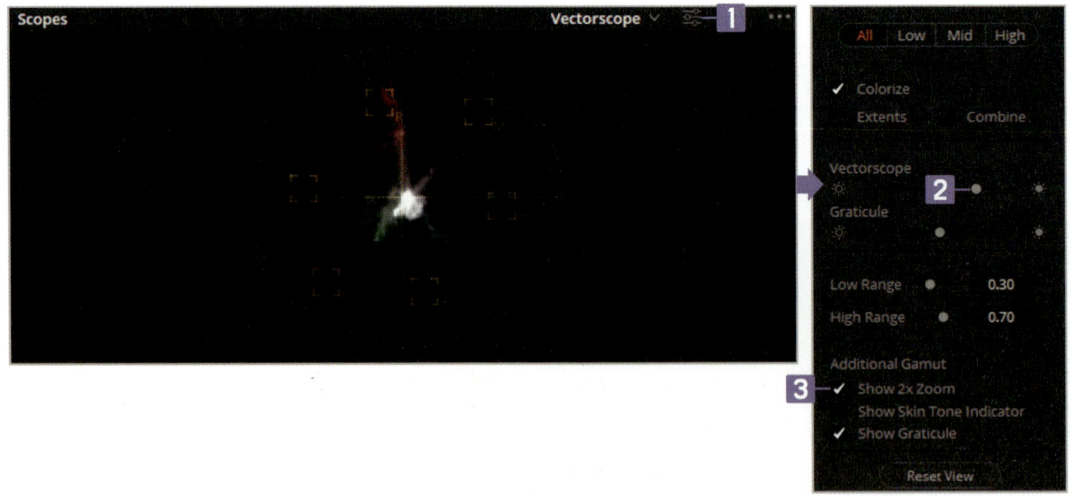

다음 장면은 [학습자료] - [Video] 폴더의 Longboard입니다. 이 장면은 더욱 다양한 색상의 이미지입니다. 벡터스코프에는 청록색(C)과 파란색(B)도 보이고 빨간색(R), 노란색(Y), 초록색(G) 그리고 보라색(M)도 희미하게 보입니다. 벡터스코프에서 반대되는 색깔이 있으면 색상 대조의 효과가 커집니다. 지금의 벡터스코프의 중심으로 모여있는 것으로 보아 전반적으로 색상 균형이 좋다는 것을 확인할 수 있습니다.

다음 장면은 [학습자료] - [Video] 폴더의 Paradise입니다. 장면을 보면 언뜻 보아도 색상의 균형이 맞지 않다는 것을 확인할 수 있습니다. 벡터스코프를 보면 초록색과 청록색 사이가 가장 밝게 나타나고, 중심이 왼쪽으로 치우쳤다는 것을 확인할 수 있습니다. 균형을 맞춰 주려면 보라색(M) 쪽으로 옮겨주어야 할 것 입니다. 여기까지가 벡터스코프를 사용하여 이미지의 색상과 균형을 측정하는 방법이었습니다. 이와 같은 방법을 통해 이미지의 균형이 얼마나 맞지 않았는지 그리고 맞지 않은 균형을 맞추기 위해 어느 방향으로 얼마나 설정해야 하는지 알 수 있습니다. 다음 학습에서는 **브로드캐스트 세이프 필터**(Broadcast safe filter)라는 지나치게 화려한 색상의 이미지를 자동으로 조절하여 균형을 맞춰주는 기능에 대해 살펴보겠습니다.

브로드캐스트 세이프 필터 활용하기

이번 학습에서는 **브로드캐스트 세이프 필터(Broadcast safe filter)**에 대해 알아보겠습니다. 이번 학습에 사용할 장면은 앞선 학습에 사용했던 **Paradise** 비디오 클립입니다. 먼저 [Ctrl] + [Shift] + [W] 키를 눌러 스코프를 열어 줍니다. 빨강(R), 초록(R), 파랑(B), 보라(M), 청록(C), 노랑(Y) 색 영역 어느 방향으로든 색 분포가 치우친다면 그 영상의 색상은 과하다고 볼 수 있습니다. 현재의 벡터스코프를 보면 초록색 영역으로 지나치게 분포되어있기 때문에 이것은 채도에 문제가 있다고 판단할 수 있습니다. 또 다른 방법으로 각 박스들의 중심점들이 직선으로 연결되어있다고 가정할 때 그 직선을 벗어나는 채도 역시 과하며 문제가 있다고 볼 수 있습니다. 또한 색상 분포가 반구 형태로 잘린 것은 과하게 채도 값이 높다는 것에 대한 일반적인 표시입니다. 일단 벡터스코프만 보기 위해 싱글 뷰로 전환합니다.

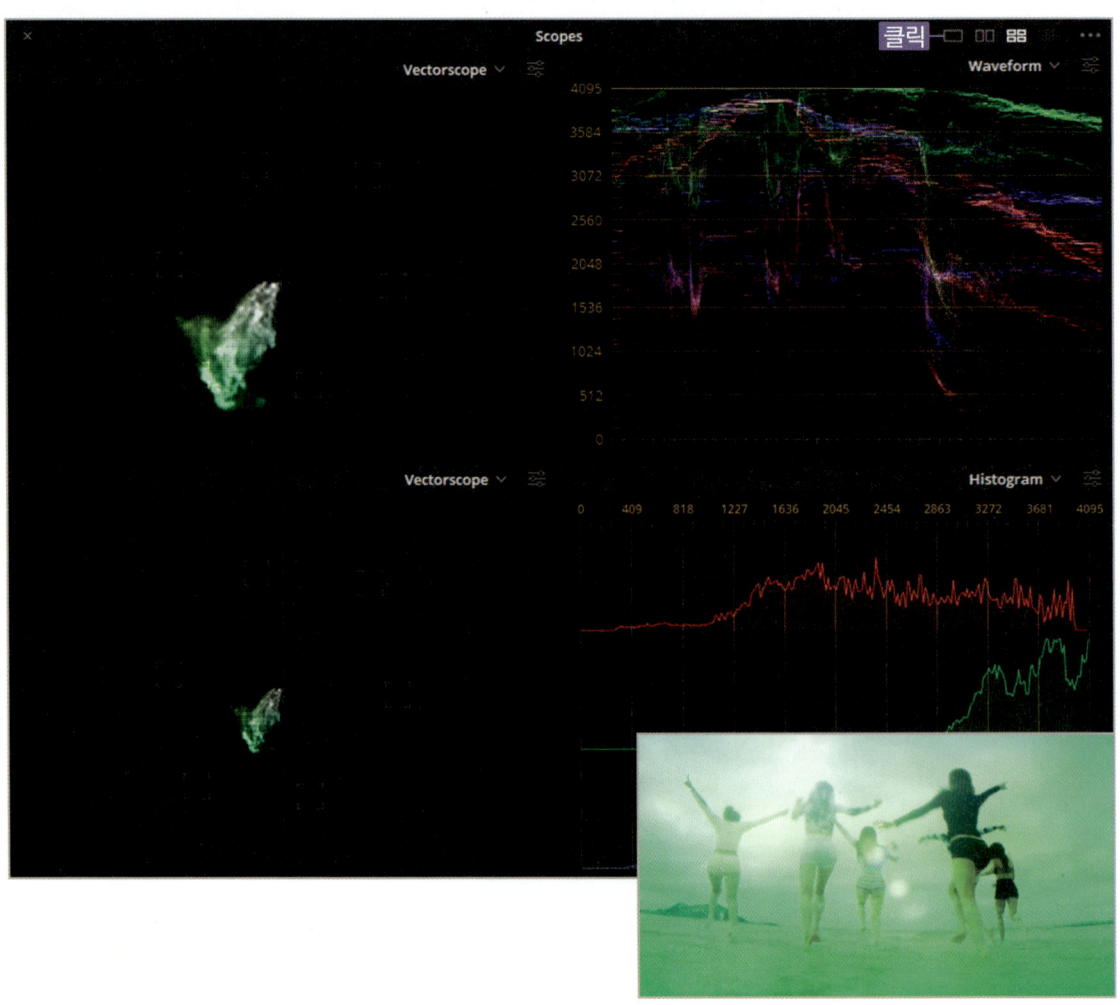

그렇다면 이러한 과한 채도를 해결하려면 어떻게 해야할까요? 이럴 경우에는 **브로드캐스트 세이프 필터**(Broadcast safe filter)을 사용하면 됩니다. 설정하기 위해 **프로젝트 설정 창**(Shift + 9)을 열고 **컬러 매니지먼트**(Color Management) 카테고리에서 Broadcast safe IRE levels를 0-100로 설정한 후 아래쪽 Make Broadcast safe를 체크합니다. 그리고 Save 버튼을 누릅니다.

![Project Settings Color Management]

이제 Make Broadcast safe를 체크하지 않았던 것과 비교해 보면 채도의 범위가 줄어든 것을 알 수 있습니다.

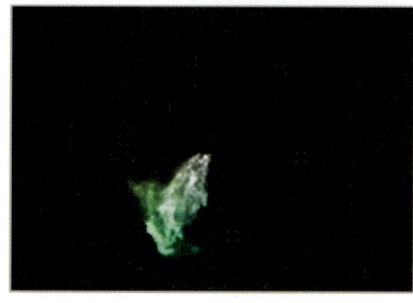
▲ Make Broadcast safe가 해제된 상태

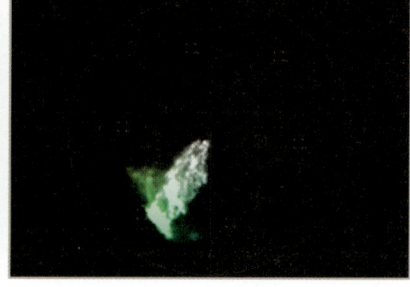
▲ Broadcast safe IRE levels를 0-100으로 설정, Make Broadcast safe가 체크된 상태

프로젝트 설정 창을 다시 열어줍니다. 이번에는 Broadcast safe IRE levels를 -20 to 120으로 설정한 후 확인을 해 보도록 하겠습니다. 이전에 설정한 0 -100은 가장 많은 제한을 둔 설정이었다면 -20 -120은 가장 약하게 제한을 둔 설정입니다. 이 상태에서 확인을 해 보면 채도가 다시 과하게 나타나는 것을 벡터스코프를 통해 확인할 수 있습니다. 만약 **유튜브**와 같은 곳으로 **딜리버(Deliver-렌더)**할 경우 -10 - 110 혹은 -20 - 120 정도로 설정하면 자연스러운 채도를 표현하는데 도움이 될 것 입니다.

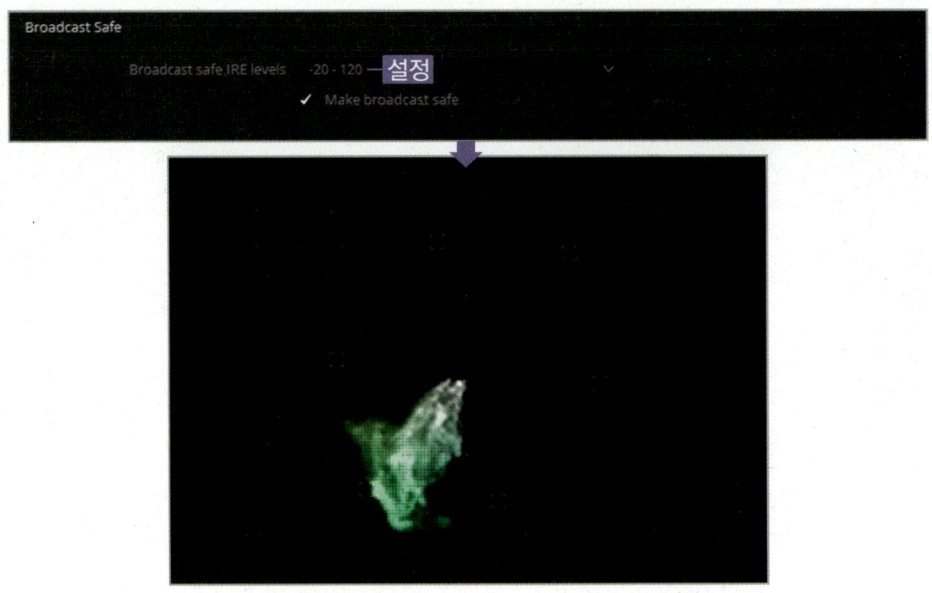

이번에는 **불법 픽셀**(Illegal Pixel)을 식별하는 방법에 대해 알아보기 위해 [View] - [Display Broadcast Safe Exceptions]를 선택합니다.

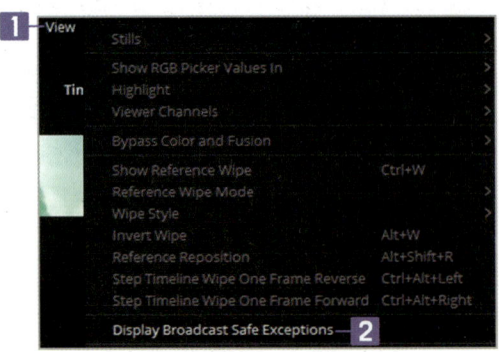

만약 아래에서 두 번째 그림과 같이 벡터스코프가 표현되지 않는다면 다시 **프로젝트 설정** 창을 열고 Broadcast safe IRE levels를 0 -100으로 설정하여 채도 범위를 조정해 줍니다.

그러면 그림과 같이 표현되는데 이것은 -10 - 110보다 훨씬 더 제한된 채도로 더 많은 픽셀들을 제한하기 때문입니다. 여기까지가 스코프를 이용해 장면(이미지)을 점검하는 방법이었습니다. 물론 눈으로 봐도 어느 정도 점검이 가능하지만 스코프를 이용하면 더욱 자세한 점검이 가능하다는 것을 기억하기 바랍니다.

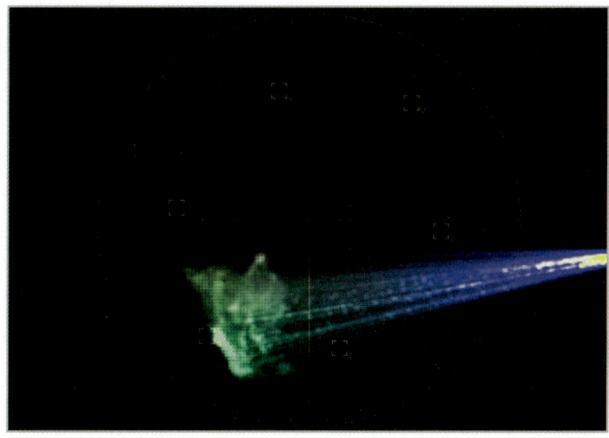

확인이 끝나면 다시 프로젝트 설정 창을 열고 Broadcast safe IRE levels를 -20 -120으로 설정하여 채도 범위를 조정해 줍니다.

03 색보정의 모든 것

색보정(Color Correction)이란 쉽게 말해 장면(이미지)을 원하는 색으로 보정하는 것을 뜻합니다. 색상 균형이 맞지 않은 이미지를 균형이 맞도록 보정하거나 반대로 특정 색상을 강렬하게 표현하거나 때론 채도 값을 내려 흑백 이미지로 만들고 싶을 때도 있을 것입니다. 이처럼 색에 관련된 모든 작업을 색보정이라고 할 수 있습니다. 이번 학습에서는 색보정에 사용되는 주요 기능들과 사용법에 대해 알아보겠습니다.

프라이머리(Primary) 보정

이번 학습에서는 **프라이머리 보정(Primary Correction)**을 위한 다빈치 리졸브의 도구들에 대해 알아보겠습니다. 먼저 프라이머리 보정이 무엇인지 짚고 넘어가도록 하겠습니다. 프라이머리 보정이란 전체 이미지에 영향을 주는 보정으로 가장 처음으로 실행하는 기초 보정을 뜻합니다. 쉽게 말해 이미지(장면)를 살펴보고 가장 기본적으로 이미지에서 맞고 틀린게 무엇인지 판단하여 기본적인 수정을 해 주는 기초적인 색보정 작업입니다. 다빈치 리졸브에서는 용도에 따라 사용할 수 있는 두 가지 종류의 프라이머리 색보정 툴(도구)이 있습니다. 그것은 바로 **밝기(Brightness)**와 **밝기(Luminance)** 보정을 위한 툴입니다. 과학적으로는 이 두 밝기에 관한 것이 서로 다른 종류라고 하지만 우리는 이 둘을 비슷한 개념으로 생각하고 작업을 하면 될 것입니다. 그리고 컬러의 **색(Hue)**과 **채도(Saturation)**를 보정하는 툴이 있습니다. 색(Hue)이란 일반적으로 빨강(R), 초록(G), 파랑(B) 등과 같은 색상 채널들을 말하는 것이고, 채도는 그 색상이 얼마나 진하고 옅은가에 대한 것을 뜻합니다. 이것은 웨이브폼(Waveform)과 퍼레이드(Parade) 스코프와 깊은 관련이 있습니다. 참고로 필자는 색보정을 할 때 이 두 개의 보정 도구를 모두 이용하는 편입니다. 그다음으로 밝기 혹은 색상을 보정할 때 사용하는 툴인 **컬러 휠(Color Wheels), 슬라이더(Sliders)** 그리고 **커브(Curves)**에 대해서 살펴볼 것입니다. 이 도구들은 이미지에 각각 다른 영향을 미칠 것이고, 앞으로 진행되는 학습을 통해 어떤 도구가 이미지에 어떠한 영향을 줄 것인지에 대해서도 알아볼 것입니다. 본 학습에서는 **콘트라스트(Contrast), 컬러(Color), 슬라이더** 컨트롤들에 대해서도 살펴볼 예정입니다. 이번 학습을 위해 여러분은 학습자료에 준비된 미디어 파일을 사용해도 되겠지만 여러분이 개인적으로 준비한 미디어 파일을 사용해도 상관없습니다.

컬러 휠(Color Wheels) 활용하기 – 오프셋(Offset) 컨트롤의 활용

이번 학습에서는 프라이머리 보정에서 기본적으로 사용되는 **컬러 휠(Color Wheels)**의 **오프셋(Offset)** 컨트롤에 대해 알아보도록 하겠습니다. 인터페이스 왼쪽 하단을 보면 다양한 색 보정 툴들이 있습니다. 여기서 세 번째에 있는 툴이 바로 **컬러 휠(Color Wheels)**입니다. 현재는 기본적으로 **프라이머리 휠(Primary Wheels)**로 설정되어 있으며, 설정 모드는 총 세 가지로 상황에 맞게 적당한 모드를 선택해서 사용하면 됩니다. 여기에서는 기본 모드인 프라이머리 휠을 사용하도록 하겠습니다.

프라이머리 휠에서는 리프트(Lift), 감마(Gamma), 게인(Gain) 이렇게 세 가지 종류의 색상 보정 컨트롤 기능들이 있으며, 마지막으로 이번 학습에서 알아볼 오프셋(Offset) 컨트롤이 있습니다. 오프셋 컨트롤은 다른 세 가지 컨트롤과는 다르게 작동합니다. 먼저 모든 컨트롤을 초기화한 후 사용하기 위해 우측 상단의 **Reset** 버튼을 클릭합니다.

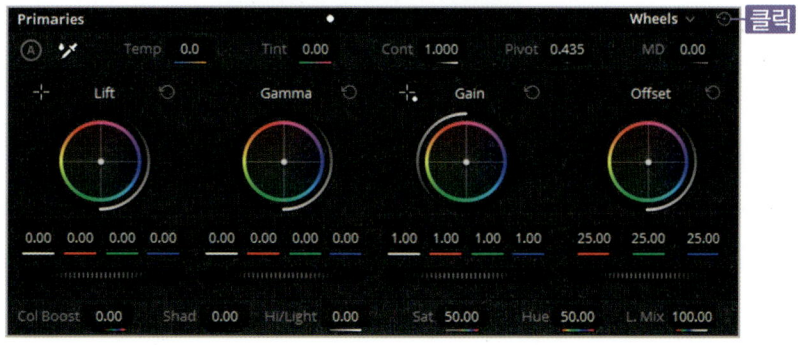

그다음 [Ctrl] + [Shift] + [W] 키를 눌러 벡터스코프를 열어 비교해 봅니다. 그러면 벡터스코프가 현재 사용되는

컬러 휠과 유사한 구조로 되어있다는 것을 알 수 있을 것입니다. 이번에 사용할 장면은 붉은 색 계열이 강한 [학습자료] - [Video] - [Cat] 클립을 보정해 보겠습니다. 이 장면은 앞서 살펴보았듯이 빨간색이 지나치게 많이 사용되어 벡터스코프에서도 대부분의 색상이 R 영역에 분포된 것을 알 수 있습니다.

일단 여기서 **오프셋**(Offsets) 컬러 휠의 가운데 있는 **포인트**를 그림처럼 아래쪽 파란색 계열로 조정해 봅니다. 일반적으로 균형적인 색 보정을 위해서 반대되는 색상 계열로 조정하게 됩니다.

그러면 벡터스코프의 색상 분포도 같은 방향으로 이동됩니다. 이때 뷰어를 보면 빨간색 채널이 강했던 장면이 완전하지는 않지만 제법 균형있는 색상으로 보정된 것을 확인할 수 있습니다. 참고로 오프셋 컨트롤은 좌측에 있는 리프트, 감마, 게인 세 가지 컨트롤과는 다르게 스코프의 분포 영역이 한꺼번에 움직입니다.

아래쪽에는 **조그셔틀(Jog & Shuttle)** 모양의 컨트롤이 있습니다. 이 컨트롤을 좌우로 회전하면 이미지(장면)의 밝기를 조절할 수 있습니다. 참고로 이 컨트롤은 벡터스코프에는 거의 변화가 생기지 않고 웨이브폼 스코프에서만 변화가 나타납니다. 왜냐하면 벡터스코프는 밝기와 관계가 없기 때문입니다. 살펴보고 있는 오프셋 컨트롤은 **웨이브폼 스코프**에서 스코프의 분포 영역이 한꺼번에 움직입니다.

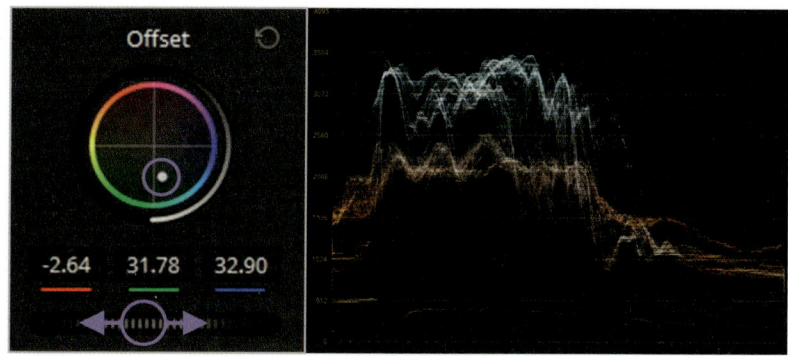

위와 같은 논리로써 생각해 보면 오프셋 컨트롤을 이용한 설정은 각 색상들에 아무런 영향을 받지 않으며 개별적으로 아래로 움직입니다. 이처럼 오프셋 컨트롤을 사용하면 이미지를 확대 및 축소하지 않으면서 이미지 전체를 한꺼번에 조정할 수 있습니다. 이것은 **퍼레이드(Parade) 스코프**에서 보다 정확하게 확인할 수 있습니다. 다음의 장면이 오프셋 컨트롤을 활용하기 좋은 예시입니다. 각 색상들이 0과 너무 가깝기 때문에 어떠한 세부적인 컬러 효과들이 있는지 확인하기 어렵습니다.

이럴 경우 **오프셋 컨트롤**을 사용하여 빨강, 초록, 파랑 채널의 균형을 잡은 후 전체 채널을 조금 끌어올려 확인을 해 볼 수 있습니다. 설정 후 아래쪽 부분에 별다른 세부 사항이 없다는 것이 확인되었습니다. 별다른 문제가 없다면 **리셋** 버튼을 눌러 원래 상태로 돌아갑니다. 하지만 해당 장면은 갈색이 너무 강하게 나타나 색상 균형이 맞지 않게 느껴집니다. 이럴 경우에는 벡터스코프를 통해 보다 세밀하게 진단해 볼 필요가 있습니다.

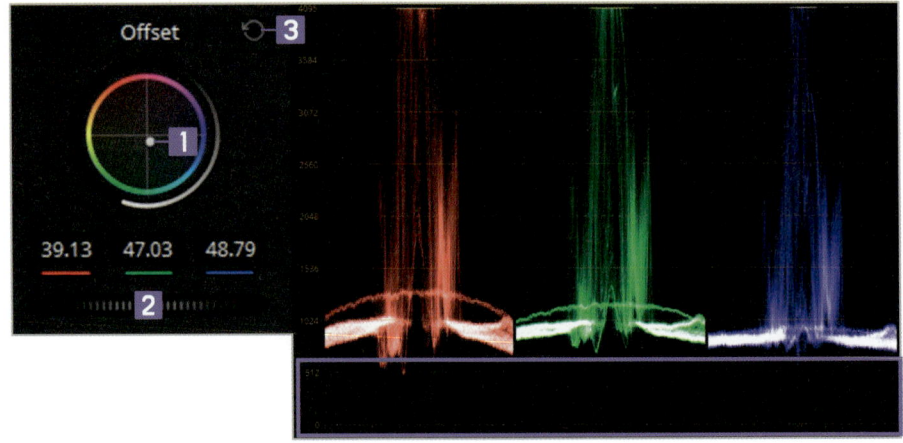

벡터스코프를 열어 확인해 보면 갈색(R, Y)으로 많이 분포된 것을 알 수 있습니다. 앞서 설명했듯이 **오프셋 포인트**를 이동하면 벡터스코프의 포인트도 같이 움직입니다. 그러므로 오프셋 컨트롤을 갈색과 대비되는 색(보색) 방향으로 이동하여 색상 균형을 잡을 수 있습니다. 참고로 색상 균형을 잡았다면 보다 섬세하게 확인하기 위해 [Shift] + [F] 키를 눌러 뷰어를 **전체화면**으로 하여 확인해 보십시오.

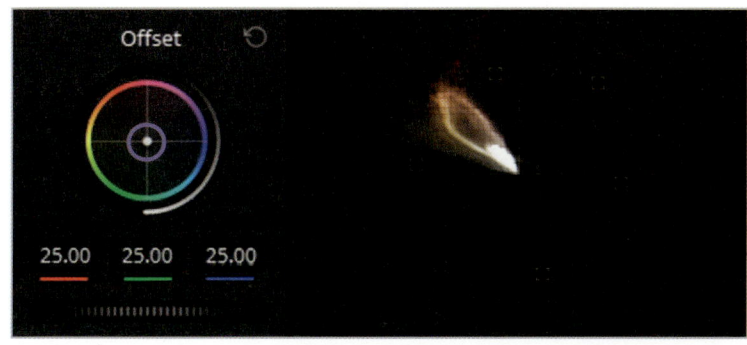

아래 두 이미지 중 **왼쪽**은 오프셋 컨트롤을 통해 색 균형을 맞추기 전이고, **오른쪽**은 색 균형을 맞춘 후의 모습입니다. 비교를 해 보면 완벽하지는 않지만 전보다 훨씬 좋아진 것을 확인할 수 있습니다. 물론 이와 같은 이미지는 색 균형을 맞춘 후의 모습이 맞는 것이라고 할 수는 없습니다. 이것은 컬러리스트가 원하는 최종 색상이 다를 수 있기 때문입니다.

다음 **이미지(Image02_1)**를 보면 뷰어와 스코프 모두에서 확인할 수 있듯이 푸른 계열이 비교적 강하게 표현되어있습니다. 이제 오프셋 컨트롤을 이용해 세 가지 색상의 균형을 맞춰주도록 하겠습니다. 앞서 언급을 했듯이 색상 균형을 맞추기 위해서는 문제의 색상과 대비되는 색상으로 **오프셋 컨트롤**을 이동하면 됩니다. 현재는 빨간색을 조금 더 강하게 하는 것으로 파란색을 약하게 조정해 줄 수 있을 것입니다. 보정 후 확인해 보면 빨간색을 강하게 해 준 결과 완벽하지는 않지만 장면이 조금 더 따뜻한 느낌이 되어 전체적으로 색상 균형이 맞춰진 것을 알 수 있습니다.

여기까지가 **오프셋 컨트롤**을 이용하여 간단한 색 균형을 맞추는 작업이었습니다. 물론 지금까지 살펴본 것이 색 균형을 맞추는데 있어 중요한 역할은 하지만 아직까지 완벽하게 색보정이 된 것은 아닙니다. 이제 앞으로 배울 세 가지 컨트롤들을 활용하면 더욱 완성형에 가까운 색보정 결과를 얻을 수 있을 것입니다. 참고로 여러분은 학습자료에 있는 예제 파일들만 의지하지 말고 색보정에 적합한 다양한 장면들을 사용하여 연습해 보기 바랍니다.

컬러 휠(Color Wheels) 활용하기 – 리프트, 감마, 게인, 밝기 컨트롤의 활용

이번 학습에서는 컬러 휠에서 제공되는 세 가지 컨트롤인 리프트(Lift), 감마(Gamma), 게인(Gain)에 대해 알아보겠습니다. 이번에 살펴볼 세 가지 컨트롤과 앞서 학습한 오프셋(Offsets) 컨트롤의 다른 점이 있다면 세 가지 컨트롤들은 색의 배합에 제한이 있다는 것입니다. 그러면 이제부터 이러한 차이점에 대해서 하나하나 살펴보겠습니다. 첫 번째로 살펴볼 이미지는 **[학습자료] - [Image] - [그레이 스케일]**입니다. **리프트(Lift)** 컨트롤의 휠 아래에 위치한 **조그셔틀** 컨트롤을 좌우로 움직이면 왼쪽 아래에 위치한 **쉐도우(Shadow-어두운 영역)**이 위아래로 왔다갔다 하는 것을 알 수 있습니다. 다시 말해 **하이라이트(Highlights-밝은 영역)**에 가까워 질수록 영향을 덜 미치고 **쉐도우(어두운 영역)**에 가까울 수록 영향을 더 많이 미칩니다. 다음의 그림은 **웨이브폼 스코프**에서 확인한 결과입니다. 확인이 끝났다면 다음 학습을 위해 **리셋**을 해 줍니다.

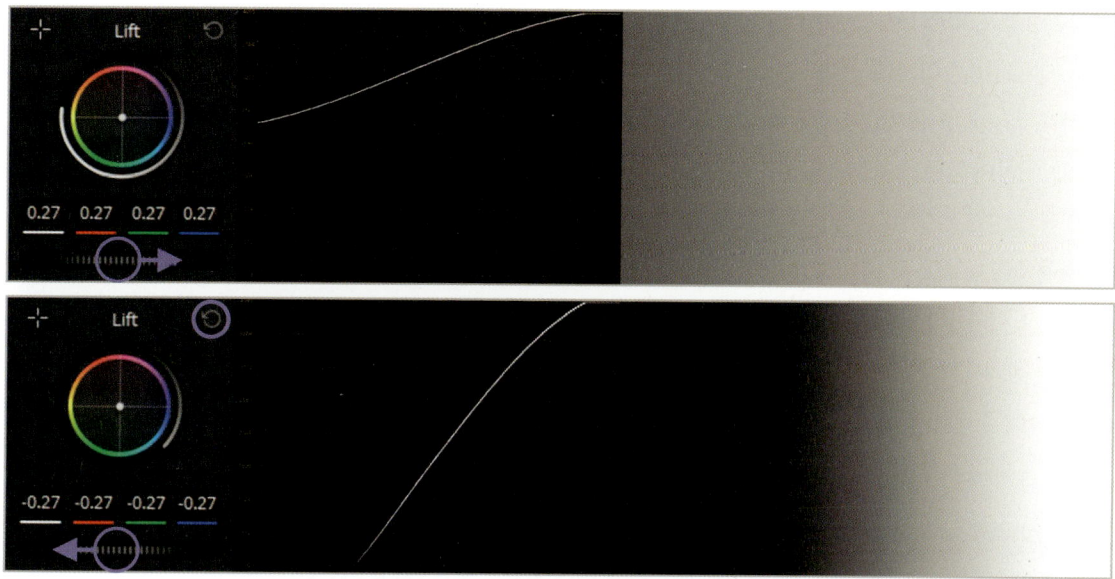

계속해서 이번엔 **게인(Gain)** 컨트롤을 활용하여 확인해 보도록 하겠습니다. 이번에도 앞서 사용한 **그레이 스케일** 이미지를 사용합니다. 게인 컨트롤을 좌우로 이동해 봅니다. 게인은 리프트와는 다르게 하이라이트(밝은 영역)에 영향을 많이 미치며 쉐도우(어두운 영역)에 가까워 질수록 영향을 덜 미치는 것을 확인할 수 있습니다. 확인이 끝나면 **리셋**을 해 줍니다.

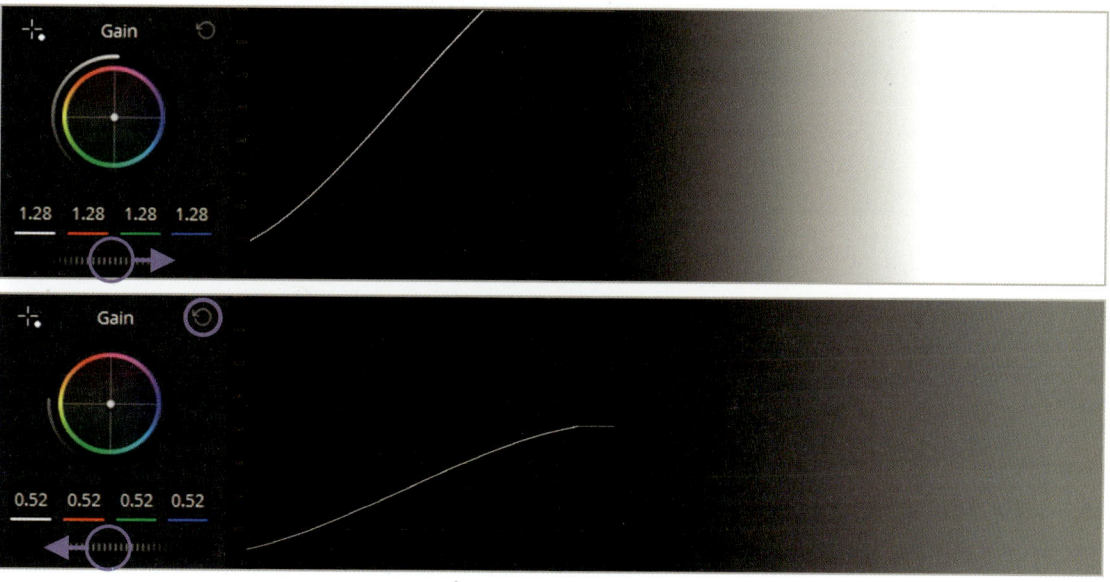

마지막으로 살펴볼 컨트롤은 **감마(Gamma)**입니다. 감마 컨트롤을 좌우로 이동해 봅니다. 감마 컨트롤을 우측으로 이동하면 그림처럼 전체적으로 밝아지며, 좌측으로 이동하면 전체적으로 어두워집니다. 이것으로 감마는 쉐도우(어두운 영역)과 하이라이트(밝은 영역)에 대한 변화는 생기지 않으며, 그 사이의 값들만 변화합니다. 즉 이미지의 **중간톤(Midtone)**을 기준으로 전체적인 밝기에 변화를 준다는 것입니다. 여기서 한가지 주의해야 할 점으로는 감마는 쉐도우에 가까울 수록 감마 컨트롤에 많은 영향을 받는다는 것입니다. 이제 살펴본 세 가지 컨트롤러들을 사용하는 순서에 대해 알아보겠습니다. 사실 이것은 이미지(장면)에서 보정하고자 하는 부분이 검정색인지 아니면 하얀색인지에 따라서 순서를 정해주면 됩니다. **검정색**이면 **리프트(Lift)** 컨트롤을 먼저 설정하며, **하얀색**이면 **게인(Gain)** 컨트롤을 먼저 설정을 해 준 후 **최종적으로 감마(Gamma)**를 설정하여 보정해 주면 됩니다. 참고로 지금 살펴본 세 개 컨트롤을 이용한 색보정을 **쓰리웨이 컬러 커렉터(3Way Color Correctors)**라고 합니다.

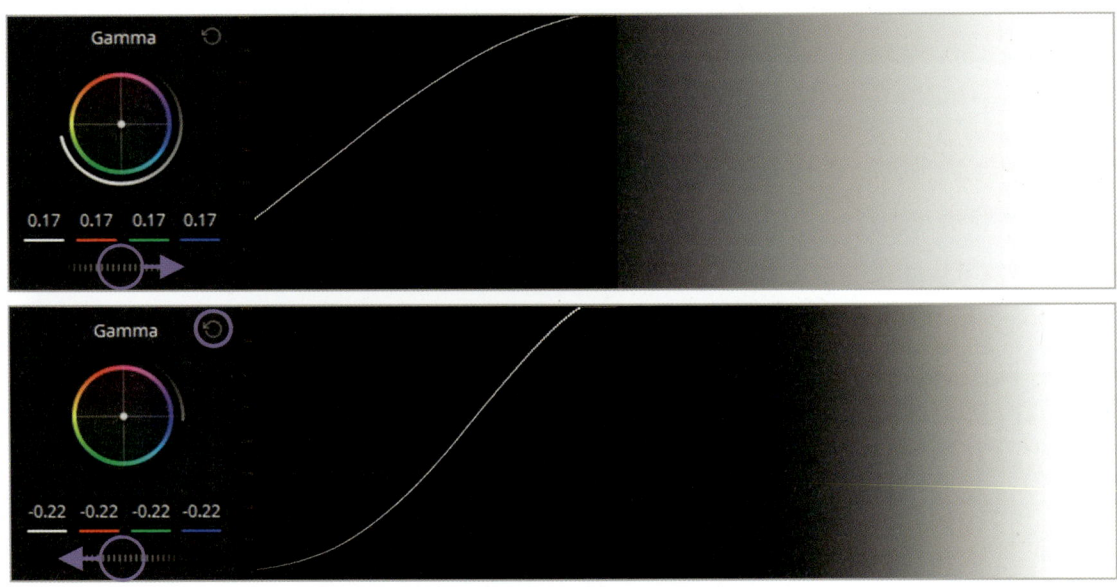

이제 [학습자료] - [Video] - [C74A3821] 파일을 통해 앞서 살펴본 네 가지 컨트롤들을 사용하여 색보정을 해 보도록 하겠습니다. 장면을 **웨이브폼 스코프**를 통해 살펴보니 원래가 조금 어두운 장면이지만 조금만 더 밝게 설정해 보겠습니다. 먼저 **오프셋 컨트롤**의 조그셔틀을 이용하여 조금 더 밝게 설정합니다. 그리고 다음엔 **게인(Gain)** 컨트롤을 통해 조금 더 밝게 해 주겠습니다. 밝기를 100%까지 올려주기보다는 **80~90%** 정도로 올려주면 자연스러울 것 같습니다. 그리고 **감마(Gamma)** 컨트롤을 이용해 **미드톤(Midtone)**을 조금 올려주고 **리프트(Lift)**를 이용해 **쉐도우(어두운 영역)**을 조금 내려주도록 하겠습니다. 설정이 끝났다면 이제 설정 전과 비교해 봅니다. 어떻습니까? 이전보다 밝아진 장면을 볼 수 있습니다.

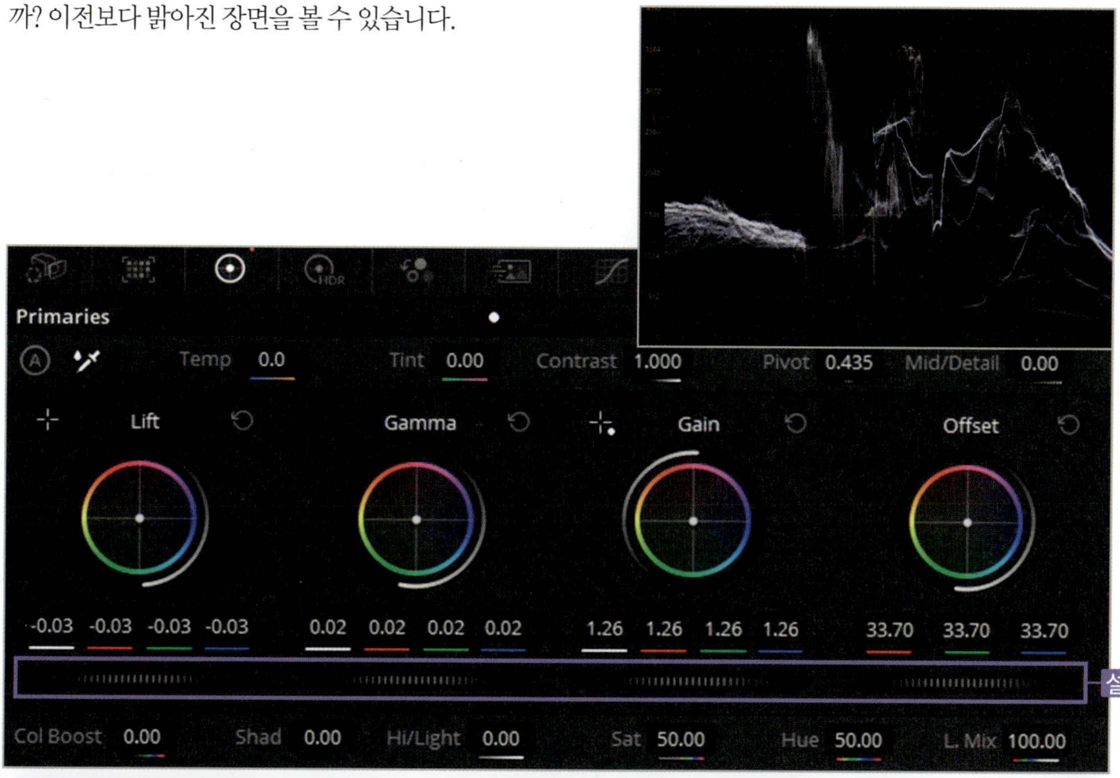

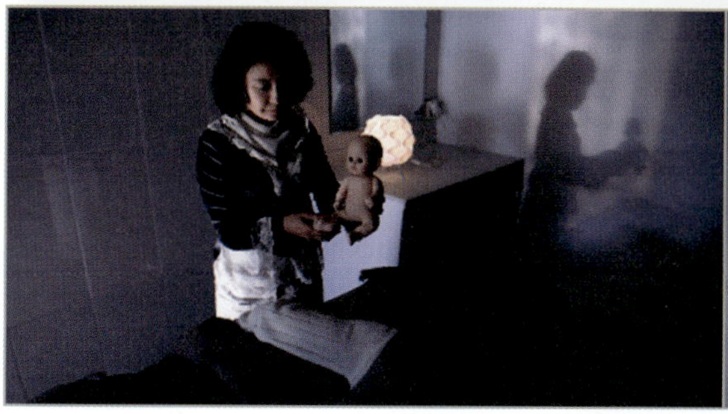

▲ 색 보정 전의 모습 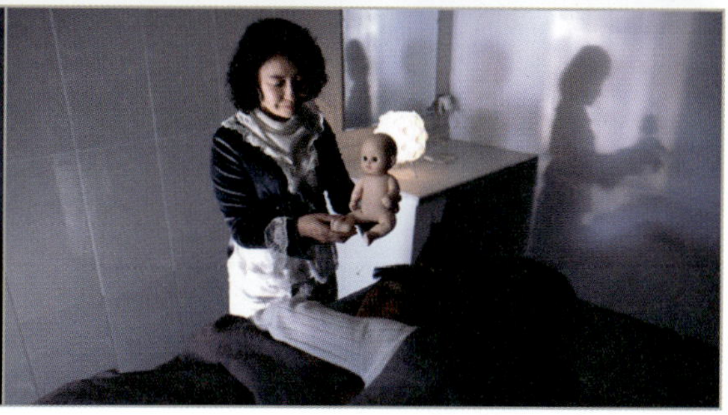 　　　　　　　　　　▲ 색 보정 후의 모습

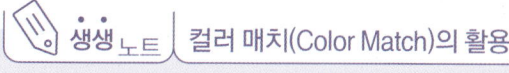 컬러 매치(Color Match)의 활용

다빈치 리졸브에서는 뷰어 화면에 나타나는 이미지의 색상을 차트를 통해 분석할 수 있어 사용되는 색상에 대한 정보를 얻을 수 있습니다. 뷰어 좌측 하단의 **컬러 차트(Color Chart)**를 선택한 후 컬러 차트를 뷰어에 나타나는 색상을 분석하고자 하는 곳으로 이동 및 크기를 설정한 후 **컬러 매치(Color Match)**의 Match 버튼을 누르면 컬러 차트 영역의 색상 정보를 보여줍니다.

참고로 컬러 매치의 리셋은 컬러 매치 패널 오른쪽 상단의 두 가지 **Reset** 메뉴를 통해 초기화할 수 있습니다.

컬러 휠(Color Wheels) 활용하기 – 리프트, 감마, 게인의 색상 변화

이전 학습에서는 네 가지 컨트롤들을 이용하여 밝기를 조정하는 방법에 대해 알아보았습니다. 이번 학습에서는 색상에 관한 설정을 위해 사용되는 컬러 휠(Color Wheel)에 대해 알아보도록 하겠습니다. 학습에 사용한 이미지는 [학습자료] - [Image] - [그레이 스케일]이며, 스코프는 **퍼레이드(Parade)**입니다. 그레이 스케일 이미지를 퍼레이드 스코프로 확인해 보면 다음과 같이 표현됩니다.

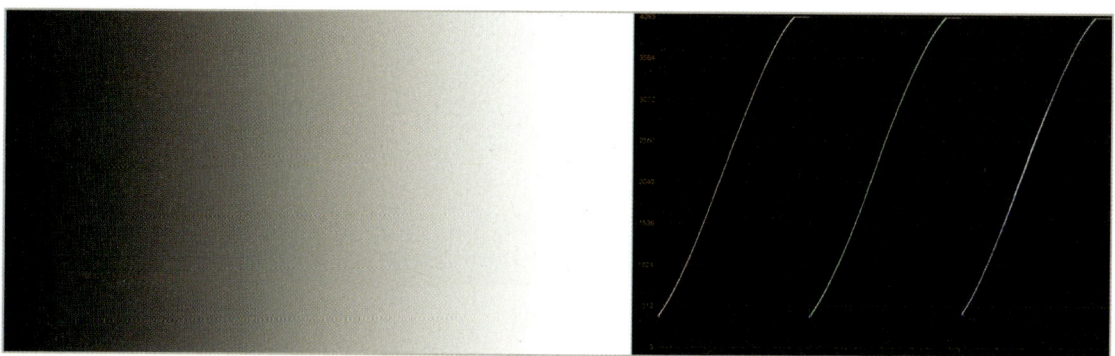

게인 휠(Gain Wheels)의 **포인트**를 파란색 계열로 이동합니다. 그러면 퍼레이드 스코프의 선이 그림처럼 바뀌며 이미지는 두 가지의 변화가 생깁니다. 첫 번째로는 그레이 스케일 이미지가 파란색 톤으로 바뀌며, 두 번째로는 빨간색(색상이 있었을 때)이 감소됩니다. 만약 반대로 빨간색 쪽으로 포인트를 이동한다면 파란색이 감소하고, 빨간색이 증가하게 됩니다. 참고로 게인 휠을 설정할 때 쉐도우(어두운 영역)에는 변화가 거의 생기지 않는다는 것을 기억하십시오. 확인 후 **리셋**을 해 줍니다.

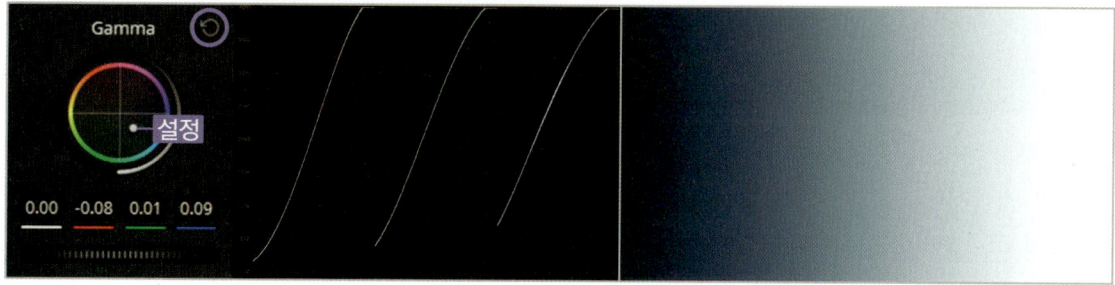

계속해서 이번엔 **리프트 휠**(Lift Wheels)을 살펴보겠습니다. 가운데에 있는 **포인트**를 파란색쪽으로 이동합니다. 그러면 하이라이트(밝은 영역)은 변화가 생기지 않고 쉐도우(어두운 영역)에만 색상이 파란색으로 바뀌게 됩니다. 역시 확인 후 **리셋**을 해 줍니다.

다음으로 **감마 휠**(Gamma Wheels)을 살펴보겠습니다. 여러분은 앞선 학습을 통해 감마는 쉐도우(어두운 영역)와 하이라이트(밝은 영역)가 고정되어 있다는 것을 이미 알고 있을 것입니다. 감마 휠의 **포인트**를 **보라색**(M) 쪽으로 이동해 봅니다. 그러면 그림처럼 중간톤을 기준으로 보라색 계열로 바뀌게 됩니다.

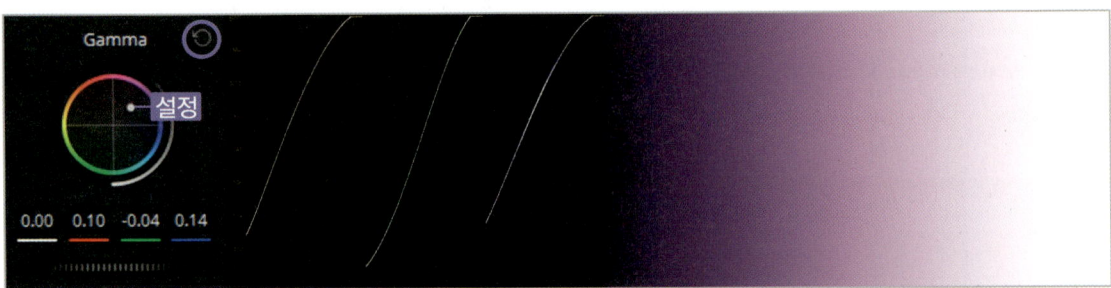

마지막으로 **오프셋 휠**(Offset Wheels)에 대해 알아봅니다. 오프셋 휠의 포인트를 **초록색**(G) 쪽으로 이동해 봅니다. 그러면 그림처럼 이미지 전체가 초록색 톤으로 바뀌게 됩니다. 이처럼 오프셋 휠은 앞서 언급했듯 리프트, 감마, 게인 컨트롤을 한꺼번에 설정하는 컨트롤입니다. 즉 장면(이미지) **전체** 색상에 영향을 미치기 때문에 필자의 경우엔 리프트, 감마, 게인 등을 설정한 이후에 사용합니다. 여러분은 지금까지 살펴본 네 가지 컨트롤을 이용하여 색상 균형을 맞추는 연습을 반복해서 휠(Wheels)에 빠르게 적응하기 바랍니다.

프라이머리 바(Primary Bar) 활용하기

이번 학습에서는 **프라이머리 바(Primary Bar)**에 대해 알아보도록 하겠습니다. 프라이머리 바는 프라이머리 휠과 연결되어있는 기능입니다. 예를 들어 프라이머리 바의 오프셋(Offset) 중에 빨간색을 조절했을 때 프라이머리 휠의 오프셋에서도 같은 수치만큼 빨간색 영역이 조절됩니다. 이것은 프라이머리 휠과 프라이머리 바는 서로 연동되어 작동된다는 것을 의미합니다. 프라이머리 바는 색상을 컨트롤하기 편리합니다. 빨강, 초록, 파랑색을 개별로 컨트롤이 가능하기 때문입니다. 먼저 프라이머리 바의 **오프셋(Offset)**을 살펴보도록 하겠습니다. 프라이머리 바의 **오프셋(Offset)** 중 **빨간색**에 마우스를 이용하여 위로 올려줍니다. 그러면 나머지 두 색상(초록/파랑)은 값이 변하지 않은 것을 확인할 수 있습니다. 이처럼 오프셋을 사용하면 각각의 색상을 다른 색상에 영향을 주지 않은 상태로 보정할 수 있습니다.

프라이머리 바와 프라이머리 휠이 서로 연동된 모습

다음은 **게인(Gain)** 컨트롤에 대해 알아보겠습니다. 게인 컨트롤과 오프셋이 다른 점이 있다면 게인 컨트롤은 특정 색을 조정했을 때 그 색상뿐만 아니라 다른 색상에도 영향을 준다는 것입니다. 예를 들어 마우스를 사용해 빨간색 바를 윗쪽으로 조절했을 때 초록색과 파란색은 빨간색과 반대로 약간의 보정이 된다는 것입니다. 아래 그림은 **퍼레이드 스코프**에서의 모습입니다.

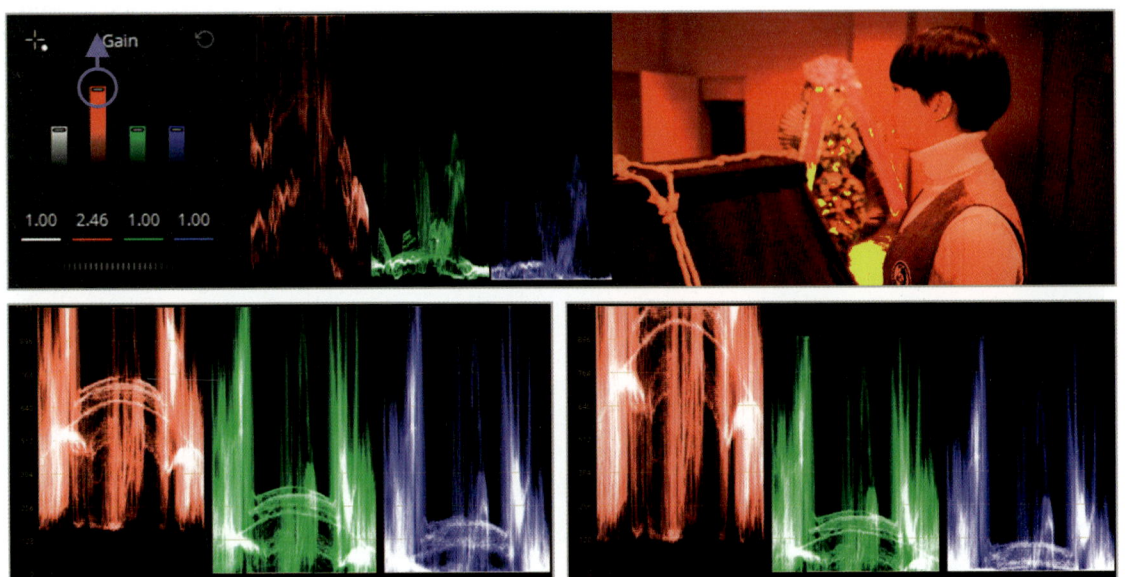

▲ 빨간색 보정 전의 모습   ▲ 빨간색 보정 후의 모습(오른쪽 초록과 파랑이 아래로 내려감)

생생노트 | 파라미터(변수/속성/옵션) 설정값 초기화하기

각 파라미터에 대한 값을 설정한 후 다시 초기값으로 되돌아가고자 했을 때는 전체값과 개별값을 각각 초기 상태로 되돌릴 수 있습니다. 예를 들어 게인의 모든 옵션을 초기 상태로 되돌리고자 한다면 **동그란 화살표** 모양의 **리셋(Reset)**을 클릭하면 되고, 각 옵션값을 초기 상태로 되돌리고자 한다면 해당 옵션 하단의 수치를 **더블클릭**하면 됩니다.

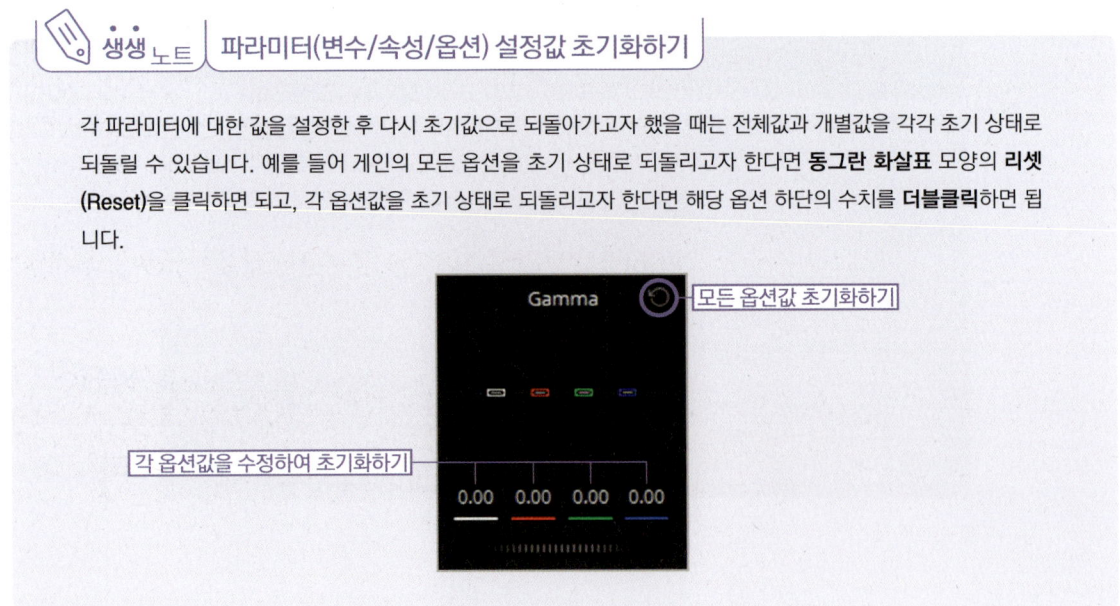

이번엔 [학습자료] - [Video] - [Bcam2703] 파일을 보면서 보정을 해 보겠습니다. 현재의 장면을 **퍼레이드 스코프**를 통해 확인해 보면 빨간색이 파란색과 초록색에 비해 조금 부족해 보입니다. 실제 화면에서 보이는 여성의 모습도 약간의 푸른색의 차가운 느낌입니다.

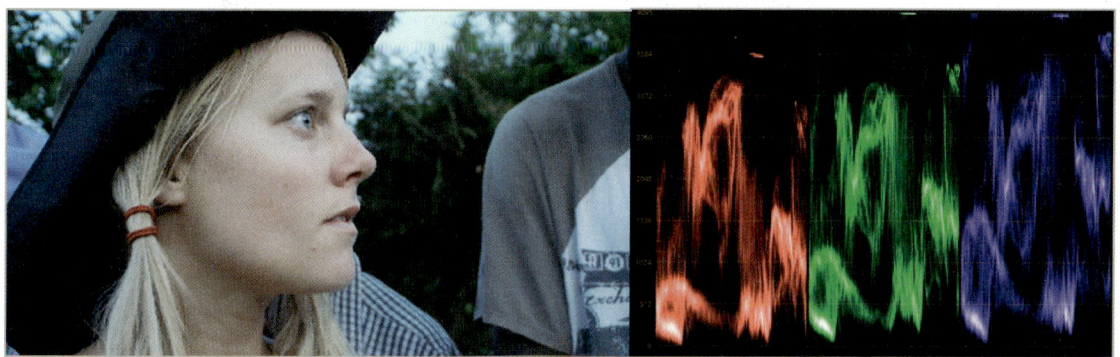

이제 색상의 하이라이트들에 균형을 맞춰주기 위해 **게인**의 **빨간색**을 조금 올려주고, 노출의 양은 아래쪽 **조그셔틀(Jog & Shuttle)** 모양의 컨트롤을 우측으로 설정하여 하이라이트를 높여줍니다. 보정 후의 모습을 보면 오른쪽의 피부톤이 더욱 자연스럽다는 것을 알 수 있습니다.

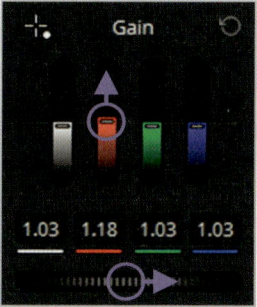

▲ 보정 전의 모습　　　　　　　　　　　▲ 보정 후의 모습

하지만 화면의 우측에 있는 남성의 얼굴에는 여전히 푸른빛이 남아있습니다. 이를 보정하기 위해 **프라이머리 바**의 **리프트(Lift)**를 이용하여 빨간색과 초록색을 조금씩 올려줍니다. 이제 처음보다 개선된 것을 확인할 수 있습니다. 지금까지의 보정은 RGB 컨트롤에 대한 보정이었습니다.

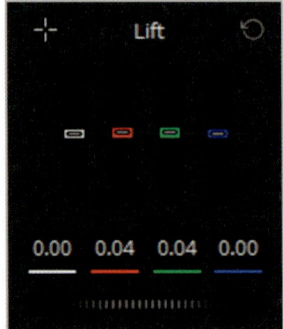

▲ 보정 전의 모습　　　　　　　　　　　　▲ 보정 후의 모습

다빈치 리졸브에는 RGB 컨트롤 이외에도 밝기를 조절하는 **YRGB** 기능이 있습니다. 프라이머리 바의 리프트, 감마, 게인 세 가지의 컨트롤을 보면 빨강, 파랑, 초록 외에도 하얀색으로 표시된 Y 채널이 있습니다. **오프셋** 컨트롤에 대해서만 Y 채널이 없는 이유는 오프셋은 색상에 대해서만 컨트롤하기 때문입니다.

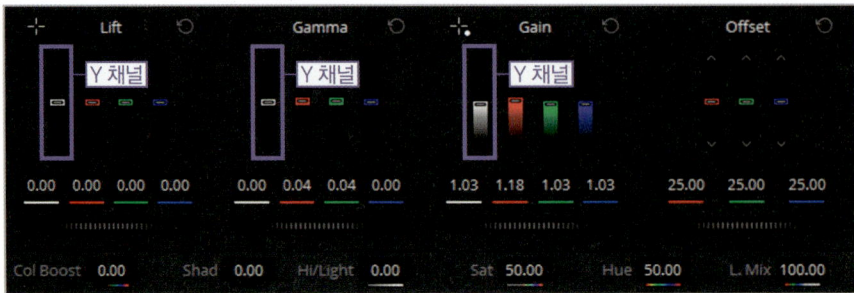

계속해서 **벡터스코프(Vectorscope)**를 열어놓고 살펴보겠습니다. **감마(Gamma)** 컨트롤 아래의 **조그셔틀** 모양의 컨트롤을 우측으로 회전하여 장면을 조금 더 밝게 해 줍니다. 여기서 눈여겨보아야 할 것은 밝기를 표현하는 하얀색이 올라갈 수록 빨강, 초록, 파랑색도 함께 조절된다는 것입니다. 다시 말해 조그셔틀 컨트롤을 이용해 밝기를 조정하면 색상들도 영향을 받는다는 것입니다. 만약 색상들에 영향을 미치지 않고 밝기만 조절하고 싶다면 조그셔틀 컨트롤을 이용하지 말고, Y 채널을 조정해야 합니다. 이것은 소프서늘 컨트롤을 이용했을 때의 벡터스코프와는 확연한 차이가 있습니다. 밝기만을 조절하기 위해 Y 채널만 조정하게 되면 벡터스코프의 변화는 거의 없지만 조그셔틀 컨트롤을 통해 밝기를 조정하면 색상도 같이 조정되기 때문에 벡터스코프에 변화가 생기게 됩니다.

휠을 통한 보정 시 Shift 키를 사용하면 휠의 포인트를 보다 효율적으로 컨트롤할 수 있습니다. 가령 휠 포인트를 이동할 때 Shift 키를 누르지 **않은** 상태에서 이동하면 포인트가 조금씩, 즉 **정교**하게 움직이지만 Shift 키를 **누른** 상태에서 이동하면 포인트의 움직이는 속도가 **빨라집니다**. 또한 특정 부분을 Shift 키를 누른 상태에서 클릭하면 포인트가 클릭한 곳으로 이동하게 됩니다. 그리고 **조그셔틀**을 설정할 때 Alt 키를 누른 상태로 설정하게 되면 **Y 채널**, 즉 색상(RGB)을 제외한 밝기에 대해서만 조절이 됩니다. 보다 효율적인 작업을 위해 Shift와 Alt 키를 잘 활용하기 바랍니다.

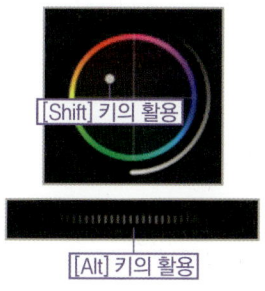

콘트라스트(Contrast)와 피봇(Pivot) 컨트롤 활용하기

이번 학습에서는 **콘트라스트와 피봇**(Contrast and Pivot)이라는 보정에 대해 알아보도록 하겠습니다. 컬러 휠 (Color Wheels) 왼쪽 상단에는 A라는 자동 색상 보정 기능이 있으며 그 오른쪽에는 **화면(색상, 밝기 등)**의 대비를 결정하는 **콘트라스트**와 **피봇**이 있습니다. 이 두가지 기능들을 사용할 때 주의해야 할 점은 피봇 값은 콘트라스트 값에 영향을 받기 때문에 콘트라스트에 변화를 주지 않는 이상 피봇 값을 조정해도 아무런 변화가 없다는 것입니다. 다시 말해 먼저 콘트라스트를 보정한 후 피봇을 보정해야 한다는 뜻입니다.

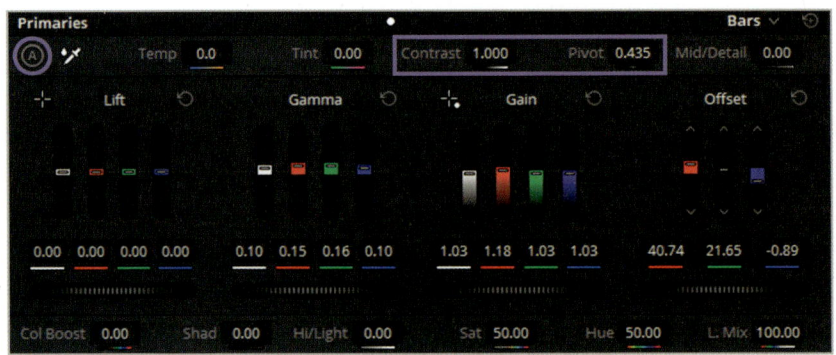

이 두 가지 방식의 컨트롤을 살펴보기 위해 [학습자료] - [Image] - [그레이 스케일] 이미지를 사용합니다. 먼저 **콘트라스트** 위에 마우스 커서를 두고 우측으로 드래그(직접 입력해도 됨)하여 **최댓값**(2.000)으로 설정합니다. 그러면 그림처럼 검정색과 흰색 영역의 경계가 뚜렷해 집니다.

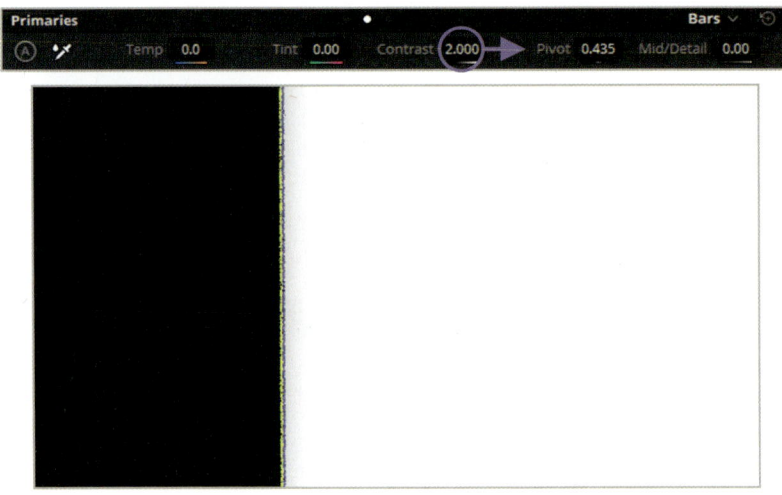

이와 같은 모습을 **웨이브폼**(Waveform)에서 살펴보면 그림처럼 표현되는데, 웨이브폼의 중심인 2048, 즉 50% 부분을 **피봇**(Pivot) 포인트라 부르고, 피봇 포인트를 이동하기 위해서는 피봇 포인트를 원하는 값에 맞추어 조정해 주면 됩니다. 예를 들어 중심값을 **쉐도우(어두운 영역)**에 더 가깝게 해 주고 싶다면 피봇 위에 마우스 커서를 올려 놓고 우측으로 드래그하면 됩니다. 물론 직접 원하는 값을 입력해도 됩니다. 그러면 웨이브폼의 위치도 변하며, 그레이 스케일 이미지의 검정색 영역도 더욱 증가하게 됩니다.

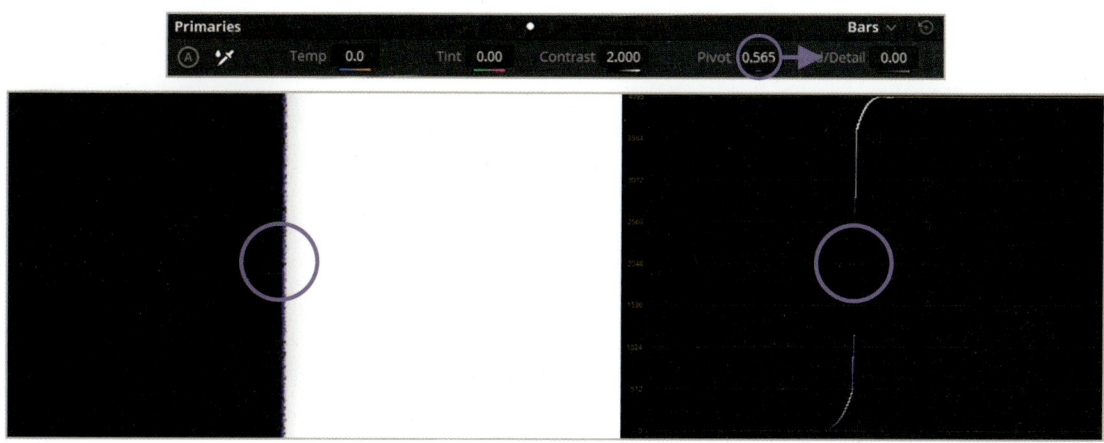

이제 [학습자료] - [Video] - [C74A3821]] 비디오 파일을 활용하여 콘트라스트와 피봇을 설정해 보겠습니다. 현재의 장면은 조금 어두워 보입니다. 여기에서는 먼저 피봇을 설정하지 않은 상태로 콘트라스트 값을 최대로 높여 봅니다. 그러면 그림처럼 쉐도우 쪽으로 침몰하듯이 표현이 됩니다.

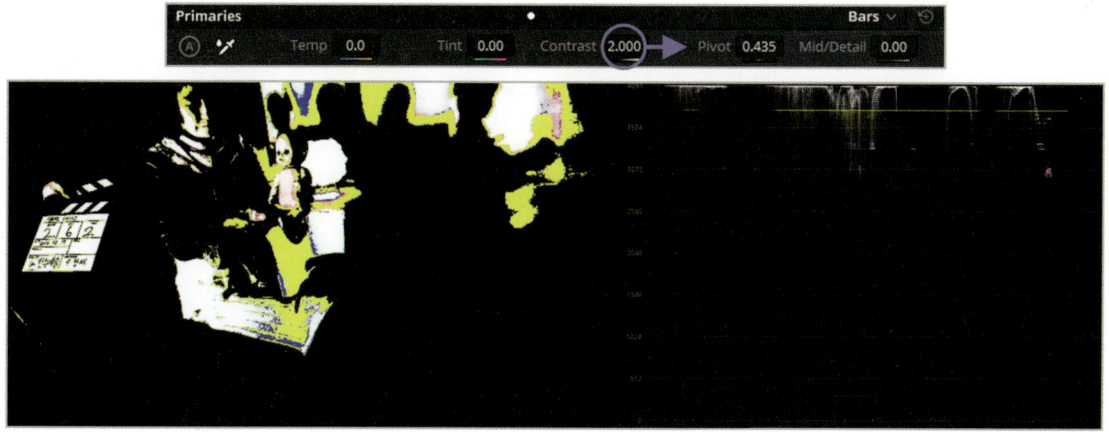

계속해서 **피봇값**을 **최솟값**으로 낮춰줍니다. 그러면 그림처럼 완벽하지는 않지만 그래도 전보다는 자연스럽게 표현되는 것을 확인할 수 있습니다. 이렇듯 피봇과 콘트라스트가 서로에게 영향을 주며 함께 작동한다는 것을 알 수 있으며, 웨이브폼을 기준으로 피봇과 콘트라스트는 완전한 검정색인 0과 완전한 흰색인 4095 그리고 피봇 포인트 세 가지를 고정한 채로 보정 효과가 적용된다는 점을 잊지 마십시오.

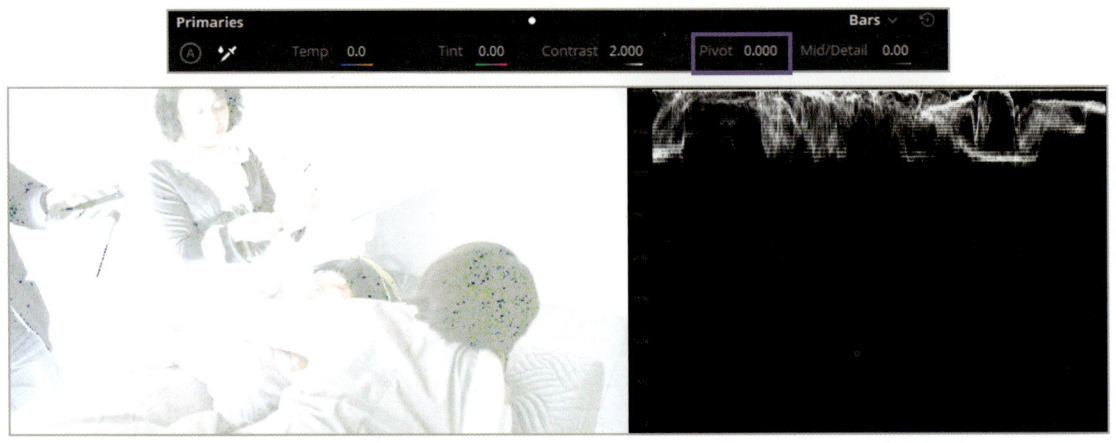

휴(Hue)와 채도(Saturation) 컨트롤 활용하기

이번 학습에서는 **색(Hue)**과 **채도(Saturation)**를 조정하는 방법에 대해 알아보도록 하겠습니다. 색과 채도 컨트롤은 아래쪽에 위치하고 있습니다. 채도는 말 그대로 색상이 얼마나 컬러풀한지를 표현하는 것입니다. **벡터스코프(Vectorscope)** 상태에서 채도 값을 낮추면 벡터스코프가 전체적으로 축소되고, 채도 값을 높여주면 확대됩니다. 또한 채도 값을 0으로 낮추면 **흑백** 화면으로 표현할 수 있습니다. 그리고 휴 값을 조절할 때 시곗바늘이 돌아가듯 회전되게 됩니다. 이것은 휴 값이 가 화면의 색상과 관련이 있다는 것을 의미합니다. 지금의 설정은 [학습자료] - [Video] - [C74A3847] 비디오 파일을 사용했습니다.

채도 값을 너무 높이게 되면 이미지(장면)의 디테일들을 놓치게 될 수 있습니다. 예를 들어 다음의 이미지에서 오른쪽 이미지가 왼쪽 이미지보다 색상이 짙게 보이지만 선명하지는 않습니다. 이것은 채도 값이 지나치게 높기 때문입니다. 채도 컨트롤에서는 0에서 100까지의 값을 설정할 수 있습니다. 만약 채도 값을 100보다 더 높이고 싶다면 **노드(Node)**를 중복해서 사용해야 합니다. 노드에 대해서는 추후 자세하게 살펴볼 것입니다.

▲ 채도(Saturation)가 기본(50.00) 값인 상태의 모습

▲ 채도(Saturation) 값이 100.00인 상태의 모습

키프레임(Keyframes) 활용하기 – 채도 컨트롤을 활용한 컬러에서 흑백으로 바뀌는 장면

다빈치 리졸브의 컬러 페이지에서도 타임라인과 유사한 **키프레임**이라는 작업 공간을 제공합니다. 키프레임 패널에서는 각각의 **컨트롤 파라미터(변수/속성/옵션)** 값을 이용하여 시간에 따라 변화하는 애니메이션 작업을 할 수 있습니다. 여기에서는 채도 컨트롤을 활용하여 컬러 화면이 서서히 흑백 화면으로 변하는 장면을 표현해 보겠습니다. 학습을 위해 앞서 불러온 **C74A3847** 비디오 파일을 사용합니다. 일단 모든 설정값을 초기화 시키고, **키프레임 패널**을 열어준 후 플레이 헤드를 **시작 프레임(시간)**으로 이동하고 색보정에 관한 **컬러 커렉터(Color Corrector)**에서 [**우측 마우스 버튼**] – [**Add Dynamic Keyframe**] 메뉴를 선택하여 키프레임을 생성합니다. 그리고 **오토매틱 키프레이밍(Automatic Keyframing)**을 켜줍니다.

계속해서 **플레이 헤드**를 원하는 시간으로 이동한 후 **채도** 값을 **0.00**으로 낮춰줍니다. 그러면 이동된 시간에 새로운 **키프레임**이 추가됩니다. 이제 이 2개의 키프레임이 사이(구간)에서는 컬러 화면에서 흑백 화면으로 바뀌는 애니메이션이 표현됩니다.

이제 확인해 보면 컬러에서 흑백으로 바뀌는 장면이 표현됐습니다. 이와 같은 방법으로 나머지 파라미터들에 대해서도 시간에 따라 변화가 생기는 다양한 애니메이션을 표현할 수 있습니다.

생생노트 | 스테틱(Static) 키프레임과 다이내믹(Dynamic) 키프레임의 차이

컬러 페이지에서 모션(애니메이션) 작업을 할 때 사용되는 키프레임은 두 가지 형식이 있습니다. 첫 번째로 **스테틱 키프레임**은 동그라미로 표현되는데, 이 방식은 키프레임과 키프레임 사이에 변화가 생기지 않고 다음 키프레임에 도달했을 때에 변화가 생기는 방식입니다. 이에 반하여 **다이내믹 키프레임**은 다이아몬드로 표현되며, 두 개의 키프레임 사이에서 변화가 생기는 방식입니다. 두 방식의 키프레임을 서로 교환하고자 한다면 해당 키프레임에서 **우측 마우스 버튼**을 눌러 나타나는 메뉴에서 Change to Static keyframe 또는 Change to Dynamic keyframe을 선택하면 됩니다.

RGB 믹서(Mixer) 활용하기

이번 학습에서는 **RGB 믹서**에 대해 살펴보도록 하겠습니다. RGB 믹서도 컬러 휠(Color Wheels)과 마찬가지로 설정을 초기화하는 기능들이 각각의 색상마다 제공되며, 전체를 초기화하는 버튼도 있습니다. 그리고 좌측 하단에 있는 빨강, 초록, 파랑의 작은 동그라미로 표시된 아이콘들을 이용하면 색상들끼리 설정된 색상 증가

값을 쉽게 변경할 수도 있습니다. 빨강, 초록, 파랑 아웃풋(Output)들은 해당 색상 아웃풋 값이 1.0으로 설정되어 있습니다. 모노크롬(Monochrome)을 체크하면 컬러 화면이 흑백 화면으로 간편하게 바뀌게 됩니다. 이 기능에 대해서는 잠시 후 설명하도록 하겠습니다.

이번에는 [학습자료] - [Video] - [BBC01] 파일을 사용합니다. 여기에서는 **퍼레이드(Parade)** 스코프를 이용해 보도록 하겠습니다. 해당 장면을 보면 파란색 손상(부족함)이 눈에 띕니다. 이제 이와 같은 문제를 어떻게 보정해야 할지 살펴보겠습니다.

먼저 **파란색 아웃풋**에서 빨간색을 조금 증가해 주고, 초록색은 빨간색보다 조금 적게 증가합니다. 그러면 자동으로 파란색도 조정이 되며, 파란색 손상이 보상되어 이전보다 훨씬 자연스러운 색상으로 보정된 것을 알 수 있습니다. 보정되기 전과 후의 색상을 비교해 보기 바랍니다. 이처럼 RGB 믹서를 이용하면 색상 손상을 간편하게 보상할 수 있습니다. 하지만 RGB 믹서를 이용하여 각 아웃풋을 조정할 때 각 색상들을 같은 값으로 조정하다 보면 채도를 잃어버려 이미지가 단색으로 표현될 수 있으므로 주의하기 바랍니다.

다음으로는 하단의 **모노크롬(Monochrome)**에 대해 알아보겠습니다. 이 기능을 체크하면 컬러 화면이 흑백 화면 모드로 표현됩니다. 이것은 채도(Saturation) 값을 최젓값으로 설정해 준 것과 동일합니다. 또한 이 상태에서 슬라이더를 이용하여 빨강, 초록, 파랑색 값을 조정하면 흑백 이미지를 또 다른 느낌의 흑백 이미지로 표현할 수 있습니다. 다시 모노크롬을 활성화한 후 오른쪽에 있는 **프리저브 루미넌스(Preserve Luminance)**를 체크 또는 해제하는 것으로 이미지(장면)의 밝기(휘도)를 보존하거나 해제할 수 있기 때문에 또 다른 느낌의 흑백 이미지 표현이 가능합니다.

커브(Curves)를 이용한 프라이머리 보정

이번 학습에서는 **커브(Curves)**에 대해 알아보도록 하겠습니다. 커브는 각 색상 채널의 설정을 커브 곡선을 조정하여 보정하는 방식입니다. 포토샵과 같은 이미지 편집 툴에서도 즐겨 사용됩니다. 커브 그래프 양쪽 끝에는 두 개의 점이 있는데, 왼쪽 하단의 포인트는 **순수 쉐도우(어두운 영역)**이고, 우측 상단에 있는 포인트는 **순수 하이라이트(밝은 영역)**입니다. 이 포인트들을 선택하여 원하는 곳으로 이동함으로써 변화를 줄 수 있습니다. 그리고 우측에는 Y, R, G, B 색상 채널을 선택하여 개별로 설정할 수 있는데, YRGB 채널 왼쪽에 있는 체인 모양을 이용합니다. 이 잠금 버튼을 클릭하여 잠가주면 각 색상 채널을 하나로 합쳐줄 수 있으며, 반대로 해제해 주면 사용하고자하는 색상 채널만 선택하여 사용할 수 있습니다.

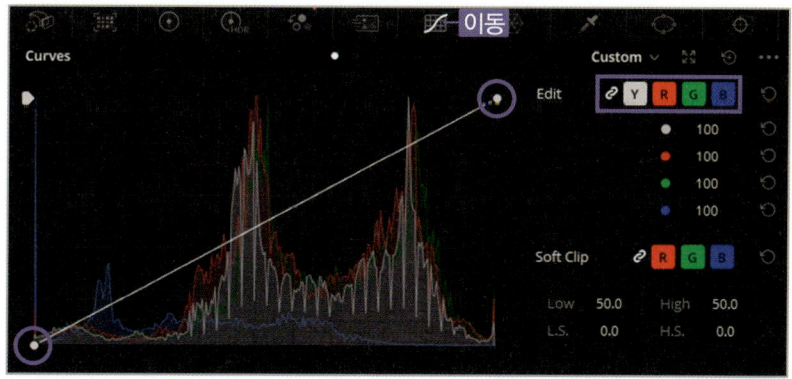

각 색상의 커브 포인트를 조정할 때 다른 색상들도 영향을 받는데 만약 다른 색상들에 영향을 주지 않고 해당 색상 값만 조정하고자 한다면 **컬러 휠**(Color Wheels) 하단에 있는 L. Mix 값을 0으로 설정해 주어야 합니다.

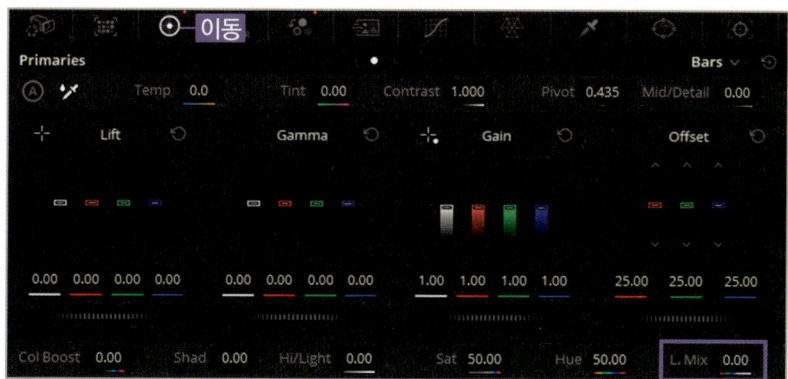

이번에는 [학습자료] - [Image] - [그레이 스케일] 파일을 이용하여 보다 자세히 살펴보겠습니다. 먼저 커브의 하얀색 Y 채널을 선택한 후 **커브 그래프의 오른쪽 상단 포인트**를 그림처럼 아래로 조금 내려줍니다. 그러면 그레이 스케일 이미지의 밝기가 어두워지게 됩니다. 특히 밝은 색 영역이 더욱 어두워지는 것을 알 수 있습니다. 이것은 **퍼레이드**(Parade) 스코프를 통해서도 확인이 가능한데, 즉 상단 포인트가 **하이라이트(밝은 영역)**에 더 많은 영향을 준다는 것을 의미한다는 것입니다.

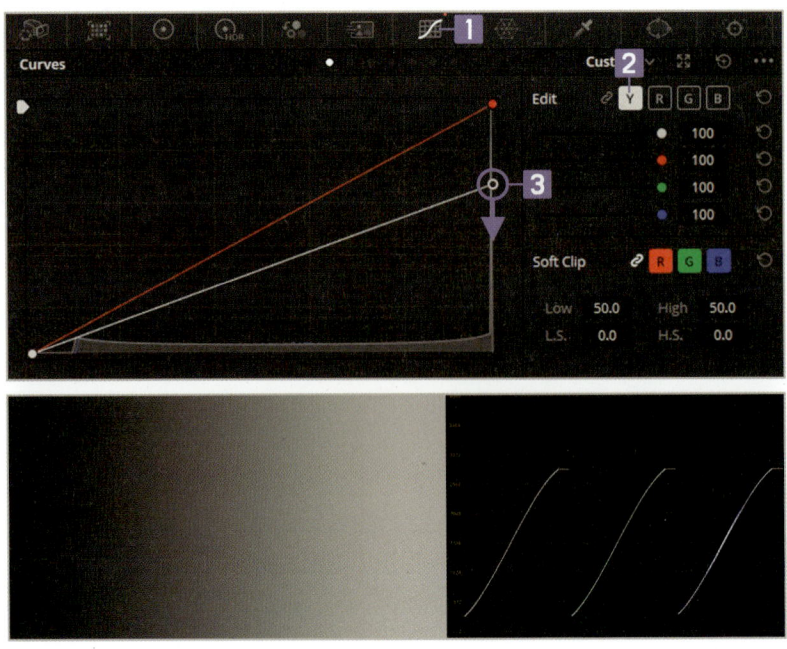

이번엔 파란색 B 채널을 선택한 후 커브 그래프 오른쪽 상단 포인트를 그림처럼 아래로 내려줍니다. 그러면 그레이 스케일의 밝은 영역 색상이 노란색 계열로 바뀌게 됩니다. 이것은 즉 밝은 영역의 파란색을 감소했기 때문입니다.

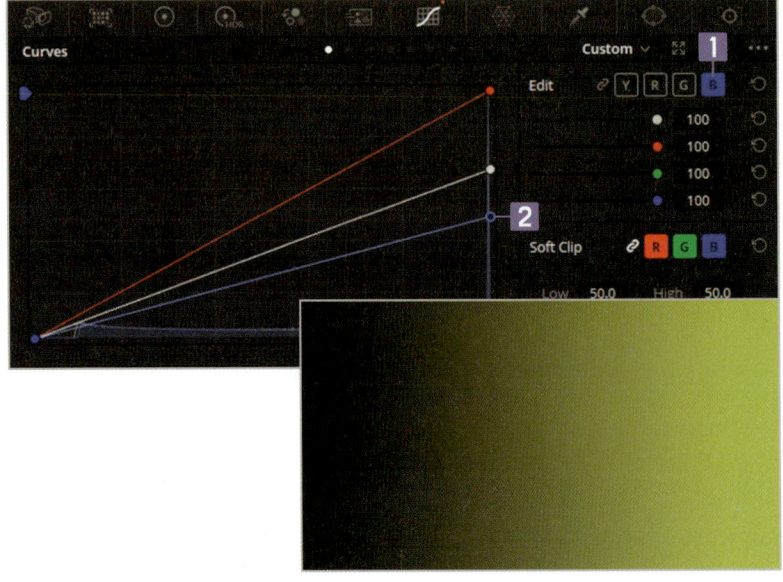

이번엔 파란색 커브 그래프의 **중간** 지점을 **클릭**하여 포인트를 추가한 후 그림처럼 위쪽으로 이동해 봅니다. 그러면 그레이 스케일 이미지의 **중간 밝기**(Midtone) 영역을 기준으로 파란색이 추가되는 것을 알 수 있습니다.

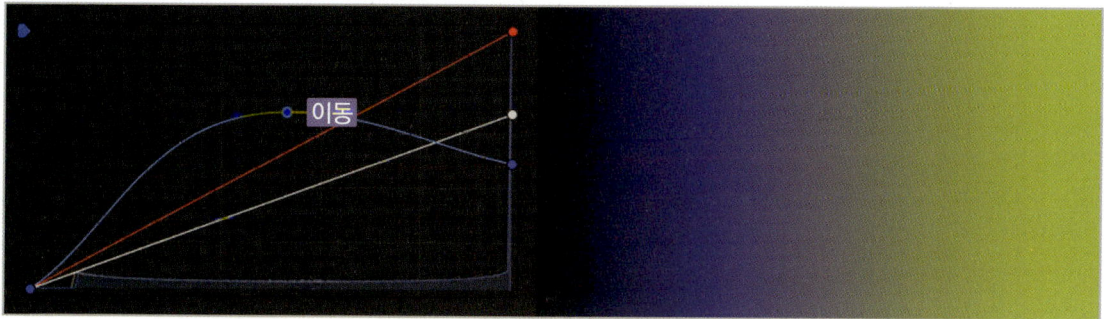

만약 설정한 그래프 값을 다른 색상 채널 값으로 복사하여 상속하고 싶다면 오른쪽 상단에 있는 메뉴에서 해당 색상 채널을 선택하여 복사(상속)하거나 모든 색상 채널에 대해서는 **Copy To All**을 선택하면 됩니다.

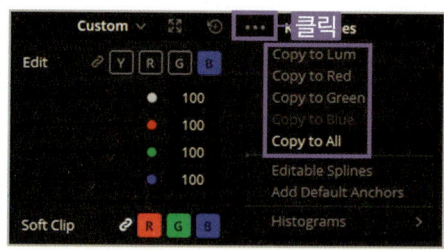

각 색상 채널 선택 기능 아래쪽에는 그래프 속의 각 색상에 영향을 주는 값을 설정할 수 있는 기능이 있습니다. 한가지 주의해야 할 점은 각 색상의 영향을 받게 하지 않고자 했을 때의 값은 0이 아닌 50으로 설정해야 한다는 것입니다. 이것은 다빈치 리졸브가 50을 0의 값으로 인지하기 때문입니다. 예를 들어 파란색 채널의 값을 0으로 설정하면 파란색이 더 강해지며, 50으로 설정하면 파란색이 약해져 원본 그레이 스케일 이미지에 가까워지게 됩니다. 프라이머리 보정은 이미지에 큰 변화를 부여합니다. 이미지의 미세한 변화를 부여하고 싶다면 **세컨더리 보정**(Secondary Correction)를 사용해야 합니다. 세컨더리 보정은 차후에 알아보도록 하겠습니다.

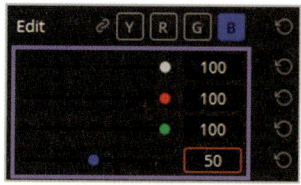

RAW/LOG/LUT 이해하기

이 학습에서는 이미지(장면)의 품질과 색상에 대한 디테일 설정에 관계가 있는 RAW, LOG 그리고 LUT에 대한 개념에 대해 알아보도록 하겠습니다.

RAW, LOG, LUT 개념 이해하기

RAW(Read and Write)란 카메라의 이미지 센서로부터 압축되지 않고 곧바로 전달되는 파일 포맷입니다. 전통적인 카메라들은 스마트폰의 사진과 같이 노출, 화이트 밸런스, 채도 조정이 자동으로 적용된 이미지를 제공하는 반면 **RAW** 혹은 **LOG**는 이러한 설정을 적용하지 않은 무압축 이미지를 제공합니다. 이것은 포스트 프로덕션(Post Production)에 있어 사용자가 원하는 최대한의 이미지를 만들 수 있도록 하기 위함입니다. RAW 작업 과정을 설명하기 가장 좋은 예시는 **필름 네거티브(Film Negative)**와 **필름 스톡(Film Stock)**입니다. 필름 스톡에는 여러 종류의 네거티브들이 있고 그 네거티브들을 이용하여 필름에 다른 효과를 적용할 수 있습니다. 코닥(Kodak)은 코닥만의 느낌이 있으며, 후지(Fuji) 또한 후지만의 느낌이 있습니다. **카메라 로우(Camera RAW)**도 마찬가지입니다. **프로젝트 세팅(Shift + 9)**의 **카메라 로우(Camera RAW)**에서는 RED, ARRI, Sony RAW, CinemaDNG 그리고 Blackmagic 등은 각각 색보정을 할 때마다 다른 종류의 RAW 컨트롤을 제공합니다.

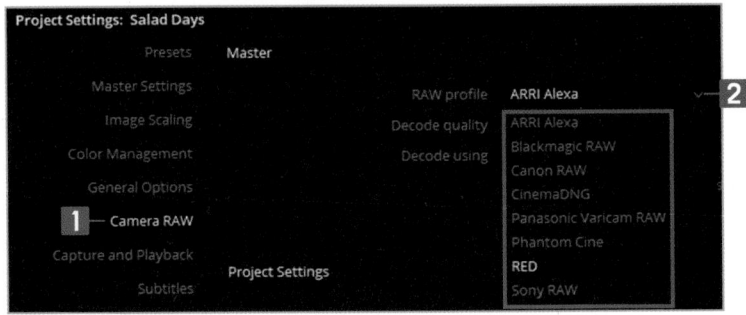

카메라 로우의 **감마 커브(Gamma Curve)**는 다빈치 리졸브 세팅의 일부분이며, 최종 출력되는 파일에 영향을 주는 설정으로써 색보정을 시작하기 앞서 설정해 주는 색보정의 출발점이라 할 수 있고 이 설정에 따라 결과는 완전히 다르게 나타납니다. 그리고 **컬러 스페이스(Color Space)**는 색상과 콘트라스트를 결정하는 특정 네거티브를 선택하는 옵션이라 생각하면 됩니다. **노출(Exposure)**은 **모디파이어(Modifier)**와 같은 역할, 즉 필름의 네거티브를 조정하는 역할을 합니다. 참고로 필름과 디지털의 차이점은 필름은 한 번 결정하고 나면 변경이 불가능한 반면 디지털은 변경이 가능합니다. 하지만 다빈치 리졸브에서는 **필름의 어떠한 장면도 재조정이 가**

능합니다. 또한 리졸브는 어떠한 종류의 RAW가 재생되고 있는지 자동으로 식별할 수 있습니다.

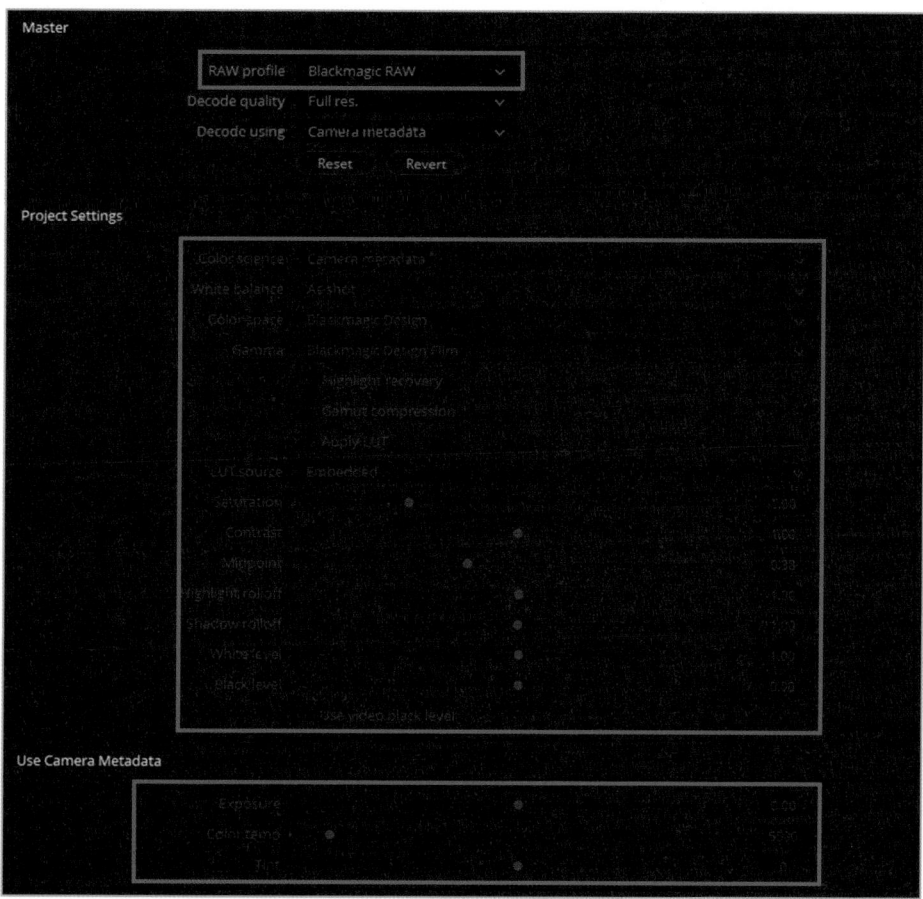

계속해서 **로그(LOG)**는 RAW와 아주 비슷한 결과를 위해 사용되지만 RAW와는 다르게 다빈치 리졸브는 LOG를 자동으로 인식하지 못합니다. 그 이유는 LOG는 정해지지 않은 코덱(Codec - 압축)으로 저장이 되기 때문입니다. 이것은 ProRes가 될 수도 있고, DNxHD가 될 수도 있기 때문에 사용자가 직접 설정을 해 주어야 하는 부분입니다. 또한 RAW와는 다르게 LOG로 촬영하는 경우에는 화이트 밸런스, 노출과 같은 기본적인 데이터가 적용되어있습니다. 그렇기 때문에 LOG에서 나타나는 화이트 밸런스의 문제점을 수정할 경우에는 RAW으로 촬영했을 때보다 제한 사항이 더 많습니다. 다만 LOG를 사용했을 때 좋은 점으로는 **LOG**는 기본 코덱에 의존하여 **RAW 센서** 데이터로 촬영하지 않기 때문에 이미지를 실시간 재생하기 위한 환경이 훨씬 좋습니다. 그래서 맥북(Macbook)과 같은 노트북에서 사용하는데 문제가 없습니다. RAW와 LOG의 공통점은 둘 다 색보정 과정을 거쳐가도록 디자인 되어있으며 또한 RAW와 LOG의 원본과 **프록시(Proxy - 임시 데이터)**의 이름이 같게 설정되기 때문에 색보정 단계에서 연동시키기가 아주 편리합니다. 단 이것을 반대로 생각해 보면 프록시와 원본의 이름이 다르게 저장되어있다면 연동에 문제가 생기게 된다는 것입니다. 다음으로 LUT(Look Up Tables)는 RAW와 LOG로 촬영된 이미지 모두에 적용할 수 있습니다. 하지만 색보정에 있어서 LUT은 선택적입니다. 먼저 LUT가 무엇인지에 대해 살펴보도록 하겠습니다. LUT에는 두 가지 종류가 있습니다. 첫 번째로는 **테크니컬 LUT**입니다. LUT는 사용자로부터 하나의 **컬러 스페이스(Color Space)**에서 다른 컬러 스페이스로 이동하도록 해 줍니다. 특정 이미지로부터 다른 특정 이미지로 혹은 고화질 컬러 스페이스로부터 디지털 시네마 컬러 스페이스로 이동이 가능하도록 되어있는 것이 바로 테크니컬 LUT입니다. 다음으로 **창의적 (Creative) LUT**가 있습니다. 이것은 이미지의 콘트라스트를 확장시키는 역할을 합니다. ARRI의 경우에는 12종류의 LUT을 제공하는데 사용자의 목적에 알맞은 LUT을 선택하여 사용할 수 있습니다. 참고로 어떤 카메라 제조사들은 LUT을 제공하지 않기도 합니다. 아무튼 LUT에 있어 가장 중요한 점은 LUT를 사용하는 목적을 잘 알아야 한다는 점입니다. 다시 말해 LUT를 사용할 때의 의도를 잘 파악해야 한다는 것입니다. 그렇지 않으면 LUT 적용 후 또 다시 보정을 해 주어야 할 확률이 99퍼센트 이상 될 것입니다. 이렇듯 LUT는 이미지를 한 번에 보기좋게 만들 수도 있지만 LUT을 사용하기 이전에 이미지(장면)에 많은 준비를 해놓아야 할 것이며, LUT을 이미지에 적용한 후에도 **장면 매칭(Shot Matching)** 혹은 마무리 보정 등을 해 주어야 할 작업이 있을 것입니다. 지금까지 살펴본 RAW, LOG 그리고 LUT는 매우 기본적인 내용만 다룬 것이므로 보다 많은 정보를 얻기 위한 학습을 해야 할 것입니다.

RAW 색보정

이번 학습에서는 지난번에 학습한 RAW, LOG, LUT의 세 가지 개념들이 다빈치 리졸브에서 어떻게 적용되는지에 대해 살펴보도록 하겠습니다. 학습을 위해 [학습자료] - [Video] - [RED] 레드 파일을 사용합니다. RED 클립이 선택된 상태에서 좌측 카메라 모양의 카메라 **로우(Camera RAW)**를 선택합니다. 현재 사용되는 장면은 RAW 필름을 지원하는 입니다. 카메라 로우의 **디코드 퀄리티(Decode Quality)**는 기본적으로 Use Project Settings(사용자 프로젝트 세팅하기)로 설정되어있기 때문에 사용자가 설정을 변경할 수 있습니다.

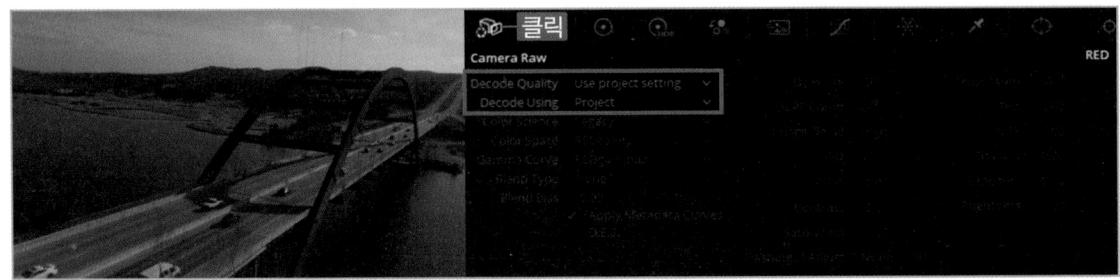

프로젝트 설정(Shift + 9) 창을 다시 열어 준 후 **카메라 로우(Camera RAW)** 카테고리에서 우측 상단의 메뉴를 선택하면 RAW 필름을 지원하는 카메라들의 리스트가 있는데 그 중 원하는 카메라 종류를 선택해 주면 됩니다. 지금 학습에 사용하는 장면은 RED이기 때문에 RED를 선택하여 설정을 해 주면 됩니다. **디코드 유징(Decode Using)**의 옵션을 Project로 설정해 준다면 다른 옵션들의 설정이 가능하게 됩니다. 디코드 유징을 프로젝트로 설정한 후 다른 설정들은 기본 상태로 사용해도 되기 때문에 그대로 두고, **감마 커브(Gamma Curves)**를 REDLog Film으로 설정하여 **저장(Save)**합니다.

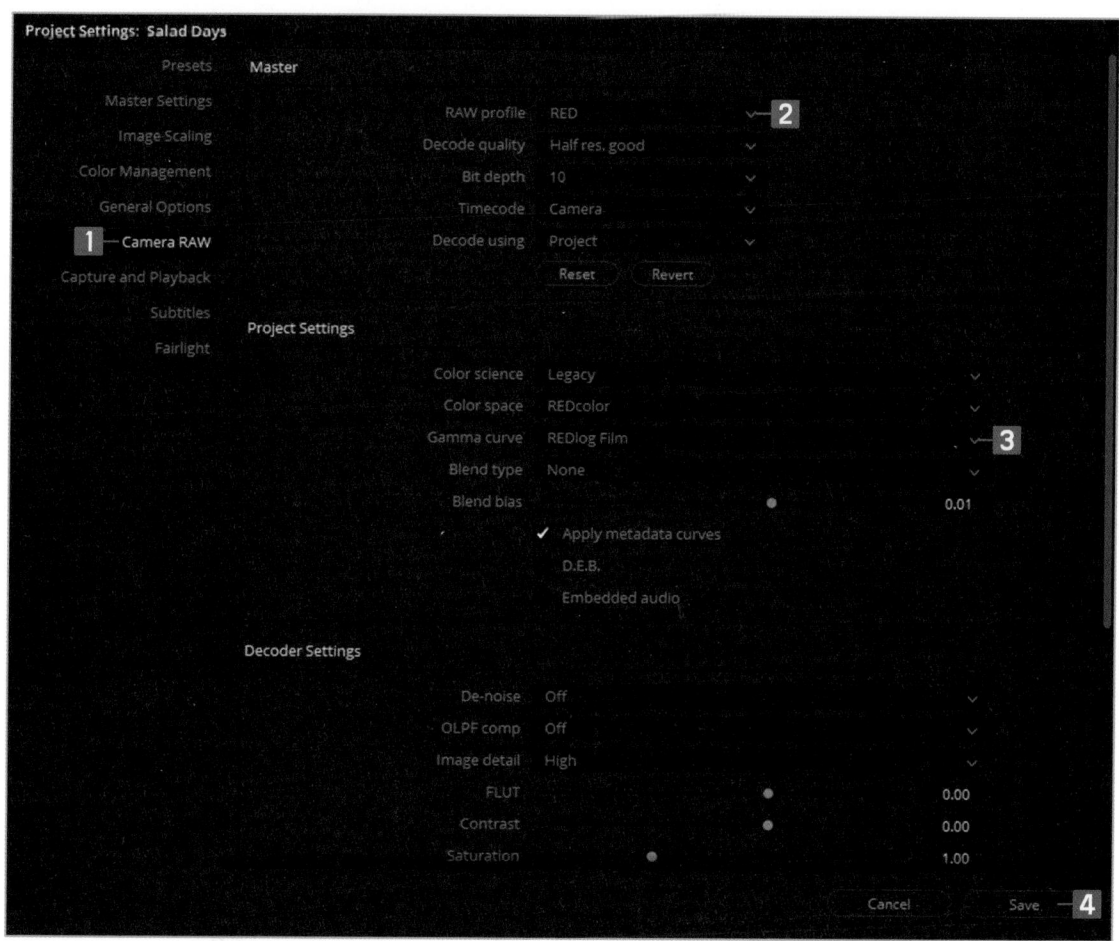

참고로 **디코드 유징(Decode Using)** 설정 부분이 **카메라 메타데이터**로 설정되면 카메라를 통해 입력된 영상 정보를 그대로 반영하기 때문에 대부분의 옵션들이 비활성화됩니다.

저장을 한 후 **카메라 로우**(Camera Raw)의 **디코드 유징**(Decode Using)을 Clip으로 바꿔주면 앞서 프로젝트 세팅에서 설정한 값들을 그대로 반영됩니다. 또한 그 외에 비활성화되어있던 옵션들도 사용자의 선호에 따라 변경할 수 있게 됩니다.

LUT를 이용한 LOG 색보정

LOG로 촬영된 이미지(장면)는 RAW 촬영 이미지로 작업하는 것과는 완전히 다릅니다. RAW 촬영 이미지에서는 색보정을 시작하기 앞서 기본적으로 설정을 해 주어야 하는 사항들이 많은 반면 LOG 촬영 이미지는 작업 시작과 동시에 색보정을 해 주어야 합니다. LOG로 촬영된 이미지를 작업하는 방법은 두 가지가 있는데 이것은 이미지가 어떤 방식으로 촬영되었는지에 따라 차이가 큽니다. 참고로 LOG로 촬영된 이미지는 우리 눈에는 생동감이 없게 느껴지는 것을 카메라가 최대한의 피사체의 디테일들을 담으려 하기 때문입니다. 이번에 사용할 장면은 [학습자료] - [Video] - [xcam5307] 비디오 파일 입니다. 이 비디오 클립은 **플랫(Flat)** 설정 후 **DSLR** 카메라로 촬영한 장면입니다. DSLR의 플랫으로 설정하여 촬영한 이미지는 톤 커브(Tone Curves), 콘트라스트(Contrast), 샤프니스(Sharpness)를 제거하기 때문에 LOG로 촬영한 이미지와 비슷합니다. 다시 말해 DSLR의 플랫 촬영 이미지의 결과물은 LOG 시그널로 촬영한 이미지와 느낌이 매우 흡사하다는 것입니다. 그렇기 때문에 이번 학습에서는 이 장면을 LOG로 촬영한 이미지로 취급하여 학습을 진행하도록 하겠습니다. **퍼레이드(Parade)** 스코프를 살펴보면 노출의 범위가 아주 좁은 것을 확인할 수 있습니다. 그러므로 이 장면은 색보정을 시작하기에 알맞은 LOG 장면이 되는 것입니다.

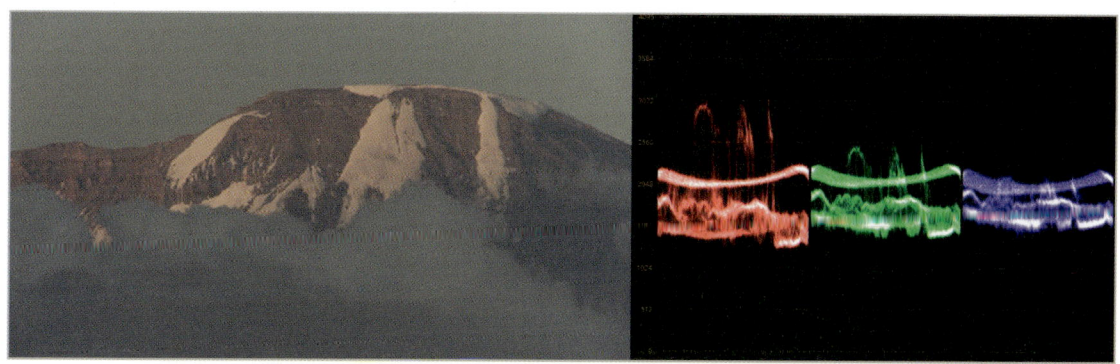

먼저 일반적인 색보정을 해 보도록 하겠습니다. **컬러 휠**(Color Wheels)의 **프라이머리 바**(Primaries Bars)에서 쉐도우(어두운 영역)을 조정하기 위해 **리프트**(Lift) 값을 조금 낮춰줍니다. 그다음 하이라이트(밝은 영역) 조정을 위해 **게인**(Gain) 값을 높여주고, 미드톤(Midtone) 조정을 위해 **감마**(Gamma) 값을 조금만 높여줍니다. 그러면 이전의 이미지보다 훨씬 보기좋고 생동감이 느껴지는 이미지로 표현되는 알 수 있습니다. 보정전의 이미지와 비교해 보면 그 차이를 확실하게 느낄 수 있을 것입니다. **퍼레이드 스코프**에서도 톤 커브, 콘트라스트, 샤프니스가 훨씬 풍부해진 것을 확인할 수 있습니다.

▲ 보정 전의 모습　　　　　　▲ 보정 후의 모습

다른 방법으로는 Look Up Table(LUT)를 사용하는 것입니다. **프로젝트 설정** 창의 Color Management 카테고리 항목에 있는 Lookup Table 옵션의 여러 가지 설정을 통해 LUT를 이미지에 적용하는 방법이 있지만 이번 학습에서는 아주 간단하게 살펴볼 것입니다. 먼저 앞서 설정했던 보정(노드) 값을 초기화하기 위해 이번에는 풀다운 메뉴에서 [Color] - [Reset All Grades and Nodes]를 선택합니다. 물론 **컬러 휠(Color Wheels)의 리셋 올(Reset All)** 기능이 있지만 지금 선택한 메뉴는 **보정** 및 **노드** 상태 또한 모두 초기 상태로 설정됩니다.

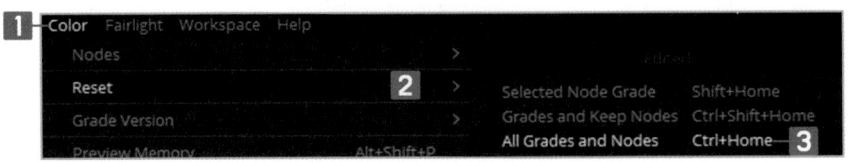

또 다른 방법으로는 **노드(Node)**에서 LUT(Lookup Tablet)을 적용하는 것입니다. 노드에서 [우측 마우스 버튼] - [LUT] 메뉴를 보면 제공되는 다양한 LUT들이 있습니다. 여기에서 여러분이 원하는 LUT 설정을 카메라에 맞게 선택해 주면 됩니다. 지금의 작업 과정에서는 어떠한 제한도 없습니다. 다시 말해 어떤 설정이든 마음에 드는 방법을 사용해도 좋다는 뜻입니다. **룩업 테이블(Lookup Tablet)**은 설명한 것처럼 색보정을 시작하기 전이나 후에 설정해도 상관이 없습니다. 지금의 학습은 차후에 보다 자세히 다루도록 하겠습니다.

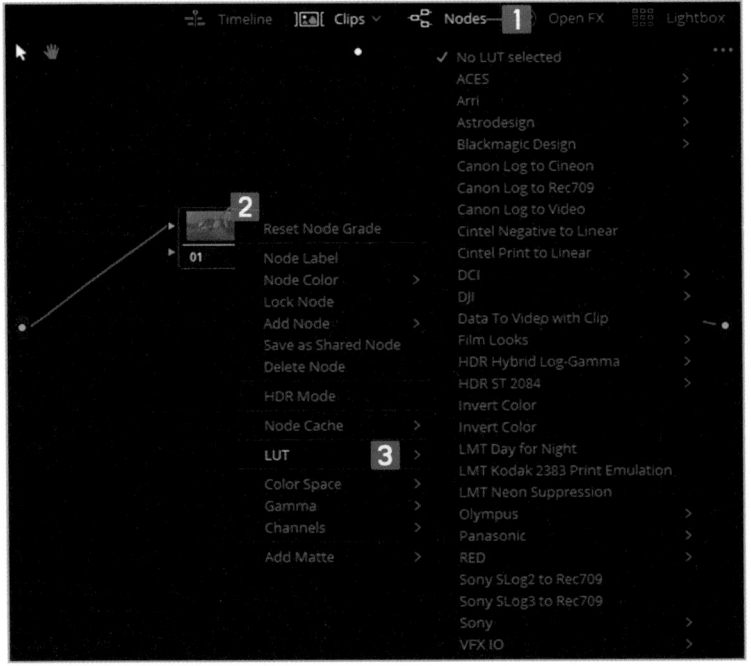

노드(Node) 이해하기

노드(Node)는 다빈치 리졸브에서 가장 기초가 되는 개념으로써 이번 학습에서는 변화가 이뤄지는 여러 개의 장치를 만들어 적용된 데이터를 서로 인식 및 처리하고 연결된 다른 장치로 전송하여 결과물을 표현하는 노드에 대해 알아보도록 하겠습니다.

시리얼 노드(Serial Node)란?

앞서 **퓨전 페이지**에서도 살펴보았듯 **노드(Node)**는 블럭 쌓기와 비슷합니다. 노드를 보면 주황색 테두리로 하이라이트된 것이 있는데 이것은 해당 노드가 실행, 즉 현재 작업에 사용 중이라는 뜻이며, 각 노드는 고유의 번호가 부여되며 이것을 **노드 트리(Node Tree)**라고 합니다. 다빈치 리졸브에서 제공하는 모든 기능들은 각각의 노드에 적용하여 사용이 가능합니다. 예를 들어 기초적인 보정 작업이 끝난 한 개의 노드에다 변화를 주고 싶을때 또 다른 노드를 그 위에 추가하여 변경할 수 있다는 것입니다. 또한 변경된 노드 위에는 또 다른 노드를 추가할 수 있으며, 이런 식으로 노드 트리가 형성이 되는 것 입니다.

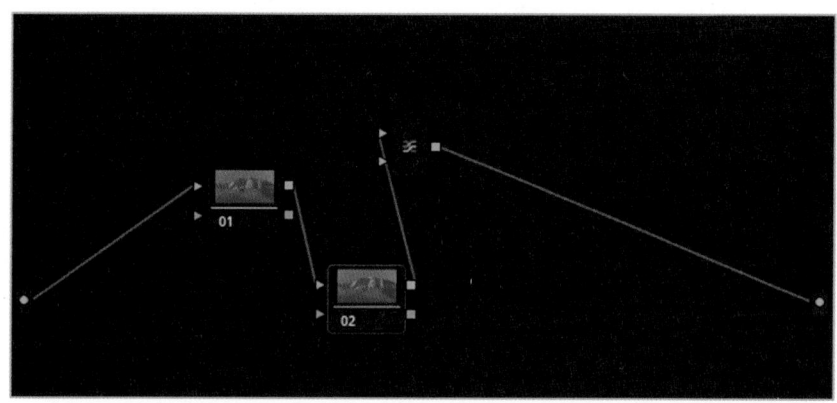

시리얼 노드(Serial Node)란 하나의 **인풋(Input - 입력)**과 하나의 **아웃풋(Output - 출력)**의 개념입니다. 노드를 보면 양 옆에 회색 박스 두 개가 있습니다. 왼쪽이 시작되는 지점이고 오른쪽이 최종 출력되는 지점입니다. 그리고 노드의 양쪽에 있는 초록색 둥근 포인트는 왼쪽이 인풋, 오른쪽이 아웃풋입니다. 이와 같은 것을 시리얼 노드라 하는데, 단어의 뜻처럼 연속적이기 이루워지기 때문에 붙여진 이름입니다.

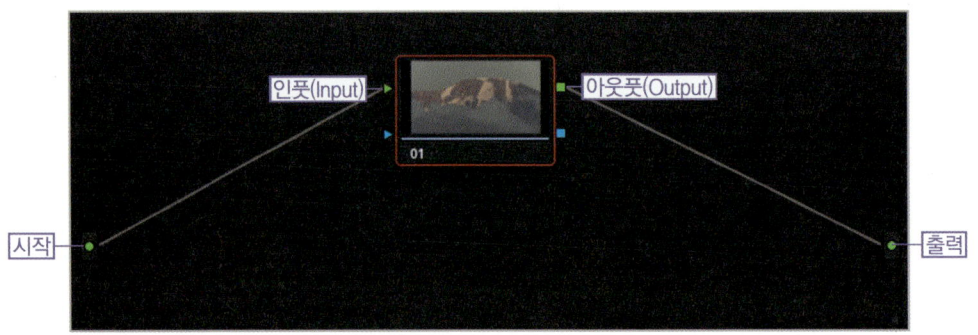

노드를 이용하면 좋은 점으로는 여러 개의 복잡한 노드들의 연속을 쉽게 읽어낼 수 있다는 점입니다. 다음 그림에서는 1, 2, 3, 5 노드들은 **시리얼 노드**이고, 교차된 물결무늬가 있는 것이 **레이어 믹서 노드**(Layer Mixer Node)입니다. 레이어 믹서 노드에 대해서는 추후에 설명할 것입니다. 1, 2, 3 노드들은 레이어 믹서 노드를 지나 5번 노드로 합쳐지는데 이 5번 노드가 **파이널(최종)** 이미지(장면)가 되는 것입니다. 노드의 또 다른 장점은 노드를 원하는 위치에 간단한 방법으로 연결된 두 노드의 연결을 끊어 재배치 할 수 있는 것입니다. **노드 에디터**는 왼쪽에서 오른쪽 순으로 노드의 진행 방향을 읽으면 되는데, 즉 왼쪽에 있는 노드가 처음으로 보정한 작업이고 우측으로 갈수록 추가된 작업들이 노드 순서대로 나타나는 것입니다. 결국 가장 오른쪽에 있는 노드가 마지막 작업이 끝난 최종 출력, 즉 파이널 이미지(장면)가 되는 것입니다.

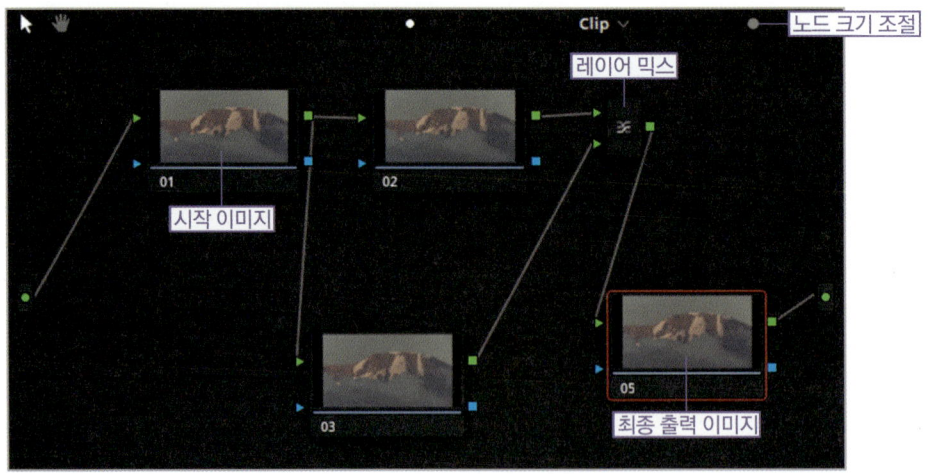

노드의 아래쪽을 보면 하늘색 삼각형과 사각형이 양쪽에 위치해 있는 것을 알 수 있습니다. 이 두 포트는 **알파**(Alpha), 즉 투명한 정보를 전달하는 포트로써 왼쪽의 삼각형은 미디어 풀 페이지부터 컷, 에디트, 퓨전 페이지

에서 작업한 내용의 이미지(장면)가 **컬러 페이지**로 넘어가는 것이고, 우측의 사각형은 **아웃풋**이 **딜리버** (Deliver) 페이지로 넘어가는 것 입니다. 다시 말해 미디어 풀에서 넘어와 에디트 페이지를 거쳐 컬러 페이지로 넘어가는 것이 왼쪽 삼각형이 뜻하는 것이고, 색보정이 끝나고 난 후 **렌더**(Render)을 위해 딜리버 페이지로 넘어가는 것이 우측에 위치한 사각형인 것입니다.

다빈치 리졸브에는 많은 노드들이 있습니다. 여기에서는 기본적으로 시리얼 노드(Serial Node)와 레이어 믹서 노드(Layer Mixer Node)에 대해 알아볼 것입니다. **시리얼 노드**는 작업 시 **80%** 정도로 이용되는 중요한 것이고, **레이어 믹서 노드**는 15% 정도가 사용될 것입니다. 그리고 나머지 5%로는 평행의 **패럴렐 노드**(Parallel Node)와 **키 노드**(Key Node) 등이 사용하게 될 것 입니다. 다음 학습에서는 조금 더 자세하게 노드가 다빈치 리졸브에서 어떻게 작동하는지에 대해 알아보도록 하겠습니다.

노드(Node) 추가/연결/삭제/재설정 방법

이번 학습에서는 노드 사용법과 노드 트리 생성법 등에 대해 알아보도록 하겠습니다. 학습을 위해 여러분이 원하는 미디어 파일을 불러와 컬러 페이지에서 사용할 수 있도록 해 주거나 [학습자료] - [Project] - [노드01] 프로젝트를 실행하여 학습에 사용하십시오. 노드 그래프 왼쪽을 시작으로 미디어 풀의 아웃풋에서 출발하여 주황색 테두리로 하이라이트된 노드를 거쳐 컬러 페이지의 인풋이 되고, 이 컬러 페이지의 아웃은 렌더를 위한 딜리버 페이지의 인풋이 됩니다.

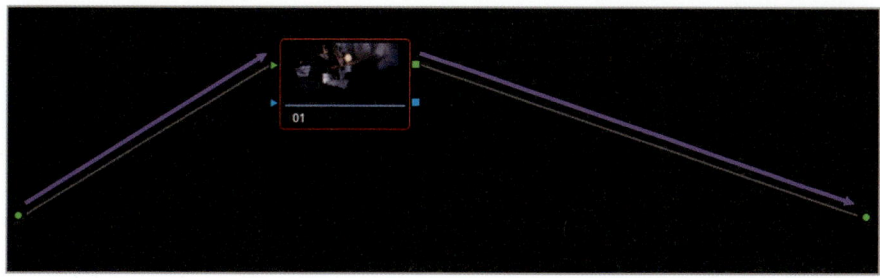

노드를 추가하는 첫 번째 방법은 **노드 에디터**에서 **우측 마우스 버튼**을 누르면 나타나는 Add Node 메뉴에서 **커렉터(Corrector)**를 선택해 주는 방법이며, 두 번째 방법은 단축키 [Alt] + [S]를 이용하는 것입니다. 메뉴나 단축키를 사용하여 노드를 추가하면 현재 **선택**된 **노드**와 **연결**되는 다음 노드로 생성됩니다. **커렉터(Corrector)**을 선택하여 시리얼 노드와 동일한 노드를 추가하게 되면 생성된 노드를 원하는 위치에 끌어놓아 주기만 하면 자동으로 연결됩니다. 참고로 커렉터(Corrector)와 시리얼 노드(Serial Node)의 이름은 다르지만 같은 노드라는 것을 기억하기 바랍니다. 만약 불필요한 노드를 삭제하고 싶다면 삭제하고자 하는 노드를 **클릭**하여 선택한 후 Delete 키를 눌러주면 됩니다.

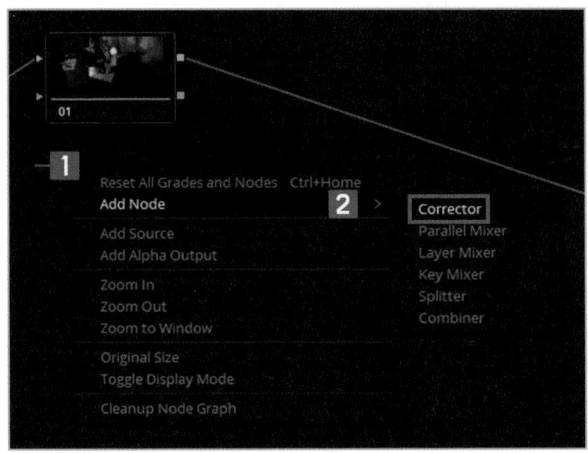

> **생생 노트** 커렉터(Corrector)노드를 시리얼 노드(Serial Node)와 연결하기
>
> 커렉터 노드가 추가됐다면 처음엔 아무 것도 없는 **회색**의 모습일 것입니다. 이렇게 생성된 커렉터 노드를 정상적으로 사용하기 위해서는 다른 노드와 연결해야 합니다. 연결하는 방법은 커렉터 노드를 끌어서 연결하고자 하는 시리얼 라인에 같다 놓는 것입니다. 이때 커렉터 마우스 커서에 + 모양이 나타날 때 내려놓아야 다른 노드와 연결이 됩니다.
>
>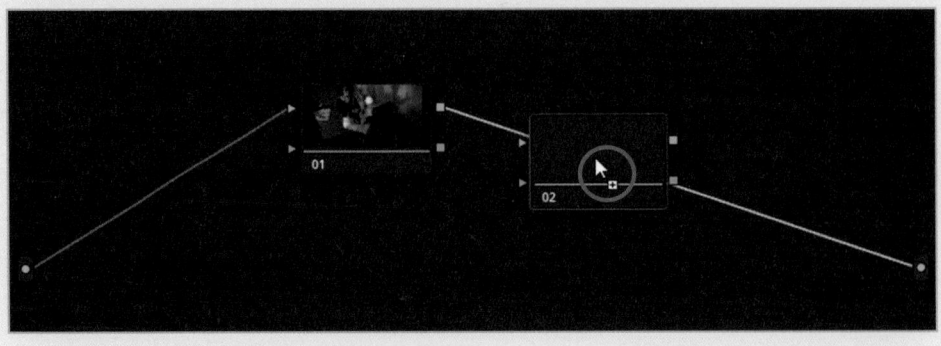

노드를 추가하는 또 다른 방법으로는 특정 노드 위에서 [우측 마우스 버튼] - [Add Node] - [Add Serial] 메뉴를 선택하는 것입니다. 이 방법은 해당 노드 다음에 자동으로 연결되는 노드가 추가됩니다. 작업 상황에 맞게 적절한 노드 추가 방법을 사용하기 바랍니다.

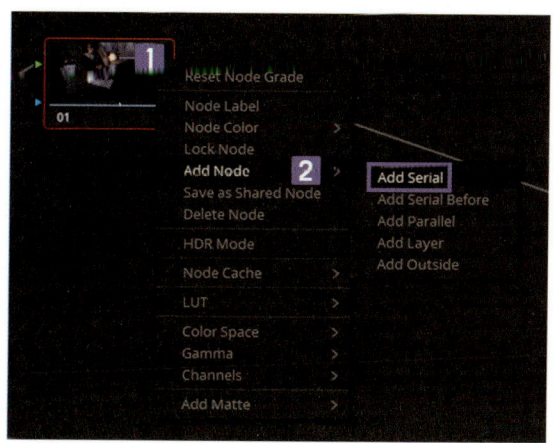

이제 노드를 사용해 간단한 색보정 작업을 해 보겠습니다. 색보정 작업은 앞서 학습한 대로 **컬러 휠**이나 RGB **믹서** 그리고 **커브** 등을 이용하여 여러분이 원하는 보정을 해 보십시오. 필자는 리프트(Lift) 컨트롤을 이용해 쉐도우를 낮추고, 게인(Gain) 컨트롤을 이용해 하이라이트를 올려주고, 감마(Gamma)를 이용해 미드톤을 조금 높여주었습니다. 이렇게 설정된 노드 우측 하단에는 설정된 효과의 아이콘이 표시됩니다. 참고로 지금과 같은 작업에서는 적당한 스코프를 이용하는 것이 필요합니다.

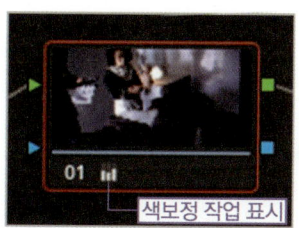

앞선 방법으로 1번 노드, 즉 장면에서 보정을 한 후 다른 노드를 통해 2번 또는 계속해서 노드를 추가하여 보정을 할 수 있습니다. 이제 새로운 노드를 추가해 보겠습니다. 여기에서는 앞서 설명한 노드 추가 방법 중 노드 에디터 빈 곳에서 [우측 마우스 버튼] - [Add Node] - [Corrector]를 선택하여 추가합니다. 커렉터 노드를 추가하면 그림에서 확인할 수 있듯이 노드 패널에 새로운 노드가 추가 됨과 동시에 방금 전에 적용한 색보정이 깨졌 나타나는 것을 확인할 수 있습니다. 이는 해당 노드가 **노드 트리**에 연결이 되어있지 않았기 때문입니다. 역시 앞서 학습한 방법을 통해 커렉터 노드를 끌어다 앞서 사용 중인 노드에 **연결(노란색 선)**합니다. 그러면 앞서 적용한 색보정이 정상적으로 나타나는 것을 알 수 있습니다.

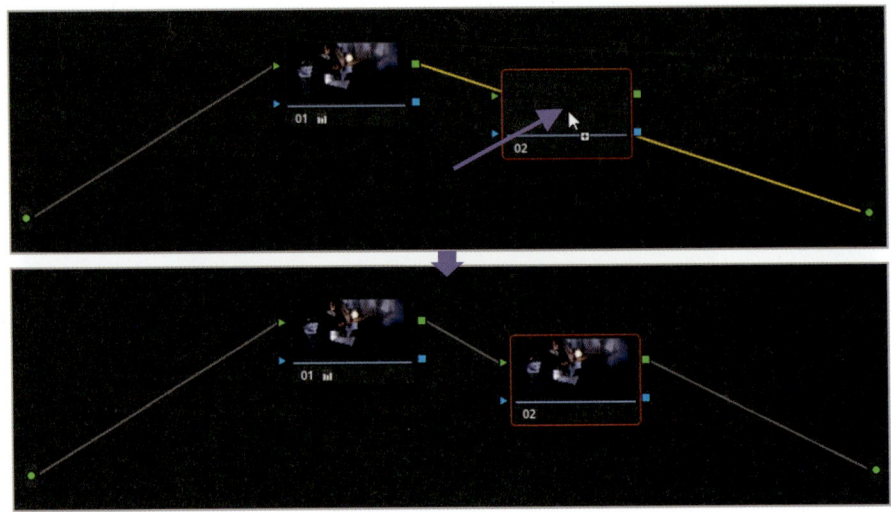

계속해서 이번엔 새로 추가된 2번 노드에 보정 작업을 해 보겠습니다. 여기에서는 **프라이머리 바**에서 **오프셋(Offset)**의 초록색을 증가해 줍니다. 그러면 앞서 보정한 1번 노드와 방금 보정한 2번 노드가 자연스럽게 혼합되어 결과물로 나타나게 됩니다. 이렇듯 노드는 하나 이상의 노드를 통해 다양한 보정 및 합성 작업을 할 수 있습니다.

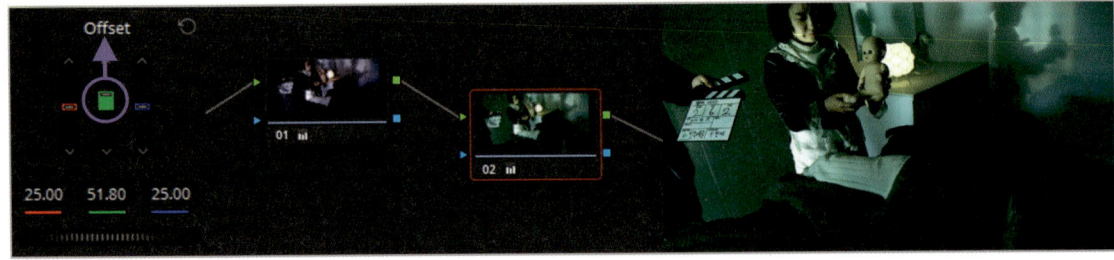

참고로 방금 적용한 2번 노드의 보정 작업을 취소하고 싶다면 **삭제(Delete)**를 했다가 다시 만들어도 되겠지만 노드의 **번호**를 **클릭**하여 해당 노드를 **해제**할 수 있습니다. 그러면 노드가 어두워지며 적용했던 보정 효과가 사라지게 됩니다. 물론 취소했던 보정을 되돌리고 싶다면 다시 한 번 노드 번호를 클릭하면 됩니다. 지금의 작업은 단축키 [Ctrl] + [D]를 활용할 수 있습니다. 확인이 끝나면 다시 활성화해줍니다.

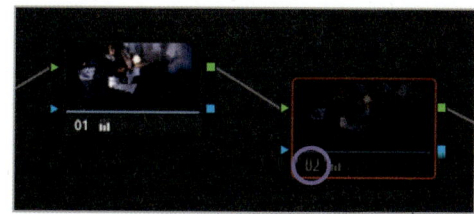

2번 노드가 선택된 상태에서 이번엔 [Alt] + [S] 키를 눌러 노드를 추가합니다. 그러면 선택된 노드 다음 순서에 노드가 연결된 상태로 추가됩니다. 추가된 노드에 프라이머리 바의 **오프셋(Offset)**에서 빨간색을 조금 증가해 보겠습니다. 그러면 앞서 보정한 1, 2번 노드와 함께 노드 세 개가 연속해서 혼합된 결과가 나타납니다.

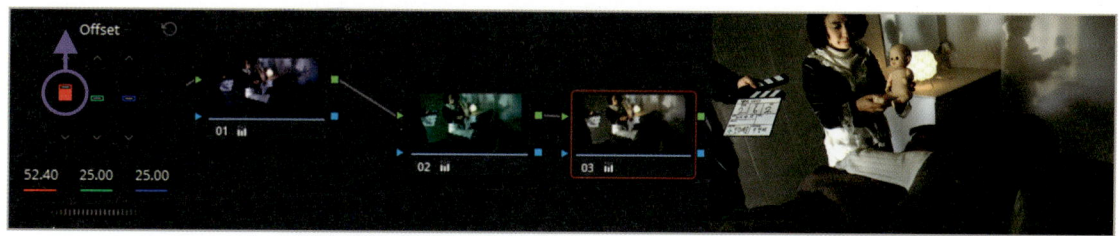

만약 사용되는 노드들의 순서를 바꾸고자 한다면 먼저 노드 사이의 **시리얼 라인(연결 선)** 오른쪽에 마우스 커서를 갖다 놓고 하늘색이 나타났을 때 클릭하여 삭제해야 합니다. 여기에서는 1번과 2번, 2번과 3번 그리고 **3번**과 **최종 출력(파이널 이미지)** 사이의 시리얼 라인을 삭제해 봅니다.

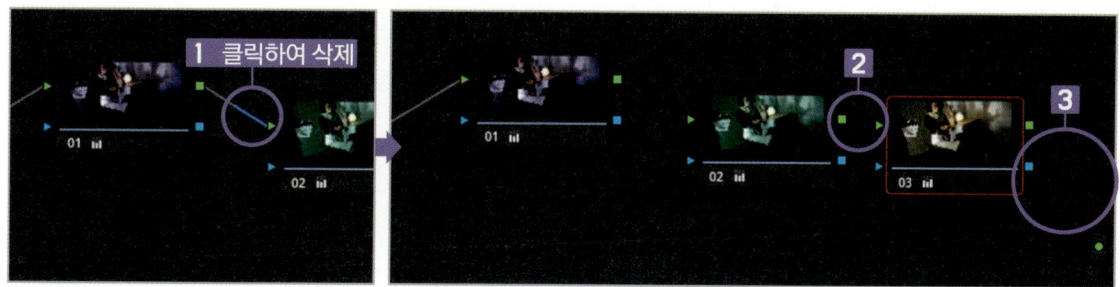

이제 연결이 해제된 노드들을 다시 연결해 보겠습니다. 먼저 해제된 노드들을 다음 그림처럼 이동한 후 **1번** 노드의 **아웃풋**을 끌어서(클릭 & 드래그) **3번** 노드의 **인풋**에 연결합니다.

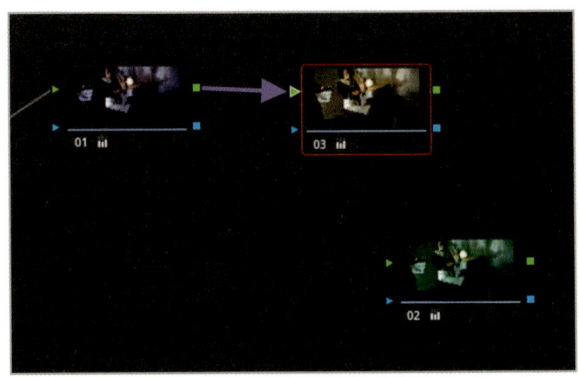

나머지 노드도 위와 같은 방법으로 노드를 연결하면 되는데, 나머지 노드는 그림처럼 연결해 줍니다. 그러면 노드에 적용된 **보정 순서**도 바뀌기 때문에 상황에 따라 이전과는 완전히 **다른 결과**가 나타날 수도 있습니다. 참고로 노드의 번호는 추가된 순서대로 고유 번호가 주어지기 때문에 변하지 않습니다.

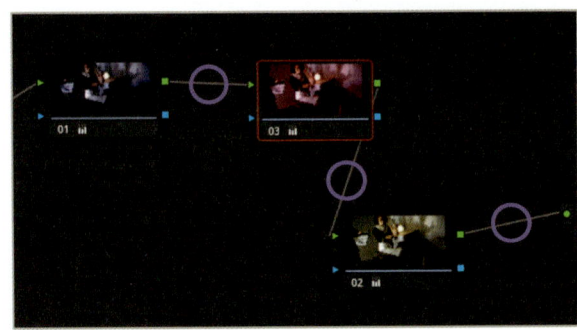

노드의 크기는 오른쪽 상단의 **줌/아웃** 슬라이더를 이용하면 되며 또한 **Alt** 키를 누른 상태에서 마우스 **휠(가운데 버튼)**을 회전하여 확대/축소할 수도 있습니다. 참고로 마우스 **휠 버튼**을 **누른 상태**로 움직이면 노드 에디터의 **위치**도 이동할 수 있습니다.

그리고 노드 에디터의 그래프를 깔끔하게 정리하고자 한다면 노드 패널의 빈 곳에서 **[우측 마우스 버튼]** - **[Cleanup Node Graph]** 메뉴를 선택하면 됩니다. 또한 같은 메뉴의 **Original Size** 메뉴는 노드의 **크기를 초기** 상태로 되돌릴 수 있습니다.

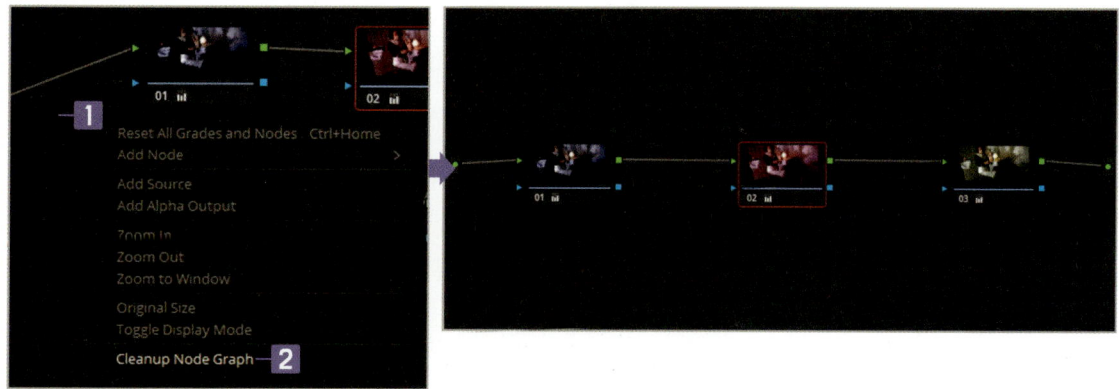

색보정 작업을 한 노드를 **초기 상태**로 되돌리는 방법은 몇 가지 있습니다. 첫 번째로 선택한 노드에 대한 초기화입니다. [Color] - [Reset] 메뉴에서 Selected Node Grade를 선택하면 선택된 노드만 초기화할 수 있습니다. 두 번째 방법은 같은 메뉴의 노드들은 그대로 유지한 상태로 초기화를 해 주는 **Grades and Keep Nodes** 메뉴입니다. 이 메뉴는 사용되는 모든 노드들은 그대로 유지한 상태로 적용되었던 모든 보정 효과들만 초기화해 줍니다. 세 번째로는 노드를 포함해서 모든 것을 초기화할 때 사용되는 **All Grades and Nodes** 메뉴입니다. 이 메뉴는 노드들을 하나로 통합한 상태로 보정 초기화를 해 줍니다.

마지막으로 **바이패스 컬러 그레이드 앤 퓨전 이펙트**(Bypass Color Grades and Fusion Effects)라는 기능이 있습니다. 이 기능은 선택된 노드를 아무 보정 효과가 적용되지 않은 초기 상태로 보여줍니다. 이것은 노드에 적용된 보정 효과가 삭제되는 것은 아닙니다. 단축키 [Shift] + [D]를 한 번 눌렀을 때 보정 전, 다시 한번 눌렀을 때 보정 후의 모습을 보여줍니다. 여기까지가 노드에 대한 기본적인 내용들이었습니다. 다빈치 리졸브를 이해하기 위해서는 노드(Node)를 정확하게 이해하고 있어야 한다는 것을 기억하기 바랍니다.

스플리터(Splitter)와 컴바이너(Combiner) 노드 이해하기

이번 학습에서는 **스플리터**와 **컴바이너** 노드에 대해 살펴보도록 하겠습니다. 먼저 앞선 학습에 사용한 **노드 01** 프로젝트를 초기화하기 위해 [File] - [Revert to Last Saved Version] 메뉴를 선택합니다. 노드 에디터 빈 곳에서 [**우측 마우스 버튼**] - [Add Node] 메뉴에서 Splitter와 Combiner를 선택하여 노드를 추가합니다.

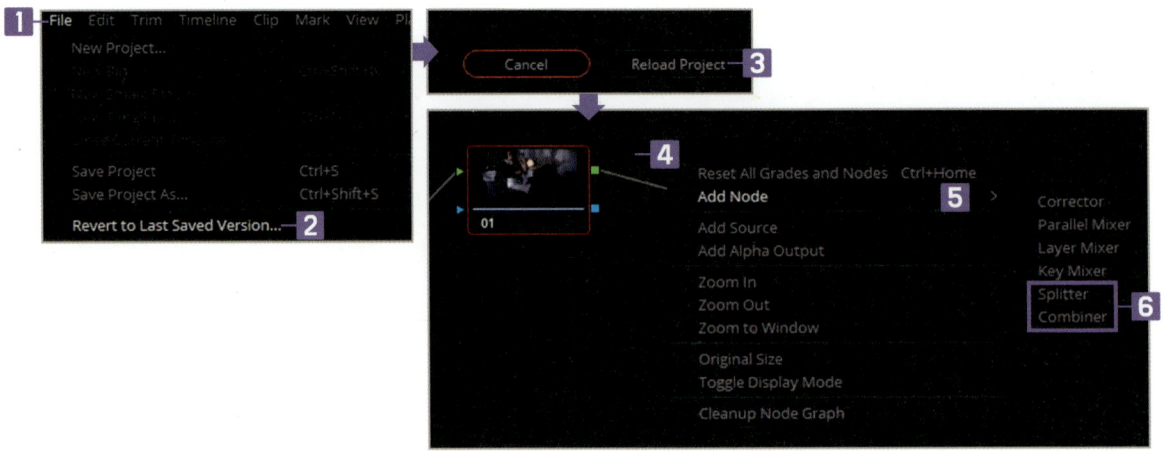

추가된 왼쪽의 **스플리터(Splitter)** 노드를 자세히 살펴보면 **하나의 인풋(Input)**과 **3개의 아웃풋(Output)**이 있는 것을 확인할 수 있고, 그 옆에는 반대로 **3개의 인풋**과 **하나의 아웃풋**이 있는 **컴바이너(Combiner)** 노드가 생성됐습니다. 스플리터는 이미지(장면) 노드를 빨강(맨 위쪽 포트), 초록(가운데 포트), 파랑(맨 아래쪽 포트)으로 각각의 색상 채널로 분해하여 전달하고, 컴바이너는 스플리터로 분해된 색상 채널들을 합성, 즉 받아주는 역할을 합니다.

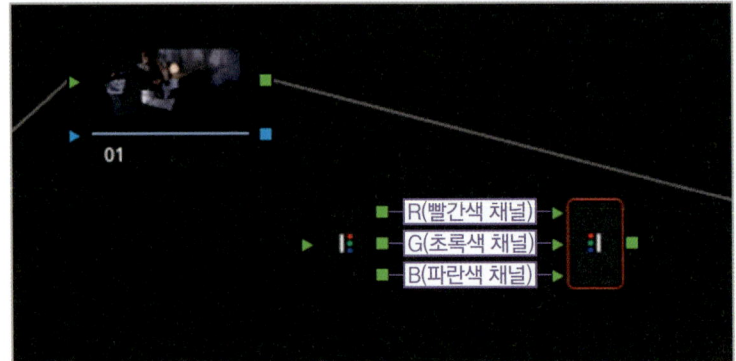

스플리터와 컴바이너는 **RGB** 색상 채널에 대해서만 분해 및 합성이 가능하고, YUV 혹은 색(Hue), 채도(Saturation), 밝기(Luminance)는 분해 및 합성이 불가능합니다. 만약 초록색을 빨간색으로 혹은 빨간색을 초록색으로 설정하고 싶다면 해당 노드의 시리얼 라인(연결 선)을 원하는 색상 채널의 인풋 또는 아웃풋으로 연결시켜 줄 수 있습니다. 이것은 RGB 믹서에서 색상을 믹싱하는 것과 동일합니다.

이제 스플리터와 컴바이너가 어떻게 작동하는지 살펴보기 위해 노드 에디터 빈 곳에서 [우측 마우스 버튼] – [Corrector]를 선택하여 이미지(장면) 노드를 추가합니다. 그다음 두 번째 그림처럼 노드를 수정합니다. 여기서 중요한 것은 추가된 3번 노드가 스플리터와 컴바이너의 R(빨강) 채널에 연결됐다는 것입니다. 이것은 즉 빨간색 채널을 보정한다는 의미입니다.

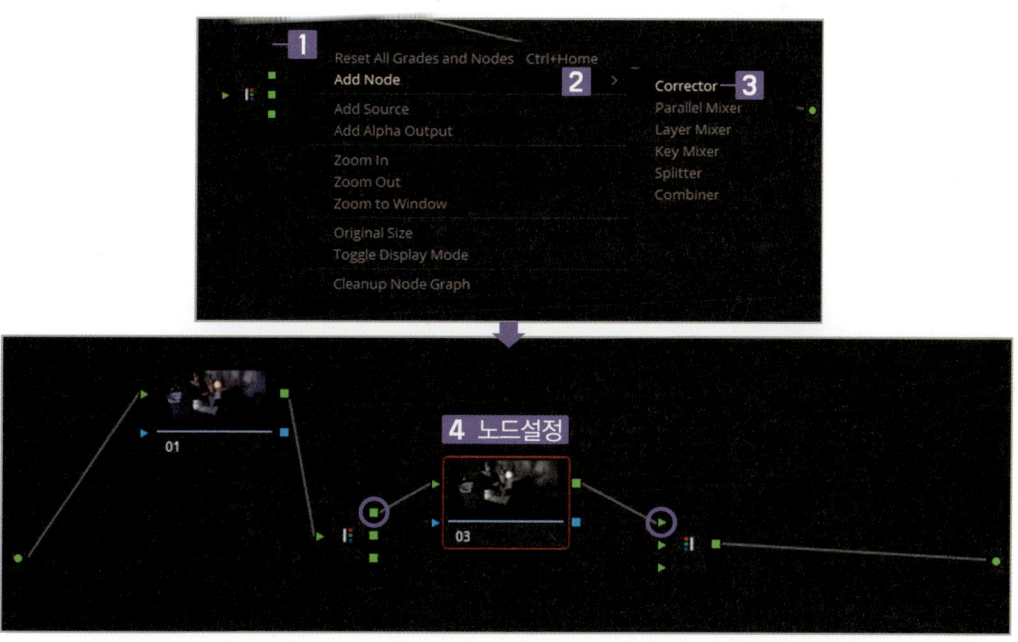

빨간색 R 채널에 연결된 3번 노드가 선택된 상태에서 **컬러 휠**의 **오프셋**을 설정해봅니다. 필자는 빨간색을 증가하여 전체적으로 붉은 톤이 강조되도록 하였습니다. 이렇듯 스플리터와 컴바이너는 각 색상 채널에 대한 노드를 만든 후 세부적인 색상 보정을 할 수 있습니다. 참고로 노드의 결과는 뷰어의 **하이라이트**가 켜져 있어야 확인이 가능합니다.

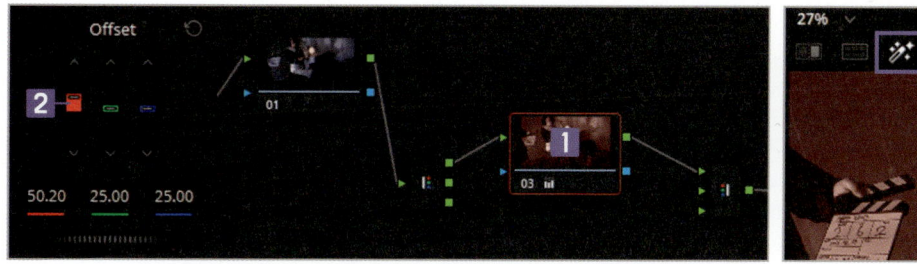 

타임라인(Timeline) 이해하기

여기서 잠시 노드 에디터에서 제공되는 두 가지 작업 공간에 대해 살펴보기로 하겠습니다. 앞선 학습에서는 **클립(Clip)** 모드에서 작업을 했습니다. 각 클립들을 개별로 색보정하기 위한 것이 클립 모드였다면 또 하나의 작업 공간이 **타임라인(Timeline)**은 클립 모드에서 작업한 노드들의 결과를 하나의 노드로 가져와 사용할 수 있는 클립 모드와 유지적 관계의 공간이라고 이해하면 됩니다. 이와 같은 구조는 복잡한 노드 작업을 보다 효율적으로 할 수 있도록 해줍니다. 타임라인에 대해 살펴보기 위해 노드 에디터 상단에 있는 **2개의 동그라미** 중 **두 번째 동그라미**를 선택합니다. 그러면 **시작**과 **출력**만 있는 텅 빈 상태의 노드 에디터가 나타납니다. 컬러 페이지에서의 타임라인은 우리가 평소 알던 타임라인과 다르기 때문에 헷갈릴 수 있지만 최종 결과물을 얻기 위한 성질은 동일하다는 것을 기억하기 바랍니다.

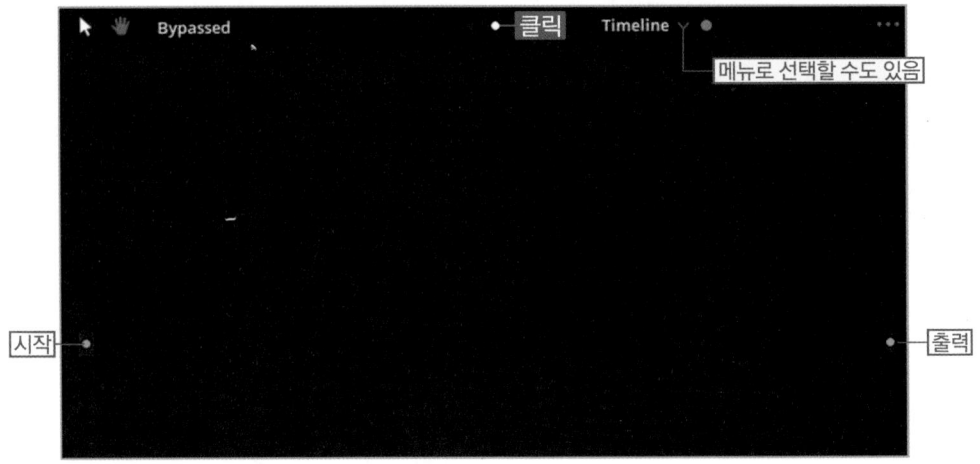

타임라인에서 노드를 추가하는 방법도 클립 모드와 같습니다. [Alt] + [S] 키를 눌러봅니다. 그러면 그림처럼 현재 작업하고 있는 클립 노드의 전체 내용이 하나의 노드로 적용되며, 적용된 노드는 시작과 출력에 자동으로 연결됩니다.

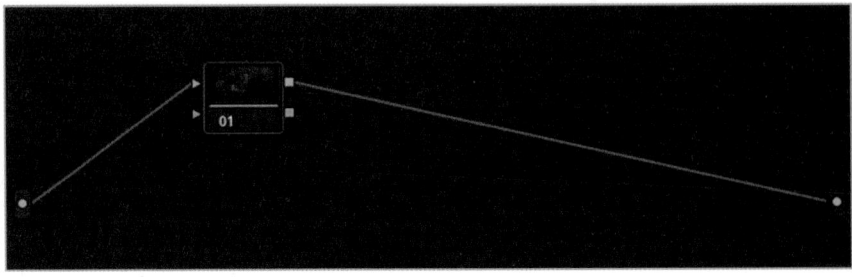

타임라인 에디터의 빈 곳에서 **우측 마우스 버튼**을 눌러보면 역시 클립 에디터에서와 유사한 메뉴를 볼 수 있는데, 이것은 타임라인에서도 클립과 같은 작업을 할 수 있다는 것을 의미합니다.

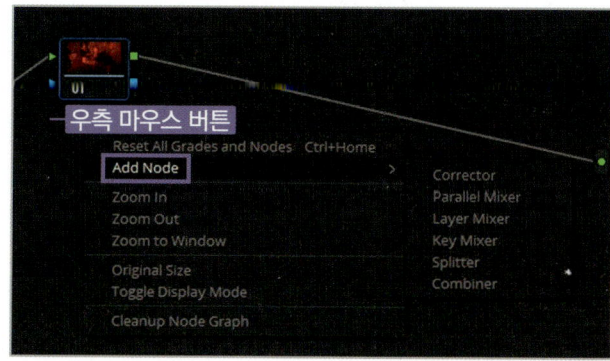

계속해서 클립 모드에서처럼 **컬러 휠**의 리프트, 감마, 게인, 오프셋을 설정해보면 앞서 추가된 노드의 색상이 바뀌는 것을 알 수 있습니다. 이렇듯 **타임라인**에서도 클립과 같이 노드에 대한 **보정 작업**을 할 수 있다는 것이며, 클립이 봉지 속 과자였다면 타임라인은 봉지들을 포장한 박스와 같은 것이라는 것임을 알 수 있을 것입니다. 다빈치 리졸브는 복잡할 수 있는 노드 작업을 이와 같은 방법으로 공간적 효율성을 높이고 있습니다.

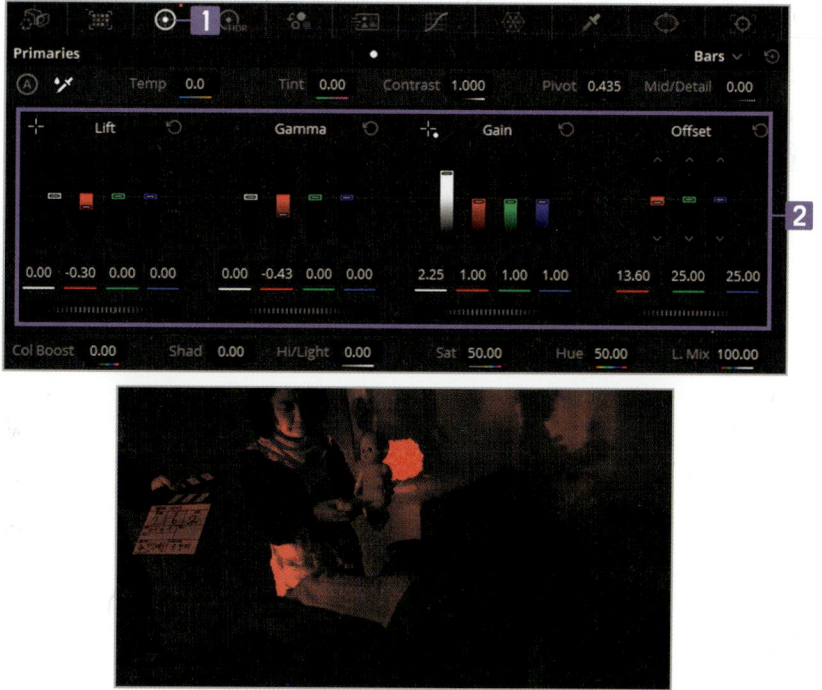

레이어 믹서(Layer Mixer) 노드 이해하기

계속해서 그밖에 노드에 대해 살펴보겠습니다. 다빈치 리졸브에서는 시리얼 노드를 제외한 다양한 노드들을 제공하여 특별한 노드 작업을 할 수 있습니다. 그 중 하나가 바로 이번 학습에서 살펴볼 **레이어 믹서(Layer Mixer)** 노드입니다. 여기에서는 **[학습자료]** - **[Project]** - **[레이어 믹서 노드]** 프로젝트를 실행하여 학습해 보겠습니다. 노드 트리(Node Tree)를 확인해 보면 1번 원본 그레이스케일 이미지 노드, 2번 빨간색 원이 있는 노드 그리고 우측으로 **레이어 믹서** 노드가 있습니다. 먼저 **레이어 믹서** 노드가 어떻게 작동하는지 보여주고 세팅을 하는 방법에 대해 살펴보겠습니다.

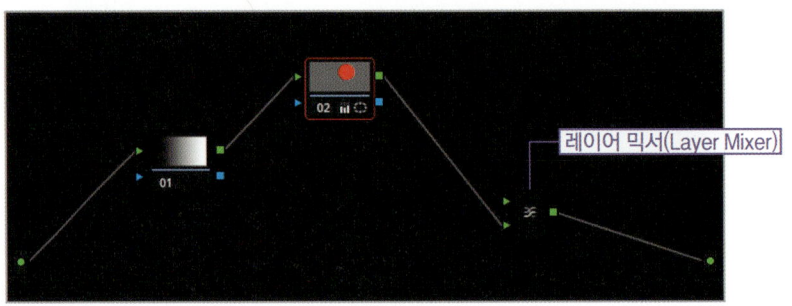

레이어 믹서는 노드 에디터의 빈 곳 또는 특정 노드에서 **[우측 마우스 버튼]** - **[Add Node]** - **[Layer Mixer]**를 통해 생성하며, 인풋이 기본적으로 2개이지만 필요에 따라 추가할 수 있습니다.

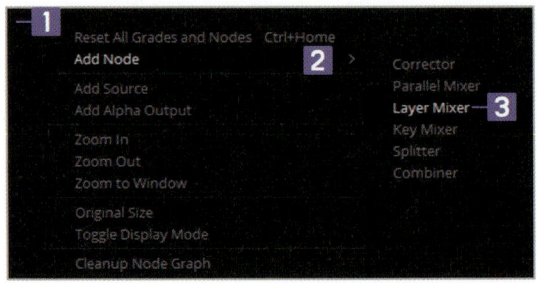

여기에서 초록색과 파란색 노드는 직접 만들어봅니다. 노드 에디터의 빈 곳에서 **[우측 마우스 버튼]** - **[Add Node]** - **[Corrector]**를 선택하여 그레이 스케일 노드를 2개 추가하여 그림처럼 배치합니다.

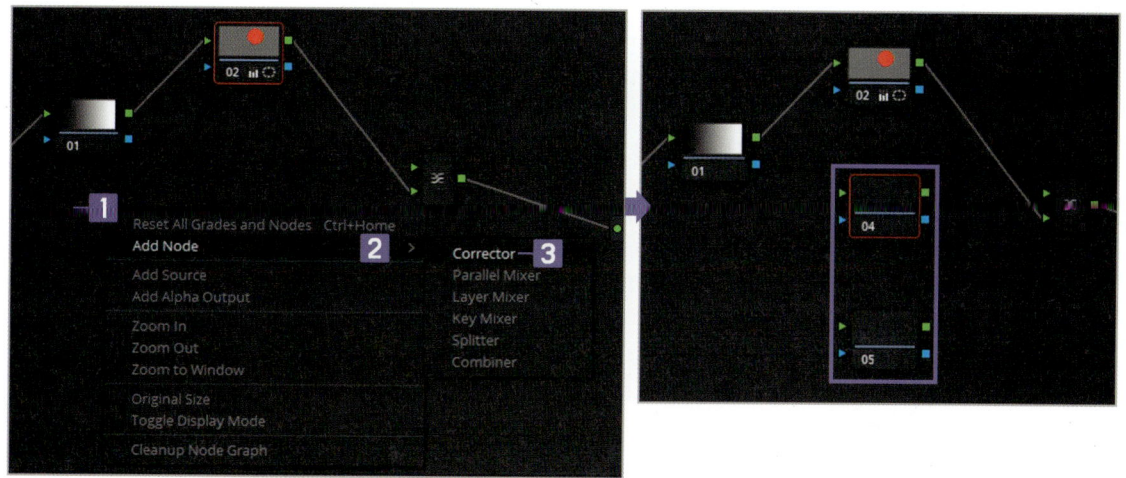

계속해서 새로 추가된 2개의 노드를 그림처럼 연결합니다. 1번 노드의 **아웃풋**은 커렉터로 추가한 **3개의 노드**의 **인풋**에 연결하고, 2, 3번 노드의 **아웃풋**은 **레이어 믹서**의 **인풋**에 연결하면 됩니다. 여기서 현재는 레이어 믹서의 인풋이 하나 모자라기 때문에 하나 더 추가해야 합니다.

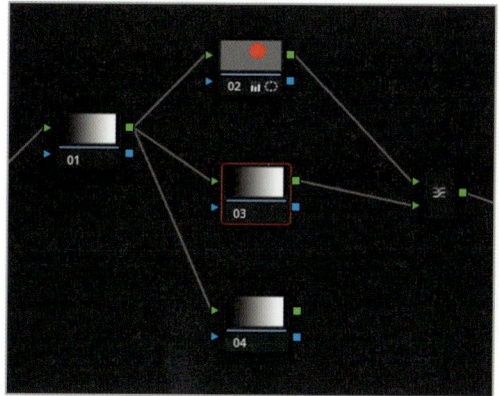

이제 레이어 믹서의 인풋을 하나 더 추가하기 위해 **레이어 믹서** 노드에서 [우측 마우스 버튼] - [Add One Input]을 선택합니다. 그러면 아래쪽에 새로운 인풋이 추가되는데 추가된 인풋에는 **4번** 노드의 아웃풋과 연결을 해줍니다.

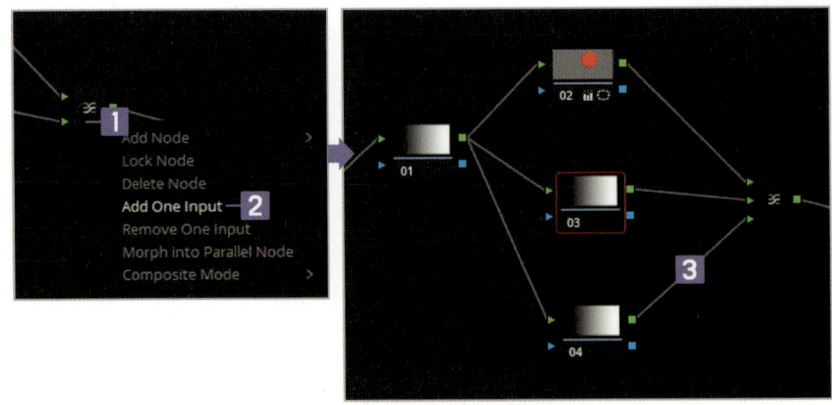

3번 노드가 선택된 상태에서 **윈도우**(Window) 툴에서 **원**을 클릭하여 3번 노드에 원을 생성합니다. 생성된 원은 원을 제외한 영역이 **투명**한 상태로 적용됩니다. 원의 외곽은 뚜렷하게 해주기 위해 Softness의 Soft 1을 0으로 설정합니다. 참고로 윈도우 툴은 **파워 윈도우**(Power Window)라고도 하며 노드, 즉 이미지(장면)에 도형 등의 **위젯**(Widget)을 적용하기 위해 사용됩니다.

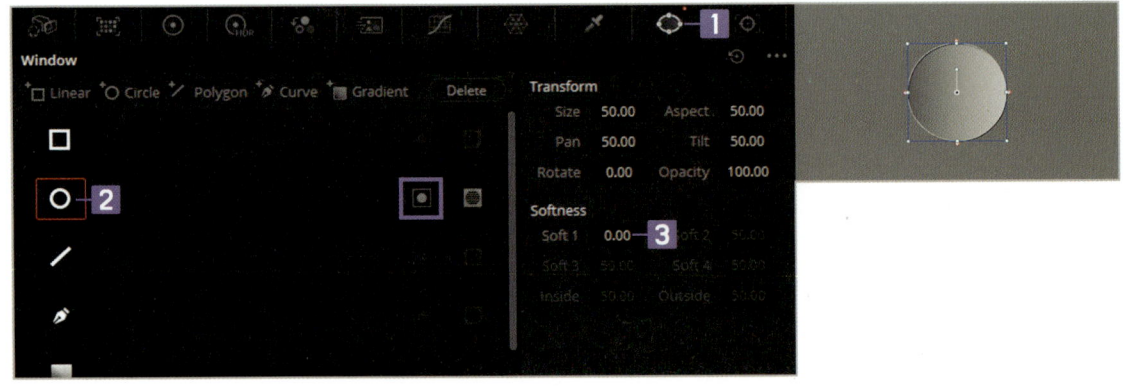

앞서 추가한 원에 색을 적용하기 위해 **컬러 휠의 프라이머리 바**에서 **게인**의 G 채널을 최대로 높여 **초록색**으로 설정합니다. 그다음 초록색 원의 위치를 그림처럼 사전에 만들어놓은 빨간색 원과 겹치지 않게 하기 위해 오른쪽으로 이동해줍니다.

이제 나머지 **파란색 원**의 모습은 앞서 초록색 원을 생성한 것처럼 만들어주면 됩니다. 이것은 여러분이 직접 만들어보기 바랍니다.

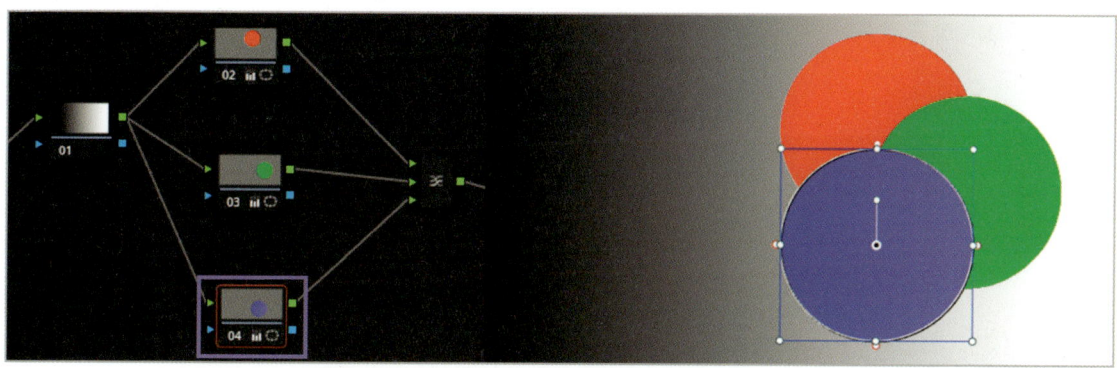

RGB 원의 모습이 뷰어에 제대로 나타나지 않는다면 **바이패스 컬러 그레이드 앤 퓨전 이펙트(Bypass Color Grades and Fusion Effects)**가 표시됐는지 확인해보기 바랍니다. 만약 바이패스 표시가 나타난다면 **바이패스 아이콘**을 클릭하거나 단축키 **[Shift] + [D]** 키를 눌러 해제하면 됩니다.

다빈치 리졸브에서의 레이어 믹서의 우선 순위는 **포토샵** 같은 툴에 익숙한 여러분이 생각하는 순서와 **반대**라고 볼 수 있습니다. 다시 말해 가장 위쪽에 위치한 인풋 포트가 가장 아래쪽에 있는 레이어(Layer)이고, 가장 아래쪽에 위치한 인풋이 가장 위쪽에 위치한 레이어란 뜻입니다. 그러므로 뷰어에서 보이는 파랑, 초록, 빨강 원이 **파랑 > 초록 > 빨강색** 순으로 보이는 것입니다.

만약 빨간색 원을 맨 위쪽에 위치하고자 한다면 **레이어 믹서 노드**와 연결된 **2번** 노드와 **4번** 노드의 연결 선(시리얼 라인)을 **삭제**한 후 **4번** 노드와 **2번** 노드에 연결됐던 레이어 믹서의 **인풋**을 서로 바꿔줍니다. 그러면 그림처럼 빨간색 원은 맨 위쪽, 파란색 원은 맨 아래쪽으로 순서가 바뀝니다.

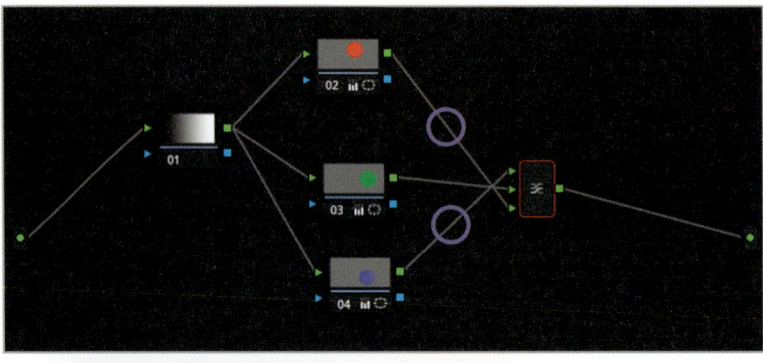

참고로 **2번** 노드의 **번호**를 클릭해 비활성화해 봅니다. 그러면 뷰어에서 빨간 원의 모습만 사라지게 됩니다. 확인이 끝나면 다시 활성화시킵니다.

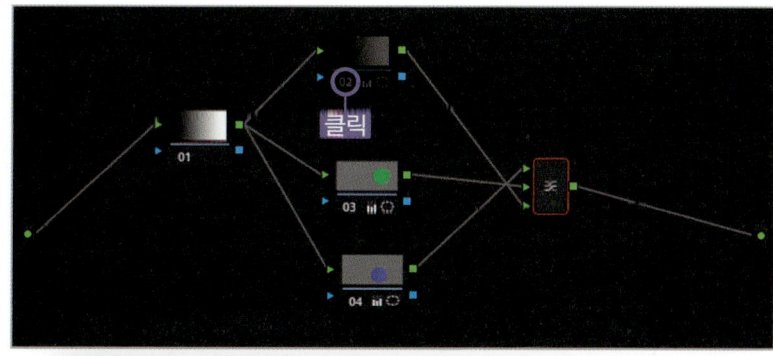

참고로 노드에 적용된 색보정 **아이콘** 위로 **마우스 커서**를 갖다 놓으면 적용된 보정 효과의 이름이 나타나 어떤 효과가 적용됐는지 확인할 수 있으며, **[우측 마우스 버튼] - [Reset Node Grade]** 메뉴를 선택하여 적용된 보정 효과를 삭제할 수 있습니다.

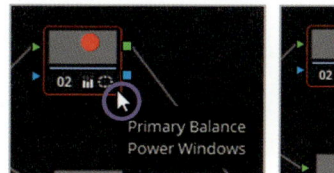 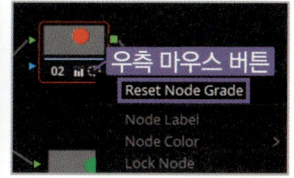

이번에는 레이어 믹서 노드들의 합성 작업을 위한 **컴포지트 모드(Composite Mode)**에 대해 알아보도록 하겠습니다. 앞서 살펴보았듯이 레이어 믹서 노드는 여러 개의 인풋을 합쳐 하나의 아웃풋으로 만드는 편리한 기능입니다. 이제 컴포지트 모드에 대해 살펴보기 위해 레이어 믹서 노드 위에서 **[우측 마우스 버튼] - [Composite**

Mode]를 선택해 봅니다. 그러면 컴포지트 모드의 다양한 모드가 나타납니다. 컴포지트 모드는 위/아래 노드(레이어)들의 색상, 밝기, 채도 값을 계산하여 합성된 장면을 연출할 수 있습니다. 현재는 어떠한 변화도 없는 노멀(Normal) 상태입니다.

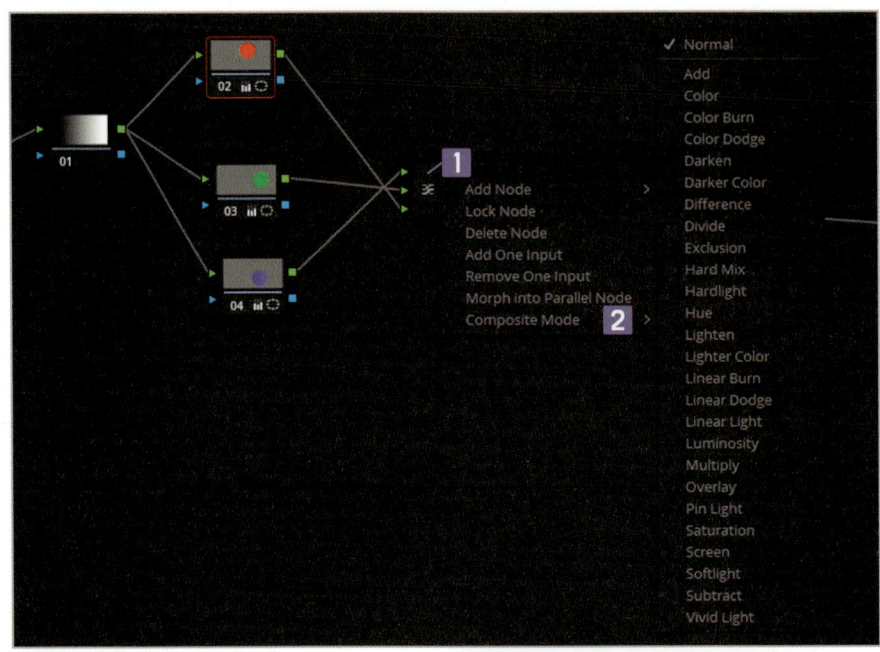

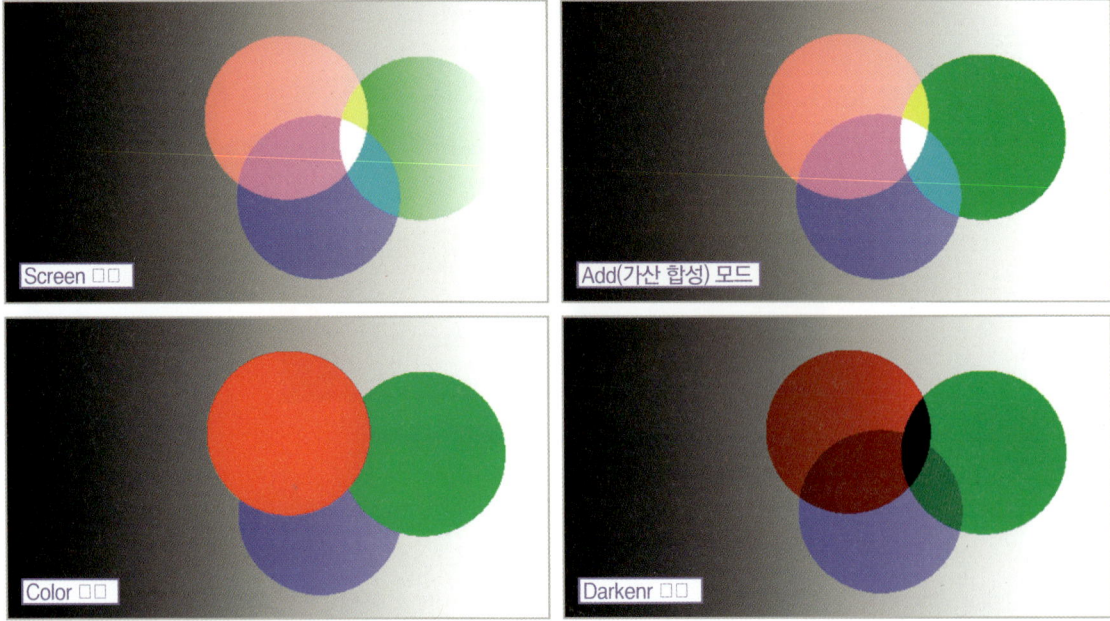

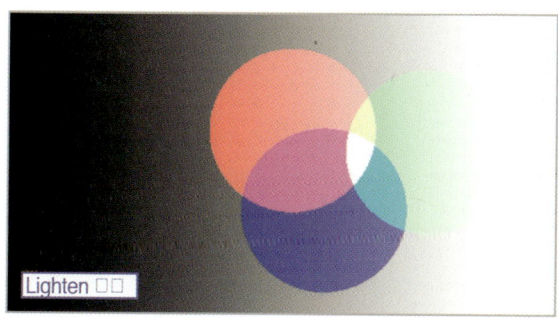

블렌딩 모드는 각각의 레이어 믹스 노드, 즉 이미지(장면)의 색상, 밝기, 채도 등의 속성을 혼합하여 독특한 합성을 해 주는 모드입니다. **블렌딩 모드**라는 키워드로 웹 검색을 통해 컴포지트 모드에 대한 정보를 얻을 수 있지만, 기본적으로 합성 모드는 각 레이어, 즉 노드 화면의 색상, 밝기, 채도에 따라 달라지므로 직접 한 번씩 선택해 보아야 원하는 결과물을 얻을 수 있습니다.

이제 방금 살펴본 레이어 믹서 노드를 직접 만들어보겠습니다. **새로운 프로젝트**에서 하나의 미디어 파일을 부러와 사용해 보겠습니다. 필자는 [학습자료] - [Video] - [C74A3762]를 불러와 사용해 보겠습니다. 클립 노드 에디터의 빈 곳에서 [**우측 마우스 버튼**] - [Add Node] - [Layer Mixer]를 선택하여 레이어 믹서 노드를 추가합니다. 레이어 믹서는 특정 노드에서 우측 마우스 버튼 선택 시 나타나는 메뉴를 통해 만들 수도 있지만 노드 에디터의 빈 곳에서 사용하는 메뉴와는 다르게 선택된 노드와 연결된 상태의 레이어 믹서가 생성되기 때문에 작업에 맞게 사용하는 것이 중요합니다.

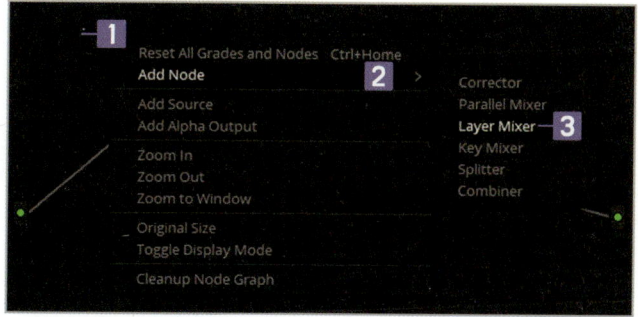

방금 생성된 레이어 믹서 노드를 끌어다 **1번** 노드와 **최종 출력 사이**의 연결선에 적용합니다. 이동 시 마우스 커서 아래쪽에 + 모양이과 연결선이 **노란색**으로 바뀔 때 놓으면 됩니다.

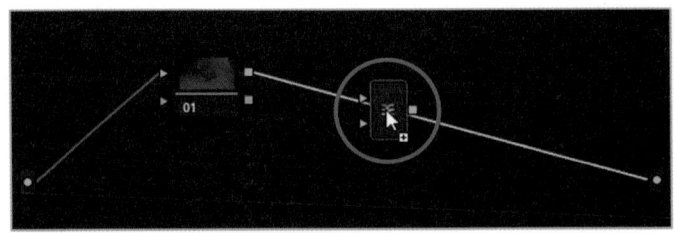

이제 레이어 믹서로 사용할 몇 개의 노드를 추가해 봅니다. 노드 에디터의 빈 곳 또는 노드 위에서 [우측 마우스 버튼] - [Add Node] - [Corrector / Add Serial] 메뉴를 선택하거나 단축키 [Alt] + [S] 키를 눌러 3개의 노드를 추가해 봅니다. 필자는 [Alt] + [S] 키를 눌러 그림처럼 3개의 노드를 추가했습니다.

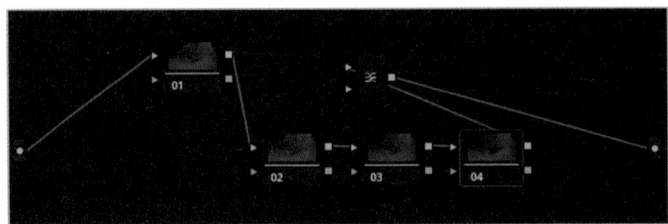

방금 추가한 3개(2, 4, 5번)의 노드 인/아웃풋을 그림처럼 수정합니다. 이때 5번 노드의 아웃풋과 연결한 레이어 믹서의 인풋이 하나 모자랄 것입니다. 이럴 땐 지난 학습에서 배웠던 레이어 믹서에 새로운 인풋을 추가해야 합니다.

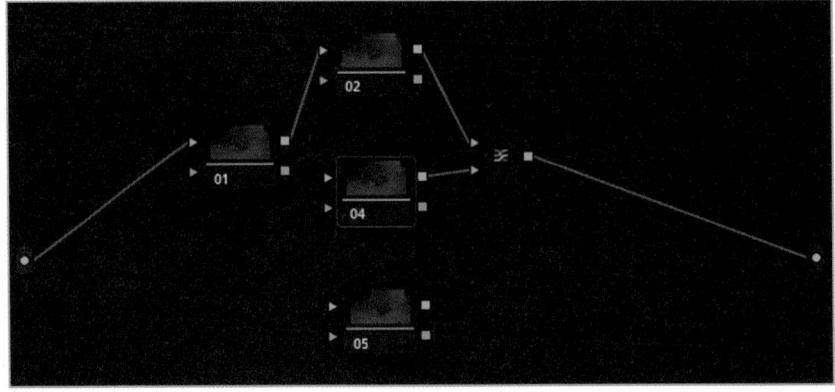

레이어 믹서에 인풋을 추가하기 위해 레이어 믹서에서 [우측 마우스 버튼] - [Add One Input]을 선택합니다. 그

러면 새로운 인풋이 하나 추가됩니다. 이와 같은 방법으로 필요한 만큼의 인풋을 추가할 수 있습니다.

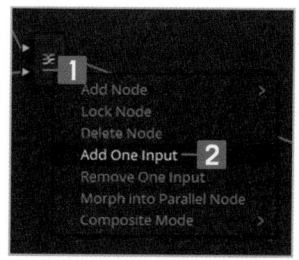

추가된 레이어 믹서의 인풋에 **5번** 노드의 아웃풋을 연결하고 **나머지**도 그림처럼 연결해 줍니다. 연결 작업이 끝나면 레이어 믹서로 사용되는 노드의 모습(화면)이 정상적으로 나타납니다.

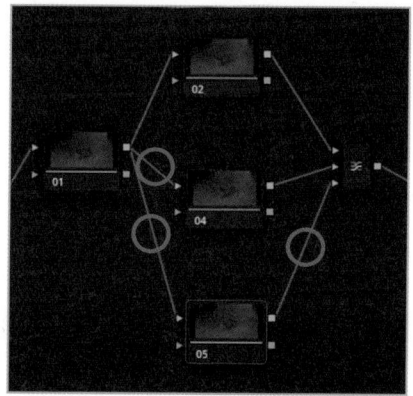

여기에서는 가장 상위 레이어에 위치한 5번 노드에 대해서만 효과를 적용해 볼 것입니다. **5번** 노드를 클릭(선택)하여 선택한 후 **윈도우(Window)** 툴을 선택합니다. 일단 윈도우 툴의 맨 위쪽에 있는 **사각형 툴(Linear Tool)**을 클릭해 봅니다.

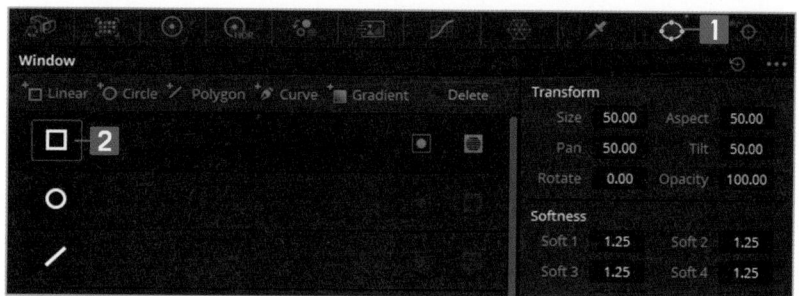

색보정의 모든 것 **409**

그러면 그림처럼 사각형 박스가 생성되는데, 박스가 적용된 부분을 제외한 영역이 회색으로 처리된 것을 알수 있습니다. 회색 영역은 투명하게 처리된 영역을 뜻하며, 투명하게 처리된 영역에는 하위 레이어 노드의 모습이 나타나게 됩니다.

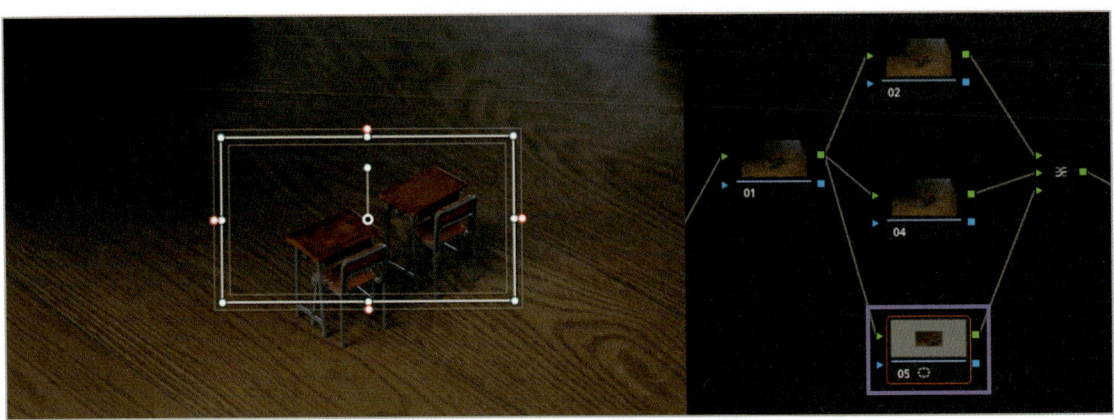

이제 사각형 **위젯**(Widget - 마스크와 같은 **역할을 함**)이 작성된 영역에 색보정 작업을 해 봅니다. 여기에서는 빨강, 초록, 파랑색을 혼합하여 색보정을 하기 위한 RGB 믹서 툴에서 보정 작업을 해 보겠습니다. Red Output에서 빨강, 초록, 파랑을 조금씩 증가해 봅니다.

그러면 위젯 영역만 빨간색으로 표현됩니다. 이렇듯 윈도우 툴로 지정한 영역은 **마스크화(투명 정보)**되기 때문에 **마스크 영역**에만 **효과**가 표현됩니다. 참고로 윈도우 툴에서는 사각형뿐만 아니라 원하는 모양의 다양한 위젯을 만들어 줄 수 있습니다. 윈도우 툴에 대해서는 차후에 자세히 살펴볼 것입니다.

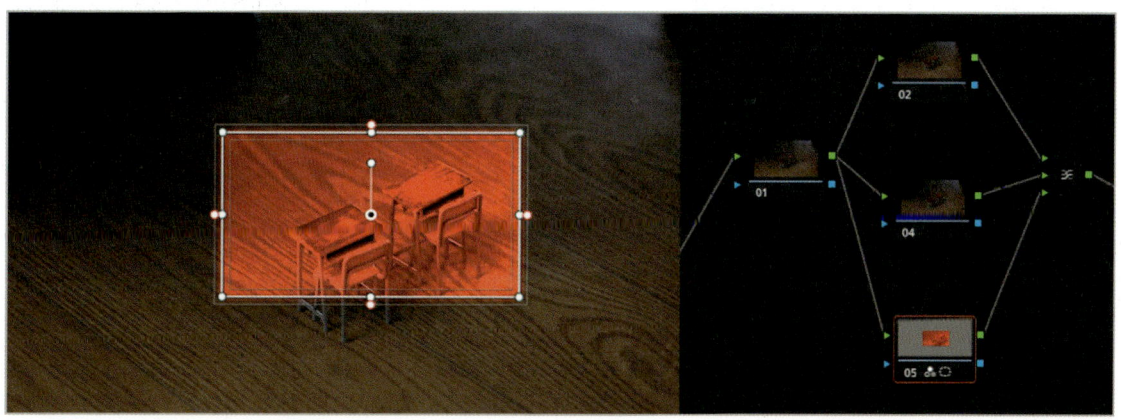

여기서 위젯 영역에 이펙트(효과)를 적용해 보겠습니다. **OpenFX**를 선택하여 활성화해 놓고 **Library**에서 **Mosaic Blur**를 끌어서 **5번** 노드에 갖다 놓습니다. 다빈치 리졸브에서의 이펙트는 컷, 에디트, 퓨전 페이지에서도 사용되지만 컬러 페이지에서의 이미지, 즉 장면의 변화를 주기 위해 OpenFX의 Library에 있는 효과를 사용할 수 있습니다. 참고로 적용된 이펙트의 세부 설정은 **Settings**에서 하면 됩니다.

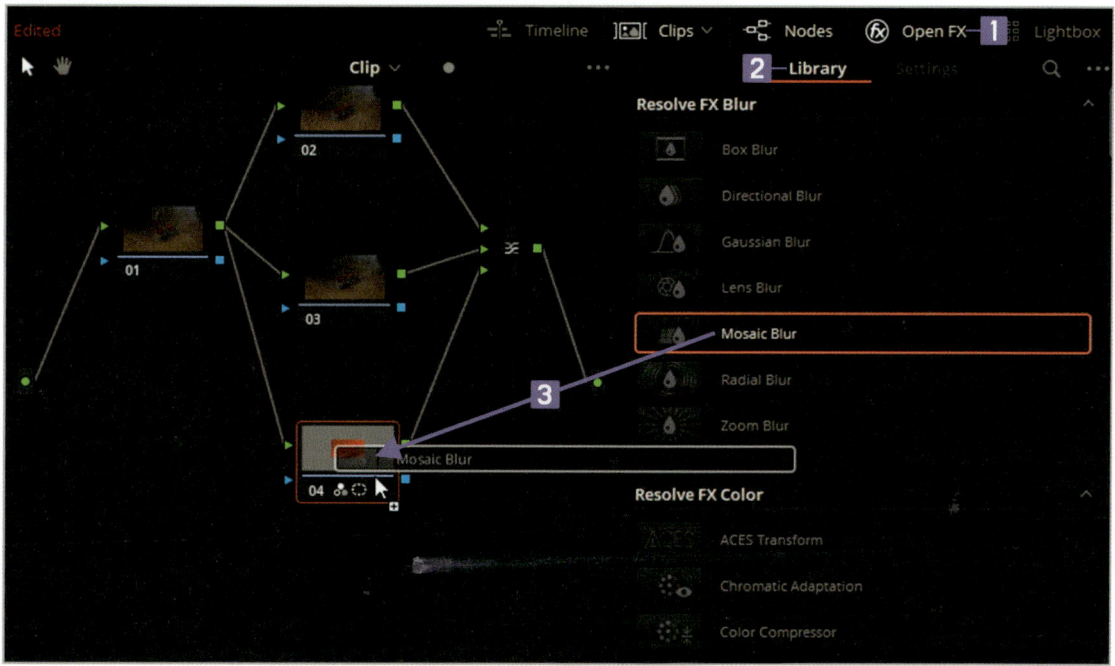

모자이크 효과가 적용된 후의 모습을 보면 앞서 작성된 **위젯 영역**에만 적용된 것을 알 수 있습니다. 효과의 세부 설정은 우측 **세팅(Settings)**에서 가능하며 마스크, 즉 윈도우의 크기와 위치는 원하는 형태로 조절이 가능합니다. 또한 키프레임을 활용하여 모자이크 효과의 모습이 변하는 애니메이션도 가능합니다. 지금까지 여러 개의 레이어를 이용하여 다양한 표현을 해 주는 레이어 믹서 노드에 대해서 살펴보았습니다.

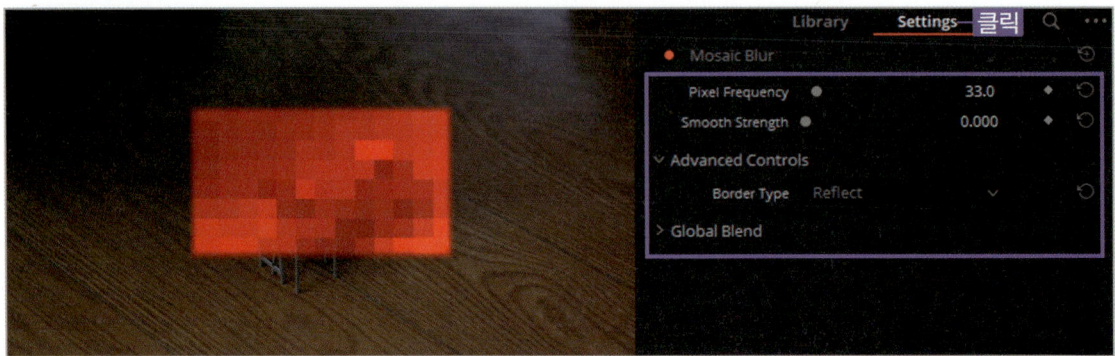

패럴렐 믹서(Parallel Mixer) 노드 이해하기

패럴렐 믹서 노드는 앞서 살펴본 레이어 믹서 노드와 비슷한 듯 다른 노드 믹서로써 **여러 개의 노드(레이어)**를 **평행적**으로 합성을 해 줍니다. 이번에는 앞선 학습에서 저장해 놓았던 **레이어 믹서 노드 완성** 프로젝트를 통해 살펴보겠습니다.

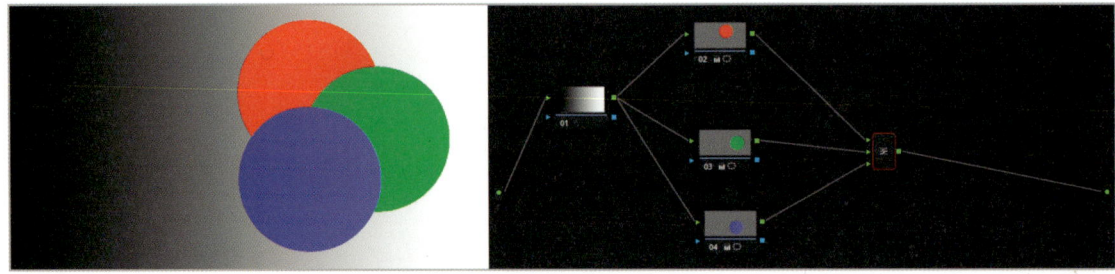

패럴렐 믹서는 노드 에디터의 빈 곳에서 **우측 마우스 버튼**을 클릭하여 나타나는 메뉴에서 **[Add Node]** - **[Parallel Mixer]**를 통해 생성할 수 있습니다.

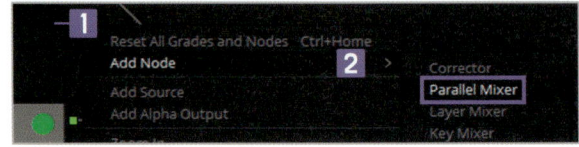

이제 실행된 프로젝트를 살펴봅니다. 현재는 **3개**의 레이어 노드와 **레이어 믹서**(Layer Mixer)가 사용되고 있습니다. 여기서 **레이어 믹서**와 **패럴렐 믹서**는 서로 변경해 가면서 사용할 수 있습니다. 예를 들어 레이어 믹서를 패럴렐 믹서로 바꿔주거나 반대로 패럴렐 믹서를 레이어 믹서로 바꿔줄 수 있다는 것입니다. 이제 레이어 믹서를 패럴렐 믹서로 바꿔보도록 하겠습니다. 레이어 믹서 위에서 **[우측 마우스 버튼]** - [Morph Into Parallel Node]를 선택합니다

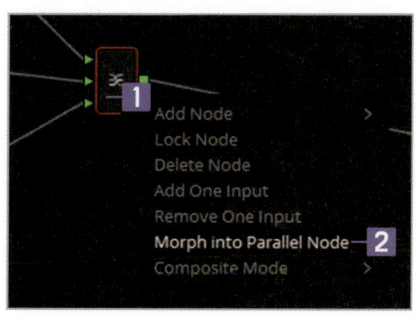

그러면 그림처럼 레이어 믹서가 **패럴렐 믹서**(Parallel Mixer)로 바뀐 것을 알 수 있으며, 뷰어를 보면 3개의 빨강, 초록, 파랑색 원의 교차된 영역이 서로 **평행(수평)**적으로 합성된 것을 알 수 있습니다. 이렇듯 패럴렐 믹서는 레이어 믹서와는 다르게 컴포지트 모드를 통한 합성이 아니라 항상 평행적인 합성을 해 줍니다. 참고로 패럴렐 믹서에서 다시 레이어 믹서로 되돌아가기 위해서는 패럴렐 믹서에서 **[우측 마우스 버튼]** - [Morph Into Layer Mixer Node]를 선택하면 됩니다.

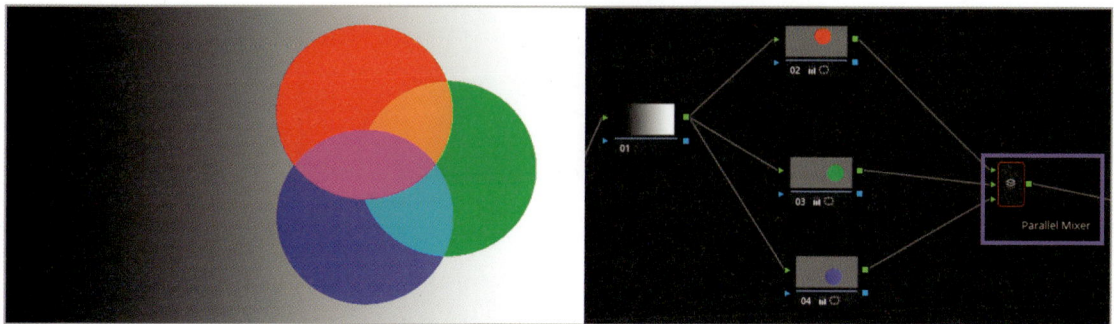

아웃사이드 노드(Outside Node) 이해하기

이번 학습에서는 **윈도우 툴**로 작성된 마스크 영역을 반전하여 새로운 노드로 만들어주는 **아웃사이드** 노드에

대해 살펴보겠습니다. 이번 학습에 사용될 장면은 [학습자료] - [Video] - [130] 파일입니다. 장면을 보면 손이 초록색으로 보이는 것을 알 수 있습니다. 여기에서는 **아웃사이드** 노드를 사용하여 **손 부분**만 **컬러**를 사용하고 나머지 영역은 채도 값을 낮춰 두 영역에 대비를 주겠습니다. 물론 지금의 작업은 키(Key)와 키 **믹서**(Key Mixer)를 이용해서도 표현할 수 있지만 두 기능의 용도가 다르기 때문에 작업 상황에 맞게 이용해야 합니다.

이제 1번 노드와 **똑같은** 노드를 만들어보겠습니다. 노드를 만드는 방법은 **커렉터**를 이용해도 되겠지만 시리얼 라인을 연결해 주어야 하기 때문에 이번에는 **1번** 노드를 선택한 후 [Ctrl] + [S] 키를 눌러 시리얼 노드를 추가합니다.

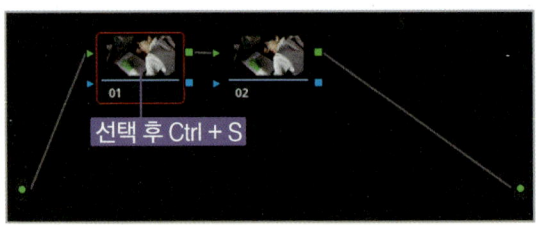

추가된 **2번** 노드가 선택된 상태에서 **윈도우**(Window) 툴로 이동합니다. 윈도우 툴 중에 포토샵의 펜 툴처럼 원하는 모양을 만들어주는 펜 모양의 **커브**(Curve) 툴을 선택합니다. 다빈치 리졸브 커브 툴은 정교하지 않기 때문에 곡선보다는 직선을 촘촘하게 사용하여 모양을 만들어주는 것이 효과적일 수도 있습니다. 펜 툴을 사용할 때 원하는 모양이 잘 만들어지지 않을 경우에는 **언두**(Ctrl + Z)를 하거나 **리셋**(Reset)을 하여 처음부터 다시 작성할 수 있습니다. 또한 하나의 노드에 하나의 마스크, 즉 위젯 영역밖에는 만들 수 없기 때문에 만약 여러 개의 위젯을 사용하고 싶다면 사용하고자 하는 개수만큼의 노드를 만들어 주어야 합니다.

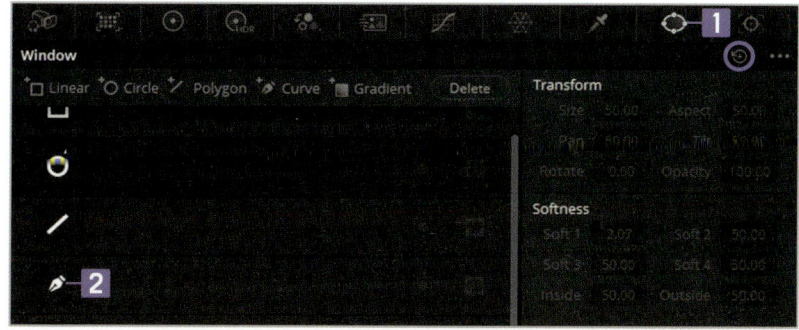

뷰어를 손 부분에 집중할 수 있도록 **마우스 휠**을 회전하여 **확대**하고 **마우스 휠 버튼을 눌러** 작업 위치로 이동합니다. 그다음 그림처럼 **첫 번째** 지점에서 **클릭**하여 **점**을 만든 후 **두 번째** 지점에서 클릭 & 드래그하여 손가락 모양에 맞는 곡산을 그려줍니다. 그리고 다음 손 모양을 그리기 위해 양쪽으로 뻗어 나온 안테나 모양의 **탄젠트 핸들** 중 아래쪽 핸들에 마우스 커스를 **Ctrl** 키를 누른 상태로 갖다 놓습니다. 그러면 **빨간색**으로 바뀝니다.

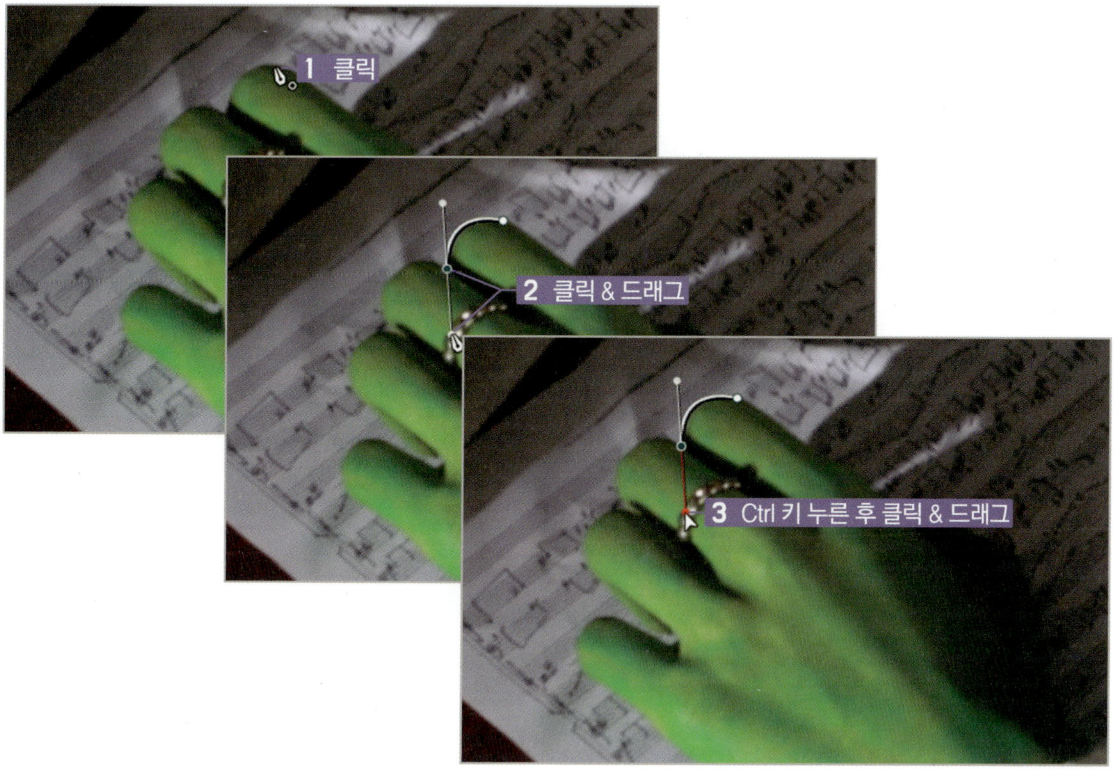

Ctrl 키를 누른 상태에서 **핸들을 두 번째 포인트**가 있는 곳으로 갖다 놓습니다. 이렇게 하면 다음 모양을 그릴 때 원하는 곡선 모양을 그려줄 수 있습니다. 계속해서 다음 손가락에서 **클릭 & 드래그**하여 손가락 모양에 맞는 곡선을 만들어줍니다.

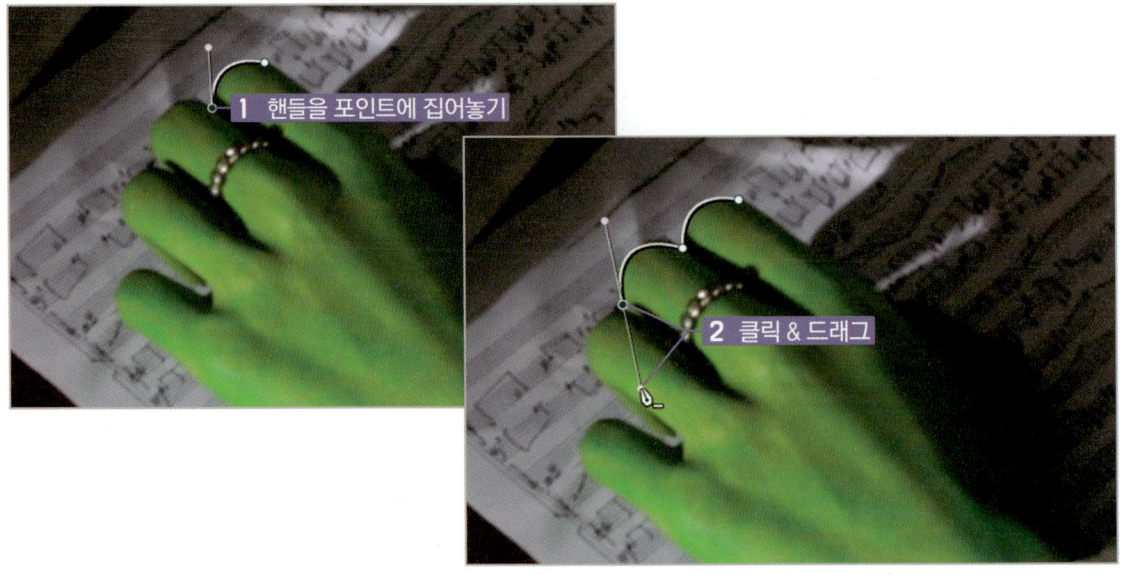

만약 곡선 모양을 만들기 어렵다면 그림처럼 **클릭 - 클릭 - 클릭**해서 촘촘한 직선으로 손 모양을 만들어도 됩니다. 마지막에는 **첫 번째 포인트**를 **클릭**하여 선을 완전히 **연결**해주어야 하는데 펜 모양 커서 아래쪽에 **작은 동그라미**가 나타날 때 클릭하면 됩니다.

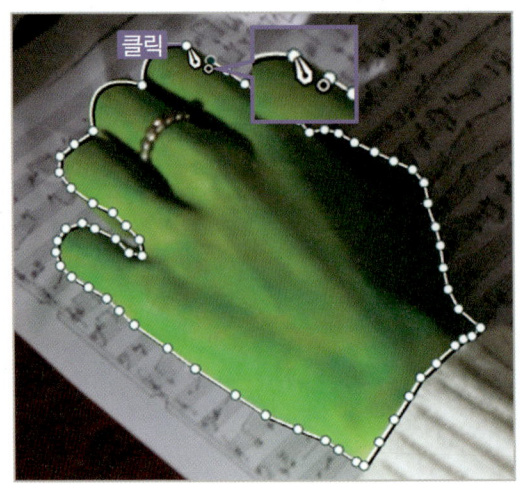

손 모양의 마스크가 작성된 후의 노드를 보면 마스크가 작성된 영역만 남고 나머지는 **회색**, 즉 투명한 영역으로 처리되는 것을 알 수 있습니다. 이제 아웃사이드 노드를 만들어주기 위해 마스크가 작성된 노드에서 [**우측 마우스 버튼**] - [Add Node] - [Add Outside]를 선택합니다.

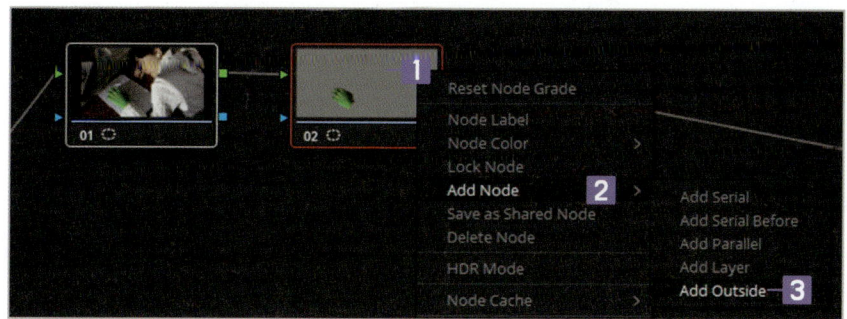

생성된 아웃사이드 노드를 살펴보면 앞서 손 보양의 마스크 영역이 **회색**으로 처리되고 나머지는 정상적으로 나타나는 것을 알 수 있습니다. 이렇듯 **아웃사이드** 노드는 원본 노드의 **윈도우(위젯)** 또는 **키 영역**과 **반전**된 상태의 노드를 생성합니다. 참고로 두 노드 간에는 2개의 연결 선이 있는데, 아래쪽 **하늘색** 화살표 라인은 **합성**을 위한 **알파채널**(Alpha Channel) 데이터가 전달되는 역할을 합니다.

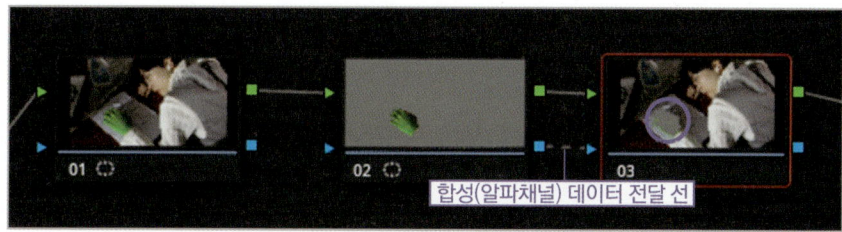

계속해서 이번엔 아웃사이드 노드에 색보정을 해 보겠습니다. 여기에서는 초록색 손을 제외한 나머지 영역을 흑백으로 처리해 주기 위해 **컬러 휠**(Color Wheels)에서 **채도**(Saturation) 값을 0.00으로 설정하여 **흑백** 영상으로 만들어줍니다. 설정된 모습을 확인해 보면 그림처럼 초록색 손은 컬러로 표현되고 나머지 영역은 흑백으로 표현되는 것을 알 수 있습니다. 이렇듯 **아웃사이드** 노드는 **노드**의 **대비**되는 **영역**을 만들어 다양한 표현할 수 있게 해 줍니다. 참고로 초록색 손이 움직이게 되면 해당 위젯 영역을 **트래커**(Tracker)를 통해 **모션 드래킹**을 하여 움직이는 손(물체)의 움직임과 일치시킬 수 있습니다. 트래커에 대해서는 차후에 자세히 살펴볼 것입니다.

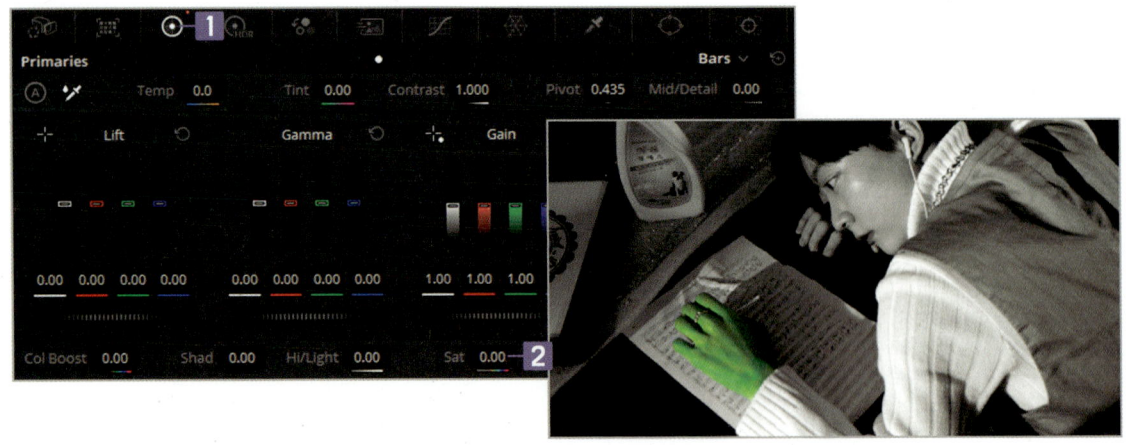

키 믹서(Key Mixer) 노드 이해하기

키 믹서는 **아웃사이드**와 유사한 결과를 얻을 수 있지만 보다 다양한 작업에서 사용됩니다. 키 믹서를 사용하기 위해서는 먼저 이미지(영상)의 특정 색상이 정확하게 대비되는 것이 중요한데, 예를 들어 **블루 스크린(Blue Screen)**이나 **그린 스크린(Green Screen)** 같은 **크로마키(Chroma key)** 합성처럼 배경 색상이 전경 색상과 완전히 대비되는 영상일 때 가장 효과적이라는 것입니다. 물론 크로마키처럼 디테일하지는 않지만 일반 이미지에서도 특정 색상을 합성 및 보정 효과를 표현할 수 있습니다. 이번 학습에서는 [학습자료] - [Video] - [15] 파일을 사용하겠습니다. 노드 에디터의 빈 곳에서 [우측 마우스 버튼] - [Add node] - [Key Mixer]를 선택합니다.

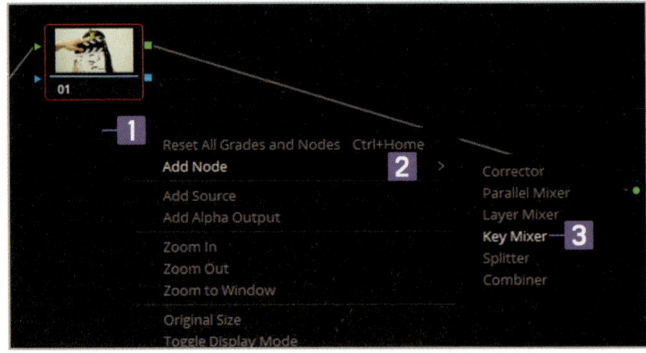

계속해서 1번 노드 위에서 [우측 마우스 버튼] - [Add Node] - [Add Serial] 메뉴를 선택하거나 단축키 [Alt] + [S] 키를 눌러 1번 노드 다음으로 연결되는 새로운 노드를 3개 추가합니다.

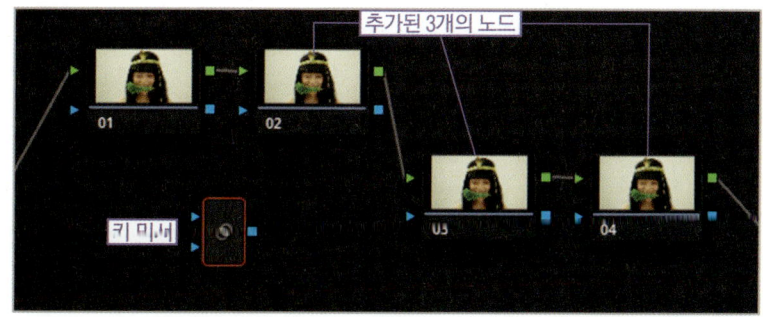

이제 **키 믹서**와 연결되는 노드를 만들어야 합니다. 방금 추가한 3개의 시리얼 노드와 키 믹서 노드를 보면 **위쪽 초록색**의 RGB 색상 데이터 정보가 전달되는 인풋과 아웃풋과 **아래쪽 하늘색** 삼각형(사각형)의 **키(Key)** 데이터 정보가 전달되는 인풋과 아웃풋이 있습니다. 생성된 노드들은 그림처럼 연결해 줍니다. 이와 같은 노드 트리를 쉽게 정리하자면 **1번** 원본 노드의 **RGB(기본 이미지 정보)** 데이터는 2, 3, 4번(노드 번호는 중요하지 않음)에 동시에 전달되고, **5번**의 RGB 데이터는 최종 출력으로 전달되는데, 이것은 **순수** RGB 데이터만 보내지는 것입니다. 이때 2, 3번 노드의 데이터 중 합성을 위한 **키 데이터**는 **키 믹서**를 거쳐 **4번** 노드로 전달됩니다. 즉 2번과 3번 노드는 RGB 데이터가 아닌 **합성(투명 정보)**을 위한 키 데이터만 **키 믹서**가 받아서 다음 노드로 전달된다는 것입니다. 현재 최종 색상 및 키 데이터를 받는 **4번** 노드는 회색 상태입니다.

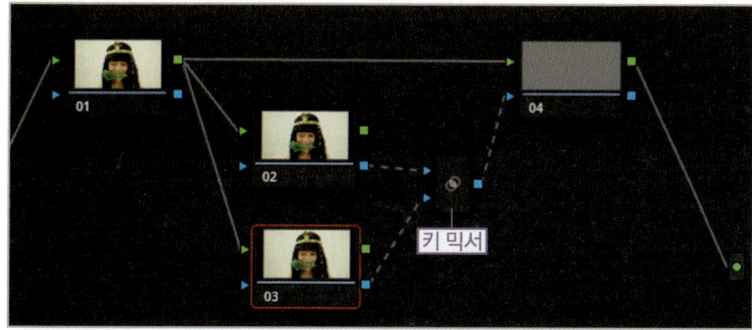

키 믹서 작업 시 키 데이터를 전달할 노드가 많아지면 그만큼 키 믹서의 인풋 포트도 추가되어야 하는데, 키 믹서의 인풋 추가는 레이어 믹서처럼 키 믹서에서 **[우측 마우스 버튼] – [Add One Input]** 메뉴로 가능합니다.

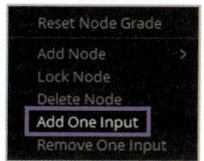

계속해서 이번에는 키 작업을 해 보겠습니다. 먼저 **2번** 노드를 선택합니다. 그리고 **스포이트** 모양의 **퀄리파이어(Qualifier)** 툴을 선택한 후 화면의 **상추**가 있는 지점을 **클릭**하여 키 영역을 지정합니다. 이와 같은 방법으로 키 합성을 위한 영역을 지정하게 되는데, 지정된 후의 모습은 지정된 상추의 **초록색** 영역만 남고 나머지는 **회색(투명한 상태 – 알파채널)**으로 처리됩니다.

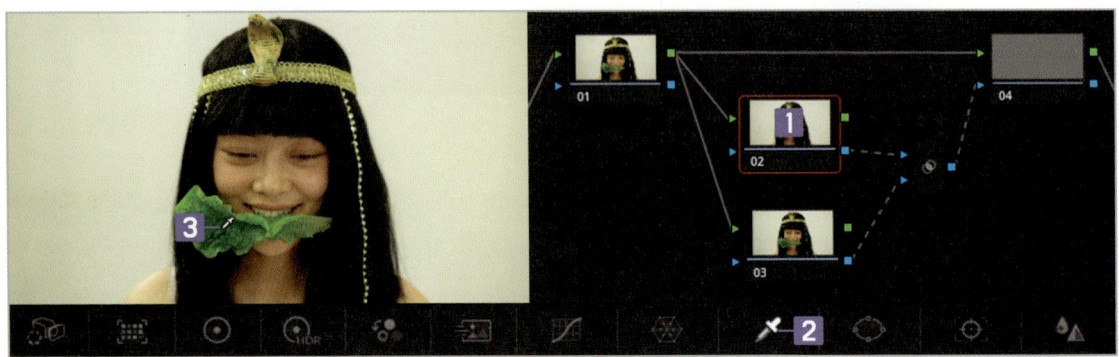

그렇지만 앞선 작업으로는 상추의 모든 모습을 표현할 수 없습니다. 상추가 단일 색상이 아니기 때문입니다. 이제 미세한 설정을 통해 상추의 모든 모습이 표현되도록 해 보겠습니다. **퀄리파이어(Qualifier)**에서 색(Hue), 채도(Saturation), 명도(Luminace)의 설정 옵션 **슬라이더**를 **좌우**로 이동하여 그림처럼 상추의 모습이 최대한 정확하게 표현되도록 해 줍니다. 이때 주변의 유사 색상이 같이 표현되지 않도록 주의해야 합니다. 참고로 뷰어 왼쪽 상단의 **하이라이트**가 꺼져있으면 퀄리파이어 설정 모습이 안보이기 때문에 켜놓고 작업을 해야 합니다.

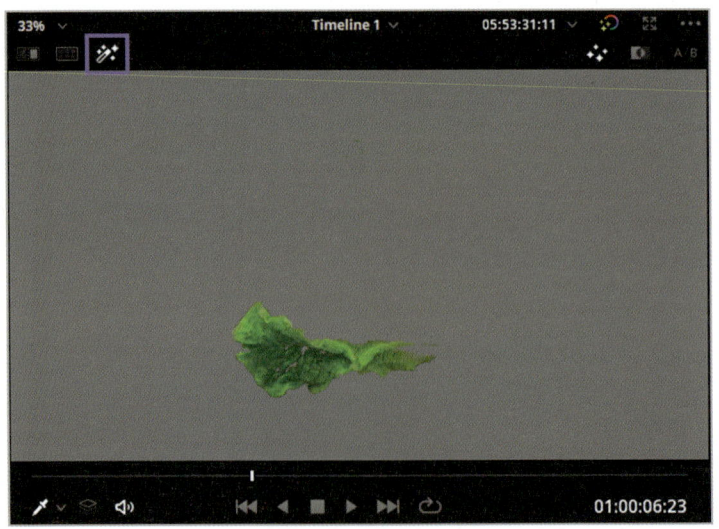

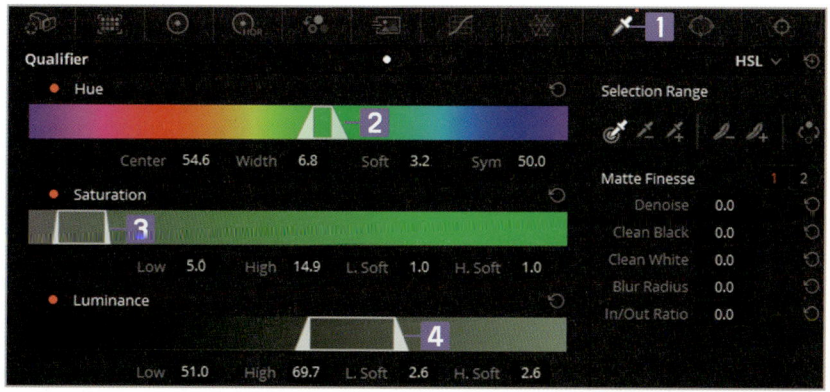

계속해서 **3번** 노드도 **2번** 노드와 같은 방법으로 키 작업을 해야 하는데, 이번엔 금색 **머리띠**를 키 영역으로 지정해 봅니다. **스포이트(퀄리파이어)** 툴을 사용하여 금색 머리띠에서 금색이 가장 잘 나타나는 지점을 클릭합니다. 그러면 역시 정확하지는 않지만 머리띠 부분만 나타나고 나머지는 회색(투명)으로 처리됩니다.

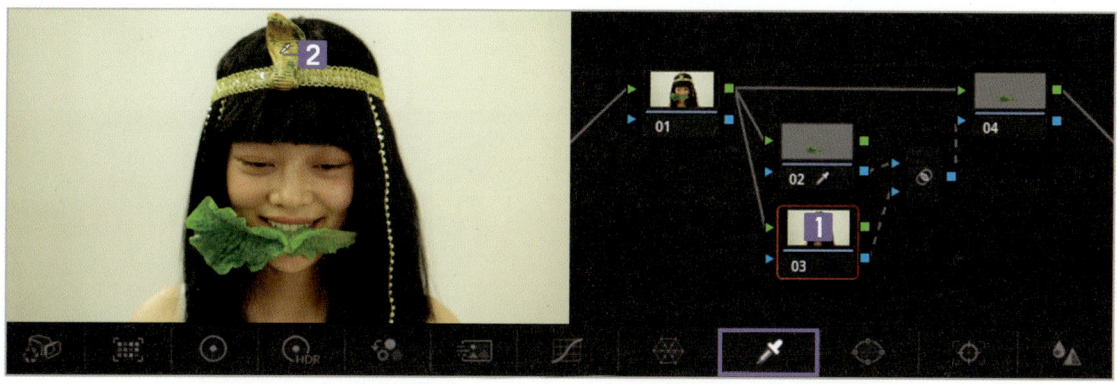

이번에도 역시 **퀄리파이어** 상태에서 금색 머리띠의 모습이 완전하게 표현되도록 설정을 해 줍니다. 지금의 장면에서는 금색 머리띠와 유사한 색(얼굴 등)이 여러 군데에 있기 때문에 머리띠만을 완전하게 표현하기는 불가능할지도 모릅니다. 이때는 앞선 학습에서 살펴보았던 **윈도우** 툴을 사용하여 해당 부분만 표현할 수도 있을 것입니다. 하지만 여기에서는 퀄리파이어의 기본 옵션만 가지고 설정해 봅니다.

이제 **4번** 노드를 선택하여 앞서 작업한 상추 그리고 머리띠와 대비되는 장면을 연출해 보겠습니다. 만약 **4번** 노드를 선택했는데도 불구하고 이미지 뷰어에서 상추와 머리띠 영역만 컬러로 보이고 나머지 영역은 회색으로 나타난다면 뷰어의 **하이라이트**를 **해제**합니다.

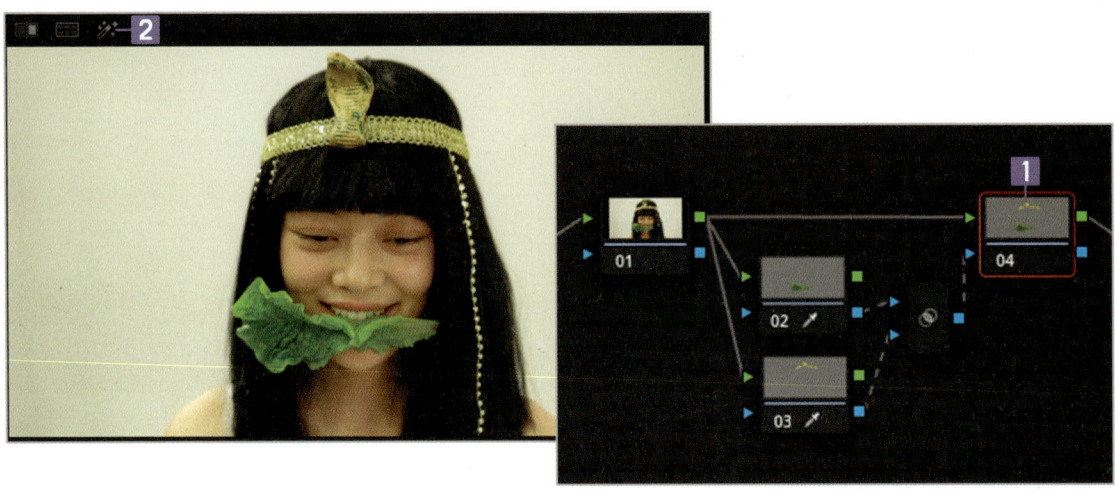

마지막으로 **4번** 노드의 채도를 빼서 **흑백**으로 만들어주기 위해 RGB 믹서로 이동한 후 하단의 **모노크롬**(Monochrome)을 체크해 줍니다. 하지만 필자의 경우에는 의도했던 것과는 다르게 상추와 머리띠가 흑백으로 표현되고 나머지 영역이 컬러로 표현되고 있습니다. 이제 이 문제를 해결해보도록 하겠습니다.

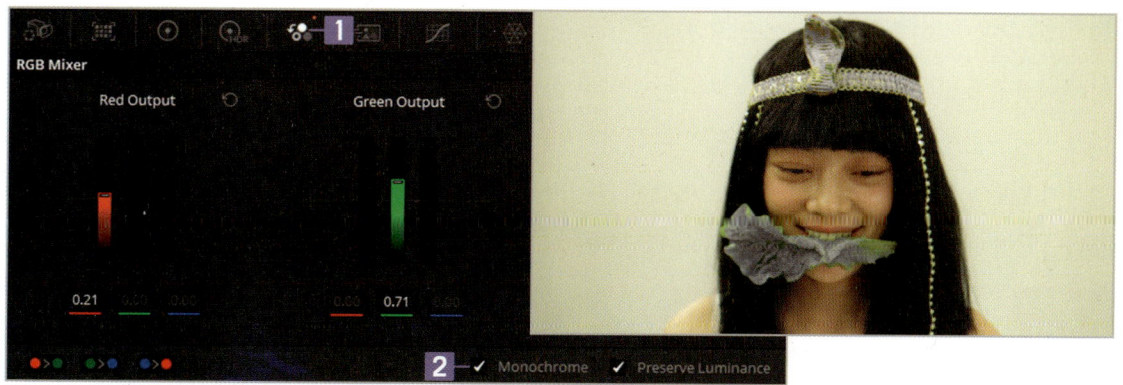

키(Key)를 선택합니다. 키 믹서 노드가 적용되면 자동으로 키 아웃풋(Key Output)이 적용되지만 때에 따라 오류가 발생되기도 합니다. **Key Output** 오른쪽의 **키 아이콘**을 클릭하여 키 영역을 **반전(Invert)**시킵니다. 그러면 이제 상추와 머리띠만 컬러로 표현되고 나머지 영역이 흑백으로 처리되는 것을 알 수 있습니다. 지금까지 키 믹서 노드에 대해 살펴보았습니다. 살펴본 것처럼 키 믹서를 사용하면 여러 개의 노드를 통한 키 작업을 디테일하게 표현할 수 있다는 것을 알 수 있습니다.

알파 아웃풋(Alpha Output) 노드 이해하기

알파 아웃풋 노드는 앞선 학습에서 살펴본 윈도우(위젯) 영역이나 키 작업을 통한 영역을 투명하게 처리하여 하위 트랙과 합성을 할 때 사용되는 노드입니다. 쉽게 말해 투명 정보인 **알파채널(Alpha Channel)** 데이터를 전달하기 위한 노드라고 이해하면 됩니다. 이번 학습을 위해서는 **에디트 페이지**에서 두 개의 트랙에 클립이 적용되어있어야 합니다. 그림처럼 [학습자료] - [Video] - [15와 130]을 위아래 트랙에 적용한 후 **인/아웃 편집**을 하여 길이를 같게 해줍니다.

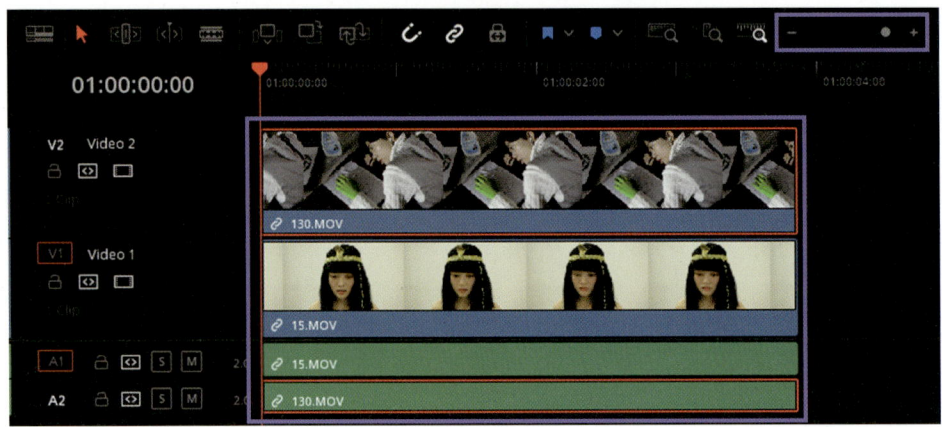

컬러 페이지로 이동한 후 **상위 트랙**에 있는 클립의 노드에서 작업을 합니다. 물론 여러분은 필자와 다르게 트랙이 배치되어있을 수도 있습니다. 하지만 중요한 것은 구조상 상위 트랙의 투명 정보가 있을 때 하위 트랙의 모습이 나타나기 때문에 이와 같은 작업에서는 항상 상위 트랙의 클립, 즉 노드를 이용해야 합니다. 상위 트랙의 1번 노드를 선택한 후 단축키 [Alt] + [S] 키를 눌러 1번 노드 다음 순으로 새로운 노드를 생성합니다.

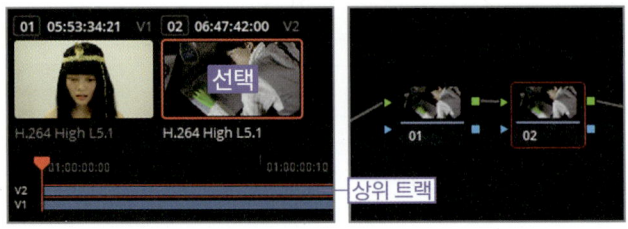

이번엔 추가된 **2번** 노드에 투명 정보가 담긴 영역을 만들어봅니다. 이것은 **키(Key)** 작업을 통해서도 가능하지만 여기에서는 간단하게 **윈도우 툴**의 **서클(Circle)** 툴을 선택하여 만들어줍니다. 그러면 그림처럼 원형 위젯이 생성되고 위젯 영역을 제외한 나머지 영역은 회색으로 처리됩니다.

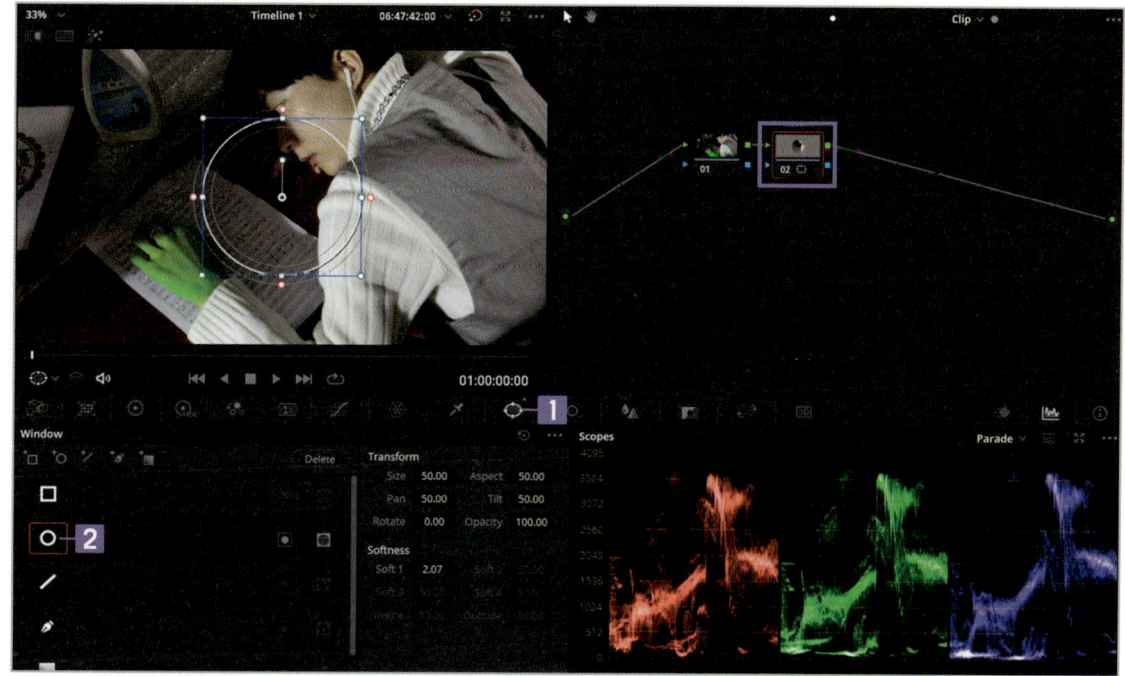

앞선 작업에 대한 투명 정보가 담긴 **마스크**, 즉 알파채널 영역을 실제로 투명하게 표현하기 위해 노드 에디터의 빈 곳에서 [**우측 마우스 버튼**] - [**Add Alpha Output**]을 선택합니다.

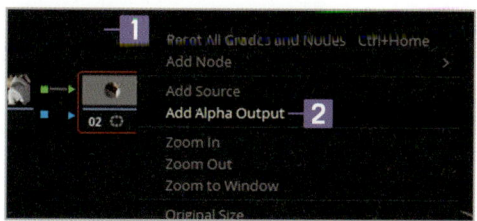

알파 아웃풋 노드가 생성되면 이제 2번 노드의 **키 데이터**를 전달하는 **아웃풋**을 방금 생성된 **알파 아웃풋** 노드에 연결해 줍니다. 그러면 앞서 작성한 **위젯 영역**을 제외한 나머지 영역이 **투명(알파)**하게 처리되고, 투명한 영역에는 하위 트랙의 장면이 나타나게 됩니다. 이렇듯 알파 아웃풋 노드는 투명 정보를 그대로 전달하여 합성을 하는 노드 방식입니다.

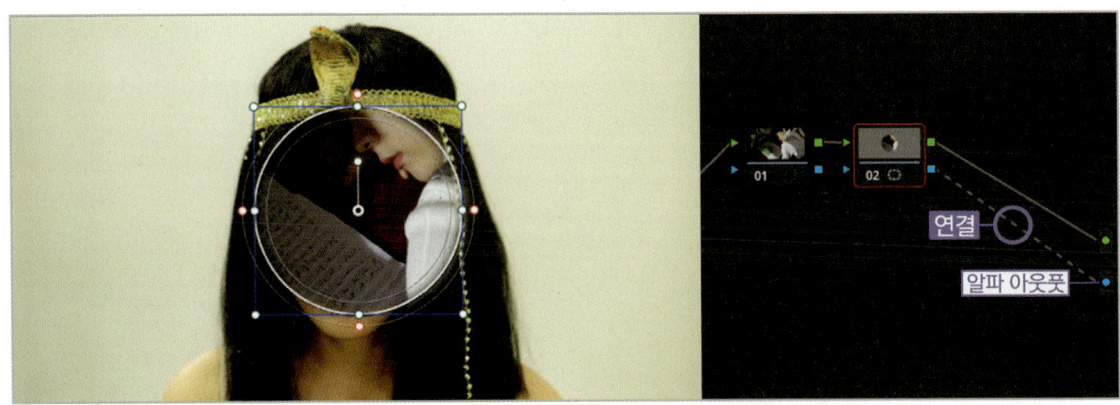

만약 알파 영역을 서로 반전시키고 싶다면 **키(Key)**을 선택한 후 **Key Output** 오른쪽에 있는 **반전(Invert)** 아이콘을 클릭해 봅니다. 그러면 그림처럼 흰색과 검정색이 반전되는 것을 알 수 있습니다. 반전된 **흰색**은 **불투명**, 즉 표현이 되는 색이며, **검정색**은 **투명**하게 처리되는 색(영역)입니다. 이것은 즉각적으로 뷰어와 노드에서도 반영됩니다. 지금까지 노드에 대해 살펴보았습니다. 노드는 다빈치 리졸브를 비롯하여 그래픽 툴에서도 많이 사용되는 방식이기 때문에 반드시 이해를 하고 넘어가야 할 것입니다.

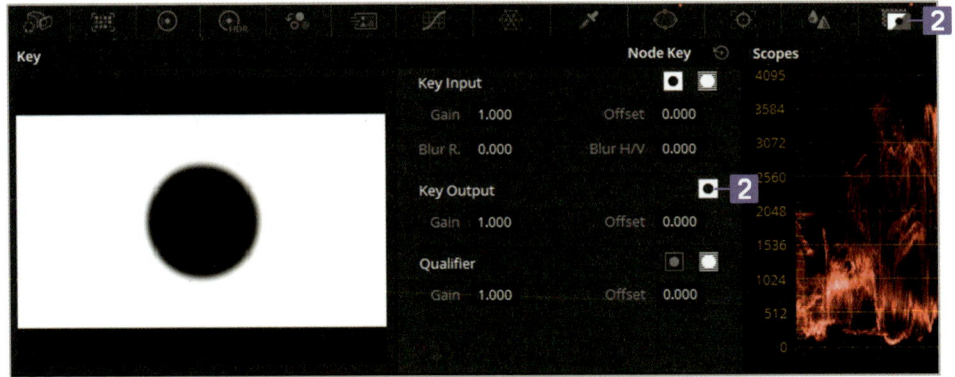

세컨더리(Secondary) 보정

이번 학습에서는 **세컨더리 보정**(Secondary Corrections)에 대해 살펴보도록 하겠습니다. 세컨더리 보정은 이미지(장면)의 특정 부분들에 대한 세부적인 보정을 말합니다. 컬러리스트들은 이것을 종종 **이미지 분해**라고 부르기도 합니다. 세컨더리 보정를 하는 이유는 채도가 과하게 높은 옷이나 빛에 의해 발생되는 특정한 문제점을 보완하는 등의 창의적인 장면을 만들 수 있기 때문입니다. 또한 세컨더리 보정을 통해 시청자들이 이미지를 보았을 때 어디에 집중을 하고, 어떤 정보를 얻어야 하는지 결정적인 역할을 합니다. 대표적인 두 가지 도구는 **HSL 키어(Hue/Saturation/Luminance Keyer)**와 **윈도우(Window)** 툴 입니다. 이것에 대해서는 차후 자세히 살펴볼 것이지만 지금은 세컨더리 보정 도구들이 이미지의 특정한 부분을 보정하기 위한 도구라는 것 정도만 알아두면 됩니다. 특정한 부분을 보정하기 위해 사용하는 도구들을 보면 **색(Hue)**, **채도(Saturation)**, **휘도(Luminance)**, **커브(Curves)**, HSL Keyer, 3D Keyer, Window, **트래커(Tracker)** 등이 있습니다. 이제부터는 이와 같은 기능들을 활용한 세컨더리 보정에 대해 하나하나 학습해 보도록 하겠습니다.

커브(Curves)를 활용한 세컨더리 보정

이번 학습에서는 **커브(Curves)**를 이용하여 이미지(장면)의 특정 부분에 세컨더리 보정을 어떻게 적용하는지 알아보도록 하겠습니다. 여기에서는 [학습자료] - [Image] - [그레이 스케일] 파일을 사용합니다. 먼저 [Ctrl] + [Shift] + [W] 키를 눌러 스코프를 연 후 **웨이브폼(Waveform)** 스코프로 선택합니다. 그다음 **커브(Curves)**로 이동합니다. 커브 그래프와 웨이브폼 스코프의 모습을 비교해 보면 둘은 유사한 모습으로 되어있습니다. 커브 그래프의 양 끝에 있는 포인트는 **어두운 영역**과 **밝은 영역**으로 되어있으며, 이 포인트를 이동하거나 특정 지점에 포인트를 **추가(클릭하여 추가함)**하여 이동하면 그 외의 **픽셀(Pixel)**들이 조정이 되는데, 이것은 **감마(Gamma)**의 **노출(Exposure)**을 조정해 주는 것과 같은 결과를 얻을 수 있습니다.

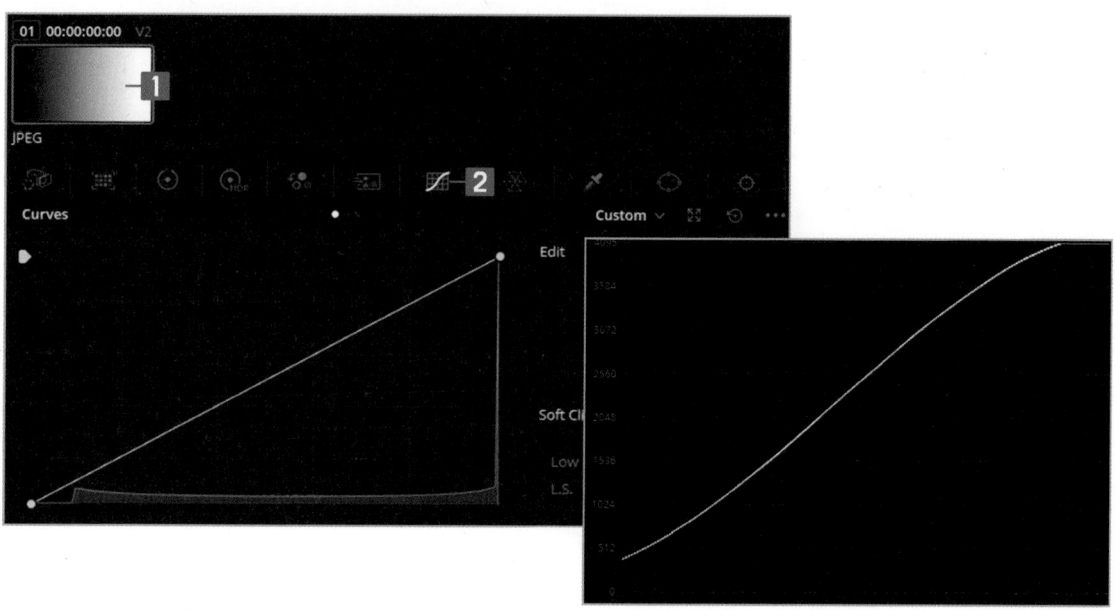

만약 이미지(장면)의 특정 부분만 보정을 하고 싶을 경우에는 **컨트롤 포인트**를 클릭하여 추가하여 설정 함으로써 특정 부분만 보정을 해 줄 수 있습니다. 참고로 Alt 키를 누른 상태로 포인트를 조정하면 스코프의 센터 포인트에 맞춰 조정할 수 있으며, 불필요한 포인트는 **우측 마우스 버튼**을 클릭하여 **삭제**할 수 있습니다.

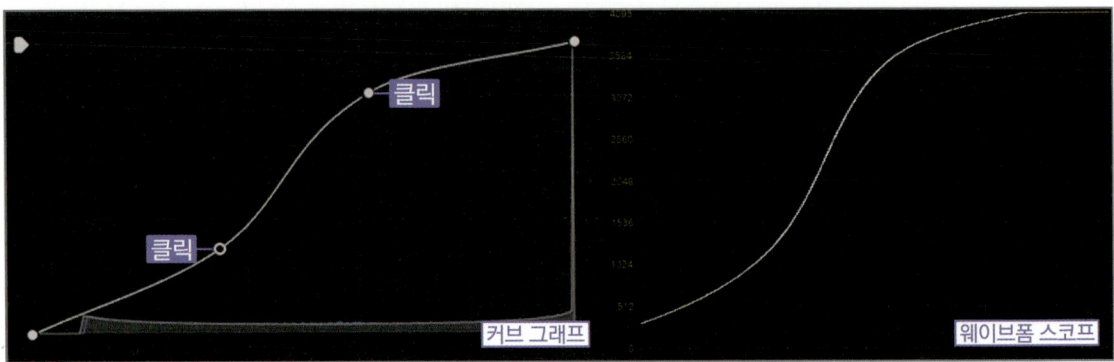

이제 실제 장면을 통해 학습하기 위해 [학습자료] - [Video] - [Bcam1198] 파일을 사용합니다. 이 장면을 보면 전체적으로 어두운 편에 속하지만 특히 구름과 암벽 쪽을 **콘트라스트**를 높여 밝고 선명하게 할 필요가 있습니다. 참고로 보정 작업을 할 때는 가급적 작업에 적당한 **스코프**와 함께 하는 것이 좋습니다.

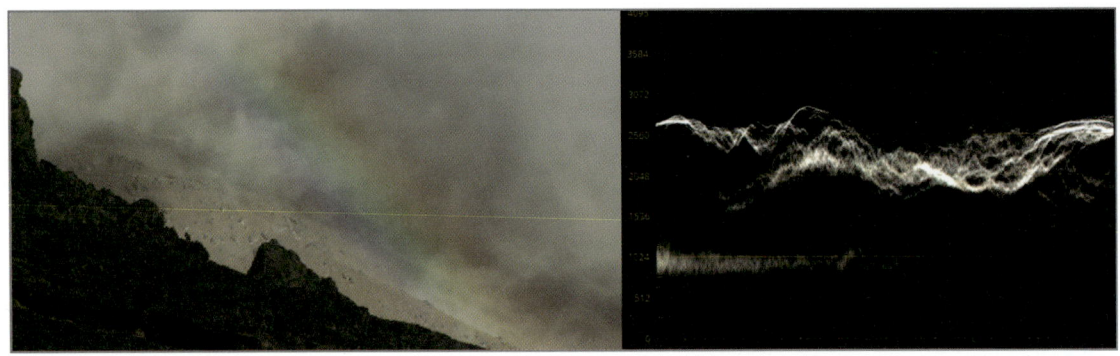

커브를 이용하여 그림처럼 **2개**의 컨트롤 포인트를 **추가(클릭하여 추가함)**한 후 **하이라이트(밝은 영역)**를 높이고, **쉐도우(어두운 영역)**를 낮춰줌으로써 콘트라스트를 많이 올려줍니다. 그러면 그림처럼 이전보다 훨씬 밝고 선명해진 것을 알 수 있습니다. 하지만 여전히 특정 부분에 보정이 필요하다고 판단됩니다.

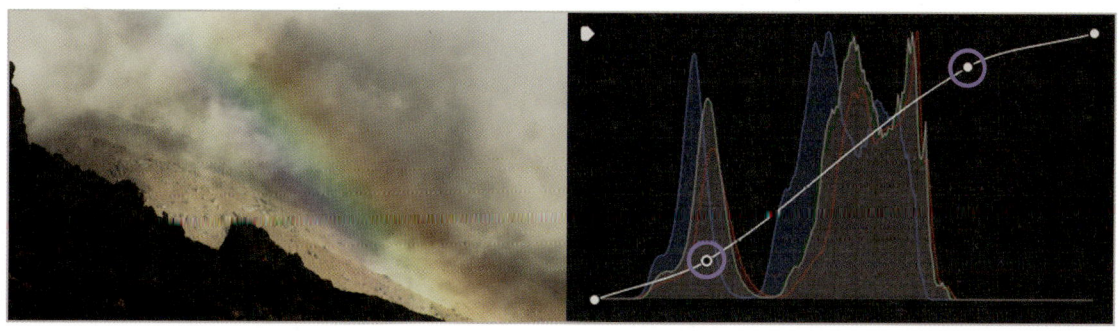

계속해서 방금 추가한 **2개**의 포인트를 모두 **삭제(포인트에서 우측 마우스 버튼 클릭)**합니다. 그리고 뷰어에 마우스 커서를 갖다놓고 **스포이트** 모양, 즉 **퀄리파이어(Qualifier)** 모드 상태에서 보정하고자 하는 부분을 **클릭**합니다. 그러면 해당 부분이 커브의 컨트롤 **포인트**로 추가됩니다. 필자는 구름과 겹치는 무지개 상단 부분을 선택하여 컨트롤 포인트가 커브의 가운데 부분에 추가되었습니다. 또한 **쉐도우 영역**에 대한 보정을 위해 암벽 부분에 컨트롤 포인트를 추가하였습니다. 이제 추가된 2개의 포인트를 설정하여 **구름 영역**은 **밝게** 하고, **암벽 영역**은 **선명하게** 해 줍니다. 이렇듯 퀄리파이어 툴을 이용하여 직접 보정하고자 하는 장면의 특정 부분을 선택한 후 보정할 수 있다는 것을 알 수 있습니다.

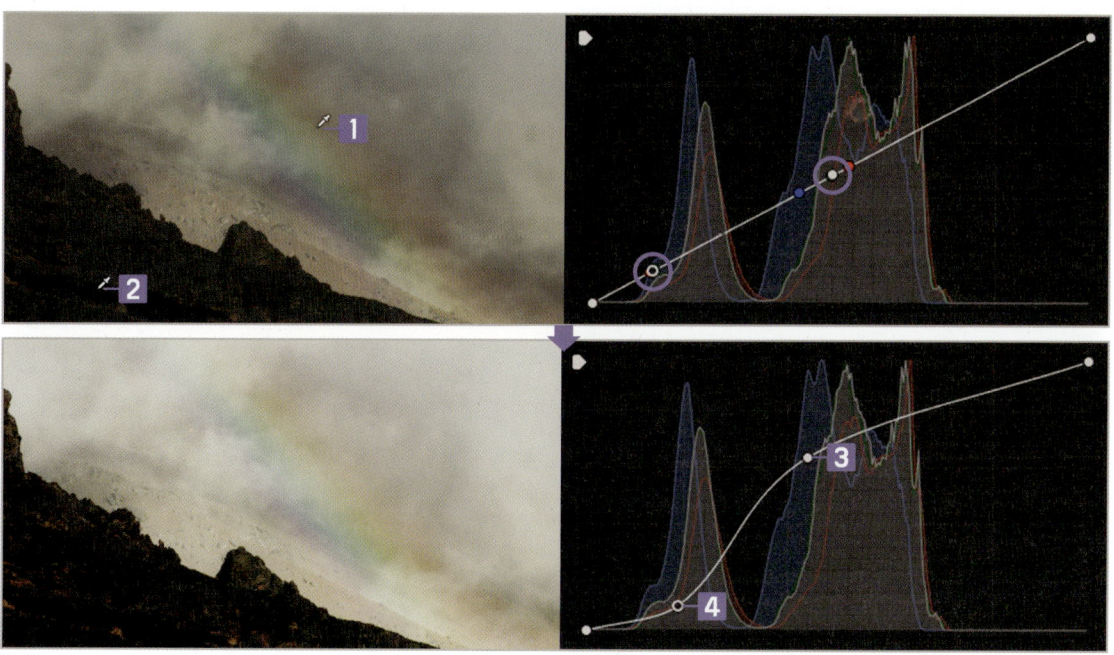

로그(Log) 및 그밖에 컨트롤을 활용한 세컨더리 보정

이번 학습은 **컬러 휠**(Color Wheels)의 **로그**(Log) 및 그밖에 컨트롤을 활용하여 **세컨더리 보정**을 해 보겠습니다. 먼저 [**학습자료**] - [Image] - [**그레이 스케일**] 이미지를 통해 살펴보겠습니다. **로그**(Log)의 쉐도우(Shadow - 어두운 영역), 미드톤(Midtone - 중간 밝기 영역), 하이라이트(Highlights - 밝은 영역)를 조절해 보면 모두 특정 범위 내에 있는 값만 조정되는 것을 확인할 수 있습니다. 예를 들어 **조그셔틀** 컨트롤을 이용하여 **쉐도우**의 밝기를 좌우로 조정해 보면 특정 범위 내의 값을 기준으로 보정되는 것을 알 수 있습니다. 지금의 작업에서는 **웨이브폼**(Waveform) 스코프를 열어놓고 확인해 봅니다.

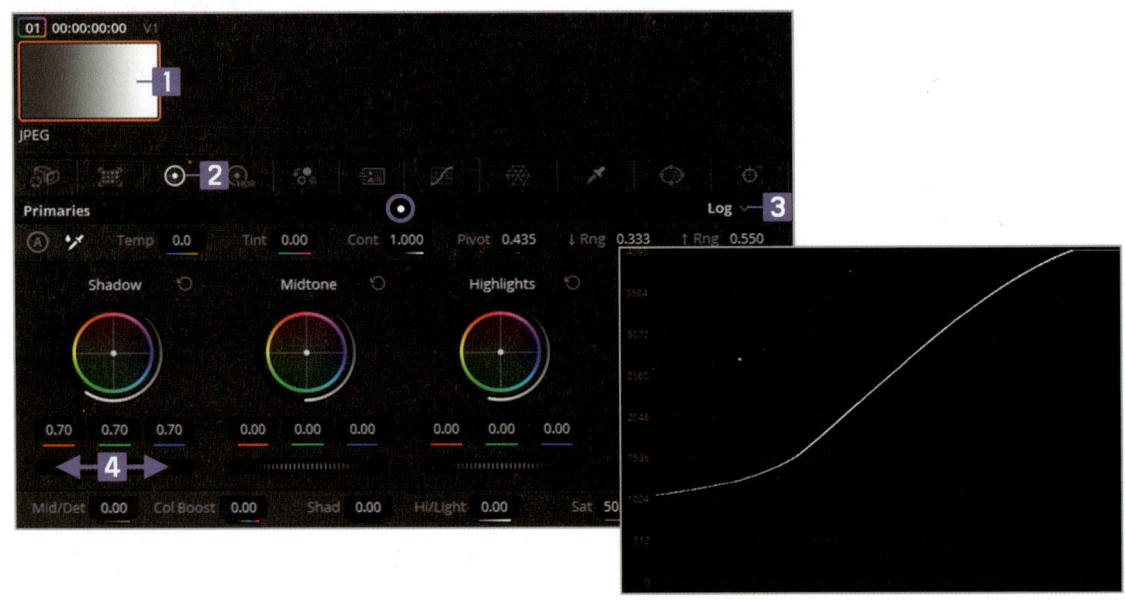

이제 특정한 범위의 값을 어떻게 설정하는지 알아보도록 하겠습니다. 로그 상단의 ↓Rng(**최저 범위** - Low Range)와 ↑Rng(**최고 범위** - High Range)는 **피봇**(Pivot) 우측에 있습니다. 스코프의 최젓값이 0.0이며, 최곳값이 1.0이었을 때 현재 **최저 범위**(LR)는 0.333이고, **최고 범위**(HR)은 0.550입니다. 이 최저 범위 값과 최고 범위 값을 조정함으로써 보정의 범위를 조정할 수 있는 것입니다.

이것을 실제 장면에서 스코프를 보면서 확인하기 위해 [학습자료] - [Video] - [Bcam2787] 파일을 사용합니다. 이 장면은 아주 어둡고 파란색 톤이 강하다는 것을 할 수 있습니다. **웨이브폼** 스코프로 확인해 보면 파란색 톤이 가장 위쪽까지 올라온 것을 스코프를 통해서도 확인할 수 있습니다.

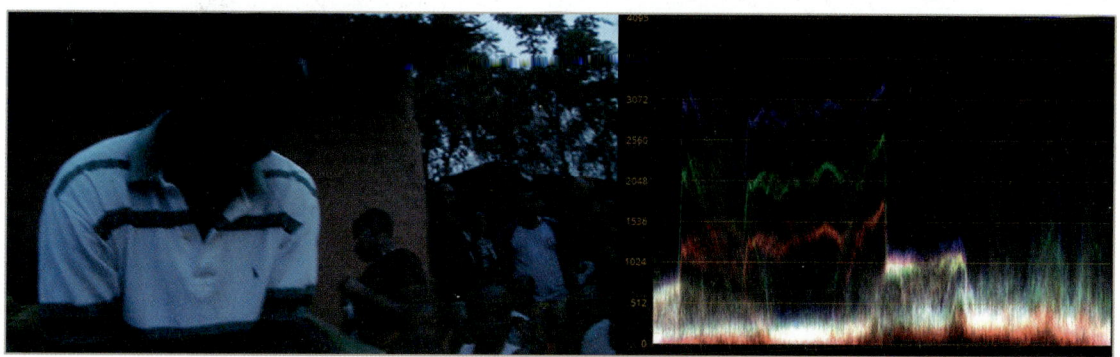

만약 웨이브폼 스코프가 **RGB** 색상이 나타나지 않고 **밝기**만 나타난다면 **스코프 우측 상단** 메뉴 아이콘을 클릭해서 **Y(밝기)** 모드가 아닌 **RGB** 색상 모드로 전환됩니다.

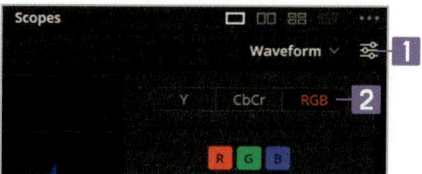

먼저 프라이머리 보정을 해 주기 위해 **프라이머리**의 **휠**(Wheels)에서 **게인**(Gain)을 사용하여 파란 톤을 낮춰주기 위해 빨강과 노란색을 증가합니다. 그러면 빨강와 노랑 톤에 의해 장면에 따뜻함이 이 부여됩니다.

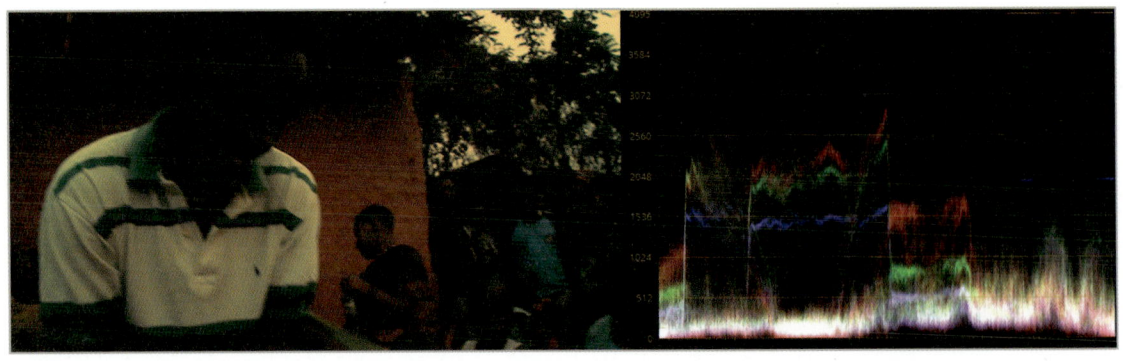

계속해서 로그(Log)를 선택한 후 최저 범위 ↓Rng(LR)를 0.000까지 낮추고, 최고 범위 ↑Rng(HR)를 0.500 정도로 설정한 후 미드톤(Midtone)을 조정해 줍니다. 이때 웨이브폼은 설정한 최저/최고 범위에 제한되며, 장면을 확인해 보면 완벽하지는 않지만 이전보다 많이 개선된 것을 알 수 있습니다.

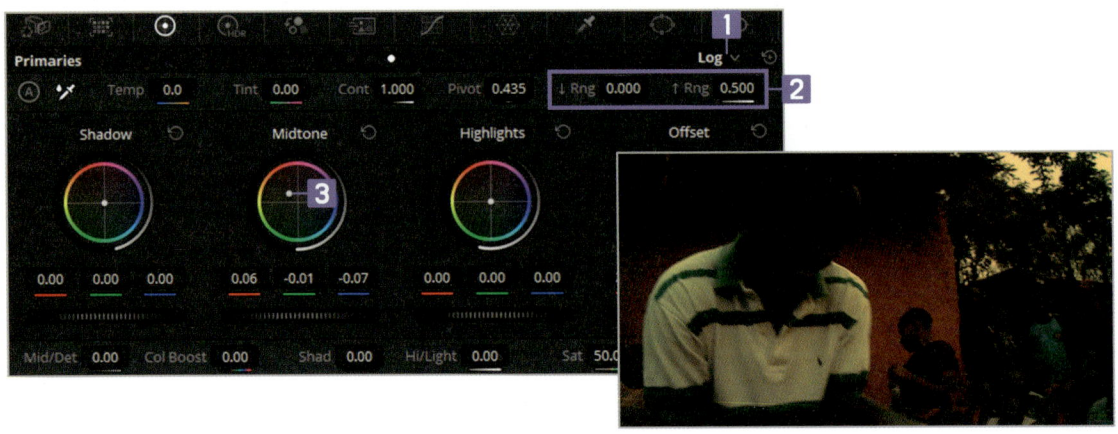

이번에는 하이라이트와 쉐도우 컨트롤을 이용하여 보정을 해 보겠습니다. 다빈치 리졸브는 RAW로 촬영된 이미지(장면)이든 ProRes 혹은 Avid DNxHD와 같은 일반 코덱으로 촬영된 이미지이든 상관없이 하이라이트와 쉐도우 컨트롤을 사용할 수 있습니다. 프라이머리 로그든 휠이든 바이든 상관없이 하이라이트(HL)나 쉐도우(Shad) 등을 설정할 수 있는 새로운 컨트롤들이 나타납니다. 이 컨트롤들을 살펴보기 전에 이전에 살펴보았던 설정 값을 모두 초기화한 후 학습을 하기 위해 [Color] - [Reset] -[All Grades and Nodes]를 선택합니다. 그다음 하이라이트(Hi/Lght)와 쉐도우(Shad)를 조정해 봅니다. 그러면 이미지의 밝은 영역과 어두운 영역을 구분하여 조정되는 것을 알 수 있습니다.

계속해서 이번엔 컬러 부스트(Color Boost - CB)와 미드톤 디테일(Mindtone Detail - MD)에 대해 알아보도록 하겠습니다. 이들 역시 세컨더리 보정의 역할과 같이 이미지의 특정 부분에 보정을 합니다. 이번에 사용할 장면은 [학습자료] - [Video] - [xcam3560]] 파일입니다. 컬러 부스트(CB)는 이미지에서 낮은 채도(Saturation) 영역의 채도를 보정합니다. 여기에서는 **벡터스코프**를 열어놓고 살펴보겠습니다.

이제 **컬러 부스트(Col Boost)** 값을 높게 설정해 줍니다. 그러면 겉으로 보기엔 컬러 부스트가 이미지의 **채도**를 과하게 하는것 같지만 실제로는 그렇지 않습니다. 예를 들어 컬러 부스트로 인해 장면 속 **옷의 파란 부분**의 채도를 과하게 표현하는 것 같지만 **실제로는** 장면의 다른 부분의 낮은 채도들을 높여주는 역할을 하는 것 입니다.

계속해서 **미드톤 디테일(Mid/Detail)**에 대해 알아보기 위해 **컬러 부스트를 초기화(Reset)**합니다. 미드톤 디테일은 포토샵이나 라이트룸(Lightroom)에서의 **바이브런시(Vibrancy)**와 같은 역할을 합니다. 즉 이미지 속의 높은 콘트라스트가 있는 부분을 찾아내 그 부분의 디테일을 강조합니다. 미드톤 디테일을 최댓값인 100.00으로 설정해 보면 여자 얼굴의 디테일이 강조되어 마치 버짐이 핀듯 **샤프(Sharpness)**한 얼굴이 됩니다.

반대로 미드톤 디테일을 -100.00으로 설정한다면 샤프한 느낌은 사라지고 마치 **블러** 효과를 적용한 것 같이 흐려지고 박피를 한 듯 깨끗한 느낌으로 바뀌는 것을 알 수 있습니다. 그밖에 **템프(Temp)**와 **틴트(Tint)**는 각각 색상에 대한 변화를 줄 때 사용되는 컨트롤입니다. 참고로 **프라이머리**의 **휠**의 컨트롤들은 RAW로 촬영된 장면에 가장 효과가 좋다는 것을 강조하고 싶습니다.

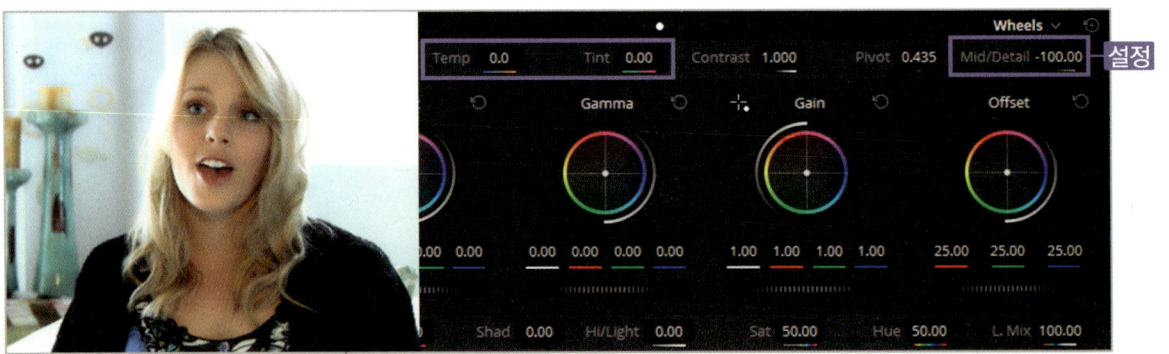

커브(Curves)의 Hue Vs 활용하기

이번 학습에서는 **커브(Curves)**의 Hue Vs들에 대해 살펴보도록 하겠습니다. 커브는 기본적으로 **커스텀 커브(Custom Curves)**, 즉 사용자 정의로 설정하는 커브가 사용되지만 하위 메뉴의 옵션들을 보면 Hue Vs Hue, Hue

Vs Sat, Hue Vs Lum, Lum Vs Sat 그리고 Sat Vs Sat가 있습니다. 먼저 **Hue Vs Hue**에 대해 살펴보겠습니다.

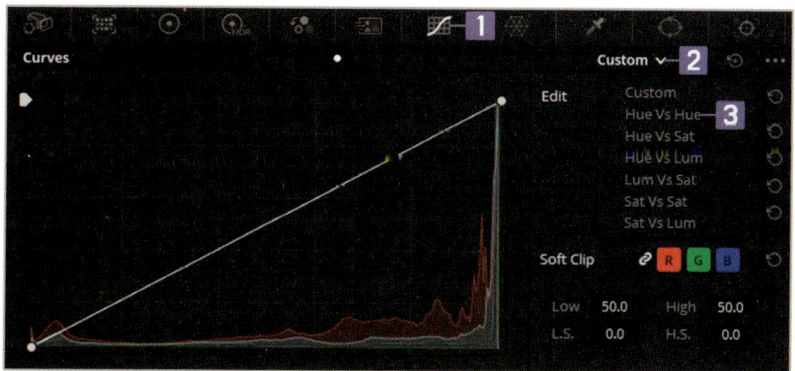

Hue Vs Hue를 선택하면 그림처럼 중간을 가로지르는 선을 기준으로부터 컬러 휠과 같은 색상들이 나열되어 있습니다. 중간의 선을 위아래로 조정하여 **색상(Hue Vs Hue)** 이미지(장면)를 보정하는 것입니다.

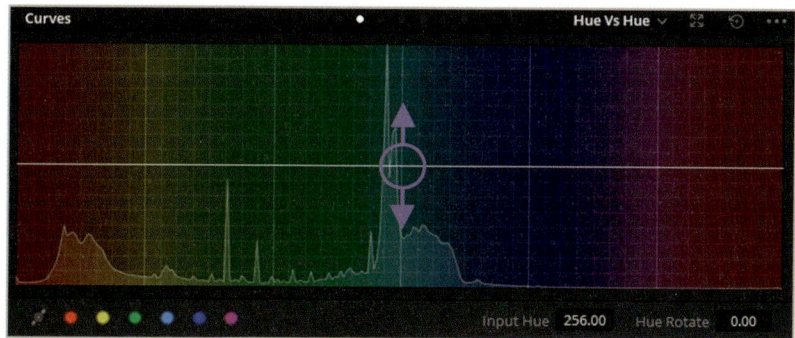

이해를 돕기 위해 실제 장면인 [학습자료] - [Video] - [Bcam1297]을 사용합니다. 먼저 스포이트 모양의 **퀄리파이어(Qualifier)** 툴에서 장면 속의 **초록색** 옷을 클릭해 줍니다.

그러면 중간 선 위에 센터 포인트와 컨트롤 포인트들이 자동으로 생성됩니다. 이제 이 **센터 포인트**를 조정해 줌으로써 **색상(Hue)** 값을 조정할 수 있는데, 현재는 양쪽 2개의 **컨트롤 포인트**들의 간격이 너무 좁게 설정되어 있기 때문에 큰 변화를 보이지 않고 있습니다. 이제 컨트롤 포인트 범위를 넓혀주도록 하겠습니다.

컨트롤 포인트의 범위를 넓혀주는 방법은 아래쪽 **인풋 휴(Input Hue)**의 수치를 조정해 주는 것과 **컨트롤 포인트**를 직접 원하는 위치로 이동하는 것입니다. 포인트를 **수평 방향**으로 움직이는 것은 **색상**의 **범위**를 설정하는 것과 같습니다. 컨트롤 포인트의 범위를 넓혀준 다음 센터 포인트를 **위아래**로 조정해 주면 해당 **색상**에 **변화**가 생기는 것을 확인할 수 있을 것입니다.

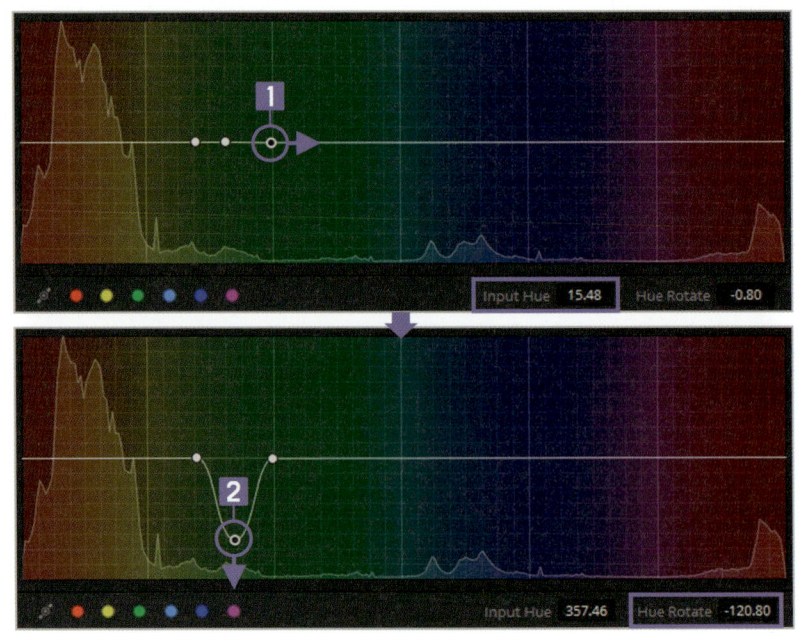

포인트를 위아래로 이동하는 것은 아래쪽 **휴 로테이트(Hue Rotate)**를 조정한 것과 같습니다. 즉 **컬러 휠**의 **색(Hue)**이 조정되는 것과 같은 효과를 얻을 수 있는데, 이것은 서로 다른 인터페이스에서 같은 효과를 낸다는 것입니다. 참고로 현재 **3개**의 포인트들은 처음엔 센터 포인트와 컨트롤 포인트로 생성되지만 **실제**로는 각각의 **개별 포인트**로 사용됩니다. 그림처럼 **휴 로테이트(센터 포인트)**를 조정하면 초록색이었던 옷이 파란색 톤으로 바뀐 것을 알 수 있습니다. 이와 같은 방법을 통해 피부 톤과 같은 변화도 손쉽게 조성할 수 있습니다.

이번에는 Hue Vs Sat에 대해 살펴보기 위해 Hue Vs Sat를 선택합니다. 이 방식은 앞서 살펴본 Hue vs Hue와 같은 방법으로 사용되지만 다른 효과를 냅니다. 이것은 **휴(Hue)**를 선택한 후 센터 포인트를 조정하여 **채도(Saturation)**를 조정합니다. 예를 들어 특정 색상의 옷을 클릭하여 설정 포인트를 생성한 후 센터 포인트를 위아래로 이동하여 채도 값을 조정한다는 것입니다. 살펴보기 위해 **노란색** 옷을 **클릭**해 줍니다.

그러면 역시 해당 색상과 일치되는 곳에 **3개**의 **포인트**가 생성됩니다. 여기서 **센터 포인트**를 그림처럼 **아래로** 내려봅니다. 이것은 **채도(Saturation)** 값을 감소하는 것과 같습니다. 설정 후의 옷을 보면 채도가 거의 사라졌기 때문에 회색, 즉 흑백의 옷으로 바뀐 것을 알 수 있습니다. **채도 범위**를 확장 또는 축소하기 위해서는 **양쪽**의 **컨트롤 포인트**를 선택하여 범위를 조절하면 됩니다.

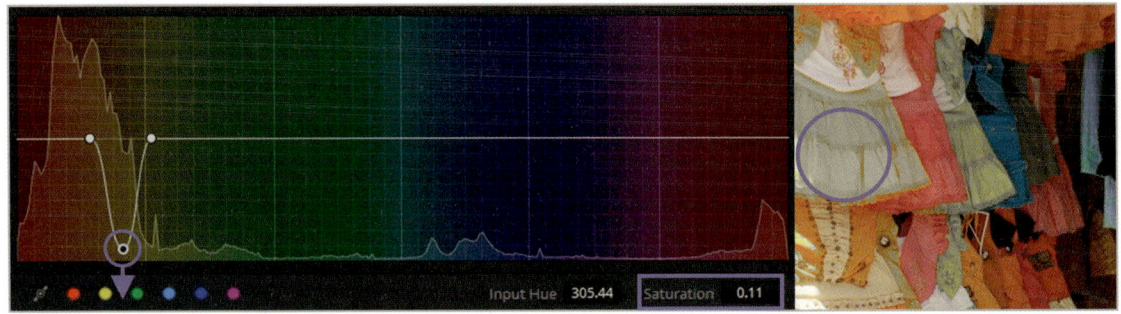

다음으로 Hue Vs Lum에 대해 살펴보겠습니다. 이번에는 이미지의 특정 부분을 선택하는 것이 아니라 중간의 선에서 색상을 선택하여 센터 포인트와 컨트롤 포인트를 설정해 주도록 하겠습니다. 조정하고자 하는 색상 범위를 **클릭**하여 그림처럼 1개의 포인트를 추가합니다. 그리고 포인트를 **위쪽**으로 이동해 줍니다. 그러면 이미지가 더욱 밝고 선명하게 나타나는 것을 알 수 있습니다. 이렇듯 1개의 포인트를 사용하면 이미지 **전체의 밝기**에 영향을 주게 됩니다. 이미지의 밝기에 대한 값은 아래쪽 Lum Gain과 같습니다.

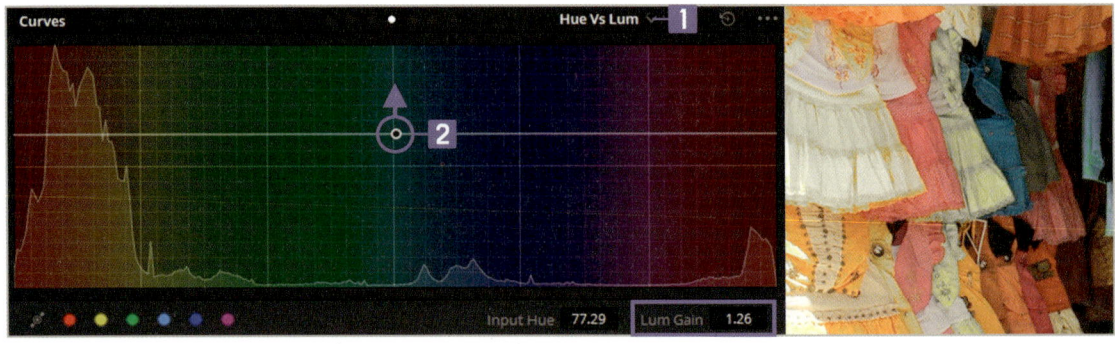

이번엔 그림처럼 앞서 만든 포인트 양옆에 2개의 **포인트를 추가(클릭하여 추가함)**합니다. 그리고 **센터 포인트**를 **위쪽**으로 이동해 봅니다. 그러면 이미지가 밝지도 선명해지지도 않게 되는 것을 알 수 있습니다. 이것은 압축된 비디오 파일에 Hue Vs를 설정했을 때 일반적으로 나타나는 현상입니다. 그러므로 압축된 코덱을 사용하고자 할 때는 특히 지금의 Hue vs Lum와 같은 기능은 피하는 것이 좋습니다.

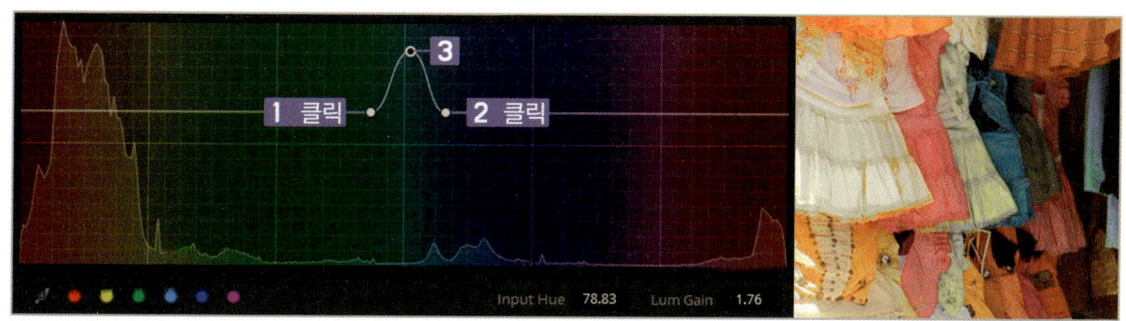

생생노트 | 세부 설정을 위한 탄젠트(Tangent) 핸들러

설정 포인트를 보다 세밀하게 설정하기 위해서는 **탄젠트(Tangent)** 핸들러를 사용하는 것이 좋습니다. 탄젠트 핸들러를 사용하기 위해서는 설정할 **포인트를 선택**한 후 **커브**의 좌측 하단의 첫 번째 **스플라인(Spline)** 아이콘을 선택하는 것입니다. 그러면 선택된 포인트 양쪽에 작은 포인트가 추가되는데, 이 포인트를 이동하면 그림처럼 안테나 모양의 **탄젠트 핸들러**가 나타나게 됩니다. 이제 이 핸들러를 원하는 곳으로 이동하여 주변의 색상(밝기, 채도)을 조정하면 됩니다. 참고로 **탄젠트 핸들러 오른쪽** 빨강, 노랑, 초록, 하늘, 파랑, 보라색은 각각의 색에 대한 설정 포인트를 쉽게 생성해 줍니다.

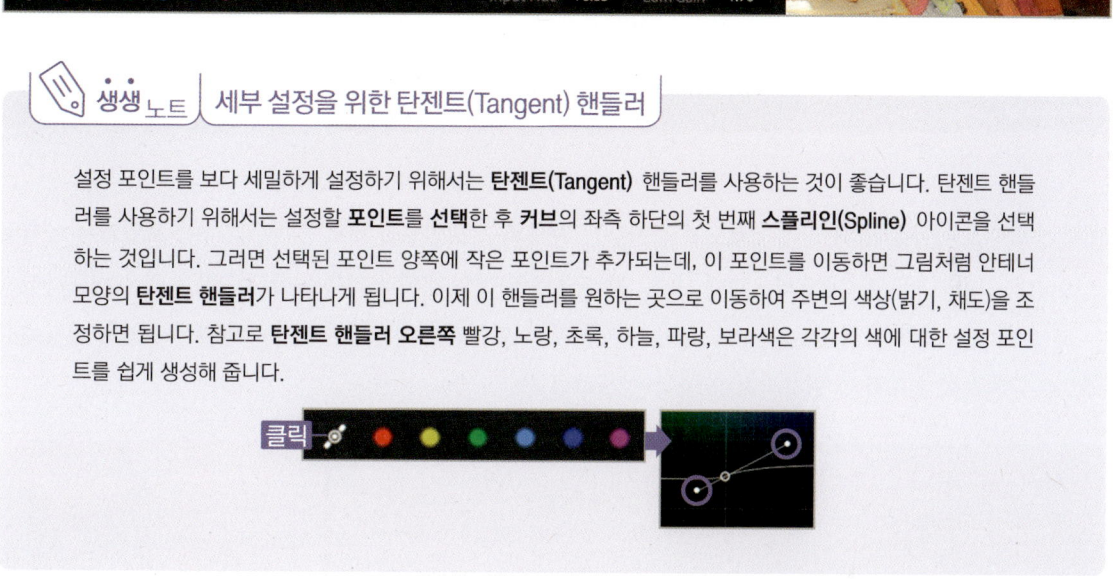

커브(Curves)의 Lum Vs 와 Sat Vs 활용하기

이번 학습에서는 앞서 살펴본 Hue Vs와 **다른** 두 종류의 Lum Vs Sat와 Sat Vs Sat에 대해 알아보도록 하겠습니다. 먼저 Lum Vs Sat에 대해 알아보겠습니다. Lum Vs Sat는 **밝기 영역**에 대한 **채도** 값에 영향을 줍니다.

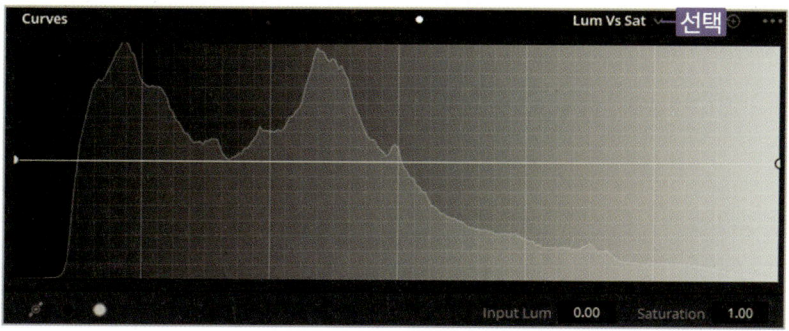

먼저 이미지의 **밝은 영역**에 대한 **채도** 값을 조정해보도록 하겠습니다. 커브 그래프의 **우측 포인트**를 위로 올려봅니다. 그러면 **밝은 색**(영역 - 노랑색 계열)들의 채도가 더욱 높아지는 것을 알 수 있습니다.

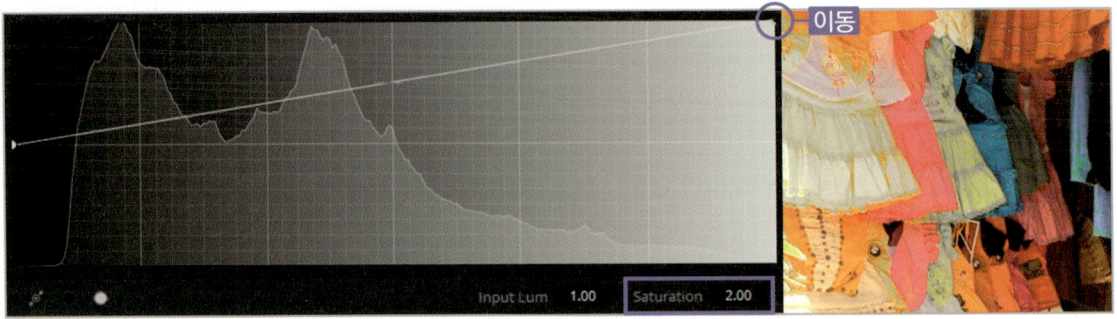

이번엔 반대로 **어두운 영역**에 대한 **채도**를 높여주기 위해 **좌측 포인트를 위로** 올려주고 **우측 포인트는 아래로** 내려봅니다. 그러면 **어두운 색**(영역 - 파랑, 초록, 빨간색 계열)들의 채도가 더욱 높아지고 밝은 색은 채도가 낮아지는 것을 알 수 있습니다. 이렇듯 Lum Vs Sat 방식은 컨트롤 포인트를 이용하여 어둡거나 밝은 영역의 색상에 대한 채도를 구분하여 조정할 수 있다는 것을 알 수 있습니다.

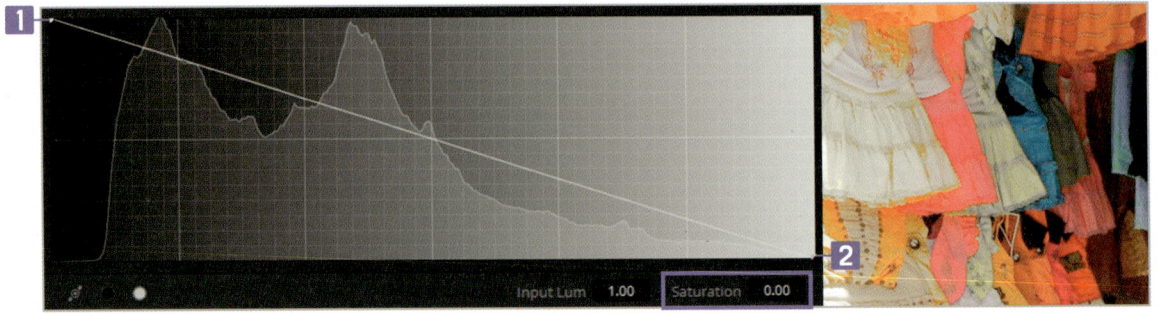

그밖에 Sat Vs Sat는 채도 값에 대한 채도를 조정할 수 있습니다. 다시 말해 채도가 높거나 낮은 영역의 채도를 조정할 수 있다는 것입니다. 마지막으로 Sat Vs Lum은 채도 값에 대한 밝기를 조정할 수 있습니다. 지금까지 커브에서 제공되는 다양한 방식의 보정 기능에 대해 알아보았습니다.

HSL 키어(Keryer)를 이용한 부분 보정

이번 학습에서는 이미지(장면)의 특정 부분(영역)을 색보정할 때 사용하는 HSL(Hue/Saturation/Luminance) 키어

(keyer)에 대해 알아보도록 하겠습니다. 이번에는 [학습자료] - [Video] - [Bcam2659] 장면을 사용해 봅니다. HSL 키어를 사용하기 위해 스포이트 모양의 **퀄리파이어(Qualifier)**를 선택하면 HSL 키어 패널로 전환되며 기본적으로 HSL 키어 모드가 나타납니다. 퀄리파이어의 **가장 위쪽**에 위치한 **휴(Hue)**에서는 **색상**을 조정하며, 두 번째 위치한 **세츄레이션(Saturation)**은 **채도** 그리고 세 번째 **루미넌스(Luminance)**에서는 **밝기(휘도)**에 대한 조정을 합니다. 각 컨트롤 이름 왼쪽에는 흰색 작은 포인트가 있는데 이 포인트를 켜거나 꺼서 색상, 채도, 밝기에 대한 기능들을 선택적으로 온/오프할 수 있습니다.

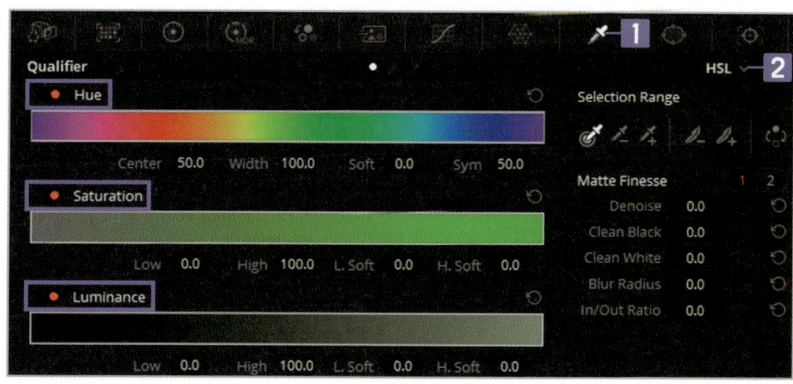

뷰어 왼쪽 상단을 보면 3개의 아이콘이 나타납니다. 여기에서는 3번째에 있는 **하이라이트**(Highlights)를 선택합니다. 그러면 이미지의 어떤 부분을 선택하여 **퀄리파이어**에 표현을 했는지 확인할 수 있습니다.

여기서 **초록색 잔디** 부분을 클릭하여 영역을 선택해 봅니다. 그러면 해당 부분에 대한 **색상, 채도, 밝기**에 대한 유사 정보들이 **퀄리파이어**에 설정되며, **설정 정보(초록색 잔디)**에 포함되지 않는 부분은 **회색(투명 정보가 담긴 알파채널로 사용되는 영역)**으로 표현됩니다. 참고로 **하이라이트** 아이콘 기능의 단축키는 [Shift] + [H]입니다.

단축키 이외에도 **[View] - [Highlights]** 메뉴에서도 하이라이트를 실행할 수 있습니다. 이 메뉴에는 몇 가지 서브 메뉴들이 있는데, 두 번째 메뉴인 **Highlight BW**는 **흑백** 모드로 표현해 주는 기능입니다.

또한 **Highlight BW**는 뷰어 우측 상단에서도 사용이 가능합니다. **우측 상단**에 있는 3개의 아이콘 중 **두 번째** 아이콘이 바로 Highlight BW입니다. 이 모드를 선택했을 때 나타나는 **검정색으로 표현되는 부분은 색보정의 영향을 받지 않는 알파채널**이 포함된 영역들이고, **흰색**은 색보정의 **영향을 받는** 표현이 되는 영역들입니다.

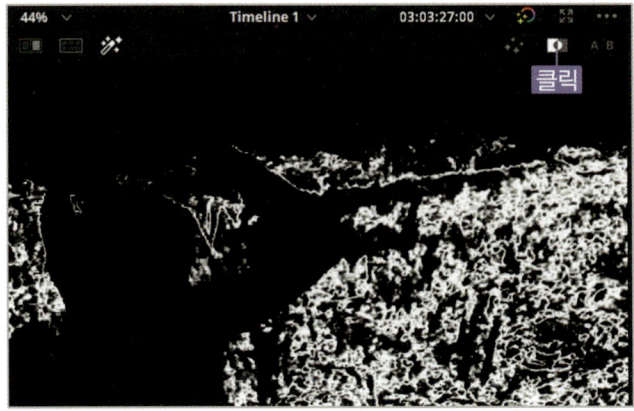

이제 **퀼리파이어의 휴(Hue - 색상)**에 대해 알아보도록 하겠습니다. 휴에는 센터(Center), 넓이(Width), 소프트(Soft) 그리고 시머트리(Symmetry - 대칭) 옵션이 있습니다. **센터(Center)**는 표현하고자 하는 **색상**을 선택할 수 있고, **넓이(Width)**는 선택된 색상의 **범위**를 조정할 수 있습니다. 그리고 **소프트(Soft)**는 설정된 범위의 **경계**를 **부드럽게** 해 줍니다. 색상 바에 있는 **2개**의 **하얀색 삼각형**은 색상 선택 넓이(Width)의 범위입니다. 색상이 삼각형 범위내에서 벗어날수록 설정되는 색상도 벗어나게 됩니다. 마지막으로 **시머트리(Sym)**는 삼각형의 **양적**인 부분과 **방향**을 조정할 수 있습니다. 이들의 옵션들은 소프트(Soft) 값과 관련이 있습니다.

다음으로 **세츄레이션(Saturation - 채도)**는 로우(Low), 하이(High), 좌측 소프트(L.Soft) 그리고 우측 소프트(H.Soft)가 있습니다. **로우(Low)**는 **왼쪽 삼각형** 그리고 **하이(High)**는 **오른쪽 삼각형**을 컨트롤함으로써 **채도(Saturation)**의 **범위**를 간단하게 조정해 줍니다. 소프트(Soft) 역시 앞서 살펴본 휴(Hue)에서와 같은 개념으로써 좌측 소프트(L.Soft) 그리고 우측(H.Soft) 소프트를 조정해 줄 수 있습니다.

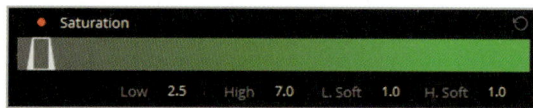

세 번째 **루미넌스(Luminance)**는 **세츄레이션(Saturation)**과 기능면에서는 동일하지만 세츄레이션은 채도를 설정하는 반면 루미넌스는 **밝기**를 설정할 때 사용됩니다.

이제 **퀼리파이어(Qualifier)**를 사용하여 장면 속의 여자가 이고 있는 **항아리**만을 선택하여 색보정을 할 것입니다. 이럴 경우에는 스포이트 모양의 퀼리파이어를 이용해 원하는 부분만 선택하여 설정하게 됩니다. 먼저 **하이라이트를 꺼서 원본**의 모습이 나타나도록 한 후 항아리를 **클릭(선택)**해 줍니다. 그다음 다시 하이라이트를 **꺼줍니다**. 그리고 세츄레이션(Saturation)과 루미넌스(Luminance) 그리고 휴(Hue)를 이용하여 그림처럼 항아리 색상이 모두 표현되도록 설정합니다. 하지만 아무리 설정을 잘 해도 그림처럼 항아리만 표현하기가 불가능할 것입니다. 이것은 항아리 색상이 여자의 피부 톤과 비슷하기 때문입니다. 이럴 경우에는 윈도우(Window)라는 기능을 통해 마스크와 같은 위젯 영역을 별도로 지정해 주어야 합니다. 윈도우(Window)에 대해서는 앞선 학

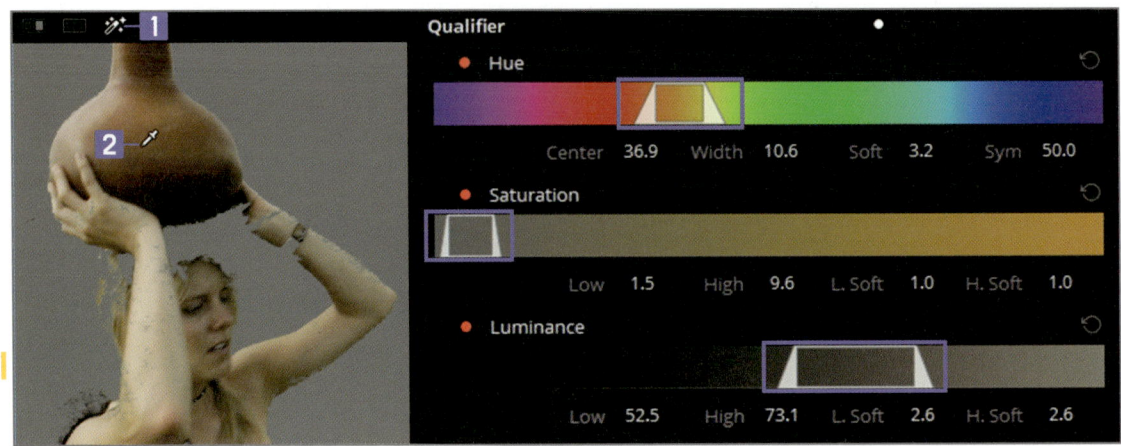

HSL Matte Finesse 이해하기

이번에는 색보정을 위해 **퀄리파이어**로 선택해 놓은 **항아리**와 **여자**를 조금 더 깔끔하게 **다듬어주는** 방법에 대해 알아보도록 하겠습니다. 앞서 선택해 놓은 여자와 항아리를 살펴보면 작은 구멍 혹은 지저분한 점들이 부분부분에 나타난 것을 알 수 있습니다. 이제 이러한 부분들은 퀄리파이어의 **매트 피네스(Matte Finesse)**를 통해 깨끗히 처리해야 할 것입니다. 이 옵션을 사용하기 위해서는 먼저 뷰어의 하이라이트를 흑백 모드인 Highlight B/W로 설정을 해 주어야 합니다. 설정 후 확인해 보면 부분부분에 흰색 점들이 보다 선명하게 구분되는 것을 알 수 있습니다. 참고로 흑백 하이라이트(Highlight B/W)의 단축키는 [Alt] + [Shift] + [H]입니다.

가장 먼저 할 수 있는 조치는 **클린 블랙(Clean Black)**과 **클린 화이트(Clean White)** 기능을 사용하는 것입니다.

이 기능들은 흑백 모드 상태에서 이미지의 비어있는 부분들을 메우거나 지울 때 사용됩니다. 또한 블러 레이디어스(Blur Radius)와 화이트 클립(White Clip), 블랙 클립(Black Clip)을 이용하여 구멍, 즉 흰색 점들을 깨끗하게 정리할 수 있습니다.

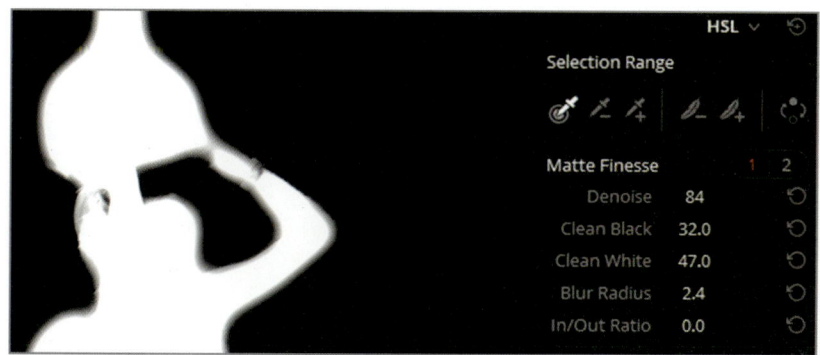

매트 피네스 설정 후 다시 휴, 세츄레이션, 루미넌스의 소프트(Soft)를 조절해 주고 필요하다면 다른 옵션들도 설정하여 최적의 상태로 만들어줍니다. 그리고 **최종적**으로 **인/아웃 레시오(In/Out Ratio)**를 조정하여 선택 영역을 **최적화**해 줍니다. 이렇게 하는 것으로 이제 여자와 항아리에 대한 색보정 준비가 되었습니다.

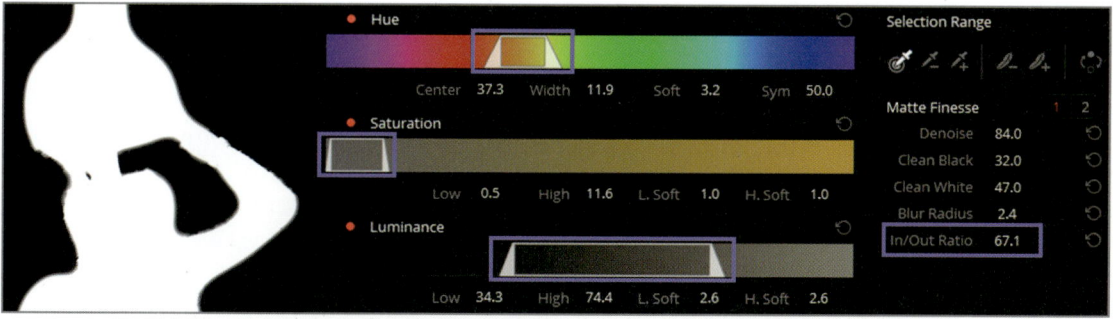

이제 앞서 선택한 영역에 대한 색보정을 해 줄 차례입니다. 색보정을 하기 전에 먼저 뷰어의 **하이라이트**를 해제하여 정상적인 화면이 나타나도록 해 줍니다.

색보정의 모든 것 **445**

색보정을 위해 여기에서는 **컬러 휠**의 **프라이머리 바**를 이용하겠습니다. 먼저 **옵셋(Offset)**에서 **빨간색**을 **증가**해 보면 선택된 여자와 항아리만 **빨간색**으로 표현되는 것을 알 수 있습니다. 그리고 감마(Gamma)와 게인(Gain)을 이용하여 역시 여자와 항아리의 밝기를 조정합니다. 여기서 한 가지 주의해야할 것은 여성과 항아리의 가장자리는 약간의 인조적인 느낌으로 어색하게 표현되기 때문에 밝기를 조절할 때는 항상 주위를 신경쓰면서 설정을 해 주어야 할 것입니다.

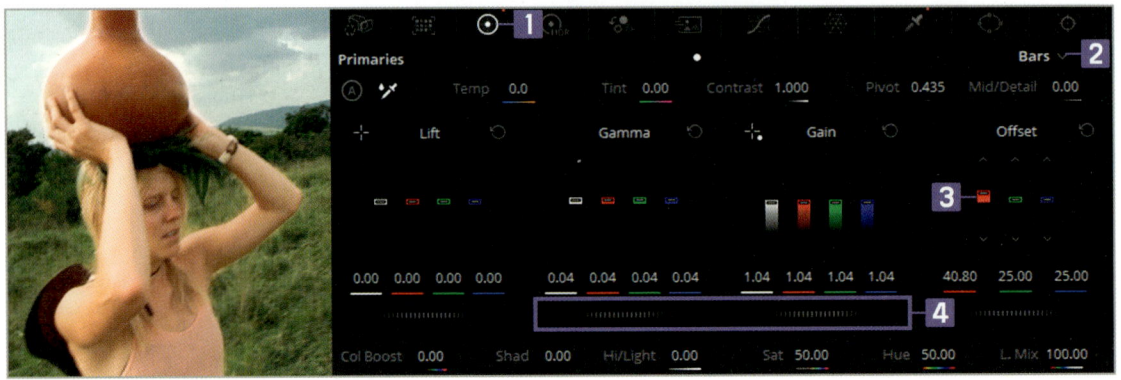

3D 키어(Keyer)를 이용한 부분 보정

이번 학습에서는 **3D 키어(Keyer)**에 대해 알아보도록 하겠습니다. 이전에 학습한 HSL 키어(keyer)는 비교적 손이 많이 가는 기능이었다면 이번에 살펴볼 3D 키어는 비교적 간단하게 사용됩니다. **퀄리파이어** 우측 상단의 HSL를 3D로 전환합니다. 3D 키어는 선택할 부분을 마우스를 이용하여 선으로 만들어주기만 하면 됩니다.

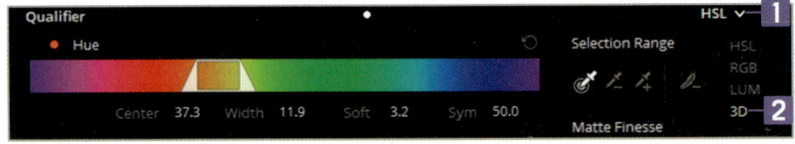

이번에도 역시 장면 속의 여자와 항아리에 대한 색보정을 할 것입니다. [Ctrl] + [Home] 키를 눌러 초기 상태로 되돌려줍니다. 그다음 그림처럼 **항아리**에 **선**을 긋고, **여자의 팔** 부분에도 **선**을 그어줍니다. 다빈치 리졸브는 선을 그어놓은 부분의 색을 기준으로 새로운 계산법을 통해 **3D 박스**를 생성합니다. 이것은 앞서 학습한 HSL 키어(Keyer)와는 또 다른 계산법을 통해 픽셀 값을 선택하는 것이기 때문에 HSL 키어와 3D 키어의 결과물은 다를 수 밖에 없습니다. 참고로 생성된 **3D 박스**를 **삭제**를 하고 싶다면, 삭제하고자 하는 3D 박스 우측의 **휴지통** 모양의 Delete 아이콘을 **클릭(선택)**하면 됩니다.

퀄리파이어 상단의 **컬러 스페이스**(CS – Color Space)는 3D 키어를 설정할 때 사용하는 하나의 계산 공식입니다. 이 기능은 현재 **YUV(휘도 신호 Y와 색상 신호 U, V)**로 되어있는데, 이외에도 **HSL(색상, 채도, 명도)**을 선택해서 사용할 수도 있습니다. D 키어를 사용할 때는 일반적으로 YUV를 사용했을 때 더 좋은 결과물을 얻을 수 있다는 것을 기억하기 바랍니다. 그리고 왼쪽 **소프트니스(Soft)** 옵션은 선택된 영역의 픽셀 값을 증가하여 선택 영역이 자연스럽게 확장되도록 할 수 있습니다.

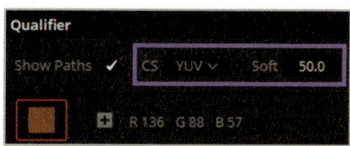

이제 뷰어의 **하이라이트**를 끄고, **흑백(B/W)** 모드로 전환한 후 **퀄리파이어**의 **매트 피네스(Matte Finesse)** 옵션들을 사용하여 그림처럼 주변의 흰색 점들을 깨끗하게 정리합니다.

3D 키어를 통한 색보정 영역이 만들어졌다면 이제 **컬러 휠**이나 **커브** 등을 통해 원하는 색보정 작업을 하면 됩니다. 앞선 학습을 참고하여 여러분이 직접 해보기 바라며, 3D 키어를 사용하면 이미지에 그려놓은 선들이 작업에 방해가 될 경우가 있습니다. 이럴 땐 퀄리파이어 우측 상단의 **쇼우 패스(Show Paths)를 해제**하여 선들을 숨겨놓을 수 있습니다. 그밖에 오른쪽 **디스필(Despill)**은 **과도한 초록색**을 빼내기 위해 사용되는 옵션으로써 주로 **그린 스크린(Green Screen) 크로마키** 작업 시 사용됩니다. 참고로 3D 키어를 사용할 때 주의할 사항으로는 여러 개의 3D 박스를 만드는 것은 삼가하는 것입니다. 그만큼 연산 시간을 낭비할 뿐만 아니라 많은 키어 정보를 연산하는 과정에서 오히려 좋지 않은 결과를 초래할 수 있기 때문입니다.

윈도우(Window)를 이용한 부분 보정

이번 학습에서는 **파워 윈도우(Power Window)**라고도 하는 **윈도우(Window)**에 대해 알아보겠습니다. 윈도우는 이전 학습에서도 살펴보았듯이 3D 키어 또는 HSL 키어처럼 이미지의 일부분을 따로 분리하여 색보정을 할 수 있는 기능입니다. **마스크(Mask)**와 유사한 기능이라고 이해하면 됩니다. 학습에 사용되는 장면은 앞서 사용한 Bcam2659입니다. 만약 이전 작업이 그대로 열려있는 상태라면 [Ctrl] + [Home] 키를 눌러 초기화해 놓고 작업을 합니다. 항아리를 이고 있는 여자의 피부색이 항아리와 유사하기 때문에 별도로 분리하는 것이 어렵거나 불가능해 보입니다. 그렇기 때문에 윈도우를 사용하여 항아리 부분만 분리하여 색보정을 해 보겠습니다. 먼저 윈도우의 다양한 툴 중에서 원 모양의 **서클(Circle)**을 선택합니다.

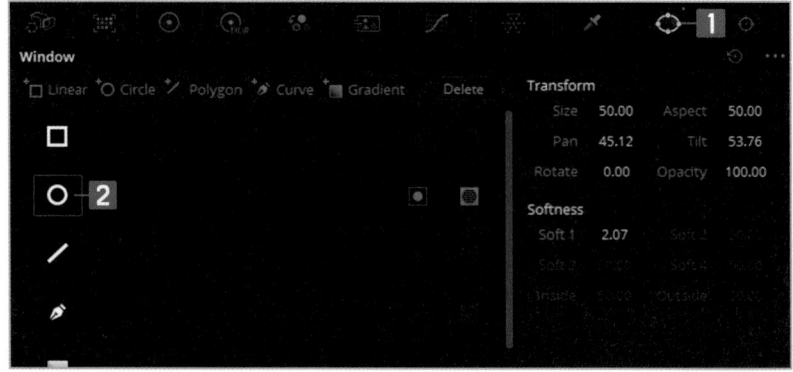

그다음 뷰어에 생성된 **원(위젯 - Widget)**을 항아리가 있는 곳으로 이동하고 크기를 그림처럼 조절합니다. 위

젯의 가운데나 주변을 끌어서 이동하며, 원에 있는 포인트들을 조정하여 위젯의 범위를 확대 혹은 축소 시킬 수 있습니다. 원 중에서 **흰색 선**은 위젯 **경계**를 부드럽게 해 주는 **소프트(Soft)** 영역을 조정하는 역할을 합니다.

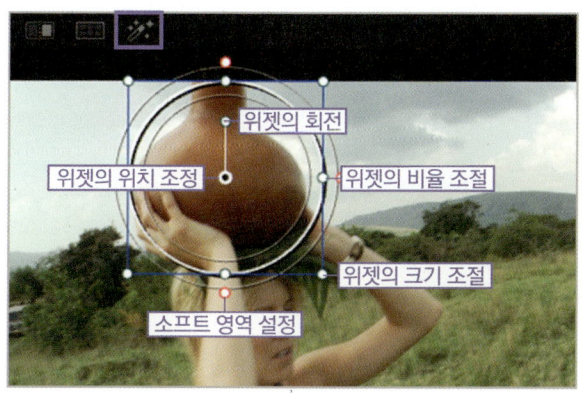

이번엔 원하는 모양의 위젯을 만들어주기 위해 다른 장면을 사용해 보겠습니다. 여기에서는 **[학습자료]** – **[Video]** – **[Bcam2704]** 파일을 불러와 사용해 볼 것입니다. 이 장면에서 하늘 부분에 대한 색보정을 해 보겠습니다. 다른 부분들에 비해 비교적 밝게 표현되는 하늘 부분으로부터 나머지 부분들을 분리하기 위해 원하는 모양의 위젯을 만들어 줄 수 있는 **커브(Curve)**를 선택합니다. 그다음 앞서 학습한 방법으로 그림과 같은 커브 위젯을 만들어줍니다. 위젯 모양을 만드는 중 불필요한 포인트는 마우스 **휠 버튼**을 클릭하여 **삭제**할 수 있으며, **Ctrl** 키를 이용하면 포인트의 위치와 베지어 곡선을 수정할 수 있습니다. 정교하게 그려주기 위해서 마우스 휠을 회전하여 **확대/축소**하고, 마우스 휠을 버튼으로 작업 위치를 조정해가면서 그려줍니다. 마지막에는 **첫 번째 포인트**에서 **클릭**하여 하나로 **연결**된 선을 완성합니다.

이제 방금 작성한 위젯의 경계를 부드럽게 해 주기 위해 **소프트니스**(Softness)의 Soft 1 값을 조금 증가합니다. 이때 경계의 부드러움을 확인하기 위해 뷰어의 하이라이트를 켜주는 것이 좋습니다. 참고로 소프트니스 위쪽의 **트랜스폼**(Trasform)에서는 위젯의 크기, 비율, 위치, 회전, 투명도 등을 조정할 수 있습니다.

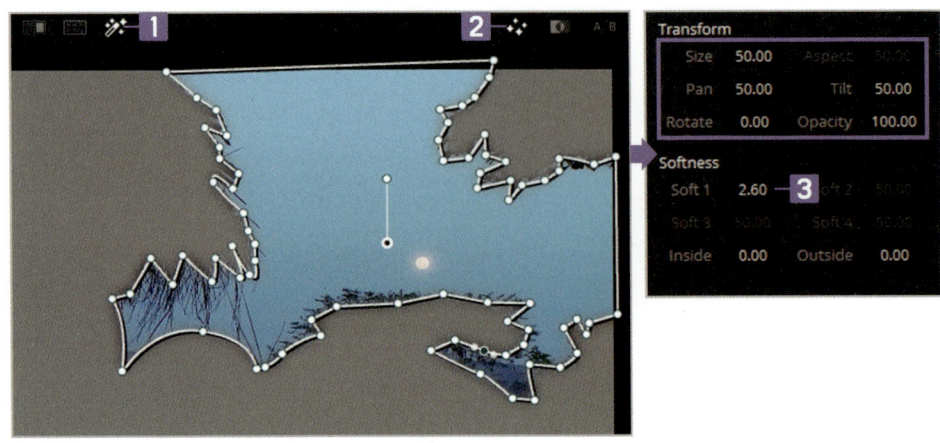

이제 **위젯 영역(하늘 영역)**에 대한 색보정을 할 차례입니다. **컬러 휠**이나 **커브** 등을 사용하여 하늘의 밝기를 주변의 밝기에 맞춰줍니다. 필자는 **컬러 휠**의 **프라이머리 바**에서 **감마** 값을 **낮춰** 그림처럼 조금 어둡게 해 주었습니다. 이때 뷰어의 **하이라이트**와 **파워 윈도우**를 꺼놓야 하늘과 주변의 밝기를 비교하면서 설정을 할 수 있습니다.

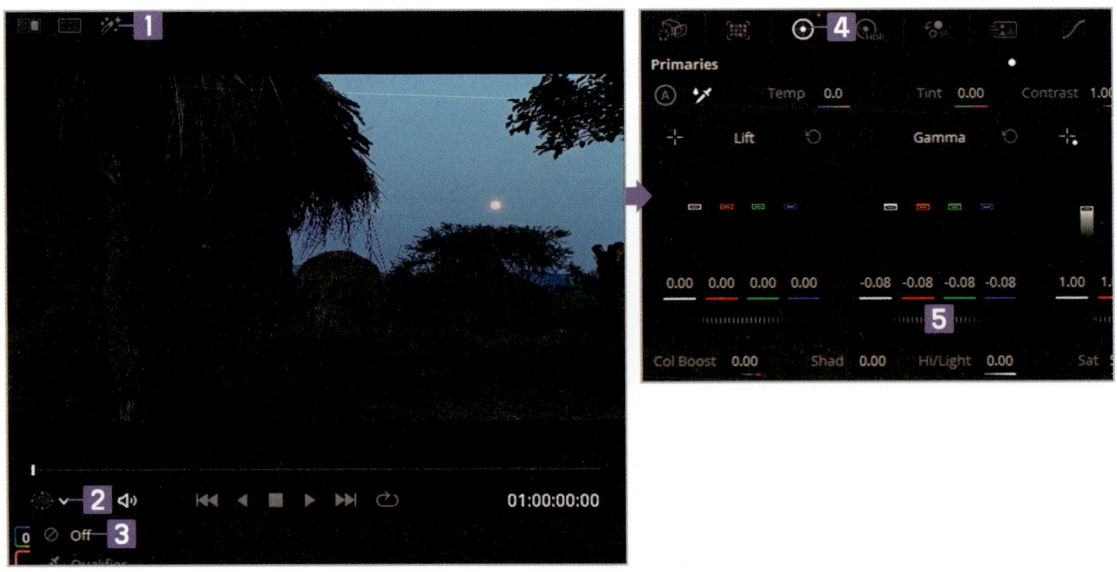

이번에는 **윈도우**(Window)의 주요 옵션에 대해 알아보도록 하겠습니다. 위젯 작성 후 작성된 위젯을 다른 작업에서 계속 사용하고자 한다면 오른쪽 상단 메뉴에서 Save as New Preset을 선택한 후 적당한 이름을 입력하여 저장하면 같은 메뉴에 **프리셋**으로 등록되어 언제든지 선택하여 사용할 수 있습니다. 그리고 불필요한 **프리셋(위젯)**은 **삭제**(Delete) 버튼을 이용하면 됩니다.

윈도우에서 제공되는 기본 툴 중에 가장 아래쪽에 위치한 **그레이디언트**(Gradient) 툴은 특정 방향으로만 그레이디언트 영역을 표현해 줍니다. 이것은 다른 **툴(위젯)**과는 다르게 특정 모양으로 영역을 만들어주지는 않습니다. 하지만 그레이디언트 위젯 또한 다른 위젯들처럼 **범위** 및 **소프트**, **위치**, **회전** 등에 대한 조정이 가능합니다. 다음의 그림은 **그레이디언트**가 적용된 모습과 **키어**(Keyer)의 모습입니다. 확인을 하기 위해서는 **하이라이트**가 켜져있어야 합니다. 뷰어의 아래쪽 **회색(투명)** 부분이 그레이디언트 영역입니다.

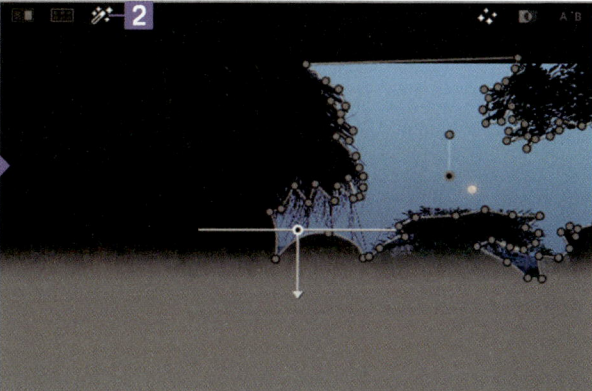

계속해서 파워 윈도우에서 생성된 **위젯**을 **복사** 그리고 **붙여넣기** 하는 방법에 대해 알아보도록 하겠습니다. 예를 들어 원형 윈도우(위젯)을 만든 후 원형 위젯을 복사하여 다른 장면에 사용하고자 한다면 **우측 상단 메뉴**에서 Copy Window를 선택하면 되며, 복사된 윈도우를 다른 곳에서 사용하기 위해서는 Paste Window를 선택하면 됩니다. 참고로 선택된 윈도우를 초기화하고자 한다면 Reset Selected Window를 선택하십시오.

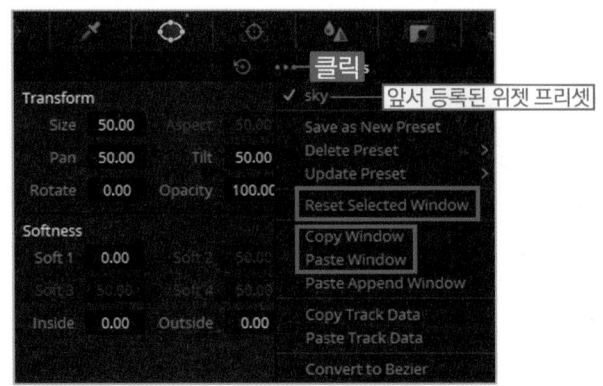

마지막으로 파워 윈도우 모드를 끄거나 켜주는 방법으로는 [View] - [Window Outline] 메뉴의 Off와 On이 있습니다. 참고로 같은 메뉴에는 Only UI는 레퍼런스 모니터(색보정을 위한 표준 모니터)를 사용할 때 선택하는 메뉴입니다.

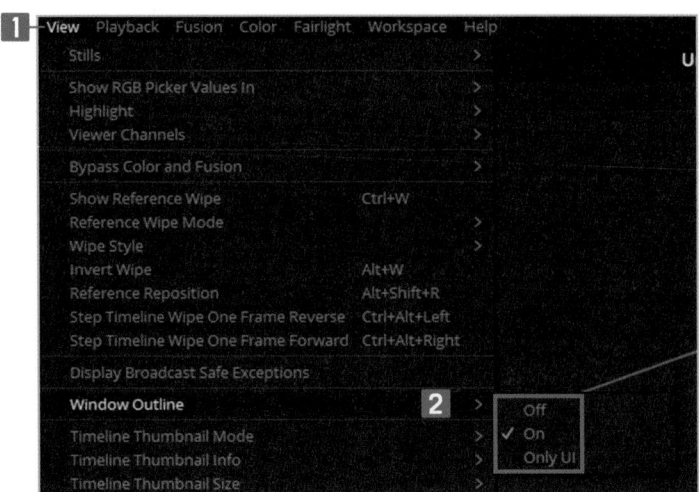

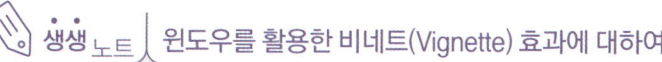 윈도우를 활용한 비네트(Vignette) 효과에 대하여

비네트(Vignette)는 사진 촬영의 용어 중 하나로써 컬러리스트들이 자주 사용하는 단어이기도 합니다. 아래 그림은 전형적인 비네트 효과가 적용된 이미지(장면)입니다. 살펴보면 이미지의 중심은 선명하고, 중심으로부터 멀어질수록 점점 어둡게 표현되고 있습니다. 이렇듯 비네트 효과는 이미지의 특정 부분을 관객의 이목을 집중시키는 효과가 있을 뿐만 아니라 장면에서 과거를 회상하는 느낌을 주는 등이 어려 가지 상징적인 장면을 표현할 때 사용됩니다. 다빈치 리졸브에서는 **윈도우(Window)** 툴을 사용하여 간단하게 비네트 효과를 표현할 수 있는데, 기본적으로는 원형과 사각형의 비네트를 표현할 수 있지만 때에 따라서는 커브(Curve) 툴을 사용하여 원하는 모양의 비네트를 표현할 수도 있습니다.

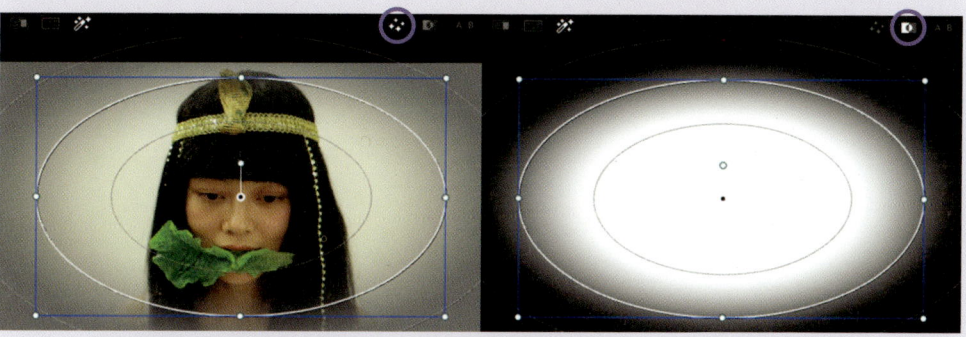

참고로 비네트 효과 영역의 반전은 **윈도우(위젯)** 영역을 **마스킹(Masking)** 기능을 온/오프 하는 것입니다.

트래커(Tracker)의 활용

이번 학습에서는 장면 속 특정 사물이 이동하는 경로를 추적하는 **트래커(Tracker)**와 **모션 트래킹(Motion Tracking)**의 **범위**를 설정해 주는 **윈도우(Window)**에 대해 살펴볼 것입니다. 다빈치 리졸브의 트래커는 영상 속의 사물이 **줌 인/아웃(Zoom In/Out)**을 반복하거나 특정 방향으로 움직일 경우에도 **최적화**된 모션 트래킹 기능을 제공하며, 적용한 색보정이나 이펙트가 장면의 위치에서 벗어날 경우 트래커는 장면 속의 설정 범위를 자동으로 따라다니며 적용했던 색보정 및 이펙트를 그대로 보존할 수 있게 해 줍니다. **트래커** 또한 특정 부분에 대한 보정 작업을 위해 사용되므로 일종의 **세컨더리 보정(Secondary Corrections)**이라고 할 수 있습니다.

윈도우(Window)를 이용한 트래킹(Tracking) 작업

다빈치 리졸브의 **트래커**는 윈도우에서 지정된 영역, 즉 위젯을 기준으로 결정됩니다. 그러므로 모션 트래킹을 하기 위해서는 반드시 윈도우로 지정된 영역이 필요합니다. 이번 학습에서는 움직임이 있는 [**학습자료**] - [Video] - [Bcam2659] 파일을 이용하여 트래커와 윈도우의 상관관계에 대해 알아보도록 하겠습니다. 영상 속의 여자는 항아리를 이고 걸어가고 있습니다. 이제 이 여자가 이고가는 항아리에 대한 트래킹 작업을 해 보겠습니다. 먼저 윈도우에서 **원형(Circle)** 윈도우를 선택하여 위젯을 하나 생성합니다. 참고로 새로운 윈도우를 추가하고자 한다면 **윈도우 상단의 5가지의 윈도우 추가** 버튼을 사용하십시오.

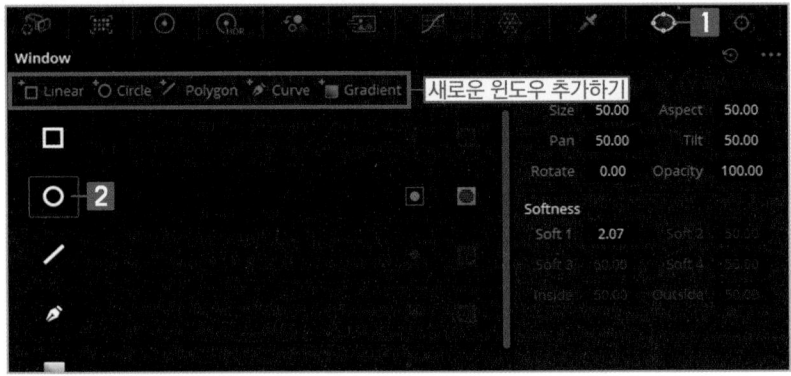

윈도우 작업에서 기본 윈도우들을 사용하여 위젯을 생성한 후 생성된 위젯을 삭제하기 위해서는 리셋(Reset)을 사용하면 되지만 잠시 뷰어에서 사라지게 하기 위해서는 해당 윈도우를 다시 선택하여 비활성화 하면 됩니다.

트래킹 작업을 하기 위해서는 먼저 트래킹될 시간을 지정해야 합니다. 일반적으로는 해당 장면의 전체 길이에 대한 트래킹을 하기 때문에 여기에서도 그렇게 하겠습니다. 타임라인 역할을 하는 **키프레임(Keyframes)** 패널에서 **플레이 헤드를 시작 점(시간)**으로 이동해 놓습니다. 그다음 뷰어에서 그림처럼 방금 생성한 위젯의 크기와 위치를 항아리에 일치시킵니다. 참고로 실제 작업에서는 트래킹 영역으로 사용되는 물체, 즉 항아리의 모습과 똑같게 하기 위해서는 커브 툴을 사용하여 그려주어야 할 것입니다.

여기서 잠깐 트래킹에 앞서 트래커의 주요 기능에 대해 살펴보겠습니다. 좌측 상단에는 1프레임 앞으로 이동, 역재생, 일시정지, 재생, 1프레임 뒤로 이동을 위한 **트랜스포트**(Transport)가 있습니다. 이것은 영상의 어느 시점에서부터 어디까지 트래커를 실행할 것인지 정해주는 컨트롤이라고 생각하면 됩니다. 트랜스포트 오른쪽으로는 팬(Pan), 틸트(Tilt), 줌(Zoom), 회전(Rotate), 3D 옵션들이 있습니다. 팬은 좌우의 움직임, 틸트는 상하의 움직임, 줌은 확대/축소 그리고 회전은 회전되는 장면의 움직임에 따라 트래킹할 때 사용됩니다. 이 옵션들은 사용자가 원하는대로 선택하면 됩니다. 특히 3D는 다빈치 리졸브의 아주 강력한 트래킹 작업을 할 수 있는 기능입니다.

이제 트래킹을 하기 위해 **재생**(Track Forward) 버튼을 클릭합니다. 그러면 몇 초만에 그림과 같은 트래킹된 **흔적**(**경로**)가 만들어지고, 뷰어의 원형 위젯이 카메라의 움직임과는 상관없이 항아리를 중심으로 따라다니는 것을 확인할 수 있습니다.

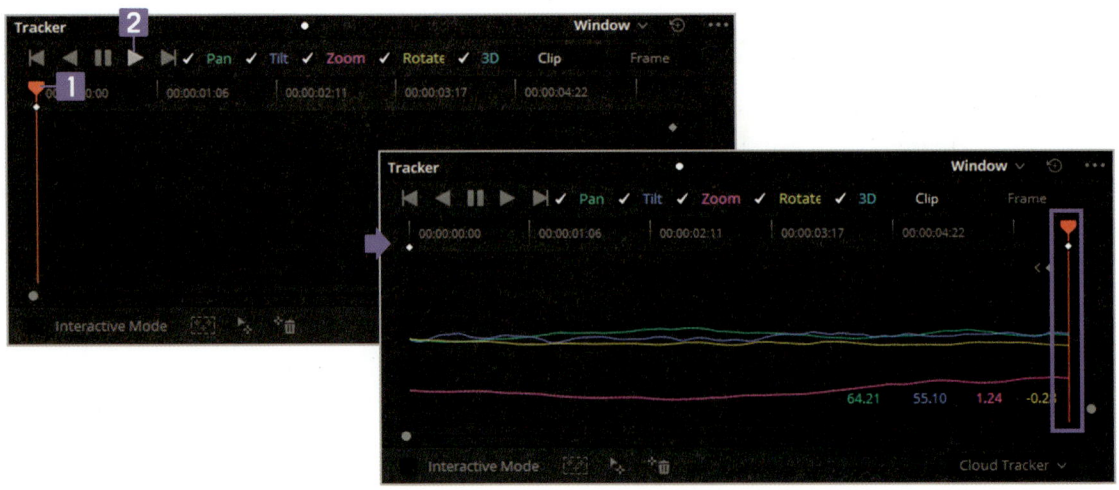

트래킹이 끝난 후 마지막 장면을 보면 트래킹 영역으로 지정한 항아리의 움직임에 맞게 정확한 추적(트래킹)이 이루어졌다는 것을 알 수 있습니다. 이것이 바로 다빈치 리졸브의 강력한 3D 옵션 때문입니다. 그러나 3D 옵션은 모든 장면에서 사용하기 보다는 지금의 장면(항아리)처럼 트래킹 영역의 **물체**가 **입체**적으로 **움직**일 경우에 사용하는 것이 효과적입니다.

이번에는 화면에서 완전히 벗어난 물체에 대한 트래킹 작업을 하기 위해 **[학습자료] - [Video] - [Bcam0945]** 파일을 사용합니다. 이번에 사용되는 장면은 **시작 장면**에서 남자의 모습이 화면 밖으로 완전히 사라지기 때문에 남자의 모습이 나타나는 **마지막 장면**부터 **반대**로 **트래킹**을 해야 합니다.

▲ 시작 장면

▲ 마지막 장면

이제 마지막 장면이 보이는 **끝 프레임**으로 이동한 후 윈도우 툴에서 **원형 윈도우** 위젯을 생성합니다. 그다음 위젯을 그림처럼 남자의 머리 전체 부분에 맞게 조절해 놓습니다.

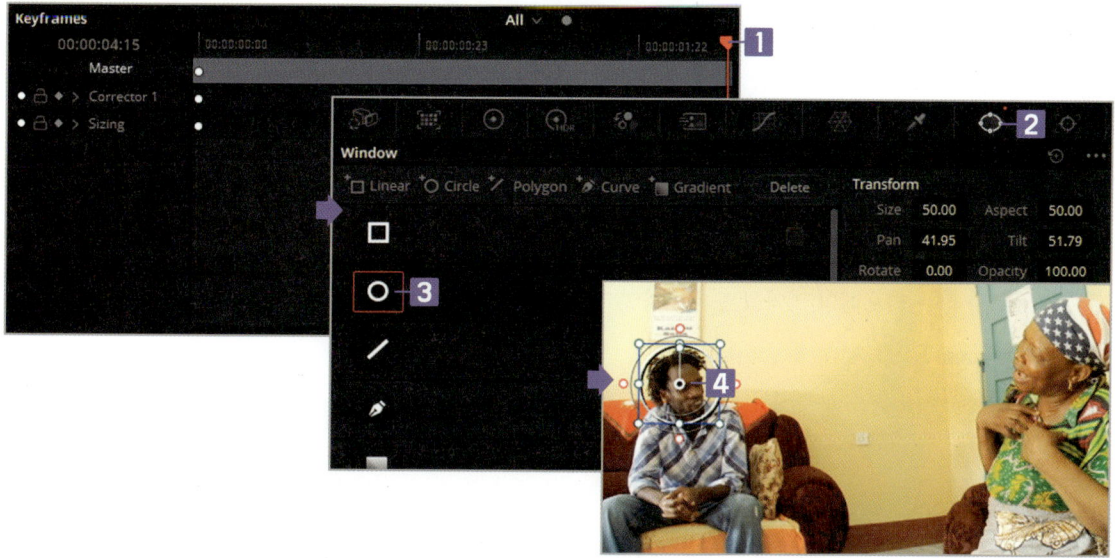

이제 **역재생(Track Reverse)** 버튼을 선택하여 마지막 장면부터 시작 장면까지를 트래킹합니다. 이렇듯 상황에 따라 트래킹하는 방향을 다르게 해야 하는 경우도 있다는 것을 기억하십시오.

색보정의 모든 것 **457**

트래킹 작업을 하다보면 **윈도우(위젯)**이 대상을 제대로 추적하지 못하고 경로를 이탈하는 경우가 있는데, 대부분 대상이 화면 밖으로 벗어나거나 대상의 형태(얼굴을 추적할 경우 고개를 돌리거나 색상, 채도 등이 불분명할 때)에 문제가 있을 때 이러한 현상이 발생됩니다. 이럴 경우엔 트래커 그래프에 오차가 생긴 부분에서 수정을 해 주어야 합니다. 앞서 트래킹할 때의 장면에서 남자가 중간 지점을 넘어서면서 화면 밖으로 나갔을 때 **윈도우(위젯)**은 더이상 남자를 추적하지 못하고 멈추었고, 이 장면에 **키프레임**이 자동으로 생성됐습니다.

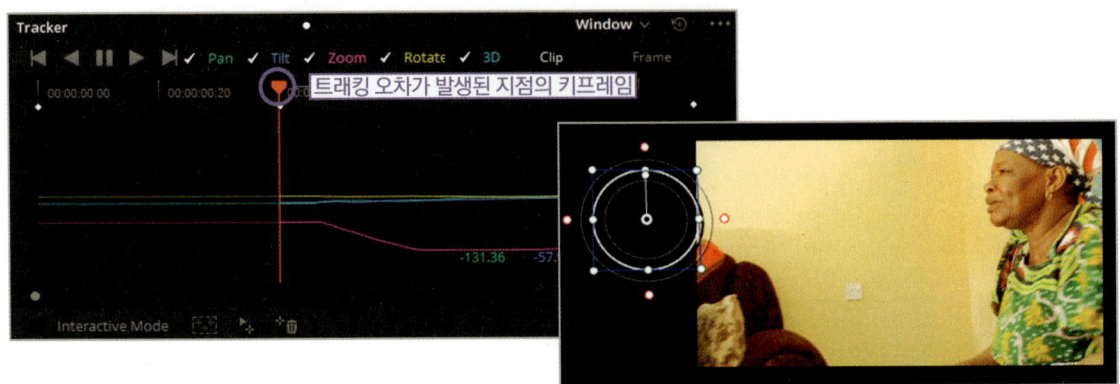

이제 이 키프레임을 기준으로 수정을 해 주면 되지만 여기에서는 장면과 관계없이 **원하는 지점**에서 키프레임을 통해 수정하는 방법에 대해 살펴볼 것입니다. 먼저 **시간(플레이 헤드)**를 수정하고자 하는 지점으로 이동한 후 수정하고자 하는 **키프레임 영역**을 **드래그**하여 지정합니다. 그다음 키프레임 작업을 위해 트래커 우측 상단의 **프레임(Frame)** 모드로 전환해 줍니다.

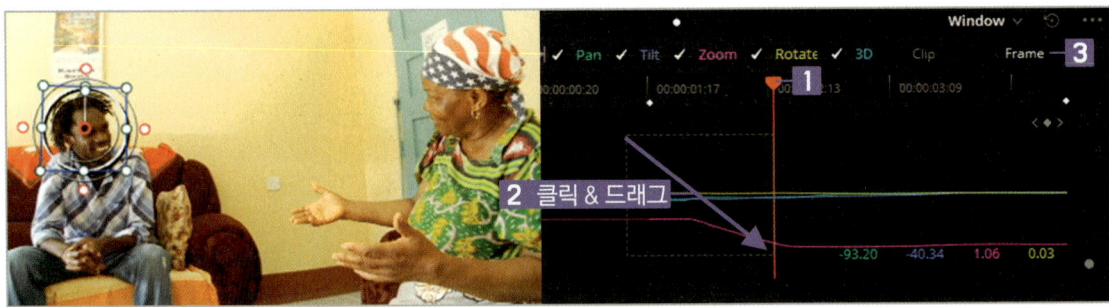

계속해서 사각형으로 지정된 키프레임 영역을 삭제하기 위해 우측 상단에 있는 메뉴에서 Clear Selected Keyframes를 선택합니다. 그러면 현재 선택된 키프레임 영역에 포함된 모든 키프레임들이 삭제됩니다.

그리고 앞서 설정된 시간에서 **Add Keyframe**을 선택하여 키프레임을 생성합니다. 그러면 현재 위치한 **위젯**에 대한 트래킹 **키프레임**이 추가됩니다.

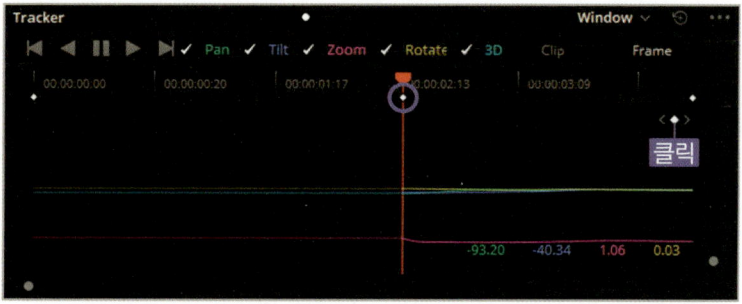

이번엔 **시간(플레이 헤드)**를 남자의 얼굴 모습이 화면 밖으로 나가기 전까지의 모습으로 이동합니다. 그리고 **윈도우(위젯)의 위치(상황에 따라서는 크기와 회전)**를 이동된 남자의 얼굴에 맞게 이동합니다. 그러면 자동으로 **키프레임**이 **추가됩니다**. 이와 같은 방법으로 문제가 발생된 **트래킹 오류를 해결**해 줄 수 있습니다. 하지만 지금과 같은 키프레임을 추가하여 수정을 해 주는 것보다는 가급적 트래킹 작업에서 끝낼 수 있도록 해 주는 것이 좋습니다. 참고로 키프레임 작업이 끝나면 Show Track 메뉴를 통해 **트래킹**된 **경로**를 볼 수 있습니다.

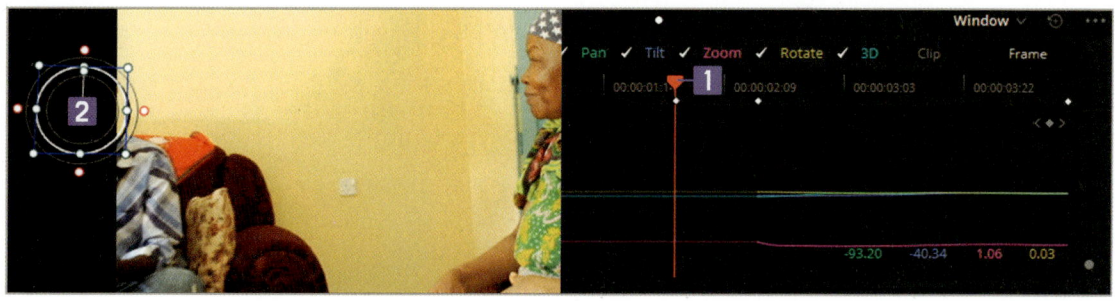

스테이빌라이저(Stabilizer)를 이용한 안정화 작업

스테이빌라이저(Stabilizer)는 흔들리는 영상을 진정시켜주는 작업 모드입니다. 촬영을 할 때 삼각대나 스테디캠, 짐벌 등을 사용하지 않게 되면 크고 작은 흔들림이 생기기 마련입니다. 이럴 때 **스테이빌라이저**는 아주 유용하게 사용됩니다. 스테이빌라이저 모드로 전환하기 위해서는 트래커 우측 상단 메뉴에서 선택해야 합니다. 기본적으로 스테이빌라이저 또한 앞서 살펴본 윈도우 모드의 트래커와 흡사한 방법으로 작업이 이루어집니다. 이번 학습에서는 [학습자료] - [Video] - [Deer] 파일을 사용하겠습니다. 불러온 파일을 확인해 보면 화면이 많이 흔들리는 것을 알 수 있습니다. 이제 스테이빌라이저를 이용하여 이러한 문제를 해결해 보겠습니다.

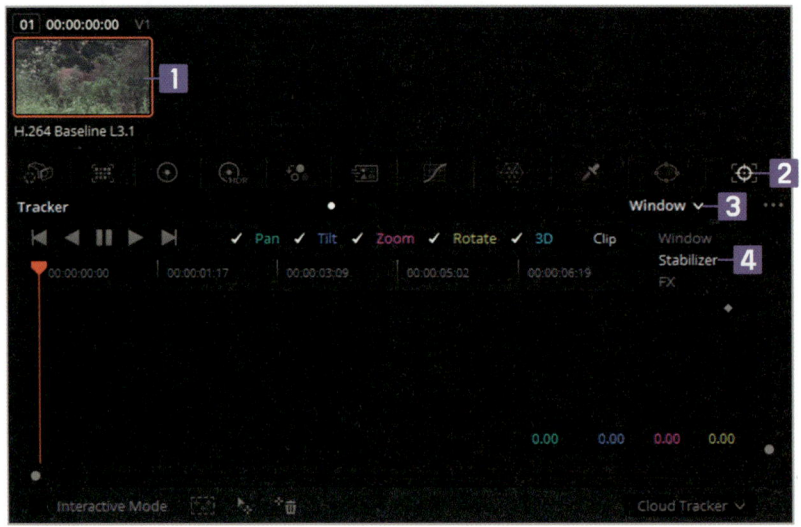

스테이빌라이저를 사용하기 전에 먼저 몇 가지 주요 기능에 대해 살펴보겠습니다. 아래쪽의 **스트롱(Strong)**은 흔들리는 화면을 어느 정도 안정화할 것인지에 대한 **정도(힘)**를 설정합니다. 스트롱 값이 높을수록 화면은 더욱 안정화되지만 지나치게 높은 수치는 오히려 문제를 발생시킬 수 있습니다. 그리고 **스무스(Smooth)**는 안정화되는 과정에서의 부드러움 정도를 설정합니다. 스무스 역시 지나치게 높은 수치는 슬로우 비디오와 같은 느낌으로 표현될 수 있으므로 주의해야 할 것입니다. 여기에서는 일단 기본값을 그대로 사용해 보겠습니다. **시간(플레이 헤드)**를 시작 프레임으로 이동한 후 **재생** 버튼을 선택하여 화면을 분석합니다. 화면 분석이 끝나면 이제 오른쪽 상단에 있는 **스테이빌라이즈(Stabilize)** 버튼을 선택하여 분석된 데이터를 화면(장면)에 적용합니다.

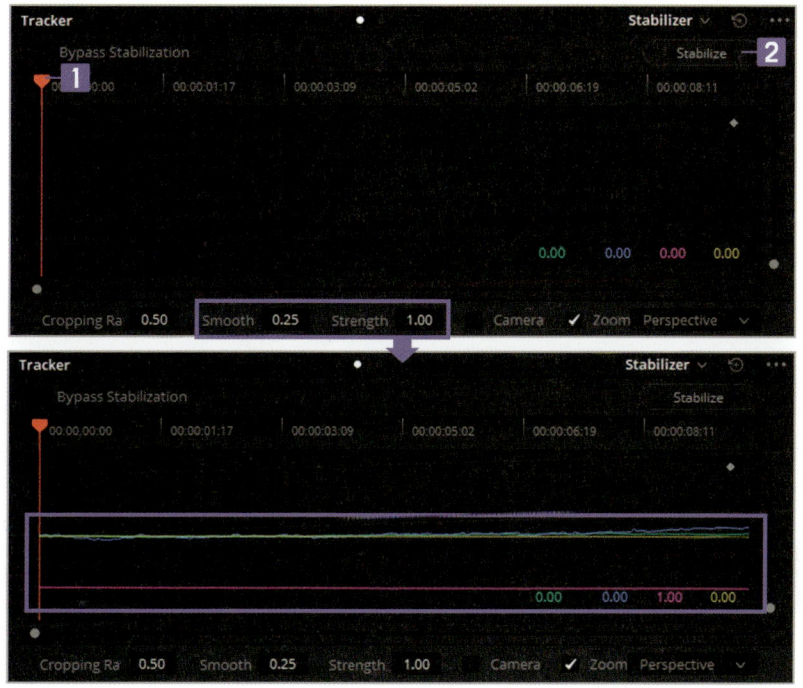

스테이빌라이저가 적용된 화면을 확인해 보면 흔들림이 사라진 것을 알 수 있으며, **원본** 화면보다 **커진** 것도 알 수 있습니다. 이것은 장면의 흔들리는 **진폭**과 관련이 있습니다. 흔들림이 심하면 그만큼 화면의 빈 곳도 많아지고 넓어지게 되는데, 새로운 다빈치 리졸브는 이러한 빈 곳을 아예 채워줍니다. 과거의 다빈치 리졸브는 아래 오른쪽 그림처럼 화면의 고정(움직이지 않는 부분)된 영역을 기준으로 강제적으로 안정화시켜주기 때문에 화면 가장자리의 빈 곳이 생겨 이것을 화면의 크기를 키워서 채워주어야 했었습니다. 하지만 새로운 다빈치 리졸브는 이러한 공백이 생기지 않도록 자동으로 화면을 키워 채워줍니다.

▲ 현재 버전의 결과(자동확대)

▲ 구버전의 결과(여백 발생)

만약 스테이빌라이저를 통해 화면 크기에 변화가 생겼거나 이와 상관없이 화면의 크기를 조절하고자 한다면 **사이징(Sizing)**으로 이동합니다. 사이징은 이미지(장면)의 크기(Width/Height), 위치(Pan/Tilt), 확대/축소(Zoom), 회전(Rotate), 기울기(Pitch/Yaw), 뒤집기(Flip) 등의 작업을 할 수 있습니다. 이것은 컷이나 에디트 페이지의 **인스펙터(Inspector)**에서 사용되는 **트랜스폼(Transform)**과 유사한 기능이라고 생각하면 됩니다. 참고로 사이징을 통해 화면의 크기를 조절할 때 **지나치게 크게** 조절하면 **해상도**가 **저하**되기 때문에 주의해야 합니다.

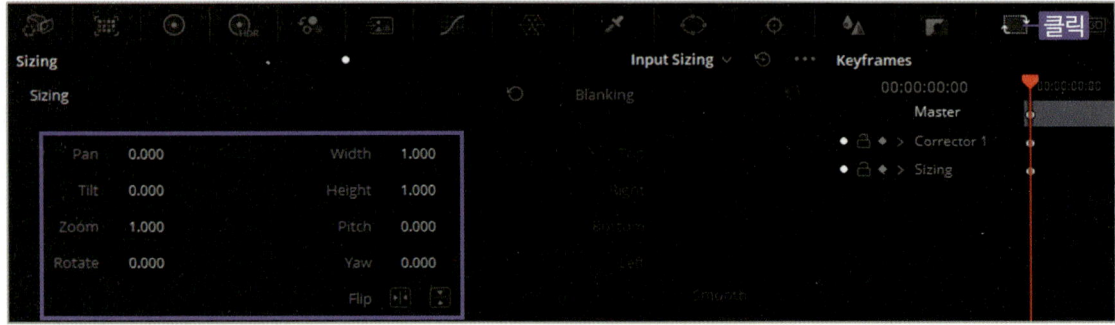

에프엑스(FX)를 이용한 트래킹(Tracker) 작업

에프엑스(FX)는 적용된 이펙트의 움직임을 트래킹된 키프레임에 의해 반영되도록 해 주는 작업 모드입니다. FX는 앞서 살펴본 윈도우와 스테이빌라이저 두 트래킹 작업과는 다르게 **포인트 트랙커(Point Tracker)** 방식으로만 트래킹 작업이 가능하며, 사용법도 비교적 간단합니다. 이번 학습에서 사용할 장면은 [학습자료] - [Video] - [BBC02] 파일입니다. FX 트래킹 작업을 하기 위해서는 좌측 하단의 **Add Tracker Point**를 선택하여 트래킹 정점을 지정해야 합니다. 그러나 트랙 포인트는 **FX(이펙트)**가 적용된 후에 사용이 가능합니다. 참고로 옆에 있는 **Delete Tracker Point**는 불필요한 트랙 포인트를 **삭제**할 때 사용됩니다.

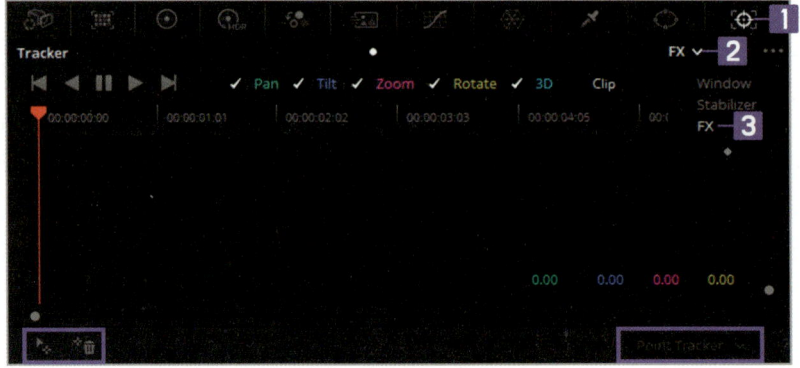

이펙트를 적용하기 위해 인터페이스 우측 상단의 **OpenFX**를 선택하여 **라이브러리**(Library)를 열어줍니다. 라이브러리에는 기본적으로 제공되는 다양한 이펙트를 사용할 수 있습니다. 이 중에는 유료 버전인 다빈치 리졸브 스튜디오 버전용 이펙트들도 포함되어있습니다. 여기에서는 해당 장면과 어울리는 빛 효과인 **렌즈 플래어**(Lens Flare)를 사용해 보겠습니다. 렌즈 플래어 효과를 끌어다 **1번** 노드에 갖다 적용합니다.

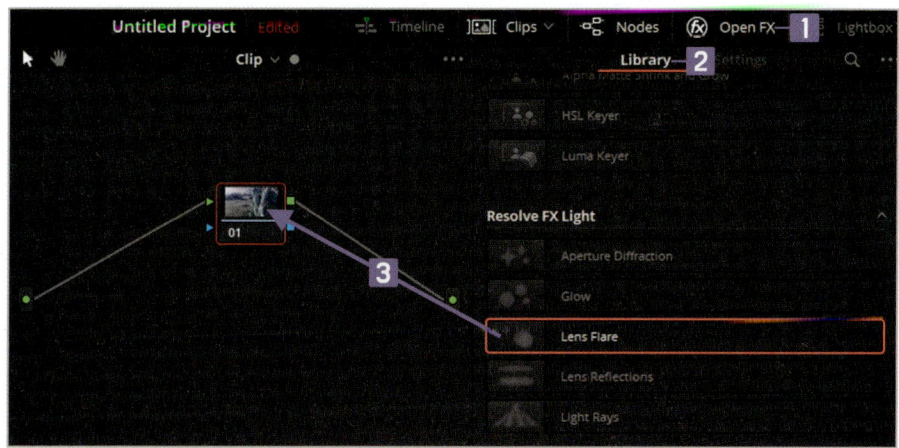

그러면 그림과 같은 메시지 창이 뜨는데 메시지 내용을 보면 방금 적용한 **렌즈 플래어** 효과는 **유료**로 사용되는 효과이므로 스튜디오 버전을 구입해야만 정상적으로 사용할 수 있다고 합니다. 만약 스튜디오 버전을 구입하고자 한다면 **Buy Now** 버튼을 눌러 구입 절차에 따라 결제 후 사용할 수 있지만 여기에서는 그냥 무시하고 **Not Yet** 버튼을 눌러서 사용해 보겠습니다.

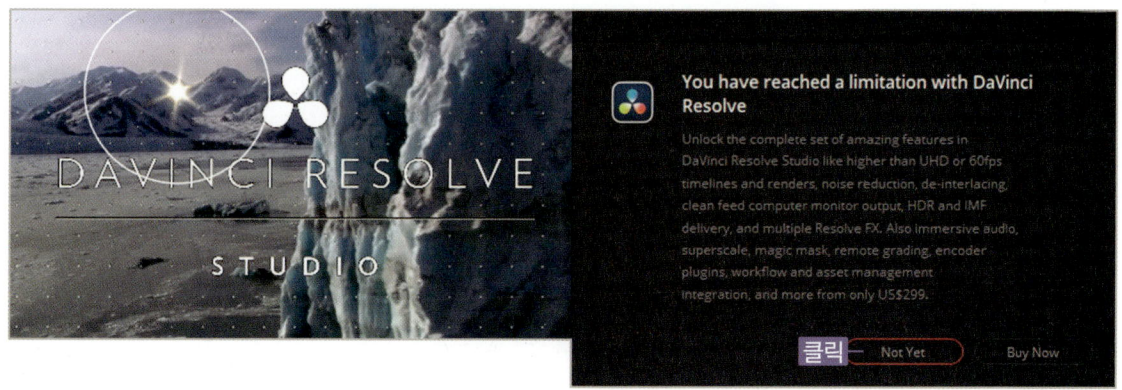

렌즈 플래어 효과가 적용된 후의 모습을 보면 화면에 DAVINCI RESOLVE STUDIO라고 씌여있는 것을 알 수

있습니다. 이 상태에서는 최종 출력물을 만들 수는 없지만 학습은 할 수 있기 때문에 일단 무시하고 작업을 진행하겠습니다. **렌즈 플래어**의 **위치**를 좌측 상단 하늘이 있는 곳으로 **이동**해 줍니다.

이펙트가 적용되면 해당 이펙트에 대한 설정을 할 수 있는 **세팅(Settings)** 창으로 전환되는데 다양한 옵션을 통해 원하는 설정할 수 있습니다. 설정 옵션은 이펙트에 따라 다르지만 여러분이 직접 설정을 하는 데에는 아무런 문제가 없을 것입니다. 일단 여기에서는 설정은 하지 않겠습니다. 참고로 **이펙트**을 잠시 **숨겨**놓고자 한다면 이펙트 이름 왼쪽에 있는 **주황색** 작은 **점**을 **클릭**하여 꺼주면 됩니다.

이제 트래커 포인트를 적용해 보겠습니다. 먼저 **플레이 헤드(시간)**을 **시작 프레임**으로 이동한 후 아래쪽의

Add Tracker Point 버튼을 클릭합니다.

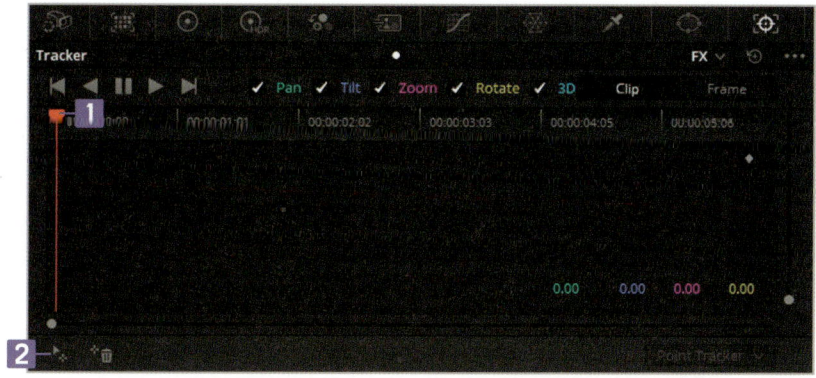

뷰어를 보면 **트래커 포인트**가 적용된 것을 알 수 있습니다. 이제 이 트래커 포인트를 트래킹하기 적당한 영역으로 이동합니다. 여기에서는 그림과 같이 **고정**된 **물체** 중 작은 바위를 **트래킹 영역**으로 사용하면 될 것입니다. 지금과 같은 작업에서의 트래킹 영역에 사용될 물체는 **움직임(변화)**가 **없고** 사물의 윤곽과 색상이 뚜렷한 곳을 이용해야 정확한 트래킹이 수행됩니다. 참고로 트래킹 영역을 지정할 때는 트래킹 영역을 정확하게 볼 수 있도록 화면을 확대(마우스 휠 회전)한 후 작업을 하는 것이 좋습니다.

계속해서 다시 한 번 Add Tracker Point 버튼을 클릭하여 트래커 포인트를 하나 더 추가한 후 그림처럼 좌측의 작은 바위로 이동하여 **두 번째 트래킹 영역**으로 사용합니다. 하나의 트래커 포인트를 사용해도 되지만 해당 장면을 살펴보면 약간의 회전을 하면서 움직이는 장면이기 때문에 **2개**의 트래커 포인트를 사용하는 것입니다. 이렇게 함으로써 렌즈 플래어 효과가 회전되는 각도에 맞게 자연스럽게 움직이게 됩니다. 설정이 끝나면 이제 최종적인 **FX 트래킹**을 하기 위해 **재생(Track Forward)** 버튼을 누릅니다.

FX 트래킹 후의 모습을 확인해 보면 렌즈 플래어 효과가 2개의 트래커 포인트 영역의 움직임에 맞게 자연스럽게 이동하는 것을 알 수 있습니다. 지금까지 모션 트래킹에 관한 작업에 대해 살펴보았습니다. 살펴본 것처럼 다빈치 리졸브의 트래커는 상당히 완성도 높은 결과물을 얻을 수 있다는 것을 알 수 있습니다.

프리뷰

다양한 매칭(Matching) 기법

이번 학습에서는 하나의 **쇼트(Shot - 장면)**를 다른 여러 장면들과 비슷한 느낌이 들도록 하거나 특정한 사람의 피부 톤을 항상 같은 톤으로 유지시키는 등의 다양한 **매칭(Matching)** 작업에 대해 알아보겠습니다.

장면 매칭 작업하기 - 노출(Exposure)

이번 학습에서는 **장면 매칭** 작업에 대해 알아보도록 하겠습니다. 장면, 즉 **쇼트 매칭(Shot Matching - 편의상 장면 매칭이라고 칭함)**이란 하나의 장면을 그 주변의 여러 장면들과 비슷한 느낌이 들도록 해 주는 것을 말합니다. 이것은 장면 간의 자연스러운 연결을 표현하기 위한 것입니다. 작업에 사용되는 각각의 장면은 색상, 밝기, 채도가 가능한 한 서로 비슷해야 합니다. 그래야만 전체적으로 어색하지 않은 영상이 되는 것입니다. 컬러리스트마다 다른 방법의 장면 매칭 스킬들이 있지만 일반적으로는 **루마(Luma)**, 즉 밝기, **콘트라스트**를 **가장 먼저** 설정하게 됩니다. 여기서 **콘트라스트(Contrast)**는 하이라이트(밝은 영역), 쉐도우(어두운 영역), 미드톤(중간 밝기 영역) 설정을 의미합니다. 루마 설정이 끝나고 나면 비로소 **색상(Hue)**과 **채도(Saturation)**에 대한 설정합니다. **장면 매칭**은 **3단계** 과정을 통해 완성됩니다. 첫 번째 단계는 이미지를 표준화하는 것인데 이것은 지금까지 살펴보았던 프라이머리(Primaries)와 세컨더리(Secondaries) 보정 그리고 색 균형 맞추기와 같은 것입니다. 기본적인 설정들을 맞추고 나면 이번 학습에서 살펴볼 장면 매칭을 하게 됩니다. 장면 매칭을 할 때에는 새로운 노드(Node)를 추가해가면서 작업해 주면 됩니다. 마지막 단계는 룩 만들기(Creating the Look)인데 이것은 추후 해당 학습 편에서 살펴볼 것입니다. 이제부터 다빈치 리졸브에서 제공하는 다양한 기능들을 이용해 첫 번째 단계에 해당되는 장면 매칭을 해 보도록 하겠습니다.

이번 학습에서는 [학습자료] - [Video[- [Xcam2893**와** Xcam2894] **2개**의 **장면**을 사용해 보겠습니다. 두 장면을 살펴보면 두 번째 장면이 첫 번째 장면에 비해 색상(Hue)과 채도(Saturation)가 다소 떨어지는 것을 알 수 있습니다. 이제 이 두 장면의 매칭 작업을 해 보겠습니다.

▲ 첫 번째 장면(Xcam2893.mov)

▲ 두 번째 장면(Xcam2894.mov)

먼저 **첫 번째 장면(Xcam2893.mov)**에 대해 살펴보겠습니다. 단축키 **[Ctrl] + [Shift] + [W]** 키를 눌러 스코프를 열고, **4개**의 스코프가 나타나도록 해줍니다. 만약 4개의 스코프가 선택되지 않는다면 **스코프 하단 모서리**를 잡고 드래그하여 크기를 좀 더 키워준 후 선택하면 됩니다. 스코프를 확인해 보면 첫 번째 장면은 색상은 균형이 잡혀있지만 **하이라이트(Highlight)**는 조금 어색하게 표현되어있는 것을 알 수 있습니다.

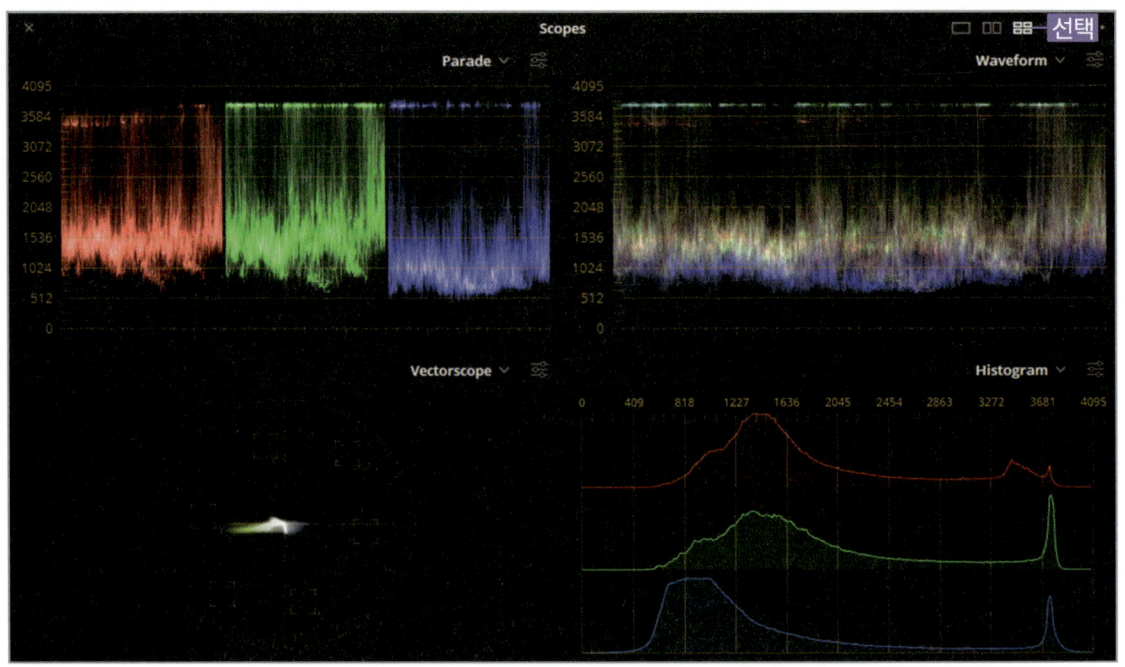

스코프의 **비율**은 오른쪽 상단 메뉴에서 Ratio 메뉴의 4x3이나 16x9 비율을 선택할 수 있습니다.

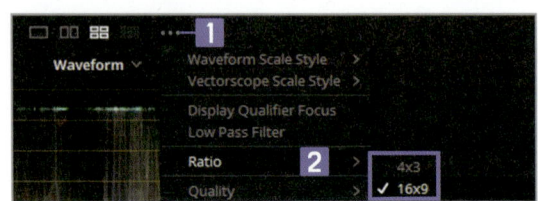

여기에서는 **컬러 휠**의 **프라이머리 휠**에서 **리프트(Lift)** 값을 조금 낮춰서 **쉐도우(Shadow)**를 낮춰주고, **하이라이트(Highlight)**는 **게인(Gain)**을 조금 더 **올려**서 균형을 잡아줍니다. 설정된 장면을 스코프로 확인해 보면 이전과는 다르게 하이라이트에 대한 균형이 더욱 풍부해진 것을 알 수 있습니다. 뷰어를 통해 확인해 보면 보정 전의 모습보다 보정 후의 모습이 더욱 선명하고, 하이라이트와 쉐도우 부분도 적당하게 균형이 맞춰진 것을 알 수 있습니다.

▲ 보정 전의 모습　　　　　　　　　　　▲ 보정 후의 모습

이번엔 **두 번째 장면**을 앞서 설정한 첫 번째 장면처럼 장면 매칭을 해 줍니다. 이 과정에서는 완전히 똑같이 설정하기는 어렵겠지만 가급적 장면 매칭이 되도록 신경쓰면서 설정을 해 봅니다. 기본적으로 **쉐도우**를 낮추고, **하이라이트**를 올려줍니다. 그리고 **채도**를 높여 준 후 **컬러 휠**을 이용하여 색 균형을 맞춰줍니다. 필자는 **로그(Log)**에서 쉐도우, 미드톤, 하이라이트를 통해 밝기를 균형있게 조정했습니다. 설정 후 첫 번째 장면과 두 번째 장면에 대한 비교를 해 보면 두 장면의 차이가 비슷해졌지만 완전한 매칭은 아닙니다. 기본적인 보정 작업이 끝났다면 이제 본격적인 색상에 대한 장면 매칭 작업을 해 보도록 하겠습니다.

▲ 첫 번째 장면의 보정된 모습

▲ 두 번째 장면의 보정된 모습

생생노트 | HDR 그레이드(Grade)에 대하여

HDR은 하이 다이내믹 레인지(High Dynamic Range)의 약자로 디지털 영상 처리 과정에서 높은 명암 비율을 제공하여 높은 수준의 영상 표현을 가능케 해주는 기술입니다. HDR 기술은 밝은 부분은 더 밝게, 어두운 부분은 더 어둡게 보정하여 기존 로컬 디밍(Local Dimming) 방식보다 **더 넓은 명암의 범위를** 만들이 보다 보다 사실적이고 생동감 있는 영상을 표현할 수 있게 해줍니다. HDR의 가장 큰 특징은 사진이나 영상의 밝은 부분과 어두운 부분이 뚜렷해진다는 것인데, 이것은 명암 대비가 확실해지면서 세밀한 부분까지 잘 표현되기 때문입니다. 다빈치 리졸브에서는 **HDR 그레이드(Grade)**를 통해 HDR로 촬영된 영상(이미지)를 보다 세부적으로 설정할 수 있습니다. 기본적으로 컬러 휠과 사용법이 동일하지만 총 **7개의** 설정 모드를 지원하여 고차원적인 설정이 가능합니다.

또한 HDR 그레이드는 기본적으로 **가장 어두운 블랙(Black)** 영역부터 다크(Dark), 쉐도우(Shadow), 라이트(Light), 하이라이트(Highlight) 그리고 **가장 밝은 스페큘러(Specular)**까지 폭넓은 범위의 명암을 설정할 수 있으며, 각 설정 모드는 **상단 동그라미** 또는 〈, 〉 모양의 아이콘을 클릭하여 이동할 수 있습니다. 참고로 HDR 그레이드의 **글러벌(Global)**은 컬러 휠의 오프셋처럼 **전체적인 명암**에 영향을 주며, 글로벌을 기준으로 세 가지의 설정 모드를 한 패널에서 사용할 수 있습니다.

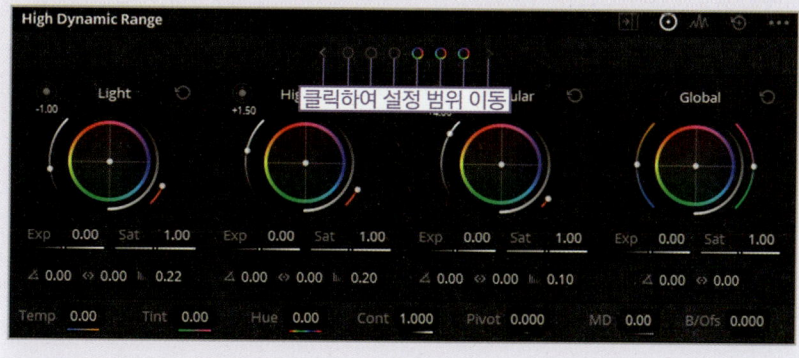

장면 매칭 작업하기 – 색상(Color)

이전 학습에서는 서로 다른 2개의 장면을 각각 기본적인 색보정을 해 줌으로써 본격적인 장면 매칭을 할 준비를 해 놓았습니다. 이번에는 두 번째 단계인 장면 매칭을 해 보도록 하겠습니다. 앞선 과정에서 보정한 모습을 보면 기본적인 보정들은 해주었으나 두 장면을 비교해 보면 아직 완벽하지는 않습니다. 첫 번째 장면은 따뜻한 느낌이 드는 반면, 두 번째 장면은 그에 비해 다소 차가운 느낌입니다. 이제 두 번째 장면을 첫 번째 장면처럼 따뜻한 느낌이 들도록 색보정을 해 봅니다. 여기서 먼저 **웨이브폼** 스코프를 살펴봅니다. 두 번째 장면은 첫 번째 장면에 비해 빨간색이 강조되었고, 초록과 파란색은 너무 흐릿한 것을 알 수 있습니다.

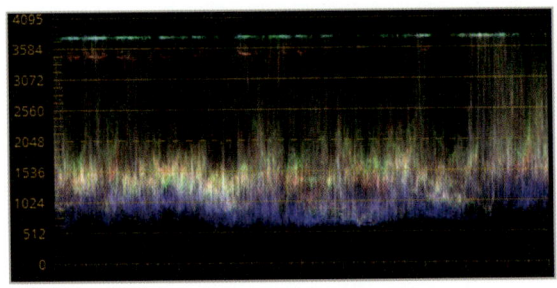
▲ 첫 번째 장면의 웨이브폼 스코프

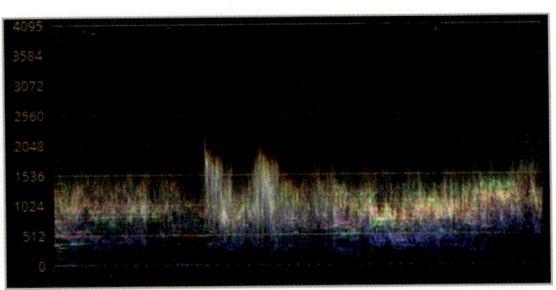
▲ 두 번째 장면의 웨이브폼 스코프

이제 색보정을 위해 **커브(Curve)**로 이동합니다. 물론 커브가 아닌 컬러 휠의 오프셋을 이용해도 되겠지만 보다 정교한 설정을 위해서는 커브를 이용하는 것이 좋습니다. 커브의 Y, R, G, B 색상 채널을 개별로 선택해 가면서 밝기(Y)를 조금 높여 밝게 해 주고, 빨간색(R) 채널과 초록색(G) 채널도 조금 높여줍니다. 그리고 파란색(B) 채널은 조금 낮춰서 첫 번째 장면처럼 전체적으로 따뜻한 느낌으로 조정합니다. 설정된 모습을 비교해 보면 이전에 비해 훨씬 더 비슷해진 것을 알 수 있습니다.

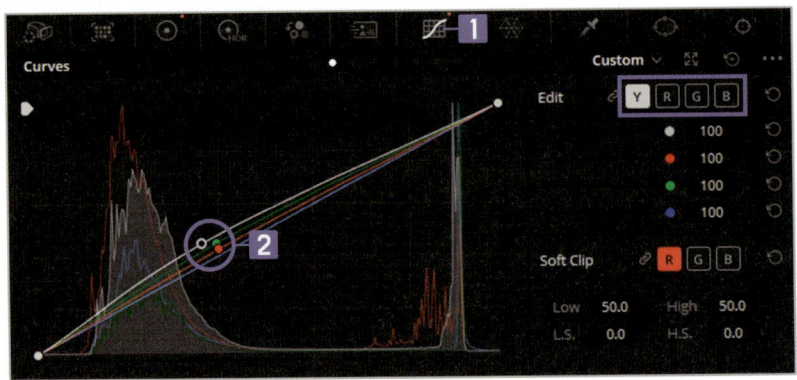

▲ 첫 번째 장면의 보정된 모습

▲ 두 번째 장면의 보정된 모습

두 장면을 **웨이프폼** 스코프를 통해 확인해 보아도 밝기와 색상에 대한 그래프의 모습이 이전보다 훨씬 더 비슷해 진 것을 알 수 있습니다.

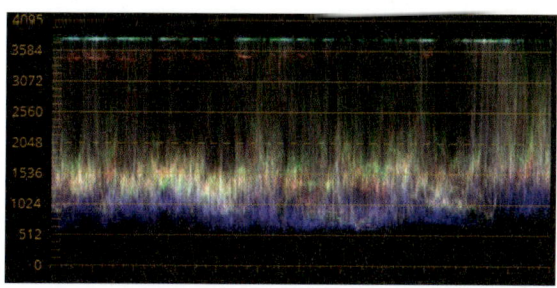
▲ 첫 번째 장면의 웨이브폼 스코프

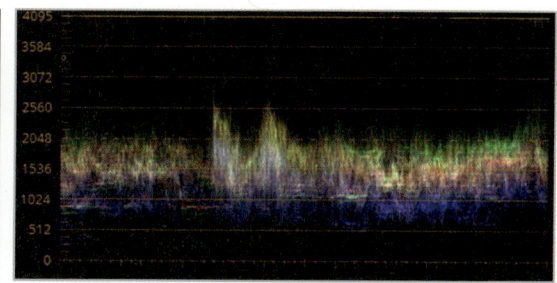
▲ 두 번째 장면의 웨이브폼 스코프

하지만 두 번째 장면의 채도가 첫 번째 장면보다 옅어진 것을 알 수 있습니다. 이제 이러한 채도에 대한 문제만 해결해 주면 될 것 같습니다. 문제를 해결하기 위해 먼저 커브의 **커스텀(Custom)**을 Sat Vs Sat 모드로 전환합니다. 그리고 그림처럼 **우측 컨트롤 포인트**를 올려서 채도를 높여줍니다.

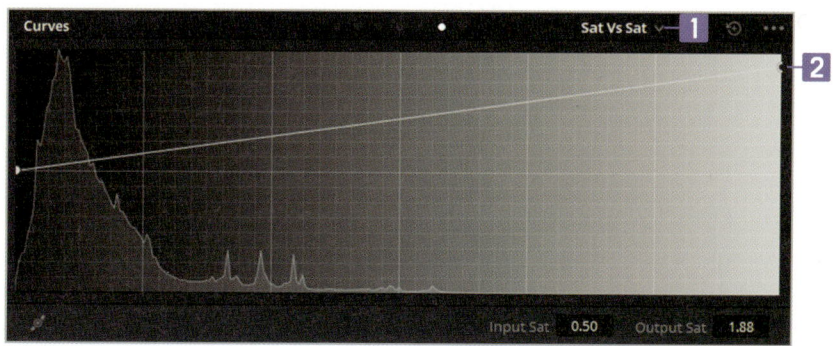

색보정의 모든 것 **473**

그다음 Hue Vs Sat 모드로 전환한 후 장면 속의 **나뭇잎**을 **클릭(퀄리파이어 모드 상태)**하여 초록색 계열을 설정하기 위한 **3개**의 컨트롤 포인트를 추가한 후 **센터 포인트**를 두 번째 그림처럼 올려 색보정을 해 줍니다.

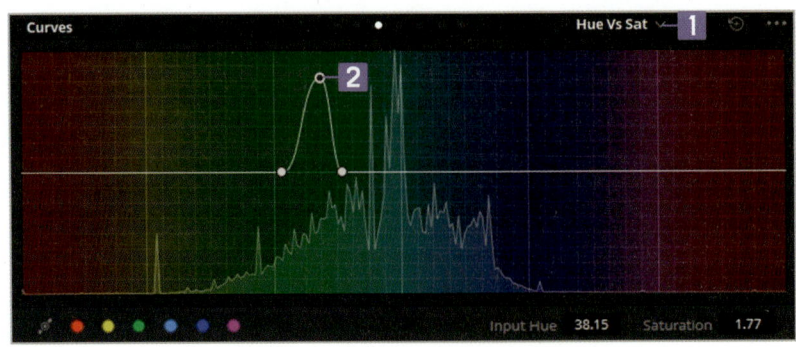

이와 같은 과정을 거친 후 두 장면을 비교해 보면 훨씬 자연스럽게 매칭된 것을 알 수 있습니다. 살펴 본 것처럼 장면 매칭을 할 때는 **우선적으로** 밝기를 조정해 준 후 색상에 대한 문제를 해결해 주어야 한다는 것을 기억하기 바라며, 여러분은 여기에서 끝낼게 아니라 컬러 휠과 커브를 번갈아가면서 가장 비슷한 느낌이 나올 때까지 설정을 하기 바랍니다.

▲ 첫 번째 장면의 보정된 모습

▲ 두 번째 장면의 보정된 모습

 생생 노트 | 색보정 시 필요한 추가적인 노드(Node) 사용하기

컬러 페이지에서 작업을 할 때는 **원본 1번 노드**를 가지고 보정 작업을 하기 보다는 작업이 잘못되어 삭제하거나 수정할 때 그리고 합성 작업을 위해 **새로운 시리얼 노드**를 추가하여 작업을 하는 것이 좋습니다.

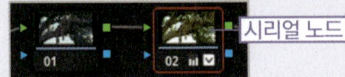

장면 매칭 작업하기 - 자동 쇼트 매칭(Auto Shot Matching) 메뉴의 활용

이번 학습에서는 여러 개의 장면으로 자동으로 매칭시켜주는 **쇼트 매치 투 디스 클립**(Shot Match to this Clip)에 대해 알아보겠습니다. 학습을 하기 전에 가장 먼저 알아야 할 것은 확장되어 촬영된 영상 혹은 로그 (Log)와 같은 느낌의 장면에서는 이 기능을 적용시킬 수 없다는 것입니다. 이제 자동 쇼트 매칭을 하기 이해 **[학습자료]** - [Project] - [오토 매칭] 프로젝트 파일을 실행힙니다. 해당 프로젝트의 첫 번째 장면은 이미 색보정 작업이 끝난 상태이며, 두 번째 장면은 색보정이 안된 상태입니다.

두 번째 장면을 보면 전체적으로 푸른 빛깔이 많이 들어가 있는 것을 알 수 있습니다. 이제 첫 번째 장면을 **레 퍼런스**(Reference)로 사용하여 두 번째 장면에 적용시키도록 하겠습니다. 사용 방법은 아주 간단합니다. 먼저 **첫 번째 장면**과 **매칭**하고자 하는 **두 번째 장면**을 **선택**합니다.

그다음 **레퍼런스**로 사용되는 **첫 번째 장면**에서 [우측 마우스 버튼] - [Shot Match to this Clip] 메뉴를 선택합니

다. 이것으로 간단하게 **오토 매칭**이 적용되었습니다. 오토 매칭이 적용된 모습을 확인해 보면 이전과는 다르게 장면의 푸른빛이 사라져 전체적으로 따뜻한 느낌으로 바뀌었습니다. 이렇듯 오토 매칭 기능을 사용하면 서로 다른 여러 개의 장면을 아주 쉽게 장면 매칭을 할 수 있습니다.

살펴본 오토 매칭이 특정 장면의 색상, 채도, 밝기에 대한 정보를 다른 장면에 상속할 수 있었다면 **오토 컬러(Aoto Color)**와 **오토 밸런스(Auto Balance)**는 해당 장면을 분석하여 다빈치 리졸브가 지향하는 표준 색상으로 보정해 줍니다. 그러나 다빈치 리졸브 특성상 표준 색상보다는 사용자가 직접 색상에 관여하는 것을 권장합니다. 자동 색보정 기능은 두 가지가 있습니다. 하나는 **컬러 휠**의 **A** 모양의 아이콘인 Auto Balance와 [Color] - [Auto Color] 메뉴를 선택하는 것입니다. 아래의 두 번째 그림은 **자동 색보정** 후 **미드톤 디테일(MD)** 값을 낮추 모습입니다. 이렇듯 다빈치 리졸브의 자동 색보정 기능은 생각보다 훨씬 자연스러운 결과물이 나오는 것을 알 수 있습니다.

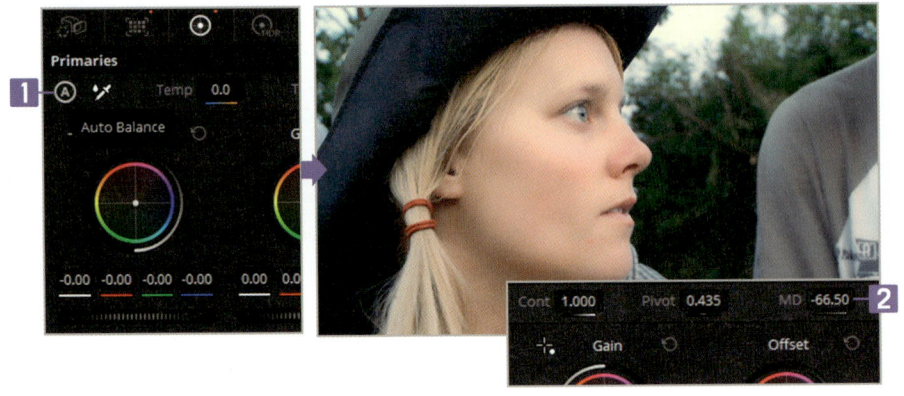

 갤러리(Gallery)란?

여러분이 하나의 아주 긴 타임라인에서 작업을 하고 있다고 생각해 보기 바랍니다. 수백 개의 장면들이 그 타임라인에 있고 그 장면들을 처음부터 끝까지 장면 매칭을 해야 한다면 어떻게 해야 할까요? 이럴 때 효과적으로 사용할 수 있는 기능이 바로 갤러리입니다. 갤러리에 등록할 장면의 뷰어 화면에서 [우측 마우스 버튼] – [Grab Still] 메뉴를 선택합니다. 그러면 해당 장면이 스틸 이미지 형태로 갤러리에 등록됩니다.

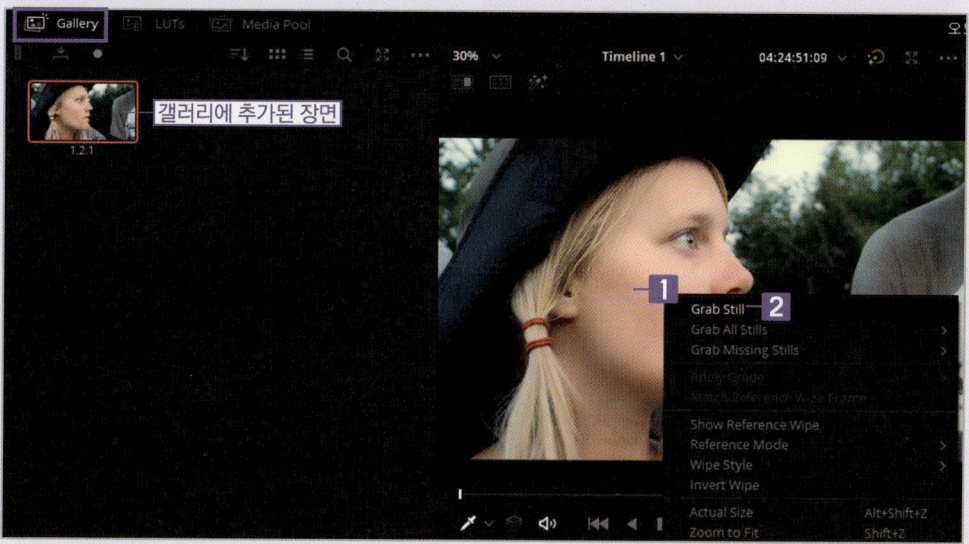

스틸 앨범(Still Albums)을 열고 빈 곳에서 **[우측 마우스 버튼] – [Add Still Album]**을 선택하면 스틸 이미지를 담을 수 있는 새로운 앨범이 추가됩니다. 앨범의 이름은 더블클릭하여 수정할 수 있으며, 불필요한 앨범은 **Remove Current Album**을 선택하여 삭제할 수 있습니다. 여기에서는 새로운 스틸 앨범을 만들지 말고 앞서 추가된 **Stills 1**을 그대로 사용합니다. 참고로 장면을 스틸 이미지로 **그랩(Grab)**하는 또 다른 방법으로는 **[View] – [Stills] – [Grab Stills]** 메뉴를 선택하는 것입니다. **[Ctrl] – [Alt] + [G]** 키를 누르는 것입니다.

갤러리 좌측 상단에는 **메모리즈(Memories)**가 있습니다. 메모리즈는 **A~Z**까지의 공간을 활용하여 **그랩**한 스틸 이미지

를 끌어다 적용할 수 있습니다. 이렇게 메모리즈에 등록된 이미지는 다시 끌어다 재사용할 수 있는 보관 창고와 같습니다. 메모리즈에 등록된 이미지의 선택과 새로운 스틸 이미지의 추가는 단축키로도 가능합니다. [Color] - [Memories] 메뉴를 보면 **Load Memory A~H**와 **Save Memory A~H**가 있는데, 로드 메모리는 메모리즈에 등록될 스틸 이미지를 선택하는 메뉴들이며, 신속한 작업을 위해서는 우측의 단축키를 활용하십시오. 메모리즈의 활용법은 다음 학습에서 살펴볼 것입니다.

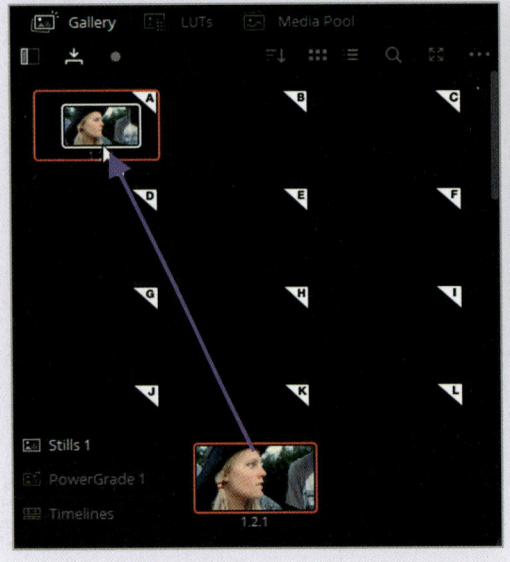
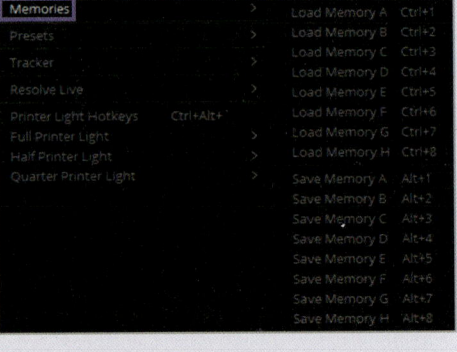

이미지 와이프(Image Wipe)의 활용

이번 학습에서는 앞서 **생생노트**에서 살펴본 갤러리의 활용법에 대해 알아보겠습니다. 갤러리에 등록된 스틸 이미지들은 **레퍼런스 와이프(Reference Wipe)**를 통해 2개의 장면을 서로 비교할 수 있습니다. 필자는 **셀러드 데이즈** 프로젝트에서 앞서 살펴본 방법으로 **2개의 그랩(Grap) 이미지**를 만들었습니다. 먼저 **클립(Clips)**에 있는 **장면**을 선택한 후 **갤러리**에 등록된 아무 **스틸 이미지**를 **선택**해 봅니다. 그다음 뷰어 좌측 상단의 **이미지 와이프(Image Wipe)**를 클릭하여 켜줍니다. 그러면 그림처럼 클립에서 선택된 장면과 갤러리에서 선택된 스틸 이미지가 반으로 나뉘어 나타납니다. 이렇듯 이미지 와이프를 사용하면 2개의 장면을 서로 비교할 수있도록 화면을 분할해 줍니다. 이것은 장면 매칭을 위해 아주 유용하게 사용됩니다.

여기서 만약 수평 방향의 와이프가 아닌 수직 방향의 와이프로 바꾸고 싶다면 **버티컬**(Vertical) 아이콘을 클릭하면 됩니다. 또한 수직 방향 모드 옆에는 두 장면을 혼합하여 볼 수 있는 **믹스**(Mix) 모드 등 다양한 보기 모드가 있으며, [Ctrl] + [Alt] + [F] 키를 이용하여 **플레이 스틸**(Play Stills) 메뉴가 실행됨으로써 갤러리에 등록된 스틸 이미지와 비교해 볼 수 있도록 이미지 와이프 모드로 전환됩니다.

스틸 이미지를 이용한 장면 매칭

이번 학습에서는 **갤러리**에 등록된 **스틸 이미지**를 활용하여 특정 장면을 **매칭**시키는 방법에 대해 살펴보겠습니다. 스틸 이미지는 단순히 2개의 장면을 비교하기 위해서만 사용하는 것이 아니라 특정 장면과 매칭시키기 위한 기능으로도 활용됩니다. 학습을 위해 그림처럼 **4개** 정도의 파일을 사용하며, **갤러리**에 **2개**의 스틸 이미지를 만들어놓습니다. 장면 매칭 **첫 번째** 방법으로는 마우스 가운데 버튼인 **휠**을 클릭을 하는 것입니다. 먼저 색보정을 하고자 하는 장면을 **클립(Clips)**에서 선택한 후 장면 매칭을 위한 **레퍼런스 이미지**, 즉 스틸 이미지를 선택합니다. 그러면 **스틸 이미지**에 등록된 **색보정 속성**이 선택된 장면에 그대로 **상속**됩니다. 선택된 장면의 노드가 깜빡거리는 것으로 속성이 상속된 것을 알 수 있을 것입니다.

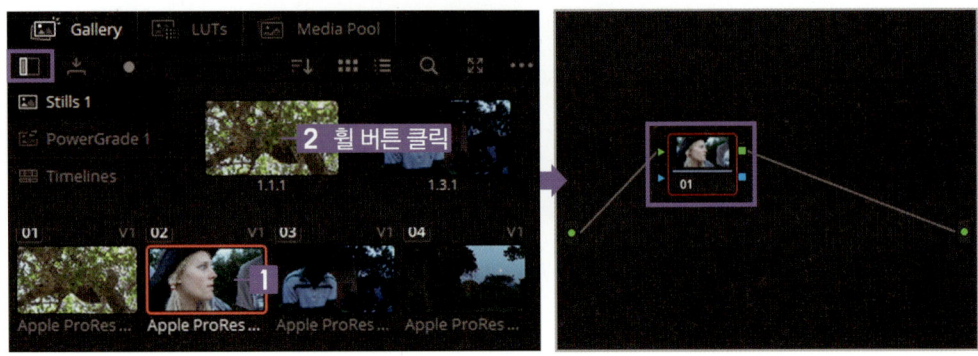

두 번째 방법은 갤러리에 있는 **스틸 이미지**를 직접 끌어다 장면 매칭을 하고자 하는 선택된 장면의 **노드**에 갖다 놓는 것입니다. 이때 적용하고자 하는 노드의 **아웃풋** 연결 선 쪽에 적용해야 합니다. 그러면 장면 매칭을 위한 새로운 노드가 추가됩니다.

이와 같은 작업은 **메모리즈(Memories)**에 등록된 스틸 이미지에서도 가능합니다. 메모리즈에 등록된 스틸 이미지도 역시 마우스 가운데 버튼인 **휠** 버튼이나 직접 끌어다 **노드**에 적용하여 장면 매칭이 가능하다는 것입니다. 참고로 특정 노드를 선택한 후 **복사(Ctrl + C)**하여 다른 노드에 **붙여넣기(Ctrl + V)**하는 방법으로도 장면 매칭이 가능합니다. 물론 이와 같은 방법은 같은 장면, 즉 클립에서만 사용되는 방법입니다.

갤러리에 등록된 스틸 이미지를 다른 프로그램에서 사용하기 위하여 **스틸 이미지 파일**로 만들어주고자 한다면 해당 스틸 이미지에서 **[우측 마우스 버튼] - [Export]** 메뉴를 선택하면 됩니다. 그러면 JPEG나 PNG와 같은 스틸 이미지 파일을 만들 수 있습니다. 자세한 방법은 **비디오 편집** 학습 편의 **생생노트**인 **특정 장면 스틸 이미지 만들기**에서 살펴본 적이 있습니다. 참고로 **투명**한 **배경** 이미지를 만들기 위해서는 **TIFF**나 **PNG** 등의 파일 형식을 사용하십시오.

버전(Versions)을 이용한 색보정

이번 학습에서는 하나의 장면에 여러 가지 색보정 효과를 적용한 후 각각의 **버전(Versions)**별로 저장하여 필요할 때 원하는 버전을 선택하여 해당 장면에 적용하는 방법에 대해 알아보도록 하겠습니다. 하나의 장면에 따뜻한 느낌을 주기 위해 커브에서 빨간색을 증가해 봅니다. 그러면 이 작업은 자동으로 현재의 기본 버전인 **버전 1**에 적용됩니다.

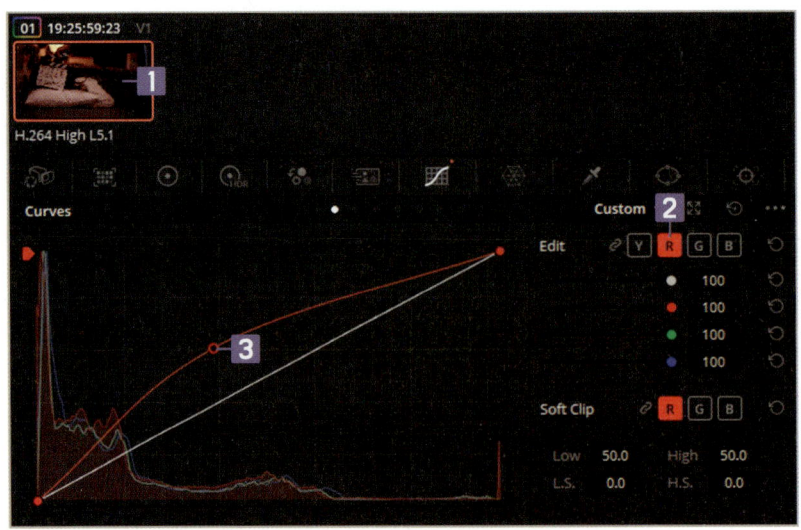

계속해서 이번엔 다른 버전을 추가하기 위해 사용 중인 **클립(Clips)**에서 [**우측 마우스 버튼**] - [Local versions] - [Create New Version]을 선택합니다. 그다음 **뉴 버전(New Version)** 창이 열리면 적당한 **이름(차가운 느낌)**을 지정한 후 OK 버튼을 눌러 새로운 버전을 등록합니다.

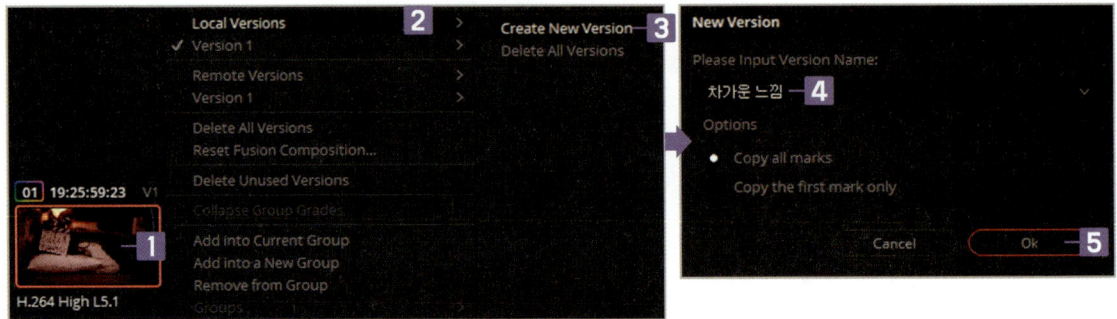

이제 새로 추가된 버전에서 사용될 색보정을 해 줍니다. 이번에는 앞서 **차가운 느낌**의 이름으로 버전을 추가했기 때문에 **차가운 느낌**으로 색보정을 해 줍니다. 일단 앞서 설정한 **빨간색**은 **초기화**시키고, **파란색**을 증가합니다.

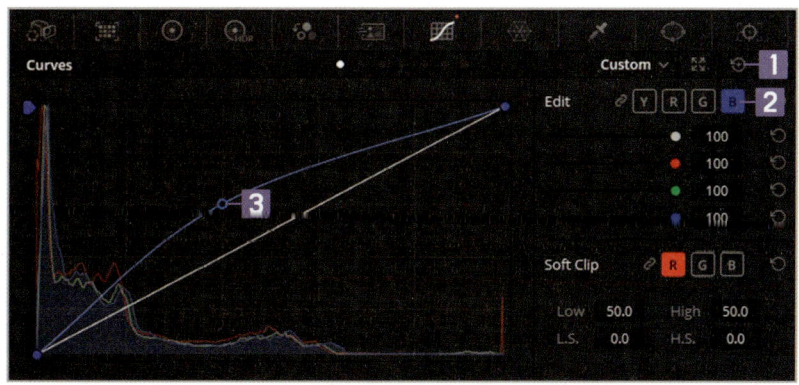

2개 이상의 버전이 등록되면 클립의 섬네일 좌측 상단에 무지개 색상 **아이콘**이 **2개**로 표시됩니다. 이 표시를 통해 여러 개의 버전이 등록되었음을 알 수 있습니다.

이것으로 따뜻한 느낌과 차가운 느낌 2개의 색보정을 해 놓았습니다. 여기에서 다시 **따뜻한 느낌**의 색보정으로 바꿔주고자 한다면 클립에서 처음 작업했던 기본 버전인 [**우측 마우스 버튼**] - [Version 1] - [Load]를 선택합니다. 그러면 다시 따뜻한 느낌의 장면으로 바뀝니다. 이렇듯 버전은 미리 여러 가지 색보정을 해놓은 후 상황에 맞게 바꿔가면서 사용할 수 있습니다. 참고로 버전의 이름을 수정하고자 한다면 같은 메뉴의 Rename을 선택하면 되며, Delete를 사용하여 불필요한 버전은 **삭제**할 수도 있습니다.

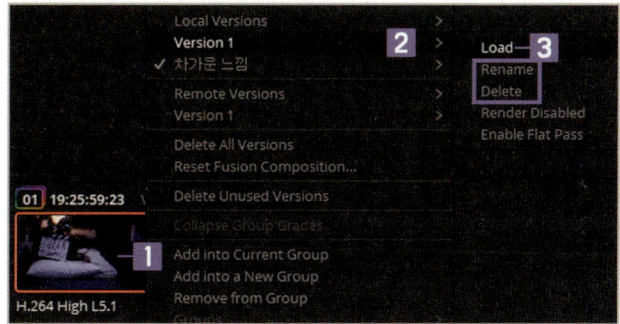

버전을 선택하는 또 다른 방법으로는 Color 메뉴의 Grade Version에서 **이전 버전 선택**(Previous)와 **이후 버전 선**

택(Nest)가 있으며, Add 메뉴를 통해 새로운 버전을 추가하고, Default 메뉴를 통해 초기 상태로 되돌려 놓을 수도 있습니다.

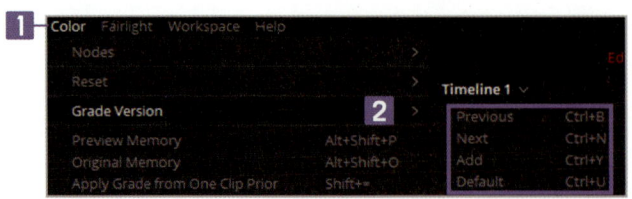

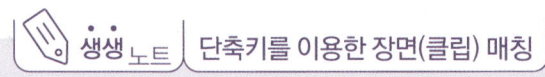

아래 그림을 보면 타임라인에 세 가지 장면이 있습니다. 이 중 두 장면은 색보정이 되어있고, 하나의 장면은 색보정이 되어있지 않습니다. 이것은 섬네일 왼쪽 상단의 **무지개** 색상 표시로 구별할 수 있습니다. 여기서 색보정이 안된 세 번째 장면을 색보정하기 위해 이전에 보정된 다른 장면의 색보정 속성을 장면 매칭에 사용해 보겠습니다. 이러한 작업을 할 때 쉽게 하기 위해 사용되는 단축키는 = 키입니다. 색보정을 하기 위한 **세 번째 장면**을 선택한 후 = 키를 눌러보십시오. 그러면 이전 장면의 색보정 속성이 그대로 상속됩니다. 그리고 만약 **전전**, 즉 첫 번째 장면의 색보정 속성을 세 번째 장면에 상속받기를 원한다면 단축키 − 키를 사용하면 됩니다.

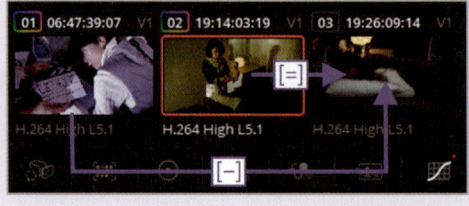

피부 톤 매칭(Skin Matching)하기

장면 매칭을 할 때 가장 어려운 것 중의 하나는 사람의 피부 톤을 맞추는 작업입니다. 이번 학습에서는 보다 편리하게 피부 톤을 매칭할 수 있는 방법에 대해 살펴볼 것입니다. 피부 톤 매칭 시 기억해야 할 것은 각각 다른 사람들의 피부 톤을 매칭시켜주는 것이 아니라 한 개인의 피부 톤을 전체 장면에 개별적으로 매칭시켜주어야 한다는 것입니다. 먼저 [학습자료] - [Project] - [피부 톤] 프로젝트 파일을 열어줍니다. 피부 톤 매칭 시 가장 먼저 해야 할 작업은 **벡터스코프**를 이용하는 것입니다. **벡터스코프**를 열어준 후 Show Skin Tone Indicator를 체크합니다. 그러면 R(빨강)과 Y(노랑) 사이에 **얇은 선**이 나타나는 것을 알 수 있습니다. 이제 이 선을 기준으로 피부 톤을 잡아주면 됩니다.

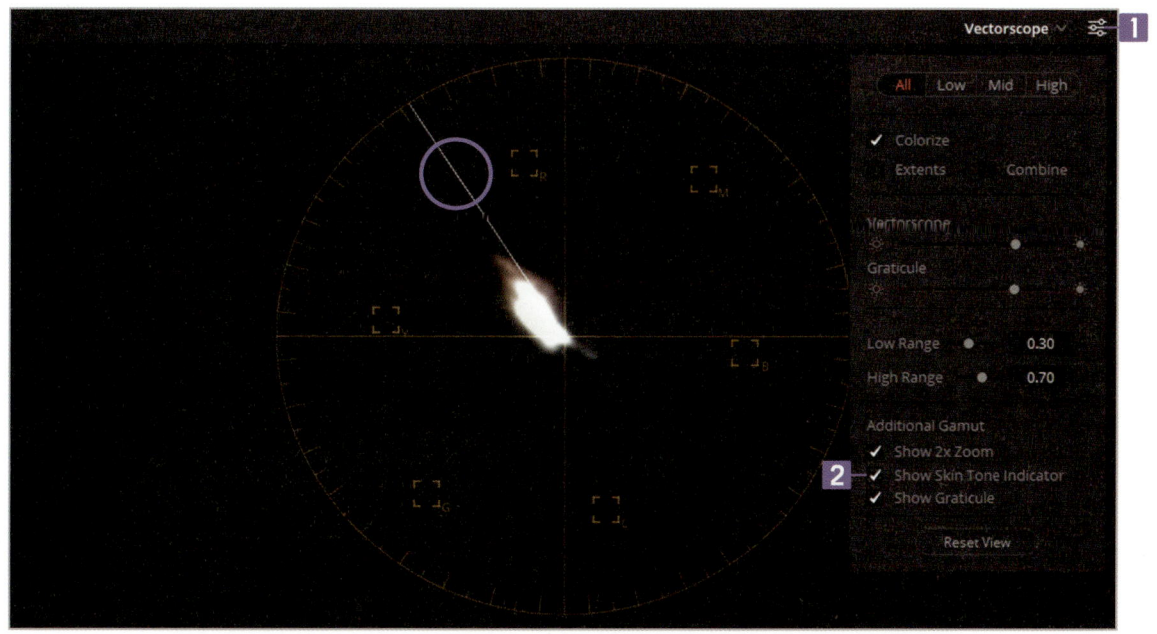

1번과 2번 장면을 비교해 보면 2번 장면이 1번에 비해 훨씬 어둡고 채도가 떨어지는 것을 알 수 있습니다. 이것은 백터스코프에서도 확연하게 구분됩니다. 이렇게 피부 톤이 다른 이유는 다양하겠지만 기본적으로는 피부가 빛을 얼마나 반사시키고 있는지에 따라 피부 톤이 다르게 표현됩니다.

1번 장면과 백터스코프의 모습

2번 장면과 백터스코프의 모습

여기에서는 1번 장면을 기준으로 피부 톤을 매칭해 보겠습니다. **2번** 장면을 **선택**한 후 [Alt] + [S] 키를 눌러 새로운 **시리얼 노드**를 **추가**합니다. 피부 톤 보정 시 얼굴이나 그밖에 피부를 집중적으로 보정하기 위해서는 새로운 노드를 이용하는 것이 좋습니다.

2번 장면의 얼굴 부분만 집중적으로 색보정하기 위해 추가된 2번 노드에서 **윈도우**(Window)의 **커브**(Courve)를 선택합니다. 그리고 Softness의 Soft 1을 5 정도로 설정하여 윈도우(위젯) 가장자리를 부드럽게 해 줍니다. 이제 뷰어에서 그림처럼 얼굴 부분만 **윈도우(위젯)**으로 만들어줍니다.

1번과 2번 장면을 비교해 가면서 작업을 하기 위해 **1번** 장면(클립)을 **선택**한 후 뷰어에서 **[우측 마우스 버튼]** – [Grab Still]을 선택하여 **갤러리**에 스틸 이미지를 적용합니다.

뷰어의 **이미지 와이프**(Image Wipe) 모드를 켜서 1번과 2번 장면을 분할해 줍니다. 그러나 현재는 남자의 얼굴이 보이지 않기 때문에 피부 톤 보정을 하기 적합하지 않은 상태입니다. 뷰어에서 **[우측 마우스 버튼]** – [Invert Wipe]를 선택하여 분할 화면의 위치를 반전시킵니다. 그러면 그림처럼 1, 2번 장면의 남자가 나타납니다.

분할 화면의 비율은 화면에서 마우스 버튼을 클릭하여 **좌우로 드래그**하는 것으로 가능합니다.

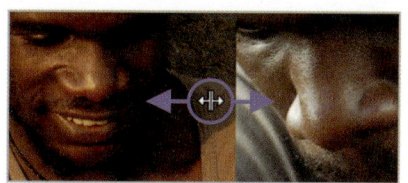

이제 **이미지 와이프**를 온/오프 하면서 색보정 툴을 이용하여 남자의 **피부 톤**을 **매칭**시킵니다. 여기에서는 **프라이머리 로그**을 통해 감마, 게인 오프셋을 조금씩 높여주었고, 채도(Sat)를 조금 높여 1번과 매칭되도록 하였습니다. 이처럼 분할 화면을 통해 두 장면을 비교해 보면서 색보정 작업을 할 수 있다는 것 참고하기 바랍니다. 습니다. 물론 실제 작업에서는 모든 보정 기능을 가능한 한 모두 활용하여 세부 보정을 해주어야 할 것입니다.

파워 그레이드(Power Grade)를 이용한 매칭

장면 매칭 작업을 하다 보면 사람의 피부 톤 및 장면의 느낌을 비슷하게 맞춰주어야 하는 보정 작업을 거치게 되며 또한 원치 않는 부분에 색보정이 들어가 수정을 해 주어야 하는 경우가 생기게 됩니다. 이럴 때마다 자주 사용하게 되는 특정한 노드들을 **라이브러리(Library)**에 저장했다가 다시 꺼내어 사용할 수 있습니다. 다빈치 리졸브에서는 이 기능을 **파워 그레이드(Power Grade)**라고 합니다. 이번 학습에서는 파워 그레이드에 대해 알아보도록 하겠습니다. 파워 그레이드에는 갤러리의 스틸 이미지를 끌어다 넣을 수도 있지만 그림처럼 **갤러리**에서 PowerGrade 1을 선택한 후 뷰어에서 색보정이 된 장면을 [**우측 마우스 버튼**] - [Grab Still] 메뉴를 선택하여 등록할 수도 있습니다.

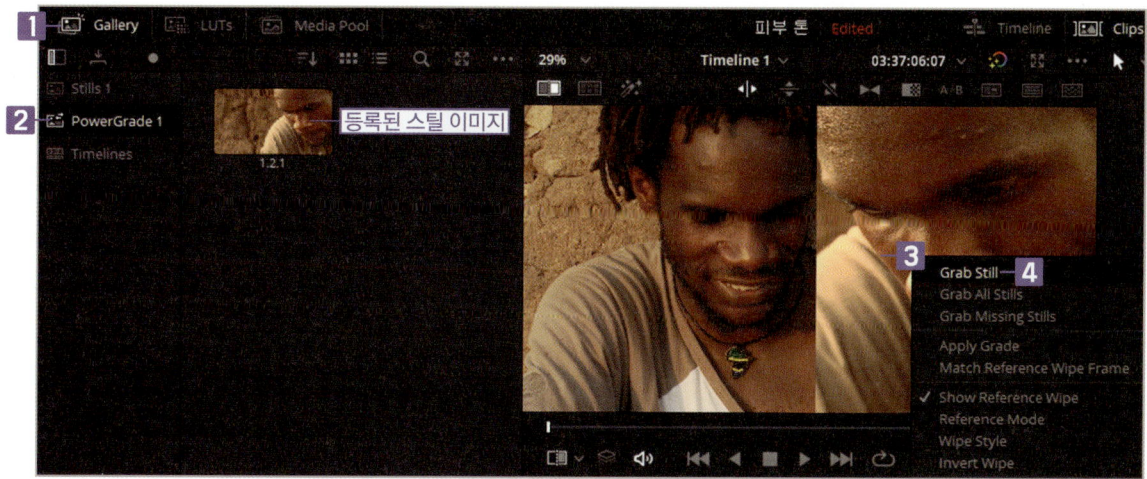

파워 그레이드 앨범에 지장된 스틸 이미지는 스틸 앨범과는 다르게 동일한 데이터베이스(Database) 속에 포함된 모든 프로젝트에서 사용이 가능하며, 새로운 파워 그레이드를 추가하기 위해서는 **스틸 앨범**의 빈 곳에서 [**우측 마우스 버튼**] - [Add PowerGrade Album]을 선택하는 것입니다. 참고로 불필요한 앨범은 같은 메뉴의 Remove Current Album을 선택하여 삭제할 수 있습니다.

파워 그레이드에 등록된 스틸 이미지를 다른 장면(노드)에 적용하는 방법은 앞서 살펴본 적이 있듯 마우스 휠 버튼을 클릭하거나 직접 끌어서 원하는 노드의 연결 선에 갖다 놓는 것입니다.

색보정의 모든 것 **489**

파워 그레이드를 적용하는 또 다른 방법으로는 스틸 이미지를 선택한 후 [Color] – [Apply Grade] 메뉴를 선택하거나 스틸 이미지에서 우측 마우스 버튼의 동일한 메뉴로 적용이 가능합니다.

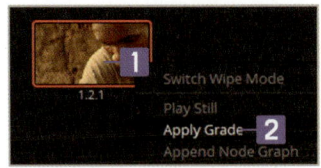

생생노트 | 노드 그래프(Node Graph) 창 띄우기

노드 작업 시 노드 에디터의 크기가 너무 작아서 작업하기 불편함을 느낀다면 별도의 창을 띄어놓고 작업을 할 수도 있습니다. 특정 장면, 즉 클립에서 [우측 마우스 버튼] – [Display Node Graph] 메뉴를 선택하면 노드 그래프(Node Graph)가 열리게 되어 보다 여유로운 공간에서 작업을 할 수 있습니다.

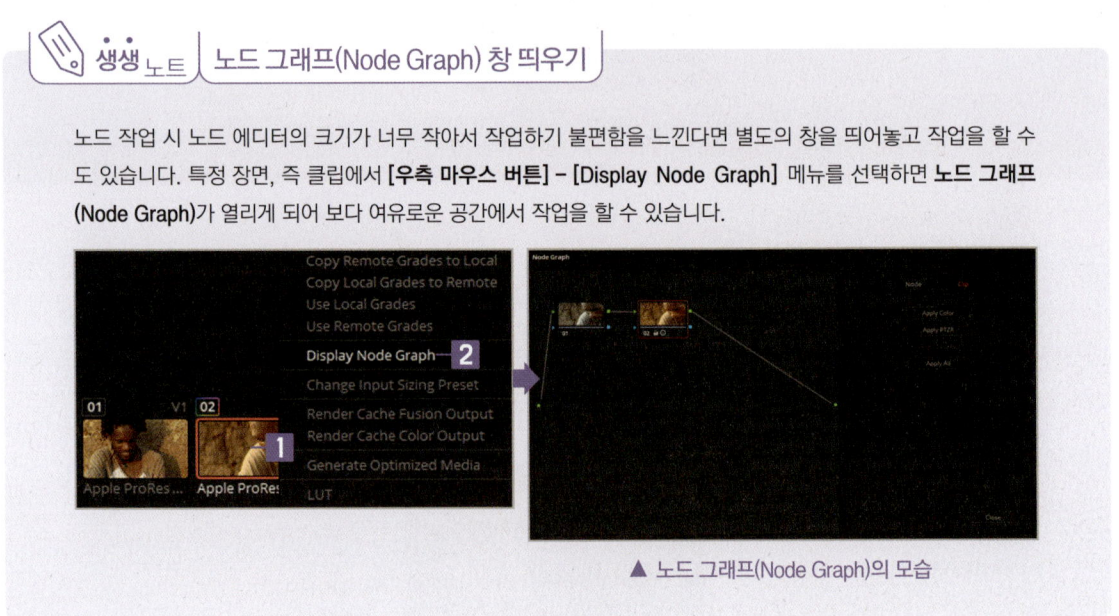

▲ 노드 그래프(Node Graph)의 모습

파워 그레이드 프리셋(Presets) 활용하기

다빈치 리졸브에서는 기본적으로 색보정을 하고 장면 매칭을 한 후 **룩(Look)**을 **빌딩(Building)**해 주는 것이 올바른 작업 순서입니다. 만약 중간 과정을 뛰어넘고 룩 빌딩을 위한 작업을 한다면 만족스러운 결과물을 얻기 힘들 것입니다. 이번 학습에서는 지금까지 학습한 기본 색보정과 장면 매칭 후에 작업할 **룩 빌딩**을 하는 방법에 대해 알아보도록 하겠습니다. 룩 빌딩을 하기 위해 갤러리 우측의 **갤러리 뷰**(Gallery View)를 선택합니다. 그러면 갤러리 창이 열립니다.

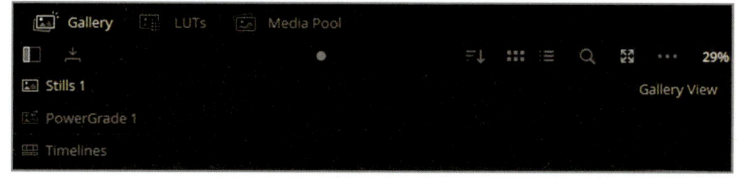

갤러리의 **다빈치 리졸브 룩**(DaVinci Resolve Looks)을 보면 다빈치 리졸브가 기본적으로 제공하는 다양한 **프리셋**(Presets)들을 볼 수 있습니다. 사용 방법은 간단합니다. 사용하고자 하는 앨범, 즉 **프리셋을 끌어다 스틸** 또는 **파워 그레이드** 혹은 **타임라인**에 적용하면 됩니다.

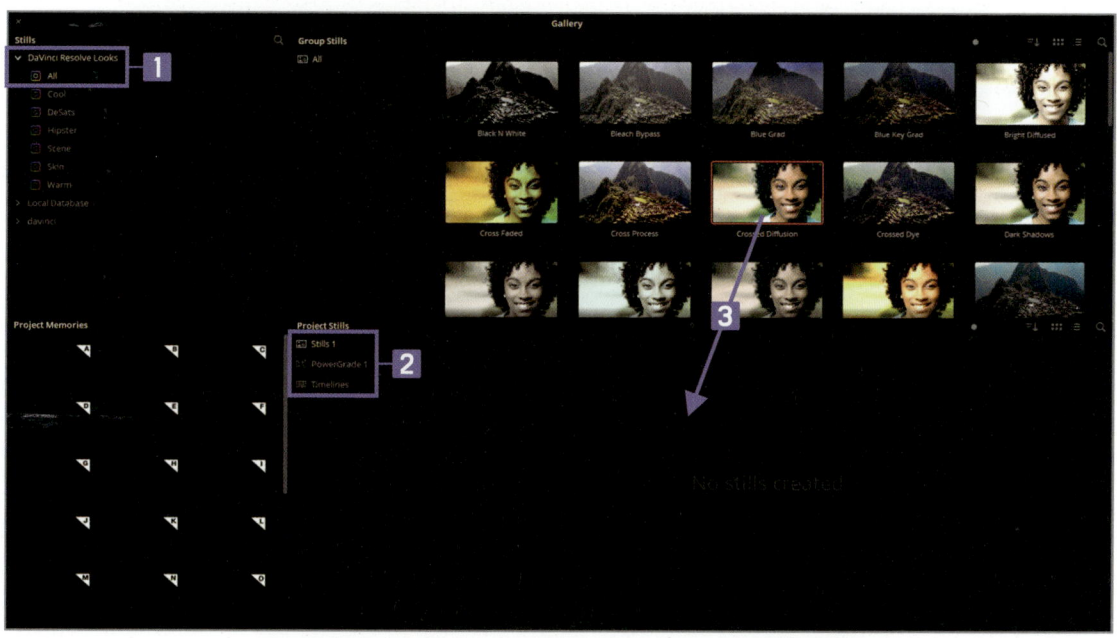

또한 원하는 프리셋을 드래그하여 **노드**의 **연결 선**에 **적용**하면 **프리셋**에 의한 **색보정 효과**를 얻을 수 있습니다. 그러나 프리셋은 말 그대로 즐겨 사용하는 색보정 세트이기 때문에 원하는 장면과 동떨어진 결과물이 나타날 수도 있습니다. 이것이 바로 기본적인 색보정을 한 후 장면 매칭을 해야 하는 과정을 간과해서는 안되는 이유입니다. 참고로 파워 그레이드에서는 프리셋뿐만 아니라 다른 프로젝트에서 저장한 노드의 색보정 효과들을 불러와 사용할 수도 있습니다. **프리셋**의 또 다른 **장점**으로는 프리셋의 노드 트리(Node Tree)를 불러와 해당 노드가 어떤 효과들로 이루어졌는지 확인할 수 있으며, 그 효과들을 역으로 해체하여 프리셋에 대한 이해를 높일 수 있기 때문에 차후 창의적인 보정 효과를 만드는 데 도움이 된다는 것입니다.

그룹(Group)을 활용한 보정

이번 학습에서는 기본 색보정과 장면 매칭을 한 후 **룩(Look)**을 만드는 과정을 거치는데 있어 전체 장면에 **룩**을 **한꺼번에 적용**하는 간단한 방법에 대해 알아보도록 하겠습니다. 학습을 위해 비디오 클립 몇 개를 사용해 봅니다. 이때 사용되는 장면들은 **색보정**이 **이루어지지 않은 상태**라야 합니다. 이제 이 영상들을 하나로 그룹화 하여 룩을 적용해 보도록 하겠습니다. 클립에 있는 장면 중 **그룹**에 적용할 **장면**을 **선택**한 후 [**우측 마우스 버튼**] - [Add into a New Group] 메뉴를 선택합니다. 그룹의 이름을 지정하는 창이 열리면 여기에서는 일단 기본 이름을 그대로 사용합니다.

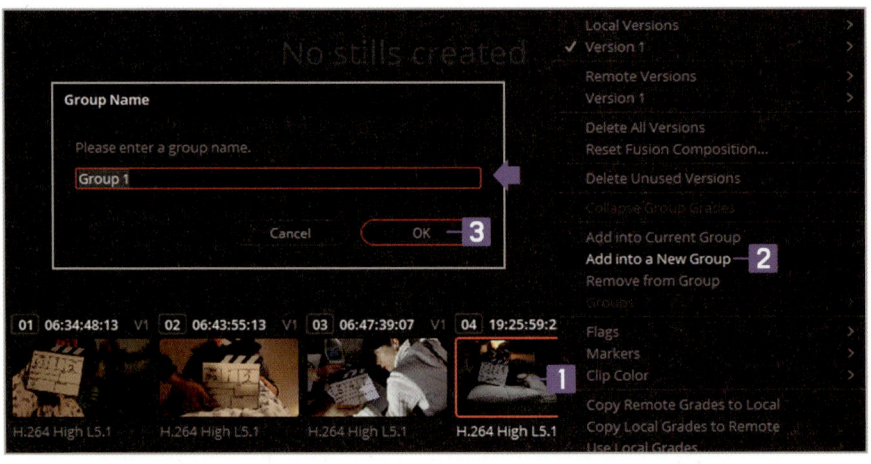

그룹이 적용된 장면(클립)을 보면 우측 하단에 **체인** 모양의 아이콘이 생기는데 이것은 새로운 그룹으로 지정된 장면이라는 의미입니다.

이번엔 **방금 만든 그룹**에 다른 장면을 적용하기 위해 그룹에 적용할 **장면**을 **선택**한 후 [**우측 마우스 버튼**] - [Add into Current Group] 메뉴를 선택합니다. 그러면 현재 사용되는 그룹에 추가되며, 역시 앞서 그룹된 장면처럼 체인 모양의 아이콘이 생깁니다.

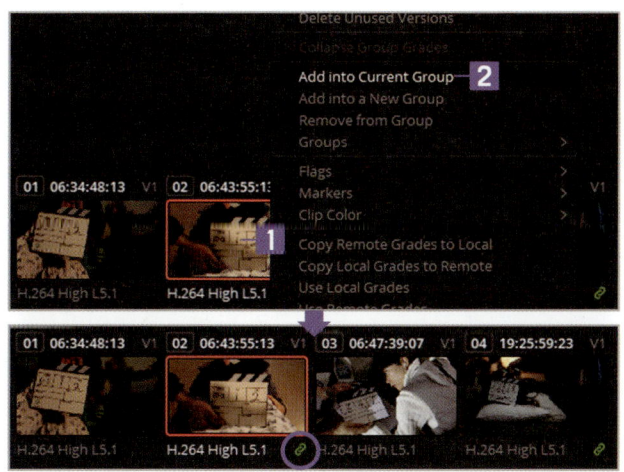

이와 같이 **동일한 그룹**으로 **포함**(등록)된 장면들은 노드의 **클립**(Clip) 메뉴에 새로운 메뉴로도 추가됩니다. 그룹 프리 클립(Group Pre-Clip)과 그룹 포스트 클립(Group Post-Clip) 메뉴가 바로 이것입니다. 둘 중 하나를 선택한 후 그룹 모드 상태에서 그룹에 포함된 특정 장면에 대한 색보정을 하면 해당 **그룹**에 **포함**된 **모든 장면들**에 대하여 색보정 효과가 적용되며, 이 두 방식은 개별적인 색보정 작업이 가능합니다. 또한 색보정 후 해당 그룹에 다른 장면을 그룹에 추가하게 되면 새로 추가된 장면도 같은 보정 효과가 적용됩니다.

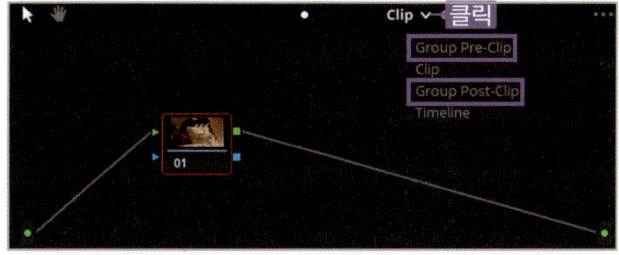

만약 여러 개의 그룹이 있고, 이미 다른 그룹에 포함된 장면을 또 다른 그룹으로 이동시키고자 한다면 해당 장면을 선택한 후 **[우측 마우스 버튼] - [Groups] - [해당 그룹명] - [Assign to Group]** 메뉴를 선택하면 됩니다. 이러한 방법을 통해 여러 개의 장면을 그룹으로 묶어 일괄적으로 색보정 작업을 할 수 있습니다. 아래 그림은 특정 그룹에 포함된 장면 중 하나의 장면에 색보정을 했을 때 **같은 그룹**에 포함된 장면도 색보정된 모습입니다.

보정 작업을 위한 이펙트

지금까지 다양한 색보정 작업을 하는 방법에 대해 알아보았습니다. 이번 학습에서는 보정을 위한 마지막 과정으로써 블러(Blur) 및 오픈 FX에 대하여 살펴보겠습니다.

블러(Blur) / 샤픈(Sharpen)의 활용

이번 학습에서는 보정을 할 때 유용하게 사용할 수 있는 **블러(Blur)**를 통해 이미지를 흐리게 하는 방법과 **샤픈(Sharpen)**으로 거칠게 표현하는 방법에 대해 알아보도록 하겠습니다. 앞선 학습에서 살펴본 것처럼 컬러 휠의 **미드톤 디테일(Mindtone Detail - Mid/Detail)**을 통해 흐림(Blur)과 거침(Sharpen) 효과를 표현할 수 있지만 이 기능은 세부적인 표현을 하기엔 부족한 점이 많습니다.

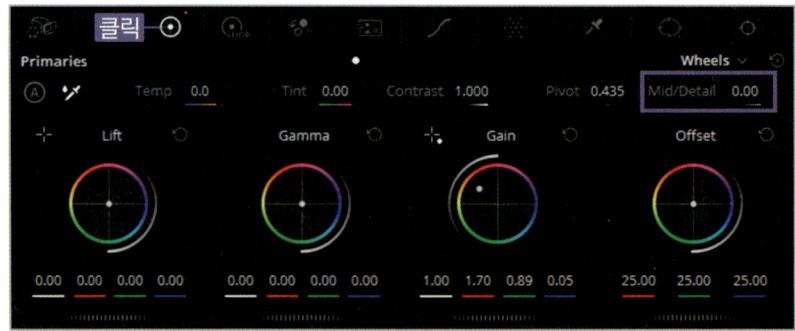

다빈치 리졸브에서는 미드톤 디테일보다 훨씬 더 강력하고 디테일한 흐림과 거친 효과를 위한 **블러(Blur)**라는 기능을 제공합니다. 블러 모드에서는 블러 및 샤픈, 미스트 효과를 표현하기 위한 기능들을 제공합니다.

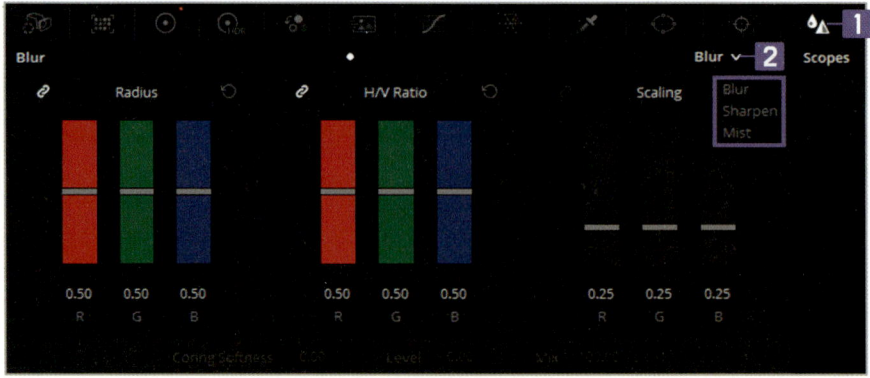

이번 학습에서는 [학습자료] - [Video] - [130] 파일을 사용하겠습니다. **블러(Blur)** 툴 모드에서 **레이디어스 (Radius)**의 막대 그래프를 위로 올리면 장면이 흐려지고, 반대로 아래로 내리면 날카로워집니다. 참고로 체인 모양의 **링크(Link)** 아이콘을 해제하면 색상별로 흐림 및 거친 효과를 조정해 줄 수 있습니다.

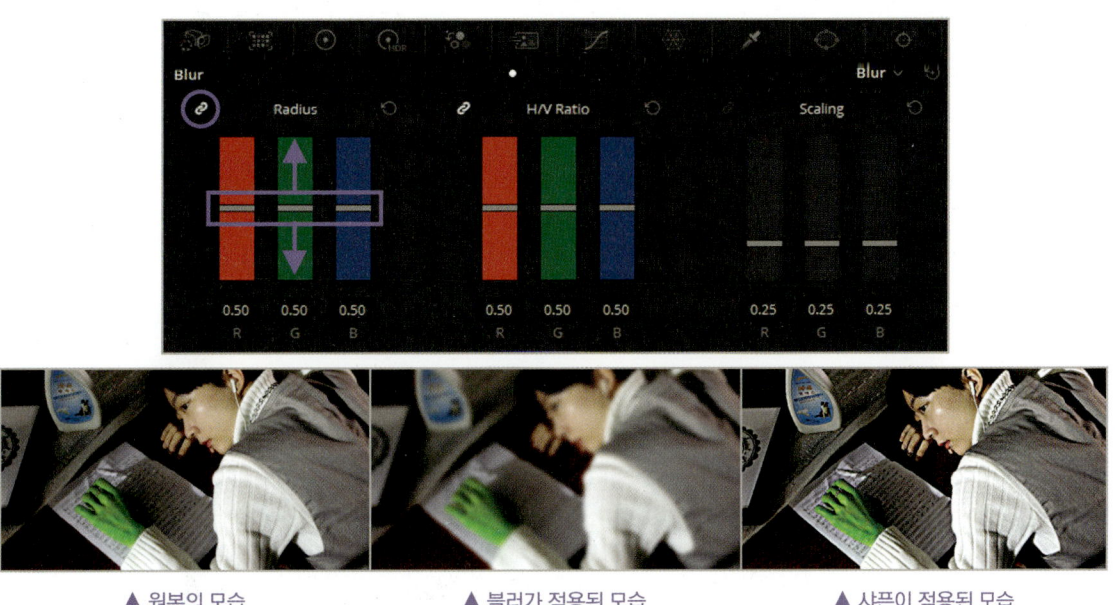

▲ 원본의 모습　　　▲ 블러가 적용된 모습　　　▲ 샤픈이 적용된 모습

레이디어스 오른쪽으로는 H/V Ratio가 있습니다. H/V 레시오는 블러 및 샤픈 효과의 **수평(Horizontal)** 방향과 **수직(Vertical)** 중 어떤 방향으로 효과를 표현할 것인지 조정할 때 사용됩니다.

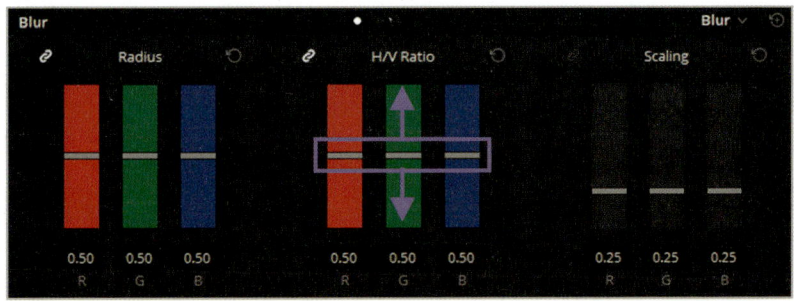

이제 블러를 사용하여 장면 속 **방향제**의 **상표**만 흐리게 처리해 보겠습니다. 먼저 새로운 노드를 추가하기 위해 1번 원본 노드를 선택한 후 [Alt] + [S] 키를 눌러 시리얼 노드를 추가합니다.

윈도우(Window) 툴 모드로 이동한 후 원형(Circle) 툴을 클릭하여 그림처럼 방향제의 상품명이 있는 곳에 위젯을 배치하고 크기 및 회전을 조절합니다.

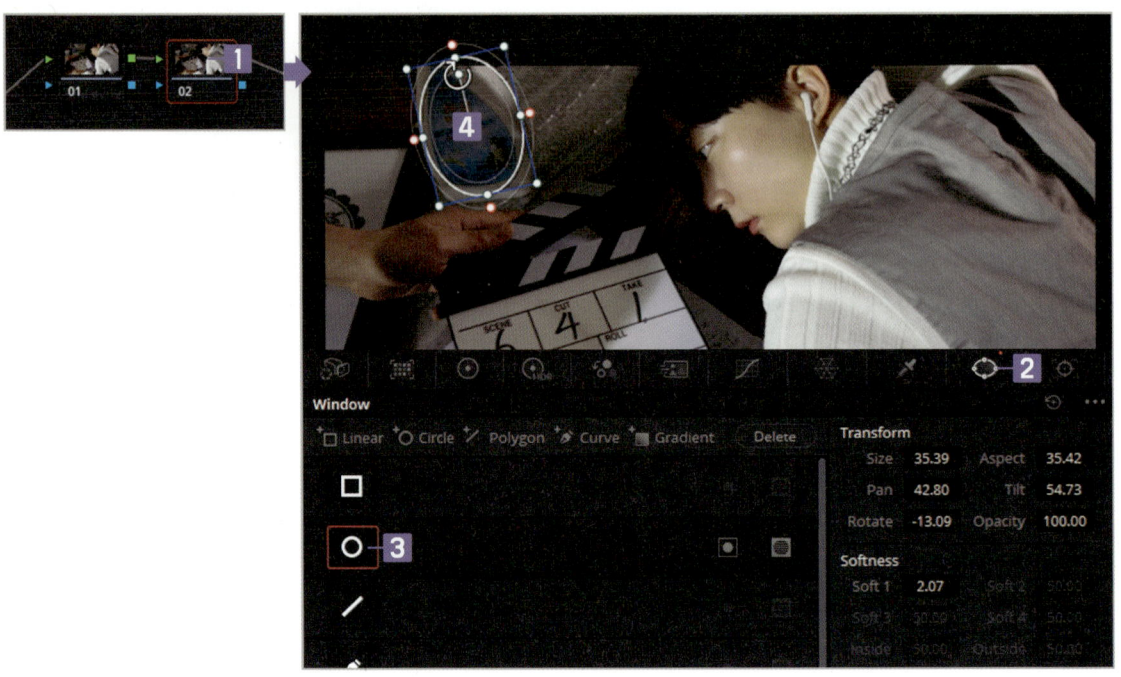

다시 블러(Blur) 툴로 이동한 후 레이디어스(Radius)를 증가(수치를 통한 설정)하여 앞서 지정한 위젯 영역만 블러를 적용합니다. 이와 같은 방법으로 특정 부분만 흐림 및 거친 효과를 표현할 수 있습니다. 참고로 움직이는 사물에 블러를 적용할 경우에는 앞선 학습에서 살펴본 적이 있는 트래커(Tracker)를 활용하면 됩니다.

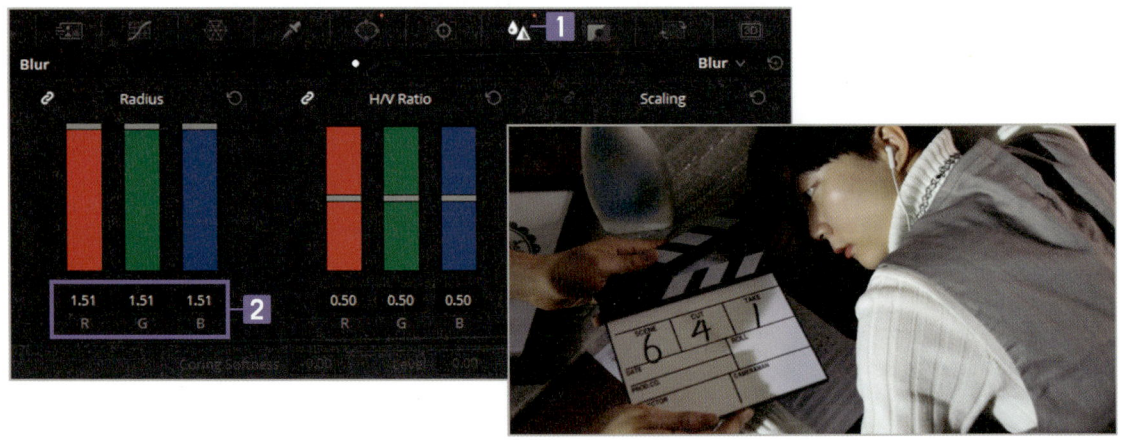

이번엔 **샤픈(Sharpen)**에 대해 알아보겠습니다. 샤픈을 선택하면 **스케일링(Scaling)**이 활성화됩니다. 스케일링은 샤픈 효과 적용 시 이미지의 거친 정도를 조정할 때 사용됩니다. 참고로 블러 모드에서는 **미스트(Mist)**를 사용할 수 있는데, **미스트**는 블러와 같지만 블러에서는 사용할 수 없는 **스케일링**을 사용할 수 있습니다.

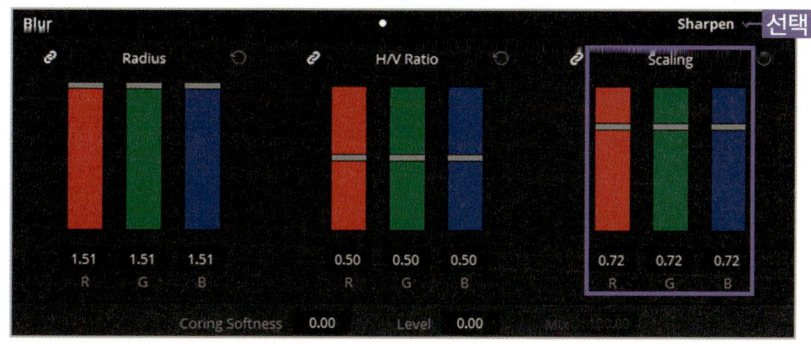

OpenFX 플러그인의 활용

이번 학습에서는 OpenFX 플러그인(Plugins)에 대해 알아보도록 하겠습니다. OpenFX 아이콘을 선택하면 **라이브러리(Library)** 항목에 다양한 이펙트들이 나타나며 사전에 OpenFX 플러그인을 설치하지 않았다면 이 항목에는 다빈치 리졸브의 기본 이펙트들만 나타납니다. 별도로 설치하여 사용할 수 있는 플러그인으로는 **젠아트**(http://www.genarts.com)와 **레드자이언트**(http://www.redgiant.com), **타임인픽셀스**(http://timeinpixels.com), **모션VFX**(https://www.motionvfx.com) 등이 있습니다. 이 플러그인들은 유료로 사용되는 것이지만 화려하고 무한대의 효과를 표현하기 위해 많은 분들이 사용하고 있습니다. 이펙트를 적용하는 방법은 앞선 학습에서 살펴보았듯이 적용하고자 하는 **이펙트를 끌어서** 노드에 갖다 놓는 것입니다. 다빈치 리졸브에서는 **하나의 노드**에 **하나의 이펙트**만 적용할 수 있으며 또 다른 이펙트를 적용하기 위해서는 새로운 이펙트를 적용하고자 하는 노드를 추가해야 합니다. 참고로 OpenFX를 사용할 경우 영상의 재생 환경이 나빠지게 됩니다. 이러한 문제에 어떻게 대처해야 할 것인지에 대해서는 다음 학습에서 살펴볼 것입니다.

이펙트가 적용되면 **세팅**(Settings) 패널에서 세부 설정을 할 수 있도록 활성화되며, 노드 우측 하단에는 **fx** 아이콘이 나타납니다. 또한 이 **fx** 아이콘에 마우스 커서를 갖다 대면 적용된 이펙트명이 나타납니다.

적용된 이펙트를 삭제하기 위해서는 노드에서 [**우측 마우스 버튼**] - [Remove OFX plugin] 메뉴를 선택하면 됩니다. 그밖에 Use OFX Alpha는 효과에 대한 모습을 **알파채널(투명)**로 만들어주며, Add OFX Input은 이펙트가 적용된 노드에 새로운 **인풋 포트**를 추가해 줍니다.

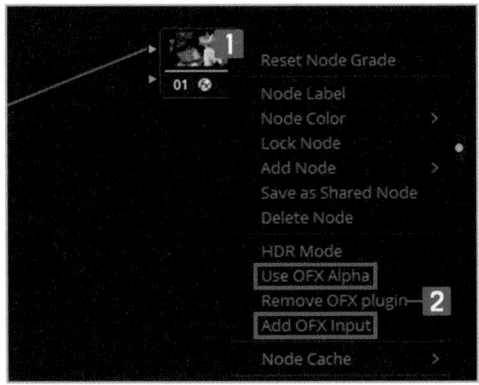

계속해서 이펙트를 삭제하는 것은 아니지만 **일시적**으로 적용된 **효과**를 **해제**하기 위해서는 세팅 패널의 이펙트명 왼쪽에 있는 **주황색** 작은 **동그라미**를 클릭하여 꺼주는 것입니다.

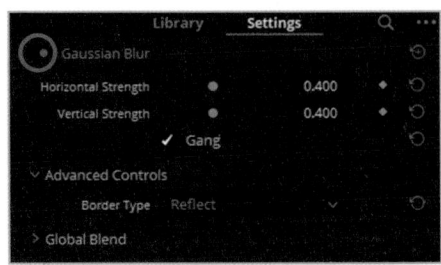

> **생생노트** 라이트박스(Lightbox)의 활용

라이트박스를 한마디로 정의하자면 **어두운 공간**에서 장면을 확인하고 필요에 따라 **색보정** 작업을 할 수 있게 해 주는 공간이라고 말할 수 있습니다. **라이트박스**를 선택하면 다빈치 리졸브의 모든 기능은 사라지고 오로지 사용되는 **장면(클립)**들과 **배경**만 나타납니다. 이러한 단순한 공간에서는 장면들이 보다 눈에 들어오게 될 것입니다. 여기서 우측 상단의 Send to SDI를 켜주면 배경은 너무 어둡게 되어 장면들이 더욱 눈에 띄게 될 것입니다. 이 상태에서는 모든 장면을 한눈에 보면서 색보정 작업을 할 수 있는데 그 방법은 좌측 상단의 Color Controls를 선택하는 것입니다. 그러면 라이트박스 하단에 익숙한 색보정 툴들이 나타나게 됩니다. 이제 이 색보정 툴들을 사용하여 각 장면에 색보정을 하면 될 것입니다. 물론 장면이 섬네일 형태로 되어있어 디테일한 작업은 어렵겠지만 그래도 간단한 색보정 작업이 필요할 때와 장면들을 일괄적으로 처리하고자 할 땐 아주 유용하게 사용될 것입니다.

04 렌더(Render)의 모든 것

이번 학습부터는 재생 환경을 개선해 주거나 작업한 프로젝트를 최종적으로 다양한 미디어 파일로 만드는 렌더(Render)에 대해 살펴보겠습니다. 다빈치 리졸브의 마지막 작업 과정이라고 할 수 있는 렌더는 결과물의 품질과 관련이 있지만 작업 진행 과정에서도 중요합니다.

스마트 렌더 캐시(Smart Render Cache) 모드의 활용

이번 학습에서는 OpenFX 플러그인을 사용하거나 그밖에 요인으로 인해 재생 환경이 나빠질 때 재생 환경을 개선할 수 있는 **렌더 캐시(Render Cache)**에 대해 알아보겠습니다. 렌더 캐시에는 두 가지 모드가 있는데 두 모드가 기본적으로 재생 환경을 개선시켜준다는 의미에서의 개념은 동일합니다. 여기에서는 두 모드 중 **스마트 캐시(Smart Cache)**에 대해 집중적으로 알아보도록 하겠습니다. 스마트 렌더 캐시를 실행하기 위해 풀다운 메뉴에서 [Playback] - [Render Cache] - [Smart]를 선택합니다. 그러면 이제부터는 재생하기 전에 **자동 렌더링(Rendering - 장면을 인식하는 과정)**을 통해 재생 환경이 개선됩니다. 참고로 같은 메뉴에 있는 Delete Render Cache는 캐시 데이터를 삭제(청소)할 때 사용됩니다.

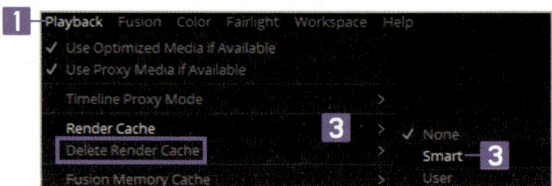

스마트 렌더 캐시를 켠 상태에서 타임라인 상단의 시간자 위쪽을 확인해 보면 **파란색**과 **빨간색** 선이 나타납니다. **파란색**은 스마트 렌더 캐시를 통해 해당 장면(클립) 정보의 렌더를 끝낸 상태이고, **빨간색**은 아직 렌더를 하지 않은 상태입니다. 이렇듯 스마트 렌더 캐시를 켜주게 되면 다빈치 리졸브는 자동으로 장면을 렌더링하여 재생 환경을 개선해 줍니다.

계속해서 이번엔 캐시에 대한 설정을 위해 **프로젝트**(Shift + 9) 설정 창을 열어준 후 Optimized Media and Render Cache 항목과 Working Folders를 보면 **프록시**(Proxy), **옵티마이즈**(Optimize), **렌더**(Render) 캐시 파일에 대한 설정과 캐시 파일이 저장될 경로를 지정할 수 있는 다양한 옵션들이 있습니다. 이 것은 앞서 **시작하기** 편에서 살펴본 적이 있듯이 편집 작업 시 최적화된 상태로 편집을 하기 위한 중요한 기능들입니다. 여기에서 Working Folders의 **로케이션**(Cache files location)에서는 직접 데이터를 임시 보관하는 캐시 파일이 저장되는 장소(디스크)를 설정할 수 있습니다. 중요한 것은 모든 렌더 캐시 파일이 저장되는 장소는 접근이 쉽고, 가장 빠른 속도의 **디스크**(SSD 권장)를 사용하는 것이 유리하다는 것입니다.

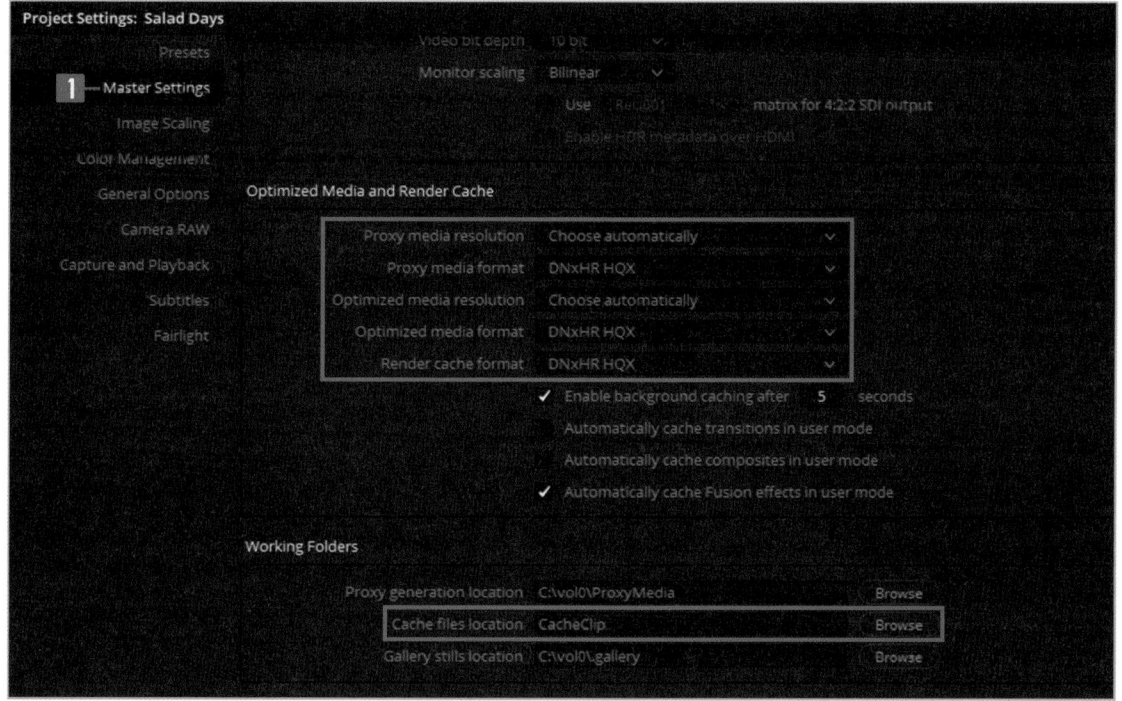

이번엔 유저(User) 렌더 캐시에 대해 알아보겠습니다. 유저 렌더 캐시는 스마트 렌더 캐시와 같은 목적으로 사용하지만 다른 점은 특정 장면(클립)에 대해서만 렌더를 할 수 있게 해 준다는 것입니다. [Playback] - [Render Cache] - [User] 메뉴를 선택하면 되며, 렌더에 영향을 줄 장면(클립)에서 **우측 마우스 버튼**을 누르면 **세 가지의 Render Cache** 메뉴가 있습니다. 여기에서 **Render Cache Fusion Output**은 퓨전 페이지에서 작업할 때의 렌더 캐시 파일을 만들 것인지 여부를 선택할 수 있는데, 초기에는 자동으로 저장해주는 Auto로 되어 있으며, 만약 렌더 캐시 파일을 만들지 않고자 한다면 Off로 설정하면 됩니다. 그밖에 Render Cache Color와 Render Cache OFX

Filter를 사용할 수 있습니다. 참고로 지금 살펴보고 있는 메뉴는 **에디트 페이지**에서 사용되는 클릭에서만 가능합니다.

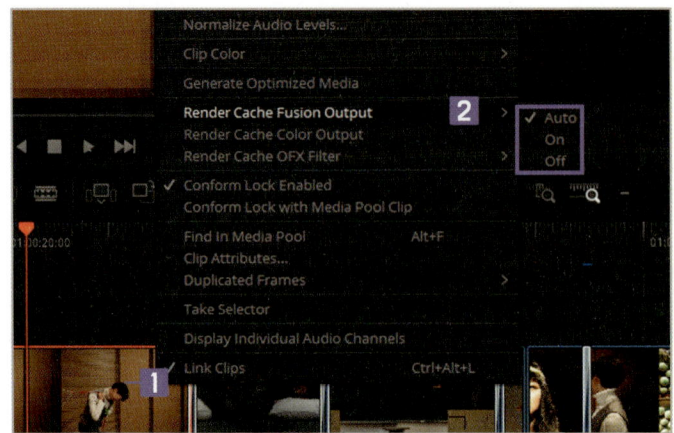

장면별로 렌더링(Rendering)하기

이번 학습에서는 편집과 색보정이 끝난 작업을 최종적으로 출력, 즉 미디어 파일로 만들어주는 방법에 대해 알아보겠습니다. 다빈치 리졸브에서는 최종 출력 작업을 **딜리버(Deliver) 페이지**에서 진행하게 됩니다. 학습을 위해 [학습자료] - [Project] - [렌더] 프로젝트 파일을 사용합니다. 현재의 프로젝트를 보면 **3개**의 장면(클립)에 **파란색 플래그**가 적용된 상태입니다. 다시 말해 3개의 장면을 **히어로 쇼트(Hero Shots)**로 지정한 상태입니다. 실질적인 딜리버(Deliver) 작업을 시작하기 전에 작업된 장면들을 모두 하나의 미디어 파일로 렌더를 할 것인지 아니면 각각의 장면을 개별적으로 렌더를 할 것인지 결정해야 합니다. 전체 장면을 하나의 미디어 파일로 렌더를 한다는 것은 최종 결과물을 유투브(You Tube), 비메오(Vimeo)와 같은 사이트에 업로드하거나 다양한 플레이어를 통해 재생을 하기 위함이고, **개별적**으로 **렌더**를 한다는 것은 **프리미어 프로나 파이널 컷 프로, 베가스 프로, 히트필름, XML Round Trip** 등과 같은 프로그램에서 불러와 사용하기 위한 파일로 만든다는 것임을 참고하기 바랍니다. 이제 이 장면들만 개별로 렌더링하도록 하겠습니다. [Clips] - [Flagged Clips] 메뉴를 보면 다양한 색상의 플래그들이 있습니다. 현재 타임라인에 적용된 3개의 클립은 파란색 플래그가 적용되었기 때문에 **Blue Flag** 메뉴를 선택하여 파란색으로 플래그한 장면, 즉 클립만 남고 나머지 장면들은 사라지게 합니다.

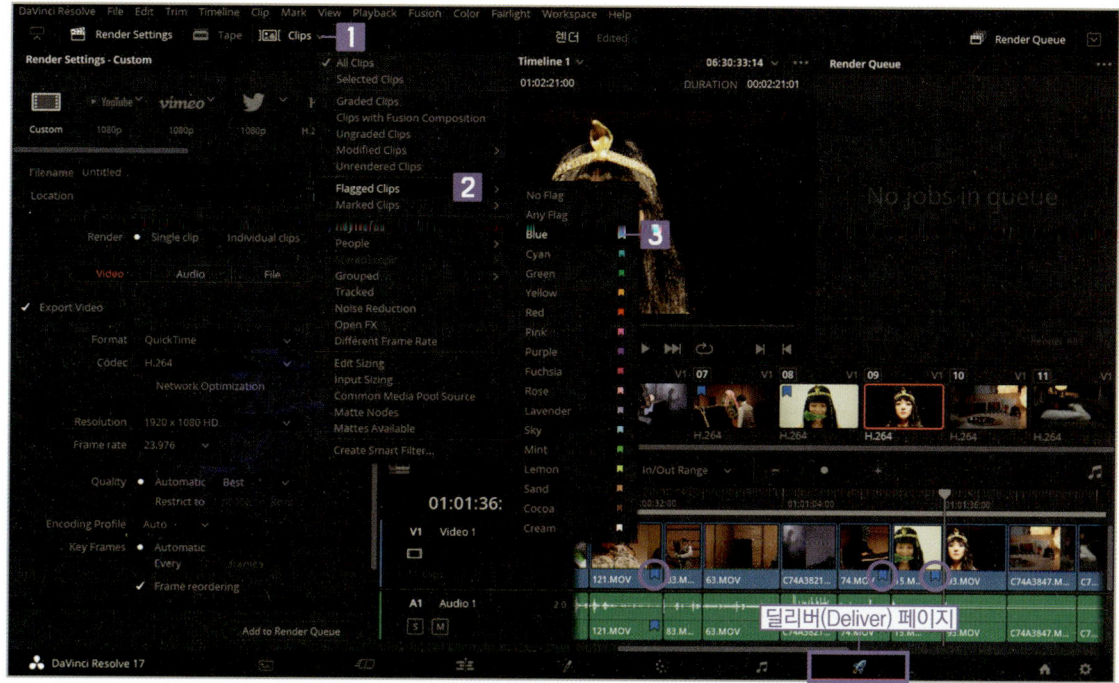

특정 장면만 개별로 렌더를 하는 또 다른 방법으로는 그림처럼 **클립**에서 개별로 렌더할 클립(장면)을 선택한 후 **[우측 마우스 버튼] – [Render This Clip]**을 선택한 후 렌더링을 하는 것입니다.

그러면 **Entire Timeline** 영역에서 방금 선택된 장면이 **In/Out Range** 영역으로 전환되며, 이 상태에서 렌더링하면 지정된 영역만 파일로 만들어집니다.

이번 학습은 **히어로 쇼트**로 지정된 장면에 대한 개별 렌더를 할 것이기 때문에 확인이 끝났다면 다시 **인타이어 타임라인**(Entire Timeline)으로 전환해 줍니다. 다시 파란색 플래그가 표시된 히어로 쇼트 장면만 렌더를 해보겠습니다. 렌더링을 하기 전에 먼저 **렌더 세팅**(Render Settings) 패널에서 개별 클립을 위한 Individual clips를 체크합니다. 여기에서는 렌더된 파일을 **프리미어 프로**에서 사용하기 위해 Premiere XML을 선택해보도록 하겠습니다. **로케이션**(Location)의 **브라우즈**(Browse) 버튼을 클릭하여 파일이 만들어질 **장소(폴더)** 를 지정합니다.

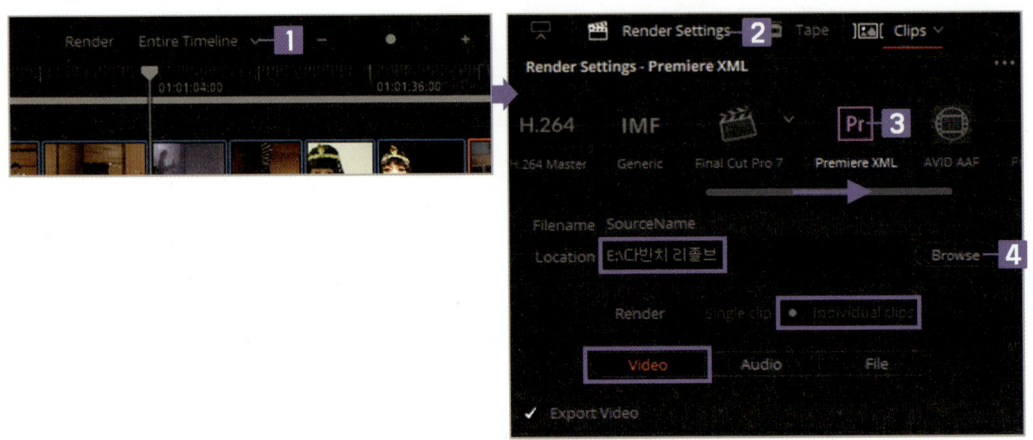

계속해서 비디오 파일을 만들기 위해 Export Video는 체크되어야 하며, **포맷**(Format)에서는 만들고자 하는 파일 형식을 선택할 수 있습니다. 여기에서는 일단 QuickTime(MOV) 형식을 사용하겠습니다. **코덱**(Codec)은 파일 압축 방식을 선택하는데, 가장 좋은 품질의 파일을 만들기 위해서는 **비압축**(Uncompressed) 방식을 권장합니다. 그다음 Render at source resolution을 체크하여 현재 프로젝트의 규격과 동일하게 렌더링되도록 해주며, **레졸루션**(Resolution)은 렌더링 해상도(규격)를 선택할 수 있습니다. 만약 Resolution에 원하는 프리셋 규격이 없다면 Custom을 선택하여 직접 규격을 설정해 주면 됩니다. 하지만 지금은 위쪽 Render at source resolution이 체크되었기 때문에 사용할 수 없습니다. 그밖에 옵션들은 기본 상태를 그대로 유지하며, 아래쪽 Advanced Settings를 열어서 맨 아래쪽의 Add [0] frame handles는 편집된 장면 중 다시 되살릴 수 있는 앞뒤 프레임 개수를 지정하는 옵션인데 지금은 그냥 기본 상태를 유지합니다. 이것은 다른 프로그램에서 편집을 해야 할 경우에만 사용합니다. 비디오 설정은 여기까지입니다.

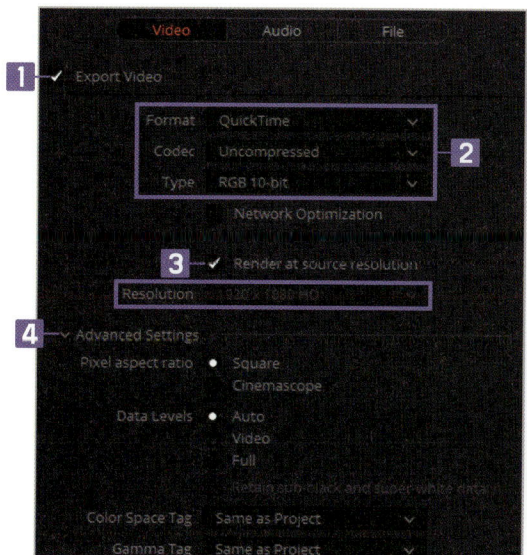 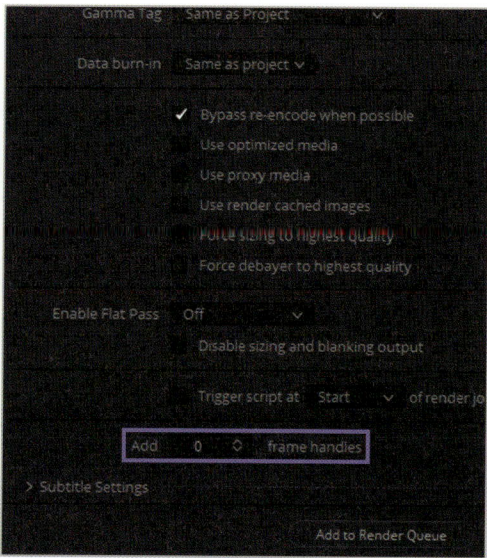

오디오(Audio) 설정은 비디오에 비해 설정할 것이 별로 없습니다. 만들어지는 파일에 오디오가 포함되도록 Export Audio를 체크해야 하며, 오디오 압축 방식을 위한 **코덱**(Codec)은 일반적으로 **PCM** 방식으로 사용합니다. 그밖에 오디오 채널은 최대 32 채널이 지원되는데 **비트 뎁스**(Bit Depth)는 **음질**에 영향을 주기 때문에 다양한 악기를 사용한 오디오 클립을 사용했다면 비트를 높여주는 것이 좋습니다.

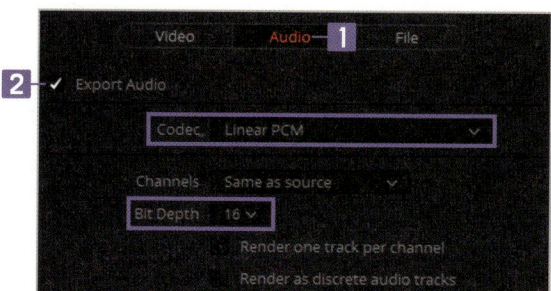

파일(File) 설정에서는 앞서 설정한 저장될 파일 장소에 새로운 **서브 폴더**를 만들어 히어로 쇼트들을 저장할 수 있습니다. File Subfolder에 원하는 **파일명**을 입력하면 됩니다. 그밖에 Render speed를 통해 렌더링 속도를 설정할 수 있으며, 저장소의 공간에 대한 정보를 확인할 수 있습니다. 파일 설정까지 모두 끝났다면 이제 렌더링을 하기 위해 맨 아래쪽의 Add to Render Queue 버튼을 누릅니다.

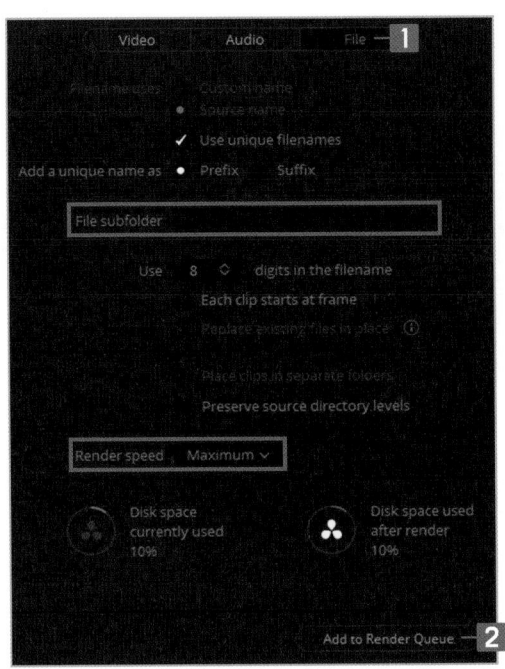

Add to Render Queue 버튼을 선택하면 **딜리버 페이지** 우측 상단의 **렌더 큐**(Render Queue) 목록으로 등록됩니다. 이와 같은 방법으로 렌더 목록을 여러 개 추가 등록할 수 있습니다. 이제 렌더 큐 목록을 렌더링하기 위해 Render All 버튼을 눌러 파일을 만들어줍니다.

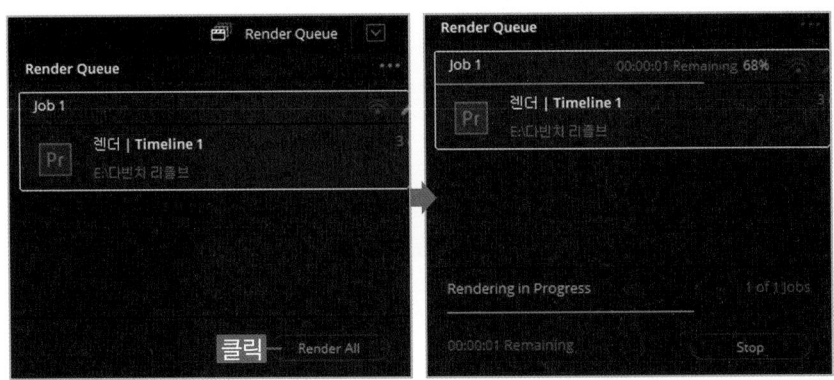

렌더가 끝나면 설정한 위치에 렌더링된 파일들이 제대로 저장됐는지 확인해 봅니다. 필자의 경우에는 프리미어 프로 및 다른 편집 프로그램에서 사용하기 위한 XML 파일과 그밖에 장면들이 정상적인 **3개**의 비디오 파일

로 만들어졌습니다. 참고로 파일의 모습은 **사용자 PC**에 **설치된 플레이어**에 따라 차이가 있습니다.

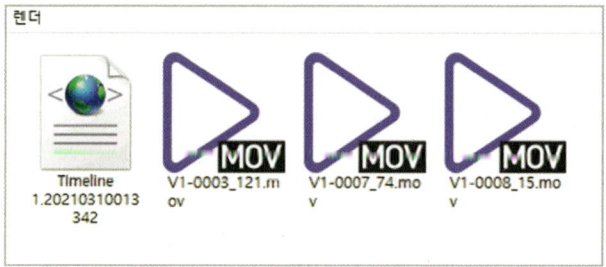

렌더링된 파일 점검하기

만약 렌더링된 파일들에 문제가 있다면 어떻게 해야할까요? 이번 학습에서는 렌더링한 파일들에 문제가 있을 경우 어떻게 대처해야 하는지에 대해 알아보도록 하겠습니다. **미디어 페이지**의 **빈 리스트**(Bin list)에서 [**우측 마우스 버튼**] - [New Bin]을 선택합니다. 생성된 빈은 일단 기본 이름 그대로 사용합니다.

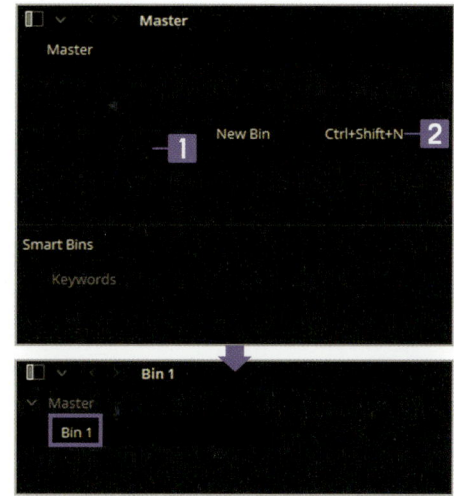

이제 방금 생성한 빈에 앞서 렌더링한 파일을 불러오기 위해 **미디어 스토리지**(Media Storage)에서 렌더링에 사용한 폴더를 찾아 선택합니다. **필자**는 **렌더**란 이름의 **폴더**를 다시 만들어서 렌더링 했습니다. 렌더 폴더를 선택했다면 해당 폴더에서 [**우측 마우스 버튼**] - [Add Folder and SubFolders into Media Pool(Create Bins)]를 선택합니다. 그러면 방금 생성한 **빈**에 **해당**(**렌더**) 폴더가 서브 폴더 상태로 들어오게 됩니다.

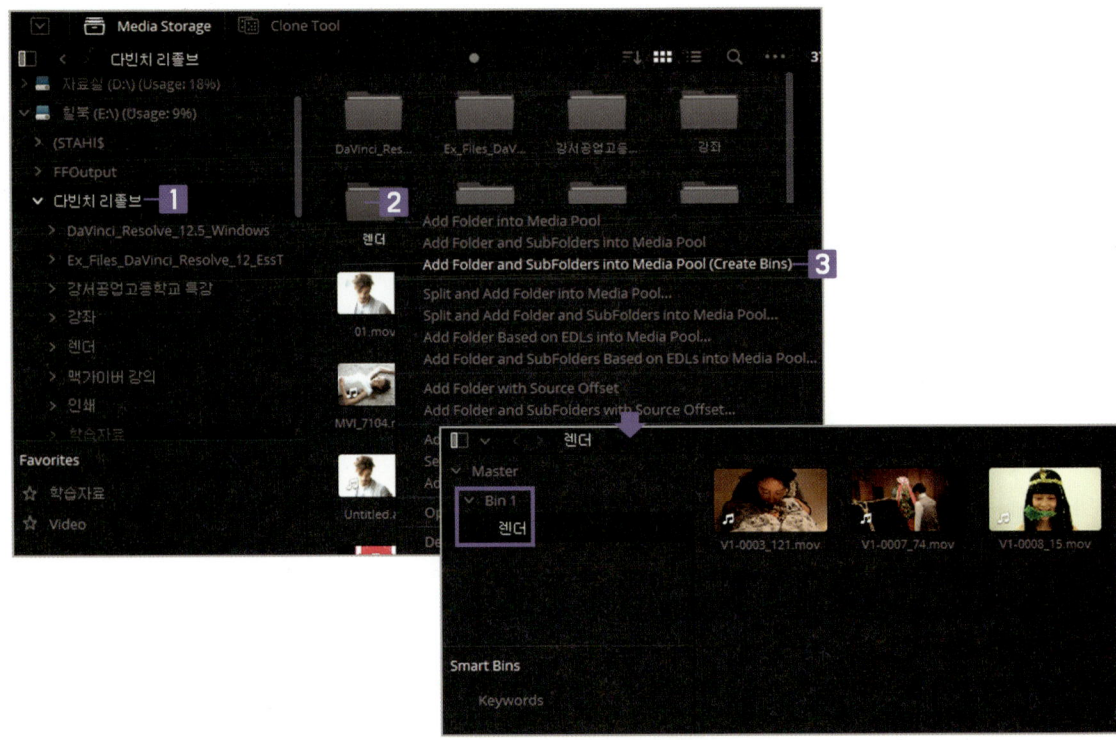

이제 XML 파일과 각 장면들에 문제가 없는지 확인하기 위해 [File] - [Import] - [Timeline]을 선택하거나 단축키 [Ctrl] + [Shift] + [I]를 눌러 앞서 렌더링한 폴더에서 XML 파일을 불러옵니다.

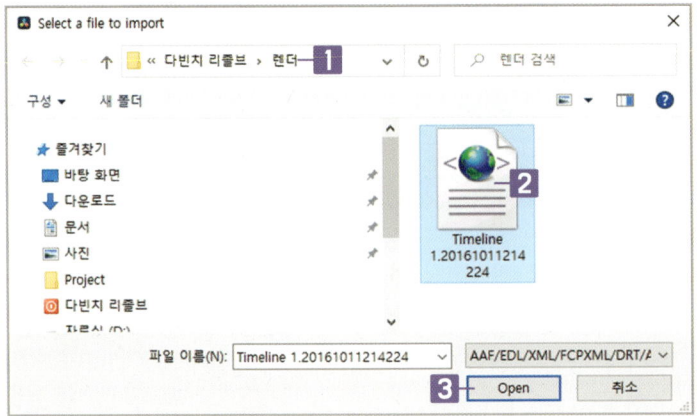

XML 파일을 열어주면 XML 파일 옵션을 선택할 수 있는 Load XML 설정 창이 나타납니다. 앞서 **시작하기** 편에서 살펴보았듯이 여기에서는 프로젝트 **세팅 자동으로 설정하기**(Automatically set project settings) 옵션과 **자동으로 미디어 풀로 소스 클립 불러오기**(Automatically import source clips into media pool) 옵션을 **해제**한 후 불러오겠습니다. 이것은 파일들, 즉 폴더를 직접 선택하여 불러오기 위해서입니다. 설정이 끝나면 OK 버튼을 눌러줍니다. 그러면 Folders 창이 열리는데 여기에서는 잎시 **렌더링된 풀더(렌더)를** 선택하여 불러오면 됩니다. 필자는 다행히도 아무 문제가 없었지만, 만약 불러온 장면(클립)들이 **빨간색**으로 표시가 된다면 링크 경로에 문제가 있는 것이므로 해결해 주어야 합니다. 해결법은 앞서 **시작하기** 편의 **깨진 미디어 파일 새롭게 연결하기**와 **XML 파일 불러오기 1, 2** 학습 편을 참고 하기 바랍니다.

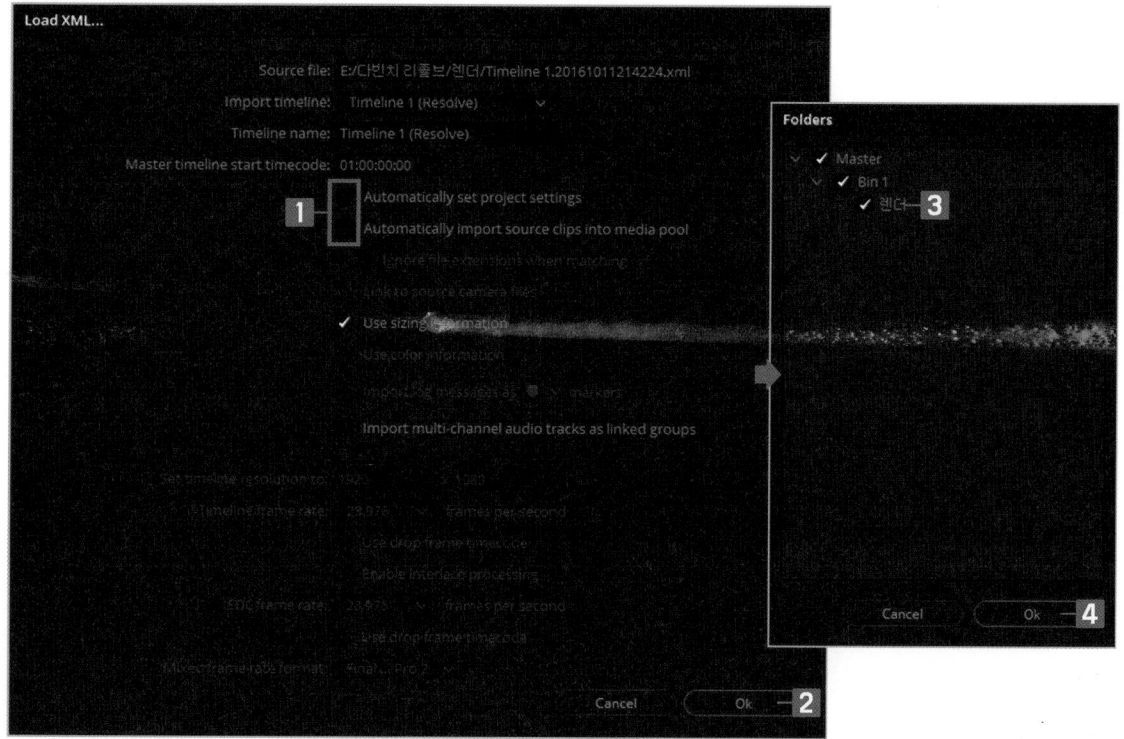

모든 문제를 해결했다면 이제 [File] - [Export] - [Timeline] 메뉴나 단축키 [Ctrl] + [Shift] + [O]를 눌러 적당한 위치에 XML 파일을 내보내기 합니다. 그리고 내보내기 한 위치를 통해 파일이 정상적으로 저장됐는지 확인해 봅니다. 이것으로 렌더링된 XML 파일에 대한 점검이 끝났습니다.

하나의 파일로 렌더링(Rendering)하기

이번 학습은 본 학습의 마지막 시간으로 작업한 내용을 다양한 매체를 통해 활용할 수 있도록 하나의 미디어 파일로 렌더링하는 방법에 대해 살펴보겠습니다. 이번 학습 역시 렌더를 위한 **딜리버(Deliver)** 페이지에서 이루어집니다. 하나의 파일로 렌더링한다는 것은 **유튜브(You Tube), 비메오(Vimeo)**와 같은 사이트에 영상 파일을 업로드하거나 다양한 플레이어에서 재생을 하기 위함입니다. 하나의 파일로 렌더링하기란 앞서 **장면별로 렌더링(Rendering)**하기에서 처럼 특정 **구간**이나 **장면**이 아닌 작업 전체 내용에 대한 파일 만들기입니다. **유튜브(You Tube), 비메오(Vimeo)** 등에 업로드 하기 위한 파일이라면 그냥 해당 방식을 선택하여 화면 크기만 선택하면 되기 때문에 여기에서는 사용자가 원하는 규격(속성)으로 설정할 수 있는 **커스텀(Custom)** 설정에서 살펴보겠습니다. 먼저 렌더 방식을 하나의 파일로 만들어주는 Single clip을 체크합니다. 하나의 파일로 만드는 과정도 앞서 살펴본 개별로 파일을 만드는 과정과 유사합니다. 먼저 **포맷(Format)**에서 렌더링할 파일 형식을 설정하는데 이것은 XML 파일과는 다르게 다양한 파일 형식을 제공합니다. 최근에는 대부분 MP4 형식을 사용하며, 낱장 스틸 이미지를 프레임 단위로 만들어 주는 **시퀀스** 형식으로 만들고자 한다면 JPEG나 TIFF 형식을 사용하면 됩니다. 압축 방식은 **코덱(Codec)**을 통해 원하는 코덱으로 설정하면 되지만 MP4 형식은 현재 H.264만 지원됩니다. Resolution과 Frame rate는 화면의 규격과 초당 프레임 개수를 설정합니다. 품질에 가장 큰 영향을 미치는 것은 **퀄리티(Quality)**인데 자동으로 품질을 설정해 주는 Automatic이 있으며, 사용자가 직접 설정해 주는 Restrict to가 있습니다. 설정 값을 다르게 한 후 렌더링하여 품질을 비교해 보기 바랍니다.

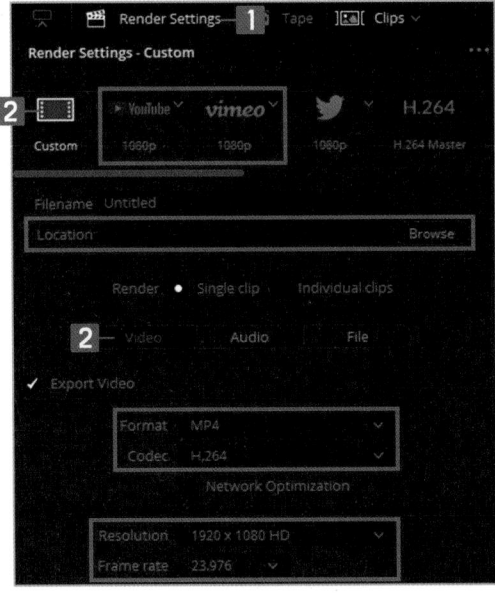
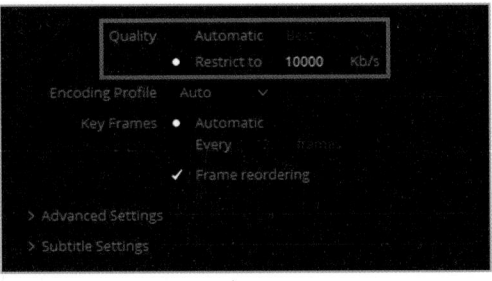

오디오(Audio)는 앞서 살펴본 **개별 렌더**를 할 때와 **동일합니다**. 만들어지는 파일에 오디오의 포함 여부를 위한 Export Audio와 압축 방식을 결정하는 Codec 그밖에 오디오 채널과 비트 뎁스 등을 설정할 수 있습니다.

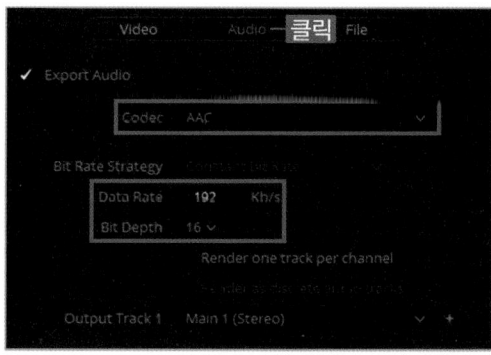

파일(File) 설정에서는 렌더링, 즉 만들어질 파일명을 Custom name에서 입력하며, 필요에 따라 File subfolder를 이용하여 **서브 폴더**를 만들 수 있습니다. 그밖에 옵션은 개별 렌더와 동일합니다. 모든 설정이 끝나면 Add to Render Queue 버튼을 눌러 렌더 큐에 추가합니다. 현재는 앞서 추가된 렌더 목록이 있어 아래쪽에 새로운 렌더 목록으로 추가됩니다. 이제 렌더링을 하기 위해 렌더 목록이 선택된 상태에서 아래쪽의 Render 버튼을 누르면 됩니다. 이것으로 다빈치 리졸브에서의 모든 과정을 마쳤습니다. 지금까지 학습한 내용을 참고하여 여러분만의 멋진 작품을 완성하기 바랍니다.

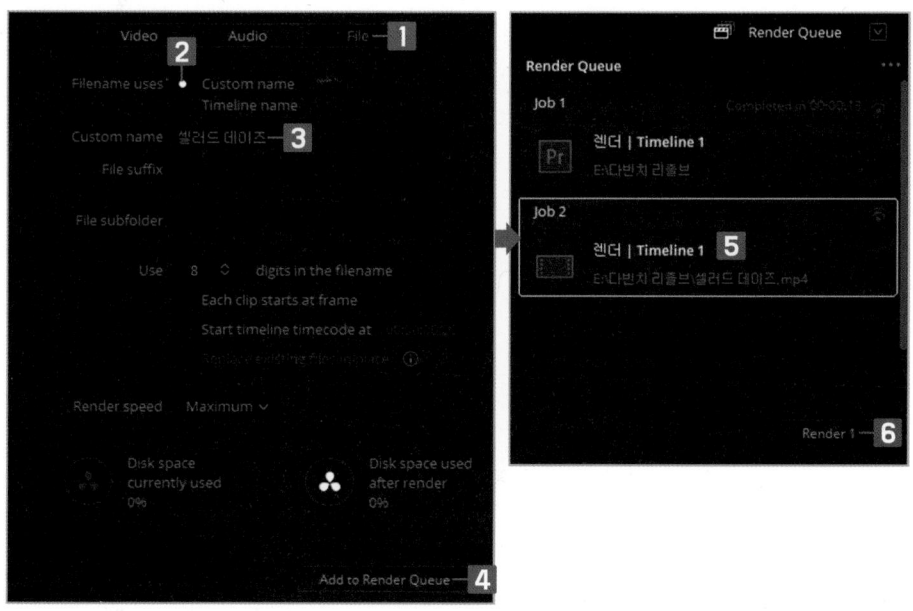

찾아보기

한글

게인   359
노드   310
디졸브   243
라이트박스   499
렌더   389, 500
렌더 큐   506
루프   050
리버스 플레이   050
리플   205
마스크   448
마커   215
멀티캠   264
메타데이터   050, 054
미디어 스토리지   048
미디어 풀   048
보링 디텍터   118
뷰어 스크롤   050
브로드캐스트 세이프   097
스냅   181
스마트 빈   054
스코프   335
스키머   108
스탠더드 트랜지션   246
스테이빌라이저   460
시리얼 노드   387

알파채널   417
옵티마이즈   073, 501
웨이브폼   371
이지 이즈   228
인스펙터   113, 298
인터레이스   105
커브   434
컬러 휠   332
코덱   063
퀵타임   064
크로마키   418
클론 툴   056
키프레임   454
트래커   417
트랜스코드   060
트랜스폼   176
트림 모드   204
프록시   073
플래그   219
플레이   050
플레이 헤드   116

숫자

3D 키어   446

A ~ C

Alpha Channel   417
Alpha Output   425

Append   168
Append To End of Timeline   179
Apple ProRes   067
Auto track selector   128
Blade Edit Mode   189
Boring Detector   118
Broadcast Safe   097
Broadcast safe filter   347
Change Clip Speed   253
Chroma key   418
Clip Attributes   234
Clone Tool   056
Codec   063
Color Wheels   332
Combiner   396
Compound Clip   264
Corrector   390
Cropping   303
Curves   352, 434

D ~ I

Default fast Nudge Length   210
DIM   130
Dissolve   243
DNxHR   076
Dual Viewer Mode   121
Dynamic Zoom   304
Easy Ease   228
Edit Selection Mode   237

Empty timeline   168
Entire Project   061
Entire Timeline   503
Export Project   046
Fade away   222
Favorites   058
Flags   219
Frame handles   070
Gain   359
Gallery   326, 477
GPU   091
Grab Still   487
Graticules   346
H.264   065
HSL   440
Hue   437
Import Project   046
Information Display   332
Inspector   113, 225, 298
Interlaced   105

J ~ N

J K L   112
Key Mixer   414
Keyframe   286, 454
Layer Mixer   400
Lift   360
Lightbox   499
LOG   381

Loop　050

Lower Third　282

LUT(Lookup Tablet)　386

Markers　215

Mask　448

Master Settings　042

Match Frame　133

Matching　466

Media Pool　048, 108

Media Storage　048

Memories　481

Metadata　050, 054

Mixed Frame Rate Format　095

Mixer　230

Multicam　264, 271

New Folder　044

Node　310, 312

Normal Edit Mode　134, 198

O ~ R

Offset　353

Open FX　091, 497

Optimize　073, 075, 501

Outside Node　413

Parade　355

Parallel Node　389

Paste attributes　178

Paste insert　175

PIP(Picture in Picture)　301

Pivot　371

Play　050

Play Head　116

Power Window　402

Primary Bar　365

Project Manager　047

Project Settings　042

Proxy　073, 075

Qualifier　330

QuickTime　064

RAW(Read and Write)　380

Razor Edit Mode　189

Record　240

Relink Selected Clips　034

Remove Folder from Favorites　058

Render　389, 500

Render Queue　506

Replace Clip　167

Reverse Play　050

Reverse Segment　258

Ripple　205

Ripple Overwrite　164, 179

S ~ Y

Saturation　437

Scopes　335

Serial Node　387

Shot Match to this Clip　475

Skimmer   108

Skin Matching   484

Slide   207, 207

Smart Bino   061

Smart Insert   159

Smart Render Cache   500

Snap   181

Splitter   396

Stabilizer   460

Standard Transition   246

Sync   267

Take Editing   261

Timeline frame rate   042

Timeline resolution   042, 095

Track Reverse   457

Tracker   417, 453

Transcode   060

Transform   176

Trim Clips   248

Trim Mode   204

Versions   481

Viewer Scroll   050

Waveform   371

XML   140, 274

YUV   447

당신은 스마트폰 하나로 연봉 1억을 벌 수 있는 기회를 놓치고 있지는 않습니까?

이제 **생활**에 필요한 모든 것을 **하나의 앱**에서
놀면서 벌 수 있는 **시대**가 왔습니다.

새로운 방식의 공유 플랫폼,
Hapi gig과 함께 대박의
기회를 잡으세요.

수익창출
투자관련교육
투자기회
독점제공
플랫폼을 통한 수익

쇼핑
무료회원가입
쇼핑할인
제품공유시 수익
최고의 상품제공

소셜미디어
콘텐츠 개발
기존 SNS 플랫폼에 공유
고객 유치
인플루언서와 링크
다국어 지원

브랜드채널
특정 채널 브랜드화
상품 리뷰
레거시 상품
임팩트 상품

부동산
스마트 하우스 분양
주택 구입시 테슬라 자동차 제공
부동산 투자

여행
여행엔진
유니크하고 독점적 기회
세계적

블록체인
암포화폐 개발
STO 코인 지급
블록체인 기반 플렛폼

커뮤니케이션
무료전화
무료문자(이모티콘)
무료화상통화

자기계발
개인 계발 과정
리더쉽 과정
사업개발 교육

세미나(교육)
비대면 세미나
비대면 교육
그룹 방송서비스

카카오와 **네이버** 등의 기존 플랫폼에서 **쇼핑**을 하면 해당 플랫폼 기업이 수익을 **독점**하지만 새로운 **해피긱** 플랫폼에서는 이용자 모두에게 **수익**을 공유하는 **프로토콜** 경제 구조를 지향합니다.

해피긱은 **인프라** 구축 기반의 플랫폼으로 **무료회원 가입** 및 **좋아요**와 **공유**만 해도 **수익**이 발생되는 시스템입니다.

세부 자료 및 문의 010 8287 9388

해피긱은 세계적 기업과 함께 하는 글로벌 플랫폼 기업입니다.

잎사귀 하나의 기적
그라비올라를 아시나요?

암센터(MSKCC)에 등재된 **그라비올라**의 강력한 **항암작용**, **고혈압**, **당뇨**, **안티에이징**, **원기회복**, **변비**, **면역력 증진**, **아토피 개선** 등의 탁월한 효능이 세상에 주목을 받고 있습니다.

브라질 원주민들의 만병통치약이라고 불리는 **그라비올라**, 우리 땅(마사토)에서 자라 더 깨끗하고 건강해졌습니다.

세상에서 가장 좋은 **약(藥)**은 **자연(自然)**입니다.
이제 **자연**이 주는 기적을 경험해보세요.

woolimnamoo.com
그라비올라.com
울림나무.com

울림나무는 국내 최초로 그라비올라 **토지 재배**에 성공한 친환경 기업입니다.